MW01235707

SAN MARTÍN

PATRICIA PASQUALI

San Martín

*La fuerza de la misión
y la soledad de la gloria*

BIOGRAFÍA

PLANETA

Diseño de cubierta: Mario Blanco
Diseño de interior: Orestes Pantelides

© 1999, Patricia Pasquali

Derechos exclusivos de edición en castellano
reservados para todo el mundo:
© 1999, Editorial Planeta Argentina S.A.I.C.
Independencia 1668, 1100 Buenos Aires
Grupo Editorial Planeta

ISBN 950-49-0194-8

Hecho el depósito que prevé la ley 11.723
Impreso en la Argentina

A Osvaldo Pasquali, mi padre,
por el ejemplo de su conducta coherente,
que a veces echo de menos
entre los "sabios de las palabras"

A la memoria del profesor Carlos S. A. Segreti,
admirado Maestro y entrañable amigo

[...] la máxima de mezclar lo útil con lo agradable
es de necesidad absoluta en la obra que usted trata de publicar,
sin cuyo requisito no prestará un interés vivo y picante.

Permítame le haga una observación,
la que espero no la atribuya a un exceso de moderación,
sino a verdadera justicia.
Usted carga demasiado la mano en elogios míos:
esto dará a su obra un aire de parcialidad,
que rebajará su verdadero mérito.

(Recomendaciones del general José de San Martín a Guillermo Miller,
relativas a sus escritos sobre la guerra de la Independencia americana,
contenidas en sus cartas escritas desde Bruselas,
el 30 de junio y el 16 de octubre de 1827, respectivamente.)

INTRODUCCIÓN

El panorama historiográfico de fines del siglo XX está signado por la crisis de las propuestas paradigmáticas predominantes en los últimos cincuenta años. El fracaso del modelo determinista de explicación histórica, los excesos de la historia estructural en su referencia a sociedades sin sujetos conscientes de su acción y la desilusión provocada por los pobres resultados de los fríos tratamientos cuantitativos han contribuido convergentemente a generar cierto escepticismo y cansancio por la historia globalizadora y despersonalizada. Ese quiebre de expectativas no sólo ha inducido a la búsqueda de nuevas perspectivas de investigación y expresión, sino que también ha hecho volver la mirada hacia las viejas tradiciones historiográficas, alentando "retornos" tales como los de la historia narrativa, del acontecimiento, de la historia política y de la biografía. Pero no se trata de una mera restauración. La historia es un perpetuo devenir y si bien en cada momento de su avance está presente el camino ya recorrido, su mismo dinamismo impide el mero restablecimiento del estado anterior pues el tiempo es acumulativo e irreversible. Por consiguiente, tales *revivals* deben entenderse en términos de renovación, de relegitimación en base a un quehacer y unos contenidos remozados. Implican, pues, redefiniciones.

Si algunas décadas atrás el género biográfico cayó en el descrédito y dejó de ser abordado por los historiadores ya que, en virtud de los criterios entonces vigentes, no se veía en él más que una colección de anécdotas ordenadas cronológicamente e irrelevantes para la explicación histórica, su actual puesta en valor se explica por la superación de la creencia en la rigidez determinista que permite rehabilitar la fuerza positiva, audaz y creadora de la libertad humana, capaz de mover y dirigir; y reconocer en el protagonismo individual, en interacción dialéctica con la sociedad, uno de los principales agentes del dinamismo innovador operante en la historia.

El retorno de la biografía debe interpretarse, pues, como un epifenómeno de la "vuelta al sujeto" en su forma más clásica, pero no puede limitarse ya al descriptivismo anecdótico centrado en la interioridad del personaje tomado en forma aislada. Es preciso recrear la complejidad de la trama en la que se halla inserto y en la cual interacciona, evitando simplificaciones arbitrarias. Debe sobreponerse a la minuciosidad preciosista e intrascendente del retrato, la enfatización en la contextualidad que da sentido. Sólo así se podrá obtener una imagen congruente del protagonista y al mismo tiempo penetrar a través de él en la problemática de su época, porque es necesario tener muy en cuenta que las aportaciones del factor individual en la historia no pueden efectivizarse autónomamente, sino que dependen de la puesta a punto de la sociedad que le permita lograr el "feed back" necesario para concretarse, manteniéndose en tanto en potencia o carácter latente, o frustrándose en caso de que no se produzca. Una biografía también es pasible de convertirse en la historia de los desajustes entre una personalidad determinada y su entorno que explican los sucesivos fracasos de sus iniciativas. Piénsese por ejemplo, entre nosotros, en el caso arquetípico de Rivadavia. No todas las grandes capacidades encuentran su época, ni todas las épocas encuentran su gran hombre.

Por otro lado, esa imprescindible sintonización con la comunidad que torna eficaz la acción del agente histórico suele darse en un período específico de su vida, seguido de un posterior desfasaje que esteriliza sus esfuerzos, carentes ya de eficacia transformadora, y delimita su trayectoria. Precisamente, a este último esquema responde esta biografía: el gran conductor de la guerra por la Independencia en la parte meridional de Sudamérica, procuró infructuosamente plasmar en la segunda fase de la organización de los Estados emancipados sus proyectos integracionistas monárquicos, pensados para alcanzar el orden y la unidad que los presentara fuertes y estables ante el concierto internacional, quedando con ello garantizado el afianzamiento de la obra liberadora iniciada por la espada. En disonancia con la evolución republicana federal que se impuso en la etapa postemancipatoria, por considerarla prematura y favorecedora de la anarquía y la dispersión localista, fenómenos connaturales a la convulsión social y el caudillismo remanente de la revolución que era preciso contener, pero impotente para hacerlo, San Martín optó por el ostracismo. Debe atribuirse esa elección más que a una actitud prescindente, a la conciencia de la inutilidad de su injerencia en la nueva coyuntura. Su voluntad, otrora coincidente con la dirección del impulso popular, había logrado encauzarlo positivamente acelerando el fin de la sujeción colonial; al quedar luego orientada en sentido contrario al seguido por las fuerzas sociales, tenía que resultar indefectiblemente anulada. De allí que el Libertador afirmara con lucidez: "un Washington o un Franklin que se pusiese a la cabeza de nuestros gobiernos no tendría mejor suceso". Comprendía que la fecundidad del accionar de las grandes individualidades estaba insalvablemente condicionada por las circunstancias de los pueblos. Y éste es también el criterio subyacente en esta biografía: el héroe, capaz de ejercer una influencia dinamizante a veces decisiva en el curso del pasado, no es un taumaturgo que puede alterar a su capricho el devenir histórico con un gesto mágico. Sólo cuando el momento le es propicio puede producir aquel efecto, así como su aparición nunca es producto de la casualidad, sino una contingencia no necesaria, pero plausible dadas unas determinadas condiciones. Por lo tanto, toda obra de este tipo debe imprescindiblemente ir más allá del personaje biografiado.

Entre los argentinos, el género, que se inició tan auspiciosamente nada menos que con las colosales obras de Bartolomé Mitre: *Historia de Belgrano y de la independencia argentina* e *Historia de San Martín y de la emancipación sudamericana*, y el no menos notable *Santiago de Liniers*, de Paul Groussac, a pesar de algunos meritorios aportes posteriores, ha solido transitar por las vías del panegírico o lo vanal, desaprovechándose las grandes potencialidades que la biografía encierra.

Ya Sarmiento, con su genial instinto y la irradiación docente que siempre lo inspiró, no se cansó de ponderar su importancia para poner al alcance de la gente, del modo más directo y claro, los hechos históricos de una época, encarnados en un hombre representativo. Téngase en cuenta que la cuestión va más allá de lo pedagógico. Muy difícilmente se podrá encontrar otra forma de sentir tan vivamente que la historia nos atraviesa como cuando nos sumergimos en la experiencia de vida de alguien que, más allá del bronce, de la espectabilidad social o del nombre ilustre, al fin y al cabo siempre será un "semejante", con toda la connotación conceptual que ese término encierra. La identidad de substancia entre el sujeto cognoscente y el objeto de su conocimiento es lo que posibilita el nivel más profundo de la comprensión. Y nada más esencial que rescatar esa dimensión de la historia como *conciencia* sentida por el hombre de estar en el tiempo, ligado a lo que fue y sigue siendo en él; como memoria, que le permite descubrir que es en cada momento el resultado completo de lo que ha sido. Contribuir a explicitar los contenidos de esa memoria como componente de la cultura y avivar aquella conciencia es tarea primordial de toda obra histórica. Si el historiador logra hacerlo habrá cumplido con su insoslayable compromiso social de reforzar el nexo entre la comunidad y su pasado, posicionándola en un presente grávido de sentido que torne menos incierta la proyección hacia el futuro.

Es un honor reconocer que el doctor Víctor Tau Anzoátegui, actual presidente de la Academia Nacional de la Historia, fue el padre de la idea de esta biografía y mucho le agradezco que me haya sugerido realizarla porque ha constituido en lo personal una tarea altamente gratificante. He tenido asimismo el privilegio de contar con el enriquecedor aporte del recordado profesor Carlos S. A. Segreti, a raíz de la minuciosa lectura que tuvo la generosidad de realizar de los primeros capítulos y que fue testigo de mi progresivo entusiasmo por la obra en elaboración, ya que se tornó cada vez más seductor el desafío de replantear los muchos interrogantes suscitados por la actuación del personaje histórico más admirado por los argentinos, desde una postura crítica y libre de autocensura, que es precisamente lo que más se echa de menos en la nutrida bibliografía sanmartiniana.

En efecto, la propensión a la deificación del héroe tan común en las historias de vida de los próceres, sobre todo de los "fundadores", es mucho más notoria cuando se trata de quien ha quedado instaurado en la memoria colectiva nada menos que como el "Padre de la Patria". Para la construcción de esa imagen sacralizada la historia apologética no ha hesitado en incurrir en más de un condenable proceder: desde eludir el abordaje de temáticas controvertidas o silenciar determinadas referencias, hasta acondicionar para su publicación los escritos del general, suavizando sus términos o dejando de lado en la selección los que pudieran contener expresiones perturbadoras o urticantes. Todo con el fin de alejar cualquier atisbo de discusión en su torno, tendencia tan dañosa como innecesaria, pues nada de lo omitido o aliñado podía amenguar su grandeza. De esa manera los contornos vigorosos de su singular personalidad se diluyeron en una descolorida estampa escolarizada, tan compacta e incólume, como estereotipada e insulsa.

Basta para corroborar los pobres y negativos efectos generados por esa actitud el hecho elocuente de que no haya sido superada en su carácter integral la clásica y más que centenaria obra de Mitre, el único que se atrevió a cuestionar en algunos casos a su biografiado. La mayoría de las obras posteriores, incluida la tan enjundiosa de José Pacífico Otero, si bien aportaron nuevos y valiosos datos, en general renunciaron de antemano a toda mirada crítica, adaptándose a los códigos y fórmulas preestablecidos por el panegírico convencional. Otros autores se adentraron en una hermenéutica más exhaustiva de la problemática sanmartiniana como Ricardo Piccirilli, Enrique de Gandía, Joaquín Pérez y Antonio J. Pérez Amuchástegui y abordaron aspectos parciales de la misma (los planes monárquicos, la concepción política americanista, las relaciones con la masonería) en trabajos eruditos consultados en general por los especialistas. A diferencia de lo ocurrido en la historiografía argentina, la propensión a la crítica –y a veces a la detracción– fue más frecuente en la producción chilena, pero ésta adolece de una ostensible parcialidad, emanada de una malquerencia de origen.Tal vez el más interesante ejemplo de esta corriente sea la suspicaz y cáustica obra de Yrarrazábal Larraín.

Se justificaba, pues, el emprendimiento de una biografía actualizada y contextual, ajena al ditirambo y a la diatriba, que procurase captar la unidad de sentido que caracterizó la existencia del Libertador, explicitando su pensamiento y acción en función de la peculiar circunstancia europea y americana de su época, un tiempo de cambio, signado por la lucha de las fuerzas liberales contra el absolutismo y la dependencia colonial.

De raíces castellanas, José de San Martín nació accidentalmente en la Yapeyú posjesuítica donde permaneció 3 años; otros tantos los pasó en Buenos Aires, antes de que sus padres regresaran a España para afincarse allí definitivamente. Los siguientes 27 años de su vida transcurrieron predominantemente en suelo andaluz y de ellos, 22 encuadrado en el servicio del ejército de línea peninsular, hasta que a los 34 años retornó solo a América, pasándose a las filas de los que aquí luchaban por emanciparse de la metrópoli.

Basta esa referencia cronológica para que hasta el más inadvertido repare en lo sorpresivo y atípico de esa decisión que supuso un viraje de 180 grados en la vida personal y profesional de ese ya maduro oficial hispano. Inmediatamente se impone la búsqueda de respuesta al acucioso por qué de ese cambio. La que se ha dado tradicionalmente resulta evasiva e insuficiente, pues se ha salido del paso con las transcripciones de unos pocos y lacónicos pasajes de la correspondencia del general en los que manifiesta que, en consorcio con otros americanos y al tanto de haberse empeñado la lucha allende el Atlántico, decidió volver a su suelo de nacimiento con el propósito de prestar su concurso a la causa de la independencia.

De esta manera queda sin dilucidar la crucial cuestión, pues para determinar el porqué de ese movimiento de ruptura no basta con la detección del fin perseguido por el protagonista, sino que además es preciso saber cómo se generó esa intención. Toda decisión tiene un entorno que la hace posible. Por lo tanto no puede explicarse una acción histórica si no se tiene una idea suficiente de la situación en la que los actos se producen, de la lógica de los resortes de los mismos y de sus posibilidades de éxito.

Sobre ese eje de investigación gira la exposición realizada en la primera parte del libro. Se verá que no se puede explicar cabalmente ese verdadero punto de inflexión en la vida de San Martín, producto de una deliberación consciente y no de un impulso emocional, si no se alude por un lado a su formación castrense y por otro a su iniciación masónica, ambas inextricablemente articuladas, pues la orden había logrado captar a buena parte de la oficialidad del ejército español, sobre todo en el período de intensa propaganda liberal fomentada por la Francia republicana y luego imperial, en fluido y estrecho contacto con la península.

Al tratar los orígenes y la vida española de San Martín se describe esa larga fase preparatoria en la que un aprendizaje variado y fructífero lo fue modelando como un conductor militar en potencia, sin chance de realización en el escenario peninsular. Por supuesto que mucho y pormenorizadamente se ha escrito sobre esta parte de su trayectoria en oficio de las armas, desde la obra de Barcia Trelles, siguiendo por la muy meritoria de Espíndola y los estudios de Zapatero, hasta Piccinalli y Villegas, a los que se sumaron últimamente otros aportes provenientes del Instituto español sanmartiniano. Sin embargo, la sensación de conjunto que queda luego de la exhaustiva exposición de los datos acopiados para reconstruir la actuación de San Martín desde que ingresó como cadete en el Murcia en 1789 hasta que solicitó su retiro en 1811, es la de que no se extraen de ellos las conclusiones que sin embargo fluyen naturalmente en confrontación con el estudio de la estructura orgánica de dicho ejército todavía fuertemente influido por la tradición estamental. A pesar de que ésta vedaba el acceso a las altas graduaciones a los oficiales que carecieran de la condición nobiliaria, San Martín había sorteado en parte las trabas burocráticas, logrando introducirse en el Estado Mayor en virtud de la distinción personal que de él hicieron sus superiores, los generales Solano y Coupigny. Sin duda no debió ser ajena a esa consideración, poco común para con un oficial que no pasó de capitán efectivo, la influencia de la activa organización masónica castrense. Es que la participación en las logias era el único canal alternativo por el que un oficial de mérito pero de origen modesto podía mejorar su situación de revista, como lo ha señalado Mayer, y ése era el caso de San Martín. Pero en él dicha vinculación fue mucho más que un vehículo de valimiento para adquirir una posición acomodada: los principios liberales y humanistas propagados por la institución calaron muy hondo en su espíritu, poniendo un sello definitorio a su personalidad, y orientaron su posterior actuación.

En función de todo ello, fue preciso ahondar en las razones que motivaron la crucial decisión, punto nodal que torna inteligible la segunda y más descollante fase de la actuación de San Martín como Libertador; y analizar detenidamente el proceso que lo llevó al encuentro con su destino, cuando sobreponiéndose a las pequeñas lealtades divididas, comprendió que él debía ser "un instrumento de la justicia" y la razón le indicó que ella estaba a favor de la causa de América, vislumbrada como reducto de la libertad frente al despotismo imperante en el viejo continente.

Desde entonces, su vida se identificó con la misión a la que se consagró con exclusividad y que cumplió a fuerza de tenacidad y coherencia en los 12 años subsiguientes, no sin tener que luchar a brazo partido contra la desconfianza y la maledicencia que siempre lo acecharon, poniendo muchas veces en peligro la realización de su empresa de liberación continental. Quien pensaba "en grande", "en americano", no podía dejar de escollar contra el localismo de cortas miras y las mezquinas ambiciones personales. Si por momentos fue aceptado y admirado, "nunca fue amado ni verdaderamente popular", advirtió Mitre. Es que en más de una encrucijada, su limpia y fría lógica en el orden de prioridades le hizo sacrificar a quienes lo rodeaban, sin excluir a su esposa, a sus amigos de la logia y a sus viejos camaradas de armas del Ejército de los Andes, hasta que finalmente él mismo se anonadó para que su causa triunfara. En verdad, desde siempre estuvo dispuesto al desprendimiento porque nunca antepuso su exaltación personal a la consecución de su meta: así, cuando estuvo a punto de zozobrar la cruzada trasandina y ante la convicción de que ello se debía a que él siempre sería "un sospechoso en su país", propuso que se entregase el mando de la campaña a Chile, que había preparado durante dos años de intensos sacrificios en su "ínsula cuyana", al general Balcarce, quedando como su segundo a cargo del estado mayor. Más tarde, cuando fueron los recelos chilenos hacia el general argentino los que demoraban la continuación de su expedición al Perú, no tardó en sugerir que se pusiese O'Higgins a su cabeza, comprometiéndose él a secundarlo. La tercera fue la vencida:

con fuerzas insuficientes para concluir con el último núcleo de la resistencia goda atrincherada en la sierra y en el Alto Perú sin la cooperación del ejército colombiano, ofreció a Bolívar unir sus huestes, subordinándose a su jefatura, pero no tardó en comprender, ante la actitud evasiva del venezolano –mejor posicionado política y militarmente–, que ambos no cabían en el Perú. Los mencionados antecedentes corroboran indubitablemente la veracidad del contenido de la famosa y discutida "carta Lafond" y ratifican la coherencia imperturbable de una línea de conducta, incomprendida entonces.

Frente a la crítica de los afectados por su súbito abandono de la obra inconclusa, San Martín se recluyó en un amargo y prolongado silencio, resignado a la fatal soledad que precedió a su gloria. Recién en las postrimerías de su existencia las nuevas generaciones comenzaron a hacerle justicia, tal como él lo había previsto, y a interpretar la grandeza implícita en los actos que sus contemporáneos, desde la pequeña óptica de sus intereses particulares y enredados en la lucha facciosa, juzgaron como "traiciones", que castigaron sumiéndolo en el aislamiento y el olvido. Mucho más demoró en llegarle el reconocimiento de los poderes oficiales argentinos. A su muerte no se decretó homenaje alguno a su memoria ni se tomó ninguna disposición para cumplir con el deseo póstumo del general consignado en la 4ª cláusula de su testamento: "Desearía que mi corazón fuese depositado en el cementerio de Buenos Aires". El mismo continuaba pendiente cuando en 1862 se inauguró su estatua ecuestre en las barrancas del Retiro. Tampoco tuvo realización práctica inmediata el proyecto presentado por Martín Ruiz Moreno y sancionado por el Congreso Nacional en 1864 para la traslación de sus restos. Correspondió recién al presidente Avellaneda cancelar la deuda de honor pendiente con el Libertador: "Las cenizas del primero de los argentinos, según el juicio universal, no deben permanecer por más tiempo fuera de la Patria. Los pueblos que olvidan sus tradiciones pierden la conciencia de sus destinos y los que se apoyan sobre tumbas gloriosas son los que mejor preparan el porvenir", afirmó en el aniversario de Maipú en 1877. Tres años más tarde, las veneradas reliquias retornaban al país, recibiendo por fin la demorada apoteosis de la ciudadanía; sólo que la última voluntad del prócer quedó violentada –a pesar de la airada protesta encabezada por Adolfo Saldías– al depositarse sus restos en la catedral porteña, en vez de hacerlo como correspondía en el sitial que la Municipalidad le había destinado frente a la verja de entrada del cementerio público de la Recoleta.

I

LOS ORÍGENES Y LA VIDA EN ESPAÑA

*"De azores castellanos nació el cóndor
que sobrevoló los Andes"*

Tal es el lema de la casa solariega de los San Martín en España. En efecto, los datos de la poco frondosa genealogía sanmartiniana revelan que las raíces, tanto de la rama paterna como de la materna del Libertador, deben buscarse en Castilla la Vieja; más aún, dichos antecedentes familiares podrían circunscribirse a la provincia de Palencia.

En esa Tierra de Campos, de pasado guerrero forjado en la lucha contra visigodos y sarracenos, donde a su vez se asentó la primera universidad de la península al iniciarse el siglo XIII, coetánea de las de Oxford y Bolonia, se encuentra la aldea de Cervatos de la Cueza, en la que el 3 de febrero de 1728 nació el hijo de Andrés de San Martín y de Isidora Gómez, casados en segundas nupcias, quien fue bautizado con el nombre de su abuelo Juan, el más remoto antepasado conocido de esa familia de labradores.[1] A no muchos kilómetros se encuentra la más importante población de Paredes de Navas, que fuera cuna de familias hidalgas como las de Pedro Berruguete y Jorge Manrique. Allí contrajo enlace Domingo Matorras, a pesar de ser oriundo de Alamedo, con María, hija de los Del Ser, vecinos de dicha villa. Último fruto de esa prolífica unión fue Gregoria quien vio la luz el 12 de marzo de 1738.[2]

No obstante su proximidad, los destinos de Juan de San Martín y de Gregoria Matorras no se cruzarían en la llana y austera comarca de origen sino en la lejana América. El joven no permaneció por muchos años en las tierras de Cervatos, pues prefirió dejar el arado para empuñar las armas. Al finalizar 1746, cuando contaba con 18 años, ingresó como soldado voluntario en el Regimiento de Lisboa. Las fojas de servicios que de él se conservan lo describen como robusto, aunque de corta talla, de cabello castaño claro y ojos garzos. Su lento ascenso, no por ingreso tardío sino por falta de ocasiones, limitaría su futura carrera. Recién en 1753 se lo eleva al rango de sargento segundo. En tal calidad y con la compañía de Granaderos en la que servía, estuvo durante tres años de guarnición en Melilla, participando en cuatro campañas en defensa de esa plaza. A raíz del acierto con que desempeñó las comisiones encomendadas por sus jefes, en 1761 pasó a revistar como sargento de primera clase.

Contaba ya con 36 años y había pasado más de dieciocho en el cuerpo de origen sin haber alcanzado el grado de teniente cuando, para obtenerlo, decidió alistarse con destino a América, pues muy probablemente fuese tal promoción una ventaja ofrecida a quienes se decidiesen a pasar a la milicia indiana.[3]

Al servicio de la Corona en la tierra del encuentro

Don Juan arribó al Plata a mediados de 1764. En esa zona de fricción entre los dominios hispanos y portugueses venía desenvolviéndose desde fines del siglo anterior, cuando los últimos fundaron frente a Buenos Aires, río de por medio, la litigiosa Colonia del Sacramento, un conflicto por su posesión que parecía no tener solución. Por entonces, y a raíz de la Paz de París, que puso fin a la guerra de los Siete Años en 1763, España –perdidosa frente a Gran Bretaña, a la que debió entregar la Florida Occidental– cedió a su aliado lusitano el disputado asentamiento de avanzada en el estuario platense; Francia, por su parte, había perdido todas sus posesiones en América. Esta situación plantea a Carlos III el desafío de enfrentar solo el tácito pero inevitable duelo por mantener el dominio de las colonias ultramarinas con la poderosa Albión, en incontenible proceso de expansión comercial, correlato necesario de su revolución industrial.

Decidido a recuperar el estratégico terreno transferido diplomáticamente en la Banda Oriental, el aguerrido gobernador del Río de la Plata, don Pedro de Cevallos puso sitio a la Colonia, a la vez que fortificaba los puertos de Montevideo y Maldonado. Por su orden, San Martín, apenas desembarcado, había pasado a desempeñarse como instructor de tropas. Tocóle hacerlo con el regimiento de infantería de Buenos Aires. A consecuencia de ello, a los seis meses de desempeñar cumplidamente ese papel, por fin se le expidió despacho de teniente. Luego pasó a la ribera opuesta, donde permaneció durante un año en el cordón bloqueador, sin moverse de él ni de día ni de noche, según su propia expresión, hasta que en julio de 1766 se le envió con dos destacamentos a ejercer la comandancia de los parajes de Arroyo de las Víboras y Río de las Vacas. Se encontraba en ese puesto cuando, un año más tarde, se tuvo que dar cumplimiento al real decreto del 27 de febrero, por el que el monarca español decidía la expulsión de los miembros de la orden de la Compañía de Jesús. Don Juan debió encargarse de tomar posesión de los bienes que los ignacianos se vieron constreñidos a abandonar en los partidos de su mando, entre ellos la vasta estancia de Las Caleras de las Vacas, a cargo de cuya administración quedó por orden del gobernador Francisco de Paula Bucarelli.

18

Por entonces arribaba a Buenos Aires Gregoria Matorras, quien había permanecido soltera a pesar de contar ya con 29 años. La traía su primo Jerónimo, quien desde 1745 había ligado su destino con estas tierras, casándose algunos años más tarde con una hija del alcalde y justicia mayor general Larrazábal. Volvía aquél luego de haber gestionado con éxito en España su nombramiento de gobernador del Tucumán y sin sospechar todavía la campaña de desprestigio que Bucarelli le promovería ante la Corona y que le costaría años de prisión en Charcas y Lima. Tras ser finalmente absuelto, pudo reintegrarse a su puesto de mando en 1772 y cumplir dos años después su propósito de explorar el Gran Chaco Gualamba, falleciendo a poco de terminada la expedición en una reducción del territorio de Salta.

Mientras su ilustre pariente atravesaba tales dificultades, Gregoria conoció por fin, y, paradójicamente, a tantos miles de kilómetros de distancia del suelo natal, a su coterráneo palentino San Martín. Éste, como soldado veterano, continuaba en su tarea de adiestramiento en la asamblea de infantería, hasta que en 1769 fue ascendido a ayudante mayor del batallón de milicias de voluntarios españoles de Buenos Aires. Compelido don Juan por su superior a embarcarse hacia la otra orilla, y luego de solicitar y obtener del nuevo gobernador Juan José Vértiz la pertinente licencia, el 1º de octubre de 1770 contrajo enlace por poder con Gregoria.

Un probo y eficiente administrador

El matrimonio pasó a residir temporalmente en Calera de las Vacas, la estancia confiscada a los padres jesuitas y a cargo de cuyas conservación y dirección continuaba el marido. Allí nació, el 18 de agosto de 1771, la primogénita, bautizada con el nombre de María Helena. También verían la luz en suelo oriental Manuel Tadeo, el 28 de octubre de 1772, y Juan Fermín Rafael, el 25 de febrero de 1774, pues la permanencia de los San Martín en ese sitio se prolongó por siete años[4], a pesar de que don Juan, no muy a gusto con la pasividad de su tarea, solicitó repetidas veces a Vértiz que lo relevara de ese puesto y lo destinase a un mando de armas, dado que continuaban las escaramuzas con los portugueses. Pero el gobernador, no obstante su buena disposición para atender a la demanda, le pidió que propusiese al sustituto adecuado, ya que no encontraba quien pudiera reemplazarlo satisfactoriamente. Lo cierto era que San Martín había ganado fama de probidad y eficacia en su gestión, como lo acredita el informe del síndico procurador general a la Junta de Temporalidades, en el que se afirma que en la rendición de cuentas que aquél realizara de la hacienda "se reconoce la pureza, celo y desinterés, con que la ha administrado, dándole unos aumentos y beneficios considerables que sólo podían esperarse de un oficial como éste, que no ha perdonado fatiga, ni trabajo el más penoso y mecánico, para llenar mejor el exacto cumplimiento de la comisión que le había conferido, sabiendo al mismo tiempo mantenerse en la más gustosa tranquilidad con los vecinos y hacendados".[5] También el obispo de Buenos Aires, don Manuel Antonio de la Torre, al constatar en su visita pastoral los progresos de la Estancia de las Vacas, informaba al gobierno español sobre la refacción de la gran capilla y el continuo funcionamiento de los hornos de cal y ladrillos allí existentes para la construcción de obras en Montevideo, así como respecto del aumento del ganado y de la producción de sebo y grasa. Atribuía todo ello a la especial aplicación de San Martín, "campesino de siete suelas, de quien se dice –y es cuanto se puede decir– haber excedido a los P.P. en la economía".[6] En efecto, al aceptarse su renuncia a fines de 1774, pudo comprobarse que la producción del establecimiento había crecido en más de 197.000 pesos.

Antes de abandonar ese destino, cúpole a don Juan prestar un servicio de otra índole al apresar a Joaquín de Cuevas y Roque Sánchez, dos famosos contrabandistas acostumbrados a escabullirse de las autoridades zonales, secuestrándoles catorce rollos de tabaco negro de Brasil y dos esclavas. Además de a éstos, envió a la cárcel a otros dos bandidos que se dedicaban a idénticos menesteres, y lo hizo tan sólo con una partida de diez hombres compuesta de un soldado, siete negros y dos paisanos, todos desarmados a excepción del primero.

En las misiones guaraníes

La expulsión de los jesuitas había repercutido negativamente en el escenario del que fuera su imperio teocrático, esto es, el extenso territorio ocupado por las treinta reducciones de indios guaraníes. El estado de precariedad en que quedaron al dejar de contar con la conducción de los padres constituyó un poderoso incentivo para que recrudecieran los inveterados ataques de las bandas paulistas. No sólo el afán de pillaje de ganados y bienes movía a los *bandeirantes* sino que, financiadas sus excursiones de destrucción por esclavistas portugueses, también se lanzaban a capturar aborígenes.

Bajo el mando superior del capitán Francisco Bruno de Zavala, las misiones se dividieron en cuatro distritos. En diciembre de 1774 Vértiz designó al mayor San Martín teniente gobernador de uno de esos departamentos: el que tenía por capital al pueblo guaraní más populoso y rico, Nuestra Señora de los Reyes de Yapeyú; pero su jurisdicción militar y administrativa se extendía también a otras tres poblaciones: las de La Cruz, Santo Tomé y San Borja.

El 6 de abril de 1775 don Juan tomó posesión de su nuevo cargo. Fue recibido con saraos y convites, sin faltar la principal ceremonia popular de la misa mayor. Pero ni esas demostraciones ni las características del territorio –con su vegetación exuberante, su clima cálido y húmedo, sus cultivos de mandioca, yerba mate, algodón y maíz, su disposición de numerosas cabezas de ganado, su condición de puerto preciso y de centro comercial de la región–

eran bastantes para ocultar la postración de la Yapeyú posjesuítica en comparación con su época de esplendor. Índice de ello era el dramático descenso de su población (de ocho mil a tres mil habitantes), ocasionado por una epidemia de viruela, pero también por huida de los aborígenes. Esta situación no era más que un reflejo de la decadencia general de las misiones.[7] Alojáronse los San Martín en el Colegio que había sido residencia de los padres jesuitas, sobre la gran plaza cuadrangular, al lado de la iglesia. Se trataba de un amplio edificio, con arcos y techado de tejas, que no sólo cobijaba a la escuela sino también talleres y almacenes, una biblioteca de más de cuatro mil volúmenes y aulas especiales de pintura, escultura y música. Rodeaban la manzana principal las viviendas de techos pajizos de los indios, que se extendían hacia las quintas en monótona y ordenada simetría. Palmeras y naranjos decoraban ese ambiente apacible a la vera del "río de los pájaros". Sin embargo, no eran aquéllos tiempos de quietud.

A los pocos meses de su arribo, el flamante teniente gobernador, ante la creciente alarma provocada por los ataques de los portugueses, recibió órdenes de dirigirse con tropa hacia el pueblo de San Nicolás, del otro lado del río Uruguay, para cubrir la frontera. Partió con trescientos hombres, pero antes de llegar a destino, y previendo una inminente acometida en la zona, juzgó oportuno suspender su marcha y permanecer acuartelado en San Borja. Así se lo comunicó a Vértiz, quien aprobó su conducta y le notificó la remisión de armas y municiones para que "sirvan de resguardo y defensa de esos naturales y sus haciendas, instruyéndolos en su manejo y disciplina de modo que se hagan útiles en la conservación de los derechos y terrenos del Rey, al mismo tiempo que en la defensa de sus familias, ganados y caballadas", a la par que le encargaba particularmente que lo mantuviese informado de toda novedad o movimiento que observase.[8]

No sólo era preciso contener la osadía de los portugueses sino también la hostilidad creciente de los indios minuanes, soliviantados por aquéllos. En cumplimiento del encargo de organizar el mayor número posible de milicias, San Martín llegó a formar y disciplinar un batallón de quinientos nativos hasta ponerlos en estado de marchar hacia la fortaleza de Santa Tecla antes de que fuese cercada por los portugueses. Cuarenta de aquéllos participaron también de su defensa, acreditando su conducta reglada en el ejercicio de armas.

La prolongación de la lucha determinó la permanencia del teniente gobernador en San Borja, por lo que en 1776 decidió traer a su familia, engrosada desde febrero de ese año por el nacimiento del cuarto vástago, Justo Rufino.

Los minuanes realizaron sucesivos ataques a Santo Tomé en julio y a Yapeyú en septiembre. A este último punto volvieron los San Martín a comienzos de 1777, aunque don Juan debió retornar a San Borja, donde aquellos indómitos indios habían arrasado tres estancias. Restablecida la calma, se entregó a diversas obras de urbanización (construcción de una capilla y de dos hornos de tejas y ladrillos, entre otras), en lo que hoy es la ciudad uruguaya de Paysandú, haciendo trabajar en ellas a los soldados, una vez que éstos concluían la instrucción, de tal suerte que pudo afirmar en nota al administrador general de Misiones, don Juan Ángel de Lazcano: "Lo que tengo hecho en dos años no lo habrían hecho los jesuitas en seis, aunque parezca mal que lo diga".[9]

Por entonces, trascendentales acontecimientos tuvieron lugar en las tierras del Plata. Carlos III y sus ilustrados ministros, capitalizando la experiencia inglesa, habían llegado a convencerse de que el porvenir de España como potencia estaba estrechamente ligado con el mantenimiento de sus reinos y provincias de ultramar, encuadrándolos en la lógica del pacto colonial. Por eso la consigna general fue la defensa de América, que implicaba la integración de las zonas marginales del Imperio y el fortalecimiento de sus flancos más vulnerables. En 1770, la crisis de Malvinas (primero, ocupación francesa de las islas; luego, fundación inglesa de Puerto Egmont y la consecuente expedición del gobernador Bucarelli para expulsar a los intrusos) hizo evidente la creciente importancia del Atlántico Sur y de las costas vecinas al Cabo de Hornos para los planes expansionistas de las potencias europeas sobre el Pacífico. Precisamente ese aumento del valor estratégico de la región desplazó espectacularmente hacia el Sur el centro fundamental de la atención española en América, que hasta entonces se había localizado en el seno antillano. En lo sucesivo ese foco de interés siguió ubicado en la zona del Plata, por la cuestión de la Colonia de Sacramento. Para terminar de una vez con esa espada de Damocles que pendía sobre sus dominios, y aprovechando la oportunidad brindada por la rebelión de las colonias norteamericanas en 1776, Carlos III decidió darle un golpe de gracia al tradicional aliado de Inglaterra enviando la expedición de Pedro de Cevallos para desalojar a los portugueses de la Banda Oriental y creando el Virreinato del Río de la Plata como muralla defensiva desde donde vigilar la frontera brasileña y el ámbito austral. Esa medida, junto con la liberalización del comercio dentro del Imperio y la organización administrativa en intendencias, constituirían las más grandes reformas del siglo realizadas por los Borbones en relación con sus dominios en América. No tardó en darse al improvisado virreinato una base permanente y estable, con la transferencia de recursos desde las regiones andinas ya desarrolladas hacia la costa atlántica. Desde entonces el poder español en Sudamérica dejó de girar alrededor de Lima para encontrar su eje en Buenos Aires.

Ya en paz con los minuanes y portugueses, hacía algunos meses que don Juan de San Martín había podido regresar a la capital del Departamento de su mando cuando, el 25 de febrero de 1778, asistió al nacimiento de su quinto y último hijo, José Francisco. Éste, que estaría destinado a inmortalizar el apellido familiar, fue bautizado al día siguiente por el fraile dominico don Francisco de la Pera, cura de Yapeyú. Fueron sus padrinos el comerciante porteño Cristóbal de Aguirre y doña Josefa Matorras, cuyo grado de parentesco con Gregoria se desconoce.[10] Fue en este período de relativa tranquilidad que el teniente gobernador pregonó dos bandos convocando a los nativos huidos a la selva y a las regiones del nuevo litoral a retornar a sus reducciones. Dichos edictos cumplieron su cometido, permitiéndole a San Martín que se ufanara de haber reintegrado "a la vida civil más de tres mil indios que andaban dispersos por aquellos campos".[11]

Al finalizar ese año el teniente gobernador se consideró en el deber de castigar al cacique y teniente de alcalde Melchor Abera por su mal servicio en la vaquería que le había encomendado realizar al mando de un grupo de indígenas. Lo envió a la cárcel, ordenando ponerle cepo. Ante lo que consideraron un atropello a sus fueros en la persona de un cacique, los indios se sublevaron, y el conflicto hubo de solucionarse arbitralmente.[12] El fiscal se expidió a fines de febrero de 1779, proponiendo el cese de San Martín en su cargo, lo que fue aprobado por el protector general de naturales, aunque pasarían muchos meses sin que se tomara una resolución al respecto. Entre tanto, los minuanes reiteraron sus actitudes hostiles hacia San Borja y San Lorenzo, lo que hizo que el cuestionado teniente reclamase del virrey Vértiz un remedio capaz de evitar "la total ruina que amenaza a estos pueblos y demás del departamento", a lo que el mandatario respondió solicitándole informes sobre las providencias que él, con conocimiento práctico del terreno y de los indios, creyese oportuno tomar.[13]

Don Juan demoró algunos meses en contestar, seguramente disgustado por el retraso en el cobro de sus haberes, lo que determinó el viaje de su esposa Gregoria a Buenos Aires a fin de gestionarlo y también por el conocimiento del curso desfavorable que tomaba el pleito en el que estaba inmerso. Así le escribía el 15 de junio al administrador Lazcano:

> En cuanto a lo que V.M. me dice con fecha de 20 de abril próximo pasado de que el fiscal y asesor del virreinato desaprueban la providencia que tomé con los sublevados de este pueblo y que por esto y el tormento que suponen mandé dar a los reos de Santa Tomé acriminan mi conducta, doy a V.M. las gracias por el aviso y digo a V.M., en satisfacción, que no deseo otra cosa que su Excelencia se dignase mandarme comparecer a fin de satisfacer a esos señores que desde luego, creo ignoran mi proceder; pues sin más justificación que el falso informe de unos enconados enemigos me han hecho tan poco favor.[14]

Su desagrado sería paliado en parte al recibir con seis meses de demora el despacho de capitán graduado, que Vértiz venía gestionando desde 1775 y que fue finalmente firmado por el rey el 15 de enero de 1779. Así reconfortado, describió al virrey su táctica de guerra para concluir de una vez con las invasiones indígenas estimuladas y protegidas por los portugueses, que se beneficiaban con el comercio de lo arrebatado a las misiones. Aconsejaba un plan de ataque convergente:

Juzgo por conveniente hacer el posible esfuerzo para quitar de estos campos a los minuanes y charrúas, haciéndoles la guerra ofensiva donde se encontrasen [...] mandando V.E. que así de esta parte como de la de Montevideo, Víboras y Santo Domingo Soriano se haga una salida general con el fin de que saliendo a un mismo tiempo [...] se evite en lo posible la mayor fatiga de las tropas y caballadas, como también la retirada de los infieles a las sierras de Maldonado y establecimientos de portugueses, donde continuamente se refugian por el comercio que les franquean de las haciendas que roban.[15]

Sin desconocer lo acertado de la propuesta, Vértiz le respondió que, dadas las atenciones de la guerra contra Inglaterra, no se podían distraer fondos y tropas para llevar a cabo esa expedición. Recuérdese que España acababa de ingresar abiertamente en la lucha a favor de la emancipación de las colonias norteamericanas, sin prever que la metrópoli jaqueada podría oportunamente devolverle el favor colaborando –aunque subrepticiamente– con los insurgentes hispanoamericanos. De todos modos, Juan de San Martín estaba próximo a concluir su mandato. En efecto, si bien el virrey había fallado en el proceso de rebelión mandando sobreseer la causa en septiembre de 1779, pocos días después determinaba la sustitución del teniente gobernador de Yapeyú. Éste, una vez relevado del mando, pidió al Cabildo una certificación del concepto que le hubiera merecido su desempeño en el cargo, a fin de cubrirse de toda intriga, y no tardó en obtener una vindicación pública de su conducta: "Debemos decir que no tenemos queja en contra de ella, si sólo que ha sido muy arreglada y ha mirado nuestros asuntos con amor y caridad, sin que para ello faltase lo recto de la justicia y ésta distribuida sin pasión, por lo que quedamos muy agradecidos todos a su eficacia y celo".[16]

Los duros tiempos del regreso
Panorama europeo y español

La familia San Martín permaneció en Yapeyú hasta comienzos de 1781, cuando partieron hacia Buenos Aires. Allí don Juan enfermó tan gravemente que decidió otorgar poder a su esposa para que en el peor de los casos pudiera testar a su nombre.[17] Pero ello no fue necesario, pues al poco tiempo el veterano militar lograba reponerse. Luego de intentar sin éxito pasar a prestar servicios de instrucción de tropas en la guarnición de Montevideo, aceptó el cargo de habilitado que había quedado vacante en el Batallón de Voluntarios Españoles. Ya había adquirido dos propiedades –la "casa chica" en el barrio Monserrat y la "casa grande", en Piedras, entre Moreno y Belgrano, barrio de San Juan, donde se instaló con los suyos–, cuando, en marzo de 1783, se lo incluyó a San Martín en la nómina de los oficiales excedentes de los cuadros coloniales que debían ser restituidos a España. A fines de ese año el oficial, su familia y un criado se embarcaban en la fragata de guerra *Santa Balbina*. Luego de soportar un temporal que causó algunos daños a la nave, y al cabo de ciento ocho días de viaje, anclaron en la bahía de Cádiz el 23 de marzo de 1784.

Los 1.500 pesos que constituían el patrimonio llevado por los San Martín, producto de sus ahorros en América, no tardarían en agotarse cuando se instalaron en Madrid a la espera del nuevo destino de don Juan, cuya situación se tornó cada vez más angustiosa desde que en octubre de 1783 dejara de percibir su sueldo. La penuria económica por entonces soportada quedó reflejada en el memorial de sus servicios presentado por el cabeza de familia en mayo de 1784, en el que pedía el mando de un castillo en Andalucía o una sargentía mayor de plaza o de milicias, además del grado de teniente coronel, pues se hallaba quebrado y achacoso y debía atender a su mujer y a sus cinco hijos. Sólo obtuvo que en julio se ordenara abonarle los sueldos atrasados, aunque no los cobraría inmediatamente, como se infiere de la repetición de los reclamos. Al finalizar ese año, reiteró don Juan su solicitud del grado de teniente coronel, pero esta vez con destino en América, seguramente porque ya había tenido suficiente ocasión de comprobar cuánto más lucrativo resultaba el puesto del que había sido separado en comparación con los magros ingresos de un oficial de línea en España. Prueba de ello fue que en 1791, por medio de su apoderado Pedro de Murrieta, debió malvender apresuradamente sus dos casas de Buenos Aires a José Nadal y Campos y a Manuel Moreno y Argumosa. Lo percibido por la administración de los bienes heredados por doña Gregoria en Paredes de Nava debió paliar en parte su situación. Como no lograse mejores resultados que con su petición anterior, San Martín debió insistir dos veces más en abril de 1785, demandando su retiro con el ambicionado grado. Buscaba conmover "las reales piedades de S.M." invocando sus treinta y siete años de servicios "en destinos penosos y de mucha fatiga", como también "su prolongada familia de cinco hijos jóvenes, sin educación ni carrera". Sólo obtuvo una concesión parcial: su retiro con destino a Málaga, sin ascenso de grado; aunque pocos días después se disponía que quedase agregado como capitán al Estado Mayor de esa plaza, en calidad de ayudante supernumerario, percibiendo por ello un sueldo inferior al de teniente. No obstante lo magro de sus recursos, en los años transcurridos en esa ciudad de Andalucía pudo don Juan cumplir al fin su justa aspiración de dedicarse "con más sosiego a la crianza y educación de sus hijos".[18]

Las coordenadas históricas dominantes en la política internacional europea durante el siglo XVIII fueron la diplomacia en pro del mantenimiento del equilibrio de poder en el continente y la lucha por el dominio del mar y las colonias ultramarinas. En la búsqueda de la hegemonía se mantuvieron enfrentadas Gran Bretaña y Francia. A España, por su parte, se la vio abandonar su aislacionismo y entrar en el juego de las rivalidades internacionales, aunque desde una posición secundaria. El Mediterráneo y las Indias constituyeron los escenarios naturales de la política exterior española. En el primer ámbito fueron sus objetivos principales la recuperación de Gibraltar y Menorca y la obtención de territorios en Italia; en el segundo, la protección de sus posesiones amenazadas por la política inglesa, que procuraba la expansión económica mediante un creciente comercio marítimo intercontinental. Así, Carlos III se mantendría ligado con Francia por el Pacto de Familia y alentaría la construcción naval, con la consiguiente carrera armamentista. Luego de la *impasse* que supuso la Paz de París de 1763, la guerra colonial se reactivó a raíz del apoyo brindado a las sublevadas colonias norteamericanas, a la que puso fin el Tratado de Versalles de 1783, que, a la vez que consagró la independencia de los Estados Unidos de Norteamérica, devolvió Menorca y Florida a España. Parecía, pues, que concluía exitosamente para esta última el duelo por el dominio de América, desalojada ya la potencia rival de sus posesiones, con excepción del Canadá[19].

En estas circunstancias llegaban los San Martín a España, donde vivieron los dos años de zozobras ya descriptos, hasta que, en 1785, el esforzado jefe de familia finalmente pudo obtener su modesto destino de Málaga, con empleo y sueldo de teniente retirado, graduado de capitán. Instalados en una casa ubicada en la calle de Pozos Dulces que alquilaron por dos reales al día al coronel retirado Isidoro Ibáñez, y sin amedrentarse por las estrecheces económicas, Juan y Gregoria se empeñarían en la formación de sus hijos. Poco habían podido hacer por su educación hasta entonces, si bien, seguramente, todos habían aprendido los rudimentos de la lectura y la escritura en suelo americano, incluso el pequeño José Francisco, quien habría tenido por compañeros a Nicolás Rodríguez Peña y Gregorio Gómez. No parece verosímil la tradición historiográfica que alude a su ingreso en el Real Seminario de Nobles de Madrid durante el angustioso año transcurrido allí mientras su padre gestionaba el pago de sus sueldos atrasados y una nueva colocación castrense para ganarse la subsistencia. Recuérdese que el propio don Juan, en una de sus reiteradas peticiones, se lamentaba de que sus hijos permanecieran sin educación ni carrera. Tampoco hay constancia documental de su matriculación, aunque no puede descartarse la posibilidad de una asistencia esporádica como oyente, dadas las vicisitudes familiares. Con toda probabilidad fue sólo en Málaga, en la cercana Escuela de las Temporalidades, sucesora del colegio de los jesuitas, donde recibirían los niños San Martín instrucción sistemática y gratuita. En ese ambiente alegre, movido, bullicioso y cosmopolita de ciudad-puerto abierta a todas las influencias, en el que permanecería hasta los 13 años, José comenzaría a abrir su mente y a forjar su espíritu. Allí empezó a cultivar una buena caligrafía –que contrastaría con su característico descuido ortográfico–, a dejarse cautivar por la exactitud de las matemáticas y a desplegar sus destrezas artísticas, destacándose por sus dotes para el dibujo y su habilidad para pulsar la guitarra, perfeccionada más tarde por las lecciones que tomaría con el famoso compositor Fernando Sors. Pero, sin duda, los San Martín sólo contaban, para asegurar el destino digno que apetecían para sus hijos varones, con hacerlos transitar por el camino de las armas, un tanto más allanado por la esforzada trayectoria del padre.

El ingreso de los hermanos San Martín en el ejército peninsular

Durante el siglo XVIII se había venido produciendo en España un cambio sustancial en el modo de vivir la profesión militar, determinado por la recepción de la filosofía iluminista. El proceso puede interpretarse como una lenta crisis en la concepción estamental del oficio de armas, que no había logrado hasta entonces convertirse en una de las carreras del Estado, indiferente al origen social del cuerpo de oficiales. A diferencia de esta última tendencia igualatoria, radicalizada por el jacobinismo francés, el reformismo militar peninsular propiciado por el conde de Aranda durante el reinado de Carlos III procuraba reunir el origen noble y la preparación seria para la guerra. Se apuntaba con esto a facilitar un proceso de movilidad social ascendente que, partiendo de la dignificación del soldado, legitimaba el ascenso del hidalgo que se destacara en razón por sus méritos o capacidad hasta niveles de autoridad que tradicionalmente venían siéndoles negados. José de San Martín y sus hermanos prestarían sus servicios militares en ese ejército en transición influido por la corriente reformista.[20] La reorganización y el perfeccionamiento de éste se hizo bajo la influencia de la escuela prusiana –entonces en auge en toda Europa– de Federico el Grande, consagrado maestro en el difícil arte de vencer con fuerzas numéricamente inferiores. Para contrarrestar esa desventaja había creado en lo orgánico tropas seleccionadas con estricta disciplina, perfecta instrucción, muy bien armadas y de alto espíritu combativo, con comandos, jefes y oficiales de gran profesionalidad; en lo estratégico se caracterizó por la adopción de la ofensiva a toda costa, atacando con la masa de sus tropas un ala y flanco enemigos. De ahí el famoso "orden oblicuo", inspirado en la clásica maniobra de Epaminondas.[21]

El reclutamiento de la tropa se hacía por tres procedimientos: quintos (sorteo), voluntarios y destinados. Los oficiales del ejército español procedían en sus dos tercios de la clase de cadetes y el resto, de los sargentos, teniendo los primeros una educación más esmerada y mayores conocimientos profesionales. "Los cadetes habían de ser de origen noble o hijos de capitanes. Quienes ingresaban de reclutas podían llegar a sargentos y los sargentos calificados ascendían a tenientes pero, dado su origen de tropa, difícilmente pasaban a capitanes".[22] Se ha visto cómo precisamente eso era lo que había ocurrido con don Juan: su iniciación como soldado limitó su carrera y, a pesar de sus reconocidos merecimientos, no llegó a capitán efectivo sino sólo a graduado. Sus hijos, no obstante haberse iniciado como cadetes, tampoco estarían exentos de padecer la injusticia administrativa, las precariedades del erario y el asfixian-

27

te papeleo de la burocracia militar de la época, con su correlato de cancelación de ascensos y retraso de pagas. Por otro lado, la alta oficialidad seguía siendo esencialmente nobiliaria y los que carecían de esa condición no podían avanzar más allá de un determinado techo en sus empleos.

En septiembre de 1788 logró don Juan de San Martín que sus dos vástagos mayores, Manuel Tadeo y Juan Fermín Rafael, se incorporasen como cadetes en el Regimiento de Infantería de Soria, "El Sangriento", procedente de Lima, que había arribado a Cádiz con sus cuadros incompletos. La necesaria reorganización de este cuerpo culminaría pronto en Elche (Valencia), en cuyo cuartel quedó de guarnición.

A fines de ese año, moría el rey Carlos III, máximo exponente del despotismo ilustrado español que, con la colaboración de sus bien elegidos y eficientes ministros, había logrado poner en pie de reforma a todo su imperio. Le sucedió en el trono su segundo hijo, el débil e inepto Carlos IV, quien sería rápidamente dominando por su esposa, María Luisa, y su favorito, Manuel Godoy. Nada bueno hacía presagiar ese cambio, producido en momentos en que el panorama europeo comenzaba a complicarse a partir de la bancarrota financiera de Francia y la reunión de los Estados Generales, que desembocaría en la Revolución y el ciclo de guerras que ella trajo aparejado.

Al día siguiente de la simbólica toma de la Bastilla en el convulsionado país de allende los Pirineos, el 15 de julio de 1789, José Francisco de San Martín era aceptado como cadete en el Regimiento de Infantería de Murcia, "El Leal", con cuartel en Málaga, obligándose su padre a atender su subsistencia con seis reales de vellón por día. El 21 hacía efectiva su incorporación a ese cuerpo, cuyo jefe era el coronel Toribio de Montes, quien más tarde se desempeñaría como gobernador de Puerto Rico y Callao y presidente de Quito. Vistió el futuro Libertador por primera vez a los once años el blanco uniforme que en 1791 cambiaría a celeste el azul primitivo de la divisa (cuello, bocamangas y vueltas), sin sospechar todavía que esos mismos colores estaban destinados a ser los que distinguirían a su patria emancipada en el concierto de las naciones. El cordón de plata que pendía del hombro derecho hasta el botón del cuello proclamaba su clase de cadete.

Al poco tiempo de la incorporación de José de San Martín, el Regimiento de Murcia se encontró involucrado en el bloqueo de Gibraltar, pero el joven no participó en esa acción de guerra sino que permaneció en la ciudad cumpliendo metódicamente el servicio del cuartel y la asistencia a la academia, como correspondía a la formación inicial del futuro oficial. Comenzaron entonces a grabarse a fuego en su memoria y en su alma las enseñanzas de las "Sabias Ordenanzas" de Carlos III, promulgadas en 1768, que daban unidad y nervio al ejército español, como también la primera elemental deontología militar contenida en un libro de apariencia insignificante y devota, titulado *Instrucción Militar Cristiana* y publicado en 1788, de adquisición obligatoria para los cadetes, para quienes constituía una especie de catecismo castrense. Operaciones de aritmética, nociones de geometría y fortificaciones, movimientos tácticos del arma, practicados en ejercicios constantes con la tropa en el campo de instrucción, completaban el aprendizaje. El joven San Martín comenzó a habituarse al aseo y cuidado del uniforme, a la sobriedad y el sacrificio, a la fatiga y la dureza; a comprender la importancia de la subordinación y del exacto cumplimiento del servicio, tanto como a adquirir la conciencia del propio valer y la preparación necesaria para ejercer el mando.

La campaña del África

El noviciado de los San Martín estaba destinado a perfeccionarse en la gran escuela de guerra de la costa norte del África, la misma en la que incursionara en sus inicios como soldado su propio padre. Allí tenía España establecidas una serie de seculares plazas fuertes, especie de avanzadas del territorio peninsular en la lucha contra el Islam y garantía del dominio del Mediterráneo occidental. Las principales eran las de Ceuta, Melilla y Orán, esta última con la inmediata fortaleza de Mazalquivir. Turcos y sarracenos hacían sentir intermitentemente sobre ellas su presión militar, la que se acentuó en el siglo XVIII por el apoyo suministrado por Inglaterra al bey de Argel. Si durante el reinado de Carlos III se había logrado la pacificación de la zona, consolidándose la influencia española y mejorándose las condiciones de seguridad de las flotas mercantes, antes acosadas por la piratería berberisca, a partir de 1790 se reanudaron las agresiones argelinas. Durante éstas tuvo lugar la primera actuación de servicio en campaña de San Martín: un destacamento de 49 días en Melilla, plaza fuerte, puerto y presidio menor sobre el Mediterráneo, al norte de Marruecos. Lo efectuó con una compañía del segundo batallón de su regimiento, presumiblemente la 4ª de fusileros. A pesar de que no puede clasificarse como una acción de guerra, pues no hubo lucha alguna, permitió al niño cadete complementar prácticamente su instrucción militar teórica, entrenándose en el alerta constante de esas guarniciones acostumbradas a soportar bruscos y sorpresivos ataques.

En octubre una serie de fuertes terremotos provocaron la muerte de una buena parte de la guarnición de Orán, que quedó en ruinas. Hacia allí fueron enviados, entre otros refuerzos, los dos batallones del Soria, donde militaban Manuel Tadeo y Juan Fermín, pues el bey Mohamed de Mascara se valió de la ocasión para imponer el noveno sitio a la plaza, mientras el príncipe Muley Alí hostilizaba Ceuta; pero sus sucesivos ataques lograron ser rechazados. Se produjo entonces el repliegue argelino y se iniciaron negociaciones de paz, en las que España por primera vez consideró la posibilidad de desprenderse de esos emplazamientos. En marzo de 1791 pareció avanzarse en ese sentido con la suspensión oficial de hostilidades; sin embargo, en el escenario bélico las fuerzas se mantuvieron a la expectativa y en inestable equilibrio. A principios de abril, San Martín se embarcó nuevamente, esta vez con destino a Orán, formando parte de la compañía de granaderos del segundo batallón de su regimiento; pero la decisión del gobernador de la plaza de no dar pretexto al ataque musulmán determinó su regreso a Málaga. Sin embargo, poco después, una emboscada argelina provocó la reanudación de las hostilidades y el consiguiente reclamo de los refuerzos que antes no se había considerado prudente admitir. Así, pues, sujeto a esas desorientadoras marchas y contramarchas, a mediados de mayo, José Francisco desembarcó del navío *San Joaquín* para permanecer en Mazalquivir diecisiete días, al cabo de los cuales debió volver a cruzar el Mediterráneo a raíz de una nueva contraorden de Madrid, donde proseguían las negociaciones. El desconcierto pareció llegar al colmo de lo inconcebible cuando, a pocos días del regreso, el segundo batallón del Murcia era nuevamente requerido por haberse iniciado en junio el décimo sitio de Orán. Allí José de San Martín, según su foja de servicios, se encontró desde el 25 de ese mes y tuvo finalmente su bautismo de fuego a los 13 años. Participó con su compañía de granaderos –recuérdese que cada batallón tenía una, compuesta de personal seleccionado para cumplir las misiones más riesgosas– en un exitoso combate nocturno dirigido a cegar una mina colocada por el enemigo para dañar las murallas del fuerte San Felipe y soportó durante más de un mes, en el fuerte de Rosalcázar, el fuego de las baterías moras, que no dieron un día de reposo a la guarnición española hasta que el 30 de julio fueron suspendidas las hostilidades y firmada en septiembre la Convención de Argel. A pesar de la tenaz resistencia de las fuerzas defensoras a las órdenes del gobernador teniente general Courten, el gabinete de Madrid decidió entregar la plaza conquistada por Carlos V, lo que mucho desprestigió al primer ministro Floridablanca.[23]

Al abandonar Orán en febrero de 1792, el saldo dejado por la experiencia africana debió ser ambivalente para el joven José Francisco. En lo personal, había tenido ocasión de recabar un servicio extraordinario para alguien que revistaba como cadete: combatir como agregado a la compañía de granaderos, lo cual no podía tener lugar según las Ordenanzas sino solicitándolo el interesado y permitiéndoselo el coronel, lo que explica que esta actitud honrosa y valiente se hiciera constar en la foja de servicios como la primera distinción obtenida durante su carrera.[24] Pero, por otro lado, la experiencia acumulada resultaba negativa: "La larga serie contradictoria de órdenes y contraórdenes que provocaron travesías estériles por el Mediterráneo occidental; la sensación de desamparo en la lejana plaza, y la entrega final de la misma sin derrota militar que la justificara, tenían que crear un ambiente de profundo desasosiego en las filas del Regimiento que, lógicamente, debía contagiar al cadete".[25]

Soldado montañés en la frontera pirenaica

En marzo de 1792, mientras San Martín permanece provisionalmente con su regimiento en Cartagena, crecía la tensión internacional europea a raíz de los sucesos de Francia. Allí se había producido la caída de la monarquía y Luis XVI estaba siendo juzgado por la Convención, al mismo tiempo que se formaba una coalición de países dispuesta a llevar la ofensiva contra la nación gala, en cuyo interior comenzaron a surgir focos reaccionarios. En España, ligada por los pactos de familia con la rama francesa de la dinastía borbónica en la picota, la reacción no tardaría en producirse, pues, pese a la inicial tendencia a la neutralidad armada del primer ministro, el conde de Aranda, el grado de belicosidad popular fue *in crescendo*, incentivado por la prédica eclesiástica contra el ateísmo francés, configurándose así un ambiente de exaltación nacional contra el país vecino. En agosto, al conocerse la prisión de Luis XVI, comenzaron los preparativos bélicos, reforzándose la frontera pirenaica con tres ejércitos: el principal, a las órdenes del general Antonio Ricardos, en la región catalana; otro al mando del general Ventura Cano, marqués de la Romana, en la región vascuence, y un tercero de enlace entre ambos, bajo el mando del príncipe de Castelfranco, en Aragón. A este último se incorporaría el Murcia, que en septiembre, mientras en Francia se establecía formalmente la República, se embarcaba hacia el puerto de Los Alfaques, desde donde prosiguió en dirección al sudoeste de Barcelona para llegar en diciembre a Zaragoza, emplazándose finalmente en los valles de Arán y Tena. En esas largas marchas continuadas comenzó a templarse la resistencia de San Martín, al experimentar siendo un cadete quinceañero las duras condiciones en que debían moverse y vivaquear sobre el terreno las formaciones de infantería. En la tercera anotación de su foja de servicio consta que permaneció en ese destino durante ocho meses, en el transcurso de los cuales se inició su formación como guerrero de alta montaña, ya que su regimiento integró el núcleo de maniobra y defensa del sector central pirenaico, que, con una altura media de tres mil metros, constituye la parte más elevada y abrupta de esa cadena montañosa. Esta estadía fue preparatoria de su desempeño posterior inmediato en las campañas del Rosellón.

El inicio de la guerra contra la República francesa y el cuestionado ascenso a oficial

El francófilo conde aragonés no tardó en ser relevado en la conducción gubernativa por Godoy, quien se propuso salvar la vida del rey galo a toda costa, pero la incrementada ira revolucionaria condujo a la ejecución del Borbón y a la declaración de guerra a España.

Mientras las otras fuerzas mantenían su posición defensiva en la conflictiva frontera, correspondió al ejército de Cataluña llevar la ofensiva, penetrando en el territorio de la acosada república francesa por los Pirineos orientales con el fin de apoyar a los contrarrevolucionarios monárquicos. El general Ricardos, con una fuerza operativa reducida, debió realizar una maniobra de aproximación indirecta, para evitar los puntos fuertes del enemigo. Así, en abril penetró por el paso secundario de Porteilles y descendió a las llanuras del Rosellón, lanzándose sobre el nudo de comunicaciones de Le Boulou, al que tomó y fortificó. Luego avanzó procurando envolver por el norte a Perpignan, capital de la región y base de apoyo y aprovisionamiento del enemigo; pero ésta, guarnecida por efectivos mucho más numerosos que los suyos, no se dejaría conquistar. Los dos hermanos mayores de José Francisco, revistando en las filas del regimiento de Soria al mando de Solano, participaron en esta fase inicial de la campaña; en cambio, el segundo batallón del Murcia, si bien recibió orden de pasar del Ejército de Aragón al de Cataluña en mayo de 1793, no fue destinado al grueso de sus fuerzas sino al destacamento de Seo de Urgel, en territorio español. Allí recibió José Francisco la noticia de su ascenso, una vez superado un injusto intento de frustrarlo.

El joven cadete estuvo a punto de ser víctima de una arbitraria descalificación que, de prosperar, podría haber malogrado su recién iniciada carrera. Se estaba llevando a cabo por entonces la reorganización del ejército nacional, cubriéndose las vacantes de oficiales que resultaban al aumentar los batallones de cada regimiento. Al proponer el coronel del Murcia, don Jaime Moreno, los ascensos, incluyó a José Francisco y a otros cinco jóvenes de su clase entre los postergados, en razón de sus "escandalosas conductas, total inaplicación y vicios indecorosos". Al parecer, con esta maniobra de exclusión habría intentado favorecer a otro cadete. Sin embargo, no logró consumarse la injusticia, pues, a requerimiento de la Inspección de Infantería, el comandante del regimiento José de Vargas debió informar "bajo su palabra de honor y con la mayor reserva" acerca de la conducta de los cuestionados, afirmando con respecto al caso que nos interesa:

"De Dn. José San Martín sólo puedo decir he oído a diferentes oficiales le han visto en Orán portarse con mucha serenidad y valor al frente de los moros, solicitando los mayores riesgos y desempeñando con exactitud el cumplimiento de su obligación". La Inspección se expidió favorablemente respecto del ascenso de San Martín, de acuerdo con el tenor de este informe, al que agregó "sus notas por fin del año de '91: aplicación, capacidad, conducta, buenas".[26]

Así pudo José Francisco recibir por fin en el mes de junio su cuestionado ascenso a oficial, siendo promovido a segundo subteniente de la cuarta compañía del segundo batallón. El despacho, suscrito por Carlos IV el 19 de ese mes, fue enviado al general Ricardos, quien firmó el "cúmplase" en el cuartel general de Thuir, el 8 de julio. El agraciado contaba sólo con tres años y diez meses de cadete, en vez de los cinco requeridos para su elevación, lo que hace suponer en él condiciones y méritos especiales. El nuevo grado implicó el reemplazo del cordón pendiente del hombro por la charretera de plata en el izquierdo y dorada gola de metal, cinturón de terciopelo azul galoneado de plata y también espada en lugar del fusil y la bayoneta hasta entonces portados. Ya provisto de su nuevo equipo, el flamante oficialito de 15 años se trasladaría con su regimiento al Rosellón, donde tendría la primera oportunidad de mandar tropa, mucha de ella veterana y avezada, siendo responsable de la vida, movimientos y combate de sus subordinados.

El subteniente San Martín en la campaña del Rosellón

Con la entrada de Maximiliano Robespierre al Comité de Salvación Pública, en Francia se decretó la leva en masa, medida destinada a cambiar el curso de la guerra. Ahora los coaligados deberían vérselas con una nación en armas: más de un millón de hombres distribuidos en doce ejércitos, que no tardaron en conseguir una serie de triunfos en cadena desalojando a ingleses, prusianos, austríacos y piamonteses del suelo francés. No ocurrió lo mismo con los españoles en el sur, donde la línea establecida por Ricardos fue la única que se mantuvo firme. En efecto, después de ordenar la reconcentración de sus fuerzas en el campo atrincherado de Boulou, logró resistir reciamente las sangrientas embestidas del general Dagobert al frente de las nutridas filas francesas. Reforzado con el envío de nuevos batallones, el general español decidió pasar a la contraofensiva. Dentro de esta estrategia, las fuerzas puestas a las órdenes del conde de Mollina, entre las que se encontraba el Murcia, cruzaron los Pirineos y, tras larga y fatigosa marcha por escabrosos caminos de montaña, atacaron de flanco las posiciones enemigas de Tour-de-Batere, Croix de Fer y Mont-Bolou, en movimiento envolvente combinado con el conde de la Unión, que atacó de frente otras guarniciones. San Martín tomó parte en la conquista y ocupación de éstas, según figura en su foja de servicios, iniciándose así su acción combativa en la campaña del Rosellón. El 20 también contribuyó a la toma de Saint-Marsal, llevada a cabo bajo el mando superior del brigadier Gregorio de la Cuesta. Se redujo así el frente de Ricardos a una tercera parte de su primera extensión y se aseguró, en caso de un revés en las armas, el camino de retirada hacia Figueras. A principios de diciembre, nuestro segundo subteniente participó en el intento de apoderarse de la ermita de San Lluc, el punto más fortificado del ala derecha francesa, que resultó malogrado.

Cabe destacar que San Martín intervino en los mencionados enfrentamientos desde un puesto especial de combate. Todas las compañías de los regimientos de infantería de línea contaban con tiradores elegidos por su eficiencia, armados con carabinas o fusiles rayados, y en campaña se constituían con ellos compañías de cazadores que por lo general operaban separadas de sus batallones y a veces reunidas en agrupaciones especiales. En el primero y el segundo del Murcia se organizaron sendas unidades de ese tipo, que fueron puestas bajo el mando del teniente coronel Francisco de Corts. Parece seguro que José de San Martín, gran tirador, debió ser incorporado en una de ellas, por lo que las acciones anotadas en su hoja de servicios no coinciden plenamente con el historial de su cuerpo en lo relativo a la campaña del Rosellón y sí, en cambio, exactamente con la foja de Corts, que viene de este modo a servir de guía y de confirmación probatoria de la actuación de aquél.[27]

A poco, Ricardos encomendó al general Courten que atacara la altura artillada de Villalongue. La columna del centro, en la que se hallaban las compañías de granaderos y cazadores del Murcia, tenía por misión apoderarse de sus baterías, las que efectivamente fueron tomadas a la bayoneta, mientras las demás batían los otros puntos de la defensa. Este fulminante ataque del 7 de diciembre dejó debilitada, por la pérdida de su posición más fuerte, el ala izquierda francesa, que cubría el cuartel general, situado en Banyuls-des-Aspres. Una semana más tarde, San Martín también participó en la conquista de Banyuls, triunfo de gran importancia militar dadas las características topográficas y las obras defensivas del lugar que lo hacían inexpugnable, y entre el 20 y 21 del mismo mes, del ataque de las fortificaciones que defendían el macizo costero francés: fuerte de Saint-Elme y plazas de Port-Vendres y Colliure, donde se había refugiado la resistencia enemiga, siendo también batida. Los franceses debieron retirarse a Perpignan, culminando así la primera campaña.

Contraofensiva francesa, contagio ideológico y fin de la guerra

Si con la llegada del invierno se paralizaron las operaciones, con la simultánea derrota de los realistas de La Vendée y Tolón quedaron liberados numerosos efectivos, que no tardaron en ser enviados como refuerzos desde París al Rosellón (llegaron a reunirse 76.000 hombres), con el fin de asegurar el éxito de la gran ofensiva que se planeaba contra los veintitrés mil españoles que permanecían asentados en suelo francés. Contribuyó a ello el fallecimiento del general Ricardos en marzo de 1794, precisamente cuando se hallaba en Madrid presentando al gobierno un nuevo plan de acción. Su sucesor, el conde de la Unión, no pudo contener la presión gala y en mayo, tras la derrota española de Le Boulou y la consiguiente pérdida de dicha plaza, ordenó el repliegue al Ampurdán. Con ello quedó aislada la línea de fuertes marítimos cuya recuperación iniciaron desde entonces los franceses. San Martín, con el Murcia, se hallaba en la guarnición de Port Vendres y debió combatir en su defensa el 3 de mayo; el 16 estuvo en una salida de la guarnición sobre las baterías del Puy-des-Dianes, pasando después con su regimiento a reforzar el punto inmediato de Colliure hasta que el 27 éste se rindió, quedando el regimiento en calidad de prisionero. No obstante, sus componentes fueron repatriados a Barcelona bajo juramente de no volver a empuñar las armas durante el resto de la guerra. En su nuevo lugar de destino, donde permanecía de guarnición, San Martín fue ascendido a primer subteniente el 28 de julio de 1794, revistando en la cuarta compañía del primer batallón del Murcia.

Entre tanto, las medidas tomadas por el gobierno español para impedir la penetración de las nuevas ideas portadas por el enemigo no pudieron evitar que el contrabando ideológico prosperase, pues el gobierno francés había institucionalizado la política de divulgación de los principios revolucionarios hacia el exterior para ganar adeptos y quebrar el aislamiento. En su campaña propagandística consiguió pasar folletos a las líneas adversarias; subrepticiamente, por las noches, los franceses esparcían panfletos cerca de los campamentos españoles.[28] A los habitantes de la región más proclive al contagio se les prohibió, bajo amenaza de pena de muerte, tener contactos con los transpirenaicos. Los prisioneros de guerra y los desertores franceses actuaban como agentes de la campaña difusora del liberalismo. Así, la guerra no se restringió al plano militar sino que incluyó un vasto operativo ideológico-político destinado a inficionar el alma española.[29] Por otro lado, ese año '94 marcó la radicalización del proceso revolucionario en Francia. Robespierre elevaba la moral del pueblo y orientaba la economía nacional en función de la lucha armada. Los agricultores entregaban granos, forrajes y textiles; los particulares, ropa blanca y mantas de abrigo. El gobierno exigía tales sacrificios a la población que sólo el espíritu ciudadano, el patriotismo, podía hacerlos aceptables.[30] Cabe acotar que, además de que el pensamiento jacobino aparecerá a menudo en las proclamas y discursos que el futuro Libertador dirigirá a los pueblos americanos, la empresa de cooperación cívico-militar que San Martín implementará en Cuyo guardará fuertes concomitancias con la mencionada experiencia francesa.

Ya en septiembre las fuerzas tricolores pasaron a territorio español, donde la suerte de las armas siguió favoreciéndolas. Ambos generales enfrentados, Dugommier y el conde de la Unión, murieron en combate, y a poco tuvo lugar la entrega, sin que mediara un solo tiro, del poderoso y bien pertrechado castillo de Figueras. El suceso venía a demostrar la progresiva desmoralización e ineficacia de los ejércitos realistas, lo que, como contrapartida, provocó la reacción patriótica del pueblo catalán, que se tradujo en la organización de miqueletes o voluntarios armados, cuyo esfuerzo fue en verdad lo que frenó el avance francés. No ocurrió lo mismo en los Pirineos occidentales, donde los invasores se apoderaron sin mayor esfuerzo de San Sebastián, Tolosa, Vitoria y, momentáneamente, de Bilbao.

El fin del radicalismo de Robespierre en Francia, sustituido por los criterios moderados de Fouché y Saint-Just, favoreció la iniciación de negociaciones diplomáticas para poner término a la lucha. En julio de 1795 se firmó finalmente la paz de Basilea, por la que España recuperaba todos los territorios peninsulares ocupados, a cambio de la entrega de Haití al país vecino. Ello implicó un nuevo viraje en la política internacional, por el que se volvía al enfrentamiento con Inglaterra, actuando desde entonces el gobierno de Madrid, dirigido por el primer ministro Godoy, a remolque de la política francesa.

A pesar de su obligada inacción, José de San Martín había sido ascendido el 8 de mayo de ese año a segundo teniente. Su participación en la guerra contra la Convención francesa, que lo puso en contacto directo con los principios revolucionarios, también lo había enriquecido en su formación castrense. Se entrenó en maniobras y combates en la altura y en el llano. Como oficial de cazadores aguzó las características que eran requisito de esa especialidad: vivacidad, iniciativa, decisión, gran golpe de ojo e independencia en los movimientos, todo ello diferenciado de la rutina mecánica de las formaciones rígidas. Comprobó la importancia del buen mando con un conductor de la gran categoría profesional del general Ricardos, capaz de neutralizar con su pericia los defectos de un deficiente planteamiento estratégico (objetivos ambiguos y recursos insuficientes) que condujo a sus sucesores a la derrota. Finalmente, pudo captar en la lucha contra el francés y en la resistencia catalana la importancia del nuevo concepto de defensa basado en los ejércitos populares, con la multiplicación de energía que ello implicaba.

Sus hermanos Manuel Tadeo y Juan Fermín, como subtenientes del regimiento Soria, también habían experimentado las vicisitudes de esa campaña, y luego de la Paz de Basilea fueron destinados a perseguir malhechores y contrabandistas, mientras que Justo Rufino ingresaba –luego que pudo presentar las probanzas de legitimidad, hidalguía y pureza de sangre requeridas– en la compañía americana de Guardias de Corps, recientemente agregada a las tres ya existentes (española, italiana y flamenca). Como escolta de la familia real, era una tan lucida como inútil unidad de caballería, que gozaba de irritantes privilegios especiales y en la que la ostentación y el lujo eran proverbiales, lo que redundaba en ingentes gastos de equipo, por lo que se exigía para sus cadetes una asistencia diaria de 8 reales de vellón en vez de los seis que se precisaban para ingresar en los regimientos de línea.[31] De ello resulta que el tercero de los varones resultara el más gastador de la familia San Martín, en contraposición a José Francisco, tal como lo declararía su madre en su testamento, fechado en Madrid el 10 de julio de 1803. Allí, doña Gregoria afirmaba respecto de sus hijos:

He expedido yo la otorgante para su decoro y decencia en la carrera militar en que se hallan varias sumas que no puedo puntualizar. Pero sin embargo para que se evite por lo mismo desavenencias debo manifestar que con los insinuados Dn. Manuel Tadeo, Dn. Juan Fermín y Dn. Justo Rufino, éste actualmente Guardia de Corps, en la compañía americana, y principalmente con él, he gastado muchos maravedís por haberles tenido que satisfacer varios créditos y por otras circunstancias que han ocurrido [...] que los desembolsos que tengo hechos con el nominado Dn. Justo Rufino no pueden constar, mediante a no haber llevado apunte, ni razón de lo en qué consista; pero sí puedo asegurar que el que menos costo me ha tenido ha sido el Dn. José Francisco.[32]

Lo cierto era que el viejo capitán don Juan de San Martín había podido cumplir su anhelo de procurar una carrera militar para sus vástagos. Con esa satisfacción, enfermo de perlesía, murió el 4 de diciembre de 1796, a los 68 años, en su casa de la Alcazabilla, al pie de la Alcazaba de Málaga, adonde se había mudado al abandonar siete años años atrás la casa de la calle de Pozos Dulces.

A bordo de la *Santa Dorotea*

En agosto de 1796 España y Francia sellaron en el tratado de San Ildefonso su alianza ofensiva y defensiva, a la que siguió dos meses más tarde la guerra con Gran Bretaña, que duraría cinco años. Al comienzo, el conflicto bélico fue primordialmente naval. Precisamente para guarnecer militarmente la plaza de Cartagena y varios castillos cuyos cañones controlaban la entrada de los buques a la bahía, desde principios de 1797 varias compañías del Murcia se hallaban estacionadas en esa ciudad, que albergaba una importante base naval y un poderoso arsenal. Alojado en el cuartel de Antiguones se hallaba el teniente segundo José de San Martín, quien ya conocía el lugar, pues en 1791, siendo cadete, guardó allí cuarentena antes de partir para Orán, regresando al año siguiente al evacuar dicha plaza del norte del África.

La sociedad cartagenera era culta, sociable y cosmopolita. Contaba con varios teatros, un diario (el *Semanario Literario y Curioso*) y varios establecimientos de venta de libros donde era posible adquirir, a precios moderados, por no decir ínfimos, incluso obras de ideas avanzadas, por las que había comenzado a interesarse José, sobre todo desde su prisión nominal en Francia, a raíz de la activa y sistemática propaganda revolucionaria ya señalada. Se asistió entonces al momento de mayor injerencia francesa en todos los ámbitos de la península, sin excluir el castrense, ya que el ejército se inficionó de las tácticas, las marchas y los redobles galos.

Si en un principio el dominio del Mediterráneo correspondió a los aliados, la suerte comenzó a revertirse en febrero de 1797 con la derrota sufrida por España en la batalla naval del cabo San Vicente, donde quince navíos ingleses mandados por el almirante Jervis y su subordinado Nelson batieron a veinticinco naves de la Armada de Su Majestad Católica. Juan Fermín, embarcado con su unidad desde el mes anterior, estuvo presente en esa desgraciada acción, en la que, además, se perdió la estratégica isla de Trinidad en el Caribe. Interrumpida desde entonces la fluida comunicación con las Indias, Carlos IV se vio obligado a autorizar el comercio de las naciones neutrales con sus posesiones americanas, rompiéndose así de hecho el pacto colonial.

Preocupado por el daño que causaban las acciones corsarias del enemigo, no ya sólo en ultramar sino en el mismo Mediterráneo –Cádiz había sido bloqueada–, el ministro de Marina español Lángara dispuso que se armara una flotilla de fragatas rápidas que limpiaran el mar de las depredaciones británicas y recuperaran el control de las rutas marítimas. José de San Martín se ofreció para embarcar como voluntario de infantería de marina en la fragata *Santa Dorotea*, prestamente armada y avituallada. Se trataba de una hermosa embarcación de seiscientas toneladas y 42 cañones, al mando del capitán de fragata Manuel Guerrero, experto marino que, caído prisionero de los franceses en Tolón, había estado a un tris de ser guillotinado. Desde su salida de Cartagena, a mediados de 1797, nuestro teniente segundo –que se inauguraba así como guerrero anfibio– permanecería a bordo durante más de un año, escoltando barcos mercantes, conduciendo caudales, armamentos y pertrechos y persiguiendo corsarios. En agosto participó en el apresamiento de un jabeque de doce cañones tripulado por setenta hombres, y poco después recaló en Málaga, ciudad que le resultaba muy familiar a José Francisco, aunque ya no vivían allí doña Gregoria ni María Helena. Ambas se habían trasladado a Aranjuez, donde estaba el cuartel de los Guardias de Corps, para estar cerca de Justo Rufino y realizar la presentación de un memorial al rey en el que la reciente viuda solicitaba una ayuda económica de 300 pesos fuertes anuales a descontar del ramo de vacantes del obispado de Buenos Aires, logrando que al menos se le concedieran 175.

Entre tanto, y tras de un malogrado intento de abordar junto a Almería otro jabeque, que logró escapar, la *Santa Dorotea*, separada por los vientos del resto de la división, fue perseguida por una fragata y un bergantín ingleses a los que finalmente logró burlar.

En mayo de 1798, navegando en conserva con toda la división comandada por el capitán de navío Félix de O'Neylle, llegaron a Tolón, donde la escuadra francesa del almirante Brueys estaba a punto de zarpar con destino a Egipto. Controlando los preparativos de la expedición, en la que intervendría un ejército de veinte mil hombres a su mando, se hallaba el mismísimo Napoleón Bonaparte, ya célebre por su campaña de Italia. La oficialidad española pasó a cumplimentar al general francés, quien se mostró muy obsequioso. Sería en la recepción celebrada al día siguiente, según cuenta una tradición familiar, que Bonaparte se acercó al joven teniente San Martín, cuyo uniforme difería del de los demás, extendió rápidamente el brazo y, asiendo un botón de la casaca blanca y celeste, leyó en voz alta el nombre de su regimiento: "Murcia". Durante el mes transcurrido en Tolón, San Martín volvió a estar en contacto con la cultura francesa, a la que admiraba y cuyo idioma llegó a dominar. No por casualidad las cuatro quintas partes de su biblioteca personal, que más tarde donaría a la de Lima, estaba compuesta por libros de esa procedencia. No faltaría tampoco a los copiosos banquetes de confraternización a los que las logias masónicas convidaban a los españoles, en su eficaz tarea de difusión de los principios liberales.

El 2 de julio ya habían retornado a Cartagena, pero pocos días después, la *Santa Dorotea* salió con su división a la que sería su última campaña. Luego de fondear en Argel, navegaba de regreso a su base cuando una tormenta desarboló el mastelero del velacho y el juanete mayor de la fragata, lo que aminoró considerablemente su marcha. El 15 de julio se topó con un potente navío inglés de 72 cañones, el *Lion*, que, advertido de la inferioridad de condiciones en que la nave española se hallaba, tanto por sus averías como por su menor potencia de fuego y y cantidad de tripulantes, se lanzó contra ella. Iniciado el abordaje, San Martín y sus compañeros debieron luchar cuerpo a cuerpo, entablándose un denodado combate de más de dos horas durante el cual la *Dorotea* perdió la mitad de su dotación, hasta que se rindió con honor. Los vencedores acogieron con gran respeto a los oficiales y tripulantes de la fragata, que posteriormente fueron transbordados a una embarcación de la República de Ragusa, quedando comprometidos a no volver a pelear contra Inglaterra hasta que no fueran canjeados por prisioneros ingleses. Desembarcados primero en Mahón, el 9 de agosto volvieron a Cartagena, en donde permanecerían sin empuñar las armas en cumplimiento de su promesa hasta 1801.

Esta época de su carrera le sirvió a San Martín para familiarizarse con el mar, cuya seducción sobre él ha quedado atestiguada por su inclinación artística de dibujante y colorista, que le hacía decir que en caso de indigencia podría ganarse la vida pintando marinas, afición que mantuvo hasta sus últimos años. Incluso las paredes del dormitorio donde fallecería estaban adornadas con varias láminas que representaban escenas de la batalla de Abukir, en la que la flota francesa, que él había visto con sus propios ojos en Tolón, fue destruida por la escuadra de Nelson. Por otro lado, los conocimientos adquiridos en esta fase marítima de su formación militar debieron influir sobre él inculcándole una mentalidad naval poco corriente en los oficiales del ejército, que le permitiría más tarde acometer con éxito por el Pacífico la campaña de liberación del Perú.[33]

En cambio, el lapso transcurrido a la espera del canje, entre 1798 y 1801, constituye en la trayectoria de San Martín un tramo oscuro y difícil de reconstruir. En esos años de inactividad, en los que se lo puede suponer dedicado a tareas burocráticas de cuartel y a estudios matemáticos, sus dos hermanos mayores, que hasta entonces habían permanecido más o menos cercanos, tomaron otros rumbos; no así Justo Rufino, quien continuaría como guardia de corps.

"Guerra de las naranjas" y atraco de bandoleros

A medida que se agrandaba en el escenario europeo la figura de Bonaparte, al gobierno de Madrid, convertido en satélite del de París, le quedaba cada vez menos margen de maniobra. Desde esa posición subordinada, alto era el costo de la alianza con Francia, hasta el punto de que en 1800 ésta incluyó la cesión del vasto territorio norteamericano de la Luisiana. Siguiendo ese forzado derrotero tendiente a refrendar las aspiraciones napoleónicas, a principios de 1801 firmóse un tratado por el cual Carlos IV se obligaba a dirigir al gobierno portugués un ultimátum para que abandonase su alianza con Inglaterra. Ante la resistencia del país vecino a tal conminación, España le declaró la guerra y se dispuso a invadirlo con un voluminoso ejército de sesenta mil hombres al mando del ministro Godoy, al que debía seguir otro de veinte mil veteranos franceses, fuerzas desproporcionadas para el objetivo propuesto. Los españoles lograron imponerse en una serie de combates menores hasta que los portugueses pidieron la paz, que se firmó en Badajoz el 6 de julio y por la que se comprometieron a cerrar sus puertos a los barcos ingleses. Como se sabe, esta diminuta guerra recibió su risueño nombre de las ramas con naranjas tomadas de las huertas portuguesas que el improvisado caudillo militar presentó como trofeos a la reina María Luisa. La foja de servicio muestra a José de San Martín interviniendo en la rápida e incruenta contienda como segundo teniente del Murcia en la acción de Campo Mayor del 29 de mayo, fecha en que, con la mitad de su regimiento, llegó a reforzar las fuerzas sitiadoras de dicha plaza, que terminó rindiéndose, como poco antes lo había hecho la de Olivenza.

Al finalizar 1801, San Martín fue destacado con bandera de recluta para engrosar el regimiento de Valladolid. Una vez cumplido ese cometido, la falta de cabalgaduras en un pueblo de tránsito hizo que quedara rezagado del resto del pelotón. Ya debidamente montado, corría al encuentro de sus hombres portando en la caja militar el dinero remanente de su comisión cuando fue asaltado por cuatro bandoleros. "Acordándome de la profesión en que sirvo y el espíritu que anima a todo buen militar –relataría más tarde–, me defendí usando mi sable; pero, habiendo recibido dos heridas, una en el pecho de bastante gravedad y otra en una mano, tuve que abandonar los referidos efectos."[34] Quedó tendido y sangrando hasta que fue recogido por transeúntes circunstanciales que lo llevaron al pueblito de Cubo, ubicado entre Valladolid y Salamanca. Mientras se restablecía, fue visitado por Francisco Javier de Negrete, inspector general de infantería, quien por fortuna había seguido su mismo camino, pudiendo dar fe de lo ocurrido y apoyar el informe favorable del coronel del Murcia, Toribio Montes, cuando, en enero de 1802, el ya curado teniente impetró al rey que le condonase la deuda de los 3.350 reales que le habían sido sustraídos, lo que le fue concedido por éste.

El episodio venía a cerrar un período un tanto opaco en la trayectoria del futuro Libertador, en el que su carrera, luego de la campaña pirenaica tan rica en alternativas que lo llevaron a rápidos ascensos, se estancó, debiendo San Martín permanecer con el oscuro empleo de segundo teniente siete años, siete meses y diecinueve días, durante los cuales atravesó por vicisitudes poco alentadoras. La frustración profesional y el desconcierto político-militar, provocado por la tortuosamente cambiante política de alianzas, debieron haber dejado mella en su espíritu, precisamente cuando más tiempo y oportunidad para asimilar las doctrinas libertarias había tenido su madura mente de joven de 24 años, que ya era todo un soldado veterano.

Oficial de Voluntarios de Campo Mayor

Con la paz de Amiens, firmada el 27 de marzo de 1802, que puso fin a la guerra con Inglaterra, Europa entró en una corta etapa de tranquilidad y España, que recuperó Menorca aunque no Trinidad, pudo restablecer sus comunicaciones con América, con lo que restañó en algo su maltrecha hacienda. La tregua fue también aprovechada por Godoy, entre otras cosas, para emprender con base en el Reglamento del 26 de agosto, una reforma militar –destinada a quedar incompleta– que modificó las estructuras de los regimientos y batallones del Ejército real y creó nuevas unidades. Entre las últimas figuró el batallón de infantería ligera Nº 11 Voluntarios de Campo Mayor, denominado así en conmemoración de la conquista de esa plaza portuguesa. José de San Martín, que había tomado parte en la acción, pasó, a partir del 26 de diciembre, a revistar como ayudante segundo en dicho cuerpo, que comenzó a formarse en Sevilla en marzo de 1803.[35] Cambió entonces su uniforme del Murcia por la casaquilla verde con divisa encarnada, botones y entorchados de plata, chaleco y calzón blancos, más sombrero de dos picos con penacho encarnado sobre la escarapela. Asimismo, con el nuevo empleo –si bien no significaba un ascenso–, salió de las filas de las tropas o compañías, donde había prestado servicio por más de tres años, para pasar a la plana mayor, es decir, al personal directamente a las órdenes del comandante del batallón, coronel Cayetano Iriarte. Fue su jefe inmediato el sargento mayor Rafael Menacho, quien llegaría a mandar el cuerpo con el grado de coronel, hasta su muerte, en la heroica defensa de Badajoz, en 1811. Así, San Martín pasó a actuar en un nuevo ambiente militar, en el que adquiriría experiencia en la organización, equipamiento e instrucción de una unidad en pleno proceso de creación.

Mientras, a fines de 1803, el cuerpo de Campo Mayor, y San Martín con él, fue trasladado a Cádiz. En Madrid, María Helena, la hermana, contrajo nupcias con un distinguido capitán de infantería retirado y tesorero de rentas de las nuevas poblaciones de Andalucía, don Rafael González y Álvarez de Menchaca. Doña Gregoria permaneció junto a su hija cuando, con su flamante cónyuge, se estableció definitivamente en Orense, más próxima a su tierra de origen.

En la ciudad gaditana que constituiría el escenario de la última fase de la vida española de San Martín, éste tuvo ocasión de entrar en estrecho contacto con un importante personaje que, pese a la notable diferencia de grado y de situación de revista que los separaba, lo distinguió con su amistad, dejando una marca indeleble en el alma del joven oficial. Se trataba del teniente general Francisco María Solano, marqués del Socorro y de la Solana, quien desempeñaba las altas funciones de capitán general de Andalucía y gobernador civil y militar de Cádiz. Éste era también americano, nacido en Caracas, nieto por vía materna del ex gobernador del Río de la Plata Domingo Ortiz de Rozas; ilustrado y aficionado a las letras y a la pintura, gozaba de gran crédito militar por haber hecho las más notables campañas de la época, pues había ocupado puestos de mando en el sitio de Orán, en la guerra del Rosellón y en la campaña de Portugal de 1801. Incluso había servido en las filas de la Francia revolucionaria, incorporado al ejército del Rhin y acompañando al famoso general Víctor Moreau durante sus brillantes campañas en Alemania. A su regreso tomó una parte activa en la introducción de la nueva táctica francesa en el ejército español. Precisamente en ella se formó el nuevo batallón de Voluntarios de Campo Mayor, unidad que alcanzó un alto grado de instrucción militar pues fue adiestrada especialmente para realizar en 1804 un ejercicio modelo de demostración y de información ante representantes de los mandos castrenses de la península, y que fue presenciado también por el mismísimo general Moreau –entonces de paso por Cádiz, desterrado por Bonaparte–, a quien su discípulo y amigo Solano invitó especialmente. Fue en estas circunstancias que San Martín desarrolló más intensamente sus reconocidas dotes de instructor de tropas.[36]

En ese mismo año una epidemia de fiebre amarilla esparcida por las costas mediterráneas castigó duramente a la población gaditana. Sucumbieron bajo el temible azote más de doscientos hombres del batallón de Voluntarios de Campo Mayor, y costó tantos esfuerzos combatir sus mortíferos efectos que el rey dispuso que tal acción se reputara como campaña efectiva para la tropa que se encontraba en los lugares afectados. En la foja de servicios de San Martín figura que fue ascendido el 2 de noviembre de ese año a segundo capitán de la segunda compañía del batallón, volviendo así a estar en contacto directo con la tropa. Pasada la peste, el cuerpo se diseminó por toda la zona en partidas comisionadas para perseguir a contrabandistas y malhechores.

Reanudación de la guerra contra Inglaterra

Desde octubre de 1803 Bonaparte había forzado a España al pago de seis millones de pesos mensuales en compensación por las prestaciones a que se había obligado para con Francia por tratados anteriores. Pero ni siquiera así la agobiada aliada pudo mantener su precaria y onerosa neutralidad. Una injustificada agresión británica motivó una nueva ruptura de hostilidades. En efecto, el 5 de octubre de 1804 naves de esa procedencia atacaron sorpresivamente, cerca del cabo de Santa María (Portugal), a cuatro fragatas españolas que, al mando de don Diego de Alvear y Ponce de León, llevaban caudales desde el Río de la Plata hacia la península, haciendo volar una de ellas. Entre las numerosas víctimas del atentado se contaron los integrantes de la propia familia de Alvear, con excepción de su hijo Carlos, destinado a convertirse en compañero, primero, y en rival, después, de San Martín y a tener una tan controvertida como destacada actuación en la historia argentina.

Como consecuencia de ese incidente, el 12 de diciembre, Carlos IV declaró la guerra a Gran Bretaña y volvió a convertirse en aliado beligerante de Bonaparte, que aspiraba a asaltar la isla enemiga utilizando la flota franco-española, que se encontraba en gran parte fondeada en el puerto de Cádiz. El Campo Mayor se había concentrado y pasó en 1805 a acantonarse en los diversos pueblos de las inmediaciones de Gibraltar. Enfundado en el nuevo uniforme impuesto ese año –casaca azul con divisa carmesí; chaleco, calzón y vivos blancos; botones y galones de plata–, San Martín pudo observar los preparativos navales sin sospechar que terminarían el 20 de octubre en el tremendo desastre de Trafalgar, que malogró los planes del emperador y redujo a la nulidad a la marina española. Costosísimo e irreparable resultó el error del almirante francés Villeneuve al ordenar la salida de todos los buques aliados de la bahía, los que fueron inexorablemente batidos por los ingleses al mando de Nelson.

Luego de ese rotundo éxito, Inglaterra, dominadora exclusiva en los mares –tanto como Bonaparte lo era en el continente, donde sus ejércitos seguían siendo imbatibles–, había quedado con las manos libres para despojar a sus enemigos de sus colonias del ultramar. En ese contexto se produjo la invasión del general Beresford a Buenos Aires, golpe audaz efectuado al promediar 1806 por un puñado de ingleses, que atizó la indignación de los nativos, quienes no tardaron en reaccionar expulsando a los "gringos". Un segundo ataque inglés, esta vez con efectivos más que respetables –once mil–, corrió al año siguiente igual suerte, quedando así demostrada la eficacia y bizarría de las improvisadas milicias criollas obstinadas en la patriótica defensa de su suelo. A José de San Martín, indiano al fin, no tardaron en llegarle los ecos de lo que habían sido capaces de hacer sus paisanos de allende el océano, quienes, a la par de probar su propio valor, acababan de palpar la perplejidad e impericia de las autoridades coloniales, que los indujo a destituir al mismísimo virrey. Seguramente, uno y otros arribarían a una misma conclusión: España ya no estaba en condiciones de cumplir con su papel de metrópoli. Sus vástagos americanos, con su recién acreditada autosuficiencia, comenzaban a sentir que habían alcanzado la mayoría de edad. Se acercaba la hora de la emancipación.

La campaña a Portugal, la invasión francesa y la crisis de la monarquía española

Después de Trafalgar, el descontento generado por la política de subordinación a Francia activó los gérmenes de descomposición existentes en el seno de la monarquía española. Los disconformes se nuclearon en torno al príncipe Fernando de Asturias. Godoy intentó reaccionar abriendo negociaciones secretas con Londres, mientras Bonaparte se encontraba embarcado en la guerra contra Prusia; pero la nueva victoria de Jena obligó al valido a colocarse nuevamente bajo la égida del Gran Corso, volviendo a secundar su acción. A principios de 1807 España se sumó al bloqueo continental y envió un ejército de quince mil hombres al mando del marqués de la Romana a reforzar la *Grand Armée* en Dinamarca, que no tardó en sufrir un fulminante ataque inglés. A su vez, Bonaparte despachó un ultimátum a Portugal exigiéndole la completa clausura portuaria de todo tráfico comercial con Gran Bretaña. Rechazado por el regente Juan de Braganza, Bonaparte ordenó a Junot atravesar la frontera española –sin miramiento jurisdiccional alguno para con su aliada– y apoderarse de Lisboa. Poco después quedaba convalidado el atropello con la firma del ominoso tratado de Fontainebleau, que disponía la desaparición de Portugal como nación y su reparto en tres fracciones, mientras que por un convenio anexo se autorizaba la entrada de soldados franceses en España. Además, las tropas españolas debían cooperar en la invasión al país vecino, cuya familia real, con su numerosa corte, apenas si alcanzó a embarcar en la escuadra inglesa para trasladarse a Brasil.

En tales circunstancias, Solano fue encargado de conducir la invasión a Portugal por la frontera sur al mando de una división española de seis mil hombres. El general no tardaría en quejarse de la falta de conocimiento de los planes de guerra, de la carencia de enlace con el ejército francés del centro y de la escasez de suministros. José de San Martín participó en esa desorganizada expedición con el empleo de capitán de guías[37], cargo de confianza –que no figura en su foja de servicios– para el que Solano debió haberlo elegido expresamente.

Lo cierto fue que el Alemtejo y la Extremadura portuguesa fueron ocupados sin hostilidad, acampando las fuerzas de Solano en Setúbal, mientras las de Junot llegaban a Lisboa. Fue una pequeña y breve campaña que sólo sirvió de pretexto para que cien mil franceses llenasen el territorio español, ya sin el previo acuerdo de la decadente monarquía aliada, cuyos representantes estaban ocupados en dirimir sus escandalosos pleitos familiares en Aranjuez. Cada parte no había hesitado en humillarse ante el emperador, convertido en árbitro de la situación, para conseguir su favor: Carlos IV y su ministro, para conservarse en el poder; el príncipe Fernando, para lograr el apoyo contra su padre. En el sentir del pueblo español, Godoy, con su pública obsecuencia para con el César extranjero y su insolente empaque de "déspota ilustrado", que mal armonizaba con su condición de político usufructuario de la real alcoba, era una figura aborrecible cuya presencia en el gobierno, luego de la ocupación francesa, ya no se podía tolerar. El heredero de la Corona, en cambio, era vislumbrado como su contrafigura por ese mismo pueblo que, alejado de los entretelones palaciegos (proceso de El Escorial), desconocía las auténticas insignificancia y miseria moral de ese personaje que, con su aspecto de chulo de caricatura, amigo de alter-

44

nar con majas y toreros, encarnaba para el imaginario colectivo al castizo vengador de la tradición nacional escarnecida. De este modo, cuando el burlesco remedo español del modelo florentino de Maquiavelo hizo esparcir el rumor de que Godoy planeaba, en combinación con los ejércitos de Bonaparte, el destierro de los Borbones al Nuevo Mundo, una multitud enardecida se congregó en los jardines reales, ensañándose contra el odiado valido; pero la exaltación no amainó hasta que, el 19 de marzo de 1808, Carlos IV renunció a la corona en favor de su hijo Fernando, "el Deseado". Pocos días después, las falanges napoleónicas, con banderas desplegadas y el mariscal Murat a su frente, hacían su espectacular entrada por la Puerta de Alcalá, acentuando el malestar de los vecinos de Madrid. Bajo su amparo, el viejo Borbón no tardó en retractarse de su abdicación y, con el resto de la familia real, salió en abril hacia Bayona para dirimir bochornosamente sus disputas domésticas ante el árbitro de Europa, quien ya había decidido deshacerse de la relajada rama española de la dinastía borbónica. El miembro de la guardia de corps de la familia San Martín acompañó a Fernando en su trayecto hasta Vitoria, donde el escuadrón escolta recibió orden de Murat de regresar a Madrid, a la que Justo Rufino desobedeció, dirigiéndose por Navarra hacia Zaragoza.

La noticia de aquella ominosa marcha encendió la chispa del estallido popular madrileño contra las tropas francesas de ocupación. De improviso, el 2 de mayo toda la ciudad, capitaneada por los arrojados jóvenes Daoiz y Velarde, se convirtió en campo de batalla. Manuel Tadeo de San Martín parece haber tenido una parte muy activa en los sucesos de esa memorable jornada. Los fusilamientos ordenados por los franceses en La Moncloa, el Retiro, el Prado y la Montaña del Príncipe Pío sólo lograron contener momentáneamente la insurrección, que se generalizó. Ante el llamado del alcalde de Móstoles –"La Patria está en peligro, Madrid perece víctima de la perfidia francesa: Españoles, acudid a salvarla"–, toda la nación se alzó electrizada: juntas populares reasumieron la soberanía en nombre del rey y se prepararon a resistir. Comenzaba la guerra por la independencia española. Mientras tanto, Napoleón precipitaba el desenlace de la tragicomedia de Bayona: conminó a Fernando a que reconociera a su padre como rey legítimo y éste, a su vez, cedió su corona al emperador, quien la destinó a su hermano José, rey de Nápoles.

En esas circunstancias regresaba de la expedición a Portugal la división de Solano, en la que venía San Martín. Ya al pasar por Badajoz, el general intentó inflamar al ejército al conjuro del arranque patriótico matritense; pero fue inútil: los espíritus se hallaban irresolutos por el amedrentamiento que había provocado la terrible represión francesa. Además, tal como lo había previsto Bonaparte, el ejército real español no estaba en condiciones de ofrecer una seria resistencia militar a los invasores, porque más allá de sus debilidades intrínsecas, estaba tradicionalmente orientado a defender el territorio de las agresiones marítimas, como consecuencia del prolongado conflicto con Gran Bretaña. Por otra parte, sus tropas de elite se hallaban dispersas fuera de la península: unas en Italia y otras en Europa central. Comprendiéndolo así, después de aquel intento fallido, Solano consideró necesario actuar prudentemente y sin precipitación, lo que no tardaría en ser mal interpretado como un signo de francofilia del marqués, declarado admirador –como se ha dicho– de la nueva táctica de guerra de los invasores, que el comando español se mostraba reacio a adoptar. Cuando la Junta de Sevilla resolvió enviar emisarios a provocar la insurrección en Cádiz para unir las fuerzas allí existentes con las que se habían levantado en la capital de Andalucía, la suerte de Solano estaba decidida, hasta tal punto que aquella corporación ya había previsto quién lo reemplazaría en el mando.

San Martín y el asesinato del general Solano

Recuérdese que las juntas surgidas en cada provincia, villa o ciudad, si bien tenían por objetivo proclamado mantener la unidad política de la nación a nombre del destronado Fernando VII, en la práctica cada una se atribuía el derecho de ejercitar el poder soberano. Así como algunas de esas corporaciones solicitarían por cuenta propia préstamos a Gran Bretaña o abrirían negociaciones militares o diplomáticas con Londres, la de Sevilla se autotitularía "Junta Suprema de España e Indias" y hasta mandaría delegados suyos a América para que aseguraran, contra toda verdad, a las autoridades coloniales que su potestad no era discutida en la península, por lo que las provincias ultramarinas también debían acatarla.[38] Tanto no era así que Solano decidió resistir las insinuaciones de esa misma Junta para que atacara a la escuadra francesa que se encontraba anclada en las aguas gaditanas. Convocó a una junta de generales de resultas de la cual se publicó un bando que fue pregonado en la noche del 28 de mayo y en el que se manifestaba que lo más conveniente era no dejarse llevar por los promotores del alzamiento, porque no se podía confiar la victoria sobre tamaño enemigo al entusiasmo y a la improvisación sino a una campaña organizada, para lo cual había que preparar y disciplinar a todas las fuerzas disponibles. Dado que la defensa de Cádiz no se podía desatender por la importancia de su escuadra, arsenal y puerto, no convenía que sus vecinos salieran de sus hogares, pero sí que todos los que quisieran brindar sus patrióticos servicios se alistasen. A pesar de lo cuerdo de este razonamiento, otras expresiones ambiguas (la conveniencia de no distraer brazos en el empleo de las armas en pleno tiempo de cosecha, el hecho de que los soberanos se hubieran marchado espontáneamente y no reclamaran ningún sacrificio a su pueblo y el reconocimiento del número insuficiente de tropas en la península para obrar con éxito) sonaban a reparos o argumentos disuasorios inadmisibles para una muchedumbre exaltada ex profeso por agitadores empeñados en desatar de inmediato la lucha contra los franceses.

Para calmar la inquietud popular en ascenso, el 29 se ordenó la moviliza-

46

ción, se tomaron posiciones para vigilar la escuadra francesa y fue proclamada la guerra. Pero ya era tarde. La multitud soliviantada tomó posesión del arsenal, liberó a los presos, intentó infructuosamente apresar al cónsul francés y finalmente se dirigió a la plaza de los Pozos de la Nieve, sobre la que estaba situada la residencia del gobernador. Una delegación entró para apremiarlo, pero fue altivamente rechazada por Solano. La muchedumbre se lanzó entonces sobre la entrada. El oficial que mandaba la guardia concentró sus soldados y se preparó para la defensa; con dos descargas de fusil al aire logró ahuyentar a los agresores luego del primer embate, lo que aprovechó para atrancar fuertemente la entrada. Seguidamente recibió orden del marqués de no hacer fuego sobre la gente, a pesar de que los revoltosos apuntaron seis piezas de artillería hacia la casa. Según la versión tradicional, ese jefe de guardia era José de San Martín; para otros, un edecán de Solano.[39] Sin embargo, se ha cuestionado que el futuro Libertador desempeñase cualquiera de ambos cargos sobre la base de que en el ejército español los capitanes no cubrían guardias, a menos que fueran de honor, y tampoco era reglamentario que los oficiales con destino en un cuerpo se desempeñasen como edecanes. En tren de dilucidar la cuestión cabe alegar que resulta altamente factible que a muchos pareciese San Martín ayudante de Solano, ya que por su mutua amistad se les veía juntos en frecuentes ocasiones fuera de los actos del servicio, sobre todo en fiestas de sociedad, siendo además el capitán asiduo partícipe de la mesa de su general. En consecuencia, se puede interpretar verosímilmente que, preocupado por los rumores circulantes de que se atentaría contra la vida del gobernador y de que la guarnición había sido trabajada contra él, San Martín habría acudido en apoyo de su amigo el marqués del Socorro y se encontraría en su casa cuando el pueblo sublevado invadió la plazuela de las Nieves. En tales circunstancias, no sería extraño que asumiera a título personal la defensa del edificio. Asimismo, como la guardia la prestaba ese día una partida del regimiento de Voluntarios de Campo Mayor, resulta natural que siguiera las órdenes de un capitán de su cuerpo. Asumiendo ese papel San Martín habría intentado, pues, darle tiempo a Solano para huir quedando él cerrando el paso a los amotinados hasta que ya no pudo sostenerse.[40]

En efecto, al tronar el cañón cayó la puerta y la muchedumbre penetró en la casa para apresar al general, que había podido escapar saltando por la azotea para refugiarse en la casa vecina del banquero irlandés Strange. Cuando descendía la escalera se topó con un tal Pedro Olaechea, que, aunque no pudo detener al fornido marqués, denunció su presencia a la masa enardecida. Oculto en un gabinete secreto, Solano salió finalmente de él para entregarse a fin de no exponer a su anfitriona María Turker, ya herida, que intentaba salvarlo. Injuriado, golpeado y hasta apuñalado, pudo no obstante llegar con vida a la plaza de San Juan de Dios, donde fue traspasado por una espada. El ensañamiento continuó, pero ya con su cadáver. San Martín no pudo evitar el sangriento fin, pese a los esfuerzos que hizo para salvarlo. Así se lo habría confesado el mismo Libertador a su yerno Mariano Balcarce, aunque existe otra versión que lo hace arribando de la isla de León precisamente cuando acaba-ba de consumarse el asesinato. Sea este dato cierto o no, lo que parece fuera de duda es que su parecido fisonómico[41] con el general ultimado le hizo pa-sar un muy mal trago:

> Justamente en ese momento, San Martín, que volvía de San León, fijándose en el tumulto de Cádiz, fue atajado por la multitud. Fácilmente puede imagi-narse el horror, la desesperación, la furia del joven edecán, cuando conoció en esta mezcla de sangre, carne y lodo, los restos de su general. Tarde ya para de-fenderlo, resolvió vengarlo, pero cuando se esforzaba para hacerse paso entre las filas cerradas de la turba, otra banda de vecinos vinieron de otro lado, des-pués de haber incendiado la casa del cónsul francés Leroy, rodearon a don Jo-sé y lo llevaron lejos del cadáver.
>
> Entre Solano y San Martín había una gran semejanza; y estos bandidos, enga-ñados por ello, levantaron el grito de ¡muerte! Así un error fatal pudo haber causado otro crimen. La espada del valiente San Martín ya se había roto en su mano: estaba por caer vergonzosamente en las calles públicas, sin poder de-fenderse, desconocido y sin ser vengado; y echando por tierra los que le ro-deaban corrió en la dirección del puerto. Los rebeldes lo siguieron [...]
>
> Al fin, sin aliento y completamente extenuado, no pudo correr más, y al llegar a la iglesia de los Capuchinos toda esperanza de salvar la vida lo abandonó; nombró a una mujer[42], el último suspiro de su corazón, y se paró a pocos pa-sos de la imagen de la Virgen, colocada en un nicho, afuera de la iglesia. Un fraile estaba rezando enfrente del altar: era un hombre que no participaba de los sentimientos de la multitud y repelía sus medidas violentas. Conocía a San Martín y el terrible peligro lo conmovió. Poniéndose delante del fugitivo y ele-vando el crucifijo sobre su cabeza dio cara a la multitud y dijo: "No den al vi-vo el nombre del muerto; el capitán general Solano ya no vive: su sangre co-rre desde la plaza de San Antonio hasta las fortificaciones. En cuanto al hombre que están persiguiendo, su nombre es José de San Martín, y esta santa imagen se llama la Madre de la Merced" e hizo un gesto por el cual fácilmente com-prendieron lo que era su deseo. Nadie se atrevió a profanar el altar sagrado o a rechazar la cruz. Gracias a esta intervención providencial San Martín pudo llegar hasta la bahía y se salvó. Como un verdadero soldado no perdió ni tiem-po ni palabras en agradecimientos, más apretando la mano al fraile dijo: "No me olvidaré".[43]

Como los allegados al capitán general sufrieron persecución en los días posteriores a los sucesos, el teniente coronel Juan de la Cruz Murgeón ocultó a San Martín en su casa hasta que pudo salir hacia Sevilla, desde donde pasó a reincorporarse al batallón de Voluntarios de Campo Mayor, que se hallaba en Ronda. Decidía así poner su espada al servicio del alzamiento general de España, pero el traumático episodio gaditano lo marcaría indeleblemente, provocándole un rechazo visceral a los excesos tumultuarios.⁴⁴ Jamás olvidaría San Martín a su general Solano, tan bárbara y gratuitamente inmolado; el primero de sus superiores que supo distinguirlo por sus cualidades, sustrayéndolo de la rutina cuartelera para hacerlo incursionar como oficial de confianza en los niveles asesores del mando político militar. Prueba la persistencia de su recuerdo que un medallón con la efigie grabada del marqués acompañase al Libertador americano hasta el fin de sus días, celosamente guardado en su cartera de bolsillo.

La precursora carga de Arjonilla

La invasión napoleónica a la península fue fulminante. Cien mil franceses se esparcieron sobre su territorio al mando de imbatibles águilas imperiales: Saint-Cyr se lanzó sobre Cataluña, Moncey sobre Valencia, Lefebvre sitió Zaragoza, Reinville intentó ocupar La Mancha, mientras Bessieres le abría paso al nuevo monarca, José Bonaparte. Tocaríale al general Pierre Dupont marchar sobre Andalucía con una columna de trece mil hombres con el objeto de proteger la escuadra de Rosilly, anclada en Cádiz. Luego de derrotar el 7 de junio de 1808 en Alcolea al destacamento de Echávarri, pudo cruzar el Guadalquivir y poco después saqueaba Córdoba. Pero no llegó a tiempo para cumplir su misión, pues el 14 tropas españolas lograron rendir a la escuadra francesa. A pesar de haber quedado así anulado su objetivo, Dupont se estableció en Andújar a la espera de los refuerzos pedidos a Madrid, con la firme intención de proseguir su avance.

A principios de junio la Junta de Sevilla había designado a José de San Martín mayor general de las fuerzas que en Jaén organizaba el coronel Francisco Torres.⁴⁵ Sin embargo, no parece que llegara a cumplir su función de instructor de tropas, pues pocos días después estaba incorporado con su regimiento de Voluntarios de Campo Mayor al Ejército de Andalucía, cuyo jefe era el general Francisco Javier Castaños. Éste se encontraba dedicado en Utrera a una intensa tarea de reunión e instrucción de tropas, mientras una fuerte vanguardia al mando de Antonio Malet, marqués de Coupigny –general al servicio de España, nacido en Arras, Artois (Francia)–, se dirigía a Carmona para hostigar a los franceses. Como fuerza de choque para esta última división se formó una Agrupación de Montaña volante, comandada por el teniente coronel Juan de la Cruz Murgeón, y al mando de cuya vanguardia quedó el capitán San Martín. Destinado así a ser punta de lanza de la hueste andaluza, en la madrugada del 23 de junio realizaba en las proximidades de Arjonilla un servicio de avanzada con una fuerza encabezada por veintiún caballos de húsares de Olivenza y caballería de Borbón, seguidas por 41 hombres de infantería de Campo Mayor, cuando se topó con una partida del servicio de exploración destacada por el enemigo. Inmediatamente dio parte a Murgeón, quien

49

le dio orden de atacar, pero ya los franceses habían emprendido la retirada. San Martín marchó entonces por un atajo con la intención de cortarlos y los halló esperándolo frente a la casa de la posta de Santa Cecilia:

> [...] los enemigos estaban formados en batalla, creyendo que San Martín con tan corto número no se atrevería a atacarlos; pero este valeroso oficial únicamente atento a la orden de su Jefe puso su tropa en batalla y atacó con tanta intrepidez, que logró desbaratarlos completamente, dejando en el campo diecisiete dragones muertos y cuatro prisioneros, que aunque heridos los hizo conducir sobre sus mismos caballos, habiendo emprendido la fuga el oficial y los restantes soldados con tanto espanto que hasta los mismos morriones arrojaban de temor, lográndose coger quince caballos en buen estado y los restantes quedaron muertos. Mucho sintió San Martín y su valerosa tropa se les escapase el oficial y demás soldados enemigos; pero oyendo tocar la retirada, hubo de reprimir su ambición de gloria.[46]

Esa breve descripción de lo ocurrido basta para pintar de cuerpo entero el modelo de militar en que se había convertido ese oficial criollo de 30 años, capaz de combinar el arrojo con la disciplina. Es fácil imaginar que, luego de cargar con éxito, fuese su impulso completar la acción justo cuando se tocaba retirada; y aunque en el momento esto resultase inexplicable para unos hombres enardecidos por la victoria y tentados, por tanto, de desoír el inoportuno clarín, San Martín logró dominar su ímpetu y refrenar el de los suyos; pudo pensar –aun en caliente– que aquello no debía ser una exigencia caprichosa sino seguramente basada en la mayor información proveniente de la perspectiva ampliada de la acción que su superior debía poseer, y de la que él carecía. En consecuencia, antepuso "la obediencia a su ambición de Gloria", como dice el parte. Supo, pues, poner el corazón en la audacia de la arremetida –hasta tal punto que "en un inminente peligro de perder la vida" debió su salvación al cazador de los Húsares de Olivenza Juan de Dios– y la mente en el acatamiento de la orden de repliegue. Ésta se debió a que Murgeón había observado que los franceses recibían un numeroso refuerzo de caballería, por lo que, a la par que dispuso la suspensión del ataque, desplegó sus fuerzas adecuadamente, logrando sostener la retirada de San Martín y, simultáneamente, bloquear al enemigo. Un solo herido leve fue toda la pérdida española.

Resultaba de esta primera acción de mando personal del futuro Libertador que, siendo capitán de infantería, por sus condiciones de buen jinete, condujo dos secciones de caballería integradas en total por veintiún efectivos con los que causó igual cantidad de bajas a un enemigo muy superior numéricamente, poniendo en fuga al resto.

La ponderación que se hizo tanto de esta acción como del valor y la pericia militar de su principal protagonista quedó reflejada en las recompensas consiguientes: se concedió a los combatientes el galardón de un escudo, según propuesta de San Martín, que él mismo se encargó de diseñar[47]; a éste se lo ascendió el 27 de junio a ayudante primero de su regimiento[48] y como el comandante general de la vanguardia, marqués de Coupigny, lo llamara a su lado como edecán, el 6 de julio se le extendió el despacho de capitán agregado al regimiento de caballería de Borbón con el sueldo de vivo.[49]

La *Gazeta Ministerial de Sevilla* publicó el parte del combate con la ironía que le hizo gastar al secretario de la Junta sevillana, Juan Bautista Pardo, la desbandada de los franceses, desprendiéndose de sus molestos morriones: "Los que huyen de esta manera son los vencedores de Jena y Austerlitz"; además se lo reprodujo en forma de edicto para ser fijado en las paredes, con el fin de transmitir a los patriotas andaluces agolpados para leerlo el exultante entusiasmo con que fue redactado. No era para menos si se piensa que, aunque la tan mentada acción no había pasado de ser una escaramuza, era la primera vez que cambiaba la suerte de los españoles en una guerra que hasta entonces no les había ofrecido chance alguna de victoria.

La gloria de Bailén

El 27 de junio de 1808 el ejército de Castaños salía de Utrera en dirección a Córdoba siguiendo la margen izquierda del Guadalquivir. En Porcuna, donde se le sumaron las fuerzas procedentes de Granada al mando del general Teodoro Reding, suizo al servicio de España, se procedió a la reorganización de toda aquella hueste, que ya alcanzaba a 35.000 hombres y que, con la adición de los numerosos cuerpos de voluntarios instruidos por las juntas, llegaría a los sesenta mil. En proporción al número crecía su agresividad frente a las fuerzas de Dupont, quien recién una semana antes del enfrentamiento general pudo disponer de veinte mil efectivos, los que, además, ya se resentían de los efectos del calor agobiante y la escasez de víveres y de agua, con su consiguiente secuela de enfermedades.

El 12 de julio, en consejo de generales, Castaños decidió el plan de campaña, para cuya realización se dividió al ejército en dos cuerpos: al primero, bajo la dirección del mismo comandante en jefe le tocaría amagar de frente a Dupont, fortificado en Andújar, entreteniéndolo. Mientras, el segundo cuerpo, integrado por la primera división de Reding y la segunda de Coupigny, realizaría una maniobra de rodeo para cruzar el Guadalquivir y reunirse en Bailén; tras desbaratar las fuerzas que lo guarnecían, retornarían hacia Andújar, quedando en posición de atacar por la espalda al enemigo, que así quedaría rodeado.

La primera en entrar en acción fue la fuerza de Coupigny, en la que marchaba San Martín cumpliendo las funciones de su flamante cargo de ayudante primero del marqués, la que derrotó a dos gruesos batallones franceses en los combates de Villanueva de la Reina. Luego de cruzar el Guadalquivir y

51

reunirse con la división de Reding, marcharon hacia Bailén, desde donde se dirigieron a Andújar para atacar el cuartel general de Dupont. Éste, a su vez, evacuó su centro defensivo replegándose hacia aquel punto.

En la madrugada del 19 de julio se produjo el sorpresivo encuentro nocturno de la vanguardia francesa con las avanzadas españolas de Reding y Coupigny, quienes fueron los principales artífices de la victoria sobre el terreno luego de una ruda batalla que se desarrollaría durante nueve horas bajo un sol calcinante.[50] Aunque el nombre del primero predominó, dado que por su mayor antigüedad asumió formalmente el mando en jefe, éste fue de hecho compartido por el marqués, quien "no sólo de concierto conmigo –afirmaría el suizo– en la dirección de los movimientos de este día contribuyó a su acierto y felicidad, sino que habiendo elegido los cuerpos de que queda hecha mención acudió con ellos a los puntos más vivos de los tres ataques generales y con sus conocimientos y valeroso ejemplo nos proporcionó los expresados felices resultados".[51] Obviamente, a todo ello coadyuvó también José de San Martín actuando como ayudante de campo al lado de Coupigny, quien lo recomendó especialmente en el parte de la batalla que elevó Reding a Castaños el 22 de julio de 1808. Que en cumplimiento de sus funciones de estado mayor realizó un provechoso aprendizaje quedaría irrefutablemente demostrado cuando, años más tarde, emprendiera su campaña por la liberación de Chile, pues Chacabuco sería la réplica estratégica de Bailén. En reconocimiento a los méritos y servicios prestados en la gloriosa jornada, la Junta sevillana a nombre de Fernando VII lo promovió a teniente coronel graduado de caballería.[52] A raíz de ello, su superior y amigo, el marqués, le escribió en términos reveladores de la estima y confianza que se había granjeado su meritorio ayudante:

Mi estimado amigo: Tengo la satisfacción de felicitarle a V. por el grado de Teniente Coronel [con] que la Junta de Sevilla se ha servido distinguirlo. Incluyo a V. la certificación que me pide: y es regular que se sepa en esa y usen los que estuvieron en Bailén la medalla que se nos ha concedido.
"Siento mucho sus males, y tendré particular gusto en su restablecimiento, como en que mande a su afº. amigo. El Ms. de Coupigny.[53]

En la condecoración mencionada se ven sobre esmalte blanco dos sables en cruz unidos por una cinta roja de la cual pende un águila abatida; en la parte superior, una corona de laurel y en derredor la leyenda "Bailén, 19 de julio de 1808".[54]

La dolencia que por entonces aquejó a San Martín y de la que el marqués se lamenta, una afección respiratoria grave y prolongada, lo obligó a permanecer en Sevilla. Para que atendiera a su cura, Castaños lo agregó a la Junta Militar de Inspección de la Reserva del Ejército del Centro, con sede en esa ciudad, fórmula que le permitió continuar percibiendo sus pagas mientras permaneciera alejado del servicio activo.

52

La batalla de Bailén tuvo una gran trascendencia moral en toda Europa al quebrar por primera vez la fama de imbatibles de los ejércitos napoleónicos y alentar la formación de la quinta coalición. En España, José Bonaparte que el 20 de julio entraba en Madrid trayendo la constitución de Bayona bajo el brazo, al tomar conocimiento de la derrota sufrida por los suyos, volvió presurosamente sobre sus pasos acercándose progresivamente a la frontera francesa: estableció su corte en Burgos y luego en Vitoria. También las huestes del Imperio se replegaron hacia el Ebro, levantando el sitio de Zaragoza, donde Justo Rufino de San Martín, ascendido al grado de capitán de caballería, había venido actuando como ayudante de campo del general Palafox; mientras que su hermano mayor Manuel Tadeo combatía a los invasores en Valencia.

Simultáneamente, Portugal intervino activamente en la guerra y con el aporte del contingente al mando de Wellington enviado por Gran Bretaña vencieron en Vimeiro a las fuerzas de Junot. No tardarían en llegar nuevos efectivos desde la isla al mando del general Moore. El 23 de agosto Castaños entraba en Madrid en medio de una ovación delirante y de resultas de la recluta popular, cien mil españoles se distribuyeron en tres ejércitos: el de Galicia o de la Izquierda, al mando de Blake; el del centro o Andalucía, a cargo del estratega de Bailén y el de Aragón o de reserva, bajo la conducción de Palafox. A la reorganización militar acompañó la institucional: en septiembre de 1808 se formó en Aranjuez la Junta Central Gubernativa del Reino, compuesta de dos representantes por cada uno de los organismos homónimos locales, que a fines de ese año se vería obligada a trasladarse a Sevilla pues no tardaría en producirse una aplastante contraofensiva francesa.

Los últimos años al servicio de España

Napoleón en persona, con sus mejores mariscales y un ejército de 210.000 hombres, acudió a la península, presuroso por neutralizar y revertir la inesperada situación y el último trimestre de 1808 resultó nefasto para las fuerzas regulares españolas: Blake fue vencido por Lefebvre en Durango, Lannes derrotó a Palafox en Tudela y otro tanto hizo Ney con Castaños en Soria. El 3 de diciembre el Gran Corso entraba victorioso en Madrid y al cabo de un mes se retiraba de España, dejando consolidada su posición con la superioridad de sus fuerzas.

En tanto, Coupigny era designado cuartelmaestre del Ejército de Cataluña y a punto de marchar a su destino, no dudó en llamar a su lado a su antiguo ayudante, aún en proceso de rehabilitación:

Mi estimado amigo: he sabido con placer el restablecimiento de Vm; y como aprecio el mérito y los buenos oficiales, quisiera marchase Vm. al Exto. de Cataluña, para donde salgo mañana, empleado por la Junta Central; y estando a mis órdenes e inmediación podría adelantarle a Vm. en su carrera.

Creo que si Vm. hace esta solicitud, contando con mi consentimiento, a la Junta Central, no pondrá la menor repugnancia; pero si la hubiese escríbame Vm. que yo veré de allanarla.

Páselo V. bien, y mande a su afecto amigo.[55]

El teniente coronel San Martín le contestó al marqués el 13 de marzo que elevaría tal pedido apenas "me acabase de restablecer". Recién lo podría hacer el 29 de mayo, cuando se sintió "más aliviado de la peligrosa enfermedad" padecida. A principios de junio se le concedió el traslado requerido, en atención a lo informado por los subinspectores de Infantería y Caballería:

> [...] es notorio que no está totalmente restablecido, pero nos ha manifestado que ya la respiración le permite poder viajar, y que desea con ansia volver a concurrir a la defensa de la actual causa, por lo cual y atendiendo a que es de clase de agregado, y sujeto que puede ser útil en cualquier destino, lo consideramos acreedor al que solicita.[56]

San Martín permaneció en su nuevo destino durante siete meses, hasta fines de enero de 1810, durante los cuales colaboró estrechamente en la remonta e instrucción de la tropa, en la preparación de los encuentros con el enemigo y en la organización de la guerra de guerrillas populares que se generalizaría en esa región. Pero la suerte de las armas continuó siendo adversa a los españoles, sucediéndose la ocupación francesa de Zaragoza y las sucesivas derrotas de Blake –que en agosto había tomado el comando del ejército de Cataluña, quedando Coupigny de segundo jefe– y del ejército del centro. Si bien Wellington logró rechazar a los franceses en Portugal y penetrar en España, luego de la indecisa batalla de Talavera debería replegarse. Finalmente, la victoria de Soult en Ocaña en noviembre de 1809 dejó expedito a los invasores galos el camino de Andalucía. Los miembros de la Junta Central debieron marcharse a la isla de León, donde delegaron su autoridad en un Supremo Consejo de Regencia de cinco miembros, que ratificó la convocatoria a Cortes. Para entonces Coupigny había pasado a integrar la Junta Militar de Sevilla. Serviría luego como cuartelmaestre en el Ejército de la Izquierda bajo el mando del marqués de la Romana, que operaba en Extremadura sobre la frontera de Portugal en contención de la ofensiva llevada por el general Massena. Hacia allí lo siguió San Martín, que el 24 de enero de 1810 había vuelto a ser designado como su ayudante de campo. Desde el cuartel general debieron seguir las alternativas de la resistencia de las plazas sitiadas de Ciudad Rodrigo y Almeida, que terminaron capitulando en julio y agosto, respectivamente. En octubre se incorporan a la defensa de las inexpugnables fortificaciones conocidas con el nombre de "Líneas de Torres Vedras", que Wellington había hecho construir para impedir el avance de los franceses hacia Lisboa, y ante las que Massena debe retroceder. Allí, San Martín tuvo ocasión de observar de cerca al estratega británico en las reuniones de alto comando y en otros actos de servicio, pudiendo haber tomado de él su actitud previsora, precavida y minuciosa; como también penetrado en las ventajas del empleo de los campos atrincherados juntamente con el incesante azote de las guerrillas, base de su futura instrumentación en Tucumán y Huaura.

El marqués de la Romana se disponía a regresar a España con sus tropas en defensa de Badajoz, sitiada por Soult, cuando lo sorprendió la muerte. Coupigny y San Martín debieron asistir al cortejo fúnebre ordenado por Wellington a quien había sido un valioso y activo asesor, que se realizó el 27 de enero de 1811 en Lisboa. Desde allí, ambos partieron de regreso a Cádiz, en donde ya se encontraban a fines de febrero de 1811. La ciudad, sitiada por el mariscal Víctor, era el último baluarte de la independencia española y se había convertido en capital de la nación insurrecta. El teniente coronel reclamó y obtuvo por entonces el pago de sus sueldos atrasados. Decía en la nota que debía continuar su marcha hacia Valencia como ayudante de campo de Coupigny, quien había sido designado general en jefe del segundo ejército. No habían partido aún cuando, el 5 de marzo, tuvo lugar el rechazo del ejército sitiador en la batalla de Chiclana, malogrado a raíz de las serias desavenencias surgidas entre los generales Graham y La Peña, que estaban al frente de las tropas angloespañolas, por lo que el marqués fue designado para reemplazar a éste último en el mando del 4° Ejército, que defendía la inexpugnable plaza. Así interrumpido el itinerario primigenio de su general, San Martín permaneció junto a él, aun cuando, el 26 de julio de 1811, habría sido designado comandante agregado al regimiento de dragones de Sagunto.[57] Para entonces estaba ya decidido a dejar las filas del ejército español. Es que esa significativa estadía en la convulsionada "tacita de plata" gaditana sería decisiva para su suerte y la de la emancipación hispanoamericana.

NOTAS

1. Cfr. JOSÉ TORRE REVELLO, *Don Juan de San Martín: noticia biográfica con apéndice documental*, Buenos Aires, Instituto Nacional Sanmartiniano, 1948, 2ª edición corregida y aumentada. Add. GÓMEZ CARRASCO, RAFAEL L., *El general José de San Martín. Biogenealogía hispana del caudillo argentino*, Madrid-Buenos Aires, 1961. Add. EUGENIO FONTANEDA PÉREZ, *Raíces castellanas de San Martín y genealogía de los Matorras*, Madrid, 1981.

2. Cfr. E. FONTANEDA PEREZ, *op. cit.; add.* "Abolengo y genealogía de los Matorras: Lamedo (Santander) y Paredes de Navas (Palencia)", en *San Martín en España*, Madrid, Instituto Español Sanmartiniano, 1981.

3. Cfr. PEDRO DE BURGOS, "La hoja de servicios del capitán Juan de San Martín", en *Vida española del general San Martín*, Madrid, Instituto Español Sanmartiniano, 1994, págs. 33-63.

4. Cfr. LUIS ENRIQUE AZAROLA GIL, *Los San Martín en la Banda Oriental*, Buenos Aires, 1936.

5. Ministerio de Educación, Instituto Nacional Sanmartiniano y Museo Histórico Nacional, *Documentos para la historia del Libertador general San Martín* (en adelante, *DHLGSM*), Buenos Aires, 1953, tomo I, pág. 44.

6. Cit. en Azarola Gil, *op. cit.*, págs. 5-6; add. en: P. de Burgos, *op. cit.*, pág. 42.

7. Cfr. los trabajos de Erich L. W. Edgar Poenitz, *La economía del Yapeyú post jesuítico*, Concordia, Instituto Regional de Investigaciones Científico Culturales, 1983; y "El Yapeyú de los San Martín", en *Primer Congreso Internacional Sanmartiniano*, Buenos Aires, 1978, págs. 153-206.

8. *DHLGSM*, *op. cit.*, tomo I, pág. 47.

9. Cit. en José Pacífico Otero, *Historia del Libertador don José de San Martín*, Bruselas, 1932, tomo 1, pág. 15.

10. La partida de bautismo fue publicada en la revista *Ensayos y Rumbos* por fray Reginaldo de la Cruz Saldaña Retamar en septiembre de 1921, sin que ella tuviera la difusión necesaria para evitar la controversia histórica que surgió en torno de la fecha de nacimiento del prócer. Si bien el original se desconoce, dicha edición fue recordada en una conferencia dada en 1961 en el Convento de Santo Domingo por fray Rubén González y reproducida por Virgilio Martínez de Sucre en su obra *La educación del Libertador San Martín* (Buenos Aires, 1950).

11. *DHLGSM*, *op. cit.*, tomo I, pág. 67. "Instancia del capitán de Infantería Juan de San Martín a Carlos III". Madrid, 27 de diciembre de 1784.

12. Cfr. Raúl de Labougle, "La sublevación de Yapeyú en 1778", en *Litigios de antaño*, Buenos Aires, 1941.

13. *Ibídem*, pág. 49. Carta del virrey Juan José de Vértiz a Juan de San Martín, Buenos Aires, 4 de abril de 1779.

14. Cit. en J. P.Otero, *Historia del Libertador...*, *op. cit.*, tomo 1, pág. 19.

15. *DHLGSM*, *op. cit.*, tomo I, pág. 50. Yapeyú, 13 de agosto de 1779.

16. *Ibídem*, pág. 53. Yapeyú, 9 de diciembre de 1780.

17. Se puede ver la transcripción del documento en Alfredo G. Villegas, *San Martín y su época*, Buenos Aires, Depalma, 1976, apéndice N° 1, págs. 157-159.

18. *Ibídem*, pág. 60. Madrid, 20 de abril de 1785.

19. Cfr. Luis Navarro García, "Carlos III y América", y EsperanzaYllan Calderón, "Los aspectos internacionales en la política colonial americana de Carlos III", en Archivo General de Indias, *La América Española en la época de Carlos III*, Sevilla, Ministerio de Cultura, 1985-1986. Add. José Luis Comellas, "La culminación de la política atlántica", en *Historia de España moderna y contemporánea*, Madrid, Rial, 1975.

20. Cfr. Miguel Alonso Baquer, "Las ideas reformistas del ejército español a finales del siglo XVIII", en *Vida española...*, *op. cit.*, págs. 213-223.

21. Cfr. Adolfo S. Espíndola, *San Martín en el ejército español en la península. Segunda etapa sanmartiniana*, Buenos Aires, Comisión Nacional Ejecutiva del 150° Aniversario de la Revolución de Mayo, 1962, dos tomos. Esta obra constituye el estudio más exhaustivo sobre la formación y la actuación militares de San Martín en España, a la que tomaremos como constante punto de referencia, sin excluir otras aportaciones posteriores.

22. José María Gárate Córdoba, "Las mocedades militares de José de San Martín", en *Vida española...*, *op. cit.*, pág. 68.

23. Cfr. JUAN M. ZARATERO, *San Martín en Orán*, Buenos Aires, Círculo Militar, 1980 y "San Martín, veintidós años en el ejército español", en *Boletín de la Academia Nacional de la Historia*, Buenos Aires, 1961, tomo XXXII, págs. 104-114.

24. Así lo hace notar ALFREDO G. VILLEGAS, en su obra *San Martín en España*, Buenos Aires, Academia Nacional de la Historia, 1976, pág. 25.

25. EDUARDO FUENTES Y GÓMEZ DE SALAZAR, "La forja de un estratega", en *Vida española...*, op. cit., pág. 117.

26. Cit. en ALFREDO G. VILLEGAS, "San Martín cadete. La primera injusticia y el primer galardón de su carrera militar", en *Investigaciones y Ensayos*, Buenos Aires, Academia Nacional de la Historia, enero-junio 1982, N° 32, págs. 455-482.

27. ALFREDO G. VILLEGAS, "San Martín, subteniente en la campaña del Rosellón (1793-1794)", en *Investigaciones y Ensayos*, Buenos Aires, Academia Nacional de la Historia, enero-junio de 1983, N° 34, págs. 491-512.

28. Cfr. RICHARD HERR, *España y la revolución del siglo XVIII*, Madrid, Aguilar, 1964, págs. 240-241.

29. Cfr. BEATRIZ MARTÍNEZ, "Fuentes del pensamiento político de San Martín (período español)", en *Primer Congreso Internacional Sanmartiniano*, Buenos Aires, 1978, págs. 285-305.

30. Cfr. GEORGES LEFEBVRE, *La Revolución Francesa y el Imperio*, México, F.C.E., 1966, págs. 121-123.

31. Cfr. MARCIAL INFANTE, "Los cuatro hermanos fueron militares", en *Vida española...*, op. cit., págs. 93-111. Cabe señalar que también existían en el ejército español otros cuerpos especiales, como la Guardia Real, que ocupaban un lugar intermedio entre el lujoso Guardia de Corps y el muy humilde "blanquillo", como se llamaba al soldado de línea por su sencillo uniforme blanco. Ese era el caso de las Guardias Españolas y Walonas, que aunque también gozaban de privilegios, eran verdaderas tropas de infantería. Asimismo, el arma de caballería integró la Guardia con el nombre de Carabineros Reales (cuerpo en el que militaría Carlos de Alvear) y Granaderos a Caballo. Así, ese antecedente del regimiento que crearía San Martín años más tarde en el Río de la Plata formaba parte de las unidades selectas que gozaban de fueros y preeminencias especiales características de los ejércitos de los países monárquicos.

32. DHLGSM, op. cit., tomo I, pág. 84.

33. Cfr. JORGE JUAN GUILLÉN SALVETTI, "A bordo de la fragata *Santa Dorotea*", en *Vida española...*, op. cit., págs. 145-157. Add. BURZIO, HUMBERTO F., "Un episodio naval en la vida militar del general San Martín. El combate de la fragata española *Santa Dorotea* con el navío inglés *Lion*. 15 de julio de 1798", en *San Martín y el mar*, Buenos Aires, Secretaría de Estado de Marina. Subsecretaría Departamento de Estudios Históricos Navales, 1962, págs. 89-104.

34. Cit. en J. PACÍFICO OTERO, *Historia del Libertador...*, op. cit., tomo I, pág. 91.

35. Conviene aclarar que por entonces en el ejército de España se diferenciaban los empleos de los grados, guardando la siguiente equivalencia entre ellos, según el artículo 5° del reglamento de Infantería de Carlos IV: al empleo de comandante le correspondía el grado de teniente coronel vivo; al de sargento mayor –que le seguía en orden descendente–, el sargento mayor; a los de primero y segundo capitanes y primer ayudante, el de capitanes vivos; a los de primer teniente y segundo teniente, el de tenientes vivos y, finalmente, a los de segundo ayudante, primer subteniente y segundo subteniente, el de subteniente vivos. La mencionada calidad de "vivos" en los grados del ejército correspondía a una de las tres categorías en que se clasificaba la oficialidad: 1) Vivos eran quienes ejercían el mando o empleo correspondiente, 2) reformados o agregados, los que por excedencia revistaban en cuerpos en los que no tenían plaza efectiva y

3) graduados, los que tenían una graduación superior pero cuyos sueldos y consideraciones correspondían al mando inferior al que realmente ejercían. (Esta información fue suministrada por el Servicio Histórico Militar del Estado Mayor central del Ejército Español, Madrid, 27 de abril de 1950.) Cfr. A. S. ESPÍNDOLA, *op. cit.*, tomo I, págs. 216-217.

36. Cfr. BEATRIZ MARTÍNEZ, *"San Martín y el legado del general Solano"*, en *San Martín en España*, Madrid, Instituto Español Sanmartiniano, 1981.

37. No son las fojas de servicio de San Martín las que informan sobre su intervención sino las memorias del general Pedro Agustín Girón, hijo del duque de Osuna, quien asevera haberlo encontrado con el empleo de capitán de guías del general Solano en la Aldea Gallega, lugar situado al norte de Setúbal. Cit. en J. PACÍFICO OTERO, *Historia del Libertador...*, *op. cit.*, tomo I, pág. 115.

38. Cfr. CARLOS IBARGUREN (H), *"La metrópoli entra en crisis"*, en *Investigaciones y Ensayos*, Buenos Aires, Academia Nacional de la Historia, enero-junio 1974, tomo 16, págs. 341-384.

39. La versión que afirma que San Martín mandaba en esa trágica jornada la guardia del capitán general tiene su origen en la obra de Adolfo de Castro, *Historia de la muy noble, muy leal y muy heroica ciudad de Cádiz*, Cádiz, 1845; y es recogida por Bartolomé Mitre y José Pacífico Otero.

40. JOSÉ PETTENGHI, *"San Martín en Cádiz, camino de América"*, en *Vida española...*, *op. cit.*, págs. 181-193.

41. Blanco Encalada, que formaba parte de la guarnición de Cádiz, daría más tarde testimonio de dicho parecido, el que sería recogido por DIEGO BARROS ARANA en su obra *Historia General de Chile*, Santiago, 1884-1898, tomo X, pág. 119.

42. Al parecer San Martín se hallaría afectivamente ligado con una mujer gaditana conocida como Pepa, quien habría llegado a escribirle cuando ya sus vidas estaban separadas no sólo por el océano sino por la historia, en momentos en que aquél se aprontaba a cruzar los Andes. Cfr. EMILIO DE LA CRUZ HERMOSILLA, *"San Martín en Cádiz"*, en *San Martín en España*, *op. cit.*, págs. 325-331.

43. ARCHIVO GENERAL DE LA NACIÓN, *Colección Farini*, Sala VII, legajo 3-1-1. [MANUEL MORENO], *El legado de un gran hombre con la biografía del general Dn. José de San Martín*, Londres, 1850 (Traducción literal por Rodrigo Terrero –1877– y luego copiado con enmiendas –en 1880– por Máximo Terrero). Reproducido en el Apéndice de la obra de A. G. VILLEGAS, *San Martín en España*, *op. cit.*, págs. 109-115.

44. Coinciden en señalar ese origen a la repulsa de San Martín por las manifestaciones desordenadas de la multitud que se mantendría hasta el final de su existencia –como lo confirmaría su abandono de París durante la revolución de 1848– tanto Bartolomé Mitre en su clásica *Historia de San Martín y de la emancipación sudamericana*, como el español José Coroleu e Anglada, en *Independencia hispanoamericana*, Barcelona, 1894. Cfr. LEONCIO GIANELLO, *"San Martín en la historiografía española"*, en *La Nación*, Buenos Aires, 18 de agosto de 1991.

45. *DHLGSM*, *op. cit.*, tomo I, pág. 354. Oficio de Antonio de Gregorio a Francisco Torres Valdivia. Sevilla, 7 de junio de 1808.

46. *Ibídem*, págs. 355-356. Noticia del parte del combate de Arjonilla, publicada en la *Gazeta Ministerial de Sevilla* del miércoles 29 de junio de 1808.

47. *Ibídem*, pág. 361. Oficio del marqués de Coupigny al ayudante primero José de San Martín, Córdoba 6 de julio de 1808.

48. *Ibídem*, pág. 362-364. Foja de servicios del ayudante primero José de San Martín hasta fines de julio de 1808.

49. *Ibídem*, págs. 367-369. Despacho de capitán agregado al regimiento de caballería de Borbón otorgado a nombre de Fernando VII a José de San Martín. Real Alcázar de Sevilla, 6 de julio de 1808. Así, luego de servir durante diecinueve años en el arma de Infantería, pasaba a la caballería de línea, pues las funciones de Estado Mayor correspondían a los jinetes. La condición de "agregado" se debía a que, según la planta orgánica, la oficialidad de ese regimiento, distinguido con el N° 5 y que era muy antiguo, estaba completa. Por eso se debe aclarar que se le concedía el "sueldo de vivo", que ya gozaba por su anterior nombramiento de ayudante 1°, empleo que equivalía al grado de capitán vivo o que ejercía el mando correspondiente, lo que no ocurriría en su nuevo destino, como lo hace constar la anotación de Lorenzo Fernández, sargento mayor del cuerpo en la foja de San Martín, fechada en Zafra el 30 de noviembre de 1810, en la que afirma que "no ha estado en el regimiento desde que fue promovido a él". Cit. en J. P. Otero, *Historia del Libertador...*, *op. cit.*, tomo I, pág. 721.

50. Cfr. Javier Cárcamo, "*La aurora de Arjonilla y el cénit de Bailén*", en *Vida española...*, *op. cit.*, págs. 159-180.

51. Cit. en Manuel Mozas Mesa, *Bailén. Estudio político y militar de la gloriosa jornada*. Madrid, 1940, pág. 685. Add. *Memorable batalla de Bailén y biografía del ínclito general don Teodoro Reding, Barón de Biberegg*, Madrid, Imprenta de la Esperanza, 1854.

52. *DHLGSM*, *op. cit.*, tomo I, pág. 367. Despacho de teniente coronel. Real Alcázar de Sevilla, 11 de agosto de 1808.

53. *Ibídem*, pág. 370. Madrid, 29 de septiembre de 1808.

54. Existen dos ejemplares de esta medalla cuya pertenencia es atribuida a San Martín: uno, que es el generalmente admitido como auténtico debido a su procedencia, fue donado al Museo Histórico Nacional por la propia nieta del Libertador; el otro le fue entregado al historiador chileno Diego Barros Arana por Manuel de Escalada, cuñado del prócer. Asimismo, cabe consignar a título informativo el destino que tuvo la espada que San Martín habría utilizado en Bailén (de hoja recta de doble filo con empuñadura de acero envuelta en hilos trenzados de plata). En 1844, el Libertador se la regaló al general chileno Borgoño cuando éste era ministro plenipotenciario de Chile enviado a Europa para obtener el reconocimiento de la independencia de su país por parte de España. Cuando en 1848 murió en el desempeño de las funciones de ministro de Guerra y Marina de la presidencia del general Manuel Bulnes, sus descendientes se la obsequiaron a éste y a su vez, en 1910, cuando Gonzalo Bulnes, hijo de dicho mandatario, se desempeñaba como embajador chileno en la Argentina, se la cedió al general José Ignacio Garmendia. En 1931 se remató su colección de armas y la espada fue adquirida por el ingeniero Domingo Castellanos, en cuyo poder continuaba treinta años después. Por otro lado, también apareció un escudo bordado conmemorativo de la batalla, que habría sido extraído de la manga de una chaqueta de San Martín que éste habría dejado en España.

55. *DHLGSM*, *op. cit.*, tomo I, pág. 384. S/l., 1809. Sobre el general amigo de San Martín cfr. Jorge M. Mayer, "*El marqués de Coupigny*", Academia Nacional de Derecho y Ciencias Sociales de Buenos Aires, s/f. Anticipo de *Anales*, año XV, 2ª época, N° 18.

56. *Ibídem*, págs. 372-373.

57. El tema de esta última designación volverá a tratarse en el capítulo V.

II
LA DECISIÓN

La agonía de España y la esperanza de América

A mediados de 1811 ninguna esperanza les quedaba ya a los observadores más lúcidos de que la situación terminal en la que se encontraba España como Estado soberano se pudiera revertir. Cádiz, sitiada y aislada, era su último reducto. En ese tiempo de perplejidades y confusión, el derrotismo se abría paso entre los peninsulares y el futuro se les presentaba como un gran signo de interrogación: ¿habría que aceptar, después de haber corrido tanta sangre, el cambio de dinastía? ¿A qué manos se iría a parar?: ¿a las del aborrecido rey intruso?, ¿a las del interesado aliado? Por el contrario, a medida que la España de Fernando VII se convertía en un imposible, se afirmaba en el ánimo de los americanos una refulgente certeza: el acariciado ideal de una patria libre, fraterna y próspera allende el océano dejaba de ser una soñada quimera para transformarse en una misión realizable.

Muchos habían sido los vaticinios y planes formulados en la península con respecto a las Indias. El hecho de que proyectos como los pergeñados por Aranda y Godoy contemplaran la posibilidad del otorgamiento de cierta autonomía a los dominios ultramarinos, como modo de anticiparse a evitar su separación y de preparar la salida hacia una especie de restringido "Commonwealth" hispano, habla a las claras de que se tenía plena conciencia del peligro de una inminente pérdida de América. La demorada concreción de esa reforma, sólo admitida a regañadientes como mal menor, había quedado definitivamente abortada por la invasión napoleónica a la península.[1] No obstante, parece altamente improbable que, de habérsela llegado a plasmar, hubiera sido capaz de obtener los resultados apetecidos. Y esto, lejos de ser una conjetura gratuita, se infiere de la naturaleza misma del movimiento emancipador, resultado de un largo proceso en el cual Hispanoamérica fue tomando creciente conciencia de su propia identidad, frente a una Madre Patria que, al incrementar la gravosa situación colonial de sus posesiones ultramarinas con las reformas borbónicas, había dejado al descubierto su faz de implacable madrastra.

La tentativa de reestructurar el área colonial americana al promediar el siglo XVIII no fue privativa de la España carlostercerista sino que también había sido emprendida por el Portugal del marqués de Pombal y la Gran Bretaña de Jorge III. La causa común debe buscarse en la universalización de los conflictos europeos, que hizo de ultramar un escenario y un objetivo cada vez más importante en las disputas entre las potencias. La imposición de la reforma –verdadera arma de doble filo– colocó a las metrópolis en un trance peligroso. La expansión de los bloques bélicos comprometió recursos humanos y económicos cada vez más amplios; se formaron así ejércitos coloniales que a corto plazo se convirtieron en el brazo armado de la revolución, mientras que el correlativo aumento de la presión fiscal generó reacciones hostiles. Éstas resultaron fatales para el dominio británico, ya que desembocaron en la independencia de las trece colonias norteamericanas; en cambio, el Imperio español, luego de lograr resistir los cimbronazos provocados por las sublevaciones de Túpac Amaru y de los comuneros de Nueva Granada, pareció sortear con más suerte el riesgo del ajuste.[2]

Sin embargo, y tras esa apariencia de relativo éxito, al calor de la política borbónica se incubaban los gérmenes segregacionistas: mientras su reformismo liberal despertó en los criollos apetitos que jamás podrían satisfacer dentro de la férrea lógica del pacto colonial en el que se los pretendía encuadrar, su remozado imperialismo –puesto de manifiesto en el más estrecho control burocrático y de hacienda, que tendía a destruir la autosuficiencia de América poniendo su economía al servicio del desarrollo de la metrópoli– lesionó intereses locales y reforzó el peso de la subordinación, estimulando la disidencia.[3]

Los factores preparatorios del desmembramiento de la monarquía hispánica se desataron durante el reinado de Carlos IV, cuando la estructura absolutista y centralizadora heredada cayó en manos de una conducción débil e ineficaz. La combinación de despotismo, ineptitud, impotencia y abandono que caracterizó el accionar de las autoridades peninsulares tornó cada vez más insoportable para los americanos una sujeción que, considerada a la luz del pensamiento ilustrado dominante, resultaba verdaderamente irracional. Y ello acontecía cuando las nuevas concepciones políticas liberales se abrían paso respaldadas por el éxito de las revoluciones norteamericana y francesa, que en el ámbito hispano vinieron a revitalizar las teorías populistas de viejo cuño (Suárez, Vitoria, Mariana), limitadoras del poder real. No significa esto que todo ese movimiento de ideas haya vuelto revolucionarios a los indianos sino que las elites criollas ya disconformes encontraron en él la justificación intelectual de sus aspiraciones,[4] secundadas por un pueblo que había despertado a la conciencia de su ser "americano", cada vez más contrapuesta a la de "español". Es preciso, pues, no confundir causa y efecto. La lucha que se iniciaría en breve se haría, sin duda, bajo el signo de la libertad. Pero lo que estaba en juego no era una cuestión ideológica entre liberales y absolutistas de ambas márgenes del Atlántico, confusión en la que incurren las interpretaciones que pretenden reducir a la categoría de contienda civil lo que no podía ser otra cosa que una justa y legítima guerra de liberación de la dependencia colonial. Se ha visto cómo, ante la crisis de la tradicional política exterior que se basaba en los pactos de familia y sorprendida por la Revolución Francesa, España siguió un curso errático hasta que fue finalmente arrastrada en calidad de satélite a las contiendas de su poderosa vecina, lo que la condujo al desastre de Trafalgar. Con la destrucción de la armada española y el excluyente dominio marítimo de Gran Bretaña que fueron consecuencia de aquel episodio, desapareció toda comunicación regular entre España y América. Ya con anterioridad, en razón de la inseguridad de la navegación en tiempos de guerra, la Corona se había visto forzada a introducir constantes enmiendas al régimen de comercio "libre y protegido" dentro de su Imperio instaurado en 1778, otorgando franquicias progresivas que lo abrían al extranjero. Quedaba con ello transparentada la crisis profunda de las relaciones con la metrópoli, que finalmente debía confesarse incapaz de ejercer su función de tal en la vida económica de las colonias. Y cuando todas estas señales contundentes revelaban el aflojamiento irreversible del vínculo entre los hispanoamericanos y el gobierno español, sobrevino el desenlace de 1808, con la apertura de la crisis dinástica y la invasión napoleónica a la península. Si bien entonces, ante lo súbito y sorprendente del hecho, las Indias mantuvieron su lealtad monárquica, se solidarizaron con la España insurgente y reconocieron la autoridad de la Junta Central como representante de Fernando VII; dos años más tarde, una vez aclarado el confuso panorama inicial, esa primera y provisional postura resultó ya insostenible, y con la misma motivación que había llevado a los españoles a luchar por su independencia los americanos se lanzaron a la conquista de la propia. No fue, pues, el sojuzgamiento de la península por los ejércitos franceses lo que hizo que se trocara la lealtad por la insurrección: las circunstancias externas operaron como ocasión o coyuntura favorable, pero fueron los factores inherentes al sistema colonial imperante los que condujeron a la definitiva ruptura.

Acciones precursoras y puja anglofrancesa

Si bien el movimiento emancipador americano no reconoce en verdad otras causas de fondo que las internas, no puede dejarse de tener presente que en las tres décadas anteriores había venido incrementándose el interés de Gran Bretaña por Hispanoamérica, en consonancia con las nuevas necesidades mercantiles generadas al impulso de su revolución industrial. De manera simultánea, algunos criollos de ideas avanzadas comenzaban a atreverse a soñar con la libertad y a idear el modo de conseguirla. El más representativo de todos los "precursores" de la emancipación, el caraqueño Francisco Miranda, creyó encontrar la fórmula infalible del éxito en el ensamble del ideal de la independencia americana con los propósitos perseguidos por la política comercial inglesa. Basado en esa coincidencia de intereses, se empeñó en conseguir el apoyo británico para la concreción de sus miras. En efecto, si bien viajó por los Estados Unidos y Europa –llegó incluso a servir durante años en los ejércitos de la República francesa, ganando poderosas influencias en favor de la causa de la liberación americana–, fue Londres su apeadero favorito y la sede de su cuartel de inteligencia. Allí desarrolló una sistemática acción de captación ideológica y activa propaganda entre sus paisanos y fundó en 1797 una sociedad secreta de Caballeros Racionales (nombre genérico), denominada también indistintamente Gran Reunión Americana. Iniciado Miranda en la francmasonería, impondría a tal asociación una organización de ese tipo, juramentándose sus miembros a trabajar por la independencia de América y a no admitir en ella otro gobierno legítimo más que el que fuese elegido por la libre y espontánea voluntad de sus pueblos. Así fue como frecuentaron su casa de Grafton Street 27, Fitzroy Square, quienes serían figuras liminares de la independencia americana: el chileno Bernardo O'Higgins, los ecuatorianos Carlos Montúfar y Vicente Rocafuerte, el neogranadino Antonio Nariño, el mexicano Servando Teresa Mier y los venezolanos Andrés Bello y Simón Bolívar, entre otros; también se fundaron múltiples filiales de la logia matriz destinadas a expandir el credo libertario y a conquistar voluntades.[5]

Si la influencia mirandina fructificó en campo fértil, no ocurrió lo mismo respecto de las tratativas con el gabinete británico, que no le depararon al Precursor más que una sucesión de frustraciones. Gran Bretaña, pese a los múltiples planes de insurreccionar América que consideró en diversas ocasiones, nunca terminaría de decidirse a dar un paso concreto en ese sentido. Los proyectos de envío de expediciones armadas estudiados a propuesta del caraqueño, aun estando ya los preparativos en marcha, fueron sistemáticamente abandonados en cuanto aparecieron convenientes opciones alternativas capaces de evitarle el compromiso bélico. Así, dichos planes quedaron abortados en 1790 por la firma del tratado comercial de San Lorenzo, en 1801 por los acuerdos preliminares a la paz de Amiens y en 1804-1805, por las tratativas de Pitt para atraer a España a la tercera coalición. Mientras continuaba beneficiándose del incremento del tráfico intérlope con la América española, no entraba en las miras de Gran Bretaña contribuir a facilitar la independencia de aquélla, porque implicaba dispersar hacia un nuevo frente su atención cuando más necesario le era concentrarla en el complicado panorama europeo. Conviene, pues, ratificar con Segreti, a quien seguimos en este análisis: "Comercio y no guerra es la política que Gran Bretaña seguirá frente al Imperio Hispanoindiano. Por no entender este enunciado, Francisco Miranda sufrirá más de una sorpresa".[6] Fue entonces cuando éste se marchó a los Estados Unidos, desde donde preparó la prematura y fracasada incursión de 1806 a su tierra natal. Simultáneamente, el comodoro Popham, al tanto de los informes mirandinos, decidió por su cuenta y riesgo aventurarse a invadir Buenos Aires, con mejor suerte inicial que el venezolano.

En el clima de inseguridad que vivía el mundo industrial y comercial inglés generado luego de que la victoria francesa de Austerlitz puso fin a la tercera coalición –prenunciando la progresiva clausura de Europa para sus productos–, ese inesperado acontecimiento produjo un momentáneo viraje en la línea de acción hasta entonces seguida por Gran Bretaña. No sólo se decidió el envío de importantes refuerzos al Río de la Plata sino que comenzaron a planificarse otros ataques sobre diversos puntos clave de las costas americanas. Tal eclosión de euforia se desvaneció con la noticia de la reconquista de Buenos Aires, que impuso el retorno a la cordura. El nuevo gabinete, con Canning en Relaciones Exteriores y Castlereagh en la Secretaría de Guerra y Colonias, volvió a la política prudente de Pitt, contraria tanto a la conquista –por el natural rechazo de los invadidos a comerciar con el enemigo–, como al incentivo de revoluciones –por el peligro de infición de la ideología francesa–. Vino a convalidar esa postura la victoriosa defensa protagonizada por el pueblo porteño frente al segundo ataque inglés.

Pero lo cierto era que, en la partida por la hegemonía política que se dirimía en Europa, la carta americana se estaba volviendo clave para decidirla. Recuérdese que por los decretos de Milán y de Berlín Napoleón había establecido el bloqueo continental para las mercaderías inglesas; inicialmente vulnerable, luego de la firma del Tratado de Tilsit con el zar Alejandro, aquél se hizo verdaderamente efectivo hacia fines de 1807. Con la ocupación francesa de Portugal toda Europa concluyó por cerrarse al comercio británico, que por entonces también había disminuido dramáticamente con sus ex colonias norteamericanas. La América española se presentaba como el apetecido mercado alternativo que le permitiría a Inglaterra zafar del dogal económico que Bonaparte le había impuesto.

En esa crítica circunstancia se barajaron en Londres dos líneas de acción: a) aprovechar el traslado de los Braganza, no sólo para captar el comercio de Brasil sino para alentar la inveterada tendencia expansionista portuguesa utilizándola como llave de penetración comercial en los dominios hispanos; b) reanudar las tratativas pro independentistas con Miranda, nunca del todo escarmentado en sus expectativas respecto del apoyo inglés, para lo cual se encomendó a Arthur Wellesley el alistamiento de una expedición con destino a México o al Río de la Plata. Sin embargo, no se dudó a la hora de desechar ambos proyectos apenas se tuvo conocimiento de la insurrección popular española del 2 de mayo de 1808. Dispuesta a sacar rédito de la guerra nacional que acababa de encenderse contra su mortal enemigo, Gran Bretaña estableció la paz con la España resistente, comprometiéndose a preservar la integridad e independencia de la monarquía aliada. Este viraje político contrarrestaría tanto las ambiciones portuguesas como las pretensiones independentistas americanas, y esa aparente volubilidad le permitía a Gran Bretaña seguir fiel a su propósito de incrementar su comercio. Por el contrario, para evitar que su plan de abatir al enemigo por vía de la asfixia económica fracasase, Napoleón tenía que obturar la válvula de escape que Hispanoamérica representaba para el tráfico inglés. No bastaba con la colosal empresa de poner cerrojo al viejo continente; era preciso, además, mantener el control de las colonias españolas, persuadiéndolas de los beneficios que les depararía la aceptación del cambio de dinastía.[7]

Fue a raíz de este juego de intereses que la América española iría adquiriendo un nuevo y más expectable estatus jurídico-político, aunque en ocasión ya tardía para frenar su marcha hacia la emancipación. En efecto, por primera vez, en las cortes convocadas en Bayona a mediados de 1808 Napoleón decidió incluir a seis representantes americanos y atender sus demandas de igualdad de derechos y participación política respecto de los peninsulares, las que fueron introducidas en la Constitución sancionada. Y aunque ésta nunca llegó a tener vigencia, el nuevo modelo de derecho indiano de factura liberal allí consagrado ya no pudo ser soslayado en la posterior producción jurídica española.[8]

Ahora bien, esa estrategia política inicial de Bonaparte con respecto a Hispanoamérica no tardó en ser sustituida tan pronto como el emperador comprendió la esterilidad del intento de ponerla bajo su control. La postura indiana era clara: "El amo viejo o ninguno". Así la formuló Manuel Belgrano al repeler Buenos Aires la invasión inglesa. En ella, la admisibilidad del dominio francés tampoco tenía cabida, aunque se presentase adornado con un moderno y atrayente ropaje. El segundo término de tal opción era el que se iría imponiendo progresivamente, y a ello contribuiría desde fines de 1809 la política napoleónica en su segunda fase, en que se alentó a las colonias americanas a independizarse de la España aliada a Inglaterra.[9]

La inconsecuencia de los liberales españoles

Se comprenderá fácilmente que si Hispanoamérica era objeto de creciente atención por parte de Gran Bretaña y de Francia, cuánto más lo sería por parte de una España en creciente dependencia de los recursos económicos provenientes de ultramar para solventar la lucha en la península. La ponderación de la fidelidad de aquellos dominios de la Corona fue un *leiv motiv* común a las diversas autoridades peninsulares. La Junta Central, para corresponder a la solidaridad indiana y en tren de estrechar los aflojados lazos, promulgó el famoso decreto del 22 de enero de 1809, que, recogiendo el precedente bayonense, declaraba que los dominios que España poseía en América no eran colonias sino una parte esencial e integrante de la monarquía, debiendo en consecuencia tener representación en la nueva organización institucional metropolitana. Al otorgamiento de esta nueva jerarquía se añadiría el reconocimiento de los errores y abusos cometidos por las administraciones anteriores con declamada vocación de justa enmienda. Pero lo cierto es que, cuando se promulgó la convocatoria a Cortes y se promovió una consulta entre notables acerca de qué parte deberían tener en ellas los diputados americanos, resultó que, pese a las reiteradas declaraciones de igualdad y fraternidad, la mayoría se pronunció por la diferencia de representación con respecto a los peninsulares. Éstos, lejos de abjurar de su vocación imperial, sólo admitieron una participación minoritaria que no implicase riesgo alguno de perder el control del poder.

Como ya se ha señalado, el 29 de enero de 1810 la Junta Central, que se había trasladado a Cádiz ante el avance francés, traspasó todos sus poderes a un Consejo de Regencia de cinco miembros que ratificó la convocatoria a Cortes. La ostentación de un peligroso lenguaje revolucionario en el decreto del 14 de febrero no podía menos que exacerbar los ánimos y ahondar la conciencia de los agravios recibidos: "Desde este momento Españoles Americanos os veis elevados a la dignidad de hombres libres; no sois ya los mismos que antes encorvados bajo un yugo mucho más duro mientras más distantes estabais del centro del poder, mirados con indiferencia, vejados por la codicia y destruidos por la ignorancia". En consecuencia, se reiteraba su equiparación jurídica con los peninsulares, pero se seguía manteniendo la desigualdad en el número de representantes. A la protesta de los americanos por esa incongruencia política no tardaría en añadirse el reclamo por la lesión de sus intereses económicos, cuando, ante la presión de la Junta gaditana, que oficiaba de sostén rentístico del aparato institucional, se derogó la R. O. de mayo de 1810 –que autorizaba el comercio de América con las colonias extranjeras y las naciones de Europa– en defensa de los intereses monopólicos.

Por entonces tuvieron lugar los pronunciamientos revolucionarios de Caracas y Buenos Aires. Los fundamentos doctrinarios esgrimidos para su justificación –los mismos que el año anterior se habían empleado en las sublevaciones de Chuquisaca y La Paz– curiosamente se apartaban del planteo de los reformistas peninsulares, que por medio de una política de concesiones buscaban integrar a las Indias en un Estado español moderno y unitario, dándoles participación a sus representantes en los órganos del gobierno central. Por el contrario, coincidían más con la postura tradicional de los sectores conservadores sostenedores de la plurimonarquía y de la teoría patrimonial del Estado, según la cual las Indias eran dominio de la Corona y no de la nación española. Pero, mientras con ello los peninsulares buscaban mantener vivo el vínculo de vasallaje, los americanos, en cambio, procuraban legitimar su separación de España sobre la base de que el cautiverio de Fernando VII ponía fin al nexo indirecto de la pertenencia común al mismo rey. Como no era admisible constituirse en vasallos de otros vasallos, debían darse sus propias autoridades en nombre del poder que se había retrotraído a los pueblos, tanto en ultramar como en España. La argumentación ocultaba mal la intención independentista y los peninsulares nunca se engañaron al respecto. De la misma manera, los halagos interesados de éstos no podían seducir a los americanos, quienes, una vez más, tuvieron ocasión de constatar su inconsecuencia en el recinto de las Cortes reunidas en septiembre de 1810. Éstas, por decreto del 15 de octubre, hicieron suyas las disposiciones legales de la Junta Central y de la Regencia que declaraban la igualdad jurídica entre españoles y americanos, pero nuevamente negaron el otorgamiento de la representación proporcional a la población que era el lógico corolario de aquel principio. Esta posición no se abandonó cuando, al comenzar el año 1811, tuvo lugar el debate sobre las peticiones legales presentadas por los diputados indianos a la asamblea. Se decidió postergar la resolución de las principales cuestiones sobre los derechos americanos a la igualdad de representación y a libertad de comercio hasta que fuera dictada la Constitución. Esta injusta actitud dilatoria no haría más que reforzar la posición de los gobiernos revolucionarios de ultramar, dando mayor fundamento a su actitud beligerante.

Hacia mediados de 1811, tanto en la prensa como en las sesiones secretas de las Cortes terminó de quebrarse la lógica liberal cuando, al debatirse el modo de abordar el problema creado por el levantamiento emancipador americano, se impuso de manera aplastante y categórica la opción por la represión armada, en vez de la vía conciliatoria. Quedaba así definitivamente al descubierto la vocación imperialista subyacente en los peninsulares, que les impedía admitir la igualdad o la emancipación, y menos aún la independencia de sus "hermanos" de allende el Atlántico.[10]

San Martín en Cádiz: la hora del destino

Las sociedades secretas –directa o indirectamente ligadas con la francmasonería– se constituyeron a partir del siglo XVIII en los principales vehículos para la expansión del liberalismo revolucionario en lucha contra el absolutismo. En virtud del riesgo que suponía operar en medio del aplastante predominio del enemigo, no podían menos que apelar para su subsistencia y desarrollo al sigilo, evitando dejar cualquier rastro o evidencia, y al compromiso juramentado de sus miembros, imponiéndoles el más estricto mutismo en todo lo que incumbiese a sus propósitos, composición y actividades. Las enormes dificultades que plantea su estudio son, pues, intrínsecas a su constitución y alimentan la controversia en su derredor, aunque la falta de documentación escrita emanada directamente de esas instituciones pueda a veces paliarse muy parcialmente con las informaciones provenientes de diversos testimonios orales o escritos de logistas, infiltrados e incluso detractores.

En España, fue Cádiz la localidad que contó con mayor número de logias, según surge del *Informe sobre las sociedades secretas organizadas en España hasta 1823* que se conserva en el Archivo General de Palacio, como también de las denuncias sobre sus actividades y miembros contenidas en los repositorios de Sevilla y Salamanca.[11] No era casual que ello ocurriera, pues al finalizar la primera década del siglo XIX los gaditanos estaban atravesando

68

por uno de los momentos más notables de su historia. En esa ciudad libre, abierta, cosmopolita, comercial y pragmática, de cara a ultramar, en ebullición, pendiente de las alternativas del sitio y de los debates de las Cortes, había cobrado impulso un nuevo tipo de sociabilidad. La gran difusión del enciclopedismo y la influencia de la propaganda revolucionaria francesa habían abierto paso a la crítica reformista y a la politización creciente. En las tertulias, en las logias, en los círculos de pensamiento, todo se discutía, todo se cuestionaba y las mentes se abrían. Ese movimiento no sólo involucraba a las elites sino que había avanzado hacia los sectores intermedios.[12]

En verdad, desde la instauración de la dinastía borbónica, con la consiguiente introducción del espíritu liberal ilustrado –y simultáneamente, de la masonería–, comenzó a producirse una honda división en el alma hispana. Este proceso adquirió gran desarrollo durante el reinado de Carlos III y se consolidó con la invasión napoleónica, que reforzó la nueva actitud de adhesión a los principios del filosofismo francés: humanidad, beneficencia, tolerancia y libertad. De este modo, fue posible distinguir cada vez con mayor nitidez dos Españas en conflicto creciente: liberal, abierta, cosmopolita, progresista y laicista, la una; autoritaria, tradicional, xenófoba, conservadora y ultramontana, la otra. Sin duda, San Martín se identificaba con la primera.

Inserto en ese tiempo y ese espacio singularmente propicios al replanteo existencial, personal y comunitario, debió contraerse a resolver con virilidad y a conciencia su propia crisis interna.[13] Según la literatura de filiación masónica, San Martín habría sido iniciado en los misterios de la orden en la "Logia Integridad" de Cádiz en 1808, mientras la presidía el entonces capitán general de Andalucía y malogrado amigo personal, el marqués del Socorro. El futuro Libertador se encontraba en Portugal cuando llegaron las primeras noticias del estallido revolucionario americano de 1810. De regreso de esa campaña, en febrero del siguiente año, pudo adquirir en la ciudad gaditana un conocimiento más acabado de lo ocurrido en su tierra de origen y tomar contacto con quienes se habían enrolado en el bando emancipador, formando parte en la Sociedad de Caballeros Racionales N° 3, con el tercer grado de maestro masón.[14] A la par, no dejaba de seguir con atención el curso de las operaciones militares en la península, que parecía dejar sin chance alguna a la resistencia, dado lo arrollador del avance francés. El privilegiado puesto de observación que le deparaba el escenario gaditano le permitió también examinar *in situ* la evolución institucional y la conducta política de los representantes de esa España desahuciada que, en medio de la fruición de los debates doctrinarios, de la libertad de prensa, de las declamaciones liberales y de la terca –y a esas alturas, risible– defensa de su imperialismo metropolitano, parecían olvidar que, tras las murallas, una aplastante realidad anunciaba su inminente fin.

El panorama peninsular, desesperanzador para sus perspectivas e inclinaciones personales, debió desasosegar su espíritu. ¿Cómo evitar el tironeo de sentimientos contrapuestos? Hijo de su tiempo, no podía sustraerse a la influencia del genio militar de Napoleón ni dejar de admirar la cultura francesa; pero le repugnaba poner su espada al servicio del régimen bonapartista entonces dominante, producto de la conquista y la usurpación. Sin vacilar se había sumado a la causa de la resistencia al invasor, pero no podía conformarse con el desorden y la incapacidad del sistema de juntas; y ni qué hablar de esa Regencia de más que dudosa legitimidad, supeditada a los intereses de los comerciantes gaditanos[15], y del patético espectáculo de unas Cortes empeñadas en la elaboración de una Constitución para un Estado fantasmagórico. Para su fuerte racionalidad y su limpia lógica respecto del orden de prioridades, debían resultar dramáticamente irrisorios esos devaneos jurídicos, cuando estaba en juego la subsistencia. De convicciones liberales profundas –aunque su rechazo por el populismo y la demagogia lo presentara como un moderado–, menos podía adherir a la postura conservadora tradicionalista de los partidarios de la exaltación de la autoridad real del "Deseado". Ni afrancesado ni juntista ni absolutista, y después de veintidós años al servicio de España, ya no podía identificar allí su puesto de lucha, justo cuando América despertaba del letargo colonial y también se disponía a ser fiel a sí misma. Por eso sus hijos se habían negado a consentir que se convirtiera en objeto de la codicia y la manipulación europea, repeliendo a los invasores ingleses, tapándose los oídos ante el canto de sirena de los emisarios napoleónicos y finalmente levantándose en armas contra el despotismo peninsular.

¿Cómo podía San Martín soslayar la consideración del amplio campo de posibilidades que abría a su noble ambición el ideal de una patria americana puesta bajo el signo de la libertad? Sabía que a un indiano de origen humilde le resultaría prácticamente imposible rebasar el tope al que había llegado su carrera en el ejército español. Que ello era así lo probaría la suerte corrida por sus hermanos que permanecieron en él, con independencia de sus respectivas fojas de servicio, bastante nutridas por cierto. En efecto, Juan Fermín alcanzó el grado de capitán y el empleo de sargento mayor; Justo Rufino llegó a teniente coronel graduado, pero no pasó de capitán efectivo; lo mismo ocurrió con Manuel Tadeo, aunque en 1822 se le asignara el grado de coronel de milicias, donde no ejercían los profesionales ni tenía aplicación en el Ejército, por lo cual no pasaba de una concesión puramente honorífica. Pero, dado el carácter grave y reflexivo de José, el peso de la responsabilidad por la decisión a tomar debió ser abrumador y el cuestionamiento moral inevitable. Como lo advirtió con agudeza Gregorio Marañón[16], se trataba nada menos que de la trágica encrucijada de un militar español que se sentía impelido a luchar contra España. Su sentido castrense e hispánico del deber, coexistente con su no menos poderoso sentido de la libertad, no podía dejar de despertar dudas en su conciencia, generándole una angustiosa ambivalencia. Sabía que se exponía a que su reputación quedase tiznada en el juicio de muchos por la culpa de la traición.[17]

Es que su situación era radicalmente diferente, y por eso mucho más conflictiva, que la de la mayoría de sus paisanos de ultramar, de paso o transitoriamente radicados en la metrópoli, que abrazaban naturalmente la causa de la emancipación americana por un impulso viseral nacido del amor a su tierra. San Martín, en cambio, apenas conservaba de ella el recuerdo borroso de los seis primeros años de su existencia, que necesariamente debían pesar mucho menos en la balanza de su vida que los otros veintisiete transcurridos en la península, a la que estaba ligado no sólo por su carrera y formación sino también por lazos familiares y amistosos. Las raíces de su crucial determinación no podían ser, pues, de índole emotiva sino fruto de una honda reflexión y de una íntima convicción personal, a cuya luz pudo superar sus dilemas.

Una certeza aclaró por fin su mente y animó su voluntad: la razón estaba a favor de la causa de América, porque era la causa de los pueblos y su libertad. Y él, más allá de las pequeñas lealtades divididas, debía ser –en sus propias célebres palabras– un "instrumento de la justicia". Por otro lado, San Martín era consciente de que no era un militar más: a pesar de su procedencia modesta, de su condición de americano y de no haber alcanzado una posición demasiado encumbrada, había reforzado su autoestima la distinción tan especial que le habían deparado sus superiores. Aun subsistiendo las trabas de la burocracia castrense peninsular, los generales Solano y Coupigny confiaron personalmente en sus méritos y fueron sus amigos; obviamente esto no podía ser fruto de una arbitraria predilección sino de la valoración espontánea de condiciones nada comunes. Pero nadie mejor que él mismo sabía cuánto había aprendido en esos veintidós años. Soldado integral, conocedor de la táctica moderna, agudo observador, organizador riguroso, de fría racionalidad, se reconocía como un conductor en potencia pero sin futuro en el escenario peninsular. Mucho tiempo había permanecido allí, es cierto, pero sólo entonces le llegaba la hora de la cita con su destino: en América podría cumplir la que intuía era su misión. Parafraseándolo, allí sería *lo que debía ser*; si permanecía en España *no sería nada*.[18]

El accionar logista de los criollos en la metrópoli

Sin duda contribuyeron a que se produjera ese punto de inflexión en la vida y la carrera de ese teniente coronel treintañero, en la plenitud de sus facultades, sus contactos con los propagandistas del credo mirandino. En efecto, los americanos que se hallaban en la península no habían permanecido al margen de la ola asociativa en boga, pero aunque sus reuniones se fundaran en el común sustrato ideológico del liberalismo ilustrado, coadyuvaran a la lucha general contra el absolutismo y, en menor o mayor medida, adoptaran formas y comportamientos masónicos, se distinguían por perseguir una misión política específica que hacía de peruanos, chilenos, bolivianos, ecuatorianos, gra-

71

nadinos, rioplatenses, etc. amigos, paisanos y aliados en la causa común de la libertad continental.

Al parecer, ya desde 1794 funcionaba en la casa del limeño Olavide en Madrid una "Junta de diputados de los pueblos y provincias de la América meridional", vinculada a Miranda, cuando éste todavía se hallaba en Francia. Al principiar el nuevo siglo, con sede en la casa del chileno Nicolás de la Cruz, conde de Maule, formaron un conciliábulo el rioplatense Juan Florencio Terrada, el canónigo paraguayo Juan Pablo Fretes y los chilenos José Cortés Madariaga y Bernardo 0'Higgins, quien acababa de ser iniciado en Londres por el Precursor. Hacia 1807 funcionaba también en Madrid una "Conjuración de patriotas" en la que figuraban los salteños José Moldes y José J. Francisco de Gurruchaga y el bonaerense Manuel Pinto. Seguramente Juan Martín de Pueyrredón también estuvo por entonces en contacto con ellos. En conexión con Miranda y con este grupo madrileño, Gurruchaga pasó a Cádiz, donde protegía a los militares americanos.[19] Al producirse la invasión napoleónica, la institución se disolvió y sus miembros, creyendo llegada la ocasión para levantarla en armas, se trasladaron a América. Simultáneamente, desde Londres el Precursor activaba sus contactos establecidos del otro lado del océano. En una carta del 18 de abril de 1808 dirigida al rioplatense Saturnino Rodríguez Peña le decía: "Creo que no se descuidarán Vms. por allá en momento tan crítico en preparar y combinar cuanto sea conveniente y necesario para la emancipación absoluta de la patria, que es lo que nos conviene y sin lo cual *toda fatiga es vana*. Esta idea es general aquí en el día; y se cree que muy pronto nos dará este Gobierno los auxilios necesarios para el logro de tan magnífica como útil y necesaria empresa; mayormente después que los últimos eventos de Madrid y Aranjuez han hecho ver al mundo entero que la decrépita España no puede sostenerse a sí misma, ni mucho menos gobernar el Continente-Colombiano dos veces más extenso que toda la Europa y con doble población que aquella misma".[20] Ya se conoce el cambio de planes del gabinete británico ante los acontecimientos del 2 de Mayo, que frustraría una vez más el proyecto mirandista. Pero los encuentros de americanos continuaron.

Hacia 1809 se reunían en la casa de Manuel Rodríguez en Sevilla el alférez de navío Matías de Irigoyen, su primo el capitán Hilarión de la Quintana, Mariano Sarratea y León de Altolaguirre.[21] En la misma ciudad andaluza se estableció al año siguiente una logia formal que a principios de 1811 debió disolverse ante el avance francés. Sería la misma que en febrero se reorganizó en Cádiz y de la que participó San Martín, según se desprende del testimonio de uno de sus integrantes: "En Cádiz, refiere el general Rivadeneira, se abrió la misma sociedad, después de la dispersión de Sevilla y la localidad y circunstancias nos presentaron socios ilustres que en el número de sesenta y tres se distinguían por sus talentos sublimes, por su acendrado patriotismo, por su interés por la independencia, que no hallo expresiones bastantes para significar las distinguidas y señaladas virtudes patrióticas de cada uno de ellos". Al referirse el citado militar a su reencuentro con San Martín en el cuartel general de Huaura en 1821, ratifica: "[…] me estrechó en sus brazos, recordó nuestra amistad antigua, nuestros trabajos en la sociedad de Cádiz, para que se hiciese la América independiente".[22]

Sus reuniones tenían lugar en el barrio de San Carlos, más precisamente en la casa de su presidente o Venerable, el acaudalado joven teniente de caballería agregado a los carabineros reales Carlos de Alvear. Se trataba de una filial de la Sociedad de Caballeros Racionales que se distinguía con el número tres. Estas logias americanas tenían su propia constitución, cinco grados de iniciación y utilizaban ritos y códigos de reconocimiento entre los "hermanos" análogos a los de la masonería, con la que estaban ligadas indirectamente, ya que muchos de sus miembros pertenecían a ambas instituciones. Al neófito que ingresaba en la sociedad atraído por el propósito de "mirar por el bien de la América y de los Americanos", luego de jurar con los ojos vendados someterse a las leyes de la corporación, se le descubría, a la par de la vista, la misión a cumplir. Así, a su turno, el presbítero Servando Teresa Mier pudo escuchar de boca de Alvear:

Señor: esta sociedad se llama de Caballeros Racionales porque nada es más racional que mirar por su patria y por sus paisanos. Esta espada se la debía dar a usted por insignia para defender la patria, pero como usted es sacerdote la defenderá en la manera que le es permitido. La segunda obligación es socorrer a sus paisanos, especialmente a los socios, con sus bienes, como éstos con los suyos lo harán con usted. La tercera obligación, por las circunstancias en que nos hallamos, y en que se nos podría levantar que ésta era una conspiración, es guardar secreto sobre lo que pasa en la sociedad.[23]

Es preciso reparar en la última advertencia que denota el riesgo a que estaban expuestos los partícipes de la conjura en momentos en que se endurecía la posición del gobierno peninsular con los americanos. Ya *El Robespierre Español* había iniciado su virulenta campaña en pro del sofocamiento *manu militari* del movimiento emancipador de las colonias, a la que se plegarían otros periódicos gaditanos. La presión de la prensa sobre las Cortes terminó decidiendo en el mismo sentido a la mayoría peninsular. La opinión pública española iba siendo ganada por la postura belicista para castigar la "ingratitud" y la "traición" de los ultramarinos y las autoridades empezaban a mirar con creciente desconfianza a los sospechosos de connivencia con ellos. Como prueba del recelo producido por ese clima hostil, muchos americanos –algunos de ellos diputados suplentes en la asamblea de Cádiz– se rehusaron a entrar en la Logia Nº 3 "por temor a los déspotas españoles", según informaba Alvear al comunicar sus nombres a las otras filiales para que no fueran admitidos en ninguna sociedad de Caballeros Racionales, cuya constitución establecía que quedaran excluidos para siempre aquellos que, habiéndoseles propuesto en alguna oportunidad ingresar, se hubieran excusado de hacerlo. El peligro hizo que sus miembros dejaran de asistir a las reuniones, cada vez más raleadas. La crítica situación estuvo a punto de provocar la disolución de la entidad, pero finalmente se logró remontarla. Así se lo notificaba Alvear en carta a Rafael Mérida, que tiempo antes había partido de Cádiz con un grupo de hermanos hacia Caracas, donde fundó la Logia N° 4, de la que era presidente:

> [...] estuvo a punto de cerrar sus trabajos la L... N° 3 por las voces que sabéis se empezaron a divulgar por Cádiz: para tratar lo que se debía hacer junté a los hermanos del 5° grado, y después de haber adoptado todo lo que la prudencia nos dictó, resolvimos seguir en nuestros trabajos a toda costa y riesgo. La Providencia, que ciega a los tiranos, nos favoreció esta vez, pues nuestros trabajos continuaron con el mejor éxito y felicidad, a pesar de las acechanzas del Gobierno. Después de vuestra partida, se aumentó la sociedad con los hermanos que reza la adjunta Lista N° 1, de los cuales uno ha ido ya a Méjico y seis deben salir pronto para diferentes puntos de América, a tomar parte activa en la justa causa que defendemos.[24]

Ahora bien, ¿cuáles eran los trabajos que estos logistas continuaron realizando con buena suerte? Pues, como se deduce de ese mismo texto, en general se trataba de reclutar hombres de acción y de capacidad como futuros dirigentes para enviarlos a América. Esto incluía el rescate de personajes que por su labor conspirativa en ultramar habían ido a parar a las cárceles españolas. Tales eran los casos del presbítero bonaerense Ramón Eduardo Anchoris y del alférez de navío José Matías Zapiola, remitidos a los calabozos gaditanos por promover sendas conjuras en 1810 en Perú y Montevideo, respectivamente. De esta última ciudad y por idénticos motivos habían sido enviados los capitanes Francisco José de Vera y Cosme Ramírez de Arellano, y más tarde los tenientes coroneles Prudencio Murgiondo y Juan Balbín. Los gastos exigidos para tales empresas eran asumidos solidariamente por los hermanos, y particularmente pródigo se mostró en estos trances su activo Venerable, que disponía de mayores recursos. Por esos medios consiguió la fuga del teniente coronel francés Rossels, ayudante de campo del mariscal Víctor, preso en el castillo de Santa Catalina, con el compromiso de que le entregara al jefe sitiador correspondencia del propio Alvear. En ésta se le pedía la liberación de los americanos que se hallaran como prisioneros en los ejércitos, mediando la formal promesa de no volver a empuñar las armas contra Francia, para que pudieran retornar a sus países de origen a luchar por la independencia americana, objetivo compartido entonces por la política bonapartista.

La salida de España

Hacia mediados de 1811, cuando en Cádiz ya era uniforme el clamor por la intervención militar en América, la Nº 3 preparaba furtivamente la partida de la camada de oficiales logistas con destino al Río de la Plata. Podría deducirse una relación causa-efecto entre ambos hechos de la conocida y lacónica referencia de San Martín:

> [En] Una reunión de americanos en Cádiz, sabedores de los primeros movimientos acaecidos en Caracas, Buenos Aires, etcétera, resolvimos regresar cada uno al país de nuestro nacimiento, a fin de prestarle nuestros servicios *en la lucha, que calculábamos se había de empeñar.*[25]

Como no era posible que desconocieran que las acciones bélicas se habían iniciado un año antes, debe interpretarse el párrafo en el sentido de que preveían un recrudecimiento de éstas a partir del sincerador giro tomado por el gobierno de la metrópoli, una vez arrojada definitivamente su estéril máscara liberal frente a los americanos.

Decidido San Martín a abandonar el ejército español, obró con sagacidad y cautela. El 26 de octubre presentó su solicitud de retiro redactada en términos que, además de no despertar sospechas, fuesen capaces de mover los resortes adecuados para obtener una respuesta favorable. Argumentaba que no habría formulado dicho pedido de no verse obligado a trasladarse a la ciudad de Lima (destino falso pensado para neutralizar cualquier suspicacia, en tanto que se trataba del baluarte por excelencia de la causa realista en América) para arreglar sus intereses allí abandonados, que no rendían por la imposibilidad de manejarlos personalmente, "con perjuicio suyo y del Rey, como hacendado contribuyente" (preocupación fiscal digna de un súbdito fiel). Debía poner remedio a esa situación para asegurar su subsistencia y la de sus dos hermanos que quedaban sirviendo en los Ejércitos de la península (prueba del compromiso familiar con la causa española, esgrimida como una especie de reaseguro de que no motivaba al peticionante desligarse de ella). Además, no pedía pensión alguna sino "sólo el uso del uniforme de retirado y fuero militar" (eficaz señuelo tendiente a asegurarse una concesión que lejos de lesionar al raquítico erario, lo beneficiaría).

Esa ingeniosa construcción de mentiras para burlar a la Regencia demostró con su eficacia la nítida percepción de San Martín acerca de la incapacidad de ese gobierno, que bien merecido tenía el poco respeto que le inspiraba a dicho oficial, si se lo juzga por las justificaciones que alegaba para la concesión del retiro: "...cuya gracia proporciona al mismo tiempo al erario el ahorro de un sueldo de agregado que disfruta este Capitán en la Caballería, sobrecargada y sobrante de oficiales de todas clases", porque "cuando las causas de conveniencia lejos de perjudicar al servicio, producen bien conocido al estado en general [se refiere al beneficio que tendría el fisco con la mejor atención de la supuesta hacienda peruana], deben ser atendibles".[26]

Así, pues, la respuesta favorable a la petición de "este oficial antiguo y de tan buena opinión, como ha acreditado principalmente en la presente guerra"[27] importaba para la miope visión de los juntistas una triple ventaja: se ahorraba un sueldo, se aligeraba la abultada nómina de oficiales de la caballería y se percibiría una mayor renta de unos fantasmales bienes raíces; a cambio, perderían tres naciones liberadas por la misma espada de la que, con increíble necedad, casi se felicitaban de prescindir.

Concedido el retiro el 5 de septiembre de 1811, San Martín se dispuso a dejar España y con ella a todos sus afectos. Su madre, doña Gregoria, que continuaba junto a su hermana María Helena, moriría al poco tiempo el 28 de marzo de 1813, a los 75 años de edad, sin poder contemplar la gloria de su hijo menor. Tampoco volvería a ver nunca más el viajero a sus hermanos Juan Fermín, que desde 1802 se hallaba en Manila, y Manuel Tadeo, quien como ayudante del general Conde del Castrillo y Orgaz desde 1808, y luego de haber actuado en el ejército del centro, en Extremadura y Cataluña, se encontraba entonces batiéndose en la defensa de Valencia, siendo, a principios de 1812, hecho prisionero por los franceses al rendirse su guarnición. En cambio, tal vez, pudiera despedirse San Martín, dada su proximidad, de Justo Rufino, quien luego de acompañar a Palafox durante los memorables sitios de Zaragoza, desde 1809 venía desempeñándose, bajo bandera inglesa, como ayudante de campo del teniente general Charles W. Doyle, a la sazón Comandante general del Depósito de Instrucción Militar de la Real Isla de León. También sería este hermano el que volvería a estrecharlo en sus brazos cuando trece años más tarde el Libertador retornara al viejo continente, después de haber optado por el renunciamiento y el ostracismo.

Así, pues, hacia fines de septiembre, San Martín logró partir de la península contando con la presumible colaboración de Coupigny y con la fehaciente de un comerciante escocés alistado como voluntario en las fuerzas de la defensa, James Duff –personaje familiar para los gaditanos por haber tenido a su cargo el consulado de Inglaterra y que más tarde sería lord y conde de Fife–, quien le proporcionó pasaje a Lisboa en un bergantín de guerra inglés.

No era empresa liviana para los americanos sospechados de conspiración dejar tierra española, a juzgar por las significativas expresiones de Carlos de Alvear, al relatarle a Mérida lo ocurrido después de su partida:

Al fin he salido del poder de los tiranos, y me hallo aquí acompañado de los hermanos [...] España está ya dando las últimas boqueadas; todo sigue en el mismo desorden en que Vmd. lo dejó [...] Nuestro Román de la Luz ha salido del Castillo y tiene la ciudad por cárcel, y lo estoy esperando de un momento a otro. Murgiondo y Balbín debían salir pronto [...] Dará Vmd. mil expresiones de mi parte y de la de Zapiola a los hermanos Caicedo y Toledo: no pillar a este le ha sido muy sensible al déspota gobierno español; a los quince días de haber Vmd. salido, lo echaron de menos, e inmediatamente orden de registrar escrupulosamente los buques que fuesen a salir y a las avanzadas de la Isla, y ejércitos, que si lo pillaban vivo o muerto serían premiados, pues era muy perjudicial su ida por lo que podía dar noticias de todo.[28]

La situación empeoraría en lo sucesivo para los liberales, no obstante que las organizaciones militares masónicas continuaron operando con gran eficacia en la península aun en pleno restablecimiento del absolutismo fernandino. A esa época posterior se refiere el testimonio de Iriarte sobre su iniciación en los misterios de otra logia gaditana, en el transcurso de la navegación hacia América en 1816:

No tardé mucho en imponerme de la liturgia, palabras, signos y símbolos: quedé hecho cargo de la secretaría. Todos los miembros entonces existentes teníamos el título de Fundadores: la sociedad se denominaba Logia Central la Paz Americana del Sud. El objeto de esta asociación, como más adelante se verá, era el de dar dirección a todos los negocios públicos; y al efecto las adquisiciones que se hacían recaían siempre en personas de capacidad e influjo por su posición social, y más particularmente por su rango en el ejército y que perteneciesen al partido liberal. En Cádiz existía otra compuesta de personas notables que iniciaba a los oficiales destinados a ultramar que más sobresalían por sus principios liberales e ilustración. El partido liberal perseguido entonces de muerte por Fernando pretendía de este modo formarse una nueva patria en América, si se veían obligados a abandonar la península para evitar los furores de aquel déspota sanguinario. Pero la sociedad en que yo acababa de entrar era independiente de aquélla aunque relacionadas entre sí y con miras idénticas.[29]

La solidaridad del liberalismo masónico castrense español con la causa emancipadora hispanoamericana alcanzaría, como se verá, su máxima expresión en la oportunísima sublevación de Rafael de Riego en Cabezas de San Juan, que impidió el envío de la última y poderosa expedición destinada a sofocarla en 1820.

De Londres al Plata

Luego de la escala en la capital portuguesa, San Martín llegó a Londres, donde fue ascendido al 5° grado. Allí, por mandato de la Logia N° 3, que había quedado bajo la presidencia de Anchoris, y junto con sus cofrades Alvear, Zapiola, Mier, Villaurrutia y Chilavert, fundó otra filial de los Caballeros Racionales. Ésta, distinguida con el N° 7 y las palabras "Unión... Firmeza... y Valor", tendría por misión servir de nexo con las sociedades establecidas en

Filadelfia, Caracas y Cádiz, a la vez que brindar refugio a los hermanos que escapasen de esa última ciudad. Inmediatamente fue admitido en ella el porteño Manuel Moreno; éste había acompañado a su malogrado hermano Mariano, quien fuera brillante y drástico propulsor de la Junta revolucionaria de Buenos Aires, en su misión diplomática ante el gobierno británico, la que no pudo cumplir por fallecer sospechosamente en el transcurso del viaje. También lo acompañaba como secretario de la legación el joven Tomás Guido, futuro entrañable amigo y confidente del Libertador, quien no pudo conocerlo en esa ocasión por haber ya partido de la capital inglesa. También ingresaron el marqués del Apartado, natural de México, y los caraqueños Andrés Bello y Luis López Méndez; los dos últimos habían arribado el año anterior junto con Bolívar con el objeto de convencer a Miranda de pasar a Venezuela para ponerse al frente del movimiento emancipador de su país, por lo que, una vez ausente el Precursor, debió reorganizarse la logia en la conocida "casa de los venezolanos".

En enero de 1812, después de una estadía de aproximadamente tres meses en Londres y de dejar allí restablecida la logia bajo la presidencia de López Méndez, San Martín y sus camaradas se embarcaron hacia el Río de la Plata. A su arribo a Buenos Aires en el mes de marzo, el órgano oficial porteño informaba:

El 9 del corriente ha llegado a este puerto la fragata inglesa *George Canning* procedente de Londres en cincuenta días de navegación; comunica la disolución del ejército de Galicia y el estado terrible de anarquía en que se halla Cádiz dividido en mil partidos, y en la imposibilidad de conservarse por su misma situación política. La última prueba de su triste estado son las emigraciones frecuentes a Inglaterra, y aun más a la América septentrional. A este puerto han llegado entre otros particulares que conducía la fragata inglesa el teniente coronel de caballería D. José de San Martín, primer ayudante de campo del general en jefe del ejército de la Isla marqués de Coupigny; el capitán de infantería D. Francisco Vera, el alférez de navío D. José Zapiola, el capitán de milicias D. Francisco Chilavert, el alférez de carabineros reales D. Carlos Alvear y Balbastro, el subteniente de infantería D. Antonio Arellano, y el primer teniente de guardias valonas Baron de Holmberg. Estos individuos han venido a ofrecer sus servicios al gobierno, y han sido recibidos con la consideración que merecen por los sentimientos que protestan en obsequio de los intereses de la patria.[30]

Un ejemplar del periódico que contenía tal noticia fue enviado al Consejo de Regencia por el gobernador realista de Montevideo, Gaspar de Vigodet, quien en su oficio manifestaba "la grande sorpresa y sentimiento que me ha causado como a todos los buenos españoles este inesperado acontecimiento" y "el gravísimo perjuicio que resulta al Estado de la concesión de semejantes permisos a unos individuos como éstos, reputados por infidentes y adictos al sistema de la independencia".[31] Luego de ponerse en autos, el Ministerio de Guerra español le contestó:

S.A. en consecuencia me manda decir a V.S. como lo ejecuto, no ser cierta cual en esa se asegura que hubiese concedido su superior licencia a dos individuos para Montevideo ni Londres, y sí que San Martín obtuvo su retiro para la ciudad de Lima por real despacho de 19 de septiembre de 1811; Alvear su licencia absoluta el 12 de septiembre de 1810; y Holmberg su separación del servicio el 17 de septiembre de 1811; que Zapiola es un verdadero desertor de la Armada Nacional dado de baja en ella; y que Vera y Chilavert son unos prófugos de esta plaza, después de absuelto el último, por el extinguido Consejo de Guerra en la causa que sobre la ocurrencia del 12 de julio de 1810, en esa de Montevideo se le siguió como a sus compañeros Murgiondo y demás que igualmente se fugaron.[32]

Apenas arribado, comenzaron a circular las diversas versiones sobre la verdadera finalidad del viaje de San Martín al Plata. Se explica que los largos años de su vida transcurridos en la península –que lo diferencian de sus compañeros de viaje– despertaran prevenciones en las autoridades lo suficientemente notables como para que él mismo las percibiera con claridad: "Fui recibido por la junta gubernativa de aquella época, por uno de los vocales con favor y por los dos restantes con una desconfianza muy marcada", recordaría el Libertador al final de su vida.[33]

Por otro lado, el sable corvo o mameluco de que se hallaba provisto y que acababa de comprar en Londres, hechura de origen oriental difundida por los ingleses similar al que usaban los corsarios, dio pie a los primeros rumores de que se trataba de un espía británico, sospecha que todavía sigue alentando desatinados escritos.[34]

En tanto corrillo de aldea, aquella conjetura podía resultar comprensible. No en vano Londres se había constituido desde los primeros años del siglo en una especie de meca de los americanos que estaban en pro de la emancipación,[35] y era insistentemente visitada por sus diputaciones con la ilusoria esperanza de conseguir el necesario apoyo, anhelo progresivamente ajado por una sucesión de decepciones y promesas incumplidas. Si en otras circunstancias tales tanteos, proyectos y negociaciones habían sido considerados una alternativa posible, en ese momento, en que Gran Bretaña había conseguido de los peninsulares la siempre pretendida franquicia comercial con los americanos, lejos de apoyar sus pretensiones independentistas, las frenaría –al menos en sus aspectos formales– para no malograr su entendimiento con el gobierno de la Regencia. Y con respecto al caso específico del enigma acerca de las miras de San Martín y sus camaradas, no tardó la cancillería inglesa en alertar al gobierno peninsular, transmitiéndole –como correspondía a un fiel aliado– las noticias obtenidas de uno de sus informantes políticos. Éste era el porteño Manuel Castilla, quien el 13 de agosto, desde Jack Place, le decía a Robert P. Staples con respecto a los viajeros de la *George Canning*:

> Estoy informado por personas interesadas, las que se encuentran ahora en Londres, que esos pasajeros fueron enviados y provistos de dinero por el Gobierno francés. La negociación fue iniciada por el ayudante de campo del mariscal Víctor, que hace algún tiempo fue prisionero en Cádiz, pero fue libertado y enviado a Francia, bajo la secreta instigación de los caballeros antes mencionados. Entre los pasajeros estaba un Barón alemán, oficial de ingenieros, y si no estoy mal informado llevaba consigo despachos del emperador francés. *Estaba también un coronel San Martín, que era ayudante y principal colaborador del finado marqués de Solano, gobernador de Cádiz y de quien (por su anterior conducta) no tengo la menor duda está al servicio pago de Francia y es un enemigo de los intereses británicos.*[36]

Staples de inmediato envió el informe a lord Castlereagh, quien puso el documento en manos del embajador de España en Londres, Fernán Núñez, y éste a su vez lo envió a su gobierno.

¿Infiltrado español? ¿Espía inglés? ¿Enviado de Napoleón? El tiempo, su vida y sus obras demostrarían que José de San Martín era un agente, sí, pero de la libertad y al servicio exclusivo de la causa de América.

Panorama hispanoamericano a la llegada de San Martín al Plata

Hacia 1812 el movimiento emancipador iniciado dos años antes se desenvolvía con suerte varia, pero ya comenzaban a asomar los signos de declinación, que deben atribuirse a problemas intrínsecos a la insurgencia hispanoamericana, pues hasta entonces la metrópoli, aunque había manifestado abiertamente su propósito de enviar refuerzos bélicos a ultramar, no se había encontrado en condiciones de hacerlo. El estallido revolucionario había sido simultáneo, pero no coordinado en los diversos e inconexos escenarios de lucha, e influido por las peculiaridades socioeconómicas de la compleja realidad que presentaba el imperio hispánico en su enorme extensión.[37]

a) El caso mexicano

En México, la colonia más importante y provechosa para la Corona, que recibía de ella las dos terceras partes de sus rentas imperiales, a la clásica oposición dentro de la elite blanca entre los "señores de la plata" criollos del norte y los grandes comerciantes peninsulares del sur se sobrepuso la tensión entre esa minoritaria clase alta unificada en su escandalosa opulencia y la creciente masa paupérrima de indios y mestizos. Éstos, que constituían el ochenta por ciento de la población, habían perdido el dominio de la tierra, monopolizada por el avance de la economía comercial de las haciendas, dirigida al consumo externo. El "grito de Dolores" que dio inicio a la revolución el 19 de septiembre de 1810 coincidió con una crisis agrícola –producto de las sequías– que provocó aumentos en el precio del maíz y, en consecuencia, el hambre del campesinado. La situación desembocó en una violenta protesta social de los sectores bajos que fue acaudillada por Miguel Hidalgo, un representante del bajo clero testigo de las insoportables condiciones impuestas por la estructura agraria. El carácter sociorracial del movimiento apartó de él a los criollos. Las masacres y los saqueos acompañaron el avance hacia la ciudad de México de las nutridas pero indisciplinadas filas rebeldes, hasta que fueron vencidas por efectivos muy inferiores en número al mando del general Trujillo. La decisión de Hidalgo de retirarse sin intentar la toma de la capital completó la desmoralización de sus seguidores. En marzo de 1811 el cura fue apresado y fusilado. Fracasada la acción masiva y desenfrenada, siguió la de las bandas guerrilleras, dirigida por caudillos militares como Ignacio Rayón, Guadalupe Victoria y Vicente Guerrero, hasta que la revolución encontró su nuevo líder en otro eclesiástico, José María Morelos. Éste, para 1812, dominaba todo el sur y se disponía a dar organización, disciplina y programa a la lucha, dotándola de un carácter nacional, sin abandonar su contenido social, que se cifraba en la abolición de castas y en la división de la tierra. Pero ese proyecto tenía muy pocas probabilidades de éxito sin la indispensable colaboración de los criollos, que, temerosos de un nuevo desborde de la plebe, se veían más inclinados a estrechar filas con los peninsulares en defensa del orden establecido.

b) Los baluartes realistas

Es precisamente en las áreas de composición poblacional similar a la de México (que a partir de 1815 volvería a convertirse en núcleo de predominio realista), con una abrumadora mayoría de indios y castas frente a un exiguo número de blancos, donde los criollos no se atrevieron a disputar la supremacía a los españoles. Frente al riesgo de desatar con una escisión peligrosa fuerzas sociales de difícil control y capaces de volverse en su contra, optaron por mantener con éstos una especulativa y artificiosa cohesión. Tal fue el caso del sólido bloque contrarrevolucionario centrado en el virreinato del Perú y compuesto por el altiplano boliviano, Ecuador y aun el sur neogranadino, dominado por los empecinados focos realistas de Pasto y Popayán. Sin duda la capitalización de la lección proporcionada por el vigoroso sacudimiento tupamarista y sus derivaciones en las últimas dos décadas del siglo XVIII contribuye grandemente a explicar la férrea adhesión a la causa realista por parte de la clase dominante de esa región, que veía en el orden colonial el escudo protector de su hegemonía. Da cuenta de la fuerza de esa convicción ultraconservadora la singularidad de la posición asumida por Perú, en tanto principal víctima propiciatoria de la reorganización imperial borbónica, que no sólo disminuyó dramáticamente su importancia político-administrativa, al restar de su jurisdicción los territorios que pasaron a conformar los nuevos virreinatos de Nueva Granada y Río de la Plata, sino que además había despojado a Lima de su secular papel de emporio comercial en favor de Buenos Aires. Aunque no había terminado de asimilar las pérdidas y restricciones impuestas por esa nueva coyuntura, Perú no se dejó tentar por la revancha que podía ofrecerle la aventura revolucionaria sino que, además de erigirse en invulnerable bastión fidelista, asumió prácticamente todo el peso de la guerra contra la independencia, en tanto centro conductor y de recursos del poderío español en el subcontinente. Éste, por su parte, pasó prontamente a la ofensiva contra los revolucionarios. No fue ajena a esa posición tozudamente sostenida la firme voluntad del virrey José Fernando de Abascal.

Tampoco Centroamérica, sobre la que pesaba la vigilancia inmediata de las guarniciones de México, Cuba y Puerto Rico, convertidas en arsenales del imperio colonial, estaba en condiciones de sacudirse el yugo español. En esa zona septentrional y en el bloque andino sudamericano central residiría, pues, el nervio mismo del poderío militar hispano. Sólo ante el impulso de estímulos externos estas regiones se incorporarían –tardíamente–al proceso independentista, y aun con excepción de los dominios insulares mencionados.

c) La Revolución en Sudamérica

1. Características comunes

En América del Sur, el movimiento emancipador presenta ciertos rasgos concomitantes. En general, comenzó por reducirse al intento de las clases altas criollas capitalinas de desplazar a los peninsulares de los órganos de gobierno y del dominio del tráfico mercantil, por medio de revoluciones de "guante blanco", cubiertas bajo la modalidad institucional nada violenta del Cabildo Abierto, y de las que emanaron las Juntas gubernativas controladas por los hijos del país. Éstos, vengando así su prolongada postergación, se presentaban no como rebeldes sino como los herederos legítimos de la autoridad real ante el vacío de poder generado por el derrumbe metropolitano. La apertura comercial y la adopción de otras reformas liberales más tibias fue un denominador común de su acción inicial. Esta actitud prudente y legalista no consiguió sin embargo evitar la reacción de los perjudicados, dispuestos a la resistencia y prontamente apuntalados desde las zonas de Hispanoamérica que se convirtieron en baluartes de la reacción. Por otro lado, la proclividad de la dirigencia revolucionaria a encerrarse en estrechos círculos y su prematuro faccionalismo opondría nuevos obstáculos a su marcha. Obligados por las necesidades de la lucha, uno y otro bando debieron captar apoyos en sectores sociales más amplios, cuya incorporación al conflicto producirían alteraciones más profundas que las previstas.

La iniciativa revolucionaria partió de ambos extremos del subcontinente: Caracas en el norte y Buenos Aires en el sur, fueron los centros en donde aparecerían sus dos principales conductores militares, Bolívar y San Martín, que terminarían por hacer confluir su acción libertadora en el centro del poderío realista: Perú.

2) En el Norte

En la *Capitanía General de Venezuela* la aristocracia rural "mantuana" propietaria de las grandes plantaciones de cacaos de la costa halló en la crisis metropolitana la oportunidad de librarse de los peninsulares que monopolizaban el comercio de su producción y la alta burocracia, asegurándose, mediante el control directo del gobierno, sus intereses económicos y privilegios sociales. El 19 de abril de 1810 el Cabildo de Caracas depuso al capitán general Vicente Emparán e instituyó una Junta a nombre de Fernando VII. El elemento conservador, satisfecho con la autonomía, no procuraba salirse del marco imperial, pero no tardó en chocar con el pequeño grupo liberal de intelectuales progresistas que se habían pronunciado a favor de la independencia. A éste pertenecía Simón Bolívar, joven de cultivada inteligencia y agudo sentido político, nacido en el seno de una de las más ricas y poderosas familias terratenientes del país, quien consiguió que Miranda se pusiese al frente del movimiento, que desde entonces se radicalizó. Un Congreso general reunido en marzo de 1811 tuvo el gesto audaz de proclamar el 5 de julio la independencia, y en diciembre sancionaba una Constitución republicana federal. Ésta, si bien establecía la igualdad legal entre blancos y pardos, la desmentía en los hechos al limitar el sufragio a los propietarios; de la misma manera que abolía la trata de esclavos, pero no liberaba a los ya existentes. El descontento generado en las clases bajas fue explotado por agentes de la oposición española, que instigaron y apoyaron la insurrección de los negros en las plantaciones de los revolucionarios y el alzamiento de los pardos, provocando la defección de muchos criollos que precedió a la reacción armada de Monteverde. Ante éste capituló a mediados de 1812 el Precursor, que fue entregado por sus mismos partidarios y terminaría su azarosa vida prisionero en la Carraca de Cádiz.

En el *Virreinato de Nueva Granada* el aislamiento impuesto por la configuración geográfica y la deficiencia de las comunicaciones engendró un intenso regionalismo que tuvo graves consecuencias políticas para la revolución, al alimentar las tendencias centrífugas que le darían un aspecto caótico y la conducirían a su propio aniquilamiento, a pesar de contar con condiciones demográficas y económicas relativamente favorables (alto porcentaje de población blanca y un importante grado de mestización, con un dominio menos marcado de las grandes haciendas). El 20 de julio de 1810 un Cabildo Abierto en Bogotá procedió a la deposición del virrey Antonio Amar y Borbón, reemplazado por una Junta que convocó a los pueblos del Interior a unas cortes generales y al establecimiento de un gobierno central. Empero, los recelos contra la preeminencia de la capital, las rivalidades regionales y los anhelos autonómicos provinciales terminarían por impedir ese resultado. La lucha civil entablada en 1812 entre la República de Cundinamarca, liderada por Antonio Nariño, jefe de la facción centralista, y la laxa Federación de Provincias de Nueva Granada, presidida por Camilo Torres, fatalmente conduciría a la restauración de los realistas, que contaban con los inexpugnables baluartes sureños de Pasto y Popayán.

Ubicada entre los virreinatos de Nueva Granada al norte y del Perú al sur, la *Presidencia de Quito,* por su estructura geográfica y social constituía en verdad una prolongación del segundo, de cuya égida no podría librarse a pesar de dos sucesivos intentos de rebelión: el de 1809, dirigido por la aristocracia criolla capitalina, que condujo al establecimiento de una junta de inspiración monárquica y fidelista; el de octubre de 1810, de carácter más popular, que declaró la total independencia de Quito el 11 de diciembre de 1811, degeneró en la lucha de facciones entre el aristocratismo monárquico de los Montúfares y el sector republicano disconforme que rodeó a los Sanchez Carrión. Así debilitados y con la masa indígena apoyando a los realistas, los revolucionarios fueron rodeados desde el sur y la costa con fuerzas peruanas al mando del general Toribio Montes, quien a fines de 1812 entraba como pacificador a Quito, restaurando en la zona el dominio español, que se prolongaría hasta 1820.

3) En el Sur

La *Capitanía General de Chile* tenía la peculiaridad de su desventajosa posición geográfica de aislamiento y de su inmediata y peligrosa conexión con el centro realista peruano, al que su economía había estado tradicionalmente subordinada. Su población era racialmente más homogénea que en otras zonas de Hispanoamérica, ya que el sector mestizo que constituía la mitad tendía a confundirse con el blanco, frente a un muy reducido número de gente de color y de indios, estos últimos arrinconados por conquista militar al sur del Bío Bío. La oposición dominante, pues, en esa estructura social era la establecida entre la minoría peninsular de burócratas y comerciantes y la mucho más amplia y poderosa elite criolla terrateniente, que monopolizaba las grandes haciendas del valle central con mano de obra basada en el inquilinaje o servidumbre rural. Aunque no alcanzase el deseo de emancipación, fermentaba en ella un propósito reformista del régimen capaz de mejorar su posicionamiento en él; un núcleo más avanzado, liderado por el hombre fuerte del departamento de Concepción, Juan Martínez de Rozas, albergaba ideales republicanos. Siguiendo el ejemplo revolucionario de Buenos Aires, el partido criollo finalmente logró imponerse cuando, en el Cabildo Abierto del 18 de septiembre, se determinó el establecimiento de una Junta de gobierno, que pronto fue dominada por el radicalismo de Martínez de Rozas, y contra el cual reaccionó el Cabildo de Santiago, que encabezaba la tendencia moderada, logrando desplazar su influencia. Así, cuando el 4 de julio de 1811 tuvo lugar la solemne apertura del Congreso general, éste fue dominado por la rama conservadora de la aristocracia rural, que, al crear de su seno un Poder Ejecutivo de tres personas que no representaban más que a la capital, provocó el retiro del cuerpo por parte de los diputados progresistas en señal de protesta por tal hegemonía.

Una creciente impopularidad rodeaba al Poder Legislativo, cuando a Santiago arribó José Miguel Carrera, oficial veinteañero del ejército español, perteneciente a una poderosa familia chilena de terratenientes y militares. En Cádiz había integrado la Logia Nº 3 de Caballeros Racionales, y desde entonces se había mancomunado con Alvear en sus ambiciosas miras de erigirse en dictadores de sus países de origen para conducirlos a la independencia. Su padre, don Ignacio de la Carrera, había sido vocal de la primera Junta de 1810, a cuya instalación habían coadyuvado sus hermanos Luis y Juan José. El 4 de septiembre, con el apoyo del bando rocista y de la poderosa familia Larraín Salas, los llamados "Ochocientos", los Carrera llevaron a cabo un golpe militar para poner fin a la estrategia dilatoria adoptada por el sector más prudente y continuar los cambios. Se impuso una nueva Junta y la variación de la composición del Congreso. Los radicales quedaron así dueños de la situación. Pero si bien la asamblea cumplió a partir de entonces con una febril y progresista labor legislativa, Carrera –virtual dueño de la fuerza militar–, insatisfecho por no haber obtenido el protagonismo a que creía haberse hecho acreedor en los negocios públicos, encabezó un nuevo pronunciamiento el 15 noviembre de 1811 y se apoderó del gobierno, justificando con un lenguaje avanzado y populista la instalación de su dictadura militar, a la par que contradictoriamente obtenía el apoyo del sector reaccionario español, interesado en revertir el proceso en curso. La inestable situación se agravó aún más cuando, el 2 de diciembre, Carrera decretó la disolución del Congreso. Asimismo, valiéndose de la adhesión del elemento castrense, terminó con la influencia de Martínez de Rozas, competidor de su liderazgo, a mediados de 1812. Pero la lucha de bandos en el sector patriota estaba destinada a prolongarse.

Frente al personalismo carismático de Carrera se alzaron nuevas facciones rivales: la nucleada en torno a los Larraín y la heredera de Rozas, que buscaba el retorno a la legalidad constitucional y tenía por conductor a O'Higgins. Las nocivas consecuencias de tal división se pondrían de manifiesto a fines de ese año, cuando se inicia la represión del movimiento emancipador con el envío de fuerzas realistas del Perú. La guerra le otorgaría al proceso chileno una dinámica impulsada fundamentalmente desde fuera, transformándolo en un enfrentamiento directo contra el virrey Abascal. Esto y no el ambiguo y manipulador manejo político de Carrera fue lo que terminaría por encarrilarlo hacia la independencia.

El *Virreinato del Río de la Plata* abarcaba un inmenso territorio compuesto por un conglomerado heterogéneo de regiones de trayectorias diversas reunidas por disposición real en esa jurisdicción político-administrativa de reciente creación; lo que explica tanto la fisonomía compleja de su estructura socioeconómica como las tendencias centrífugas surgidas en su periferia durante el transcurso del movimiento emancipador, que desataron un paralelo proceso de fragmentación del que surgirían cuatro Estados: Argentina, Paraguay, Uruguay y Bolivia.

A partir de su erección en capital virreinal y nuevo emporio mercantil, Buenos Aires asistió a la instauración de un complejo aparato institucional, con la consiguiente invasión burocrática metropolitana, y al preponderante dominio de una clase mercantil peninsular ligada en su mayor parte con las casas consignatarias de Cádiz y que basaba su prosperidad en un intercambio pasivo, pues no se nutría del aumento de la producción interna sino en ínfima proporción. Esto es, mientras se importaban mercaderías europeas y esclavos, el metal altoperuano conformaba el ochenta por ciento de las exportaciones, constituyendo los cueros, carnes saladas y otros productos pecuarios un complemento todavía poco significativo aunque en expansión. Su creciente demanda favorecería en lo sucesivo el desarrollo de las zonas más aptas para esa producción primaria de exportación, asistiéndose desde entonces al rápido ascenso del Litoral ganadero. En cambio, el interior, de economía arcaica y diversificada abocada a la producción de bienes para consumo interno, y excluida por tanto del comercio con ultramar en que se fundaba la riqueza del grupo dominante porteño desentendido de ella, comenzaría un progresivo proceso de estancamiento y posterior declinación, signado sucesivamente por la competencia de la agricultura mediterránea metropolitana, por la pérdida del mercado minero altoperuano, para el que producían las zonas vinculadas a todo el circuito económico que allí remataba y que quedaría desarticulado a partir de la revolución, y, finalmente, por la invasión de la producción industrial europea, favorecida por la política librecambista que se instrumentó en función de los intereses litoraleños[38].

En cuanto a la composición social, existía un alto porcentaje de blancos y mestizos adaptados a las pautas culturales españolas, sobre todo en el Litoral, que también contaba, en especial en las ciudades, con una significativa proporción de negros y castas. Su presencia era asimismo notable en la zona central mediterránea. La población indígena dócil era más abundante en el Noroeste aunque sin alcanzar la importancia numérica que tenía en el Alto Perú, puesto que también en Tucumán y Cuyo predominaban los mestizos. La gran mayoría aborigen no asimilada habitaba en los extensos territorios sin colonizar del Chaco, al norte, y de la Pampa, al sur. En el interior, el estilo de vida conservador y los valores señoriales que mantenían la rigidez de las barreras sociales contrastaban con el más liberal, laxo y aburguesado del dinámico Litoral, donde la tendencia a dar preponderancia a la riqueza por sobre el color de la piel posibilitaba una mayor movilidad. En el momento de la Revolución no existía ni en el primero el predominio exclusivo de la gran propiedad, ni en el segundo la explotación latifundista en manos de grandes hacendados que se instauraría posteriormente.

En Buenos Aires, el debilitamiento del grupo dominante constituido por los grandes comerciantes españoles se logró por tres vías: la lucha contra sus intereses monopólicos llevada a cabo por los comerciantes y hacendados criollos partidarios del librecambio, que terminaron por predominar en el Consulado y consolidaron su posición con la apertura comercial de 1809[39]; la formación de cuerpos milicianos de nativos organizados a raíz de los ataques ingleses de 1806 y 1807, que no tardaron en constituirse en una fuente alternativa de poder, al sofocar fácilmente la asonada "sarracena" del 1º de enero de 1809[40], destacándose particularmente el regimiento de Patricios comandado por Cornelio Saavedra[41]; y finalmente por el accionar conspirativo de un activo sector civil de intelectuales criollos insatisfechos con el menguado liberalismo borbónico,[42] conscientes de su fuerza y hartos de su postergación.

En mayo de 1810, ante la noticia de la caída de la Junta Central de Sevilla y la completa ocupación francesa de Andalucía, con la sola excepción de Cádiz, la elite revolucionaria local de civiles y militares logró imponer en el Cabildo Abierto del 22 el cese del virrey Cisneros y –luego de desbaratar una maniobra de los capitulares– tomar el poder el 25[43]. Pero inmediatamente se alzaron poderosos focos contrarrevolucionarios: las intendencias altoperuanas, poniéndose bajo la protección del virrey del Perú, negaron obediencia a las nuevas autoridades porteñas y se mantuvieron conectadas con el peligroso núcleo reaccionario surgido en Córdoba en honor al "héroe de la reconquista" y ex virrey Liniers. Montevideo también resistió el reconocimiento de la Junta Provisional Gubernativa porteña a iniciativa de José María de Salazar, comandante del apostadero naval que allí tenía su base. Esta marina de guerra realista, que dominaría de modo excluyente el litoral fluvial y marítimo rioplatense durante los siguientes cuatro años, constituiría el nervio de la tozuda oposición de esa ciudad-puerto mal integrada a su campaña, la cual no tardó en plegarse a la revolución[44]. Finalmente, la dirigencia del Paraguay tampoco se subordinó a la Junta porteña, negándose a reconocer su supremacía. Estas reacciones en cadena denotaban el ostensible fracaso de la elite capitalina en su propósito inicial de lograr ser aceptada como legítima depositaria del poder ejercido a nombre de Fernando VII, lo que la indujo a un accionar más radicalizado que se inició con el envío de expediciones militares contra tales núcleos reaccionarios.

La necesidad de contrarrestar ese antagonismo, además de insertar la guerra en el horizonte de la revolución, provocó en el seno de la Junta una crisis de conducción entre su presidente, el templado coronel Saavedra, y el febril secretario doctor Mariano Moreno. La drástica ejecutividad de éste, al amendrentar a los enemigos con el implacable fusilamiento de los complotados de Córdoba y al imponerse a sus tropas en la batalla de Suipacha, que sustrajo del dominio realista a todo el Alto Perú –fuente vital de recursos–, pareció abrir un curso feliz a la revolución. Mientras, apuraba la reunión de un Congreso general que se encaminara resueltamente a declarar la independencia y organizar un gobierno republicano.[45] Sin embargo, la falta de unidad de miras entre los integrantes del gobierno patrio en cuanto a *los medios* y *la oportunidad* de alcanzar esa *meta común* terminó por truncar el accionar de Moreno. Uno de sus partidarios describió con lucidez la fuerte resistencia que despertó quien fuera tildado de ambicioso Robespierre del Plata[46]. Además del rechazo que lógicamente cabía esperar de los españoles, directamente perjudicados, "le hacían oposición muchos de los hijos del país mismo, unos que habían abrazado la causa sin saber ni calcular cuál debía ser su paradero y que por consiguiente se espantaban con una marcha revolucionaria; y los otros que aun cuando lo supiesen o calculasen, *querían a precaución que la revolución marchase enmascarada*".[47]

La anulación política del comprometedor secretario por el sector conservador no tardó en producirse. El arbitrio que lo posibilitó fue la alianza de los diputados del interior, ya arribados a la capital y liderados por el deán cordobés Gregorio Funes, con el presidente Saavedra. Los primeros reclamaron su inmediata incorporación al gobierno, la que fue admitida el 18 de diciembre de 1810 por "conveniencia pública" –léase, bajo la presión de la implícita amenaza del empleo de las tropas si los vocales se resistían–. La conducción revolucionaria pasó desde entonces a manos de los moderados: cambio en los medios que terminaría por poner en peligro la consecución de los fines mismos de la revolución. Por lo pronto, la integración de los diputados al Poder Ejecutivo significaba la postergación del Congreso soberano, lo que debió aliviar no poco a los nuevos prudentes conductores, que lo juzgaban prematuro. Se volvió, por tanto, a utilizar "el lenguaje de la colonia" en los papeles oficiales y a renovar las protestas de fidelidad al *Deseado*[48], que no podían ya engañar ni al más crédulo de los godos, pero, en cambio, sí exasperar a la facción desplazada. Los avances de la oposición nucleada en la Sociedad Patriótica, que pretendía "reanimar el espíritu amortiguado de la Revolución", fueron frenados por la asonada de reafirmación saavedrista del 5 y 6 de abril de 1811, en la que se unieron "charreteras y chiripás", pues los jefes militares promotores apelaron a la gente de los suburbios, las quintas y la campaña, reclutada por los alcaldes de barrio, para darle la apariencia de una pueblada. Pero los medios utilizados para afianzarse en el poder terminaron por desprestigiar ante la opinión de la "gente decente" del centro de la ciudad capital a la Junta Grande, vista cada vez más como un engendro híbrido de pretorianismo aplebeyado y conservadurismo provinciano. La falta de plan y finalidad concreta en su acción se hizo cada vez más notable a medida que se complicaba el curso de la guerra.

La expedición al Paraguay culminó con la derrota militar de los porteños, aunque la propaganda revolucionaria daría sus parciales frutos al producirse la revolución nativa del 14 de mayo de 1811, que condujo a la deposición de las autoridades realistas y a la instalación de una Junta dispuesta a la confederación con Buenos Aires sobre la base de la igualdad. Esta posibilidad se diluiría a medida que fuera ganando terreno la política de aislamiento y economía autárquica de subsistencia –entendida como modo de sustraerse a la dependencia comercial del Litoral– preconizada por el doctor Gaspar Rodríguez de Francia, convertido a poco en dictador supremo y perpetuo del país guaraní. El Paraguay, si bien no aportó un solo hombre a la guerra de la independencia americana, al menos quedó como territorio neutralizado.

Mucho más preocupante se presentaba el panorama bélico en la Banda Oriental. Allí los patriotas dominaban la campaña y no tardarían en sitiar Montevideo, donde gobernaba Francisco Javier Elío, designado virrey por el Consejo de Regencia, quien, al no ser reconocido en tal carácter, declaró rebelde al gobierno de Buenos Aires y solicitó auxilio de tropas portuguesas, que a mediados de 1811 iniciaron la invasión del siempre apetecido territorio, cuando simultáneamente ocurría una verdadera catástrofe en el frente altoperuano: el Ejército del Norte era completamente abatido por los realistas en la batalla de Huaqui. Quedaba así abierta la posibilidad de que un movimiento de pinzas desde ambos frentes abortase la emancipación rioplatense.

Ante tal emergencia una reacción capitalina sustentada por el Cabildo modificó la estructura del gobierno, forzando a la Junta Grande a delegar el mando el 23 de septiembre en un Triunvirato, compuesto por Paso, Chiclana y Sarratea, pero cuyo "alma mater" sería su secretario, Bernardino Rivadavia. Para justificar el cambio se adujo que un Ejecutivo colegiado tan numeroso como el precedente conspiraba contra la expeditividad indispensable en momentos de alto riesgo. La apremiante necesidad de concentrar el poder para salvar a la acosada revolución ofició, pues, como argumento legitimador del golpe porteñista contra la desconcertada conducción de los forasteros provincianos, quienes no tardaron en ser expulsados de la capital, paralelamente a la drástica represión de un tardío alzamiento de los patricios. Pero, por otro lado, el Primer Triunvirato continuaría la línea política moderada que había caracterizado a la administración precedente, porque los que habían tomado el poder no eran los morenistas sino los representantes de la burguesía comercial portuaria. Ésta, constituida por "gente decente y sensata", prefería que la revolución prosiguiese su marcha enmascarada, por lo que se continuaría con el "provisoriato" y se pactaría con Elío. De esta manera, el malestar interno se profundizó y comenzó a generarse la disidencia de los patriotas orientales, precursora de la guerra civil.

Tal era el conflictivo cuadro que presentaba el Río de la Plata cuando se produjo el arribo de la *George Canning* a Buenos Aires. De allí que el gobierno juzgara que la llegada de los oficiales que de ella desembarcaron fuese más que oportuna, casi providencial. Y, en efecto, entre ellos llegaba, por fin, el hombre que desde el sur le haría retomar a la revolución el cauce del que se había extraviado tras la fugaz conducción morenista, para hacerla confluir luego en una más vasta empresa de liberación continental: "Hasta hoy las Provincias Unidas han combatido por una causa que nadie conoce, sin bandera y sin principios declarados que expliquen el origen y tendencias de la insurrección: preciso es –afirmaba San Martín– que nos llamemos independientes para que nos conozcan y respeten".[49]

4) Perspectiva futura inmediata

En los años subsiguientes se aceleraría el derrumbe de la causa revolucionaria en consonancia con los presagios de reacción absolutista provenientes de Europa. En efecto, desde mediados de 1812 se iría afianzando en la península el avance español apuntalado por el ejército de Wellington; en agosto los franceses levantarían el sitio de Cádiz y, después de sufrir nuevos contrastes en Extremadura y Castilla, en junio de 1813 serían decisivamente derrotados en Vitoria. Con el fracaso de la campaña a Rusia y el levantamiento de una nueva y esta vez imbatible coalición, se acercaba el ocaso de la era napoleónica. Al finalizar ese año los ejércitos invasores deberían evacuar la península y Fernando VII sería restaurado en el trono. No tardaría en echar por tierra el régimen instaurado con la sanción de la Constitución liberal gaditana el 19 de marzo de 1812 y reimplantar el absolutismo, disponiéndose simultáneamente a enviar una poderosa expedición punitiva a las colonias americanas insurrectas.

Notas

1. Cfr. Demetrio Ramos Pérez, *Entre el Plata y Bogotá, cuatro claves de la emancipación ecuatoriana*, Madrid, 1978. Add. Francisco Morales Padrón, "Historia de América", en *Manual de Historia Universal*, tomo VII. Barcelona, Espasa-Calpe, 1967.

2. Cfr. Tulio Halperín Donghi, *Reforma y disolución de los Imperios Ibéricos*, Madrid, Alianza, 1985.

3. Cfr. John Lynch, *Las revoluciones hispanoamericanas. 1808-1826*, Barcelona, Ariel, 1983.

4. Cfr. Carlos Stoetzer, *El pensamiento político en la América española durante el período de la emancipación. 1789-1825. Las bases hispánicas y las corrientes europeas*, Madrid, Instituto de Estudios Políticos, 1966, 2 tomos.

5. Cfr. la clásica obra de William Spence Robertson, "La vida de Miranda" (traducción de Julio E. Payró), en *II Congreso Internacional de Historia de América*, Buenos Aires, Academia Nacional de la Historia, 1930, tomo VI. Add. Carlos Pi Sunyer, *Patriotas americanos en Londres (Miranda, Bello y otras figuras)*, Caracas, Monte Ávila, 1978.

6. Carlos S. A. Segreti, *Temas de historia colonial (comercio e injerencia extranjera)*, Buenos Aires, Academia Nacional de la Historia, 1987, pág. 161.

7. Napoleón proyectó el envío de auxilios militares a Hispanoamérica y en especial a Buenos Aires durante el virreinato de su admirador, el francés al servicio de la Corona española Santiago de Liniers. "Se trataba sin duda de robustecer la resistencia contra un posible ataque inglés, pero también de mantener la colonia unida a la metrópoli «regenerada»." Cfr. Mario Belgrano, "El emisario imperial, el marqués de Sassenay", en Academia Nacional de la

HISTORIA, *Historia de la Nación Argentina*, Buenos Aires, El Ateneo, 1941, tomo V, primera sección, pág. 80.

8. Cfr. EDUARDO MARTIRÉ, *"Las Indias españolas a la sombra de Napoleón"*, en *Boletín de la Academia Nacional de la Historia*, Buenos Aires, 1991-1992, LXIV-LXV, págs. 319-330.

9. Cfr. ENRIQUE DE GANDÍA, *Napoleón y la Independencia de América*, Buenos Aires, 1955. Add. MARIO BELGRANO, *"La era napoleónica y las colonias americanas"*, en ACADEMIA NACIONAL DE LA HISTORIA, *op. cit.*, págs. 91-103.

10. Para el desarrollo de este tema nos hemos basado fundamentalmente en el excelente estudio de DARDO PÉREZ GUILHOU *La opinión pública española y las Cortes de Cádiz frente a la emancipación hispanoamericana. 1808-1814*, Buenos Aires, Academia Nacional de la Historia, 1982. Add. MARÍA TERESA BERRUEZO LEÓN, *La participación americana en las Cortes de Cádiz. 1810-1814*. Madrid, Centro de Estudios Constitucionales, 1986; *Las Cortes de Cádiz y la independencia de América*, Madrid, Gela; Espasa-Calpe; Argantonio, 1991.

11. ARCHIVO GENERAL DEL PALACIO, Madrid, *Papeles de Fernando VII*, tomo 67; ARCHIVO GENERAL DE INDIAS, Sevilla, S. IX, *Estado*, legajo 13; ARCHIVO SECRETO MASÓNICO, Salamanca, formado por el gobierno franquista a partir de 1939. Cit. en ALCIBÍADES LAPPAS, "San Martín y las logias", en *La Nación*, Buenos Aires, 25 de febrero de 1978.

12. EDBERTO OSCAR ACEVEDO, *"San Martín y su ideario hacia 1810"*, en *Investigaciones y Ensayos*, Buenos Aires, Academia Nacional de la Historia, enero-diciembre 1991, Nº 41, págs. 89-105. JUAN CÁNTER en su clásico y erudito trabajo "Las sociedades secretas y literarias", en ACADEMIA NACIONAL DE LA HISTORIA, *op. cit.*, págs. 189-305, al referirse a la íntima conexión entre los intereses comerciales de los mercaderes y fabricantes de Liverpool y Birminghan con la masonería inglesa, cuyos agentes se encontraban ya dispersos en los puertos americanos, dice: "Se explica el centro revolucionario de Cádiz si nos atenemos a que en dicha ciudad los ingleses habían instalado la dirección de sus relaciones mercantiles con América, a base de un reglado contrabando de permisos, arribadas y concesiones. Las logias cunden y tienen sus focos principales en los puertos; entre los mercaderes y marinos prende fácilmente la masonería. Sus espíritus utilitarios los conducen a la indiferencia religiosa y los hace adaptables a las nuevas ideas".

13. Afirma J. CANTER en la obra citada: "Hubo una íntima vinculación entre el liberalismo español y el americano. El movimiento liberal en ambas partes poseyó un contenido semejante; la disconformidad sólo residía en la ruptura del lazo de unión con la madre patria. Los americanos comprendían que la independencia era el único medio para que las libertades logradas fueran permanentes" (pág. 206). "San Martín se hallaba vinculado a las logias liberales en las cuales se habían afiliado numerosos oficiales del ejército español. Gracias a esto más tarde pudo lograr conocimiento de que muchos de ellos, pertenecientes al ejército realista de Chile eran masones y se hallaban descontentos con el gobierno de Marcó del Pont. Las actividades de Gregorio Gómez en Chile se sospecha que tuvieron por objeto delicadas tentativas de averiguación y acercamiento" (pág. 221).

14. Cfr. ALCIBÍADES LAPPAS, *La masonería argentina a través de sus hombres*, Buenos Aires, edición de R. Rego, 1958, pág. 227; add. del mismo autor, *San Martín y su ideario liberal*, Buenos Aires, Símbolo, 1982, pág. 22.

15. Cfr. ANTONIO GARCÍA-BAQUERO GONZÁLEZ, *Comercio colonial y guerras revolucionarias: la decadencia económica de Cádiz a raíz de la emancipación americana*, Sevilla, Escuela de Estudios Hispanoamericanos de Sevilla, 1972.

16. GREGORIO MARAÑÓN, "San Martín, el bueno, y San Martín, el malo. Notas de un destierro romántico", en *Boletín de la Real Academia de la Historia*, Madrid, 1950, tomo CXXVII; y "San Martín o la fuerza del sino", en *Antología Sanmartiniana*, Buenos Aires, 1950.

17. De hecho, varios autores españoles, partiendo del principio del *jus sanguinis*, acusaron a los patriotas sudamericanos de traidores a la madre patria, atribuyendo esa conducta "desviada" a su pertenencia a la masonería, tales los casos de Eduardo Aunós en su obra *Cómo se perdió América* y de Eduardo Comín en *Lo que España debe a la masonería*, Madrid, Editora Nacional, 1954. Por su parte, la masonería española, en tanto partícipe del liberalismo progresista universal, ha reivindicado para sí el honor de haber iniciado la "traición" para conseguir la independencia de América. Uno de sus conspicuos representantes, Mauricio Carlavilla, ha afirmado: "La traición de la masonería española, desde Picornell y Miranda hasta Ferrer y Morayta, se dirigió a que España perdiese su Imperio". (*Masonería española, páginas de su historia*, Madrid, Nos, 1956. Cit. en EMILIO CORBIÉRE, *La masonería. Política y sociedades secretas en la Argentina*, Buenos Aires, Sudamericana, 1998, pág. 201.

18. Esta famosa y archiconocida expresión de San Martín pertenece a una carta que escribió desde Bruselas, el 18 de diciembre de 1826 a Tomás Guido. Allí dice: "[...] estoy convencido de que *serás lo que hay que ser, si no, eres nada"*. El original en ARCHIVO GENERAL DE LA NACIÓN, *Fondo Tomás Guido*. Tomo 1, legajo 2007 (VII, 16/1/1).

19. Cfr. BERNARDO FRÍAS, *Biografía del prócer de la Independencia don Francisco de Gurruchaga*, Salta, 1910.

20. Cit. en RICARDO PICCIRILLI, *San Martín y la política de los pueblos*, Buenos Aires, Gure, 1957, págs. 109-110.

21. Cfr. TOMÁS DE IRIARTE, *Memorias*, Buenos Aires, Ediciones Argentinas, 1944, tomo I, pág. 151.

22. BENJAMÍN VICUÑA MACKENNA, *La Revolución de la independencia del Perú*, Santiago de Chile, Universidad de Chile, 1938, pág. 595 y ss.

23. "Masonería establecida en Cádiz. Rito americano, logia Caballeros Racionales. Declaraciones de Fray Servando Teresa de Mier sobre la masonería", en NICOLÁS RANGEL, "Cuatro diálogos insurgentes", en *Boletín del Archivo General de la Nación*, México, julio-septiembre de 1932, tomo II, N° 3. Cit. en A. VILLEGAS, *San Martín en España, op. cit.*, pág. 72.

24. ARCHIVO GENERAL DE INDIAS, *Estado*, legajo N° 69. Copia de la carta de Alvear a Mérida, Londres, 28 de octubre de 1811, interceptada en diciembre de ese año por el corsario San Narciso junto con el resto de la correspondencia que transportaba un bergantín procedente de Londres. Reproducida en A. VILLEGAS, *San Martín en España, op. cit.*, apéndice, N° 10, pág. 122. Fue el contraalmirante Julio Guillén y Tato, director del Museo Naval de Madrid y secretario de la Real Academia de la Historia de España, quien descubrió esta correspondencia de Alvear, como así también otra del venezolano Luis López Méndez y las hizo públicas en "Correo insurgente de Londres capturado por un corsario portorriqueño. 1811", en *Boletín de la Academia Chilena de la Historia*, Santiago de Chile, 1960, N° 63.

25. MUSEO HISTÓRICO NACIONAL, *San Martín. Su correspondencia. 1823-1850*, Buenos Aires, 1911, pág. 296. Carta de San Martín al mariscal Ramón Castilla, Boulogne-sur-Mer, 11 de septiembre de 1848.

26. *DHLGSM, op. cit.*, tomo I, págs. 393-394. Informes acerca de la instancia presentada por el capitán José de San Martín en la que solicita su retiro en la ciudad de Lima. Real Isla, 26 de agosto de 1811.

27. *Ibídem.*

28. Véase nota 24 de este mismo capítulo.

29. De Iriarte, *op. cit.*, tomo I, pág. 8.

30. *"Noticias generales"*, en *Gazeta de Buenos Aires 1810-1821*, reimpresión facsimilar, Buenos Aires, Junta de Historia y Numismática, 1910, tomo III, Buenos Aires, 13 de marzo de 1812, N° 28. Por la confrontación con otros documentos coincidentes puede afirmarse que es errónea la fecha a la que el periódico atribuye la llegada del buque. Éste fondeó en el puerto bonaerense dos o tres días antes, esto es, el 6 o 7 del mencionado mes.

31. Alfredo G. Villegas, *San Martín y su época, op. cit.*, apéndice N° 17, pág. 241.

32. Archivo General de Indias, legajo 82, *Estado de Buenos Aires.* Cádiz, 20 de febrero de 1813. Cit. en R. Piccirilli, *op. cit.,* pág. 115.

33. Véase nota N° 25.

34. Una muestra reciente de esta patraña gratuitamente lucubrada por los consabidos invasores impunes del terreno historiográfico es la obra de Juan Bautista Sejean, *San Martín y la tercera invasión inglesa*, Buenos Aires, Biblos, 1997.

35. Cfr. María Teresa Berruezo León, *La lucha de Hispanoamérica por su independencia en Inglaterra: 1800-1830*, Madrid, Ed. de Cultura Hispánica, 1989.

36. Archivo General de Indias. Sección IX. *Estado. América general*, legajo 13. Cit. en R. Piccirilli, *op. cit*, págs. 117-118.

37. Cfr. Tulio Halperín Donghi, *Historia contemporánea de América latina*, Madrid, Alianza Editorial, 1996 (edición revisada y ampliada de la primitiva de 1967); add. *Reforma y disolución de los imperios ibéricos 1750-1850, op. cit.*; John Lynch, *Las revoluciones hispanoamericanas1808-1826*, Barcelona, Ariel, 1985; David Bushnell-Neill Macaulay, *El nacimiento de los países latinoamericanos*, Madrid, Nerea, 1989.

38. Cfr. Tulio Halperín Donghi, *El Río de la Plata al comenzar el siglo XIX,* Buenos Aires, Eudeba, 1961.

39. Cfr. Germán O. E. Tjarks, *El Consulado de Buenos Aires y sus proyecciones en la historia del Río de la Plata*, Buenos Aires, U. B. A., Facultad de Filosofía y Letras, 1962. Add. Pedro Navarro Floria, *"Ilustración y radicalización ideológica en el Consulado de Buenos Aires: 1755-1810"*, en *Revista de Indias*, Madrid, 1989, N° 186, y "Las ideas económicas en la formación de una mentalidad rioplatense, 1790-1806", en *Anuario de Estudios Americanos*, Sevilla, 1989, tomo XLVI.

40. Cfr. Enrique Williams Álzaga, *Dos revoluciones. 1° de enero de 1809 - 25 de mayo de 1810,* Buenos Aires, Emecé, 1963, y *Vida de Martín de Álzaga, 1755-1812*, Buenos Aires, Emecé, 1984.

41. Cfr. Tulio Halperín Donghi, *"Militarización revolucionaria en Buenos Aires. 1805-1815"*, en *El ocaso del orden colonial en Hispanoamérica*, Buenos Aires, Sudamericana, 1978.

42. Cfr. José Luis Romero, *Las ideas políticas argentinas*, México, F. C. E., 1972. Add. José Carlos Chiaramonte, *La crítica ilustrada a la realidad: economía y sociedad en el pensamiento argentino e iberoamericano del siglo XVIII*, Buenos Aires, CEAL, 1982, y *La ilustración en el Río de la Plata: cultura eclesiástica y cultura laica durante el virreinato*, Buenos Aires, Punto Sur, 1989.

43. Cfr. Carlos S. A. Segreti, *La revolución popular de 1810: I. La Conspiración, II. La toma del poder*, Córdoba, Universidad Nacional, 1959; Add. Roberto H. Marfany, *Vísperas de Mayo*, Buenos Aires, Theoría, 1960, y *La semana de Mayo: diario de un testigo"*, Buenos Aires, 1955. Ricardo Levene, "Los sucesos de Mayo" en Academia Nacional de la His-

TORIA, *Historia de la Nación Argentina*, Buenos Aires, El Ateneo, 1941, vol. V, 1ª sección, págs. 11-69.

44. Cfr. MIGUEL ÁNGEL DE MARCO, *José María de Salazar y la marina contrarrevolucionaria en el Plata*, Rosario, Instituto de Historia Política Argentina, 1996.

45. Cfr. RICARDO LEVENE, *Mariano Moreno y la Revolución de Mayo*, Buenos Aires, El Ateneo, 1959. Add. SERGIO BAGÚ, *Mariano Moreno*, Buenos Aires, Eudeba, 1966.

46. Así lo llamó Saavedra en la correspondencia epistolar de la época con Feliciano Chiclana. También el deán Gregorio Funes impugnaba en cartas a su hermano Ambrosio la metodología del "terror" atribuida al secretario. Ambos contribuían así a afianzar la patraña realista de que "en Buenos Aires corrían arroyos de sangre", que más tarde se plasmaría en el famoso "Plan de Operaciones" atribuido a Moreno y que dio origen a la prolongada polémica historiográfica que sólo se cerró con la corroboración irrefutable de que el controvertido documento es un "engendro desequilibrado" fraguado *ex profeso* por "un chapucero español", cuando ya Moreno no existía. Cfr. CARLOS S. A. SEGRETI, *El plan atribuido a Mariano Moreno (La polémica - El autor - Análisis crítico)*, Córdoba, Centro de Estudios Históricos, 1996.

47. IGNACIO NÚÑEZ, *Noticias históricas de la República Argentina*, Buenos Aires, W. M. Jackson Inc. editores, 1953, tomo 1, págs. 260-261.

48. Cfr. CARLOS S. A. SEGRETI, *La Junta Grande*, Córdoba, Universidad Nacional, 1968.

49. Cit. en BARTOLOMÉ MITRE, *Historia de San Martín y de la emancipación sudamericana*, Buenos Aires, Eudeba, 1977, tomo I, pág. 92.

III

ENTRE LOS GRANADEROS Y LA LOGIA
LA REVOLUCIÓN DE OCTUBRE

El desventajoso punto de partida

Profundas diferencias personales y de circunstancias existían entre los dos principales personajes desembarcados de la *George Canning* en la amenazada y convulsa aldea del Plata a principios de marzo de 1812. Son demasiado conocidas las clásicas descripciones antitéticas de San Martín y Alvear; sin embargo, resulta ineludible acudir a ellas para ponderar en su justa medida la vigorosa templanza y dominio de sí de que dio muestras el primero al discernir con claridad lo adverso de su posición relativa.

San Martín, al regresar a su patria, era un hombre oscuro y desvalido, que no tenía más fortuna que su espada, ni más reputación que la de un valiente soldado y un buen táctico. Su compañero Alvear, por el contrario, rico y precedido de la fama de generoso, llevaba un apellido que se había ilustrado en el Río de la Plata, encontraba una familia hecha y un valimiento, y con las brillantes exterioridades que le adornaban, las simpatías debían brotar a su paso. Poseído de una ambición sensual de gloria y poder, improvisado en acciones y palabras, que se dejaba gobernar por su imaginación fogosa, talento de reflejo que no emitía la luz propia, sin el resorte de la voluntad perseverante. Alvear formaba contraste con San Martín, en quien la reflexión y la preparación de los medios precedían a la acción y cuyo conjunto de pasión concentrada, cálculo, paciencia, sagacidad y fortaleza de alma constituían un carácter original.[1]

El joven alférez tenía casi once años menos que el veterano teniente coronel, quien lo aventajaba no sólo en la disparidad formal de los grados y la foja de servicios sino intrínsecamente en mérito, experiencia militar y capacidad de conducción. Pero todo eso no era contrapeso suficiente para equilibrar la consideración social y la riqueza de aquél, que daban un marco inmejorable a su atractivo exterior y a la vivacidad de su genio. Regresaba a Buenos Aires con los suculentos recursos proporcionados por la liquidación

95

adelantada de la hijuela correspondiente a su herencia –según lo había acordado con su progenitor, el brigadier de la Real Armada don Diego de Alvear y Ponce de León– y acompañado de la bella María del Carmen Quintanilla, con quien en fecha reciente había contraído nupcias en Cádiz, para incorporarse a la distinguida familia materna de los Balbastro, hospedándose en su acogedora casona, donde tenían lugar algunas de las más celebradas de aquellas proverbiales tertulias a las que era tan adicta la clase vecinal porteña, y en las que el locuaz, chispeante y mundano Carlos no tardó en convertirse en el centro de atención de los numerosos y selectos concurrentes. El resplandor de su apuesta figura, que obstaculizaba la visión de su liviandad, tenía que eclipsar a su compañero de viaje, ese desconocido militar de origen modesto que no podía hacer gala de blasones y linajes ni menos aún de fortuna y que, habiendo pasado su juventud al servicio de España, aún permanecía soltero, sin contar en el Plata con familiar alguno directo ni con más relación que la de sus hermanos logistas, cuya juramentada solidaridad constituía para él el único e indispensable recurso de contención y apoyo. Tal vez ello haya impedido que tuviera que alojarse en una fonda, como la tan renombrada De los Tres Reyes –ubicada en la actual calle 25 de Mayo, entre Rivadavia y Mitre–; siendo más probable que aceptara momentáneamente la munificente hospitalidad de Alvear[2], hasta que en breve el cuartel se convirtiera en su verdadero hogar.

Concordante con las expresiones arriba transcriptas son estas otras:

San Martín era un hombre maduro, sobrio y preparado para todo a los 35 [sic: 34] años. Alvear a los 23 era ya un general de inspiración, animado a todo también, pero infatuado con la idea de hacerse el dictador victorioso de la revolución. Lo que el uno disimulaba con criterio sagaz, el otro lo hacía valer con desembarazo: "Aquí no hay más generales que San Martín y yo", le gritaba a Rivadavia pocos días después de su llegada, sosteniéndole la necesidad de que se le diese el mando del Ejército del Norte, con algunas fuerzas de la capital. Y Rivadavia, que no estaba acostumbrado a consentir tanta licencia, decía estirando los labios: "¿Sabe usted que este militarcito es peligroso?".[3]

Es de imaginar que el futuro Libertador debió armarse de una paciencia a toda prueba para sufrir las botaratadas de su pródigo y rumboso cofrade. Pero, como siempre, actuó cerebralmente, y no sólo aceptó con serenidad esa creciente influencia que no estaba en condiciones de contrarrestar sino que –conteniendo el orgullo emanado de la conciencia de la propia superioridad– se avino a valerse de ella en un principio para lograr afirmar su pie en un terreno completamente ajeno y en donde era observado con cierto dejo de desconfianza.

Un molesto pero útil patrocinio

Afirma Mitre que "Alvear asumió respecto de San Martín la actitud de un *protector*, exagerando su propia importancia, y *lo recomendó al gobierno de las Provincias Unidas como buen militar*".[4] Seguramente fueran las favorables referencias de aquél las que se denominan "noticias extrajudiciales" en el siguiente informe elevado al gobierno el 16 de marzo de 1812 por el jefe de Estado Mayor, Francisco Javier de Viana, refrendado por su secretario Marcos Balcarce:

> Don José de San Martín, que ha emigrado del ejército de España, *habiendo servido de comandante en el regimiento mayor de dragones de Sagunto con la graduación de teniente coronel*, se ha presentado en esta capital ofreciendo sus servicios en obsequio de la justa causa de la Patria.
> Las *noticias extrajudiciales* que se tienen de este oficial lo recomiendan a ser colocado en un destino en que sus conocimientos en la carrera le faciliten ocasión de poderse emplear con la ventaja que puede producir su instrucción. V.E., que está bien orientado de nuestro estado, sabrá darle el que lo considere preciso.[5]

En esa misma fecha el Triunvirato le concedió a San Martín, en atención a sus méritos y servicios y –más específicamente– a sus relevantes conocimientos militares, "el empleo de teniente coronel de caballería con sueldo de tal y comandante del escuadrón de granaderos a caballo[6], que se le encomendó organizar sobre la base de los principios y maniobras de la nueva táctica de caballería francesa. Seguramente, esto último fue resuelto luego de haberse escuchado de boca del propio beneficiado las ventajas que podían redituarse de tal arma eficientemente organizada, como lo probaba el decisivo papel jugado por su velocidad y tremendo poder de choque en los ejércitos de Federico II y de Napoleón; además de ser particularmente apropiado su empleo en las extensas llanuras de América, con su abundancia de pastos y equinos, donde podría convertirse en instrumento esencial de la victoria por el inteligente aprovechamiento de la innata y superior destreza de los jinetes criollos frente a los maturrangos realistas.[7]

Pero volviendo a la cuestión de la recomendación de Alvear, ésta no sólo debió existir sino además ser decisiva para que San Martín obtuviera tal graduación y empleo. Ese logro no consistió –como se ha repetido insistentemente– en el mero reconocimiento por parte del gobierno de la misma posición que éste ocupara en el escalafón militar de la península, en virtud de su constancia en la foja de servicios presentada, pues el veterano oficial en cuestión no poseía documentación alguna que probase lo que los jefes de Estado Mayor creyeron a pies juntillas y expusieron en su informe, esto es, que había *"servido de comandante en el regimiento mayor de dragones de Sagunto con la graduación de teniente coronel"*, lo que seguramente debió impresionarlos, pero que en realidad no era cierto. Resulta evidente, entonces, que aquéllos confiaron en la información verbal recibida y avalada por la palabra de su acreditado compañero; de allí que éste no perdiera oportunidad de vanagloriarse de ello apenas trocase su rol de "protector" por el de "adversario", como una manera de pasar la factura por el favor prodigado.

Es que, con la designación del 16 de marzo, San Martín obtenía del Triunvirato –sin que éste lo supiese–, a pocos días de su llegada, un ascenso en su carrera militar; ya que, a pesar de sus meritorios servicios como ayudante de Coupigny en los sucesivos altos cargos para el que éste fue designado, continuaba siendo oficialmente, al momento de serle concedida su petición de retiro en España, "teniente coronel graduado y capitán agregado al regimiento de caballería de Borbón"; mientras que a partir de 1812 pasó a revistar en Buenos Aires como "teniente coronel efectivo".

También simultáneamente fueron promovidos Alvear y Zapiola, designados simultáneamente sargento mayor y capitán del mismo escuadrón de Granaderos a Caballo, respectivamente. Como los despachos que traían de la península equivalían a la graduación de tenientes en el Ejército, fue el primero –como era de esperar– el más agraciado, pues de un plumazo ascendió dos grados más del que ostentaba.

Reconocido por la alta confianza con que el gobierno lo había honrado al encargarle la comandancia de la nueva unidad, San Martín tuvo un gesto encomiable y frecuente entre la alta oficialidad en esas horas nacientes de la Patria: cedió por un año cincuenta pesos mensuales, esto es, la tercera parte de su sueldo de teniente coronel –el resto le era indispensable para la subsistencia–. Más inusual y comentado fue el paralelo aporte de su espléndido segundo en el mando, quien cedió al erario público toda la remuneración que le correspondía por su empleo. Claro que esto último, más que un donativo, debería considerarse una inversión inserta en la estrategia alvearista para la toma del poder, que en este caso le ofrecía la ventaja adicional de minusvalorar, por vía de cotejo cuantitativo, el generoso desprendimiento de su superior. ¡Como si hubiera una especie de "patriotísmetro" o escala crematística para medir la intensidad de la adhesión a la causa revolucionaria! Sin embargo, esa artera engañifa debió impresionar a más de uno.

En torno de la esgrimida comandancia del "Sagunto"

En cuanto al aludido nombramiento con destino al regimiento de Sagunto, no se lo menciona para nada en los documentos relativos al retiro de San Martín del ejército español; tampoco se halla constancia oficial alguna en su archivo personal conservado en el Museo Mitre ni en su legajo del Archivo Militar de Segovia. Lo único que se encontró en el primer repositorio es una pequeña hoja escrita y firmada por el prócer que dice:

La hoja de los servicios hechos la última guerra, y el despacho de *comandante agregado al Regimiento Dragones de Sagunto,* a que fui promovido con fecha de 26 de julio de 1811, son los solos documentos que faltan y que no pude recoger por hallarse mi Regimiento a mi salida de Cádiz en Castilla la Vieja.[8]

Lo primero que debe observarse es que en esta nota San Martín no afirma que fuera nombrado "comandante", dándole al término el sentido de constituirlo en jefe de ese Regimiento (de hecho su nombre no figura entre los veintiocho coroneles que tuvo el Sagunto según consta en la *Historia orgánica de las armas de Infantería y Caballería españolas* del teniente general conde de Clonard, publicada en Madrid en 1854) sino "comandante agregado", que es algo bien distinto. Según el *Diccionario Militar-Etimológico, Histórico, Tecnológico* del coronel de ingenieros José Almirante (Madrid, 1869), *"agregar* es destinar provisionalmente al individuo excedente a un cuerpo, donde está de sobra, para que en él se le reclame y abone su haber". Al respecto comenta Espíndola –cuyas investigaciones seguimos– que "si San Martín era ya «agregado» al regimiento de Borbón, no se comprende bien por qué se le nombra nuevamente «agregado», esta vez al de Sagunto". Obviamente, la variación no estribaba en su calidad de tal, que seguía siendo la misma en ambos destinos, sino en pasar de "capitán", en el primero, a "teniente coronel o comandante", en el segundo. Lo cierto es que dicho cambio nunca fue hecho efectivo. San Martín no pudo presentarse a ese cuerpo, que se encontraba a cuatrocientos kilómetros de Cádiz, donde él permanecía al lado de Coupigny. De lo contrario, al tiempo de concederse su retiro del Ejército español debía haberse consignado su condición de "teniente coronel y *comandante agregado al regimiento de Sagunto",* en vez de continuar dándosele el tratamiento –tal como se lo venía haciendo desde agosto de 1808– de "teniente coronel y *capitán agregado al regimiento de Borbón",* constituyendo el segundo –lo reiteramos– su verdadero grado efectivo. Y esto parece concluyente.[9]

Trae a colación Barcia Trelles que entre las unidades que más se distinguieron en la heroica defensa de Badajoz, que duró dos meses y culminó en marzo de 1811, estaba el regimiento de Sagunto, de bien ganada celebridad por su disciplina y valentía. Considerado uno de los mejores del ejército peninsular, como los de Talavera, Murcia, Campo Mayor, Farnesio, era modelo entre los afamados. En consecuencia, el mando de tales unidades se reservaba siempre a los jefes más esforzados e inteligentes.[10] Se explica, entonces, que ante el gobierno de Buenos Aires se hiciera hincapié en ese antecedente de San Martín: "Tal nombramiento daba acaso realce y renombre a su persona y constituía en cierto modo algo así como una tarjeta de presentación y una carta de recomendación, en que se hacían notar sus méritos"[11]. Pero si ello resulta admisible, dando por supuesta la existencia del mencionado despacho, lo que cuesta no interpretar como un intencional engaño es esa especial alusión no ya al "nombramiento" en sí sino a unos "servicios prestados" que nunca existieron, en lugar de los otros tantos probadamente ejercidos. ¿El fin justificaba los medios? ¿Era preciso acudir a la mentira efectista capaz de herir unas mentes impresionables al relumbrón de un afamado alto mando para conseguir el aspirado puesto de combate, que de otro modo se hubiera retaceado o al menos demorado en serle concedido? Probablemente. Cuando en 1848, Domingo F. Sarmiento presentase al Instituto Histórico de Francia su trabajo *Estudio político sobre San Martín y Bolívar, y sobre la Guerra de la Independencia en la América del Sur*, San Martín dejaría deslizar su pensamiento sobre la clásica versión que allí se daba sobre la entrevista de Guayaquil utilizando una significativa frase de Weiss: "Un prejuicio útil es más razonable que la verdad que lo destruye"[12]. Tanto más lo sería, en este caso, si él le permitía principiar a montar el núcleo del engranaje de una formidable y poderosa maquinaria de guerra.

El segundo "padrinazgo"

Aunque sea intrínseco de su naturaleza el terminar imponiéndose, el mérito siempre necesita en su origen del auspicio oportuno y la circunstancia propicia para manifestarse. Si es auténtico, su propia teleología acaba por legitimar la vía de la recomendación. Por esa fase inicial estaba transitando entonces San Martín, en un autoimpuesto ejercicio de humildad consagrado a fines superiores transpersonales:

> Bajo la apariencia formal y rígida de un soldado sin gustos ni hábitos civiles, San Martín ocultaba un espíritu culto y una sagacidad comparable solamente con su paciencia y con su constancia para *esperar las ocasiones de producirse en la alta esfera que venía buscando*. De la política interna y de las facciones nada le interesaba. Lo que él ambicionaba era la gloria de contribuir al triunfo definitivo de la independencia, *seguro de que sus cualidades le debían de señalar el primer puesto en la historia de Sud América*. Ajeno a toda otra ambición, su mira por el momento era hacerse aceptar del partido que imperase en el gobierno *para que se le pusiese a la cabeza de alguna fuerza o ejército en que él pudiera mostrarse*.[13]

Como se ha visto, esto último lo consiguió rápidamente y a partir de entonces todo lo demás lo confiaría a su propio esfuerzo. Pero había otro aspecto en el que el valimiento de Alvear, por el prestigio emergente de su distinguida crianza, podía beneficiar a San Martín, quien debía apresurarse a desprenderse de su ya demasiado prolongada soltería para granjearse la respetabilidad de la que, en el imaginario hispánico de la época, sólo podía ser acreedor quien alcanzaba la categoría de padre de familia. Por otro lado, la vía del casamiento ventajoso siempre ha sido una de las más cortas y eficaces para insertarse exitosamente en los estratos más altos de la sociedad. A su vez, la pertenencia a ellos era una condición *sine qua non* para ganar influencia en ese medio en el que todavía sólo de la aristocracia patricia podía salir el elenco gobernante. Había pasado ya la mala experiencia de la movilización plebeya del 5 y 6 de abril, y se habían tomado las medidas pertinentes para cortar el inesperado vuelo político de sus reclutadores, los alcaldes de barrio; y todavía no había llegado el tiempo –aunque la prolongación de la guerra lo anunciaba inequívocamente– en que la integración a la casta militar abriera las puertas del poder. La cosa pública era a principios de la década de 1810 el patrimonio de los "notables", en quienes se combinaban para adquirir tal carácter el linaje, la riqueza –con base mercantil–, la instrucción y el paso por la alta burocracia.

Ubicado en el epicentro mismo de la "clase decente" porteña, el joven mimado de los Balbastro era un magnífico puente tendido hacia ella que le permitiría al maduro oficial recién arribado sortear prestamente cualquier obstáculo de orden social que se opusiera al cumplimiento de su destino. Es dable suponer que en su compañía haya comenzado a frecuentar las reuniones nocturnas semanales realizadas en las casas de las familias más encumbradas, donde transcurrían las horas agradablemente al solaz de la música, el baile, el café, la conversación animada, el canto y las risas hasta la medianoche. Era el ámbito adecuado en el que las vivaces jovencitas casaderas de Buenos Aires intercambiaban sus miradas inquietantes y su fluida y amable conversación con los caballeros que representaban un buen partido para concretar la meta común y exclusiva de todas: el temprano matrimonio.

En la tertulia de la gran casona ubicada en la calle de la Santísima Trinidad (actualmente San Martín), próxima a la esquina con La Merced (Cangallo o Perón), enfrente del edificio del Consulado, oficiaban de anfitriones don Antonio José de Escalada, acaudalado vecino que había sido canciller de la Real Audiencia, regidor y alcalde de primer voto del Cabildo, y su segunda esposa, doña Tomasa de la Quintana. Un lejano parentesco podía exhibir el flamante teniente coronel San Martín con la dueña de casa, ya que la tía abuela de ésta, doña Manuela de Larrazábal, se había desposado con Jerónimo Matorras, el famoso primo hermano de su madre, doña Gregoria. En tanto que el sobrio uniforme que lucía ese oficial de rectilíneo porte suscitaba la preferente atención de los dos hijos mayores de aquel matrimonio, Manuel y Mariano, incitándolos a ingresar en el nuevo escuadrón que aquél estaba formando, María de los Remedios, la hermana que los continuaba en edad, una delicada niña de 14 años, deslizaba también la mirada de sus grandes ojos negros hacia el mismo centro de atracción, luego de ser atizada su curiosidad femenina por las elogiosas referencias que su amiga Carmen Quintanilla, jugando el papel de Celestina, le había dado sobre el maduro y reservado amigo de su esposo.

101

Lo observó detenidamente. Su talla era más que mediana y su postura, erguida y marcial. De cutis aceitunado, contribuían a resaltar la delgadez de su rostro los renegridos cabellos y largas patillas que lo enmarcaban; pronunciada nariz aguileña, boca más bien pequeña de labios finos y firme mentón: el conjunto habría conformado una fisonomía poco agraciada e inarmónica, de no resultar dominado por unos grandes y movedizos ojos color azabache que, tras la tiesa apariencia marcial, delataban un natural –aunque contenido– gracejo, tan andaluz como su acento.[14] José de San Martín sintió esa mirada, a la que correspondió con otra más penetrante aún, acompañada de una tenue sonrisa, y logró que una turbación muy especial se apoderara de Remeditos, como lo delataba el tono súbitamente sonrosado de su rostro. En la eterna fugacidad de ese instante él comprendió, conmovido, que había acertado a tocar la íntima tecla capaz de hacer aflorar en ella sus insospechados y embriagadores sentidos de mujer. Sí, acababa de encontrar a la que sería su "esposa y amiga".[15]

En efecto, a escasos seis meses de su arribo a Buenos Aires, y previa concesión de las licencias correspondientes expedidas por el gobierno y el obispado, ese curtido soldado que era San Martín contrajo enlace con la frágil niña de los Escalada, a quien sobrepasaba veinte años en edad, lo que –dicho sea de paso– era bastante usual en la época. El acta librada en la basílica de Nuestra Señora de la Merced daba cuenta de la parte que seguramente habían tenido en el acercamiento de los contrayentes don Carlos de Alvear y su esposa, ya que no debía ser casual que fuesen de los pocos que tomaron parte en el reservado acto:

En doce de septiembre de mil ochocientos doce, el doctor don Luis José Chorroarín, con especial comisión del señor provisor y vicario capitular, desposó privadamente por palabras de presente que hacen verdadero y legítimo matrimonio según el orden de Nuestra Madre Iglesia a don José de San Martín, teniente coronel y comandante del escuadrón de Granaderos a Caballo, natural del pueblo de Yapeyú en Misiones; e hijo legítimo de don Juan de San Martín y de Gregoria Matorras, con doña María de los Remedios de Escalada; natural de esta ciudad, e hija legítima de don Antonio José de Escalada y de doña Tomasa de la Quintana, habiéndose antes corrido las tres conciliares proclamas, sin que de su lectura resultara impedimento alguno canónico, estando hábiles en la doctrina cristiana; oídos y entendidos sus mutuos consentimientos, de que fueron por dicho presbítero recíprocamente preguntados, siendo testigos entre otros don Carlos de Alvear, sargento mayor del referido escuadrón, y su esposa doña María del Carmen Quintanilla. Igualmente en el día diez y nueve del mismo mes recibieron las bendiciones solemnes en la misa de Velación en que comulgaron y por verdad lo firmo. Doctor Julián Segundo de Agüero.[16]

Así, pues, a la semana siguiente de los esponsales –que, como se ha visto, fueron de carácter privado, es decir, ante la sola presencia de los padres y los testigos–, José y Remedios asistieron a la misa de "velaciones" celebrada en la catedral para recibir las bendiciones del caso y comulgar, esta vez, en medio de una numerosa y selecta concurrencia. Tal ceremonia derivaba su nombre del ritual consistente en cubrir la cabeza de la esposa y los hombros del esposo con una misma mantilla o velo blanco en señal de unión o vínculo matrimonial, sólo después de la cual la mujer se entregaba a su marido.[17]

Nostálgico de estos tiempos, ya en su prolongado ostracismo, San Martín iniciaría así una de sus cartas a su querido amigo Tomás Guido:

> *Treinta años* han transcurrido desde que formé mis primeras amistades y relaciones en Buenos Aires y a la fecha no me queda un solo amigo: de éstos la mayor parte no existen y los restantes se hallan ausentes o emigrados; de la familia de Escalada, toda ella ha desaparecido, excepto el Manuel, con quien hace muchos años corté toda comunicación por su mal proceder, así es que en el día no tengo una sola persona a quien recomendar a Don Santiago Arcos […].[18]

Inicios de la organización militar: hacia la profesionalización del Ejército

Si, como parte de la burocracia colonial, los militares habían ocupado un lugar secundario dentro de la elite porteña, en la que predominaba el grupo de grandes comerciantes, su situación había comenzado a variar a partir de la invasión inglesa, que marcó el inicio del proceso de militarización a que asistió la ciudad y que cobró gran impulso después de 1810.

Así, en esa sociedad que tradicionalmente no había demostrado vocación alguna por la carrera de las armas, el elenco castrense experimentó un sorprendente ascenso en su estatus y en los años subsiguientes pareció estar destinado a constituirse en el primer estamento del Estado revolucionario. Sucedía que, al convertirse la victoria militar en la primera meta del movimiento independentista, el reconocimiento del papel predominante del ejército tenía que ser su inevitable correlato.

A la par que disolvió el Fijo, la Primera Junta transformó los batallones de milicias ya existentes en Buenos Aires en regimientos de veteranos (N° 1 y N° 2 de Patricios, N° 3 y N° 4 de Arribeños, N° 5 de la Estrella o América), más el regimiento de Castas o Pardos y Morenos, y los Granaderos de Fernando VII. Menos atención recibieron las deficientemente organizadas unidades de caballería reducidas al escuadrón de Húsares del Rey, al regimiento de Blandengues de la frontera de Buenos Aires, convertido en Caballería de la Patria, y al de Dragones, que oficiaba en verdad como infantería montada.

En nada se modificó esta estructura durante el gobierno de la Junta Grande, sólo sí –dado el predominio del elemento castrense saavedrista– se notó una mayor prodigalidad en la dispensación de grados militares, abuso que fue característico en el servicio desde sus inicios, aparejando una innecesaria dilapidación de fondos públicos en momentos críticos para el erario.

Mientras crecía el descontento de la clase vecinal porteña con el gobierno de los comandantes y los forasteros, la derrota del Desaguadero a mediados de 1811 puso el tema de la organización militar sobre el tapete, motivando la polémica de la prensa sobre la necesidad de su revisión y la incidencia de la conducta de los jefes en aquel desastre.

Correspondió al nuevo gobierno del Primer Triunvirato iniciar una reforma militar de trascendencia en la milicia, extendida a las fuerzas de línea. Rivadavia y más tarde Pueyrredón comprendieron la necesidad de encarar la organización del ejército sobre bases sólidas y racionales, aumentando la capacidad técnica y táctica de las armas, sobre la base de una nueva disciplina e instrucción. Muchos militares fueron separados del servicio, quedando como sobrantes a mitad de sueldo. También se rebajaron las remuneraciones de los empleados de la administración pública, con el fin de destinar lo ahorrado por esa vía a la mejora del deshecho Ejército del Norte. Se suprimieron las asambleas militares y se creó el Estado Mayor, con funciones de inspección general, designándose para su jefatura a Francisco Javier de Viana, secundado por Marcos Balcarce. La Comandancia de armas quedó bajo la dependencia de la recientemente creada gobernación intendencia de Buenos Aires, a cargo de Azcuénaga. Por razones políticas se refundieron los dos primeros regimientos de Patricios en el N° 1, puesto bajo las órdenes de Manuel Belgrano, quien los sujetó a una normativa estricta que no tardaría en desencadenar el conflicto ya latente por el descontento que había generado en el cuerpo el desplazamiento político y militar de Saavedra, su jefe natural; de la misma manera se obró con el N° 3 y el N° 4, reunidos en el nuevo regimiento N° 2 a las órdenes de Francisco Antonio Ortiz de Ocampo, con lo que se lograba excluir al comandante cordobés Juan Bautista Bustos, hechura del deán Funes y alma del odioso Tribunal de Seguridad Pública, consagrado a la persecución facciosa. Tales medidas apresuraron la resolución de la crisis militar abierta en 1810, que llegó a su fin en noviembre del siguiente año con la drástica sofocación de la sublevación estallada tardíamente en el cuartel de Patricios. Como castigo por el motín, el regimiento fue degradado a N° 5, sin que pudiera atribuirse más con exclusividad el nombre que había ostentado con tanto orgullo y que pasó a ser desde entonces patrimonio común de todas las unidades del ejército. Por su parte, el América quedó de N° 3 y el de Castas pasó a ser el N° 6, bajo el comando de Miguel Estanislao Soler. En cuanto a las otras armas, también en 1812 se reorganizó el Regimiento de Artillería de la Patria, constituido por doce compañías, y se engrosó el Regimiento de Dragones del coronel José Rondeau, con la incorporación de los ex Húsares y los restos de los antiguos Blandengues, o voluntarios de caballería, en el que había tenido lugar una escandalosa deserción.[19]

Pero tal vez el cambio más significativo fue el que se produjo en la índole de la militarización, que hasta entonces había sido esencialmente urbana y, por lo mismo, de profunda gravitación en la vida pública porteña. A partir de 1812, el procedimiento habitual para cubrir los claros en el ejército y aumentar sus efectivos fue la leva compulsiva de reclutas rurales, vagos y "malentretenidos" y negros, población marginal y ajena al fenómeno de politización de los sectores bajos de la ciudad. Paralelamente, en procura de alcanzar una mayor eficiencia, comenzó a someterse a la tropa a una disciplina más severa y a ponerse énfasis en la capacitación del cuerpo de oficiales por medio de su instrucción táctica en las academias militares organizadas en el seno de cada cuerpo.

Este proceso iniciado durante el gobierno del Primer Triunvirato alcanzaría todo su vigor cuando los militares logistas tomaran el poder. Despolitizado en sus bases y controlado por una oficialidad surgida de la propia elite revolucionaria, el ejército profesional emergente sería empleado como instrumento político al servicio de la facción gobernante, lo que contribuyó a acentuar en ella sus rasgos oligárquicos, atizando cada vez más las prematuras disidencias internas.[20]

Antecedentes del cuerpo de Granaderos a Caballo

Los granaderos habían pertenecido en sus orígenes al arma de infantería. Creados en Francia en 1667, se los llamó *enfants perdu* por asumir las más arriesgadas tareas en las acciones en que tomaban parte, como, por ejemplo, preceder a las columnas de asalto en los sitios. Debían ser altos, robustos, ágiles y valientes. Derivaban su nombre de sus armas primitivas, pues, junto con el hacha y el sable, llevaban una "granadera" o saco que contenía una docena de granadas o proyectiles de forma esférica que se arrojaban a mano, con honda o cuchara. Si bien al principio fueron reunidos en una compañía independiente, poco después se los integró en los batallones de línea, pues cada uno pasó a contar con una compañía de esta clase, armada de fusil con bayoneta.

El ejemplo francés fue imitado por las demás potencias militares europeas, que también organizaron estas unidades, compuestas de tropas de primera calidad; sobresaliendo por la perfección de sus movimientos y el sincronismo en el manejo de las armas los granaderos prusianos, sólo superados por los cuatro regimientos de infantería de Napoleón. Incluso hasta en el virreinato rioplatense se difundió la formación de esas unidades selectas, surgiendo así los Granaderos de Chuquisaca y los de Fernando VII. Estos últimos, organizados por Juan Florencio Terrada en 1806, sirvieron de escolta al gobierno desde 1809.

Los Granaderos a Caballo aparecieron casi una década más tarde que sus antecesores del arma de infantería, a los que tomaron por modelo. En efecto, Luis XIV decidió crear en 1676 un cuerpo escogido de caballería así denominado para combatir tanto a pie como montado y cuyas armas fueron sable y pistola. Si el tiempo de la Francia imperial fue el de su apogeo, su ciclo de vida orgánica concluiría en su país de origen en 1830, cuando Luis Felipe decidiera abolir una institución armada considerada excesivamente aristocrática por el pueblo parisino. Esto ocurriría cuatro años después de que también se extinguiera el regimiento homónimo que San Martín creara en el Plata.[21]

En el ejército español, según se ha consignado, los granaderos a caballo formaban también un cuerpo selecto de caballería incorporado a la Guardia Real y que gozaba de privilegios especiales.

A tales antecedentes respondió, pues, el nuevo escuadrón que el Primer Triunvirato había resuelto crear. Hasta entonces la caballería había sido completamente desatendida por los mandos militares españoles, y aun luego de la Revolución su organización resultó mucho más lenta que la de la infantería por falta de jefes idóneos en el arma, de tal suerte que no había un solo cuerpo capaz de evolucionar tácticamente en masa. San Martín se convirtió en el artífice de su profunda transformación. Frente a la estructura obsoleta y la ineficacia de las anteriores unidades, el nuevo escuadrón de Granaderos a Caballo fue concebido por su comandante como un cuerpo de elite que debía ser adiestrado en las modernas concepciones estratégicas que él había aprendido directamente en Europa. Pero, además, sobre su base se propuso cimentar un proyecto más ambicioso:

> San Martín no sólo traía al contingente de la revolución su competencia militar: le traía además la experiencia de una grande insurrección [...] El espectáculo del alzamiento de la España le había revelado el poder de las fuerzas populares en una guerra nacional, como los continuos reveses de las armas españolas en medio de algunos triunfos más gloriosos que fecundos, le enseñaron que en una larga guerra no se triunfa en definitiva sin una sólida organización militar. Había visto a esos mismos ejércitos españoles, siempre derrotados a pesar de su heroísmo, retemplarse en la disciplina inglesa y triunfar con esta nueva fuerza de los primeros soldados de Europa. Comprendía que la España una vez desembarazada de la guerra peninsular, enviaría a América sus mejores tropas y sus generales para sojuzgar sus colonias insurrectas. [...] estudió fríamente la situación militar y se penetró de que la guerra apenas empezaba [...] pudo cerciorarse que la revolución estaba militarmente mal organizada [...] no se constituyó empero en censor, ni se presentó como un proyectista [...] contrayéndose seriamente a la tarea que se había impuesto, que era *fundar una nueva escuela de táctica, de disciplina y de moral militar.*[22]

Y, de hecho, lograría que de esa nueva escuela salieran diecinueve generales, sesenta coroneles y más de doscientos oficiales, que a lo largo de trece años derramarían su sangre y su coraje desde el Plata hasta el Ecuador por la independencia de América.

Uniforme, armamento y equipo

Cuando el gobierno encomendó a San Martín la formación del nuevo escuadrón, había recomenzado la lucha en la Banda Oriental. En el cuartel del Retiro, el regimiento de Dragones de la Patria, al mando del coronel Rondeau, se preparaba para marchar a reforzar a las fuerzas patriotas; en consecuencia, la capital en breve se quedaría sin fuerzas de caballería, contando sólo con el N° 2 de Infantería para su defensa. El 17 de marzo de 1812 el nuevo comandante elevó el *Plan bajo cuyo pie deberá formarse el Escuadrón de Granaderos a Caballo*, que fue aprobado tres días más tarde. Estaría constituido por dos compañías en lugar de las tres tradicionales, con el objeto de hacerlo más liviano y con mayor capacidad de maniobra, organización que más tarde se extendería a toda la caballería.

Asimismo, San Martín propuso las prendas y atributos que distinguirían al cuerpo. Cada granadero debía tener dos uniformes: uno para combate y parada, y otro para el cuartel y la vida de guarnición. A ambos los ideó azul oscuro, con divisa carmesí. La falta de paño requerido para la divisa obligó a tornar más sobria esa indumentaria y a reemplazar su color por el grana. La casaca era larga, tipo frac, con dos granadas bordadas en el extremo de cada faldón (color oro para los oficiales y rojo para la tropa), de cuello rojo levantado debajo del cual se llevaba un corbatín negro, peto acolchado, con nueve botones de bronce con la inscripción "Provincias Unidas del Río de la Plata. Granaderos a Caballo". Debajo de la casaca se usaba un chaleco blanco con botones del mismo color. La chaqueta de cuartel era más corta, sin faldones, de cuello azul con vivos rojos y botones pequeños amarillos. Para montar los oficiales usaban un pantalón de punto o brin blanco bien ajustado; mientras que el de la tropa era de paño azul con sobrepuestos de cuero negro para hacerlos más durables. El pantalón cuartelero era largo "a la sajona", de brin azul. Las botas, fuertes y altas de cuero negro, llevaban espuelas de metal amarillo. Eran reemplazadas en la cuadra o cuartel por zapatos de paño negro y polainas. El uniforme de los trompetas y trompas que debían transmitir las órdenes mediante los toques reglamentarios de corneta tenía los colores invertidos: era grana con la divisa azul. Completaban la indumentaria dos camisas de lienzo entrefino, ropa de rancho o casacones de brin, dos pares de medias de algodón o lana según la estación, poncho de lana gris y un capote largo de paño azul con cinturón de cuero. Para proteger la cabeza del sable enemigo, un casco alto de suela negra forrado exteriormente en tela azul, que más tarde sería clásicamente conocido como "morrión"; poseía un penacho de lana verde en la parte superior y al frente. Debajo, una escarapela con los colores patrios; luego, una granada amarilla de metal con la inscripción "Libertad y Gloria". Carrilleras de metal amarillo mantenían firme el casco y un cordón de hilo amarillo adornaba el frente. Para el uso interno del cuartel disponían de una gorra chata redonda y sin visera, de paño azul con una borla roja en la parte superior central y un aro inferior forrado por una cinta amarilla. Los jefes y oficiales usaban un sombrero elástico al estilo del bicornio que usaba regularmente San Martín, forrado en hule sin más adorno que la escarapela nacional con presilla y borlas de canelón de oro por remate en cada pico. Los oficiales debían pagarse su uniforme, su armamento y demás efectos que utilizaran, así como la cartera portapliegos que llevaban colgando de su cinturón por medio de una bandolera y donde guardaban los elementos de escritura necesarios para levantar croquis del terreno y un diario de marcha. En cambio, los sargentos, los cabos, los trompas y los granaderos eran surtidos de vestuarios y equipos por los Almacenes del Estado.

El sable largo de hoja ancha de 36 pulgadas (90 cm) ligeramente corvada en su punta, tomado de los coraceros franceses, debía ser el arma principal de los granaderos, destinada a probar su efectividad desde el momento mismo en que, al extraerla de su vaina de latón, amedrentara al enemigo con el chirrido helado del acero. Su escasez en un comienzo debió ser suplida por la adopción de la lanza, en general corta, hecha en madera dura (petiribí); luego de San Lorenzo, San Martín inventó un modelo especial: la chuza de 3,45 metros de largo, que disminuyó su costo a la mitad con respecto a las fabricadas hasta entonces. En cuanto a las armas de fuego, en general los oficiales usaban pistolas colocadas en la parte delantera de la montura y los granaderos, carabinas de chispa o tercerolas, que eran llevadas en la espalda sujetas por una correa; la munición iba en la canana o cartuchera de cuero. Estas armas siempre escasearon y carecieron de la relevancia de las primeras en el enfrentamiento.

En cuanto a la montura, si bien los oficiales aprovecharon la existencia en los depósitos del estado de sillas inglesas con valijín y pistolera, con manta de lona y cuero para ser empleada en las marchas y campañas, la tropa usaba el recado criollo, exteriormente cubierto por una manta recortada denominada "chabrac" de color azul, rodeada de un vivo y con una granada bordada en los extremos posteriores.

Del escuadrón al regimiento

El 27 de marzo el Triunvirato impartió órdenes a Córdoba, La Rioja y San Luis para que enviaran cien hombres cada una, de "regular estatura y de a caballo", para integrar el escuadrón. Ya se había determinado que se le incorporaran una docena de Dragones de la Patria y los cabos y sargentos sobrantes agregados a ese cuerpo. Con ellos San Martín se alojó inicialmente en el precario cuartel de La Ranchería, ubicado en Alsina y Perú.

La organización del escuadrón se desarrolló necesariamente de manera muy lenta, por la selección minuciosa de la oficialidad que efectuaba personalmente su comandante, quien además en esos días iniciales no pudo contar con el auxilio de su segundo, el sargento mayor Carlos de Alvear. Éste debió permanecer arrestado en su casa por haber protagonizado un incidente escandaloso en el que sableó a un grupo de ingleses, hiriendo en la cabeza al conocido comerciante Diego Winthon. Si bien al poco tiempo quedó en libertad bajo apercibimiento de no reiterar tal conducta y con el compromiso de encargarse de los gastos insumidos por la curación del herido, en adelante se mostraría más predispuesto a la intriga política que al cumplimiento de sus deberes castrenses. Por otro lado, aunque San Martín pudiera contar con la buena voluntad de Zapiola –nombrado capitán de la primera compañía–, en tanto marino metido de improviso a oficial de caballería, en vez de en auxiliar, debió constituirse en uno más de sus aprendices. Recién el 23 de abril pudo San Martín presentar la lista de la oficialidad para que se le extendieran los despachos respectivos. No conforme con esto y ante la inminente salida de las fuerzas destinadas al Ejército de la Banda Oriental puesto al mando de Sarratea, que dejaría prácticamente desguarnecida la costa occidental del Plata, el gobierno, por medio del Estado Mayor, conminó al comandante de granaderos en severos términos:

> […] haciéndose cada día más urgente la pronta organización de este cuerpo, espera no perdonará arbitrio alguno para que se realice cuanto antes; a este efecto prevendrá V.S. a su comandante D. José de San Martín que interesándose sobremanera en ponerlo en planta con la brevedad posible no perdone sacrificio alguno para verificarlo, llenando de este modo *la confianza que ha puesto la patria en su celo y actividad,* y saliendo con aire de un empeño en que *su honor está comprometido.*[23]

Tales expresiones dejaban traslucir claramente que la desconfianza continuaba cerniéndose –y lo haría por algunos años más, hasta el punto de casi malograr la empresa trasandina– sobre la persona y la actividad de San Martín. Apenas si se disimulaba la acusación de incurrir en una demora culpable por desidia en el cumplimiento de la tarea encomendada. Lo cierto era que ésta no se podía efectuar por arte de magia: si no se quería caer en la improvisación habitual, debía llevar cierto tiempo la formación y capacitación del cuadro de oficiales; y, en cuanto a la tropa, era preciso esperar la llegada de los contingentes solicitados. Mientras tanto, el comandante consiguió la incorporación de unos trece soldados del ex Regimiento Nº 1 de Patricios, que continuaban prisioneros luego del motín que habían protagonizado el año anterior. También se le incorporaron varios marinos sumariados por sedición, pertenecientes al bergantín de guerra *Queche.*

En los primeros días de mayo quedó a su disposición, por haberlo desocupado poco antes los Dragones, el cuartel del Retiro ubicado en la actual plaza San Martín, donde también se encontraba el parque de artillería, que comprendía los talleres de maestranza con sus secciones de carpintería (carruajes, bases para cañones) y de herrería (chuzas o lanzas, sables y espadas), los almacenes de materiales y los depósitos de pólvora. Anexo a él se hallaba el laboratorio de mixtos, destinado a la producción de municiones. En sus proximidades se alzaba la plaza de toros, edificio de forma octogonal pintado de rosa que más tarde se utilizó para guardar los caballos de los granaderos. De inmediato, el comandante dispuso la realización de trabajos de reforma y acondicionamiento del cuartel, que logró acelerar con el envío de presidiarios.

A la tropa reunida procedente de las inmediaciones de Buenos Aires se sumó en agosto el primer contingente enviado del interior, constituido por medio centenar de riojanos, quedando desde entonces completado el primer escuadrón con dos compañías de setenta hombres cada una, según se había previsto.

En ese mismo mes el gobierno gestionó el reclutamiento de guaraníes "de talla y robustez", nativos de los pueblos misioneros, "defiriendo al deseo que ha manifestado el benemérito comandante del nuevo cuerpo de Granaderos a Caballo, don José de San Martín, hijo del pueblo de Yapeyú, de reunir en la fuerza militar de su mando un número proporcionado de sus connacionales por la confianza que de ellos tiene, a efectos de proporcionarles la gloria, de que igualmente como todos los demás americanos, contribuyan con las armas al logro de la libertad de la patria que aspiran a esclavizar los tiranos".[24] Más que al repentino despertar del instinto lugareño, esta solicitud debió responder al recuerdo de las referencias escuchadas de su padre acerca de la aptitud para la milicia de esos naturales, adquirida en su secular lucha contra los paulistas, que le había posibilitado al mismo don Juan de San Martín, en su época de teniente gobernador, llegar a movilizar rápidamente medio millar de ellos. Esta comisión debió luego posponerse, por lo que el contingente misionero sólo lograría incorporarse al regimiento en marzo de 1813.

La escasez de armamentos fue uno de los principales obstáculos para la Revolución, por la falta de establecimientos y personal competente para su fabricación, por la reducida capacidad adquisitiva del gobierno y por las trabas opuestas a su obtención en el exterior. La requisición fue el primer arbitrio del que se echó mano para conseguirlo. Así fue como, ante el anuncio de la inminente llegada de los reclutas cordobeses y la urgente necesidad de armar a la caballería, debió ordenarse la recolección de sables y pistolas entre los particulares, realizada con la cooperación del Cabildo. Con el arribo de un centenar de puntanos, a fines de septiembre de 1812 quedó ya conformado el segundo escuadrón. Para terminar de dotar de monturas a los escuadrones también se apeló a los donativos del vecindario, consignándose en la *Gaceta Ministerial* el aporte de 134 suscriptores que hicieron posible la incorporación de alrededor de trescientos caballos.

También por esos días, en que su actividad no se vio interrumpida ni siquiera momentáneamente por el cambio de su estado civil, el comandante de granaderos demandó precisiones para la incorporación de cadetes. En este caso se mantuvieron las prescripciones de tono aristocrático y selectivo de las Ordenanzas de 1768, exigiéndose en los aspirantes la certificación de limpieza de sangre, diez pesos de asistencia y 14 años de edad, reducida a 12 en el caso de tratarse de hijos de oficiales. Cumplimentando esos requisitos ingresaron en calidad de tales Juan Lavalle y Julián Perdriel. En total, en el momento de conformarse los cuatro escuadrones se incorporarían dieciséis cadetes extraídos casi niños del seno de las más ilustres familias porteñas, claro índice del prestigio de que San Martín había logrado revestir a su regimiento, haciendo que se considerara un timbre de honor la pertenencia a éste. Era el premio al obsesivo cuidado y la minuciosidad con que se contrajo a la preparación de ese cuerpo, como si fuera el único del ejército: no lo hizo porque sí –la impremeditación no cabía en él– ni por mero automatismo de soldado acostumbrado al esfuerzo; sí con el consciente designio, no sólo de convertirlo en unidad modelo del resto, como en efecto lo sería, sino de colocar por medio de su organización la piedra angular de la construcción del plan continental, para cuyo cumplimiento había cruzado el Atlántico.

La forja sanmartiniana

Ratifica López: "Observando con paciencia los sucesos, San Martín se contrajo, día y noche, a su cuartel y a su regimiento, sin perder un solo momento en la vida pública o en el trato social […] Desde que tomó bajo sus órdenes los reclutas y piquetes de otros cuerpos destinados a formar el regimiento de Granaderos a Caballo, la Plaza del Retiro, llamada después y por eso Plaza de Marte, tomó un aspecto interesante de actividad. A todas horas del día no se oía allí más ruido que el clamor estridente de los clarines".[25]

Además del entrenamiento práctico, en el cuartel del Retiro se le inoculaba al soldado "el espíritu de cuerpo, de orden, de aseo, de disciplina". Cada granadero recibía un nombre de guerra por el cual debía contestar al pasar la lista; para reforzar el sentido de pertenencia al regimiento no se escatimó el empleo de signos visibles que distinguieran a sus miembros, como el uso de aros metálicos en las orejas, obligatorio para la tropa y optativo para la oficialidad. Los granaderos usaban el pelo corto y debían sostener la mirada siempre una línea más arriba del horizonte, en señal de altivez. Todo era minuciosamente inspeccionado por los jefes, desde la calidad de la comida, hasta el cuidado del rancho y el aliño personal. Una mancha o un raspón en el uniforme, un botón de menos o sin abrochar, no eran tolerados. No menor atención debían prestar los granaderos a la caballada, a fin de lograr una simbiosis entre el jinete y su animal: "Tanto el servicio de limpieza, rasqueteo, dar pienso, sacar los caballos del agua, etc. se hacía metódicamente todos los días, a la misma hora, siguiendo un exacto sistema de toques de corneta, estando designado un toque particular para cada operación [...] ni una voz se hacía para ninguno de estos actos. La exactitud observada en este servicio llegó a ser tan conocida de los caballos que cuando se acercaba una hora marcada, ellos mismos lo anunciaban, piafando, dando patadas y relinchos".

La instrucción de los granaderos era siempre supervisada y muchas veces impartida personalmente por San Martín, quien "desde el toque de la diana se presentaba en el cuartel y presidía todos los ejercicios doctrinales".[26]

[...] de los rudimentos del recluta se pasaba a los giros y las marchas, de frente y de flanco. Después al manejo de la tercerola, de la lanza y del sable (ataque y defensa, que San Martín enseñaba en persona) explicando con paciencia y claridad los movimientos, sus actitudes, su teoría y sus efectos [...] cuando ya veía a sus soldados bastante posesionados en el manejo de las armas, alternaba por horas la instrucción, con marchas a pie y maniobras de pelotón y de compañía para no molestarlos con la monotonía de un solo ramo. No pasó mucho tiempo sin que el público viera con agrado, bien uniformados y con un esmerado aseo, a esos mismos campesinos poco antes agrestes, andrajosos, encogidos, transfigurados en gallardos soldados de gentil y arrogante porte que eran la emulación de sus compañeros de armas.[27]

Para templar los nervios de sus hombres, el comandante los hacía pasar por la "prueba del miedo", preparándoles emboscadas y sorpresas nocturnas. Pero si bien "sólo quería leones en su regimiento", nada lo dejaba librado al sólo impulso del heroísmo. La eficacia de su método residía en la acertada conjunción del culto al valor, el adiestramiento táctico y la estricta disciplina, con lo que lograba inculcarles el "apasionamiento por el deber" y "el fanatismo frío del coraje que se considera invencible y que es el secreto de vencer", según la conocida expresión de su clásico biógrafo.[28]

Dando primordial importancia a la capacitación de los jefes, los introdujo en el estudio de la táctica en las reuniones de asamblea. El mismo San Martín se ocupó de redactar un pequeño manual en el que incluía tanto prescripciones provenientes de las ordenanzas europeas como indicaciones sugeridas por su propia experiencia, y al que llamó *Definiciones y principios generales para la inteligencia de los señores oficiales y sargentos del escuadrón de Granaderos a Caballo*. Resultan interesantes los conceptos vertidos con relación a las "voces de mando", que van más allá de la temática específica para extenderse en la gravitación de primer orden que tenía la formación responsable y adecuada del oficial en la actuación de la tropa:

Las voces de mando deben darse por los oficiales y sargentos en un tono firme, alto y claro. Todo oficial debe acostumbrarse a mandar aun los cuerpos más pequeños con toda la fuerza de su voz. La exactitud de la ejecución y confianza en el soldado serán en proporción del tono firme, decidido y debido con que el oficial en cada grado da sus órdenes. Si el oficial y sargento no está perfectamente instruido en su obligación, jamás podrá ejercitar ni disciplinar la tropa confiada a su mando, y de consiguiente no es apto para conducirla al frente del enemigo: no puede estar fresco ni despejado en el momento del peligro: no puede aprovecharse de las circunstancias favorables que se le presenten por su ignorancia en el oficio; y la suerte de muchos pende de la ejecución buena o mala de su deber.

No es suficiente arrojarse con valor al enemigo; es suficiente [sic: necesario] además aquel grado de inteligencia que debe distinguir a cada oficial según su lugar y obligaciones: ni pueden los soldados obrar nunca con espíritu, si no tienen confianza en la capacidad de sus jefes.[29]

Seguían luego descripciones técnicas sobre la instrucción a pie del recluta, la formación de un escuadrón en batalla, sus subdivisiones y colocación de oficiales y demás clases, etcétera. Particular interés ofrece lo escrito con relación al ataque, donde dejaba de lado el combate con armas de fuego para centrarse exclusivamente en el procedimiento de la carga sable en mano:

Cuando el Jefe de escuadrón o regimiento dispusiese el ataque del enemigo dará la voz *Escuadrón de frente,* guía a la derecha: a la de *marchen* se moverá el todo, inclinando la vista hacia el costado nombrado. Luego seguirán las voces de *trote, galope,* y a la distancia de setenta pasos del cuerpo que se va a atacar, se gritará a *degüello;* cuya voz será repetida con la mayor fuerza por todos los oficiales del escuadrón. Toda la gran fuerza de la caballería está más en la ofensiva que en la defensiva, de consiguiente su objeto principal es el ataque. Todas las maniobras que haga un cuerpo de caballería no tienen otro objeto que colocarlo en situación más ventajosa para atacar al enemigo.
La carga es el ataque que se hará con la mayor velocidad y regularidad posible, a fin de romper la formación del enemigo, y asegurar por este medio su derrota. [...] Cualquier tentativa de cerrar las hileras al tiempo de atacar aumentaría los intervalos de los escuadrones, impediría el movimiento libre del caballo, que nunca necesita de más libertad que cuando corre al escape y cada tropiezo a derecha e izquierda disminuye sus esfuerzos.
En el movimiento del choque el caballo debe ir sin sujeción en el freno y animado en cuanto pueda con la espuela; el jinete se apoyará sobre los estribos y echará el cuerpo hacia adelante [...]
[...] La caballería no debe en ningún caso ni circunstancia esperar el ataque parada; porque en este caso aunque fuese superior, su derrota será inevitable. Cuando un cuerpo de caballería ataca a otro, el atacado debe recibirlo al gran galope. [...] Es muy rara la infantería que espera una carga de la caballería: lo general es dispersarse después de haber dado su descarga, y en este momento es cuando se necesita todo el esfuerzo de la caballería. Los oficiales del regimiento harán lo posible para hacer comprender a los granaderos que cuando reciban la descarga de la infantería ya el riesgo ha pasado y no les queda en-

113

tonces obstáculo que vencer. [...] Al paso se lleva el sable con la hoja descansando por su canto sobre el hombro: al trote y galope debe afirmarse la mano derecha sobre el muslo, y la punta inclinada hacia adelante; y a la voz *degüello,* la primera fila pondrá su sable en la posición de estocada al frente, y la segunda en la de asalto.[30]

Con la exigente y metódica preparación de sus granaderos, San Martín dio a la Revolución la primera muestra de su competencia militar. La acción de San Lorenzo pronto demostraría que precisamente era en el campo de instrucción donde debía comenzar a gestarse la victoria.

El Tribunal de Honor

Con el fin de ajustar aún más el control sobre la conducta de sus granaderos, incluso en la esfera privada, y confiando en la eficacia de las instituciones secretas, San Martín instituyó una de ellas en el seno de su regimiento. Era una especie de tribunal de vigilancia, integrado por los oficiales del cuerpo, quienes no sólo tenían la atribución de dictar sentencia sino la capacidad de hacerla efectiva por la espada, de tal suerte que hasta el duelo quedaba autorizado para hacerse justicia en los casos que comprometían el honor. Era la consigna velar por la dignidad del cuerpo, impidiendo que permanecieran en él quienes no se mostrasen a su altura. Un código conciso y severo determinaba las acciones punibles con la expulsión:

Delitos por los que deben ser arrojados los oficiales:
1. Por cobardía en acción de guerra, en la que aun el agachar la cabeza será reputado tal.
2. Por no admitir un desafío, sea justo o injusto.
3. Por no exigir satisfacción cuando se halle insultado.
4. Por no defender a todo trance el honor del cuerpo cuando lo ultrajen a su presencia, o sepa ha sido ultrajado en otra parte.
5. Por trampas infames, como de artesanos.
6. Por falta de integridad en el manejo de intereses, como no pagar a la tropa el dinero que se haya suministrado para ella.
7. Por hablar mal de otro compañero con personas u oficiales de otros cuerpos.
8. Por publicar las disposiciones interiores de la oficialidad en sus juntas secretas.
9. Por familiarizarse en grado vergonzoso con los sargentos, cabos y soldados.
10. Por poner la mano a cualquiera mujer aunque haya sido insultado por ella.
11. Por no socorrer en acción de guerra a un compañero suyo que se halle en peligro, pudiendo verificarlo.
12. Por presentarse en público con mujeres conocidas prostituidas.

13. Por concurrir a casas de juego que no sean pertenecientes a la clase de oficiales, es decir, jugar con personas bajas e indecentes.

14. Por hacer uso inmoderado de la bebida en términos de hacerse notable con perjuicio del honor del cuerpo.[31]

El procedimiento utilizado era el siguiente: el primer domingo de cada mes se reunían en la casa de San Martín los oficiales del regimiento, quienes debían escribir en unas tarjetas en blanco preparadas al efecto los sucesos o comportamientos que les mereciesen reparos. Dichas cédulas pasaban luego a ser escrutadas por el comandante. En caso de haber alguna denuncia se hacía salir al acusado y se abría la discusión. Luego se nombraba una comisión investigadora que en la sesión siguiente informaba lo averiguado sobre el presunto delito. Acto seguido cada oficial daba su dictamen por escrito. Esa votación secreta decidía la continuidad o no del imputado en el cuerpo. En el primer caso el jefe le daba una cumplida satisfacción en nombre del consejo. De lo contrario, una comisión de oficiales lo conminaba a que pidiera su licencia absoluta y le ordenaba que hasta que ella le fuese concedida debía abstenerse de usar en público el uniforme del regimiento, amenazándolo con arrancárselo a estocadas si lo descubrían luciéndolo.

Son conocidas las críticas de José María Paz a la institución de los Granaderos a Caballo, que encontraría fuertes resistencias cuando se la intentara extender a otros cuerpos del Ejército, aunque rescataba como positivo el propósito perseguido por San Martín, quien "deploraba lo poco en que se estimaban nuestros oficiales, tanto en sus mutuas relaciones, como en las que cultivaban con el paisanaje". Veía con disgusto que en el ejército fuera "frecuente insultarse y faltarse gravemente al respeto que se deben los hombres en sociedad, sin que esto trajese resultado alguno, volviendo luego a parecer amigos sin ninguna clase de satisfacción" y pretendía que los oficiales "se diesen un tono digno y caballero, y que estimasen en mucho su profesión y la clase que ocupaban en ella". Pero el famoso "Manco" consideraba que el Tribunal de oficiales, al exacerbar en demasía el sentido del pundonor, traía aparejados efectos altamente nocivos: "El desafío se hizo bien frecuente, produciendo lances en que padecía extraordinariamente la disciplina. Hubo alférez que no excedía de la edad de 16 años, que desafió a su coronel, hombre respetable, porque le había impuesto una punición muy justa, bajo el pretexto de que lo había hecho delante de otras personas del regimiento, con lo que había ajado su honor; a más andar hubiera tenido un jefe que estar con sus armas en la mano para hacer obedecer a punta de espada las órdenes que dictase, o lo que era peor, hubiera desatendido la disciplina para no ser citado a un duelo por cada paso que diese".[32]

En verdad, desde los comienzos de su establecimiento, dicha institución le dio al propio San Martín sus dolores de cabeza. Como resultaba previsible, no todos estuvieron de acuerdo en acatar sus resoluciones y uno de los afectados,

115

el teniente Vicente Mármol, en un gesto de audacia, solicitó al comandante del regimiento que le explicase la razón por la cual dos oficiales le intimaron su renuncia o cambio de destino mientras se hallaba arrestado por causas que decía ignorar. San Martín lo atribuyó a su mala conducta, que había motivado tal resolución del consejo de oficiales. No conforme el afectado con la respuesta de su jefe, le pidió que elevara su queja al Poder Ejecutivo, ante el que cuestionó seriamente la legalidad de tales procedimientos. La insolente actitud terminó de sacar de quicio a San Martín, quien calificó al reclamo hecho por aquél de "falsa e irritante representación", advirtiendo en ella "la mano incendiaria de un miserable, que aplicando impropiamente a nuestro caso, las máximas inconcusas del derecho, ha querido desahogar por el conducto de este oficial su bajo resentimiento mendigando el estilo del foro, para zaherir atrozmente mi opinión". Es decir que vislumbraba en el trasfondo del incidente la maniobra de uno de sus detractores, ya que éstos habían aumentado proporcionalmente a su propio prestigio. Luego de describir los reiterados delitos en que había incurrido el oficial arrestado, San Martín denunciaba su mala fe "cuando desnudando al primer jefe de una representación que sin duda no conoce, quiso ceñir sus funciones a beneplácito; y cuando atacando una reunión constitucional de oficiales que había sancionado también su parte con su sufragio y que pueden convocar jefes superiores, cómo y cuándo les acomode (en virtud de sus facultades y de encargárseles promuevan por todos modos la subordinación y el orden), la llama Tribunal de nueva creación, complot, tumulto de facción compulsiva, y a sus providencias, escandalosas y sediccionarias [sic], con que ofendería la delicadeza de los individuos que la componen si pudiesen herir siempre el desahogo y la desvergüenza". Proseguía luego la defensa exacerbada de la legitimidad del Tribunal, aferrándose a los privilegios del fuero castrense, "para recordar al que representa que en el Código Militar se considera a los oficiales generales como son los coroneles, en el día, los intérpretes del espíritu de las ordenanzas, en casos de duda; autorizados para señalar penas arbitrarias en los delitos que no están comprendidos en ellas, y su juzgado de otra orden que el civil". No faltó tampoco la exhortación denotativa de una orgullosa conciencia de casta: "Aprenda estas lecciones de hecho y *no profane otra vez un santuario donde no pueden penetrar sino los militares*".[33]

El clima de descontento contra el Triunvirato

Apenas arribaron a Buenos Aires, San Martín y sus camaradas logistas debieron escrutar cuidadosamente la situación política rioplatense, para planear sobre la base de ese diagnóstico las acciones conducentes a la meta independentista por la que se habían juramentado a trabajar. Observaron los febriles preparativos electorales para constituir la Asamblea General que debía designar al reemplazante del primer triunviro saliente, el doctor Juan José Paso. Todo se limitaba a trámites locales, pues luego del giro centralizador y porteñista operado en septiembre pasado, ya nadie se acordaba de las representaciones legítimas de los pueblos del interior. El protagonismo y la acción revolucionaria se concentraban en la capital. Recuérdese que ello se había justificado invocando el grave estado de emergencia por el que atravesaba la Revolución. La propaganda periodística para que el organismo a reunirse lo hiciera con plenos poderes motivó la censura del Triunvirato, que ordenó la suspensión de la *Gaceta*, redactada por Bernardo Monteagudo, y *El Censor* de Pazos Silva, quedando como órgano de publicidad oficial la aséptica *Gaceta Ministerial*. El amordazamiento de la prensa, el patrullaje de la ciudad y las medidas represivas contra las manifestaciones públicas no evitaron que la Asamblea reunida en abril, tras nombrar a Pueyrredón como nuevo integrante del gobierno, sancionase su carácter de autoridad suprema. Esto fue considerado nulo, ilegal y atentatorio por el Ejecutivo, que ordenó su disolución, perseverando así en el manejo discrecional y avasallador del poder.

El Triunvirato procuró justificarse ante la opinión basándose en la exposición de su eficiencia administrativa (reforma militar y judicial, construcción de baterías, ajustes financieros, creación de la gobernación intendencia bonaerense y supresión de las juntas provinciales, arreglo de las fronteras, etcétera). Pero la enérgica e inteligente actividad de Rivadavia no alcanzaba a contrarrestar el malestar suscitado por su arrogante autoritarismo.

Su actitud ambigua frente a las aspiraciones independentistas tenían inexorablemente que socavar su prestigio. El tinte liberal de los decretos de seguridad individual y de libertad de imprenta no alcanzaban para satisfacer las aspiraciones del sector radicalizado; sobre todo cuando la noticia de la declaración de la independencia de Venezuela atizó el sentimiento patriótico, incitando a seguir ese valiente ejemplo. Lo único que se logró arrancar al gobierno fue la autorización del uso de la escarapela nacional celeste y blanca el 13 de febrero de 1812, a petición de Belgrano, para distinguir a sus tropas de las adversarias; pero cuando este mismo jefe –que se encontraba en Rosario activando los trabajos de fortificación de las baterías costeras destinadas a interceptar el paso de la escuadra realista por el Paraná, a las que no por casualidad bautizó *Libertad* e *Independencia*–, entusiasmado, se atrevió *motu proprio* a crear una bandera de idénticos colores con el "deseo de que estas Provincias se cuenten como una de las naciones del globo"[34], mereció una enérgica reprimenda del Triunvirato, que lo obligó a deshacerse de ella por considerar esa espontánea iniciativa "de una influencia capaz de destruir los fundamentos con que se justifican nuestras operaciones y protestas que hemos sancionado con tanta repetición, y que en nuestras comunicaciones exteriores constituyen las principales máximas políticas que hemos adoptado"[35]. En efecto, dispuesto a seguir a pies

117

juntillas la recomendación del embajador inglés en Río de Janeiro, lord Strangford, tendiente a evitar toda manifestación formal de los objetivos revolucionarios como condición *sine qua non* para que Gran Bretaña mantuviera frente a ellos una conveniente tolerancia, el gobierno seguiría declarando fidelidad a Fernando, aunque Bernardo Monteagudo se atreviera a condenar públicamente la incoherencia revolucionaria: "Qué cosa tan extraña dar título de ciudadano a nombre del rey. ¡Oh, máscara tan inútil como odiosa a los hombres libres!"[36]. No tardarían en ser silenciados los discursos libertarios que pronunciaría en el seno de la reorganizada Sociedad Patriótica, que, como en los tiempos de la Junta Grande, continuaba militando en la oposición.

Por otro lado, la opción por la transigencia diplomática para conjurar el estado de emergencia bélica, aunque atinada, generó nuevo malestar entre los que venían reclamando una conducción más enérgica. El 20 de octubre de 1811 se había firmado un tratado conviniendo el cese de las hostilidades con Elío, a quien se le daba el tratamiento de virrey y se reconocía su jurisdicción en la Banda Oriental y la costa este de Entre Ríos, estableciéndose la evacuación de las tropas porteñas sitiadoras —sin mencionar otras cláusulas con la misma apariencia de claudicación, como aquellas por las que las Provincias Unidas se reconocían como parte integrante de la nación española, que no tenía otro soberano que el rey Fernando, y se obligaban a enviar uno o dos comisionados ante las Cortes de Cádiz—, todo a cambio del retiro del ejército de ocupación portugués al mando de Souza. Se prefirió así pactar transitoriamente con Elío con el fin de sustraer a la zona que se ponía bajo su dominio del zarpazo portugués, con lo que se posibilitaba a la vez concentrar el esfuerzo bélico en el norte para contener el avance del ejército realista al mando de Goyeneche. Pero es explicable —aunque se tratara de una postura equivocada— que los patriotas orientales, directos afectados y carentes de una perspectiva ampliada del problema, se sintieran abandonados por el gobierno porteño, iniciándose desde entonces entre ambos una disidencia destinada a profundizarse cada vez más a medida que fuera afianzándose el liderazgo de quien acababan de designar como su *caudillo, general y jefe*, José Artigas, bajo cuyo mando emprendieron el éxodo hacia el Ayuí, en territorio entrerriano, por no resignarse a quedar bajo la detestada autoridad goda. Este suceso, que el sentir del paisanaje bautizó como la "redota" —por derrota—, fue el precedente de la guerra civil que no tardaría en encenderse en el Litoral, complicando y retardando la consecución del objetivo independentista.

Desde principios de 1812 se habían reanudado las hostilidades en la Banda Oriental —donde gobernaba el empecinado Gaspar de Vigodet, pues Elío, destituido, había regresado a la península—, en contravención a lo convenido en octubre, sin haberse logrado aún el retiro de las tropas portuguesas por la intencional demora de Souza, en connivencia con los godos de Montevideo, Alto Perú y Buenos Aires para cercar a los revolucionarios.

No era tarea sencilla comprender el delicado equilibrio que intentaba mantener don Bernardino soltando un poco la rienda al entusiasmo patrióti- co cuando era oportuno –con el fin de presionar a lord Strangford a fin de que interpusiese la mediación inglesa para obligar al gobierno portugués a retirar sus tropas de la Banda Oriental, si no quería que se apresurase la mar- cha hacia la independencia– y luego refrenando ese mismo sentimiento pa- ra que no se malograsen las vitales negociaciones que hicieron posible acor- dar el 26 de mayo el armisticio Rademaker. Era éste la culminación de la gestión política iniciada con la firma del Tratado con Elío –tan criticado co- mo mal interpretado– para frustrar el nuevo amago expansionista del impe- rio lusitano, sin duda el más poderoso enemigo en ese amenazado flanco de la Revolución.[37] Pero estas cuestiones de alta política no redituaban popu- laridad –ésta siempre estaría reñida con la pesada figura del pomposo esta- dista–, porque escapaban a la penetración de la opinión general, más recep- tiva, en cambio, a la fogosidad retórica de Monteagudo, cabeza visible de la oposición, canalizada mediante la Sociedad Patriótica y su nuevo órgano de prensa: *Mártir o Libre*.

Tal era la situación política imperante a mediados de 1812, cuando San Martín, Alvear y Zapiola establecieron en Buenos Aires la Logia, decididos ya a encaminarse a la toma del poder.

Las sociedades secretas en Buenos Aires

Hay indicios de actividad masónica en el Plata desde la primera mitad del siglo XVIII, pero los mismos miembros de la orden reconocen que no se po- seen datos suficientemente confiables de ese período inicial. Parece existir ma- yor certeza acerca de una logia llamada "Independencia", que habría funcio- nado en 1795 en un caserón semiderruido donde antes se había levantado la capilla de San Miguel, y que había sido abandonada a raíz de las dificultades para el tránsito que el terreno presentaba en tiempos de lluvias.[38] Habría sido fundada por un grupo de franceses residentes en Buenos Aires, obteniendo car- ta constitutiva de la Gran Logia de Versalles, según unos autores, o de la Gran Logia General Escocesa de Francia, según otros[39], absorbidas en 1805 por el Gran Oriente francés, quedando en libertad la mencionada logia local, presun- tamente ligada con la famosa "Conspiración de los franceses". A ella se ha- brían incorporado nativos y españoles liberales como Juan José Castelli, Hi- pólito Vieytes, Manuel Belgrano, Juan José Paso, Nicolás Rodríguez Peña, Agustín Donado y Feliciano Antonio Chiclana, entre otros que –nucleados o no en la "Sociedad de la Siete", de discutida existencia– conformarían la van- guardia de la Revolución.

Núñez afirmó al narrar los sucesos relativos a los ataques ingleses a Bue- nos Aires: "Fue en este tiempo donde por primera vez en estos países se echaron los cimientos del establecimiento de Logias masónicas"[40]. Si bien es cierto que los invasores instalaron las dos conocidas como "Hijos de Hiram" y "Estrella del Sur" (a esta última pertenecieron Saturnino Rodríguez Peña y Aniceto Padilla, cómplices en la fuga de Beresford), con carta constitutiva de la Gran Logia de Irlanda, éstas no fueron las primeras ni tampoco lograron arraigarse. Así lo hizo notar el general masón de la Independencia Enrique Martínez en sus *Observaciones hechas a la obra póstuma del señor Ignacio Núñez, titulada "Noticias Históricas de la República Argentina"*. Allí dice que "desde una época remota existía en Buenos Aires la sociedad masónica y Peña y Vieytes que pertenecían a ella, fue la que les sirvió para reunir a sus amigos".[41]

En verdad está documentalmente probado que ya en 1804 existía en Buenos Aires una asociación de esa índole denominada "San Juan de Jerusalén de la felicidad de esta parte de América". Según informa Rodríguez Zúñiga, fue fundada y presidida por el liberal portugués Juan Silva Cordeiro, quien tuvo que emigrar tempranamente de su patria y fue iniciado en la logia "Matritense"; pasó luego de Madrid a los Estados Unidos y al Brasil, recalando más tarde en Buenos Aires. "Junto a Marcelino Gadea y Juan Ángel Vallejo formaron el triángulo masónico que posteriormente se habría de constituir en la Logia mencionada [...] trabajaba en un templo ubicado en la calle de la Santísima Trinidad, entre Santo Tomás y Santa María "[42] (hoy San Martín entre Paraguay y Charcas). Tenía carta constitutiva de la gran logia de Maryland. Sus miembros comían diariamente con extranjeros (no les serían ajenas actividades comerciales ligadas con el contrabando) en la Fonda de los Tres Reyes y entre ellos se hallaban Manuel Arroyo y Pinedo y Gregorio Gómez. Este último, "de la renta de tabacos", que "sabía leer masónicamente", continuaría en lo sucesivo estrechamente vinculado con las sociedades secretas y vale recordar que se trataba nada menos que del entrañable personaje al que su amigo "Pepe" San Martín tuteaba y a quien por su confiabilidad nunca desmentida terminaría designando apoderado de sus bienes. Por medio de un documento exhumado por un anticuario, el historiador Cánter pudo constatar que la existencia de esta logia fue descubierta por casualidad, a raíz del imprudente descuido de un criado de confianza; éste puso a secar al sol algunas ropas rituales (capa magna, mandiles o delantales de artesanos bordados en seda y oro) que el viento dispersó y siendo recogidas por una piadosa vecina que, espantada, las entregó al obispo. El sumario que inmediatamente se mandó incoar fue suspendido por orden del mismo virrey luego de que los comprometidos lograran sobornar con un importante lote de joyas a su esposa, la marquesa de Sobremonte.[43] De todas maneras, para 1810 esta logia ya había "abatido columnas", esto es, estaba desactivada.

En cambio, funcionaba en la época inicial de la Revolución la logia masónica que tenía por venerable al morenista Julián Álvarez, asiduo concurrente al Café de Marcos y conspicuo miembro de la primera Sociedad Patriótica (marzo de 1811). Disuelta esta última luego de la asonada de abril, es probable que sus miembros se hayan mantenido en contacto a través de la Logia, lo que permitió que la entidad volviera a resurgir en tiempos del Triunvirato[44], siendo solemnemente inauguradas sus sesiones en enero de 1812 en la sede del Consulado, ya bajo la égida de Monteagudo, quien, como se ha visto, no tardó en fustigar la conducción autoritaria y en apariencia claudicante del gobierno.

Organización de la nueva Logia

Cuando San Martín, Alvear y Zapiola formaron en Buenos Aires el triángulo básico[45] sobre el que se constituyó a mediados de 1812 la nueva logia de "Caballeros Racionales" bajo la presidencia del segundo, la entidad masónica de Álvarez quedó subordinada a ella, pasando sus principales miembros –que a su vez lo eran de la Sociedad Patriótica– a formar sus cuadros. Así como Álvarez y Manuel Guillermo Pinto oficiaban de nexo entre sus cofrades y la nueva institución a la que se habían integrado, Monteagudo cumplía idéntica misión ante sus seguidores. Esto se debió –según lo consignado por Barros Arana en su *Historia general de la independencia de Chile*– a que los viajeros de la *George Canning*, luego de compenetrarse de la inconsistencia de la oposición, terminaron "por creer que las instituciones masónicas estaban desvirtuadas en las logias de Buenos Aires. Formaban parte de ellas muchos hombres de importancia muy secundaria, que bajo ningún aspecto eran acreedores a la confianza que era preciso tener en ellos para dirigir con acierto la revolución [...] se necesitaba una reforma radical en el sistema de sociedades secretas para que éstas produjesen el efecto que convenía. De allí pasaron a tratar de los medios de organizar una nueva logia compuesta de un número más reducido de miembros. Debía formarse ésta de los personajes más importantes que, hasta el momento, contaba la revolución en sus filas con tal que éstos fuesen hombres de energía y decisión, y que se hallasen dispuestos a arrostrar cualquier peligro por el triunfo de la causa en que estaban empeñados [...] Su principal objeto era trabajar poderosamente para asegurar la independencia americana, a costa de cualquier sacrificio y casi sin reparar en medios". Agrega que "antes de dos meses la logia contó con muchos afiliados y, entre ellos, a militares de elevada graduación, a los políticos más influyentes de la revolución argentina y a algunos hombres notables por su patriotismo y virtudes cívicas. Allanáronse todos éstos a prestar un solemne juramento y a obedecer fielmente las reglas y ritos de la sociedad".[46]

Pero, además, esa forma de organización permitía hacer de la logia la central de inteligencia intangible de la revolución, disciplinando imperceptiblemente las fuerzas políticas para dar unidad y dirección al movimiento, sin dejar traslucir que se preparaba entre pocos lo que aparecía en público como el resultado de la opinión de la mayoría.

Dos testimonios confirman esa estructura desdoblada de subordinación jerárquica. Iriarte dice:

> [...] ya que he hablado de la gran Logia, será oportuno decir que existía otra secundaria, cuyas funciones esenciales eran desempeñar el honorífico cargo de espiones: en esta Logia de escalera abajo, había jefes y oficiales subalternos, empleados y letrados de un orden inferior, servía de instrumento a las miras de la alta Logia: y contaba en su seno dos o tres individuos de ella para presidir y dar tono a las deliberaciones y eran éstos los que dirigían la opinión de la pequeña logia.[47]

La misma referencia se encuentra en la "Carta del ciudadano L. N. de L. a un patriota de Buenos Aires", publicada en Montevideo en 1820 y cuya autoría se atribuye al licenciado Nicolás de Laguna:

> Como esta Logia no es todavía muy grande, discurrió el gobierno, como fundador, hacer formar otra sociedad particular con el nombre de masónica para que concurriese a sus planes por vías indirectas. Esta sociedad subalterna la componen personas que el gobierno considera de clase inferior y sin calidad para ser miradas en la Gran Logia. Julián Álvarez, que es muy venerable presidente de esta masonería intermedia, revela al Director y a la Gran Logia, de la que es miembro, todo lo que en aquélla se trabaja, y cuando la Gran Logia o el gobierno necesitan de la cooperación de subalternos, avisan al venerable Álvarez para que, con disimulo, haga concurrir a sus alumnos a los planes que la Gran Logia y el Director le proponen. De suerte que, esta sociedad masónica, en la que hay porción de jóvenes honrados, a quien tú conoces, viene a ser sin advertirlo, por la perfidia de su presidente, el instrumento vil de aquel complot de tiranos. Esta sociedad de escalones abajo, aunque masónica por su institución, no se comunica con los masones que pertenecen a otras logias.[48]

Zúñiga informa que los trabajos de la Logia tuvieron comienzo en un caserón antiguo ubicado en la calle de la Barranca, al llegar a la de Venezuela. Coincide con López en esta aserción –o tal vez haya sido su fuente de información–, quien al narrar la manera como su padre fue iniciado en la Logia, expuso que, acompañado por Ambrosio y Pedro Lezica, don Vicente "regresaba por la calle de Barrancas que hoy se llama general Balcarce; dieron vuelta por la que hoy es Venezuela y al pasar por una casa grande frente al paredón de Santo Domingo, lugar entonces solitario y lóbrego, don Pedro Lezica detuvo a sus compañeros y les dijo «en esta casa acostumbramos a reunirnos algunos amigos para saber noticias»"[49].

La carencia de toda documentación relativa a logia establecida en Buenos

Aires de 1812 fue paliada en parte cuando en 1860 el historiador chileno Vicuña Mackenna dio a publicidad los Estatutos de la Logia de Santiago, escritos íntegramente de letra del general O'Higgins, que serían idénticos a los de aquélla. Mitre así también lo creyó y se basó en esa pieza excepcional para la caracterización de la sociedad secreta porteña que realiza en su *Historia de San Martín*, rectificándose en parte de lo afirmado sobre sus propósitos en la *Historia de Belgrano*, pues los circunscribe al logro de la independencia, eliminando el anteriormente incluido de propender al establecimiento del sistema republicano de gobierno, sobre lo que nada se dice en el texto exhumado por su colega. Una famosa anécdota transmitida por la tradición oral y relatada un tanto burdamente por Alberdi corrobora lo expresado:

En el año 1812, en una reunión de patriotas, en que San Martín, recién llegado al país, expresó sus ideas en favor de la monarquía, como la forma más conveniente al nuevo gobierno patrio, Rivadavia hubo de arrojarle una botella a la cara por el sacrilegio: "¿Con qué objeto viene usted entonces a la República?", le preguntó a San Martín. "Con el de trabajar por la independencia de mi país natal", le contestó, "que en cuanto a la forma de su gobierno, él se dará la que quiera en uso de esa misma independencia".[50]

Contribuye a convalidar el empleo del documento chileno por vía de equiparación para estudiar la constitución de la Logia primitiva la afirmación autorizada de Goyo Gómez al respecto: "En la Lautaro de Buenos Aires se guardó siempre la mayor reserva y jamás se permitió sacar copia de sus estatutos, si no era en los casos de fundación de otras logias en los pueblos donde alcanzaba la influencia revolucionaria"[51]. Se justifica, pues, por su valor de insustituible interés, la transcripción completa que se incluye más adelante, donde se detalla la composición y funcionamiento de la Logia matriz; los casos en que algunos de sus miembros, al poseer algún tipo de mando, podrían fundar una logia subalterna; la obligación por parte del hermano que fuese nombrado para ejercer el gobierno superior de consultar a la logia para resolver asuntos de gravedad y obtener su acuerdo antes de otorgar cualquier empleo de importancia; la necesidad, tanto del cofrade gobernante como de la logia, para respaldarlo de contar con el sostén de la opinión pública, por lo que todos debían ocuparse en ganársela; el deber de sostener las decisiones de la corporación "a riesgo de la vida"; la forma de actuar en la incorporación de algún "profano", el procedimiento a seguir en caso de sospecha de infidencia sobre la existencia de la Logia por parte de alguno de sus miembros, y las penalidades correspondientes a los diversos delitos, llegándose en el caso mencionado a considerarse al comitente como "reo de muerte por los medios que se halle por conveniente".

CONSTITUCIÓN DE LA LOGIA

Gemía la América bajo la más vergonzosa y humillante servidumbre, dominada con cetro de hierro por la España y por sus Reyes, como es notorio al mundo entero, y lo han observado por tres siglos, con justa indignación todas las naciones. Llegó por fin el momento favorable en que disuelto el gobierno español por la prisión de su monarca, por sus observaciones repetidas; por la ocupación de la España y por otras innumerables causas, la justicia, la razón y la necesidad demandaban imperiosamente el sacudimiento de este yugo. Las Provincias del Río de la Plata dieron la señal de libertad: se revolucionarion, han sostenido por diez años [en la Constitución de la Logia de Buenos Aires aquí debería decirse "dos años"] su empresa con heroica constancia; pero desgraciadamente sin sistema, sin combinación y casi sin otro designio que el que indicaban las circunstancias, los sucesos y los accidentes. El resultado ha sido haber dado lugar a las querellas de los pueblos, al extravío de la opinión, al furor de los partidos y los intereses de la ambición, sin que los verdaderos amigos de la patria pudiesen oponer a estos gravísimos males otro remedio que su dolor y confusión.

Éste ha sido el motivo del establecimiento de esta sociedad, que debe componerse de caballeros americanos, que distinguidos por la liberalidad de las ideas y por el fervor de su patriótico celo, trabajen con sistema y plan en la independencia de la América y su felicidad, consagrando a este nobilísimo fin todas sus fuerzas, su influjo, sus facultades y talentos, sosteniéndose con fidelidad, obrando con honor y procediendo con justicia, bajo la observancia de las siguientes Constituciones:

1º La Logia matriz se compondrá de trece caballeros, además del Presidente, Vicepresidente, dos Secretarios, uno por la América del Norte y otro por la del Sur, un Orador y un Maestro de ceremonias.

2º Este número no podrá aumentarse; pero en caso de salir algunos de los hermanos fuera de la Provincia, podrá llenarse el mismo si las circunstancias lo exigiesen.

3º El Presidente será perpetuo; por su ausencia suplirá el Vice-presidente, por la de éste el más antiguo; mas los demás empleos serán anuales.

4º El tratamiento del Presidente y demás en la Logia será de hermano, y fuera de ella el de usted llano, a excepción de los casos en que a presencia de otros el empleo y decoro público exijan el correspondiente tratamiento.

5º No podrá ser admitido ningún español ni extranjero ni más eclesiástico que uno solo, aquel que se considere de más importancia por su influjo y relaciones.

6º Tampoco podrán ser admitidos los hermanos o parientes inmediatos.

7º Siempre que algún hermano fuese nombrado por el Gobierno primero o segundo Jefe de un ejército, o Gobernador de alguna provincia, se le facultará para crear una sociedad subalterna, dependiente de la matriz, cuyo número no excederá de cinco individuos, y entablando la debida correspondencia, por medio de los signos establecidos, todas las noticias y asuntos de importancia que ocurrieren.

8º La Logia deberá reunirse semanalmente el día que acordare; también los casos extraordinarios en que por alguna grave ocurrencia convocara el Presidente.

9º Siempre que alguno de los hermanos sea elegido para el Supremo gobierno, no podrá deliberar cosa alguna de grave importancia sin haber consultado el parecer de la Logia, a no ser que la urgencia del negocio demande pronta providencia; en cuyo caso, después de su resolución, dará cuenta en primera junta o por medio de su Secretario, siendo hermano, o por el de la Logia.

10º No se entiende el antecedente artículo en las providencias y deliberaciones ordinarios y de despacho común.

11º No podrá dar empleo alguno principal y de influjo en el Estado, ni en capital, ni fuera de ella, sin acuerdo de la Logia, entendiéndose por tales los de Enviados interiores y exteriores, Gobernadores de provincia, Generales en jefe de los ejércitos, miembros de los tribunales de justicia superiores, primeros empleos eclesiásticos, jefes de los regimientos de línea y cuerpos de milicias y otros de esta clase.

12º Para sostener la opinión del hermano que tuviese el Supremo gobierno, deberá consultar y respetar la opinión pública de todas las provincias, así en los empleos que acuerde como en las deliberaciones graves que resuelva.

13º Partiendo del principio de que la Logia, para consultar los primeros empleos, ha de pesar y estimar la opinión pública, los hermanos, como que están próximos a ocuparlos, deberán trabajar en adquirirla.

14º Será una de las primeras obligaciones de los hermanos, en virtud del objeto de la institución, auxiliarse y protegerse en cualesquiera conflictos de la vida civil y sostenerse la opinión de unos y otros; pero cuando ésta se opusiera a la pública, deberán por lo menos observar silencio.

15º Todo hermano deberá sostener, a riesgo de la vida, las determinaciones de la Logia.

16º Siempre que fuese propuesto algún profano para la Logia, se votará el nombramiento de los hermanos que le sean más allegados, para que sondeando sus disposiciones con la mayor cautela, y sin descubrir persona alguna, den cuenta a la Logia para que resuelva su admisión o no.

17º No se tendrá por Logia la reunión que no se compusiese de las dos terceras partes, y sus determinaciones en otra forma serán sin valor ni efecto.

18º Cuando la sociedad tuviere que tratar en favor o en contra de algún hermano, deberá hacerlo salir el Presidente para que se discurra con franqueza.

19º Todos los hermanos están obligados a dar cuenta en la Logia sobre cualquiera ocurrencia que influya en la opinión o seguridad pública, a fin de que pueda tratar con oportunidad y acierto de los remedios convenientes.

20º Cualquier hermano que averigüe que alguno de los otros ha descubierto la Logia por palabras o señales, deberá inmediatamente dar cuenta al Presidente para que la reúna; pero si se reuniese en el mismo día lo expondrá en pública Logia.

21º Al momento nombrará la Logia una comisión compuesta de seis individuos, que deberá esclarecer el hecho bajo el mayor sigilo, para lo cual se le exigirá nuevo juramento y del resultado dará cuenta en plena Logia poniendo su dictamen sobre lo actuado.

22º A consecuencia, la Logia reunida plenamente o en el mayor número posible, después de examinar maduramente lo actuado por la comisión, oirá al delincuente y según el mérito le decretará la ley penal correspondiente.

23º Cuando el Supremo gobierno estuviese a cargo de algún hermano, no podrá disponer de la fortuna, honra, vida ni separación de la capital de hermano alguno sin acuerdo de la Logia.

Apéndice de la Constitución

El artículo 7º debe entenderse de esta forma: que los cinco individuos de que deben componerse las sociedades subalternas son, fuera de los empleados que tendrán como la matriz, a saber, Presidente, Vice-presidente, un solo secretario para las dos Américas, un orador y un Maestro de ceremonias.

Los caballeros hermanos de la Logia matriz que se hallaren accidentalmente en algún pueblo o lugar donde hubiere establecida sociedad subalterna deberán incorporarse en ella supernumerariamente y asistir a sus sesiones con toda las obligaciones y privilegios de los numerarios.

Leyes penales

1º El que dejare de asistir por mera voluntad, siendo muy frecuente sus faltas, será declarado inhábil para cualquier empleo por el tiempo que juzgue la Logia, y en caso que lo tenga será suspenso hasta nueva resolución.

2º Todo hermano que revele el secreto de la existencia de la Logia, ya sea por palabra o señales, será reo de muerte por los medios que se halle por conveniente.

3º El hermano que acuse falsamente a otro será castigado con la pena del Talión.

4º Todo hermano que fuera de la Logia murmure o detraiga el crédito de otro hermano, quebrantando el artículo 14º de la Constitución, será considerado infame e indigno de alternar con los demás, y no se incorporará en los actos de reunión durante el tiempo de los debates, hasta que ella lo haya absuelto.

5º El que no cumpliere con lo resuelto, será castigado con la pena proporcionada a la gravedad de la materia.

REGLAMENTO DE DEBATES Y ORDEN

1º Será una de las obligaciones de los socios asistir a las juntas con puntualidad a la misma hora de la citación.

2º Reunidos los socios en las dos terceras partes que bastan para formar junta ocupará el presidente el asiento preferente y los demás el que se les proporcionará sin guardar riguroso orden de antigüedad.

3º Se dará principio a cada junta por la relación que deben pasar los Secretarios de todo lo acordado en lo anterior, para que en consecuencia den razón de sus comisiones los que las hubieren recibido y se trate del cumplimiento de lo acordado, antes de pasar al examen de otras materias.

4º Después de haber tenido en consideración los últimos acuerdos y todo lo concerniente a su cumplimiento podrá el Presidente proponer los objetos de más importancia que le ocurriese, excitar a los socios a que hagan las mociones que creyeren convenientes y cuando concurriesen dos o más mociones apoyadas, se votará por la Logia sobre cuál debe discutirse con preferencia.

5º Ninguna moción podrá discutirse sin ser apoyada y una vez puesta en discusión debe ser explicada, ilustrada y puesta en sus precisos términos por su autor.

6º Cada socio podrá opinar libremente acerca de la materia de discusión, pero no podrá hacerlo sin haber pedido y obtenido la palabra del Presidente.

7º El Presidente no concederá la palabra sino después que el último preopinante haya concluido de hablar, ni la concederá más de dos veces a un socio en cada materia.

8º Después de haber hablado dos veces cada uno de los socios que hayan querido hacerlo, propondrá el Presidente votación sobre si se halla suficientemente discutida la materia en cuestión. Si de la votación resultare no estarlo, seguirán los debates; pero si se diese por bastantemente discutida, se procederá a votación sobre el negocio principal propuesto en los términos en que le fijó su autor.

9º La votación se hará levantando la mano derecha por la afirmativa y permaneciendo en quietud por la negativa.

10º Si resultase igualdad de votos, se repetirá la votación, y si todavía no hubiese pluralidad, se deferirá el negocio a nueva junta.

11º Cualquier socio puede reclamar el orden cuando se invirtiese; pero principalmente el Presidente que podrá imponer silencio.

[Fuente: BENJAMÍN VICUÑA MACKENNA, *El ostracismo del general D. Bernardo O'Higgins: escrito sobre documentos inéditos y noticias auténticas*, Valparaíso, Del Mercurio, 1860.]

¿Logia Lautaro o de Caballeros Racionales?

Nótese que hemos venido absteniéndonos de denominar a la institución creada en 1812 con el nombre que se le da habitualmente, "Logia Lautaro", pues, como ha hecho notar Lappas, no hay constancia de que existiera una sociedad con ese nombre en España ni tampoco en el Río de la Plata antes de 1816.[52]

Sólo existe el testimonio de Zapiola, quien, al ser consultado por Mitre, siendo ya nonagenario, atribuyó tal nombre tanto a la de Cádiz como a la de Buenos Aires, pero al final de su respuesta incompleta al cuestionario remitido por el historiador agregó una "Lista de los individuos que forman la *logia Caballeros Racionales*"; por eso el biógrafo de San Martín se refirió a ella usando los dos nombres. Recuérdese que en las cartas de Alvear a Mérida ya citadas sólo se utiliza el último. Y permiten inferir que tal era la denominación de la establecida originariamente en la ciudad porteña las referencias de la Comisión Civil de Justicia, creada en 1815 para juzgar a los alvearistas, hasta entonces dueños de la logia y caídos en desgracia. Los inculpados, entre ellos Hipólito Vieytes, Monteagudo, Gervasio Posadas y Ramón Larrea fueron apremiados a declarar sobre "una liga criminal secreta de que ellos formaban parte". Al último se le preguntó concretamente: "Si sabe o tiene noticias de una *sociedad privada que con el título de Racionales* u otro se hubiese establecido por algunos americanos en Cádiz o en Londres". También Enrique Martínez, consultado por Andrés Lamas, informó desde Montevideo, el 4 de octubre de 1853:

> Llegaron de Europa S, A, Z, C [San Martín, Alvear, Zapiola, Chilavert] que traían encargo de establecer la sociedad de *Caballeros Racionales,* cuya fundación había sido hecha en Santa Fe de Bogotá. Esta sociedad tenía el solo objeto de promover la independencia de todas las secciones de la América española, y unirse de un modo fuerte para repeler la Europa, en caso de ataque. A esta sociedad se incorporaron todos los masones, y toda la parte civil, militar, eclesiástica y el comercio.[53]

Como se ve, existe coincidencia de fuentes diversas acerca de que la designación de la logia en su primera fase de desarrollo habría sido la de "Caballeros Racionales", como la Nº 3 de Cádiz, la Nº 4 de Caracas y la Nº 7 de Londres, con las que compartía un mismo origen y naturaleza; en ningún momento se menciona el nombre Lautaro. Esa nueva designación con que la Logia pasó a la historia correspondería a su segunda etapa, ya bajo la égida de San Martín, cobrando así sentido en función del cumplimiento del plan continental. Coincide con esta interpretación la versión de Vicente Fidel López, según la cual el título "Logia Lautaro" habría surgido del acuerdo a que el futuro Libertador llegó en la entrevista de Córdoba con el Director Pueyrredón de reorganizar dicha sociedad, para ponerla al servicio de la empresa trasandina:

José de San Martín

El reencuentro de San Martín con el general Miller en Europa resultó particularmente fructífero, no sólo por los datos que le suministró al inglés para completar sus Memorias, sino también porque este trato contribuyó a enriquecer su iconografía. *"Usted me ha hecho quebrantar el propósito que había hecho de no volverme a retratar en mi vida"*, le diría el Libertador. Ese fue el origen de las obras de Jean Baptiste Madou, que no dejaron del todo satisfecho al general, quien prefirió la fidelidad de la expresión artística lograda por el pintor François Joseph Navez. A él pertenece este cuadro, que corresponde a los primeros años del ostracismo del Libertador en Bélgica.

Capitán Juan de San Martín

Óleo de Etna Velarde

Juan de San Martín y Gregoria Matorras del Ser. "De azores castellanos nació el cóndor que sobrevoló los Andes", reza el lema de la casa solariega de los San Martín en España. Ambos progenitores eran oriundos de Palencia, esa Tierra de Campos, de pasado guerrero forjado en la lucha contra visigodos y sarracenos.

Gregoria Matorras del Ser

Óleo de Etna Velarde

Puerto de Málaga

Grabado, fines del siglo XVIII

De regreso de su prolongada estadía en el Río de la Plata, la familia San Martín se estableció en Málaga, donde José Francisco permaneció hasta los trece años. Allí recibió su primera instrucción sistemática en la Escuela de las Temporalidades.

Militares de Francia (derecha) **y España**
(abajo) vistiendo uniformes de la época

**Toma y saqueo del Monasterio
de Montserrat**

La acción de las tropas francesas
en una plumilla de Rafael del Castillo
realizada para la *Historia de España*

Fernando VII

Plumilla del siglo XIX

El descontento generado por la política de subordinación a Francia activó la crisis de la monarquía española. Los disconformes se nuclearon en torno de Fernando "el Deseado" que encarnaba en el imaginario colectivo al castizo vengador de la tradición nacional escarnecida y el pueblo se levantó en masa contra las fuerzas de ocupación napoleónicas.

El emperador Napoleón

Obra de Lefèvre
Museo de Versalles

La rendición de Bailén

Obra de José Casado del Alisal
Museo del Prado
Madrid

La triunfal carga de caballería protagonizada por San Martín en Arjonilla fue precursora de la gloria de Bailén.

Vista de Cádiz

Dibujo de Lauvergue
Litografía A. Mayer
Biblioteca Nacional
Buenos Aires

En Cádiz San Martín tomó la decisión
de sumarse a la causa emancipadora.

San Martín
a bordo de la
fragata *George
Canning*

Óleo de
Norman
Alexander
Clarke
Instituto
Nacional
Sanmartiniano
Buenos Aires

GAZETA DE BUENOS=AYRES.

VIERNES 13 DE MARZO DE 1812.

*Rara temporum felicitate, ubi sentire quæ velis,
et quæ sentias, dicere licet.*

Tacito lib. 1. Hist.

NOTICIAS PÚBLICAS.

El 9 del corriente ha llegado á este puerto la fragata inglesa Jorge Caning procedente de Londres en 50 dias de navegacion: comunica la disolucion del exercito de Galicia, y el estado terrible de anarquía en que se halla Cadiz dividido en mil partidos, y en la imposibilidad de conservarse por su misma situacion política. La última prueba de su triste estado son las emigraciones frequentes á Inglaterra, y aun mas a la America Septentrional. Á este puerto han llegado entre otros particulares que conducia la fragata inglesa, el teniente coronel de caballería D. José S. n-Martin primer ayudante de campo del general en xefe del exercito de la Isla Marques de Compigny: el capitan de infantería D Francisco Vera: el Alferez de navio D. Jose Zapiola: el capitan de milicias D. Francisco Chilaver: el alferez de carabineros reales D. Carlos Alvear y Balbaltro: el subteniente de infantería D. Antonio Arellano y el primer teniente de guardias valonas Baron de Olembert. Estos individuos han venido á ofrecer sus servicios al gobierno, y han sido recibidos con la consideracion que merecen por los sentimientos que protestan en obsequio de los interéses de la patria.

Anuncio en la *Gazeta de Buenos Ayres*, del 13 de marzo de 1812

En él se informa la llegada de José de San Martín, Carlos de Alvear y José Zapiola, quienes constituyeron el triángulo inicial de la Logia que no tardaría en tomar el control gubernativo y fueron los artífices de la reorganización del ejército revolucionario.

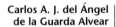

Carlos A. J. del Ángel de la Guarda Alvear

Óleo de Casanovas
Museo del Regimiento
Granaderos a Caballo
Buenos Aires

José Matías Zapiola

Óleo
Museo Histórico Provincial de Rosario

En María de los Remedios Escalada, una jovencita de catorce años perteneciente a una espectable familia porteña, San Martín halló a la que sería su "esposa y amiga".

A los pocos días de su arribo al Plata, el Primer Triunvirato encomendó a San Martín la organización del cuerpo de Granaderos a Caballo. Desde entonces, en el cuartel del Retiro, comenzó a montar el núcleo de una eficiente maquinaria de guerra.

Grabado alusivo a reuniones de la masonería

Las logias proliferaron en España a partir del siglo XVIII en forma coincidente con el cambio de dinastía. Con los Borbones se introdujo el espíritu liberal en la península, y la masonería fue el principal vehículo de las nuevas ideas de la Ilustración. A su vez, hubo una estrecha vinculación entre el liberalismo español y el americano.

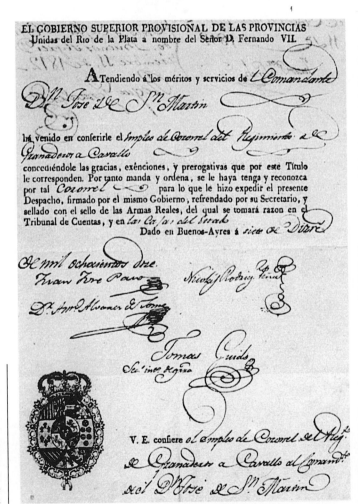

EL GOBIERNO SUPERIOR PROVISIONAL DE LAS PROVINCIAS Unidas del Rio de la Plata a nombre del Señor D. Fernando VII.

Atendiendo á los méritos y servicios de *el Comandante D.n José de S.n Martín*

ha venido en conferirle el *empleo de Coronel del Regimiento a el Granaderos a Cavallo* concediéndole las gracias, exênciones, y prerogativas que por este Título le corresponden. Por tanto manda y ordena, se le haya tenga y reconozca por tal *Coronel* para lo que le hizo expedir el presente Despacho, firmado por el mismo Gobierno, refrendado por su Secretario, y sellado con el sello de las Armas Reales, del qual se tomará razon en el Tribunal de Cuentas, y en *las Caxas del Istado.* Dado en Buenos-Ayres á *siete de Diçre*

de mil ochocientos doce. Juan José Passo

D.r Ign.o Alvarez de Tomas

Nicolás Rodriguez Peña

Tomas Guido Secretario Int.o

V. E. confiere *el empleo de Coronel del Reg.t de Granaderos a Cavallo al Comand.t del D.n José de S.n Martín*

Despacho militar del Coronel del Regimiento de Granaderos a Caballo (7 de diciembre de 1812)

Archivo del Museo Mitre Buenos Aires

Pueyrredón era también un iniciado. Durante su viaje por España de 1806 a 1809 se había afiliado en las logias de los francmasones políticos, y oficiaba en las aras de los Tres Puntos. Ya fuese, pues, por condescender con el influjo de San Martín, ya porque creyera también que convenía a la estabilidad de un gobierno reparador organizar bajo su mano un grupo fuerte de operarios políticos juramentados, quedó acordada en una entrevista la reorganización de la logia con el nombre de Logia Lautaro, que no fue, como generalmente se ha creído, un título de ocasión sacado al acaso de la *Leyenda Araucana* de Ercilla, sino una "palabra" intencionalmente *masónica y simbólica,* cuyo significado específico no era "guerra a España" sino *expedición a Chile:* secreto que sólo se revelaba a los iniciados al tiempo de jurar el compromiso de adherirse y consagrarse a ese fin. De otro modo habría sido trivial antojo bautizar la más grande empresa militar de los argentinos con el nombre de un indio chileno. Pero el simbolismo salvaba aquí la materialidad del lema; y el sentido recóndito de la palabra sacramental contenía el contrato solemne y juramentado de la expedición a Chile.[54]

Conexiones de la Logia con la masonería

Mitre, que seguramente fue quien más posibilidades tuvo de ahondar en la naturaleza y el funcionamiento de esta institución, se refiere a la Logia en términos aparentemente contradictorios, aunque bien interpretados no lo son. Luego de afirmar que las sociedades secretas de americanos "revestían todas las formas de las logias masónicas; pero sólo tenían de tales los signos, las fórmulas, los grados y los juramentos"[55], sindica a Alvear, Zapiola y San Martín como "los fundadores de la masonería política en el Río de la Plata"[56]. Posteriormente agregó que la Logia se estableció a mediados de 1812 "sobre la base ostensible de las logias masónicas reorganizadas", explicando:

La asociación tenía varios grados de iniciación y dos mecanismos excéntricos que se correspondían. En el primero, los neófitos eran iniciados bajo el ritual de las logias masónicas que desde antes de la revolución se habían introducido en Buenos Aires y que existían desorganizadas a la llegada de San Martín y de Alvear. Los grados siguientes eran de iniciación política en los propósitos generales. Detrás de esta decoración que velaba el gran motor oculto, estaba la Logia matriz, desconocida aun para los iniciados en los primeros grados y en la cual residía la potestad suprema.[57]

Esto, además de coincidir con los testimonios precedentes en cuanto a la subordinación jerárquica señalada, aclara la relación que existía entre la logia matriz y la masonería, a la que alude Onsari –seguramente basándose en este párrafo de Mitre– cuando se refiere a la existencia de infinidad de este tipo de cuerpos de carácter político o social que, sin tener carácter masónico, exigen para el ingreso que el candidato sea recibido masón, juzgando que ello le da no sólo disciplina sino una preparación determinada y el firme propósito de servir nobles ideales, enseñados por la masonería, que ha jurado defender con entusiasmo y que son esenciales en el movimiento político o social que va a propugnar a través de la entidad en la cual se enrola.[58] De lo expresado se desprende que si bien la Logia no era masónica *stricto sensu*, sus integrantes eran iniciados en la masonería simbólica de rito azul, a través de su participación en talleres de estudio y de su formación personal, en los que se pasaba por los tres grados clásicos de "aprendiz", "compañero" y "maestro". Significativamente, los seguidores de Monteagudo y Julián Álvarez que militaban en la oposición al gobierno ya no se denominaron morenistas, como en 1811, sino que comenzaron a identificarse como "partido liberal o democrático", contemporáneamente al desarrollo de la aludida tarea de difusión de los principios masónicos. Sólo una vez superada esa primera instancia formativa, y sobre esa base, algunos eran introducidos en los propósitos bien concretos y exclusivamente políticos de la entidad: trabajar con sistema y plan en la liberación de América y su felicidad, no reconocer otro gobierno legítimo que el emanado de la voluntad popular y propender a la estabilización de los nuevos Estados. Esto es: independencia, democracia y constitución.

La otra conexión con la masonería que resulta evidente es que los principales integrantes de los cuadros directivos de la logia matriz pertenecían a la orden, como lo prueban los símbolos utilizados en sus comunicaciones, de innegable procedencia masónica: además de los consabidos tres puntos ∴, el de la "cadena de unión", O – O, esta última tan frecuente en la correspondencia entre San Martín y O'Higgins; y sobre todo el inquebrantable silencio juramentado que guardaron de sus acciones, aún mucho después de desaparecida la logia, el que habría carecido de sentido de no mediar el compromiso masónico. Asimismo se adoptó el uso del seudónimo, común entre los masones españoles y que pasó luego a los hispanoamericanos: por ejemplo, iniciada la guerra de zapa en el Perú, una logia le dirige una carta a San Martín llamándolo "nuestro h ∴ Inaco" y a su vez la firma como "Caupolicán ∴"[59].

Recientemente, Emilio J. Corbière ha contribuido a esclarecer bastante este confuso tema rescatando del trabajo del masón Emilio Gouchón (1860-1912), Gran Maestre y Gran Comendador del Grado 33, titulado *La organización masónica en la independencia americana*, el concepto de "logia operativa", diferenciada de la "logia simbólica o contemplativa" en tanto que tiene un carácter excepcional, pues, creada en momentos de tensión sociopolítica, trabaja sobre el cuerpo social con un fin específico, transformador de la realidad, y tiene un período de existencia determinado por el cumplimiento de aquél. La Logia de Buenos Aires se encuadraría en esta categoría, de la que se desentendió la historiografía masónica posterior. Es que la admisión de su existencia implicaría contradecir los principios que rigen en las logias simbólicas, base de la masonería, las cuales practican el librepensamiento y apuntan al pluralismo de sus integrantes, siendo ajenas a todo partido político, confesión religiosa o formación filosófica excluyentes. Por esta vía se descarta cualquier actuación corporativa y concertada, de tal suerte que sólo se admite que la Orden interviene en la realidad por el único medio de la acción individual de sus miembros en uso de su libre albedrío. Pero, como agudamente advierte el citado autor, lo cierto es que la masonería "no mira pasar los hechos sino que trata de influenciar en los mismos. Lo contrario es literatura para cándidos" y esa participación se ha realizado desde el siglo XIX a través de las logias o talleres operativos, que podían contar con el apoyo de no iniciados.[60]

Pero, por otra parte, cabe aclarar que tampoco se debe incurrir en la superchería, ampliamente difundida por sus detractores, de que la masonería actúa como un compacto ejército secreto de estructura verticalista y conducción unificada. Resultan oportunas las palabras de De Gandía al respecto: "Estas logias, repetimos para quienes buscan conexiones innecesarias, lo mismo podían depender de una logia mayor existente en el país o en el extranjero, que ser independientes. Estas últimas actuaban por su cuenta, tenían sus propósitos y los llevaban a cabo sin permiso ni autorizaciones de otras logias. A veces estaban de acuerdo entre sí y otras veces eran enemigas y se combatían. Los autores que imaginan que todas las logias debían recibir órdenes de Inglaterra o responder a una sola idea no saben lo que piensan ni lo que dicen"[61]. La Logia de Buenos Aires se manejaba con total autonomía, tanto por su origen constitutivo como por su carácter de sociedad política: no hay constancia más elocuente de ello que su fluctuante trayectoria y sus divisiones internas.

Por último, resta decir unas pocas palabras acerca del persistente esfuerzo por negar todo vínculo de la Logia y, sobre todo, de San Martín con la masonería por parte de quienes sólo ven en ella al tenebroso e implacable enemigo de la Iglesia Católica, cuya defensa asumen, y pretenden librar al Padre de la Patria de la excomunión decretada por el Papado contra los miembros de la Orden. Se trata de un planteo erróneo, estéril y anacrónico. Los liberales ilustrados a cuya estirpe pertenecía el Libertador, si ingresaban en la masonería, era para luchar contra el absolutismo y por la libertad; no eran anticatólicos –porque el principio de tolerancia les imponía el respeto a todos los credos– sino anticlericales, que es algo bien distinto, pero de todas maneras esa fue otra batalla que recién se libraría cuando San Martín ya no existiera. Más bien debería recordarse, por corresponder al tiempo en el que él actuó, que el pontífice romano condenó la revolución independentista americana; seguramente ésta fue la raíz de la indignación que alguna vez le causaría al prócer el intento de reanudación del vínculo con la Santa Sede por parte del gobierno argentino, no su impiedad. De familia católica, respetaba el ritual vigente en la sociedad de su tiempo y la religiosidad popular (ello explica que contrajese matrimonio religioso, que en el Regimiento de Granaderos a Caballo impusiera el rezo de las oraciones por la mañana y del rosario por las noches y la asistencia a misa los domingos; que se preocupase siempre de tener un capellán para la atención de sus soldados, etc.); pero, una vez que hubo abandonado la vida pública, se mostró como un creyente despegado de toda práctica religiosa personal. Nada más elocuente al respecto que su testamento, en el que sólo invoca a Dios todopoderoso, a quien confiesa reconocer como Hacedor del Universo, sin hacer alusión alguna a la Iglesia, como era lo usual en un católico; a la vez que prohibió que se le hiciera funeral alguno. Por otra parte, parece pueril ya discutir su evidente filiación masónica, lo que no significa que fuera un instrumento ciego de la Logia; por el contrario, llegó a desobedecer sus mandatos cuando así se lo impuso su rectitud de criterio, aun a sabiendas de que podría pagarlo bien caro, como finalmente le sucedió.

› En verdad, resulta absurdo y deleznable todo intento de apropiación de la figura de San Martín, tanto por parte de los masones como de los católicos. Él fue un espíritu libre y, por lo tanto, son inadmisibles tales etiquetas. El recuerdo de la grandeza de quien nunca quiso ser parte en las pugnas facciosas entre hermanos debería abochornar a los que se consagran a la pequeñez de fomentar con tales polémicas disputas artificiales. La veneración de la memoria del Libertador no es patrimonio de un sector determinado del género humano sino que nos corresponde a todos, aunque muy especialmente a los americanos y, entre éstos, sobre todo a los argentinos, pero sin discriminación alguna.

Los últimos días del Primer Triunvirato

Se ha visto cómo la tarea reformista y constructiva en lo institucional no había podido impedir el desprestigio del Triunvirato. La acertada pero incomprendida política exterior, para colmo de males, tardaba en mostrar sus frutos, pues el ejército portugués –contraviniendo lo estipulado en el armisticio Rademaker acordado con el regente de Portugal por intermediación británica– demoraba su retiro de la Banda Oriental. A la ilegitimidad de origen –pues debía su instalación a la coacción ejercida sobre la Junta Grande– y de ejercicio –por su estilo dictatorial–, se sumaban su carencia de representatividad –ya que sólo era expresión del centralismo porteño– y el perceptible afán de Rivadavia de perpetuarse en el mando, no sólo porque sus interinatos se hicieron permanentes (cuando en mayo se incorporó Pueyrredón, reemplazó a Sarratea, que salió hacia Arroyo de la China para hacerse cargo de la comandancia del Ejército destinado a operar del otro lado del río Uruguay) sino por demorar intencionalmente la reunión del Congreso. Esto último, en verdad, no respondía tanto a la ambición de poder cuanto a la intención de evitar el agravamiento de los peligros que rodeaban a la Revolución con una declaración de Independencia considerada prematura. Pero esta postura se hizo insostenible hacia mediados de 1812, ante la creciente presión de la oposición y el Cabildo para poner fin al provisoriato. Por entonces Pueyrredón manifestó el mismo propósito, pero ello no implicaba una sumatoria de fuerzas en el mismo sentido, ya que la postura del nuevo triunviro nada tenía que ver con los planes de la oculta conducción logista. Aquél había conseguido nuclear entre sus partidarios a los ex saavedristas y contaba con el apoyo de la mayoría del Cabildo, molesto con la conducta discrecional de Rivadavia; es decir, que representaba la tendencia conservadora opuesta a la posturas avanzadas de los llamados "liberales".

Esa sorda pugna entre dos cuadros dirigentes antagónicos por el control de los órganos de gobierno tenía lugar en circunstancias sumamente críticas: Souza, al mando de las tropas portuguesas, en combinación con Goyeneche, que al frente del ejército realista avanzaba por el norte, y con Vigodet y los marinos de Montevideo, estaban al acecho del momento oportuno para lanzarse contra la capital revolucionaria a la primera señal que se recibiera del partido sarraceno de Álzaga, que se hallaba en plena conspiración. También los portugueses residentes en Buenos Aires, alentados y sobornados por los godos, participaron del complot, el cual debía estallar para el 5 de julio, aniversario de la Defensa que había tenido en don Martín a su principal protagonista.

Una oportuna delación de la sigilosa trama permitió a las autoridades abortar el movimiento pocos días antes de su concreción. La inadvertencia del inminente peligro por parte del gobierno y la extensión de los planes subversivos vinieron a justificar la constante prédica de Monteagudo, quien no dejó pasar la oportunidad sin fustigar una vez más la "funesta tolerancia" practicada con el enemigo, concebida como causa principal de los males que aquejaban a la revolución. Alarmados Rivadavia y Chiclana, no dudaron ya de la necesidad de propinar un castigo ejemplar, imponiéndose a las resistencias opuestas por Pueyrredón, que estaba estrechamente ligado familiar y socialmente con los comprometidos. El cabecilla y más de treinta complotados (entre ellos, el suegro del nuevo triunviro, don Francisco de Tellechea) fueron procesados y fusilados, y sus cadáveres, colgados de la horca y expuestos públicamente en menos de un mes; setenta y tantos más recibieron condenas menores.

Si esta enérgica actitud le grangeó al Triunvirato una tregua con la oposición interna, más importante fue el desvanecimiento del cerco proyectado desde el frente este por realistas y portugueses: a Vigodet no le llegaron los refuerzos que esperaba desde la península para dar el golpe combinado contra Buenos Aires y Souza finalmente tuvo que resignarse a retirar sus tropas de la Banda Oriental, en cumplimiento del armisticio Rademaker. Aliviado por ese flanco a fines de agosto, Rivadavia, no obstante, seguía insistiendo ante Belgrano en que cumpliese las instrucciones que se le impartieron al ponerlo a cargo del Ejército del Norte, esto es, la retirada estratégica ante el avance de Goyeneche, quien, demorado por la resistencia cochabambina, sólo en julio destacó su vanguardia al mando de Pío Tristán hacia Humahuaca, lo que dio lugar al éxodo jujeño impuesto con mano de hierro por el jefe patriota para dejarle al enemigo un territorio en situación de "tierra arrasada". En el presuroso repliegue, el 3 de septiembre tuvo lugar la escaramuza de Las Piedras, favorable a los patriotas, y a mediados de ese mes, Belgrano se hallaba ya en

Tucumán, donde, contando con el apoyo de la población, decidió ofrecer resistencia a sus perseguidores, desobedeciendo así las reiteradas órdenes del Triunvirato de continuar retrocediendo hasta Córdoba. Si bien la victoria obtenida el 24 sirvió de base para juzgar con severidad la supuestamente errónea postura del gobierno, lo cierto era que ésta no resultaba para nada descabellada, pues al continuar la marina realista detentando el dominio de las vías fluviales, subsistía el peligro de un desembarco de tropas enemigas en la costa occidental que, a la par de interceptar las comunicaciones de la división de Belgrano con la capital, lo encerrase entre dos fuegos. En sus comunicaciones del 25 y el 29 de septiembre, el Triunvirato insistía en que, en caso de haber tenido lugar la batalla, y aun cuando hubiese triunfado, debía continuar bajando hasta reunirse con el ejército que operaba en la Banda Oriental, al que también se le había dado orden de retirarse al oeste del Paraná para que no quedasen ambos núcleos bélicos cortados; todo ello, en función del plan global de defensa previsto.

Entre tanto, en Buenos Aires continuaba la intriga política. Mientras Pueyrredón se convertía en el hombre fuerte del gobierno, desplazando de su conducción a Rivadavia, la Logia, entregada de lleno a la tarea de preparar la caída del Triunvirato, había ido captando a importantes individualidades y sectores sociales, como el ex mandatario Juan José Paso, quien contaba con su propia facción; la oficialidad joven y los jefes de las fuerzas de la capital; Ocampo del N° 2 y Manuel G. Pinto, de la artillería. Incluso había logrado infiltrar su influencia en el seno del gobierno, donde contaba con el propio secretario de Hacienda, Nicolás Herrera, y con el gobernador intendente Miguel de Azcuénaga; y si bien no incorporó a Chiclana, llegaría a un entendimiento con él, luego de que éste renunciara a su puesto de triunviro, disgustado con Pueyrredón. Además, controlaba por completo la oposición oral y escrita a través de la Sociedad Patriota y la imprenta a cargo de Donado, de donde salían los periódicos de Monteagudo (al *Mártir o Libre* le sucedió *El Grito del Sud*).

Ante la convocatoria de la asamblea que debía designar a los reemplazantes de los triunviros Sarratea y Chiclana, la Logia se movilizó con presteza para favorecer la elección de representantes de su factura, además de contar con los que en el norte hizo nombrar Belgrano. Simultáneamente, desarrolló en la capital una campaña en apoyo de este jefe, explotando en contra del gobierno el abandono en que se había dejado a su ejército. Ante la presión ejercida por esa vía, el 22 de septiembre el gobierno se vio obligado a convocar a una junta de guerra, a la que asistieron San Martín, Alvear, Ocampo, Azcuénaga, Pinto y varios cabildantes, pronunciándose todos por el envío de refuerzos hacia el norte, lo que finalmente no se efectivizó. Tal vez animase a dichos jefes la intención de dejar inerme al gobierno instándolo a que se desprendiera del cuerpo de Auxiliares de Chile que guarnecía el fuerte, únicas tropas que, por su desvinculación política, no controlaba la Logia.

El Triunvirato, de acuerdo con el Cabildo, resolvió que la Asamblea se reuniese el 6 de octubre, pero previamente se impugnó a Monteagudo, designado diputado por Mendoza, y se excluyó a otros representantes que eran adversos al gobierno; maniobra que, sumada a la del nombramiento de los sustitutos y ausentes, logró dejar en minoría a la oposición. Mediante tales manejos electoralistas, Pueyrredón consiguió que dicho cuerpo designase a sus amigos Pedro Medrano y Manuel Obligado como nuevos triunviros.

Tales esfuerzos resultarían vanos. El 5 de octubre se tuvo noticia de la inesperada victoria de Tucumán, que, conseguida contrariando las disposiciones del gobierno, vino a asestar el golpe final a su derruido prestigio y fue festejada ruidosamente –sobre todo por la oposición– con manifestaciones populares en favor de la independencia. A partir de ese día, la revolución planeada por la Logia quedó resuelta.

La trabajosa jornada del 8 de octubre de 1812

La movilización comenzó al filo de la medianoche del 7 de octubre. Algunos cabildantes, citados por "individuos de las tropas y del vecindario", se dirigieron al Ayuntamiento y desde la una de la mañana en adelante pudieron observar la reunión de algunos ciudadanos y de las fuerzas de guarnición en la Plaza de la Victoria, "con cañones asestados en las bocacalles y dos obuses en el arco principal de la recoba con dirección hacia las casas consistoriales". Se encontraban allí San Martín y Alvear al frente de los Granaderos a Caballo, Francisco Antonio Ortiz de Ocampo y Ramón Fernández al mando del Nº 2 de Infantería y Manuel G. Pinto con el Cuerpo de Artillería. El gobernador intendente, Miguel de Azcuénaga, les hizo saber a los capitulares que, siendo intención del pueblo elevar una representación, algunos regidores se habían ocultado. Enviados los porteros en busca de los ausentes, "sucesivamente fueron llegando hasta las 9 de la mañana", no sin que alguno emitiera sus quejas, como el alcalde de primer voto Francisco Javier de Riglos, quien alegó que no correspondía su citación, ya que, en su papel de presidente de la Asamblea, se hallaba separado del cuerpo capitular. Cuando la sala resolvió que debía de igual modo participar del acuerdo, Riglos, entendiendo que no merecía ya la confianza del pueblo, presentó su renuncia, la que no le fue aceptada. Poco después, Monteagudo presentó la anunciada representación, manifestando que aún no se había concluido de recoger las firmas. En el texto –redactado con un estilo violento y provoeador que delataba su personal autoría– no se omitía acusación alguna contra el gobierno, el cual era tratado de despótico y faccioso y acusado de haberse entregado a una viciosa manipulación electoral contra "los hombres capaces de sostener la independencia de la patria", con el fin de concretar su "plan execrable" de avenimiento con las Cortes de Cádiz sobre la base del reconocimiento de los derechos sucesorios de Carlota Joaquina:

Agobiado al fin el sufrimiento público por los excesos del gobierno y viendo el sagrado seno de la patria expuesto a recibir un golpe mortal en los momentos más críticos de su existencia: sería un crimen esperar las consecuencias del peligro y no derribar de un solo golpe esos dos monstruos políticos que han nacido en medio de nosotros y cuyo veneno se ha derramado en el corazón del pueblo poniendo sobre los bordes del sepulcro nuestra naciente libertad.[62]

En virtud de los cargos expuestos, que hacían insostenible la situación, "la parte más sana del pueblo", "bajo la protección de las legiones armadas", solicitaba al Cabildo que en el acto se suspendiera la Asamblea y cesara el gobierno en sus funciones, reasumiendo el cuerpo capitular la autoridad que popularmente se le había delegado el 22 de mayo de 1810 para crear un Poder Ejecutivo "compuesto de las personas más dignas del sufragio público" que procediese "ulteriormente y sin demora a la convocación de una Asamblea General Extraordinaria que decida de un modo digno los grandes negocios de la comunidad". Como se ve, hasta aquí, la petición se encaminaba a crear las condiciones que posibilitasen la concreción del proyecto independentista de la Logia. Lo que venía a continuación constituía un agravio innecesario al Cabildo que debe atribuirse al deseo de revancha de Monteagudo por su reciente descalificación como diputado y que él suponía basada en los rumores que corrían sobre su impureza de sangre por vía de la línea materna. En efecto, continuaba la representación intimando a que se separase "antes de todo por sospechosos a los señores alcalde ordinario de primer voto don Javier Riglos, a los regidores don Manuel Arroyo y don Manuel García y al síndico procurador don Vicente López; en inteligencia que estamos resueltos invariablemente a ofrecer el último sacrificio a la libertad de la Patria antes de consentir se entronice la tiranía en presencia de nuestras armas". Concluía el escrito en tono conminatorio: "El pueblo espera la contestación de V.E. en el perentorio término de veinte minutos y le hace responsable de la menor demora; protesta por último obrar con dignidad, pero también jura delante del Eterno no abandonar el lugar que ocupa hasta ver cumplidos sus votos".[63]

Inmediatamente Riglos se retiró –como había sido su deseo desde el comienzo–, dándose por separado; lo mismo hicieron Manuel José García y Manuel Arroyo y Pinedo al "faltarles la confianza pública", pero antes quisieron dejar expresa constancia de estar "bien seguros de haber cumplido, en cuanto estuvo a sus alcances, con los deberes que les impone la Patria", pidiendo en consecuencia que se examinase su conducta para probar su honradez. Pero sin duda el más sorprendido fue don Vicente López y Planes, quien, de acuerdo con el movimiento, antes de ingresar en el Ayuntamiento había firmado el petitorio, por lo cual aparecía solicitando su propia destitución. El autor del Himno se vio compelido entonces a expresar indignado que "sus sentimientos han sido siempre los más ardientes a favor de la libertad de América, que conociendo bajo esta cualidad los males que ha causado el espíritu inconsulto del

136

gobierno y su despotismo ha suscrito la represención indicada, protestándola en la parte que se le sindica, pues, como ha dicho ha amado, ama y amará hasta el sepulcro la causa que gloriosamente sostiene su Patria y sus deseos son en esta parte sacrificarse con su heroico pueblo al cual está seguro de no haber ofendido ni en obras, ni palabras, ni en sentimientos".[64]

Antes de tomar resolución alguna sobre el grave asunto planteado y a fin de proceder de la manera más acertada, los capitulares solicitaron la comparecencia de los comandantes de las tropas presentes en la plaza para que manifestasen "cuál era el objeto de aquella reunión":

[…] contestaron que sin embargo de tener por ciertos los datos de la representación y por justas las quejas del pueblo, ellos y las tropas de su mando no habían intervenido en su formación y que el haberse reunido en la Plaza, no era con otro objeto que proteger la libertad del Pueblo, para que pudiera explicar libremente sus votos y sus sentimientos, dándole a conocer de este modo que no siempre están las tropas, como regularmente se piensa, para sostener los gobiernos y autorizar la tiranía; que saben respetar los derechos sagrados de los pueblos y proteger la justicia de éstos: que con éste y con no otro designio se habían reunido en la plaza, que estaban a las órdenes del Exmo. Cabildo y que si los mandaba retirar lo ejecutarían en el acto, suplicando solamente se trabajase por el bien y felicidad de la patria, sofocando esas facciones y partidos que fueron siempre la ruina de los Estados.[65]

Como se ve, los militares si bien se mostraron solidarios con el movimiento, se cuidaron de aclarar que se habían abstenido de participar en su preparación –con el fin ostensible de que no apareciese como un motín–, presentándose con acento democrático como sostenedores de las aspiraciones del pueblo y garantes del libre ejercicio de sus derechos. El tono de respetuoso acatamiento a la autoridad del Cabildo que emplearon contrastaba con el de la petición, surtiendo el efecto de hacer más creíble su postura. Tal subordinación, unida a sus votos porque se trabajase para eliminar el espíritu banderizo, ratificó su vocación por el orden ante los ojos de los capitulares, quienes –satisfechos con la actitud que habían asumido– terminaron por solicitarles que tomaran parte en la elección de las nuevas autoridades. Los comandantes se negaron terminantemente:

[…] repusieron que debía evitarse toda intervención y el menor influjo de la tropa en una elección propia del pueblo porque hacer lo contrario sería exponerse a la censura de las Provincias Unidas y aún de las Naciones; que su honor no les permitía ni aún indicar los sujetos en quienes pudiese recaer la elección, y cuando en conferencia privada desnudándose el Exmo. Ayuntamiento de su autoridad un momento, pudieran como a particular indicarles los sujetos en quienes el pueblo tiene puestas sus miras no es tolerable esa rebaja en el Cabildo, en lo que insistieron con firmeza no obstante las reiteradas instancias que se les hicieron.[66]

Cuidadosos de no dejar traslucir ni en lo mínimo a la Logia, los militares sobreactuaron su papel abstencionista, sin tomar en cuenta que ello posibilitaría el desborde del elemento civil, frente a lo cual terminarían por volver sobre sus pasos, para concluir con una situación no prevista ni deseada. Es que el ambiente comenzaba a caldearse en la plaza. Cuando los cabildantes, procediendo con toda parsimonia, se disponían a publicar un decreto para dar a conocer al pueblo que habían reasumido la autoridad y que se procedería a resolver lo conveniente, entraron en la Sala Monteagudo y Julián Álvarez, a quienes se les dio audiencia "como ciudadanos y no como diputados que dijeron ser". Éstos urgieron el pronto despacho "para evitar males que pudieran sobrevenir" e informaron que era voluntad del pueblo que para ello el Ayuntamiento procediese asociado a doce ciudadanos de honor. Entre los seleccionados figuraban Gervasio Posadas, Valentín Gómez, Ramón Larrea, Julián Álvarez, Gregorio Gómez, todos logistas. Pero, puesta la lista a conocimiento del pueblo para que éste manifestase si era de su aprobación, "se suscitaron algunas disputas en el concurso sobre el modo como debía procederse a la votación, tanto en orden a la idoneidad de los individuos electos como si el medio adoptado por el Exmo. Cabildo era el legítimo o debía adoptarse otro y cual fuere". La perplejidad que este giro imprevisto de la situación suscitó entre los regidores debió ser idéntica a la de los conductores logistas, alarmados ante la posibilidad de que la situación se les escapase de las manos.

Parece claro que Monteagudo y Álvarez procedieron por propia iniciativa para favorecer la elección de sus candidatos, en detrimento de las aspiraciones de Juan José Paso, cuya facción, al advertir la maniobra y dispuesta a reaccionar contra ella, se mostró disconforme. Este sector, si bien actuaba de manera concertada con la Logia, era independiente de ella y disponía de su propia clientela electoral, reclutada por Francisco Paso entre el personal que trabajaba en la aduana bajo su dirección y por los hermanos Sosa, influyentes entre los quinteros y los peones de la campaña. Cabe aquí indicar que ellos eran los proveedores de forraje del cuartel de Granaderos a Caballo.

Ante estas novedades, los militares logistas, contra lo que se había programado, debieron tomar cartas en el asunto. Alarmados, los comandantes pidieron audiencia al Cabildo y en ella le manifestaron que, como "era muy notable la variedad de opiniones en el concurso" y habiendo sido debidamente facultado, el cuerpo podía y debía hacer la elección de los gobernantes por sí sólo, "único medio que consideraban adecuado para cortar los desórdenes de la multitud". A poco de retirarse, volvió a entrar en la Sala el coronel Ocampo, quien expuso que "urgía sobremanera el breve despacho, porque se iba induciendo cierto fermento en la multitud dimanada de las acaloradas disputas que estaban fomentando ciertos individuos, y que no debía perderse tiempo para evitar los males que ya asomaban". Los regidores, mostrándose perplejos ante la elección, le suplicaron que le indicase quiénes eran los candidatos del pueblo. No sin antes manifestar su repugnancia a hacerlo, Ocampo accedió a las reiteradas "instancias a fin de que diese alguna luz", diciendo que "la voz general" estaba por los doctores Juan José Paso, Nicolás Rodríguez Peña y Antonio Álvarez Jonte, hecho lo cual se retiró.

Los logistas habían decidido, pues, ratificar su alianza con el conflictivo ex triunviro para calmar los ánimos de su gente, trenzada con los civiles dirigidos por Álvarez y Monteagudo. La imprudente actuación de este último –a la que tal vez no fuera ajena la instigación de Alvear–, la indisciplina imperante en la plaza y la morosidad propia de los hábitos rutinarios de los cabildantes, terminó de sacar de quicio al teniente coronel de Granaderos montados, a quien mucho debió disgustar verse obligado a tener una participación activa en este movimiento, verdadera excepción en su actuación pública:

> No habiendo pasado mucho rato volvió a entrar también el señor comandante don José San Martín y manifestó con expresiones las más enérgicas que no debía perderse un instante, que se iba aumentando el fermento y era preciso cortarlo de una vez. Y se retiró.[67]

Al parecer logró impresionar a los regidores, que ahora sí aceleraron los trámites, aunque no por ello mostraron uniformidad de pareceres. Si bien se impusieron los tres nombres indicados por Ocampo, algunos votaron de manera diferente. Juan José Anchorena, Carlos José Gómez, Antonio Álvarez Jonte y José María Yévenes fueron partidarios de incluir a San Martín en el nuevo Triunvirato. En cambio sí hubo unanimidad al designarse a Alvear como suplente de Peña, que se encontraba ausente. Consultados los comandantes, volvieron éstos a sostener su afectada actitud de prescindencia. Afirmaron que no debían aparecer "ni en la clase de electores, ni en la de electos" (por lo que se nombró para la suplencia a Francisco Belgrano) y que la ratificación de los elegidos correspondía al pueblo, pero sugirieron que para simplificar el acto se adoptase el procedimiento de "rayas y ceros" colocándolos al lado de cada uno de los tres nombres, en señal de aprobación o rechazo, respectivamente.[68]

Los resultados fueron los siguientes: Rodríguez Peña obtuvo 172 rayas y 12 ceros; Álvarez Jonte, 147 y 35, y Paso, 96 y 87. Como puede observarse, el último apenas pudo imponerse por unos pocos votos, lo que confirma la disidencia surgida en la plaza que hemos mencionado.[69] Pero, a la vez, la diferencia de votos a favor de Peña demuestra ya la preponderancia de los partidarios de Alvear en la Logia, puesto que Jonte siempre fue un fiel seguidor de San Martín.

Acerca de la participación de San Martín

El movimiento que abrió paso al Segundo Triunvirato y a la instalación de la Asamblea General Constituyente se hizo con el justificativo de imprimir un nuevo impulso y un rumbo más firme a la Revolución, cerrando el período de lo provisional y lo arbitrario. Desde entonces la Logia fue el árbitro exclusivo de la situación y, por lo tanto, quedó en condiciones de dar cumplimiento a su programa, sustentado en tres pilares: declaración de la Independencia, democratización sociopolítica y organización constitucional del nuevo Estado. Aunque algo se haría en el segundo aspecto, el movimiento del 8 de octubre de 1812 terminaría por fracasar en el logro de sus metas esenciales. La nueva conducción alvearista, al perpetuar *sine die* el provisoriato y abusar de la discrecionalidad en el gobierno al amparo de la criptocracia instaurada, perdería su admisibilidad de origen y se encargaría de convertir aquellos altos fines en meras excusas para la toma del poder.

San Martín participó en esa llamada "revolución" a sabiendas de que su triunfo traería aparejada la entronización de Alvear, pues en el breve lapso transcurrido desde su llegada al Plata era imposible para él equipararlo en influencia. Explica López que, comprendiéndolo así y conociendo que se hallaba en un terreno volcanizado por la agitación de las facciones, "lejos de rivalizar con su segundo para dominarlas o dirigirlas, se puso detrás de él, igualmente interesado en el triunfo del partido de acción para entrar en actividad y tomar el vuelo a que lo llamaban sus aptitudes guerreras".[70] Sobre esta base se extiende en la interpretación de su intervención en el derrocamiento del Primer Triunvirato, con la que se podrá o no coincidir, pero que tiene el raro mérito de resultar más realista que las habituadas a colocar a San Martín en el centro de la escena política cuando en estos primeros momentos de su actuación revolucionaria sólo ocupaba un papel subalterno en ella:

La cooperación militar dada por San Martín a un pronunciamiento sedicioso como el del 8 de octubre es uno de los puntos más oscuros de su biografía, un hecho que está en abierta oposición con los actos y con las ideas de que hizo profesión pública durante toda su ilustre y gloriosa vida. Los hombres sensatos y reflexivos que lo conocían y que lo apreciaban miraron ese acto como una falta impropia de su carácter; quizá como un enigma inexplicable; y probable es que el mismo general tuviese el desconsuelo de pensar que no había obrado correctamente. Pero si estudiamos la situación personal en que se hallaba y el peso de las circunstancias desfavorables en que se encontraba, podríamos también explicarnos la necesidad fatal, ineludible, que le impuso ese sacrificio. Cuando San Martín llegó al Río de la Plata era un militar pobre, que no contaba con apoyo alguno de familia o de amigos que pudieran servirle para adelantar en su carrera. O era demasiado juicioso, o demasiado confiando para lanzarse en aventuras políticas y pretender la dirección de un partido propio que lo llevase al poder. Todo lo que él buscaba era un mando militar; pero conociéndose sin aptitudes anárquicas o audaces para tomárselo él mismo en el rodar y surgir de las pasiones y de los cambios políticos, se concretó a la formación del regimiento que se le había encargado en términos de depender en ese mismo puesto de las voluntades ajenas que se lo pudieran quitar o conservar. Si se lo quitaban, quedaba perdido en medio del desorden y de las facciones que agitaban al país. Alvear era distinto, había hecho todo lo contrario: había tenido todas las audacias de la ambición, y veía coronadas con el éxito todas sus aspiraciones. El movimiento convulsivo que se desataba como un torrente contra el Poder Ejecutivo, lo reconocía por su jefe y le daba un poder irresistible. Todas las fuerzas y los jefes de la guarnición obedecían sus inspiraciones y cooperaban a sus propósitos. San Martín lo sabía; y puesto en la alternativa de obrar como los demás o de renunciar al mando de su regimiento, optó por lo primero para no anularse haciendo desesperada su situación personal. Su resistencia hubiera sido inútil también en momentos como aquellos en que la influencia de Alvear era decisiva en el empuje que llevaban las cosas. Debido a estas condiciones características de su persona, fue que se le viera siempre a San Martín en una posición secundaria y mal cimentada hasta 1816, en que consiguió al fin la autorización de formar un ejército y de pasar a Chile, que había sido objeto de sus anhelos más pronunciados.[71]

No se puede menos que coincidir con que la desventajosa situación inicial de San Martín estrechaba su margen de maniobra. Sin embargo, aunque no fuese una circunstancia feliz para él intervenir en el movimiento de octubre, dada su firme convicción de lo necesario que resultaba establecer una conducción logiada para llevar a buen puerto la Revolución, es muy probable que lo considerara como un paso que ineludiblemente debía darse. Sólo podría haberse evitado el derrocamiento del gobierno si sus ocupantes hubieran aceptado formar parte de los Caballeros Racionales. Pero Rivadavia era entonces un acérrimo antilogista por principios. En una carta que San Martín le habría enviado a Tomás Godoy Cruz años más tarde, culparía a dicho triunviro de

haber hecho indispensable este movimiento, por no haber comprendido la seria importancia que tenía la Logia, como recurso para centralizar las fuerzas a un solo fin, y para mantener reatado y sumiso a todo el país en esa dirección; y decía que siendo un enemigo irreconciliable de este poderosísimo instrumento, había sido indispensable derrotarlo con una misión de puro aparato. Agregaba que la Logia desempeñaba tres servicios: que el primero era compartir las responsabilidades terribles del mando con los jefes que ponía en el gobierno. El segundo, vigilar de un modo insensible las maniobras y los intentos de los hombres indisciplinados; y el tercero era traer a los consejos secretos del gobierno el eco de las opiniones y de las ideas del pueblo.[72]

Si bien se utiliza el condicional por ser esta carta de existencia dudosa, no es raro que tal fuese el pensamiento de San Martín, pues él era común a todos los que creían en la eficacia de estas instituciones secretas, empezando por el propio Precursor Francisco de Miranda, que en 1810 había aconsejado a Saturnino Rodríguez Peña constituir una sociedad de ese tipo con idénticos fines.

En el caso de Pueyrredón, también hubiera sido impensable captarlo, aunque por distintas razones. Seguramente no descreía del poder de las logias, porque había sido iniciado en la masonería durante su estadía en España; pero dado su talante adusto y conservador, le era imposible tolerar al bullicioso y demagogo Monteagudo: más fácil hubiera sido juntar el agua con el aceite; tampoco se hubiera avenido a sujetarse secretamente a la tutela de Alvear, el Venerable jovenzuelo pronto a todas las audacias, en este caso no sólo ya por sus caracteres incompatibles sino además por sus ambiciones encontradas.

El incidente con Pueyrredón y el valor probatorio de un documento

En verdad, San Martín no debió haber estado demasiado distante de compartir la peyorativa apreciación que el mandatario depuesto hacía de sus cofrades, pero la suerte quiso que se encontrara inserto en aquella hora en el bando opuesto de quien pocos años más tarde sería el más poderoso colaborador en su empresa trasandina. Curiosamente, un suceso ocurrido en la víspera de la jornada del 8 de octubre motivó entre ambos un intercambio epistolar destinado a adquirir por su valor testimonial una relevancia historiográfica que, seguramente, sus autores nunca imaginaron. En efecto, mientras comenzaban a reunirse las tropas en la plaza, un grupo de civiles dirigidos por algunos militares apedrearon la casa del hermano de Pueyrredón e intentaron apresar al triunviro, sin lograrlo, pues tanto él como Rivadavia se habían ocultado. Una vez que hubo triunfado el movimiento, San Martín se enteró de que se había generalizado el rumor que le atribuía el comando de aquella gavilla y se creyó obligado a rectificar el hecho escribiéndole al afectado, quien pronto sería desterrado a San Luis. Le decía de manera lacónica y caballeresca:

Muy señor mío, de todo mi respeto. Nada hay tan sensible, para todo hombre, como ser acusado de hechos que no ha cometido, así es que habiendo sabido extrajudicialmente, que me creía usted el promotor del incidente de su hermano y busca de usted la noche del 8, ha llegado al colmo mi sentimiento.
Firme en mis principios, ni aún la misma muerte me haría negar este hecho, si lo hubiese cometido; bien al contrario es bien notorio que a mi llegada a la plaza, se había ya ejecutado y que lo desaprobé. Mi honor y mi delicadeza exigen que, tanto a usted como al resto del pueblo, que está en esta creencia, les dé una satisfacción; yo cumplo con hacerlo.

Al parecer San Martín creyó necesario dejar constancia de su hermandad masónica para reforzar el valor probatorio de la sinceridad de su declaración y por eso en su rúbrica aparecen los tres puntos (∴). Este gesto fue muy tenido en cuenta en la contestación de Pueyrredón, efectuada desde Arrecifes el 26 de noviembre:

Muy señor mío: crea que muy retardada recibí, antes de ayer, la estimable de Ud. sin fecha, que con otras me fue remitida por un pasajero desde la posta inmediata a mi destino.

Confieso que he leído con placer la satisfacción que ella contiene sólo porque es de usted; porque también era usted el solo de quien había tenido que extrañar. Por lo demás, crea usted que he visto el comportamiento del oficial que insultó mi casa y la de mi hermano y la conducta del jefe que se lo ordenó como un efecto natural y preciso de causas conocidas. Yo sería igual a todos los hombres si conservase sentimientos vulgares por un suceso tan común y tan repetido, por desgracia, en nuestra revolución [...] Lo que sí puedo afirmar a usted es que será un prodigio la salvación de la nave sin la brújula indispensable, como lo será también la de nuestra patria, sin una constitución que enseñe los caminos que deben llevar los que mandan y los que obedecen; pues de lo contrario daremos sin remedio en el escollo de la anarquía o en otros no menos ruinosos.

Me he dilatado más de lo que pedía la materia de mi contestación; pero es también porque *escribo a usted y sólo para usted, a quien por lo que es ∴ y por la familia a que pertenece*, aprecia con verdad su atento y afectísimo servidor.[73]

El particular reconocimiento que San Martín le merecía al derrocado triunviro quedaba evidenciado al afirmar que sólo de él habría podido extrañar la ejecución de tal atentado, deslindándolo así de sus compañeros de causa; como puede observarse, esa referencia personal específica se reitera machaconamente y para que no quede duda de que ha interpretado correctamente la seña de su rúbrica, le escribe esa contundente frase final que hemos resaltado en la transcripción del texto. En cuanto a la referencia a la "familia a que pertenece", no se puede aseverar con certeza si con ella Pueyrredón aludía a la masónica –como más frecuentemente se ha interpretado– o a la de los Escalada, por ser una de las más respetables de la sociedad porteña.

Este documento (se trata de una sola pieza, en la que la contestación de Pueyrredón figura al pie de lo escrito por San Martín, a la manera de extracto) fue utilizado ya en 1883 como prueba de la filiación masónica de San Martín en el primer debate oficial que surgió en la Cámara de Diputados del Congreso de la Nación al tratarse el proyecto de ley de instrucción primaria, para refutar a Pedro Goyena, quien, entre los argumentos utilizados a favor de la enseñanza católica, aludió a los ejemplos de religiosidad dados por San Martín y Belgrano. En la sesión del 22 de junio, el diputado liberal Emilio Civit mostró y leyó el original de la carta que comentamos, el que le había sido facilitado por el historiador Vicente Fidel López.[74] Este fue el primero que dio a conocer a manera de glosa el documento en su *Historia de la República Argentina*. Luego que Civit lo utilizara en el Congreso, el historiador, al enterarse de que el bibliófilo Carlos Casavalle reunía autógrafos para su colección, le remitió el testimonio junto con una carta en la que decía: "Le incluyo ese manuscrito que como V. verá es precioso, se compone de una carta original de San Martín y del proyecto en el que se ve que ambos eran masones por los tres ∴ y que no eran muy amigos ese año".[75]

NOTAS

1. B. MITRE, *op. cit.*, tomo I, págs. 87-88.

2. Al sugerirlo así, Piccinali trae a colación para reforzar esa posibilidad una remota y débil vinculación: la abuela de Carlos de Alvear, doña Bernarda Dávila, era viuda de Isidro José Balbastro, que había sido dueño de una tienda en sociedad con Gerónimo Matorras, el primo hermano de la madre de San Martín en cuya compañía ésta arribó a Buenos Aires. Cfr. HÉCTOR JUAN PICCINALI, "La vuelta de San Martín", en *José de San Martín. Libertador de América*, Buenos Aires, Instituto Nacional Sanmartiniano, 1995, pág. 30.

3. VICENTE FIDEL LÓPEZ, *Historia de la República Argentina. Su origen, su revolución y su desarrollo político*. Buenos Aires, imprenta y encuadernación de G. Kraft, 1913, tomo IV, pág. 114.

4. *Op. cit.*, tomo I, pág. 88.

5. Cit. en JUAN E. GUASTAVINO, *San Lorenzo*, pág. 212; J. P. OTERO, *op. cit.*, tomo I, pág. 193.

6. *DHLGSM, op. cit.*, tomo II, pág. 1.

7. De ese contacto previo tomado con el gobierno da cuenta el oficio que el Triunvirato remitió el 9 de marzo al jefe del Ejército del Norte, Juan Martín de Pueyrredón, que a la sazón se hallaba en Salta en tratativas con Goyeneche, en función de las cuales tal notificación incurría *ex profeso* en la exageración numérica y en la subsiguiente referencia desalentadora para la causa realista, fácilmente perceptibles en el siguiente párrafo: "En la fragata inglesa *Jorge Canning*, que hace tres días llegó a este puerto han venido dieciocho oficiales facultativos y de crédito, que desesperados de la suerte de España quieren salvarse y auxiliar a que se salven estos preciosos países". MUSEO MITRE, *Documentos del Archivo de Pueyrredón*, Buenos Aires, Imprenta de Coni Hermanos, 1912, tomo I, pág. 178.

8. *DHLGSM, op. cit.*, tomo I, pág. 398.

9. Cabe consignar que el general Espíndola, para satisfacer las dudas que alimentaron sus investigaciones sobre la trayectoria de San Martín en España, consultó sobre diversos puntos al Servicio Histórico Militar del Estado Mayor Central del ejército español. Al preguntarle por qué no se mencionaba al regimiento de Sagunto en los informes y concesión de retiro citados, obtuvo del entonces coronel-director de ese organismo, José Vidal, en contestación oficial fechada en Madrid el 27 de abril de 1950, esta respuesta que el mismo autor descalifica en su obra como inverosímil: "La explicación de por qué no se cita al regimiento de Sagunto, únicamente podrá tal vez encontrarse en la fecha de la solicitud de retiro que hizo San Martín, pues si bien es cierto que el dictamen o informe fue fechado en la isla de León, el 26 de agosto de 1811, no sabemos la fecha de la instancia que bien pudiera ser anterior al 26 de julio del mismo año en que pasó agregado al regimiento de «Dragones de Sagunto», ya que la distancia en fecha es de quince días, de posible dilación y entretenimiento en trámites y etc.". Cit. en A. S. ESPÍNDOLA, *op. cit.*, tomo II, pág. 186.

10. AUGUSTO BARCIA TRELLES, *San Martín en España, en América y en Europa*, Buenos Aires, 1941-1948. Tomo II.

11. A. Espíndola, *op. cit.* Hemos seguido a este autor en el desarrollo de este tema por ser quien más detenidamente lo ha analizado en el capítulo XXI de la citada obra, tomo II, págs. 181-204.

12. Tal inscripción fue rescatada por Antonio J. Pérez Amuchástegui, *La carta Lafond y la preceptiva historiográfica*, Córdoba, Universidad Nacional, 1962, para construir en torno de ella su peculiar interpretación de la famosa y controvertida entrevista.

13. V. F. López, *op. cit.*, tomo IV, pág. 112.

14. Éste quedó incluso trasuntado en sus cartas, donde la correcta gramática cede con frecuencia a la expresión fonética peculiar de su autor: así, para citar un ejemplo, en la dirigida a su entrañable amigo Goyo Gómez desde Bruselas el 11 de agosto de 1827 y a la que firma como "Pepe", escribe "arquileres", con el típico reemplazo de la "l" por la "r". (AGN, Sala VII, 15-4-15.)

15. Tales los sencillos pero entrañables términos que el Libertador, de paso por Buenos Aires en 1824, mandó esculpir para la eternidad en la sencilla lápida de mármol que hizo colocar sobre la tumba de Remedios, antes de marcharse –ya cumplida su misión– al viejo continente.

16. *DHLGSM, op. cit.*, tomo I, pág. 406.

17. Cfr. Héctor Juan Piccinali, *Vida de San Martín en Buenos Aires*, Buenos Aires, 1984, pág. 100 y ss.

18. AGN, legajo 2007 (VII, 16-1-1). Fondo Tomás Guido, tomo I. *Correspondencia particular del general José de San Martín con el general Tomás Guido*. París, 20 de agosto de 1843.

19. Cfr. Emilio Loza, "Organización militar (1811-1813)", en Academia Nacional de la Historia, *Historia de la Nación Argentina, op. cit.*, vol. IV, 2ª sección, pág. 513-525.

20. Cfr. T. Halperín Donghi, "Militarización revolucionaria...", *cit.*

21. Cfr. la clásica obra de Camilo Anschütz, *Historia del Regimiento de Granaderos a Caballo (1812-1826)*. Buenos Aires, Círculo Militar. Biblioteca del Oficial, 1945. Add. Isidoro J. Ruiz Moreno, Federico Landaburu, Aníbal Aguirre Saravia, *Historia de los Granaderos a Caballo*, Buenos Aires, Ed. Argentinas, 1995.

22. B. Mitre, *op. cit.*, tomo I, págs. 88-89.

23. Cit. en H. J. Piccinali, *Vida de...*, cit., pág. 53.

24. J. E. Guastavino, *op. cit.*, pág. 214.

25. V. F. López, *op. cit.*, tomo IV, pág. 119.

26. Manuel Alejandro Pueyrredón, *Memorias inéditas. Historia de mi vida. Campañas del Ejército de los Andes*, Buenos Aires, Kraft, 1947, págs. 76-79.

27. Gerónimo Espejo, "El paso de los Andes. Crónica histórica de las operaciones del Ejército de los Andes para la restauración de Chile en 1817", en *Biblioteca de Mayo. Colección de obras y documentos para la Historia Argentina*, Buenos Aires, Senado de la Nación, 1963, tomo XVI, primera parte, págs. 13.825-13.826.

28. B. Mitre, *op. cit.*, tomo I, págs. 89-90.

29. Reproducido en A. Villegas, *San Martín y su época, op. cit.*, apéndice N° 21, pág. 255.

30. *Ibídem*, págs. 271-275.

31. *DHLGSM, op. cit.*, tomo II, págs. 65-67. Establecimiento de la reunión mensual. Buenos Aires, 1813.

32. José María Paz, *Memorias póstumas*, Buenos Aires, Almanueva, 1954, tomo I, pág. 92.

33. *DHLGSM, op. cit.*, tomo II, págs. 37-40. Oficio del coronel José de San Martín al Poder Ejecutivo de las Provincias Unidas del Río de la Plata. Buenos Aires, octubre de 1813.

34. ARCHIVO GENERAL DE LA NACIÓN (AGN), Sala X, Legajo 44-8-29. De Manuel Belgrano al Gobierno de las Provincias Unidas del Río de la Plata, Jujuy, 18 de julio de 1812. Reproducida en ÁNGEL JUSTINIANO CARRANZA, *Campañas navales de la República Argentina*, Buenos Aires, Secretaría de Estado de Marina. Subsecretaría Departamento de Estudios Históricos Navales, 1962, 2ª edición, vol. III, pág. 130.

35. *Ibídem*. Texto del oficio del Superior Gobierno de las Provincias Unidas del Río de la Plata dirigido a Manuel Belgrano el 3 de marzo, transcripto en el borrador del fechado en Buenos Aires, 27 de julio de 1812. Reproducido en A. J. CARRANZA, *op. cit.*, pág. 129.

36. *Gaceta...*, *cit.*, tomo III, Buenos Aires, 21 de febrero de 1812, N° 25.

37. El profesor CARLOS S. A. SEGRETI analiza con claridad meridiana esta controversial negociación, que tanto ha servido a la historiografía para denigrar la supuesta política entreguista del gobierno revolucionario porteño, en su obra recientemente publicada *"Un caos de intriga". Río de la Plata 1808-1812*, Buenos Aires, Academia Nacional de la Historia, 1997.

38. FRANCISCO GUILLÓ, *Episodios patrios*, Buenos Aires, Maucci, s/f., se refiere a esta primera logia "Independencia". Corrobora su existencia el testimonio del coronel inglés Santiago F. Burke según el cual, al partir en 1809 de Buenos Aires, fueron a despedirlo "un número de las principales personas del lugar, mis viejos amigos de Independencia" (cit. en ENRIQUE DE GANDÍA, *La independencia de América y las sociedades secretas*, Santa Fe, Ediciones Sudamérica Santa Fe, 1994, pág. 125). Finalmente ha investigado sobre ella MARTÍN V. LAZCANO, *Las sociedades secretas, políticas y masónicas en Buenos Aires"*, Buenos Aires, El Ateneo, 1927. Éste fue descalificado por J. CÁNTER, en su conocida obra *Las sociedades secretas...*, *op. cit.*, que negó la existencia de la mencionada logia, quien a su vez fue refutado por A. LAPPAS, en *La masonería argentina...*, *op. cit.*

39. Tal vez sea preciso aclarar para los lectores ajenos a la terminología masónica el significado de la "cartas constitutivas" mencionadas. Cuando en un país no existe una Gran Logia debidamente constituida y un grupo de masones desea constituir una, debe pedir el aval de una Gran Logia de otro país. Así pasó con las logias que funcionaron en nuestro territorio antes de 1857, fecha de fundación de la Gran Logia Argentina de Libres y Aceptados Masones. Este procedimiento garantiza que los masones que deseen formar una logia realmente lo sean, que hayan cumplido con los requisitos de su Logia de origen y posean la capacidad necesaria para dirigir un nuevo taller. Obviamente, la Gran Logia que concede esta autorización conoce y tiene en su poder todos los antecedentes masónicos y morales de los solicitantes. Generalmente, estas autorizaciones extraterritoriales son temporarias, pues una vez que en un determinado país se han fundado cierta cantidad de logias, quedan éstas en condiciones para formar una Gran Logia.

40. I. NÚÑEZ, *op. cit.*, tomo I, pág. 44.

41. Entre la larga nómina de iniciados que Martínez suministra figuran Belgrano, Beruti, Paso, Saavedra, Álvarez Thomas y los tres hermanos Balcarce. En SENADO DE LA NACIÓN, *Biblioteca de Mayo*, Buenos Aires, 1960, tomo I, pág. 527.

42. ANTONIO RODRÍGUEZ ZÚÑIGA, *La Logia Lautaro y la independencia de América*, Buenos Aires, Edición oficial de la masonería argentina de rito escocés antiguo y aceptado, J. Estrach, 1922, pág. 148.

43. Cfr. JUAN CÁNTER, "La aparición de la masonería en el Río de la Plata", en *Liberalis*, Buenos Aires, 1949, N° 3.

44. Así lo sugiere ANTONIO J. PÉREZ AMUCHÁSTEGUI, "Trastiendas políticas", en *Crónica Histórica Argentina*, Buenos Aires, Códex, tomo I, págs. CV-CXII.

146

45. Aclara A. R. ZÚÑIGA, *op. cit.*, pág. 152-3, que en términos masónicos se titula un "triángulo" a "un taller compuesto de tres luces: venerable, secretario y orador y cuyo funcionamiento, completamente legal, de acuerdo con los reglamentos generales de la francmasonería estaba y está equiparado al de una logia perfecta que por ser tal debe contar, por lo menos con siete hermanos todos maestros. Sabido es por todo masón que se pueden fundar esos triángulos en cualquier parte donde se encuentren tres masones que posean el grado de «maestro»".

46. Cit. en JERÓNIMO ESPEJO, *op. cit.*, págs. 13.810-13.811.

47. T. DE IRIARTE, *Memorias, op. cit.*, tomo I, pág. 140.

48. Cit. en ANTONIO ZINNY, *Bibliografía histórica de las Provincias Unidas del Río de la Plata, desde el año 1780 hasta 1821*, Apéndice a la *Gaceta de Buenos Aires*, Buenos Aires, 1875, pág. 411 y ss.

49. V. F. LÓPEZ, *op. cit.*, tomo VI, págs. 373-374.

50. JUAN BAUTISTA ALBERDI, *Escritos póstumos. Del gobierno en Sudamérica*. Buenos Aires, 1896, tomo IV, pág. 330.

51. Cit. en M. V. LAZCANO, *op. cit.*, tomo I, pág. 293.

52. A. LAPPAS, "San Martín y las logias", *op. cit.*

53. Cit. en RAÚL A. MOLINA, "La masonería en el Río de la Plata. Un testimonio olvidado", en *Historia*, Buenos Aires, 1960, N° 20, pág. 311 y ss.

54. V. F. LÓPEZ, *op. cit.,* tomo VI, pág. 305.

55. BARTOLOMÉ MITRE, *Historia de Belgrano,* Buenos Aires, Imprenta de Mayo, 1859, tomo II, pág. 273.

56. *Ibídem*, pág. 275.

57. B. MITRE, *Historia de San Martín y...*, *op. cit.*, tomo I, pág. 92.

58. Cfr. FABIÁN ONSARI, *San Martín, la Logia Lautaro y la francmasonería*, Avellaneda, 1951.

59. *DHLGSM, op. cit.*, tomo VII, pág. 9. Salamina, 6 de noviembre de 1817.

60. E. J. CORBIÈRE, *op. cit.*, pág. 192 y 206-7.

61. E. DE GANDÍA, *La independencia...*, *op. cit.*, pág. 51.

62. ARCHIVO GENERAL DE LA NACIÓN, *Acuerdos del extinguido Cabildo de Buenos Aires*, Buenos Aires, Kraft, 1928. Serie IV, tomo V, libros LXVII, LXVIII y LXIX, pág. 353-355. Cabildo del 8 de octubre de 1812.

63. *Ibídem*, pág. 355.

64. *Ibídem*, pág. 360.

65. *Ibídem*, pág. 361.

66. *Ibídem*, pág. 362.

67. *Ibídem*, pág. 364.

68. *Ibídem*, pág. 365.

69. La desavenencia con Paso generada el 8 de octubre estaba destinada a prolongarse. Como consecuencia de ello, San Martín mandó suspender el suministro de forraje que los Sosa hacían para su cuartel. Si bien Paso fue neutralizado y controlado por los otros dos triunviros, se valió de sus hermanos Francisco e Ildefonso, como también de Hilario y José Sosa, para preparar un nuevo vuelco en el gobierno, que impidiera la reunión de la Asamblea, la que sabía estaría uniformada debido a la manipulación electoral ejercida por la Logia. Descubiertos sus trabajos, en enero de 1813 San Martín, Ocampo y Pinto elevaron una denuncia conjunta

de conspiración contra aquéllos. Se inició un sumario y los complicados fueron remitidos a fines de ese mes a la Guardia del Luján, menos el triunviro, no obstante ser el alma del movimiento, como bien lo sabía la Logia. Correspondiendo a la Asamblea confirmar a los miembros del Triunvirato, finalmente el 20 de febrero decidió separar de él a Paso, reemplazándolo por José Julián Pérez. Cfr. JUAN CÁNTER, "El año XII, las Asambleas generales y la revolución del 8 de octubre", en ACADEMIA NACIONAL DE LA HISTORIA, *Historia de la Nación Argentina*, Buenos Aires, El Ateneo, 1941, vol. V, 2ª sección, págs. 403-511.

70. V. F. LÓPEZ, *op. cit.*, tomo IV, pág. 119.

71. *Ibídem*, págs. 242-243.

72. VICENTE FIDEL LÓPEZ, "El año XX. Cuadro general y sintético de la Revolución Argentina", en *Revista del Río de la Plata*, Buenos Aires, 1872, tomo IV, Nº 16, pág. 623. Lo que se transcribe no es el texto de la carta, que no se ha encontrado, sino su versión reconstruida de memoria por López.

73. J. P. OTERO, *op. cit.*, tomo I, págs. 207-208, transcribe el texto sin los signos masónicos. En cambio deja expresa constancia de éstos, aludiendo a que esta es la única prueba de la condición masónica de San Martín, A. VILLEGAS en *San Martín y su época, op. cit.*, obra en cuyo apéndice se exhibe una fotografía del documento original, que se encuentra actualmente en el Archivo General de la Nación, Colección Carlos Casavalle. Documentación general 1812-1818. Legajo Nº 6, VII, Nº 2308.

74. Cfr. HORACIO JUAN CUCCORESE, *San Martín. Catolicismo y masonería. Precisiones históricas a la luz de documentos y testimonios analizados con espíritu crítico.* Buenos Aires, Instituto Nacional Sanmartiniano/Fundación Mater Dei, 1993, págs. 115-123.

75. Cit. en R. PICCIRILLI, *op. cit.*, pág. 162.

IV

DE LA ESPERANZA AL ABISMO
EL PASO POR EL EJÉRCITO DEL NORTE

El azote realista en las costas:
temores de invasión

Una vez concluida con éxito la jornada del 8 de octubre de 1812, el Segundo Triunvirato de ella surgido convocó al día siguiente una Junta de Guerra, compuesta de militares y vecinos notables asociados al Cabildo para acordar el plan de campaña a seguir en función de la nueva situación generada por la victoria de Tucumán. En ella se decidió autorizar al general Belgrano a iniciar la ofensiva, con el fin de restablecer el dominio patriota hasta la línea del Desaguadero. A tal efecto se resolvió reforzarlo con el Regimiento N° 1, al mando de Perdriel, que se encontraba en la Bajada del Paraná, además de enviarle caudales y armamentos. Su objetivo inmediato debía ser el ataque a los realistas en Salta. Pero la meta prioritaria continuó siendo la toma de Montevideo, de modo que, con respecto a este frente, se recomendó estrechar el sitio de la plaza hasta rendirla. El día 20, el coronel José Rondeau, al frente de la vanguardia del ejército patriota, iniciaba formalmente el segundo asedio.

Como réplica al cerco y con la esperanza puesta en el envío de refuerzos desde la península, Vigodet decidió intensificar las operaciones de la escuadrilla sutil realista, que, llevando a su bordo tropas de desembarco, debía mantener en jaque a las poblaciones costeras con el fin ostensible de aprovisionarse de víveres, distraer a las fuerzas patriotas y evitar el refuerzo del ejército sitiador. Respondieron a este plan el ataque a San Nicolás el 14 de octubre y el saqueo de San Pedro al día siguiente, que motivó el envío de veinticinco granaderos a caballo, junto a 75 infantes del N° 2 en resguardo del primer punto. Poco después se destacaría a la segunda compañía del segundo escuadrón de aquel cuerpo, al mando del capitán Justo Bermúdez, a cubrir San Fernando de Buena Vista.

Conspiraban contra una acción más eficaz y concertada de los patriotas en la Banda Oriental las desavenencias surgidas entre Sarratea y Artigas. Si bien el Segundo Triunvirato mantuvo al primero al frente del ejército, comisionó a

Alvear con el objeto de conciliar a las partes. Tal vez San Martín haya tenido injerencia en esta iniciativa de transacción con el caudillo, pues sintomáticamente el 21 de octubre dicho comandante solicitó que se designase capellán de sus granaderos al presbítero doctor José Enrique de la Peña, quien en 1811 lo había sido del cuerpo de Blandengues de Montevideo, a las órdenes del entonces capitán José Artigas, pasándose junto con él y con Rafael Hortiguera a las filas revolucionarias en ese mismo año. El gobierno accedió a la petición con cierta reticencia, nombrando a Peña para ese puesto en calidad de interino. Éste insistió en que se lo confirmase y el 15 de marzo de 1813 obtendría la titularidad de la capellanía. Es probable que tal personaje oficiara de nexo inicial entre San Martín y el jefe de los orientales.[1] Pero lo cierto fue que no era Alvear la persona más adecuada para conseguir un avenimiento: solidarizado con Sarratea, ni siquiera llegó a entrevistarse con el susceptible caudillo, quien a su vez estaba ya resuelto a medir sus fuerzas contra los porteños que pretendían soslayarlo. Así, no se incorporaría al sitio con sus cinco mil hombres mientras aquél no resignase el mando. Fundado en tal división, Vigodet decidió hacer una salida contra las fuerzas de Rondeau, pero fue derrotado el 31 de diciembre en la acción del Cerrito. Pocos días después el jefe victorioso quedaría al frente de las fuerzas de línea, accediéndose así a las pretensiones del caudillo oriental sin que con ello se lograse a la postre evitar la guerra civil.

Entre tanto, al finalizar el año 1812 ya se habían incorporado al cuerpo comandado por San Martín nuevos reclutas procedentes de San Luis y de Corrientes, con los que pudo completarse el tercer escuadrón, por lo que el 5 de diciembre se decretaba la creación del regimiento de Granaderos a Caballo y dos días más tarde se ascendía a su jefe al grado de coronel. Simultáneamente fueron promovidos Alvear, a teniente coronel, y Zapiola, a sargento mayor. Al principiar 1813 se encomendó al cuerpo el patrullaje nocturno de la ciudad, pues crecía el temor de un desembarco realista en la propia Buenos Aires.

Recuérdese cuánto le había insistido Rivadavia a Belgrano para que retrocediese hasta Córdoba, a la par que procuraba que también Sarratea replegase su ejército hacia occidente, con el fin de impedir que los realistas de Montevideo, validos de su exclusivo dominio fluvial, se interpusiesen entre ambas fuerzas y la capital, operando de manera combinada con el ejército procedente del Alto Perú en su avance hacia el Sur. Si bien éste había sido detenido en Tucumán, el peligro subsistía. Los ataques costeros de la escuadrilla realista parecían, más que operaciones de comando destinadas a la obtención de víveres para el suministro de la plaza sitiada, amagos de invasión o tanteos de reconocimiento con el fin de establecer un enclave estratégico que sirviera de base de desembarco de sucesivas remesas de tropas españolas salidas de la plaza sitiada. Inserto en este contexto, lo ocurrido en San Lorenzo cobra una dimensión diferente de la que habitualmente se le da: se trataría –como lo advirtiera Diego Luis Molinari–[2] del paso inicial en el cumplimiento de un plan, tendiente a operar concertadamente entre ambos núcleos enemigos, con el que los realistas hubieran logrado hacer pie en un punto clave entre la capital y Santa Fe, desde donde cruzaban a la otra orilla del Paraná las tropas destinadas a la Banda Oriental. Ese paso quedaría así interceptado y aislado el ejército sitiador de Montevideo; pero, además, reuniendo tropas al amparo de la fortificación de un edificio ad hoc como lo era el del Convento de los frailes franciscanos allí emplazado, se introduciría una cuña entre la capital y el ejército de Belgrano, quedando en disposición de operar a retaguardia de éste o de avanzar hacia la primera.

La angustiosa demora y la excepcional marcha forzada

El 13 de enero de 1813 el comandante de San Fernando, Francisco Uzal, informó acerca de los preparativos realizados por el enemigo en Martín García con miras a incursionar sobre la costa del Paraná, presumiblemente dispuesto a atacar las baterías de Punta Gorda (Diamante). En efecto, por encargo de Vigodet, el capitán de artillería urbana Juan Antonio de Zavala disciplinaba en esa isla a unos trescientos voluntarios que abordaron posteriormente once embarcaciones armadas y custodiadas por tres navíos de guerra de la escuadrilla sutil realista. El convoy a cargo del corsista Rafael Ruiz se internó el 18 por la boca del Guazú, en dirección a las márgenes occidentales del ancho río.

Inmediatamente, el Triunvirato alertó sobre posibles hostilidades a las autoridades litoraleñas, especialmente a Antonio Luis Beruti, teniente gobernador de Santa Fe, hacia donde despachó la compañía de Granaderos a Caballo que guarnecía San Fernando a cargo de Manuel Hidalgo. San Martín, encargado de proteger con su regimiento las costas desde Zárate hasta Santa Fe, salió el 28 de enero con el primer escuadrón para vigilar el curso de las naves realistas. El gobierno le subordinó además el Regimiento Nº 2 al mando del teniente coronel Juan Bautista Morón, de cuyos cien infantes sólo veinticinco estaban armados con fusiles, y una columna de transportes dirigida por el capitán Mariano Larrazábal. Ésta debía conducir veinticinco fusiles a Rosario y cincuenta a Santa Fe, además de dos carretillas con municiones y dos cañones montados, lo que resulta demostrativo de la notable escasez de armas de fuego que ya se ha señalado como uno de los mayores obstáculos que tuvieron que afrontar los revolucionarios en los momentos iniciales de la guerra.

Recién a la medianoche del día de su salida, San Martín arribó a Santos Lugares, donde debió detenerse, provocando esto que quedara dos días retrasado con respecto a la marcha de la flotilla, que entonces ya había pasado frente a San Nicolás. El extravío de guía, primero, y la falta de los caballos que había descontado encontrar en esa posta, después, causaron su peligrosa demora. El comandante de granaderos no cabía en sí de la indignación: parecía que todo se había confabulado para hacer fracasar su comisión y dar pábulo, con la lentitud de sus movimientos, a las calumnias que se cernían sobre él, sospechándolo como un espía español que en la primera oportunidad que tuviera haría víctima de una traición a las fuerzas que se le habían confiado. Se explica así el nerviosismo que trasunta el oficio que dirigió al gobierno en la mañana del 29, cuando todavía permanecía varado en el mismo lugar:

Exmo. Sr.
Anoche con motivo de habernos extraviado el Guía llegamos a las doce de la noche a esta Posta, primera señalada en el itinerario que me pasó el Jefe del Estado Mayor; mi sorpresa ha sido la mayor cuando el maestro de postas me ha asegurado no haber recibido aviso alguno para tener pronta la caballada necesaria tanto para la tropa del regimiento de mi cargo como para la del N° 2, y así es que son las 8 de la mañana y aún no he podido emprender mi marcha. He hecho adelantar un oficial avisando a las postas tengan la caballada necesaria lo más pronto que sea posible a fin de que si no se han circulado los avisos por el administrador de Correos no encontremos tanta detención.[3]

En efecto, para evitar en lo sucesivo encontrarse con nuevas "sorpresas", San Martín había ordenado adelantarse al portaestandarte Ángel Pacheco, quien debía ocuparse de asegurar la disponibilidad de las caballadas reunidas en las postas de su tránsito. Previéndose que el ataque realista se dirigiría contra Santa Fe, el joven oficial seguiría en cumplimiento de esa comisión más allá de San Lorenzo, por lo que no pudo estar presente en este combate.

El 30 de enero las naves españolas estaban frente a Rosario, donde el comandante Celedonio Escalada se había preparado para repeler un desembarco contando para ello más con la fuerza de su ánimo y el de sus paisanos que con la de sus recursos, pues sólo disponía de una cincuentena de milicianos y un cañoncito de montaña. Pero los realistas continuaron su derrotero sin detenerse en el pequeño poblado. El 31 fondearon frente a San Lorenzo y desembarcaron cien hombres, que fueron surtidos en el convento con gallinas y melones, ya que el ganado había sido retirado al interior. Al advertir la polvareda levantada por la partida de Escalada, que los había seguido, sin conocer su corto número retornaron preventivamente a sus naves. Don Celedonio supo esa noche por un prisionero paraguayo fugado de la escuadrilla que la fuerza enemiga se componía de unos 350 hombres y que contaba con dos cañones.

Dejando atrás a los infantes y la columna de transporte –que, por falta de caballos, no llegarían a tiempo para participar de la acción–, el 1° de febrero, los Granaderos a Caballo llegaron a San Pedro. Su comandante los había hecho recorrer a marcha forzada 420 kilómetros en cinco días, a un promedio récord de ochenta kilómetros por día[4], pues estaba dispuesto a recuperar a todo trance su retraso inicial, consciente de que esta primera empresa era para él una prueba de fuego en la que se jugaba nada menos que el afianzamiento o la pérdida de su lugar en la Revolución.

San Martín –hablando de sí mismo en tercera persona– le refiere a Miller que, ese día, "a la tarde se adelantó dicho coronel con un oficial, y ambos disfrazados de paisanos, reconoció la escuadra enemiga fondeada enfrente del convento de San Lorenzo".[5] La impaciencia por avistar al contendiente hizo que –al decir de Carranza– se viera entonces "por primera vez a este militar tan austero como apegado de suyo a la rigidez del uniforme europeo, divorciado con él, trocando momentáneamente su entorchada casaca y plumoso falucho, por el humilde chambergo de paja y la manta o poncho americano"[6].

Cuando los granaderos llegaron a Rosario se les unió el párroco Julián Navarro, ferviente y ruidoso patriota que oficiaría de capellán accidental en San Lorenzo, porque Peña se encontraba entonces en Colonia, presumiblemente enviado por San Martín en misión conciliadora ante Artigas.

Desde el 2 el viento en contra detuvo el avance realista. Ese mediodía, los enemigos realizaron un desembarco en la isla fronteriza para amunicionar a la tropa y practicar evoluciones; entre las tres y cuatro de la tarde volvieron a sus naves, subiendo el convoy hasta la desembocadura del arroyo San Lorenzo, lugar adecuado para el desembarco. En efecto, el convento estaba emplazado sobre una alta planicie sin mayores accidentes, lo que la hacía apta para las maniobras de caballería; una distancia de más de trescientos metros lo separaba de la barranca acantilada, desde la que se podía llegar a la playa que estaba a su pie por la "Bajada de los padres", tajada a pique frente al edificio, o por la "Bajada del puerto", de más suave declive, que era la utilizada por el tráfico de cabotaje, a unos dos kilómetros y medio al norte. Obviamente, esta última (actual puerto San Martín) fue la que utilizaron los marinos. Así lo indica la referencia de San Martín al "pequeño puesto [de desembarco] distante catorce o dieciséis cuadras del convento, único punto en que podían verificarlo, pues el resto de la barranca del río es sumamente escarpado".[7]

Sólo a las diez de la noche llegó San Martín, al frente de su columna de caballería de 125 hombres, a la posta de San Lorenzo, situada a unos cinco kilómetros del Convento. Allí se encontraba el viajero y comerciante inglés Robertson que, forzado a suspender su marcha tanto por la proximidad del enemigo como por haber sido requisadas y puestas a disposición del Estado todas las cabalgaduras, dormía en su carruaje cuando vinieron a sacarlo de su profundo sueño el tropel de caballos, el ruido de sables y las rudas voces de mando. Dos soldados apostados a cada lado del coche lo intimaron a salir. "En ese momento se acercó a la ventanilla una persona cuyas facciones no podía distinguir en lo oscuro, pero cuya voz estaba seguro de conocer cuando dijo a los hombres: «No sean groseros. No es enemigo, sino según el maestro de posta me informa, un caballero inglés en viaje al Paraguay»." Era el comandante de Granaderos a Caballo. "El reconocimiento fue instantáneo, mutuo y cordial –confiesa el inglés–, y él se regocijó con franca risa cuando le manifesté el miedo que había tenido, confundiendo sus tropas con un cuerpo de marinos." Después de informarle que el gobierno lo había destacado para desbaratar la incursión realista, "dijo estar seguro de que los marinos no conocían su proximidad y que, dentro de pocas horas esperaba entrar en contacto con ellos. «Son doble en número [añadió] pero por eso no creo que tengan la mejor parte de la jornada»". Después de aceptar la copa de vino convidada por el inglés, el coronel permitió que lo acompañara hasta el convento: "Recuerde solamente, me dijo, que no es su deber ni oficio pelear. Le daré un buen caballo y si ve que la jornada se decide contra nosotros, aléjese lo más ligero posible. Usted sabe que los marinos no son de a caballo".[8]

El combate de San Lorenzo

A medianoche llegó la silenciosa hueste al monasterio, penetrando en él por su portón trasero. Los granaderos desmontaron, manteniéndose con las bridas de sus cabalgaduras en la mano. San Martín les prohibió encender fuego y hablar en voz alta, mientras él subía con algunos oficiales a la torre o campanil que entonces tenía el convento, para observar con un anteojo de noche a la fuerza enemiga. Colocó a los milicianos de Escalada munidos de algunas carabinas en el interior del edificio para que defendiesen la puerta del frente y protegiesen el ataque que el resto del destacamento, emboscado tras las altas tapias posteriores, llevaría sobre el enemigo en el momento oportuno, esto es, cuando se hallase a la distancia adecuada para optimizar el efecto de la sorpresa. Si la carga resultaba rechazada, los primeros debían cubrir con sus fuegos la retirada, dándoles tiempo a los granaderos para rehacerse.

Alrededor de las cinco de la mañana del 3 de febrero subió San Martín por segunda vez al campanil y observó el desembarco de las tropas enemigas –unos 250 hombres–, que pocos momentos después, formadas en dos columnas y portando dos piezas de artillería de a cuatro, comenzaban a subir desde la ribera, con sus banderas desplegadas al son de pífanos y tambores que batían marcha redoblada. El coronel bajó presuroso y le dijo a Robertson: "Ahora en dos minutos más, estaremos sobre ellos espada en mano".[9] Montó en un caballo bayo de cola cortada al corvejón que sostenía de las bridas su asistente y, desenvainando el sable corvo, arengó a sus 120 soldados, a los que prohibió que disparasen un solo tiro, recomendándoles que únicamente se fiaran del empuje de sus lanzas, los de las primeras filas, y del reluciente acero de sus sables afilados a molejón, los demás. "Espero que tanto los señores oficiales como los granaderos se portarán con una conducta tal cual merece la opinión del Regimiento"[10], concluyó. Inmediatamente, "encargó el mando de la mitad de la fuerza al capitán Bermúdez, bravo oficial, pero novicio en la carrera, para que con ella atacase el flanco izquierdo del enemigo, ínterin el coronel con el resto lo verificaba de frente", relataría años después el Libertador.[11] Y luego de decirle a aquél que lo esperaba en el centro de las fuerzas enemigas para impartirle sus órdenes, mandó a su compañía a dar cuarto de conversión a la izquierda para salvar el extremo norte del edificio, mientras el otro jefe hacía lo propio en orden inverso con la suya.

Resonó el clarín de guerra de los granaderos cuando los enemigos se encontraban a unos doscientos metros del convento, distancia suficiente para dar una carga de caballería en profundidad, a la par que la rapidez del sorpresivo ataque no dejaba tiempo a los infantes para retroceder ni tampoco para prepararse a repelerlo debidamente. Se conseguía así amenguar el efecto mortífero de sus fusiles a la par que se impedía la eficaz colaboración de la artillería. Además, los granaderos tenían bien presente lo que les había enseñado su comandante: una vez soportada la primera descarga, el mayor peligro habría pasado y la ventaja estaría entonces de su parte. En fin, al producirse un casi instantáneo entrevero, prevalecieron el choque y el arma blanca sobre el fuego, como quería San Martín. Nada mejor para recrear este impacto inicial que el vívido relato que de él hizo el enemigo:

> Aunque ignorábamos que en aquellas cercanías se hallaban tropas del gobierno revolucionario de Buenos Aires, el comandante Zavala ordenó su gente en el mejor orden, precaución que le sirvió para no ser sorprendido; marchó en formación hacia el convento de San Carlos, y antes de llegar a él a distancia de dos cuadras vio que por derecha e izquierda del referido monasterio salían dos gruesos trozos de caballería formados en columna y bien uniformados, que a todo galope sable en mano cargaban sobre él despreciando los fuegos de los cañoncitos, que principiaron a hacer estragos en los enemigos desde el momento que les divisó nuestra gente. Sin embargo de la primera pérdida de los enemigos desentendiéndose de las que les causaba nuestra artillería, cubrieron sus claros con la mayor rapidez atacando a nuestra gente con tal denuedo que no dieron lugar a formar cuadro sino martillo, en el que se defendieron gloriosamente los nuestros rechazando a los enemigos con un fuego graneado que los abrazaba.[12]

Ahora bien, la carga no pudo ser simultánea por la menor distancia que tenía que recorrer la compañía que, conducida por San Martín, atacó frontalmente a los realistas. Al llegar antes, fue la primera que puso el pecho a las balas y la que más estragos sufrió, por lo que el coronel que estaba a su frente asumió la posición de máximo riesgo físico en el combate, convirtiéndose, por su fácilmente diferenciable uniforme, en blanco preferente del enemigo. No fue casual entonces que, apenas iniciada la acción, un disparo de metralla de una de las dos carronadas apostadas en medio de las columnas contrarias derribase su caballo, quedando la pierna derecha del jinete aprisionada por el cuerpo inerte del animal. Inmediatamente apercibido de ello, se desprendió de la línea española un infante e intentó asestarle un golpe de arma blanca a la altura de la cabeza, el que San Martín logró esquivar en parte, quedando su mejilla izquierda tajeada de refilón. En ese momento otro soldado realista llegaba corriendo para clavar su bayoneta en el jefe caído, pero antes de que lo lograse, el granadero puntano Baigorria alcanzó a ensartarlo con su lanza. Mientras, el correntino Juan Bautista Cabral se apresuraba a desmontar para sacar del peligro a su comandante, al que consiguió desembarazar del peso muerto que lo oprimía, antes de perder la vida por los dos impactos de bala que recibió a cambio.

Este incidente y el fuego enemigo debieron contribuir a neutralizar por un momento el empuje de los granaderos, que fueron cubiertos en ese trance por los disparos de los milicianos de Escalada, mientras Zavala ordenaba a los suyos replegarse sobre la barranca. "Apenas tomó esta acertada providencia –dice el parte realista– cuando vio al enemigo cargar por segunda vez con mayor violencia y esfuerzo que la primera. Nuestra gente formó aunque imperfectamente un cuadro por no haber dado lugar a hacer la evolución la velocidad con que cargó el enemigo".[13] En efecto, fue entonces cuando cayó sobre sus filas tocando a degüello la compañía al mando de Justo Bermúdez. Un lanzazo alcanzó la pierna del jefe español, pero mucho más gravemente fueron heridos sus oficiales Pedro Marury y Antonio Martínez; mientras, el intrépido oficial de granaderos Hipólito Bouchard se arrojaba contra el portaestandarte realista y le arrancaba la bandera a la vez que le daba muerte.

Retirados los españoles al borde de la barranca, el capitán patriota –que había asumido el mando en jefe– ordenó una nueva arremetida: "Presumió sin duda –conjeturaba el adversario– que atacando aquel punto *desaforadamente* haría arrojar a nuestra gente de la barranca abajo"[14]. En verdad el joven teniente de granaderos Manuel Díaz Vélez así lo hizo: cargó con tal ímpetu que se desbarrancó y cayó prisionero de los enemigos, con múltiples heridas. Y en la fuga hacia la playa muchos se precipitaron por el despeñadero por no acertar a encontrar las sendas de comunicación. Pero en esa posición la escuadrilla quedó en condiciones de cubrir el retorno de los realistas a sus naves, siendo el mismo Bermúdez alcanzado por un tiro que le deshizo la rótula.

San Martín atribuyó el que no se hubiera conseguido cortar por completo la retirada del enemigo a la demora en llegar al terreno de la acción por parte de la columna a cargo de ese oficial: "Desgraciadamente, el capitán que mandaba la derecha, había hecho un rodeo más largo de lo necesario, lo que permitió el que muchos de los dispersos, aunque generalmente heridos, pudiesen ganar la barranca del río, que protegidos por los fuegos de sus buques y lanchas, consiguieron reembarcarse".[15] Seguramente también así lo interpretó el mismo Bermúdez al meditar sobre ello en la pieza contigua al hospital de sangre instalada en el refectorio del Convento, donde el doctor Francisco Cosme Argerich había procedido a la necesaria amputación de su pierna. Y tal vez fuese la consideración de que, a pesar de la bravura de sus dos cargas sucesivas, que terminaron de decidir la victoria, no había cumplido acabadamente la misión que le había conferido su comandante, lo que lo impulsó a arrancarse el torniquete que sujetaba el muñón, falleciendo desangrado el 14 de febrero.

San Martín dictó al joven teniente Mariano Necochea el parte del combate:

Tengo el honor de decir a V.E. que en el día 3 de febrero los granaderos de mi mando en su primer ensayo han agregado un nuevo triunfo a las armas de la patria [...] Seguramente el valor e intrepidez de mis granaderos hubiera terminado en este día de un solo golpe las invasiones de los enemigos en las costas del Paraná, si la proximidad de las bajadas que ellos no desamparan, no hubieran protegido su fuga, pero me arrojo a pronosticar sin temor que este escarmiento será un principio para que los enemigos no vuelvan a inquietar estos pacíficos moradores.[16]

La exposición física de San Martín y los homenajes a Cabral

Luego del combate San Martín mandó recoger a los muertos. Catorce de sus hombres habían quedado tendidos en el campo de la acción[17]; el enemigo había perdido cuarenta. Procedió luego a su entierro en el campo santo del Convento, con todos los honores de rigor. Sólo después se ocupó de sus dolencias: además del tajo en la mejilla, había obtenido un brazo dislocado y una pierna magullada como resultado de su riesgosa exposición física. Su ostensible afán de no preservarse mínimamente en el enfrentamiento no fue producto de un impulso insensato: como veterano oficial de carrera, no desconocía que el resguardo de la vida del conductor es la mejor garantía del buen resultado de la contienda. Y si bien él era un hombre curtido en largos años de esfuerzos y sacrificios que habían probado su resistencia, las secuelas de las afecciones que ya habían comenzado a aquejarle en España y las predominantes tareas organizativas propias del Estado Mayor que lo habían ocupado en los últimos años le habían dado una mayor inclinación a la acción razonada y prudente que al audaz despliegue material de energía. Aquella exposición no fue, pues, espontánea e irreflexiva, sino deliberada y consciente. La decisión de ser el primero en afrontar el peligro respondió sin duda a la necesidad que tenía San Martín de demostrar de manera contundente su compromiso pleno con la Revolución: con su actuación en San Lorenzo cortó de un solo tajo las habladurías sobre su sospechosa lealtad a la causa de la Patria.

El combate desarrollado a orillas del Paraná guardaba cierta similitud con el que el mismo jefe había protagonizado en la lejana Arjonilla cinco años antes y también, como lo experimentara entonces, había vuelto a sentir el mismo escozor helado de la muerte; esta vez lo había salvado de ella el bravo Juan Bautista Cabral, como en aquella oportunidad lo hiciera aquel Juan de Dios de borrosa memoria. Y si el Hacedor del Universo había persistido en su voluntad de que José de San Martín viviera para gloria de América, él ya no permitiría que el nombre del granadero correntino corriera la misma suerte que el de su olvidado antecesor. Para principiar su emocionado tributo mandó que el santo y seña de la noche de la victoria fuera "Cabral, mártir de San Lorenzo" y le erigió un modesto cenotafio. También se encargó de que fuera promovido *post mortem* a sargento. Al regresar a Buenos Aires, mandó colocar en la parte exterior de la gran puerta del cuartel del Retiro un tablero oval con la inscripción "Al soldado Juan Bautista Cabral, muerto en la acción de San Lorenzo el 3 de febrero de 1813", la que saludaban al entrar desde el coronel hasta el último clarín. Asimismo, su nombre continuó revistando en la lista de la tarde en la primera compañía del primer escuadrón, a que había pertenecido, llamando en alta voz el sargento de brigada de ésta: "Juan Bautista Cabral", a lo que contestaba el sargento más antiguo: "Murió en el campo del honor, pero existe en nuestros corazones. ¡Viva la Patria, granaderos!", y seguía el entusiasmado "¡Viva!" dado a plena voz por la compañía.[18]

Más tarde, al ocuparse de solicitar al gobierno que recompensase a las familias de los caídos en el combate, San Martín recomendó especialmente a la viuda del capitán Justo Bermúdez, "que ha quedado desamparada con una criatura de pechos", y a la familia de Cabral –que era soltero–, de quien dice que "atravesado el cuerpo con dos heridas no se le oyeron otros ayes que los de *Viva la Patria, muero contento por haber batido a los enemigos*".[19]

Después de la victoria

Para auxiliar a los heridos se mandó a pedir al teniente gobernador de Santa Fe, por su mayor inmediatez, el envío de un médico. Desde allí llegó en las primeras horas del 4 de febrero el doctor Manuel Rodríguez, al que días más tarde se agregó Argerich, proveniente de Buenos Aires. Con este último arribaron también dos religiosos. Hasta entonces, como se ha dicho, San Martín había contado con la colaboración espontánea del singular cura del Rosario, a quien el coronel menciona expresamente en su parte. Dice allí que cuenta entre los acreedores a los respetos de la Patria y a la atención del gobierno con el "esforzado y benemérito párroco Dr. D. Julián Navarro, que se presentó con valor animando con su voz, y suministrando los auxilios espirituales en el campo de batalla".[20] Este personaje venía dando que hablar desde hacía varios años por haberse metido en pleitos con la autoridad civil de su curato y por ser tan simpático a los patriotas como malquerido por los vecinos más pudientes y de dudosa adhesión a la causa revolucionaria. No era de extrañar, pues, que se lanzara en medio del entrevero para alentar a los granaderos a la lucha. Era una singular personalidad producto de esos tiempos viriles, que quedó indeleblemente grabada en la memoria de San Martín, quien muchos años después lo recordaba al gastar con su amigo Guido la humorada de lo bien que le vendría "calzarse" el obispado de Buenos Aires, agregando que "por este medio

158

no sólo se redimirían todas mis culpas sino que, aunque viejo, despacharía las penitentas con la misma caridad cristiana como lo haría el casto y virtuoso canónigo Navarro de feliz memoria".[21]

El 4 de febrero, Juan Antonio Zavala volvió a desembarcar, en carácter de parlamentario, para solicitar de parte del comandante de la escuadra se le vendiese alguna carne fresca con la que alimentar a los heridos. San Martín accedió inmediatamente y ordenó que le fuese facilitada media res, previa exigencia de su palabra de honor de que sólo sería empleada con ese objeto. Pero el contendiente de la víspera pidió también, a título personal, que se le permitiese bajar a tierra para conocer a los granaderos y estrechar la mano de su jefe. No sólo le fue concedido esto sino que el rubicundo y alto capitán vizcaíno compartió con ellos un suculento desayuno criollo en el que no faltaron los excelentes vinos de los frailes; pasada la siesta, y luego de acordar el canje de prisioneros, se reembarcó. Tan buena impresión se llevó de su vencedor que desde entonces quiso servir bajo sus órdenes y con ese propósito se presentó ante él en Mendoza dos años más tarde. Pese a la estimación que le tenía, San Martín, por pundonor, no se avino a satisfacer el deseo de Zavala.

En cuanto a los prisioneros, junto con Díaz Vélez –que era el único tomado en San Lorenzo–, los realistas remitieron a tres paraguayos que habían apresado en una chalana interceptada por los marinos. Dos de éstos, Bogado y Acosta sentaron plaza como voluntarios de Granaderos a Caballo, tocándole al primero, trece años más tarde, siendo ya coronel, encabezar los restos del regimiento, que retornaba cubierto de gloria, después de haber intervenido en veinte campañas y más de cien combates.

El 5 de febrero, mientras la escuadrilla realista marchaba aguas abajo, el teniente Necochea, convertido en raudo chasqui, llegaba con el parte de la victoria a Buenos Aires, la que al mediodía fue anunciada al pueblo con una salva de artillería en la fortaleza y un repique general de campanas.

Entre tanto, San Martín tomaba debida cuenta del botín de guerra que le había deparado el combate. Consistía en 41 fusiles buenos y algunos rotos, un cañón de a cuatro, dos centenares de piedras a chispa, ocho espadas, ocho bayonetas y ocho pistolas; todo lo cual fue distribuido por el coronel, llevando la mejor parte el comandante militar del Rosario, que tanto había colaborado con él en San Lorenzo.

El 6 de febrero, luego de dejar al oficial Ángel Pacheco a cargo de los heridos, San Martín emprendió la marcha de regreso con el resto de sus tropas. Cuatro días más tarde entraba en Buenos Aires. Llegaba muy dolorido, pero lo compensaba con creces la secreta satisfacción de constatar que, en virtud de la sangre derramada con tan buenos frutos, la ciudad por fin lo recibía como a uno de sus hijos.

159

Inicio promisorio y viraje de rumbo

Precedido del triunfo que las fuerzas de Rondeau obtuvieron sobre los si-tiados de Montevideo en el Cerrito a fines del año anterior, el escarmiento que San Martín y sus Granaderos a Caballo dieron a las tropas de desembarco de la escuadrilla realista fue seguido el 20 de febrero por la nueva derrota que Belgrano al mando del Ejército del Norte infligió a las tropas de Pío Tristán en la batalla de Salta. Ésta puso poco menos que en fuga a Goyeneche, quien, temeroso de la insurrección cochabambina, abandonó Potosí y se situó en Oru-ro, para poco después renunciar al mando. En unos meses, la suerte de la re-volución se había revertido favorablemente, y con esa triple victoria parecía quedar legitimado en el plano militar el pronunciamiento de octubre.

También en el aspecto político, el año 1813 se había iniciado promisoria-mente. El 31 de enero por fin se procedió a la solemne instalación de la Asam-blea General Constituyente, que se venía postergando desde 1810 y en la que cifraban sus esperanzas los independentistas, deseosos de arrancarse la más-cara fernandina. Por entonces la Sociedad Patriótica aconsejaba publicar las cartas constitucionales de los Estados Unidos y de Venezuela, para que sirvie-ran de modelo en la tarea a emprender; y Belgrano terminaba de traducir "La despedida de Washington al pueblo de los Estados Unidos" con la intención de que ese testamento político sirviera de ejemplo para constituir una nación libre e independiente. Se volvía a emplear por el gobierno y la prensa el len-guaje decidido de los tiempos de Moreno. Todo parecía anunciar que, cerran-do definitivamente el ciclo de su marcha vacilante y provisional, la Revolu-ción caminaría con paso firme y concertado hacia su meta.

La Asamblea, presidida por Carlos de Alvear y compuesta de personas no-tables –en su mayoría vinculadas con la Logia– que formaban un conjunto ca-lificado y homogéneo, había asumido la representación soberana de las Pro-vincias Unidas. Mientras diversas comisiones trabajaban en sendos proyectos de constitución para elevarlos a su examen, el cuerpo se entregó a una febril tarea legislativa que apuntaba a la reforma sociopolítica de contenido liberal igualitario de corte republicano (abolición progresiva de la esclavitud, sin le-sionar el derecho de propiedad, a través de la sanción de la "libertad de vien-tres"; extinción del tributo y derogación de la mita, la encomienda, el yanaco-nazgo y todo servicio personal de indios; supresión de los títulos de nobleza, mayorazgos y cualquier otro tipo de vinculación; abolición de la Inquisición; prohibición del uso de instrumentos de tortura; reglamentación de la adminis-tración de justicia, etcétera) y a la afirmación de la identidad independiente (acuñación de una nueva moneda en la que se sustituía la imagen real por el sello de la Asamblea; ejercicio del derecho de patronato con independencia de toda autoridad eclesiástica extraterritorial, en particular del nuncio apostólico residente en España; consagración de las fiestas mayas, del Himno o marcha patriótica y del escudo nacional). Esta obra se complementaba en lo económico con leyes de fomento de la minería, la industria saladeril, el comercio y la agricultura; en lo político-administrativo, con la reforma de las jurisdicciones territoriales (erección de las gobernaciones intendencias de Cuyo, Banda Oriental, Corrientes y Entre Ríos y subdivisión de la de Salta de Tucumán), y en lo militar, con la tercera reforma orgánica de los ejércitos, la creación de la escuadra nacional, el establecimiento de nuevos grados (sargento mayor y coronel mayor) y la fundación del Instituto Militar.

Todo ese vigoroso impulso originario se fue enervando con el correr de los meses; las declamaciones de tono democrático cedieron rápidamente a la intolerancia frente a la oposición y a la suspensión de las garantías individuales; se impuso el exclusivismo omnipotente de la facción mayoritaria, cuyo accionar, regimentado con anticipación en el seno de la Logia, convertía las sesiones del cuerpo en una cada vez más visible ficción. La declaración de la independencia y la sanción de la Constitución fueron postergándose hasta que ya no se las mencionó más en el círculo gubernista, que prontamente se convenció de su inoportunidad. El panorama político europeo se estaba tornando decididamente adverso a la revolución, a la vez que las disidencias internas se multiplicaban, ahondándose la federal artiguista del Litoral hasta desembocar abiertamente en la guerra civil, antes de que se hubiera doblegado el poder realista y cuando era inminente su contraofensiva. El régimen asambleísta comenzó a languidecer. La suspensión de las sesiones se hizo cada vez más frecuente, hasta que sólo se echó mano de las reuniones extraordinarias convocadas por el Poder Ejecutivo con el único objeto de que el cuerpo promoviese sus iniciativas o convalidara sus actos. La mengua de la importancia del papel a jugar por la Asamblea sirvió de anticipo a la concentración unipersonal del poder, que a su vez abrió paso a la dictadura militar.

El trasfondo oculto de ese derrotero seguido por el alvearismo era la instrumentalización de la Logia en función de la ambición personalista de su presidente y la tendencia oligárquica de la camarilla formada en su derredor. Los mismos medios que constituían la garantía de la eficacia del accionar logista (el secreto y la solidaridad) demostraban así su peligrosa ambivalencia cuando, al desviarse de sus fines superiores, se ponían al servicio de las humanas apetencias que alimenta el poder. En el corto lapso transcurrido desde su llegada al Plata San Martín había conquistado su propio lugar en la sociedad porteña y en el ejército, pero ya se dijo que éste no era aún equiparable eon el que ocupaba Alvear. Esa menor influencia se hizo evidente al plantearse la disidencia en el seno de la Logia; dadas las características de su estructura, la resistencia no cabía y el jefe de Granaderos debió asistir, impotente, al encumbramiento de su cofrade y con ello a su propio desplazamiento, que pareció correr paralelo a la postergación del propósito que había dado origen a esa institución: proclamar y hacer efectiva la Independencia.[22]

161

La defensa de la capital

Después de su victoria en San Lorenzo, San Martín continuó abocado a la instrucción de los nuevos reclutas destinados a su regimiento. En febrero arribó un contingente de catamarqueños y en mayo se le incorporaron 260 indios de los que se habían pedido a las misiones, remontándose así el cuerpo a más de seiscientas plazas.

También a partir de febrero, Alvear –con cuya colaboración en el mando de las tareas castrenses San Martín nunca había podido contar demasiado– se desvinculó del cuerpo y pasó a revistar como empleado en la soberana asamblea; puesto desde el que comenzaría su meteórico ascenso al poder.

Es comprensible, entonces, que el 21 de mayo San Martín se viese obligado a solicitar su relevamiento como vocal de la comisión destinada a entender en el juicio militar relativo a la derrota del Desaguadero, "por la imposibilidad de cumplir con ese cargo pues la instrucción de mi cuerpo nuevo, la disciplina de 260 reclutas que acaban de llegar y las cuentas de caja en que está entendiendo, además de las diarias conferencias militares con la oficialidad le impiden y por estas razones suplica se admita su excusación".[23] Se encontraba más absorbido que nunca por las tareas de cuartel, cuando sus camaradas de la Logia concentraban su atención en la política asambleísta.

Por entonces llegaron a Buenos Aires noticias de los preparativos que se hacían en Cádiz para enviar tropas a Montevideo. La alarma provocada por la inminencia del peligro alentó el replanteamiento de la organización militar. Con el fin de aumentar los efectivos de la guarnición, el 31 de mayo la Asamblea votó una ley facultando al Ejecutivo para adquirir esclavos, con los que se formarían los regimientos de infantería N° 7 y N° 8 de Libertos. En breve se procedería a la reestructuración del arma, ocupándose de ello el propio Alvear, quien en junio dejó su cargo de diputado por Corrientes para retornar al ejército, a "donde lo llamaban deberes de más urgencia en las nuevas circunstancias del país". Sin embargo, según se ha dicho, no volvió al regimiento de Granaderos a Caballo; ascendido a coronel, se le asignó la comandancia del Regimiento de Infantería N° 2. Alcanzaba así un verdadero récord de promoción: cuatro grados en quince meses. Sin una trayectoria que lo justificara y sin combatir, quedaba de esa manera nivelado militarmente con San Martín, aun cuando éste sumaba ya, a sus largos años de servicios en el ejército peninsular, los laureles de su reciente victoria en San Lorenzo, prueba elocuente e irrefutable de la contracción ejemplar puesta en la organización de su regimiento modelo.

No obstante, pareció hacérsele justicia al comandante del Granaderos a Caballo cuando, al ponerse la capital en estado de defensa, se le confió el mando en jefe de todas las fuerzas disponibles en la ciudad para que con ellas activase o hiciese ejecutar el plan de operaciones que estimase necesario "en caso de ataque o invasión". Sin embargo, al día siguiente de su altisonante designación, San Martín pidió que se lo relevase de ese cometido, por entender que "siendo la caballería el arma principal que debe obrar y está fuera de la capital parece de necesidad que me ponga a la cabeza de mi regimiento tanto porque conozco el uso de este arma cuanto porque los oficiales y tropa han sido instruidos por mí y es de necesidad tengan en mí una mayor confianza". Es evidente que el coronel no se dejaba impresionar por la aparente importancia de ese cargo, que implicaba en verdad un mando precario, más nominal que efectivo, pues estaba circunscripto al caso específico de irrupción del enemigo; no quería quedar desligado de los escuadrones que tan cuidadosamente venía preparando y que se hallaban dispersos en diversos puntos de la costa bonaerense, ya que era "imposible cuidar de la defensa interior de la plaza y obrar al mismo tiempo en la campaña".[24] Pero su renuncia no fue aceptada y debió dedicarse en los siguientes tres meses a desempeñar esa limitada comisión, en la que no obstante dio nuevas pruebas de sus dotes de organizador: comenzó por pedir los planos de la capital y sus inmediaciones, informándose de su división en barrios, en previsión de las instrucciones a dar a los alcaldes que estaban a su frente; formó una división de artillería volante; impulsó la organización del nuevo Batallón N° 7; propuso y obtuvo la formación de una compañía de zapadores a cargo de Holmberg, destinada como unidad de ingenieros a las obras de defensa; acrecentó la recomposición y fabricación de armas y municiones, activando el funcionamiento de la fábrica de fusiles, puesta bajo la dirección de Domingo Matheu, y la fundición de piezas de artillería, a cargo del teniente coronel Ángel Monasterio.

Además de atender al fortalecimiento de la ciudad, se le encomendó que tomara las medidas adecuadas para asegurar la costa norte hasta Zárate, en previsión de un desembarco realista. Inmediatamente dispuso el envío de refuerzos a los granaderos que ya estaban estacionados en la zona, pero advirtió que no podía hacer otro tanto con las fuerzas de infantería y artillería, a pesar de creerlo necesario, "sin que el gobierno lo disponga pues mis facultades sólo se limitan al mando de las tropas de la capital en caso de invasión de los enemigos". Se observa, pues, cuán acotadas estaban sus atribuciones. Por otro lado, venía verificando que sus consejos no hallaban eco en el gobierno: hacía meses había elevado un plan de defensa de dichas costas, "reducido a una fuerza de las tres armas situada en San Nicolás", pues estaba seguro de "que sin una fuerza permanente en dicho punto, los enemigos podrán impunemente saquearlas y al mismo tiempo tener a esta guarnición en movimientos continuos de los que se originan gastos bastante crecidos".[25]

Lo confirmó en ese convencimiento la denegación que obtuvo por respuesta a su pedido de que se le entregasen cien reclutas del depósito general para engrosar el regimiento de su mando.[26] Inmediatamente, y como para poner a prueba la predisposición del gobierno en orden a la atención de sus indicaciones, propuso: "Si como creo, el Estado no tiene suficientes fusiles para armar a toda la fuerza del depósito, creo sería conveniente el destinar cincuenta hombres de éstos al mando de dos oficiales de los agregados con el objeto de servir en clase de zapadores y que puedan instruirse con antelación, suministrándole los útiles para el efecto que son necesarios"[27]. Esta vez la contestación que recibió fue lo suficientemente explícita como para no dejarle duda de que sus sugerencias eran desatendidas, o al menos pospuestas, por dársele prioridad al arma de infantería encargada al cuidado de Alvear. Así se le daba a entender claramente que la resolución favorable a su pedido dependía, en definitiva, de lo que éste determinara:

El gobierno está persuadido de que no podrá dejarse de armar toda la fuerza del depósito de reclutas: y en este concepto no se hizo lugar por ahora a la entrega de los cien hombres que pidió V.S. para el regimiento de su mando, ni lo hace con la misma calidad a los cincuenta que cree convendría destinar al cargo de dos oficiales con el objeto de que sirvan de zapadores y se instruyan con la antelación necesaria. *Se espera ver qué infantería resulta armada; y si en ella no se incluyese toda la fuerza del depósito, en este caso se destinarán los cincuenta hombres dichos* y nombrarán los oficiales respectivos; adoptándose el útil pensamiento que el patriótico celo de V.S. propone en su oficio de ayer a que se contesta.[28]

Tal ostensible supeditación no era de extrañar. San Martín ya no contaba con ninguna influencia en el Triunvirato, desde que en agosto se había reemplazado a Álvarez Jonte, que pertenecía a su tendencia, con Gervasio Antonio Posadas, tío de Alvear, que sumaría así sus fuerzas a las de Rodríguez Peña. Un mes más tarde se consolidaba el total predominio de la facción en la composición del gobierno con el ingreso de Larrea, por inhabilitación –enajenación mental– de José Julián Pérez. Ya con anterioridad, San Martín había tenido que lamentar el relevo de su joven amigo Tomás Guido, en el desempeño de la secretaría interina de Guerra y su posterior alejamiento para acompañar al nuevo presidente de Charcas, coronel Francisco Antonio Ortiz de Ocampo, jefe natural del N° 2, desplazado de su comando para que Alvear pudiese tomar su puesto. Era imposible no advertir esa sucesión de maniobras convergentes destinadas a convertir al último en árbitro exclusivo de la situación; y si bien San Martín no estaba en condiciones de romper lanzas con él, al menos insistiría en dejar el teórico mando que se le había confiado. El 6 de septiembre redactó su segunda renuncia. Comenzaba recordándole al Ejecutivo que hacía tres meses le había hecho presente que era "la caballería el arma principal que debía obrar con ventaja sobre el enemigo en caso de invasión"; afirmación que estaba en contradicción con lo obrado por el gobierno al preterirla y que, precisamente por eso, San Martín, indignado, recalcaba. Observó seguidamente que no había en ella "un oficial cuyos conocimientos fuesen capaces de reemplazarme". Era ésta una verdad indiscutible, pero apenas terminó de escribir esa frase, arrepentido, la tachó: no quería parecer envalentonado; pero tampoco estaba dispuesto a permitir que se malograsen sus esfuerzos. Así que, luego de reiterar lo manifestado en su primera renuncia –esto es, que "creía de absoluta necesidad el ponerme a la cabeza de mi regimiento tanto por mis conocimientos en este arma como por la opinión que debo merecer de un cuerpo que he creado y formado"–, terminaba reclamando lo que en justicia le correspondía:

> [...] si V.E. quiere esperar ventajas de la caballería es indispensable el que me ponga al frente de ella y de consiguiente la imposibilidad del mando general de las fuerzas y atenciones de la capital [...] Yo ofrezco a V.E. que con sólo el cargo de mi regimiento podré dar un día feliz a la Patria y yo espero que V.E. no negará una solicitud que no tiene más objeto que el bien de los habitantes de estas provincias.[29]

El 8 de septiembre el Triunvirato resolvió dividir la responsabilidad de la organización defensiva de la capital, designando a San Martín comandante general de Caballería y a Alvear, comandante general de Infantería.

Violento vuelco de la suerte revolucionaria

La noticia de los éxitos del ejército aliado contra los franceses en la península, y sobre todo el contundente triunfo obtenido por Wellington en Vitoria el 21 de junio de 1813, que obligó al repliegue de los invasores poniendo fin al reinado de José Bonaparte, presagiaba la configuración de un panorama internacional decididamente adverso a la Revolución. A fin de conjurar el peligro de una acción represora cada vez más factible e inminente, el Segundo Triunvirato se vio constreñido a complementar el esfuerzo bélico con la gestión diplomática.

Contribuyó a afianzar el convencimiento sobre la necesidad de tomar esa iniciativa la llegada a Montevideo de los refuerzos que se venían anunciando. Entre agosto y septiembre de 1813 arribaron a bordo de las fragatas *Prueba* y *Voladora*, del navío *San Pablo* y de tres naves más los regimientos Lorca, América y doscientos artilleros de marina, completando 2.500 plazas. Al parecer, eran apenas la avanzada de la expedición de más de diez mil hombres que, al mando de Morillo, se aprontaban a salir de España.

El gobierno revolucionario chileno, debilitado en su frente político interno y cada vez con menos chance de sobreponerse al acoso de las tropas realistas enviadas desde el virreinato peruano, se preocupó sobremanera al ser notificado por el triunvirato porteño del desembarco de aquellas tropas en la plaza sitiada, haciéndole concebir que hubiese algún plan de invasión a Chile de gran magnitud, combinado entre la Regencia de Cádiz, el virrey de Lima y el gobernador de Montevideo.[30] La consideración de que tales temores resultasen fundados y, sobre todo, la crítica situación por la que atravesaban los patriotas de allende los Andes –que imponían la necesidad de ejercer un control más directo sobre esa zona– debieron haber influido para que el 28 de noviembre de 1813 se crease la gobernación intendencia de Cuyo, separando a Mendoza, San Juan y San Luis de la jurisdicción de Córdoba. La previsión resultaría plenamente justificada cuando, casi un año más tarde, la derrota de Rancagua pusiera fin a la "Patria Vieja" y restaurase el dominio realista en el Reino de Chile, dejando abierto por el oeste un tercer frente bélico para las Provincias Unidas.

A fines de noviembre se decidió comisionar a Manuel de Sarratea a Río de Janeiro y Londres, con autorización para actuar según las circunstancias sobre la base de salvaguardar la "libertad e independencia de estas provincias" y en procura de "la cesación de hostilidades" con España, solicitando para ello la mediación británica. Se buscaba que ésta impidiese el envío de nuevos refuerzos militares desde la península a cambio del otorgamiento de beneficios comerciales. Con el fin de obtener este objetivo concreto, el reconocimiento de Fernando VII estaba fuera de discusión, pues era un requisito básico para avanzar en cualquier negociación por vía inglesa; en cambio, no se admitiría el tutelaje del gobierno gaditano. Todavía no se sospechaba que, con la firma del Tratado de Valençay (11-XII-1813), aquel monarca recuperaría su trono. Debe entenderse que tanto ésta como las misiones de Rivadavia-Belgrano y Manuel José García, que se despacharían a continuación, tuvieron siempre el mismo propósito: ganar tiempo para que la Revolución, acorralada por la reacción restauradora europea que se iniciaba tras el ocaso napoleónico, se impusiera en los campos de batalla. La consigna prioritaria era salvar la independencia, aun a costa de postergar momentáneamente la república; de ahí la transigencia monarquizante que caracterizó a estas tratativas, tan poco sinceras en su letra como firmes en su espíritu.[31] A fin de contribuir al éxito de la misión de Sarratea, tanto Alvear como San Martín se afanaron por mostrar su predisposición favorable a Gran Bretaña, captándose el apoyo del capitán William Bowles, destinado por entonces a la estación naval sudamericana para proteger el comercio británico en el Río de la Plata. Este auspicio resultó eficaz, pues Sarratea consiguió en Río de Janeiro el beneplácito de lord Strangford, como también el del representante español Juan del Castillo y Carroz, para continuar su viaje; de paso intentó acordar las bases de un armisticio con Vigodet, que no logró prosperar.

En el frente este de la guerra no era sólo la amenaza exterior lo que preocupaba sino que a ella se añadía la división interna. A pesar de que el gobierno de Buenos Aires había tenido que aceptar como un hecho consumado que Artigas concretara su pretensión de que Sarratea fuera separado del mando del ejército, después de convenir con Rondeau que lo reemplazase, pronto surgieron nuevos motivos de enfrentamiento: el oriental pretendió reconocer sólo de manera condicional la autoridad de la asamblea y envió diputados elegidos a su arbitrio con instrucciones precisas (independencia, república, igualdad, libertad civil y religiosa, división de poderes, confederación, etc.), que debían hacer valer como mandatos imperativos en el seno de ese organismo; a la par que erigía un gobierno autónomo en la Banda Oriental. En junio, la Asamblea rechazó –alegando su nulidad legal– los diplomas de los diputados artiguistas y todo lo actuado por el caudillo. Recién en octubre, el gobierno impartió a Rondeau las instrucciones para proceder a una nueva elección, ya sin la injerencia del "jefe de los orientales", abiertamente desconocido en su carácter de tal. Éste, desacatando a su vez lo decidido sin su intervención, se lanzó a insurreccionar a los pueblos de la margen occidental del Uruguay, desde Yapeyú hasta Arroyo de la China, en contra del gobierno central de Buenos Aires. No tardaría en dar un golpe más certero e inesperado cuando, el 20 enero de 1814, abandonase el sitio, arrastrando a tres mil orientales, lo que obligó a Rondeau a retirarse hacia el Cerrito, a la vez que –mediante su lugarteniente Otorgués– entraba en tratativas con las autoridades godas de Montevideo y con los marinos realistas, haciendo causa común contra los porteños.[32]

Mientras tanto, todas las esperanzas que –a raíz de los triunfos sucesivos obtenidos por Belgrano en Tucumán y Salta y su consecuente paso a la contraofensiva– habían sido depositadas en la suerte de las armas en el Alto Perú comenzaron a desvanecerse cuando se tuvo noticias del revés de Vilcapugio, ocurrido el 1° de octubre de 1813.

Aquel general ya había iniciado su contacto epistolar con San Martín antes de conocerlo personalmente, pues un común amigo, el liberal español José Milá de la Roca, había servido de nexo entre ambos. El coronel de granaderos le había recomendado el uso del sable y la lanza en la caballería, prometiéndole el envío del cuadernillo que había escrito para uso de su regimiento sobre la táctica a emplear en el arma. Belgrano, que había podido comprobar los superiores conocimientos militares de su corresponsal, le escribía pocos días antes de librar batalla, casi avergonzado de su deficiente preparación comparativa y a modo de disculpa: "¡Ay! amigo mío, ¿y qué concepto se ha formado V. de mí? Por casualidad, o mejor diré, porque Dios ha querido me hallo de general sin saber en qué esfera estoy: no ha sido esta mi carrera, y ahora tengo que estudiar para medio desempeñarme, y cada día veo más y más las dificultades de cumplir con la terrible obligación". Dispuesto a llevar a la práctica sus consejos, terminaba –con su natural humildad– encareciéndoselos "para que pueda ser útil a la Patria".[33]

El gobierno porteño, alarmado por el contraste sufrido en el Norte, se aprontó a remitir una expedición en auxilio al mando de Alvear. Pero pronto desistió de ello al recibir noticias tranquilizadoras del propio Belgrano, quien considerándose "capaz de resistir y aun de vencer" aconsejó al gobierno que volcara sus esfuerzos sobre Montevideo.[34] En verdad, la de Vilcapugio había sido tan sólo una batalla indecisa. En cambio, sí concluyó en una total derrota –contrariando aquellos cálculos optimistas– el enfrentamiento con el enemigo en Ayohuma, el 14 de noviembre de 1813, cerrándose así con un nuevo desastre la segunda campaña altoperuana.

Mientras los realistas volvían a sujetar las provincias de Charcas y Cochabamba –ofreciéndoles resistencia sólo Álvarez de Arenales, refugiado en Valle Grande, e Ignacio Warnes en Santa Cruz de la Sierra–, el general Ramírez perseguía al jefe vencido en su presurosa retirada hacia el sur. Al llegar a Humahuaca, éste le escribió a San Martín:

> Paisano y amigo: no siempre puede uno lo que quiere, ni con las mejores medidas se alcanza lo que se desea: he sido completamente batido en las pampas de Ayohuma cuando más creía conseguir la victoria; pero hay constancia y fortaleza para sobrellevar los contrastes, y nada me arredrará para servir, aunque sea en clase de soldado por la libertad e independencia de la Patria. […] mucha falta me han hecho los buenos jefes de división, porque el general no puede estar en todas partes: uno de ellos faltó a una orden mía y he ahí el origen de la pérdida de la última acción, que vuelvo a decir ha sido terrible, y nos ha puesto en circunstancias muy críticas.
>
> Somos todos militares nuevos con los resabios de la fatuidad española y todo se encuentra menos la aplicación y contracción para saberse desempeñar; puede que estos golpes nos hagan abrir los ojos, y viendo los peligros más de cerca, tratemos de otros esfuerzos que son dados a los hombres que pueden y deben llamarse tales.[35]

Al escribir esta carta, Belgrano confiaba en la pronta llegada de los refuerzos al mando de Alvear, pues aún no había recibido la comunicación del gobierno por la cual se le informaba que, dada la confianza que manifestaba en sus propios recursos, se había suspendido su envío. Ahora que tenía que volver a empezar de nuevo, comprendía que debía haber contado con tales auxilios antes de pasar a la ofensiva sobre Salta. Aun más, le agregaba, quejoso, a San Martín: "Lo pedí a V. desde Tucumán; no quisieron enviármelo; algún día sentirán esta negativa: en las revoluciones, y en las que no lo son, el miedo sólo sirve para perderlo todo".[36]

Alejamiento de San Martín y afianzamiento del alvearismo

El 2 de diciembre llegó a Buenos Aires la noticia de la derrota de Ayohuma. Esta vez sí se apuraría el envío de refuerzos, pero ya no sería Alvear quien se pusiera a su frente. El 3 de diciembre San Martín era designado jefe de la expedición que debía acudir en auxilio de Belgrano, compuesta del Batallón N° 7, de setecientas plazas, cien artilleros y 250 granaderos a caballo (esto es, los dos primeros escuadrones, mientras Zapiola quedaba en el Retiro con los restantes pues por entonces terminó de organizarse el cuarto). Belgrano estaba lejos todavía de salir de sus apuros cuando le llegó esta noticia, que, entusiasmado, le hizo instar a quien ya consideraba su "amigo": "Vuele V., si es posible; la Patria necesita de que se hagan esfuerzos singulares".[37]

Cuando estaba a punto de partir y a pesar de su desacuerdo, San Martín fue nombrado mayor general del Ejército del Perú en reemplazo de Díaz Vélez, y ello porque el gobierno no había podido vencer su resistencia para que se pusiese al frente de aquella hueste en esqueleto. Así se lo hacía saber Rodríguez Peña: "Tenemos el mayor disgusto por el empeño de V. en no tomar el mando en jefe, y crea que nos compromete mucho la conservación de Belgrano. Él ha perdido hasta la cabeza". El triunviro esperaba que, al llegar a destino, Guido y demás "hermanos", "le harán variar de propósito".[38] Sucedía que San Martín no compartía la política de hacer "leña del árbol caído"; aquel esforzado militar –a quien sinceramente respetaba– no se merecía el trato ligero y desconsiderado de que era objeto por parte de los hombres de la Logia; menos podía prestarse a infligirle el desaire de reemplazarlo, sobre todo cuando dicho general le escribía: "Mi corazón toma un nuevo aliento cada instante que pienso que V. se me acerca; porque estoy firmemente persuadido de que con V. se salvará la Patria", para confiarle luego la infinita soledad que sentía, y el sinsabor de la incomprensión y de la ingratitud que le habían deparado su entrega incondicional a la Revolución:

[...] soy solo; esto es hablar con claridad y confianza; no tengo, ni he tenido quien me ayude, y he andado los países en que he hecho la guerra como un descubridor; pero no acompañado de hombres que tengan iguales sentimientos a los míos, de sacrificarse, antes que sucumbir a la tiranía [...] entré a esta empresa con los ojos cerrados y pereceré en ella antes que volver la espalda, sin embargo de que hay que huir a los extraños y a los propios [...][39]

San Martín se conmovió, intuyendo que a él le tocaría pasar por idéntico trance, aunque seguramente no pudo entonces imaginar con cuánta frecuencia lo asaltarían en su exilio esos mismos amargos sentimientos.

Apenas unos pocos párrafos más adelante, Belgrano volvía a recobrar el entusiasmo (el amor a la Patria siempre terminaba sobreponiéndose a sus pesares personales) y le insistía: "Empéñese V. en volar, si le es posible, con el auxilio y en venir a ser no sólo amigo, sino maestro mío, mi compañero, y mi jefe si quiere".[40]

Las dramáticas circunstancias descriptas ofrecerían el marco propicio para la marea alvearista, que se había venido preparando con el copamiento de la Logia y de la Asamblea por los partidarios del flamante coronel de virginal espada, ávido de poder y de gloria.

En efecto, la probabilidad inminente de un múltiple ataque externo, de manera simultánea a la conmoción interior y la restauración de Fernando VII en el trono español, creó las condiciones adecuadas para la concentración del poder, en contra de la cual ya San Martín se había manifestado, porque sabía que, al redundar en una afirmación del alvearismo, no haría más que acentuar el desvío del auténtico cauce revolucionario que había comenzado a pronunciarse. Pero él ya no estaría presente en la capital porteña cuando, el 27 de diciembre de 1813, Alvear asumiera la comandancia general de armas de la capital, ni tampoco cuando, el 22 de enero de 1814, la Asamblea, a propuesta del mismo triunvirato, decidiera unificar el Poder Ejecutivo y creara el cargo de Director Supremo, eligiendo para desempeñarlo, "por unanimidad de sufragios", al "tío" Posadas. Para entonces otro muy distinto sería el escenario que San Martín tendría ante sus ojos: un ejército harapiento y vencido, replegado en Tucumán, acechado por el enemigo. Alvear lo había acompañado hasta la salida de Buenos Aires y no es inverosímil que, al conseguir con ello desembarazarse de quien se había convertido en una figura molesta, contraria a sus proyectos y capaz de erigirse en el eventual rival de los laureles ambicionados, al verlo partir, volviéndose hacia los amigos que le acompañaban, expresara con irónica satisfacción –pensando en el presente griego que le aguardaba–: "Ya cayó el hombre". Lo habría dicho en portugués, dando a la socarrona expresión un efecto más contundente: "*Ja se fodeu o home*".[41]

Una encrucijada dramática

A principios de 1814 la Revolución del Sur atravesaba su momento más crítico. Liberada España del conflicto napoleónico, el restaurado Fernando VII se dispuso a cortar la evolución liberal y constitucionalista operada en el gobierno peninsular durante su ausencia y a restablecer el absolutismo, a la vez que preparaba la represión armada del movimiento emancipador americano. El envío de tropas auxiliares a Montevideo, a la manera de avanzada de la poderosa expedición punitiva que se aprestaba en Cádiz, era la señal inequívoca del inminente recrudecimiento de la guerra no sólo por la mayor cantidad de efectivos involucrados en ella, sino por la importante variación cualitativa que con ellos se introducía. La resistida metrópoli pudo desde entonces enviar unidades europeas veteranas más homogéneas y mejor organizadas, con comandos superiores experimentados de tendencias operativas y tácticas modernas, que formaron ejércitos disciplinados, bien instruidos, aguerridos e intrépidos. No sería fácil quebrantarlos por más que, marchando a contramano de la historia, estuvieran condenados a un inevitable y creciente aislamiento.

Las recientes derrotas del Ejército Auxiliar del Alto Perú dejaban abierto el campo al avance del ejército realista del general Pezuela, decidido a no dar tregua a las derrotadas huestes patriotas y a "pacificar" el país hasta Buenos Aires. Contener su ofensiva sería la misión a cumplir por San Martín, para posibilitar que el gobierno concentrara sus esfuerzos en el flanco oriental. Éste era sin duda el que ofrecía mayor peligro, en tanto que la plaza sitiada podía oficiar de natural cabeza de puente a la expedición peninsular que aspiraba a cegar el foco revolucionario de Buenos Aires.

Asegurar la defensa del frente norte para apresurar la toma de Montevideo era cuestión de vida o muerte en esa hora verdaderamente dramática, pues nunca como entonces el enemigo estuvo más cerca de concretar su proyecto de conectar los ejércitos que operaban con gran chance de éxito por el norte, el este y el oeste de las Provincias Unidas.

Los dos jefes militares de la Logia saldrían airosos de esa prueba crucial, pero la diferencia de escenarios y de despliegue de recursos tenían necesariamente que conferir mayor espectacularidad a la actuación de Alvear. Para él serían el poder y la fama a corto plazo. A San Martín, su eficaz pero poco estridente acción en terreno lejano y condiciones precarias le depararía una grave agudización de sus crónicos padecimientos de salud y un momentáneo eclipse; pero, en compensación a tan injusta suerte, aquilataría una experiencia de gran trascendencia futura en orden a la concepción estratégica de la empresa destinada a inmortalizar su nombre.

Al frente del Ejército del Norte

El jefe vencido en Ayohuma se sintió reconfortado al saber que San Martín había salido de Buenos Aires al frente de los auxilios enviados por el gobierno, pero no podía dejar de pensar en la ingrata impresión que aquel recibiría en su fatigoso derrotero. Desde Jujuy le escribió: "Le contemplo a V. en los trabajos de marcha, viendo la miseria de nuestros países y las dificultades que presentan con sus distancias, despoblación y, por consiguiente, falta de recursos para operar con la celeridad que se necesita". Contenían esas pocas líneas del inteligente observador que era el fogueado Belgrano las notas esenciales que singularizaron a las guerras por la independencia americana, influidas por el paisaje geográfico y humano: la enorme extensión de los escenarios de lucha, las colosales longitudes de la línea de comunicación, la gran pobreza de poblaciones y recursos. Sin embargo, sería precisamente el mayor conocimiento y dominio de las dificultades del medio la ventaja relativa que permitiría a las tropas criollas bisoñas, mal armadas y deficientemente equipadas triunfar sobre los avezados ejércitos realistas. Mas, por el momento, el panorama se presentaba bastante desolador, a tal punto que aquel general no se atrevía a adoptar resolución alguna sin asesorarse previamente por el oficial que iba a su encuentro:

Yo me hallo con una porción de gente nueva a quien se está instruyendo lo mejor posible; pero todos cual Adán. Deseo mucho hablar con V. de silla a silla para que tomemos las medidas más acertadas y formando nuestros planes los sigamos, sean cuales fueren los obstáculos que se nos presenten, pues sin tratar con V. a nada me decido.[42]

Entre tanto, San Martín, ya próximo a su destino, seguía siendo apremiado desde Buenos Aires para que tomara el mando del Ejército del Norte. Posadas, sumándose a la instancia que anteriormente le hiciera Rodríguez Peña, le rogaba encarecidamente que lo hiciera: debía dejar de lado sus pruritos acerca de la consideración que merecía el creador de la bandera: "Fuera política y vamos al grano: excelente será el desgraciado Belgrano, será igualmente acreedor a la gratitud eterna de sus compatriotas; pero sobre todo entra en nuestros intereses y lo exige el bien del país que por ahora cargue Vd. con esa cruz".[43] En verdad, la resolución ya estaba tomada en el seno de la Logia y el gobierno no tardaría en comunicársela; por otra parte, el mismo Belgrano la creía conveniente.

El 12 de enero San Martín se encontraba ya en Tucumán y, a pesar de estar enfermo –el sofocante clima le había sentado pésimamente–, se dispuso a salir para Cobo en cumplimiento de una orden del todavía general en jefe por la que éste disponía que se adelantase con toda la caballería para proteger su retirada, ya que el enemigo lo perseguía de cerca desde los primeros días de enero.[44] También Belgrano estaba afectado de tercianas; no obstante, continuó bajando presurosamente. El 17 llegó al río Juramento, lo cruzó y continuó su marcha. Ese mismo día en las proximidades de la posta de los Algarrobos –no en la de Yatasto como tradicionalmente se había afirmado– pudo abrazar por primera vez al futuro Libertador. Ambos jefes se alojaron en la Estancia de las Juntas, propiedad de Manuel José Torrens.[45]

Ignorando que, el 18 de enero, el Segundo Triunvirato –tal como lo anunciara Posadas– había extendido a San Martín el despacho por el que lo ponía al mando del Ejército Auxiliar del Perú, Belgrano lo designó el 21 su segundo jefe y resolvió que se pusiera en marcha hacia la ciudad de Tucumán para proceder a la instrucción y disciplina de la tropa.

En efecto, ni Jujuy ni Salta ofrecían suficientes garantías de seguridad para fijar el cuartel general donde debía reorganizarse el ejército derrotado. El punto final de repliegue sólo podía fijarse en Tucumán por las ventajas derivadas de su condición de centro de abastecimiento y de comunicaciones relativamente fáciles y rápidas. La feracidad de su suelo y la densidad de su población habían hecho posible una explotación agropecuaria de considerable importancia, cuyos excedentes alimentaban el comercio interregional. Además la ciudad era el sitio de convergencia del camino altoperuano y de las carreteras provenientes de Córdoba, Santiago del Estero y Catamarca, lo que la convertía en núcleo de irradiación del intercambio, desde y hacia el altiplano. Todo esto, sumado al apoyo popular con que contaba allí la revolución, explica que ese lugar sirviera de enclave estratégico para poner en pie de guerra al ejército.

El 29 de enero San Martín tomó posesión del mando de la triste hueste. Al día siguiente dirigió una proclama a las tropas en la que conminaba a los "vencedores en Tupiza, en Tucumán y Salta" a salvar a la patria del "estado inminente de sucumbir" en que se hallaba[46]. En la proclama destinada al pueblo, pensada para encender su entusiasmo y comprometer sus servicios a la causa, expresaba la gran confianza que depositaba en el esfuerzo conjunto: "Constancia, unión, tucumanos, y apareceremos invencibles [...] Unido el Ejército de mi mando con vosotros, ¿tendrá la Patria a quién temer?"[47]

San Martín se aprestó, así, a poner manos a la obra de reconstruir la capacidad combativa del ejército derrotado, partiendo de la base de sus reliquias. Recién cuando estuvo frente a aquellos harapientos soldados que movían a compasión pudo comprender en su real crudeza el eufemismo de Posadas, aquello de "cargar con esa cruz"; y por eso le escribía al ya Director Supremo, apelando a su indispensable auxilio:

> Yo me encargo, Señor Exmo., de un ejército que ha apurado sus sacrificios durante el espacio de cuatro años; que ha perdido su fuerza física y sólo conserva la moral; de una masa disponible, a quien la memoria de sus desgracias irrita y electriza y a quien se debe mover por los estímulos poderosos del honor, del ejemplo, de la ambición y del noble interés. Que la bondad de V.E. hacia este ejército desgraciado se haga sentir para levantarlo de su anterior caída.[48]

Los regimientos que lo componían habían quedado reducidos a pequeños fragmentos. Si optaba por completarlos hubiera sido preciso crear un gran número de oficiales para conformar las planas mayores destruidas. Esta medida, además de costosa, hubiera significado persistir en el error de continuar abusando del otorgamiento de grados que era una de las principales lacras de la organización militar revolucionaria. San Martín optó por la otra alternativa: disolver el Regimiento N° 6, que había quedado completamente carente de oficialidad, engrosando con sus efectivos el N° 1 al mando de Belgrano, quien desde ese modesto puesto continuaba sirviendo en el ejército después de haberle entregado el mando a su compañero y amigo. Con esa medida también se evitaba una superposición de denominaciones, pues ya existía otro cuerpo que ostentaba el mismo número operando en la Banda Oriental.

Para que la reorganización iniciada pudiera continuarse con éxito era indispensable mejorar las condiciones materiales de esos miserables combatientes que ni siquiera contaban con ropa que los cubriera: "Es imposible pintar a V.E. el estado de desnudez en que se halla el ejército de mi mando: una campaña penosa y desastrosa ha dejado a los pocos soldados viejos en tal estado que promueven a lástima; los reclutas, de que la mayor parte del ejército se compone, no pueden salir de sus cuarteles por ser tal su desnudez, que la misma decencia se resiste". Si se pretendía mantener en alto su dignidad, un requisito elemental era sencillamente vestirlos: San Martín solicitó la remisión de "tres mil vestuarios sean de la clase que fuesen, sin cuya circunstancia este ejército no podrá estar en estado de obrar, y máxime con la aproximación del invierno tan riguroso en estos países".[49] El 5 de marzo dicho jefe insistía sobre esa misma carencia, que aquejaba igualmente al cuerpo de oficiales, la que era tan notable que llegaba a impedirles cumplir con el servicio por una cuestión de elemental decoro, esto es, "por no tener con qué cubrir sus carnes, y por no hacerse el objeto de risa y desprecio en el público".[50] Posadas autorizó la remisión de las veinte piezas de paño solicitadas.

La incautación de fondos

Con criterio realista, San Martín juzgaba que antes de pedirles cualquier nuevo sacrificio a esos soldados era preciso darles lo que les correspondía, obteniendo recursos de donde fuere y aun a costa de incurrir en un acto de desobediencia frente a las autoridades capitalinas. Por eso su primer acto administrativo consistió en regularizar el pago del Ejército. El 31 de enero ordenó que la tropa fuese socorrida con 4 reales semanales y el 4 de febrero mandó proveer regularmente la ración de aguardiente a razón de medio frasco por cada cincuenta hombres. El testimonio de Paz confirma la puesta en práctica de estas medidas: "El general San Martín exigía de los oficiales un trato y porte decoroso, pero quería que los soldados fuesen exactamente pagados; y efectivamente en los cuatro meses que estuvo a la cabeza del ejército así se verificó con la clase de jefes y oficiales, sin dejar de dar al soldado buenas cuentas semanales, que si no completaban su sueldo, le suministraban al menos para sus más precisos gastos".[51] Pero, ¿de dónde provenían los fondos?

En septiembre de 1813, la Asamblea había resuelto el envío al interior de una comisión integrada por Álvarez Jonte y Ugarteche para examinar el estado económico y político de las poblaciones con el fin de uniformar el sentimiento de adhesión a la causa revolucionaria y arreglar su sistema hacendístico para que concurriesen a cubrir las urgencias del Estado. Debían levantar un censo general y realizar la valuación de los bienes particulares. Belgrano había conseguido que dicha Comisión Directiva del Interior dispusiera provisoriamente retener en auxilio de Tucumán los caudales extraídos de Potosí, en vez de enviarlos a Buenos Aires. A fines de enero de 1814 el Director desaprobó la medida y ordenó que el dinero fuera remitido a la capital y la plata a Chile, para reducirla a moneda. San Martín resolvió ignorar la imperiosa disposición y utilizar los 36.000 pesos que habían ingresado en la caja militar del ejército para abonar las pagas adeudadas a los oficiales y la tropa. En oficio dirigido al Superior Gobierno de fecha 23 de febrero procuró justificar la desobediencia en la que se había visto obligado a incurrir:

Yo faltaria Señor Exmo. a mi deber, a mi honor y a la misma confianza que V.E. se ha servido hacerme si dejase de exponer a V.E. con la franqueza que me caracteriza: que esta provincia no presenta ya recursos para sostener este ejército: que el país se pierde y el ejército se disuelve si V.E. no lo socorre. Estos son, Señor Exmo., los urgentes motivos que *me han obligado a obedecer y no cumplir la superior orden indicada* y representar a V.E. sobre la absoluta necesidad de aquel dinero para la conservación de este ejército.[52]

Posadas debió conformarse con la veraz argumentación de San Martín, aunque le explicó que si había ordenado el ingreso de aquellos fondos en el tesoro general era para poder pagar los cuatro meses que se debían a las tropas de la capital. Por eso, aunque terminó aprobando su conducta, no omitió decirle, a modo de reconvención: "Pase por ahora el obedecer y no cumplir, porque si con el obedecimiento se exponía Ud. a quedar en apuros, con el no cumplimiento he quedado yo aquí como un cochino".[53]

La concentración e instrucción de fuerzas en la Ciudadela

Para favorecer la organización del Ejército que se proponía realizar, el nuevo jefe juzgaba de utilidad reconcentrar todas las fuerzas en el cuartel general para que adquirieran la disciplina y subordinación necesarias, pero antes de proceder en tal sentido –dados los escasos conocimientos que aún tenía del medio– juzgó prudente consultar al comandante de vanguardia, coronel Manuel Dorrego sobre los siguientes puntos:

"1° ¿Será útil que permanezca la fuerza que está a las órdenes de V.S. resguardando la jurisdicción de Salta y hostigando por cuantos medios pueda al enemigo?; 2° ¿no podría ejecutarse esto mismo por menor fuerza, como la de cien hombres y la reunión de las milicias?; 3° ¿acaso no podría dejarse al cargo solo de estos el evitar que saquee el enemigo ganados y cabalgaduras y que estuviesen de observación para saber y darme parte de sus movimientos?".[54]

Obtuvo esta contestación de su consultante:

[…] no solamente es inútil que permanezca esta división sino que se halla en grave peligro. Inútil porque toda no puede obrar tanto por la falta de buenas cabalgaduras, cuanto porque su objeto que es el impedir la pacífica posesión de estos puntos al enemigo lo puede hacer igualmente una partida de cincuenta hombres y con mayor facilidad, como que es independiente […] Peligrosa porque la tropa se va aburriendo, y ya comienza la deserción, igualmente que las enfermedades, pues pasan de cuarenta los enfermos a más de que los movimientos prontos y las aguas continuas han inutilizado e inutilizan una parte del armamento [...] Con cien lanzas de las que hay en los almacenes del Ejército podría armarse el paisanaje. Éstos podrían tener noticias diarias de Salta como que los paisanos entran y salen francamente, e impedir la recolección de caballos y ganados [...] Lo que es de absoluta necesidad es que se les dé unas instrucciones del modo como deben hacer la guerra de recursos sin comprometerse jamás a ser destruidos de un solo golpe.[55]

Tal respuesta lo confirmó en la conveniencia de retirar la vanguardia establecida en Guachipas, donde dejó una línea de puestos bajo la dirección de oficiales conocedores del terreno que con una importante porción de milicias y del paisanaje voluntario que se les había reunido debían evitar la extracción de recursos por parte del enemigo, vigilar sus movimientos e interceptar sus comunicaciones.

Reunido el ejército en el cuartel general de Tucumán, tenía que asegurarse su defensa a cualquier precio; debía ser una plaza inconquistable. Por entonces la vanguardia realista al mando del general Ramírez había recibido refuerzos de Pezuela, situado en Tupiza con 4.000 hombres, a los que se sumaba la fuerza de avanzada que se encontraba en Salta al mando del coronel nativo Juan Saturnino Castro, con un total de poco más de 2.000 hombres. San Martín descreía de que con tales efectivos concretaran un ataque inmediato sobre sus posiciones.[56]

Pese a que lo asistía tal confianza, no era persona de dejar librado al azar el curso de los sucesos. En previsión de ese poco probable ataque o de cualquier otro contraste que sufriera su tropa, una de las primeras disposiciones que adoptó fue construir un recinto atrincherado en las afueras de la ciudad, conocido con el nombre de la Ciudadela. Las razones con que justificó la medida ante las autoridades fueron que esa obra de fortificación debía sostener la ciudad y servirle de apoyo y punto de reunión del ejército en una ocasión desfavorable, sin perjuicio de la utilidad que prestase para instruir a la tropa. La creación de la escuela de matemáticas estaba íntimamente vinculada con esa obra. Organizó con sus alumnos un plantel de ingenieros, que trazaron bajo la dirección del teniente coronel Enrique Paillardelle –a cuyo cargo corría el curso de artillería y geometría, iniciado el 25 de febrero–, el pentágono y los bastiones del recinto ubicado en el campo de las Carreras.

Allí procedió a la instrucción del Ejército del Norte. Introdujo reformas en la caballería sobre la base del regimiento modelo de Granaderos a Caballo; en cuanto a la infantería, se preocupó especialmente de engrosar el N° 7 de libertos, por medio de una comisión militar de rescates. Para poder alcanzar el número de 1.200 plazas a que pretendía aumentarlo, también pidió que se agregasen los esclavos rescatados por la comisión similar de Córdoba, solicitando además el envío de reclutas a Santiago del Estero, Catamarca y La Rioja. Formando en un cuerpo separado los pardos y morenos, con lo que se evitaba que padecieran el habitual menosprecio de los blancos, elevaron su espíritu militar bajo la conducción inteligente de su jefe Toribio Luzuriaga. La confianza puesta por San Martín en ese cuerpo se vería confirmada cuando llegase el momento de la acción, ya que sería notable el heroísmo que desplegarían en su bautismo de fuego de Sipe Sipe. Pasarían luego a Mendoza, para continuar destacándose por su coraje y disciplina en las campañas a Chile y Perú.

Mayores dificultades presentó a San Martín organizar satisfactoriamente el ramo de artillería, "una de las armas que tiene más influencia en la suerte de la batalla: los oficiales de este cuerpo se contraen cuanto les es posible; a pesar de esto, sus conocimientos no corresponden con sus deseos", por lo que encareció al gobierno el envío de "un comandante de artillería de conocimiento y actividad"[57], además de sesenta artilleros más, "pues son de la primera necesidad con respecto a que no se pueden formar con la prontitud que cualquier otro soldado".[58] De los cien que habían salido con la expedición desde Buenos Aires, 44 habían desertado. Un mes más tarde solicitó que se le remitieran seis piezas cortas de a cuatro, "con las que se opera con más facilidad y ventaja en los países quebrados y de montaña como los del Perú".[59] Recién en abril llegó al Ejército del Norte el sargento mayor Manuel Ramírez, con treinta artilleros. No conforme con él, San Martín instó al gobierno para que le mandase a Matías Irigoyen, explicando: "Las ventajas que nos hace en esta parte el general enemigo, por ser un artillero científico, me obligan a insistir (aunque parezca molesto) [...] sobre la necesidad de un oficial facultativo que llene los importantes deberes de comandante de artillería".[60] Pero ya por entonces estaba apunto de abandonar el mando.

El grave problema de la oficialidad

Mucho más que el adiestramiento de la tropa preocupaba a San Martín la falta de una oficialidad idónea y dócil a la sujeción disciplinaria. Afirmaba tempranamente en comunicación al gobierno: "El gran mal, o por mejor decir, el gran inconveniente que ha tenido y tiene el ejército para su organización es la mala base de sus oficiales". Al cabo de unos pocos días se había convencido por completo de que sin una indispensable reforma de la mayor parte de ellos, el ejército no podría corresponder a las esperanzas en él cifradas; pero al mismo tiempo era consciente de que, dadas las circunstancias, ella no podía hacerse "sino con mucho pulso y paulatinamente", reemplazando a los díscolos con sujetos de honor y educación. Para empezar estaba dispuesto a despedir a los numerosos cochabambinos, que no servían para otra cosa más que para "abrumar con sus continuas peticiones de dinero". Notificaba que varios oficiales se hallaban sumariados "por los delitos más feos y horrendos que es imaginable", pero sus causas no hacían más que distraer la atención de los buenos que en general se esforzaban inútilmente por lo difícil que resultaba probar las infracciones cometidas en otros lugares, las que en general quedaban impunes pese a su notoriedad. Por esta razón proponía que "los oficiales fuesen juzgados si es posible verbalmente por una comisión de jefes cuya sentencia fuese definitiva; éste sería el modo más pronto y ejemplar de castigar y no dudo que las ventajas se palparían".[61] El gobierno estuvo de acuerdo con el drástico y expeditivo proceder aconsejado, por lo que autorizó a San Martín a establecer una Comisión Militar para el juzgamiento de oficiales, que debería expedirse en el plazo de seis días, excluyendo toda apelación de sentencia, salvo en lo casos de privación del empleo, muerte o pena aflictiva, con asesoramiento del auditor general de guerra. Este último cargo lo ejerció Álvarez Jonte.

Otro arbitrio utilizado para depurar la oficialidad fue el exigir a los jefes y oficiales la presentación de los despachos que los acreditaban como tales, para poner coto a la desorganización que existía en ese rubro. Era habitual que salieran de las exhaustas cajas del ejército gran número de sueldos de oficiales que no podían justificar debidamente la condición que decían tener. Es de imaginar el disgusto que la medida debió causar a los afectados. El caso más sonado fue el de los hermanos Paillardelle que, ofendidos por la orden, pidieron licencia para pasar a Buenos Aires por asuntos particulares. San Martín, indignado por la actitud de esos oficiales, escribía al gobierno:

> El origen de esta novedad no ha sido otro a mi entender que el haber yo pedido a D. Enrique el despacho que debía tener de ese gobierno su hermano don Antonio para disfrutar el sueldo de teniente coronel que se le ha estado pagando. Yo me aturdo, Señor Exmo., cuando veo que unos hombres que se dicen comprometidos por la causa, tienen tan poca moderación y desinterés que en el momento que se trata de hacer el más pequeño sacrificio del rango a que se creen acreedores, se olvidan de la primera disposición que caracteriza a un patriota, que es la resolución de salvar la Patria a cualquier costa. Por otra parte don Antonio Paillardelle no tiene más título de teniente coronel que el que le expidió su hermano don Enrique en la momentánea revolución del pueblo de Tacna. V.E. sabe cuáles son las consecuencias de la facilidad con que se han prodigado los grados militares.[62]

A principios de marzo, cuando ya estaban completos los cuadros de oficiales de todos los regimientos, San Martín propuso al gobierno desprenderse de los sobrantes, despachándolos a Córdoba para que fueran utilizados en la instrucción de un depósito de reclutas o bien en el servicio de frontera. También en esto contó con la aprobación del gobierno. Expresamente, Posadas le dejó en plena libertad al respecto: "En cuanto a desmochar oficiales haga usted lo que por bien tuviera […] dé sin miedo los tajos y reveses que se le antojaren, seguro de que por mi parte no ha de haber novedad".[63]

Pero San Martín no sólo se mostró resuelto a separar de su ejército a los oficiales de más nula capacidad sino incluso a quienes habían descollado por su comportamiento en las acciones de guerra, pero cuyo genio alborotador e indisciplinado constituía un pernicioso ejemplo. Tal era el caso del coronel Dorrego.

El general en jefe había decidido sistematizar la instrucción de los oficiales a través de la academia militar que él mismo presidió. Los cursos que en ella impartió a los jefes se iniciaron el 1° de marzo y concluyeron el 22 de abril, fecha en que cada uno de aquéllos debían hacer extensivos los conocimientos adquiridos a los oficiales a su cargo. En una de las primeras reuniones de la mencionada academia tuvo lugar el famoso incidente entre Dorrego y Belgrano, que decidió a San Martín –ya colmada su paciencia– a remover al primero del mando del Batallón de Cazadores, disponiendo su traslado a Santiago del Estero. He aquí el insoslayable relato testimonial de Gregorio Aráoz de Lamadrid:

> [...] se dio la orden para que asistieran todos los jefes de los cuerpos a la casa del señor general en jefe, a la oración, todos los días, para uniformar las voces de mando. El general Belgrano había quedado a la cabecera del 1°, como jefe de él, sin embargo de ser un brigadier general, y era también uno de los que concurrían. Colocados todos los jefes por antigüedad, daba el Sr. San Martín la voz de mando y la repetían en el mismo tono los demás; no recuerdo si en la segunda reunión, al repetir el general Belgrano, que era el 1°, la voz que había dado el Sr. San Martín, largó la risa el coronel Dorrego. El general San Martín que lo advirtió, díjole con fuerza y sequedad: "¡Señor coronel, hemos venido aquí a uniformar las voces de mando!". Dio nuevamente la voz, y riéndose de nuevo Dorrego al repetirla el general Belgrano, el señor San Martín, empuñando un candelabro de sobre la mesa y dando con él un fuerte golpe sobre ella, echó un voto, dirigiendo una mirada furiosa a Dorrego y díjole, pero sin soltar el candelabro de la mano: "¡He dicho, señor coronel que hemos venido a uniformar la voces de mando!". Quedó tan cortado Dorrego que no volvió más a reír y al día siguiente lo mandó San Martín desterrar a Santiago del Estero.[64]

Una sorda resistencia

Además de exigir una estricta exactitud en el servicio, San Martín pretendía elevar el tono moral de la oficialidad. Por eso trató de promover la institución secreta del Tribunal de Honor, vigente en los escuadrones de Granaderos a Caballo, pero ésta fue objetada por los oficiales de los otros cuerpos del ejército. Ante la resistencia que suscitó la sola mira de implantarla, el general debió por prudencia desistir de su propósito. Empero, al menos procuró promover la adopción del duelo, a diferencia de su antecesor en el mando. que castigaba el desafío con una severidad ejemplar y que, noticiado del intento de San Martín, no dudó en hacerle conocer lo inadecuado que eso resultaba en una sociedad de hábitos tan acentuadamente piadosos como la norteña, a los que era preciso respetar. Le aconsejaba evitar la tentación de contrariar todo lo que pudiera herir la religiosidad popular:

[...] no sé quién ha venido por aquí con la noticia de las reglas reservadas con que deben gobernarse los cuerpos, inculcando en la del duelo: me lo han preguntado varios vecinos asombrados y a todos he contestado que ignoro y aún disuadiéndolos. Son muy respetables las preocupaciones de los pueblos y mucho más aquellas que se apoyan por poco que sea en cosa que huela a religión: creo muy bien que V. tendrá esto presente y que arbitrará el medio de que no cunda esa disposición y particularmente de que no llegue a noticia de los pueblos del interior. La guerra allí no sólo la ha de hacer V. con las armas, sino con la opinión, afianzándose siempre en las virtudes morales, cristianas y religiosas, pues los enemigos nos la han hecho llamándonos herejes y sólo por este medio han atraído las gentes bárbaras a las armas, manifestándoles que atacábamos la religión. Acaso se reirá alguno de este mi pensamiento, pero V. no deje llevarse de opiniones exóticas, ni de hombres que no conocen el país que pisan [...] Estoy cierto de que los pueblos del Perú no tienen una sola virtud y que la religión la reducen a exterioridades todas las clases, hablo en general; pero son tan celosos de éstas que no cabe más y aseguro a V. que se vería en muchos trabajos si notasen lo más mínimo en el Ejército de su mando que se opusiera a ella y a las excomuniones de los Papas. [...] no deje de implorar a Nuestra Señora de Mercedes, nombrándola siempre nuestra generala y no olvide los escapularios a la tropa: deje V. que se rían; los efectos le resarcirán a V. de la risa de los mentecatos que ven las cosas por encima.[65]

Estos inteligentes consejos de Belgrano debieron ser tomados muy en cuenta por San Martín, quien comprendía que la adaptación de aquél a la idiosincrasia de esos pueblos era lo que le había granjeado la consideración de que gozaba en ellos, logrando así revertir la mala imagen que habían dejado los porteños en la primera campaña, sobre todo a raíz de los excesos impíos del jacobino Monteagudo, tolerados por Castelli.

Volviendo a la sorda oposición a las innovaciones de San Martín, es probable que algo tuviera que ver con ella la desconfianza que suscitaban en los oficiales de ese ejército –que desde hacía cuatro años estaban en lucha contra las tropas realistas– los militares del 8 de octubre, que, apenas incorporados a la revolución, ya ocupaban los principales puestos y a quienes necesariamente debían considerar como unos advenedizos afortunados que con notoria injusticia venían a desplazar a los antiguos y esforzados jefes:

Los miraban con celos y con una resistencia que no por estar indecisa y taimada era menos conocida. El mismo general San Martín no se sentía cómodo entre ellos, los encontraba soberbios, y tan infatuados con su bravura personal, que menospreciaban las instrucciones teóricas y las enseñanzas de la nueva táctica que él creía indispensable darles. Entre tanto, aunque poco respetuosos con los talentos y conocimientos militares del general Belgrano, le daban su adhesión personal.[66]

A los dos meses de haber asumido el mando, poco había adelantado San Martín en este aspecto. Con fecha 31 de marzo pedía al gobierno que destinase a servir bajo sus órdenes al coronel Martín Rodríguez y respecto de los oficiales afirmaba:

Aseguro a V.E. que a pesar de los desvelos y fatigas que empleo constantemente por adelantar la organización de este Ejército y la disciplina de sus tropas, si en el día tuviera que batirme con las del enemigo, temería mucho que fuese aventurada cualesquiera acción, no tanto por falta de aquellas cuanto por la de jefes que sepan ejecutarlo.[67]

El alejamiento de Belgrano

Si bien el 12 de enero la comisión integrada por Ugarteche y Jonte había iniciado por orden del gobierno el procesamiento de Belgrano por su conducción en la campaña que había concluido en el desastre de Ayohuma, éste había permanecido al lado de San Martín prodigándole no sólo su amistad sino su necesario respaldo moral frente a los levantiscos jefes y oficiales de ese ejército, como también los más variados y útiles conocimientos sobre el medio, su gentes y sus costumbres. En ese fluido intercambio de ideas sobre las medidas más adecuadas a tomar se amalgamaba el saber castrense del nuevo jefe con la experiencia práctica de su antecesor.

En la noche del 12 de febrero, San Martín recibió un oficio del gobierno en el que se le ordenaba que sin pérdida de instantes el brigadier Manuel Belgrano dejase el mando de su regimiento y se pusiese en camino hacia la ciudad de Córdoba. El general en jefe demoró el cumplimiento de la disposición, que juzgaba completamente desacertada. Explicó al Director que ella no podía por el momento tener efecto por hallarse el jefe aludido "enfermo, al parecer de terciana y que, poniéndose en camino las lluvias y más que todo los calores, seguramente le agravarían la enfermedad y pondrían en grave riesgo su vida"; además agregaba que debido a su estado aún no había procedido a la formal entrega del archivo de la secretaría, debiendo permanecer en el ejército hasta que pudiera verificarlo. Pero esto eran sólo excusas para retener a su lado a una persona que consideraba insustituible por un triple motivo: era el único que podía prestarle colaboración en la instrucción de la oficialidad, así como suministrarle el asesoramiento necesario para actuar acertadamente en un terreno desconocido, y además gozaba de la mejor opinión entre los lugareños que consideraban imprescindible su presencia.

San Martín terminaba su extenso alegato en favor de tan digno jefe solicitando "en obsequio de la salvación del Estado" su conservación en el Ejército de su mando.[68] Sucedía que el crédito de que gozaba el general Belgrano entre el ejército y la población constituía para aquél la mejor garantía de que todo marchase tranquila y armónicamente. Sin embargo, es probable, además, que otras consideraciones de carácter reservado, muy propias de su singular perspicacia, lo motivaran a escribir en ese sentido:

> Manteniendo a su lado al general Belgrano como jefe natural y preciso del ejército, y limitándose él a un mando cuasi interino y efímero, el general San Martín trataba de colocarse con su habitual destreza en una situación que le permitiera eludir los compromisos y alteraciones (un triste desaire también) que veía venir sobre el país, sobre el ejército y sobre él, por la ambición impetuosa del general Alvear y por las ambiciones oligárquicas y dominadoras del partido que lo sostenía en el gobierno de la capital [...] toda la actividad de la administración de la guerra en la capital estaba contraída a preparar la escuadra y la remonta del ejército que debía operar sobre Montevideo [...] El ejército acantonado en Tucumán era apenas atendido con aquello de estricta necesidad para operaciones defensivas [...] San Martín estaba observando con toda claridad, que si Alvear triunfaba sobre Montevideo, no renunciaría por nada a la gloria de venir a Tucumán con el ejército vencedor para abrir una poderosa campaña contra el Perú, cuya primera medida debía ser una separación desairada de su persona [...] San Martín veía al mismo tiempo que si bien estas eran las ideas dominantes en la capital, estaban muy lejos de ser acogidas en los pueblos del norte y en el ejército [...] si llegado el caso, sentía acentuarse en el ejército síntomas de rebelión contra el partido y los hombres de la capital, tenía una manera fácil de eludir los graves compromisos de la situación, deshaciéndose del mando del ejército y depositándolo en el ilustre y venerable patriota que acababa de ser su jefe, que contaba con las sinceras simpatías de aquellos pueblos, y que era el más indicado para correr con las responsabilidades de hacer obedecer las órdenes políticas y militares de la capital, o para justificar las resistencias que produjeran.[69]

El justo pedido no podía ser atendido por la Logia ya que contrariaba sus propósitos políticos. Posadas insistió en que se llevara a cabo la resolución tomada, a la par que, ya un tanto molesto por esta segunda desobediencia y para evitar que se tornara en costumbre, previno a San Martín que "en lo sucesivo no se demore el cumplimiento de las órdenes que emanan de este gobierno".[70] Éste, sumamente contrariado, debió allanarse a obedecer el mandato, que fue reiterado categóricamente, a pesar de las peticiones contrarias al alejamiento de Belgrano formuladas por el vecindario de Tucumán y los emigrados de Salta, Jujuy y Alto Perú. El 18 de marzo partió el abnegado brigadier hacia Santiago del Estero, donde permaneció hasta fines de mayo, cuando recibió órdenes de bajar a Buenos Aires.

El apoyo a la resistencia popular altoperuana

Mientras tenían lugar las alternativas surgidas de esa desacertada resolución, se desenvolvía la estrategia diseñada por San Martín para el frente septentrional de la guerra, ya iniciada o propiciada en parte por su antecesor. El ejército reunido en Tucumán para su reorganización, adoptando una rigurosa posición defensiva, debía servir de punto de apoyo de las guerrillas de Salta y de la insurrección altoperuana, que había sido propagada a retaguardia del enemigo desde el Valle Grande por el coronel Juan Antonio Álvarez de Arenales y sostenida en Santa Cruz de la Sierra por Ignacio Warnes.

El general en jefe se dirigió al primero con el fin de sistematizar sus comunicaciones y auxiliarlo en sus acciones, sujetándolas a las instrucciones que le adjuntaba para que "se logren las ventajas que me prometo de su puntual observancia". El 4 de marzo hizo marchar hacia Cochabamba una expedición remitiéndole armas y municiones al mando del capitán Jorge Orr, "sujeto muy decidido por la libertad de América [...] Él podrá proporcionar a V.S. –le decía San Martín a Arenales– mucho alivio y ser sumamente útil para la organización de un cuerpo de caballería, cual prevengo en mis instrucciones".[71]

El 4 de febrero la columna realista enviada por Pezuela al mando de Blanco había obtenido la victoria de San Pedrillo, pero Arenales prontamente se repuso auxiliado por Warnes. En marzo ambos se prepararon para la defensa ante un nuevo embate del enemigo, reforzado por el desprendimiento de otra división desde Tupiza, a cargo de Benavente. En sucesivos encuentros parciales lograron distraer y debilitar a una cuarta parte de las fuerzas realistas. Para entonces San Martín envió una segunda expedición dirigida por el coronel de Cívicos Mateo Centeno, de gran ascendiente entre los naturales del Alto Perú para promover su insurrección y continuar fomentando la guerra de partidas. A la par escribía a Arenales:

[...] Por algunas noticias particulares hemos sabido con la mayor satisfacción que los valerosos habitantes de esa provincia dirigidos por V.S. no sólo se sostienen con una constancia heroica, después de los contrastes que sufrieron nuestras armas en Vilcapugio y Ayohuma, sino que han llegado ya a conseguir ventajas positivas contra algunas divisiones del ejército de Lima que marcharon a invadir ese territorio.

Yo espero con la mayor impaciencia noticias oficiales y circunstanciadas, así de las ocurrencias de esas provincias como acerca del estado de los pueblos del interior para combinar los movimientos de este ejército de mi mando. No deje V.S. de comunicármelas por cuantos conductos sean imaginables para que lleguen a mis manos. En el ínterin me esfuerzo todo lo posible a completar la reorganización de este ejército de mi mando, aumentar su fuerza, adelantar su disciplina y equiparlo en todo lo necesario para avanzar a pasos firmes y seguros hacia el interior del Perú. Nuestro Exmo. Supremo Gobierno continúa enviándonos refuerzos de toda clase y muy en breve espero que nos pondremos en estado de volar en auxilio de esa importante provincia y de dar la libertad a todo el Perú.[72]

El 25 de mayo tuvo lugar el glorioso combate de La Florida, en el que las tropas de Blanco fueron derrotadas por Warnes y Arenales. Santa Cruz de la Sierra quedó a salvo; poco tiempo más tarde el último jefe, que había ganado en aquella acción el grado de general, entraba en Cochabamba y tomaba Chuquisaca; contaba ya con 1.200 hombres que no tardarían en sumar su concurso a la tercera campaña altoperuana dirigida por Rondeau. Las instrucciones enviadas por San Martín fueron recibidas por Arenales el 12 de agosto, sujetándose a ellas a partir de entonces.

INSTRUCCIONES

Que deberá observar el señor coronel don Antonio Álvarez de Arenales, gobernador intendente y comandante general de la provincia de Cochabamba. Tucumán, 28 de febrero de 1814

1ª Manifestará a los pueblos de su Provincia y a los demás del Interior los crecidos refuerzos que se han recibido de la capital de Buenos Aires, a saber: 422 granaderos a caballo, 877 del Regimiento de Libertos Nº 7, 181 artilleros con seis oficiales. Un obús, 12 cañones de a ocho y 7 de a cuatro, 700 sables, 600 lanzas y porción de municiones.

2ª Me dará avisos continuados de su situación, la del enemigo, su fuerza y opinión, ventajas obtenidas y todo cuanto merezca mi atención.

3ª Su primer objeto será la formación de una fuerza militar capaz de imponer al enemigo o llamarle la atención para que este ejército pueda contar con un apoyo en las ulteriores expediciones que emprenda.

4ª Partiendo del principio de que la guerra de recursos es la más afligente y de la que se saca mejor partido, especialmente por tropas nuevas y sin una perfecta disciplina, procurará no empeñar jamás una acción general con toda la fuerza de su mando; y sí sólo acciones parciales, de las que sin duda sacará ventajas que aunque pequeñas su multiplicación hará decrecer al contrario, ganará opinión y partido; y al fin tendrá el resultado igual al de una batalla ganada.

5ª En la organización de la fuerza pondrá particular esmero en la formación de un cuerpo de Lanceros, que bajo la dirección del capitán don Jorge Orr podrá proporcionar ventajas incalculables; de manera que con un poco de método, será uno de los cuerpos que tenga una gran parte en la libertad general.

6ª Otro de los objetos que debe promoverse a toda costa es el obtener siempre un acopio de subsistencias pero estas deberán situarse en puntos que no estén expuestos a las incursiones del enemigo. Así mismo deberá haber una caballada abun-

La "guerra gaucha"

Luego de participar con una partida de caballería gaucha en la primera expedición altoperuana, el caudillo salteño Martín Miguel de Güemes había pasado a Buenos Aires en 1811 conduciendo los prisioneros realistas tomados en la batalla de Suipacha. No retornó para incorporarse a la segunda campaña realizada por Belgrano, asistiendo en cambio al segundo sitio de Montevideo, hasta que, el 6 de diciembre de 1813, solicitó su agregación en la expedición

dante como también pólvora, municiones y principalmente una Caja Militar capaz de ocurrir a las atenciones de la tropa para cuyo efecto se confiscarán los bienes de los enemigos del sistema y se reducirán a numerario.

7ª Uno de los principales medios de justicia que se debe promover es el de dispensar una protección decidida a los amigos de la libertad americana, evitando todo germen odioso de desunión y discordia, que los enemigos y otros hombres díscolos han difundido insidiosamente para debilitar las fuerzas de los que sólo son y deben ser eternamente hermanos y amigos, empeñados en la común defensa de la libertad y derechos de este continente, y en conseguir su felicidad a toda costa. En esta virtud y bajo las más solemnes protestas instruirá a todos los jefes, magistrados y habitantes de la valerosa provincia de Cochabamba, de los activos sentimientos de fraternidad, unión, sinceridad y patriotismo que animan al general y a todo este ejército que de nuevo va a dar principio a la interesante obra de la libertad del Alto Perú.

8ª Hará entender a los pueblos la útil medida que ha adoptado la Soberana Asamblea de reconcentrar sin perjuicio de nuestro sistema liberal todo el Poder Ejecutivo en la benemérita persona del ciudadano don Gervasio Antonio Posadas: medida que ha dado un nuevo impulso al espíritu público y de la que la causa espera consecuencias sumamente favorables.

9ª Hará conocer a los pueblos el armamento naval formado en Buenos Aires a cargo del comandante Cuxó [sic], compuesto de una fragata de 32 cañones, un bergantín de 20 y 10 balandras desde 10 hasta 4, cuya medida se espera su pronta rendición.

10ª Últimamente pondrá el más celoso empeño en penetrar las intenciones del enemigo introduciendo espías seguros hasta el último seno de los pueblos ocupados por sus armas, procurando comunicar las más importantes noticias por comunicaciones seguras para que estas se reciban en este cuartel general, dirigiéndolas si es posible por vías diversas y siempre por duplicado.

Cuartel general de Tucumán, 28 de febrero de 1814. José de San Martín.

[AGN, Fondo Arenales. Correspondencia con San Martín. Sala VII, Nº 2566 (caja 11)]

185

auxiliar que pocos días después marchó hacia el norte al mando de San Martín. Acababa de recibir su despacho de teniente coronel graduado y no tardaría en convertirse en el alma de la guerra de hostilidades irregulares llevada a cabo por sus paisanos y que tenía por misión sustraer del dominio realista a los valles situados al sur de Salta, centro de recursos de hombres y ganados, privándolos así de los medios para adelantar sus operaciones. Primero San Martín le confió el mando de la línea de avanzadas situada sobre el río Pasaje o Juramento, quedando el coronel Pedro José Saravia con el de Guachipas. Sus partidas se convirtieron en una verdadera pesadilla para la vanguardia realista, de tal suerte que San Martín informaba entusiasmado a Posadas cuán empeñado estaba el paisanaje en hostilizar al enemigo e impedirle la extracción de mulas y vacunos: "Los gauchos de entre los bosques perseguían, destruían y ahuyentaban cuantas partidas mandaba recogerlo. Puedo asegurar a V.E. que ellos solos le están haciendo al enemigo una guerra de recursos temible".[73] Poco después le notificaba que el 29 de marzo la división del coronel Juan Saturnino Castro, luego de ser derrotada, había tenido que refugiarse en la ciudad "y aunque tenía dentro de ella trescientos hombres de tropa y cerca de doscientos reclutas no se atrevió a salir segunda vez a batirse con los intrépidos paisanos que manda el valeroso teniente coronel don Martín Miguel de Güemes". Cercado por los patriotas, el enemigo perdió gran porción de caballos y reses que tenían encerradas. "Mas después de seis días de un asedio riguroso que sostuvo el esforzado paisanaje hasta el 7 del presente, llegó en auxilio de los sitiados el general Ramírez con toda la vanguardia de mil hombres que existían en Jujuy; se retiraron los comandantes Güemes y Saravia a guardar sus respectivas posiciones, dejando sus partidas avanzadas a tres leguas de distancia de Salta. Los enemigos no se han atrevido a destacar ninguna fuera de ella, en medio de la escasez de víveres que padecen, porque tienen horror a los montaraces".[74] Después de esta acción, San Martín le confió a Güemes el comando general de todas la línea de vanguardia, reforzándolo con oficiales, tropas y auxilios.

Los paisanos dispersos en valles, bosques y montes fueron además encargados de llevar y traer noticias. A través del establecimiento de un sistema de puestos daban avisos de los movimientos del enemigo, interceptaban sus comunicaciones, vigilaban a los sospechosos de traición, desorientaban y prevenían el espionaje realista en una verdadera y utilísima guerra de zapa. El mismo coronel Castro había sido captado por San Martín y se aprestaba a dar un golpe al enemigo en su propio seno, que –descubierto– le costó la vida. El general se lamentaría en sus contestaciones a Miller de que su enfermedad lo hubiera obligado a retirarse del ejército, quedando con ello cortadas sus comunicaciones secretas con aquel jefe.[75]

Cuando Pezuela, a mediados de mayo, trasladó su cuartel general a Jujuy, se vio imposibilitado de continuar el avance hacia el sur por la eficaz acción de Güemes y de Arenales, altamente perniciosa para su ejército. Entre tanto, las tropas acampadas en Tucumán se habían fortalecido y se hallaban en condiciones de repeler al enemigo en caso de que éste se decidiera al ataque. Incluso San Martín había hecho difundir la noticia de que se preparaba a abrir campaña. Así, en escasos cuatro meses, logró su objetivo de contener la invasión realista, cubriendo con ello la retaguardia de la vigorosa ofensiva que se preparaba en Buenos Aires sobre Montevideo.

Los fusilamientos

El 1º de abril, San Martín había hecho fusilar al reo Fermín Domínguez. Más conocido es –por haberlo referido Mitre– el proceso al coronel español Antonio Landívar, que quince días más tarde corría igual suerte, previo consejo de guerra formado en casa del general en jefe, en el que se había decidido dar ese castigo ejemplar a los realistas. El último, tomado prisionero en Santa Cruz de la Sierra, era uno de los agentes más despiadados de las venganzas de Goyeneche, de aquellos que utilizaban el procedimiento de ejecutar a los prisioneros para luego mutilar sus cadáveres y exhibir sus restos a la vera de los caminos con el fin de intimidar por vía del terror a los patriotas. En consecuencia se le había mandado formar causa "no por haber militado con el enemigo en contra de nuestro sistema sino por las muertes, robos, incendios, saqueos, violencias, extorsiones y demás excesos que hubiese cometido contra el derecho de la guerra". San Martín puso el "cúmplase" a la sentencia de muerte y la mandó ejecutar sin previa consulta al gobierno, ante el que justificó lo drástico de su medida: "Aseguro a V.S. que a pesar del horror que tengo a derramar la sangre de mis semejantes estoy altamente convencido de que ya es de absoluta necesidad el hacer un ejemplar de esta clase. Los enemigos se creen autorizados para exterminar hasta la raza de los revolucionarios, sin otro crimen que reclamar éstos los derechos que ellos les tienen usurpados. Nos hacen la guerra sin respetar en nosotros el sagrado derecho de las gentes y no se embarazan en derramar a torrentes la sangre de los infelices americanos". Entendía que si se hubiera tratado con indulgencia a un criminal como Landívar, los realistas "creerían, como creen, que esto más que moderación era debilidad, y que aún tememos el azote de nuestros antiguos amos".[76]

Como se ve San Martín, además de pretender que los integrantes de las fuerzas patriotas fueran tratados como soldados regulares, amparados por el derecho de gentes en las acciones de guerra, quería terminar con la sujeción inconsciente engendrada por el hábito secular del coloniaje en el criollo frente al peninsular. Esto último era un requisito indispensable para la victoria: no podía llegar a buen término una "revolución de carneros".

En efecto, idéntico móvil es el que poco después lo lleva a protagonizar el conocido incidente del que Paz fuera testigo al concurrir en compañía de otras personas a visitar al general, convaleciente en Saldán:

[...] nos recibió muy bien y conversó largamente sobre nuestra revolución. Entre otras cosas dijo: Esta revolución no parece de hombres, sino de carneros; para probarlo, refirió que ese mismo día había venido uno de los peones de la hacienda, a quejarsele de que el mayordomo, que era un español, le había dado unos golpes por faltas que había cometido en su servicio. Con este motivo, exclamó: *¡Qué les parece a ustedes, después de tres años de revolución, un maturrango se atreve a levantar la mano contra un americano! Esta es,* repitió, *revolución de carneros.* La contestación que había dado al peón era en el mismo sentido; de modo que los demás se previnieron para cuando aconteciese un caso semejante. Efectivamente, no pasaron muchos días, y queriendo el mayordomo hacer lo mismo con otro peón, este le dio una buena cuchillada, de la que tuvo que curarse por mucho tiempo.[77]

Entre la intriga y la enfermedad
Noticias de Montevideo

Desde mediados de marzo de 1814 y hasta fines de abril, en las comunicaciones de San Martín se hace referencia a encontrarse en "circunstancias de emprender una nueva campaña". Sintomáticamente, la primera fecha es coincidente con la denegación de su pedido de que Belgrano permaneciera en el ejército; a su vez, durante todo ese período se tornaron más insistentes sus pedidos de armamento, oficiales y hombres de artillería con el objeto manifiesto de ponerse en condiciones de pasar a la ofensiva. Sin embargo, parece evidente que, en el corto lapso transcurrido desde su llegada, la reorganización del ejército no podía haberse completado satisfactoriamente y que por lo tanto no estaba en condiciones de operar. Se comprende así que, preocupado su antecesor en el mando por haberle llegado una "difusa" noticia sobre "sus intenciones de marchar pronto al enemigo", se apresurase a escribirle para disuadirlo:

Si no cree que tiene al Ejército bien disciplinado y en el mejor pie de subordinación, no haga movimiento alguno y estese a la defensiva; si no hay recursos, pedirlos al gobierno y que se busquen hasta el seno de la tierra. ¿Si V. llegase a perder la acción, lo que Dios no permita, cederíamos todo al enemigo por falta de dinero? No. Pues si entonces se habrían de hacer todas las diligencias por ellos, que se hagan ahora.
Importa mucho que la victoria, si es posible, se lleve en la mano y esto sólo se consigue por aquellos medios; además debe V. ir prevenido para conseguir los frutos de ella y que no le suceda lo que me ha sucedido a mí con la de Salta por las precipitaciones.
Más yo estoy hablando con un general militar que yo no lo he sido ni soy; pero mi deseo de la felicidad de las armas de la patria y de la gloria particular de

V. me obliga a ello: aumente V. su ejército, adoctrínelo bien, gaste mucha pólvora con él y muchas balas, satisfágase V. del honor de sus oficiales y prevéngase de cuánto necesite, o para aprovecharse venciendo o para retirarse perdiendo, y entonces póngase en marcha: hágase V. sordo, como Fabio, a cuanto se diga de dilación contra V. cualesquiera otra cosa, que las armas de la Patria serán felices en sus manos y luego los que lo maldigan ahora le bendecirán: si yo hubiera hecho esto no nos veríamos ahora como nos vemos.[78]

Es evidente que Belgrano quería impedir que diese un paso en falso y por eso le enumeraba todos los requisitos indispensables que debía reunir esa fuerza y que evidentemente todavía no poseía. Procuraba hacerle entender que no se debía reiterar el error de proceder apresuradamente y sin contar con los recursos necesarios, que al gobierno le correspondía proporcionar, sacándolos de donde fuere. Pero, como el mismo corresponsal reparaba, para "un general militar" como San Martín todo eso era demasiado obvio: no era preciso esforzarse en convencerlo. No resulta creíble, pues, que considerara seriamente lanzarse a la lucha contra las fuerzas realistas. Más probable parece que, alertada su suspicacia a raíz de la postura intransigente asumida por la facción alvearista al separar a Belgrano del ejército, haya querido poner a prueba la disposición del gobierno para con él, según se mostrase favorable o contrario a la remisión de los recursos solicitados. Era un proceder muy similar al que San Martín había adoptado antes de insistir en su renuncia al mando de las fuerzas de la capital. Así, cobra cierta verosimilitud la declaración de Alvear según la cual aquél se habría creído víctima de una intriga para reducirlo a la inacción, sospechando que el gobierno se escudase en el proyecto de creación de la escuadra, utilizado como mera pantalla, para no enviarle auxilios:

El mismo espíritu de partido hizo escribiesen al general San Martín sugiriéndole que el proyecto de la escuadra no tenía otro objeto sino entretener la opinión pública bajo la esperanza de tomar a Montevideo, para con este pretexto no remitirle los refuerzos que él solicitaba para abrir la campaña del Perú. Desgraciadamente se logró impresionar a este general y en carta que me escribió me decía que no podía creer tuviésemos realmente el proyecto de formar una escuadra para combatir a la española y que lo más probable sería que yo tendría por objeto encubrir una intriga cuyo resultado sería reducir a su ejército a la inacción. Le contesté haciéndole ver todas las razones que nos habían movido a adoptar esta empresa, añadiéndole que tan lejos de tener el resultado que él se figuraba la formación de la escuadra, mi objeto había sido todo lo contrario, porque si vencíamos, se tomaba a Montevideo e inmediatamente serían dirigidas todas nuestras fuerzas al ejército del Perú. Aumentándoselo así de un modo considerable con tropas y con los inmensos recursos que nos proporcionaría la toma de la plaza, lo cual nos pondría en disposición de abrir una campaña feliz. Que si nuestros buques eran batidos mi opinión había sido y la había adoptado el gobierno que se dejaría a Artigas el cuidado de hacer el bloqueo de la plaza, retirar nuestro ejército y reforzarlo con tropas de la capital, el cual sería todo dirigido al Perú, porque nosotros no podíamos conservarnos a la defensiva sin ir a una ruina cierta, al paso que las circunstancias urgían para obrar ofensivamente antes que la España mandase nuevos refuerzos a sus ejércitos del Perú. Así pues podía estar seguro que en uno y otro caso él se iba a ver en disposición de empezar sus operaciones militares, sin más diferencia que en la primera hipótesis podía contar con un refuerzo de muy cerca de seis mil hombres y que en el segundo se reduciría éste a cuatro mil por ser necesario dejar en la capital fuerzas de mayor consideración. A pesar de esto fue imposible desimpresionar a este general de la idea funesta que se le había hecho concebir, renunciando al mando del ejército, lo cual no sólo no se le admitió sino que el Director le escribió así como yo para hacerle desistir de tan funesta idea, haciéndole ver que nos hacía la más atroz injusticia al suponernos capaces de abrigar sentimientos tan impropios de un patriota y de un hombre de bien, a lo que debía añadir la certeza de los sentimientos amistosos que nos unía a su persona.[79]

Podría explicarse con base en estas afirmaciones la particular atención que puso Posadas en mantener minuciosamente informado a San Martín de todos los pasos dados respecto de la formación y accionar de la escuadra, así como de las otras operaciones desplegadas en el frente oriental; al parecer, con la intención de desarmar su desconfianza.

La escuadra al mando de Brown, después de tomar el 17 de marzo la isla de Martín García, desde el 12 de abril bloqueaba Montevideo. Completado el sitio terrestre con el marítimo, era previsible la inminente caída de esa plaza. Tales eran las circunstancias cuando, a principios de mayo, llegó a Buenos Aires una noticia inesperada que no podía resultar más oportuna para abrir paso a la ambición de Alvear. La facción se movilizó de inmediato a fin de sacar el mejor partido de la ocasión. Así lo refiere el mismo Posadas:

Recibí pliegos por extraordinarios en que se me noticiaba el fatal estado de salud en que quedaba el general del ejército de Tucumán, don José de San Martín. Mandé reunir consejo extraordinario con asistencia de algunos jefes militares. Empezamos a hacer reflexiones, cuando llegó otro pliego, de posta en posta ganando instantes, en que se me hacía la más triste pintura de la salud de dicho general, que no daba esperanzas de alivio por lo frecuente y copioso del vómito de sangre que le atacaba; de modo que en el momento mismo que leíamos esta noticia, lo hacíamos en la eternidad. Con presencia de estos oficios acordamos de pronto que el comandante del número 2, don Carlos de Alvear, saliese a la ligera a encargarse del mando de aquel ejército, mas a poco que reflexionamos nos pusimos en el caso de que *no estando como estaba dicho ejército capaz de operar activamente contra el enemigo, ni pudiendo estarlo en mucho tiempo* si no nos llegaban armamentos y otros útiles, o si a toda costa no los adquiríamos de la plaza de Montevideo, parecía más acertado hacer el último esfuerzo saliendo la escuadra, pasando toda la fuerza disponible al sitio, encargándose Alvear del mando en jefe con amplias facultades para estrechar el sitio y operar definitivamente, pasando el coronel don José Rondeau a Tucumán a ocupar el lugar de San Martín y continuar en la organización y disciplina de aquel ejército.[80]

Como se recordará, desde principios de 1814 había comenzado a sentirse enfermo. A fines de abril fue atacado de una "afección interior al pecho", que lo obligó a delegar el despacho en su jefe de estado mayor Fernández de la Cruz. El 26 una junta médica convino unánimemente que el general en jefe variase de clima, aconsejándole que se trasladase a Córdoba o La Rioja. Por eso al día siguiente San Martín pidió licencia para pasar al primer destino. Contrariamente a lo afirmado por Alvear, el gobierno se apresuró a concedérsela el 6 de mayo, lo que ya debió impresionar negativamente al general, aun cuando ignorase que, simultáneamente, el Director le escribía a Rondeau en estos términos:

El general del ejército auxiliar del Perú ha caído, por desgracia, mortalmente enfermo, en las más críticas circunstancias del Estado; ellas me impulsan a la forzosa ejecutiva resolución de que, sin embargo de lo necesario que es la persona de V.S. al frente de esa plaza, pase luego, sin la menor dilación, aprovechando los momentos a tomar el mando de dicho ejército.

En consecuencia se le ordenaba que dispusiera "luego que se presente en ese campo el digno general del ejército de esta capital, don Carlos de Alvear, se le entregue el mando del cargo de V.E.[81]

Queda claro, pues, que si este último no pasó al Ejército del Norte directamente fue porque, dadas las precarias condiciones en que se había mantenido a esa hueste —como abiertamente lo confiesa Posadas en el texto que hemos resaltado—, distaba de ofrecer una chance de triunfo semejante a la que en esos momentos presentaba el frente oriental. Esta exquisita jugada de ajedrez político demostraba los rápidos reflejos de los alvearistas para sacar partido de la indisposición de San Martín, la que venía a suministrarles una inmejorable excusa para desembarazarse de Rondeau.

Entre tanto, Posadas continuaría dando cuenta a San Martín del desarrollo de los sucesos bélicos sin mencionarle que se había resuelto su reemplazo. El mismo día que Alvear desembarcaba en Colonia "con toda la mejor tropa" para ponerse al frente de las operaciones terrestres sustituyendo a Rondeau, el Director se lo notificaba, informándole además que la escuadra había tomado algunas embarcaciones contrarias a la vista misma de Montevideo, sin que la realista hubiera salido a defender dichas presas: "de consiguiente —agregaba— nos dan idea de que están muy acobardados".[82]

En verdad, todos los esfuerzos realizados para contrarrestar el dominio hasta entonces exclusivo de las aguas por parte de los realistas, resultaron con creces compensados por la audacia y el coraje desplegado por el marino irlandés y sus hombres, quienes el 17 de mayo se impusieron definitivamente en la acción de El Buceo a las fuerzas enemigas al mando de Agustín de Sierra. Inmediatamente, Posadas le participó a San Martín el "golparrón a los marinos de Montevideo", añadiendo con entusiasmado para contagiar al destinatario de su misiva: "con que, amigo, ánimo y ponerse bueno, que parece que estas fiestas mayas apuntan bien".[83]

Desde fines de abril el general se había instalado en Las Ramadas, una hacienda de propiedad de los Cossio, ubicada a unos 35 kilómetros de Tucumán. Allí sintió algún alivio: cesaron momentáneamente los vómitos de sangre acompañados con fuertes dolores de estómago; aunque todavía a principios de mayo le persistía la molesta fatiga de pecho. El reposo, pues, favoreció su mejoría frenando sus gastralgias. Calculaba que, de continuar su restablecimiento, pronto podría volver al tomar el mando del ejército, interinamente delegado en Cruz. Pero continuaba padeciendo de asma, por lo que el prestigioso facultativo norteamericano Guillermo Collisberry insistió en que abandonase el lugar en busca de un clima más seco. En mayo se dirigió a Santiago del Estero, pero allí tuvo un nuevo ataque, lo que lo decidió a fines de ese mes a pasar a Córdoba,[84] donde se estableció, en compañía del capitán de granaderos Juan Miguel del Río, en una casa de campo ubicada en plena serranía, en Saldán, que pertenecía a don Eduardo Pérez Bulnes.[85]

Hasta ese lugar de retiro continuaron llegándole a San Martín las cartas de Posadas con inmejorables noticias. El 22 de junio Alvear entraba en la plaza que desde hacía cuatro años constituía una verdadera espada de Damocles para la Revolución rioplatense y que, por fin, el 23 se rendía; al día siguiente el joven militar afortunado derrotaba al lugarteniente de Artigas, Fernando Otorgués, quien desde tiempo antes estaba en connivencia con los realistas sitiados y los marinos; obteniendo así una doble victoria. El 26, el Director Supremo le manifestaba, eufórico, a San Martín: "Respire ese corazón: Montevideo es nuestra por capitulación. Carlos está dentro con sus tropas: la escuadra del Estado se halla apoderada del puerto [...] Póngase Vd. bueno y ataque la maldita enfermedad para poder resistir a Pezuela si, como Vd. me dice, se acerca a Tucumán".[86] Esta última exhortación hace presumir cierta doblez en Posadas, pues por entonces ya había designado a José Rondeau como general en jefe del Ejército del Norte en su reemplazo.[87]

El abandono del frente norte de la guerra

Como si estuviera dominado por una compulsión a la correspondencia epistolar, tres días más tarde el Director le escribía al convaleciente de Saldán: "Carlos me dice en su carta que hemos ganado un tesoro, pues por un cálculo prudencial ascienden a seis millones los pertrechos de guerra. Con estos noticiones lo hago a Vd. enteramente bueno y alegre. Ya mandé salir de Santa Fe para ese ejército a Igarzábal con todo el cuerpo de Cazadores y de Mendoza a Heras con la tropa que repasó la Cordillera".[88] Estas últimas afirmaciones traslucen claramente el afán de Posadas por contentar a San Martín, demostrándole que los fulgurantes éxitos de su sobrino no le hacían olvidar los compromisos que había asumidos con él como jefe de las fuerzas auxiliares del Perú. Pero para entonces, ya el general había decidido no volver a ocupar ese mando, aun cuando su salud se lo permitiera.

Alvear había alcanzado el cenit de su fama. San Martín lo conocía demasiado bien: ya no podría sustraerse a la tentación de conquistar los nuevos laureles que –ilusamente imaginaría– le aguardaban en el norte, embriagado como estaba por la gloria de la reciente victoria. ¿Acaso no era esto previsible con sólo observar el tono triunfalista, ufano y grandilocuente con que le narraba los sucesos a su enfermo cofrade? Júzguese:

Amadísimo amigo, hemos concluido muy pronto esta importante guerra y ya las Provincias Unidas no tienen más enemigos por esta parte.

De resultas del trote que le pegué a Otorgués se ha humillado Artigas, y he celebrado con él un pacto concediéndole una amnistía a todos los que le seguían, con lo cual ha concluido felizmente también esta guerra, que hubiese sido muy prolongada y fastidiosa.

La fortuna me ha favorecido en todas mis empresas admirablemente, ella quiera se propicia a ustedes del mismo modo; hemos tomado en la plaza pertrechos inmensos de guerra y siete mil cuatrocientos y tantos fusiles además sobre tres mil cañones de esta arma que en Buenos Aires serán pronto otros tantos fusiles.

Mi ejército lo he aumentado prodigiosamente no sólo con los prisioneros que han tomado partido sino con gran número de reclutas que he hecho en la campaña y consta de muy cerca de siete mil hombres. Memorias a los amigos y mande como siempre a este su verdadero y apasionado amigo.[89]

El llegar al último tercio de la lectura de esta carta, ya San Martín no pudo reprimirse ante tanta fanfarronada y escribió al margen: "Ni Napoleón". Valoraba cabalmente la magnitud del logro obtenido pero sabía que era el resultado de grandes emprendimientos combinados. Entendiéndolo así, dos años más tarde le escribiría a Godoy Cruz: "Yo no he visto en todo el curso de nuestra revolución más que esfuerzos parciales, excepto los emprendidos contra Montevideo, cuyos resultados demostraron lo que puede la resolución: háganse simultáneos y somos libres".[90] Lejos estaba su infatuado corresponsal de ser el exclusivo artífice de ese golpe decisivo para la causa revolucionaria, pero era evidente que suyo sería el rédito. La marea alvearista había alcanzado su cima y había que esperar que bajara. San Martín comprendió que lo más prudente en esas circunstancias era mantenerse en segundo plano momentáneamente para poner su prestigio a resguardo. Con el fin de evitar cualquier probable desaire, se adelantó a dar el paso al costadob dejando libre el camino del Norte al paladín de la jornada, al "benemérito de la Patria en grado heroico", que a los 26 años era ascendido a brigadier general. ¡Como para que no se agudizaran sus dolores de estómago! Pero mal que le pesase a su úlcera, debía llamarse a retiro, "dormirse", para no atraer en su contra la atención del sector dominante en la Logia ni contrariar a su niño mimado.

El testimonio del general Paz, sobre la base del cual se ha difundido la errónea versión de que la enfermedad de San Martín era simulada[91], coincide con esta interpretación de su retiro del ejército: "La razón era el convencimiento que adquirió de que la facción que se entronizaba en Buenos Aires no le era favorable y que le escasearía los recursos con que había de sostener el Ejército, mientras venía a suplantarlo, cuando llegase la ocasión otro general más favorecido; es decir, cuando fuese tiempo de obrar ofensivamente".[92]

Por entonces Posadas le escribía: "Aunque Vd. me dice que sigue aliviado, todos los amigos, me aseguran que está Vd. malísimamente en ese desierto, que es un poco desarreglado, que su enfermedad es grave y la cura larga y prolija. ¿Por qué mil demonios, ya que no quiere V. venirse a su casa, porque –digo– no baja a esa ciudad de Córdoba que está tan inmediata, adonde al menos tendrá otros auxilios que en una casa de campo y tendrá el de la sociedad que suele ser el principal para la distracción?".[93] No, San Martín no podía volver a ese Buenos Aires que por entonces recibía entre aclamaciones al héroe de Montevideo: no había lugar allí para él; y cuando se moviera de Saldán no sería para frecuentar las tertulias de "la Docta", sino para marchar a Mendoza, pues ya había escrito al Director solicitando como un descanso el mando de la nueva gobernación de Cuyo. Los alvearistas no pusieron reparo alguno a la concesión del oscuro destino al que parecían limitarse sus ambiciones. El 10 de agosto se le extendía el nombramiento de gobernador intendente de la citada provincia. Con ello conseguía situarse en el terreno preciso para la realización de sus planes a mediano plazo, sin que sus enemigos y casi ninguno de sus amigos lo advirtiera.

El plan continental

En el corto lapso que permaneció en el norte, San Martín no pudo menos que ser minuciosamente asesorado por Belgrano, Güemes, Dorrego y Guido, entre otros, de las dificultades que era preciso sortear para llevar la ofensiva contra el bastión realista de Lima por la vía del altiplano. Después de soportar la aspereza rocosa e inhóspita de la meseta, la rarefacción atmosférica, la violenta amplitud térmica entre el día y la noche, la falta de agua potable, todos los caminos convergían a la altura del lago Poopó en un desfiladero estrecho: la ruta obligada y llena de sinuosidades del Desaguadero, que remonta el río homónimo en su recorrido de trescientos kilómetros hasta alcanzar su cuenca de nacimiento: el lago Titicaca, en camino ascendente cuya altura media es de 3.700 metros. Cuando los ejércitos patriotas alcanzaban ese punto ya estaban casi vencidos: al agotamiento físico acarreado por las largas jornadas de marcha a través de terrenos de difícil tránsito, se sumaban los estragos que el apunamiento causaba en hombres provenientes en su mayoría de la llanura. A esto se añadía una desventaja estratégica que prácticamente imposibilitaba el avance hacia el norte a través de las gargantas del Desaguadero, por cuanto una guarnición no muy numerosa situada en el extremo sur del Perú constituía una fuerza insuperable para cualquier columna que pretendiera forzar el paso. En definitiva, pues, el Alto Perú era más una barrera que una vía de penetración a Lima, como lo demostraban los terribles reveses sufridos por las armas patriotas en Huaqui y Ayohuma y sería confirmado en breve por el no menos desastroso fin de la tercera expedición en Sipe Sipe.

Parece evidente que por entonces San Martín debió terminar de convencerse de la absoluta necesidad de buscar un itinerario estratégico alternativo para dar un golpe de mano en el corazón del Imperio español en Sudamérica.

No sería extraño que, antes de retornar al Río de la Plata, como militar de formación europea acostumbrado a planear sobre mapas operaciones a gran escala e incluso contando con la experiencia que le había proporcionado la lucha contra los revolucionarios franceses en la campaña transpirenaica y su incursión naval en la guerra contra los ingleses, hubiera ponderado las ventajas que podía proporcionar la ruta de Chile, cruzando los Andes, para lanzarse luego por mar al Perú.[94] Esto es tanto más verosímil si se tiene en cuenta la existencia de proyectos británicos para poner fin al dominio español concebidos sobre esa base. Tal es el caso del "Plan para capturar Buenos Aires y Chile y luego emancipar Perú y Quito", presentado a principios de 1800 por el mayor general sir Thomas Maitland a Henry Dundas, secretario de Guerra en el gobierno de William Pitt, El Joven; cuya copia original (47 hojas manuscritas) fue hallada por Terragno en el Archivo General de Escocia (Scottish Record Office) de Edimburgo. Allí se proponía: ganar el control de Buenos Aires, tomar posiciones en Mendoza, coordinar acciones con un ejército en Chile, cruzar los Andes, derrotar a los españoles y controlar ese reino, proceder por mar a Perú y emanciparlo, extendiendo la acción a Quito. El autor era un oficial escocés ocupado en asuntos coloniales y miembro del parlamento, quien a su vez debió haber tenido conocimiento de las "Proposiciones para una expedición contra Hispanoamércia por el Océano Pacífico", presentado por Nicholas Vansittart en 1796, que ya contenía la idea central de tomar control de un punto de la costa atlántica de Sudamérica para iniciar desde allí un ataque sobre Perú. Maitland retomaba la idea de la expedición naval por el Pacífico completándola con el accionar combinado de un ejército procedente del otro lado de la cordillera. De hecho la misión primitivamente encomendada al general inglés Craufurd y que la reconquista de Buenos Aires hizo variar prueba que para 1807 se había afirmado entre los estrategas ingleses la idea de atacar a los españoles simultáneamente en el Río de la Plata y Chile. Se ha consignado ya como luego del fracaso del segundo ataque, los ingleses abandonaron sus proyectos de conquista *manu militari* de las colonias hispanoamericanas. La posterior alianza con Inglaterra de la resistencia ibérica contra Napoleón pudo brindar a San Martín la oportunidad de familiarizarse con tales planes británicos; su conocimiento pudo llegarle por vía de la masonería escocesa, más vinculada que la inglesa a los revolucionarios hispanoamericanos, por medio de su amistad con James Duff, que pertenecía a la Logia St. Andrew N° 52 en Banff y que a fines de 1814 sería electo Gran Maestre de la Gran Logia de Escocia en Edimburgo. A su vez el escocés Maitland era un asiduo parroquiano de la Taberna de los Masones, punto de reunión del grupo parlamentario al que pertenecía, los llamados Amigos del Pueblo, liderado por el famoso masón partidario de la independencia sudamericana, sir James Mackintosh, en abierta oposición al gobierno británico, aliado a la monarquía española.[95]

Si es posible que San Martín hubiera empezado a concebir en Europa la idea de su plan continental, mucho más probable es que terminara de inclinarlo por la vía alternativa de Chile la información que obtuvo con motivo de hallarse al mando del Ejército Auxiliar del Perú, proveniente no sólo del asesoramiento general que le suministraron las personalidades ya mencionadas sino del más minucioso y específico que sin duda debió haberle proporcionado el teniente coronel Enrique Paillardelle, quien se hallaba completamente persuadido de que la ruta del Desaguadero no era el camino apropiado para llegar a Lima. Dicho oficial, encontrándose en Mojos, había elevado el 29 de noviembre de 1813 a consideración del gobierno un plan para llevar la guerra al Bajo Perú con la cooperación de Chile. Según este proyecto fuerzas chilenas y rioplatenses debían partir por mar de Valparaíso para desembarcar en Arica y llevar la ofensiva sobre la capital del virreinato peruano, operando simultáneamente con el avance desde el altiplano del ejército auxiliar reorganizado.[96]

Unos meses antes, el diputado argentino ante el gobierno de Chile, el doctor Bernardo Vera y Pintado había esbozado, aunque sin mayores precisiones la idea de una acción conjunta argentino-chilena contra Lima, instando para ello al Segundo Triunvirato el 18 de abril de 1813 en estos términos: "Haga V.E. el último empeño para socorrer a Chile con el posible número de tropas. Acabada en pocos días la campaña de Concepción, podrán estas mismas verificar el desembarco por Arica o Pisco y he aquí aniquilada toda la agonizante fuerza del Perú [...] en una palabra, Chile convencido de la necesidad de una alianza ofensiva y defensiva con Buenos Aires, se unirá de suerte que ambos consoliden los grandes destinos del sur".[97]

El doctor Vera pudo ver cómo principiaba a cumplirse su propósito desde su puesto de auditor de guerra del Ejército de los Andes. Muy distinta fue la suerte corrida por el otro propiciador del proyecto. Ya se ha visto cómo los

196

hermanos Paillardelle, disgustados con San Martín, solicitaron su pase a Buenos Aires Allí, Enrique militó en las filas del alvearismo. Cuando a la caída de esa facción se desatase el espíritu de revancha de sus contrarios, dicho oficial se convirtió en su más trágica víctima. En efecto, el distinguido oficial, enjuiciado por la comisión de justicia militar compuesta por Soler, Viamonte, Bustos, Rivarola y Vedia, fue fusilado el 2 de mayo de 1815, al parecer por el solo hecho de haber actuado como presidente o fiscal del Consejo que había condenado a muerte al capitán Marcos Ubeda, acusado de intentar seducir oficiales de la escolta de Alvear para asesinarlo. José María Paz recuerda en sus *Memorias póstumas* la "funestamente célebre sentencia y ejecución del desgraciado coronel Paillardelle, que no tuvo otro delito que haber obedecido a su jefe, sin circunstancia alguna que agravase su conducta. Quizá la falta de deudos y personas interesadas, y el poco o ningún temor de que tuviese vengadores, influyeron en su injusto sacrificio. Cumple a aquel gobierno responder de este fusilamiento.[98] López al consignar que "quedó sobre este hecho cruel y sanguinario un impenetrable misterio", recoge la versión transmitida por la tradición oral: "Atribuyóse este acto a la venganza de un jefe influyente entonces, que además de haber sido el instigador de Ubeda tenía agravios personales contra Paillardelle".[99]

Desapareció así dramáticamente quien debe considerarse como uno de los primeros que desarrolló coherente y orgánicamente la idea operativa de abrir un frente marítimo por Chile, tanto como la inconveniencia de querer forzar las gargantas del Desaguadero. Con agudeza advierte Paz que éste no tuvo un descendiente que reivindicara ese mérito. Sí lo hizo, en cambio, Carlos Guido Spano cuando reclamó para su padre, Tomás Guido, el derecho de ser considerado coautor junto con San Martín del plan continental, en virtud de la "Memoria" que como oficial mayor de la secretaría de Guerra elevaría a consideración del gobierno en 1816 y por la que el entonces Director de Estado, Pueyrredón, decidió abandonar su proyecto de intentar una nueva ofensiva por el Alto Perú para prestar todo su apoyo al ejército de Mendoza.[100] No obstante, cabe consignar la advertencia de Mitre con respecto al rol desempeñado por Guido, que no deja de tener asidero: "Con su clara inteligencia, supo exponer con tanta elegacia como solidez las ideas originales del maestro y deducir todas sus consecuencia lógicas, cautivando y convenciendo. En esto consiste su valor histórico, y no en el de iniciador del pensamiento que se ha pretendido atribuirle".[101]

Presuntamente con el fin de que todo el mérito de esa iniciativa quedara para San Martín, restando la parte que en ella pudo Guido haber tenido –los liberales porteños no le perdonaban que hubiese sido funcionario de la dictadura rosista–, Vicente Fidel López dio a conocer una carta que le habría dirigido San Martín el 22 de abril de 1814 a Nicolás Rodríguez Peña, por entonces Presidente del Consejo de Estado que asesoraba en el gobierno al Director Posadas, concebida en estos términos:

No se felicite, mi querido paisano, con anticipación de lo que yo pueda haber en ésta; no haré nada y nada me gusta aquí. No conozco los hombres ni el país y todo está tan anarquizado que yo sé mejor que nadie lo poco o nada que puedo hacer. Ríase usted de esperanzas alegres. La patria no hará camino por este lado del Norte que no sea una guerra permanente defensiva, defensiva y nada más; para eso bastan los valientes gauchos de Salta con dos escuadrones buenos de veteranos. Pensar en otra cosa es echar al pozo de Ayrón hombres y dinero. Así es que yo no me moveré ni intentaré expedición alguna. Ya le he dicho a Ud. mi secreto. Un ejército pequeño y bien disciplinado en Mendoza para pasar a Chile y acabar allí con los godos apoyando un gobierno de amigos sólidos para concluir también con la anarquía que reina; aliando estas fuerzas pasaremos por mar a tomar Lima: ése es el camino y no éste, mi amigo. Convénzase Ud. de que hasta que no estemos sobre Lima la guerra no se acabará. Deseo mucho que nombren ustedes alguno más apto que yo para este puesto: empéñese Ud. para que venga pronto este reemplazante, y asegúrele que no aceptaré la intendencia de Córdoba. Estoy bastante enfermo y quebrantado, mas bien me retiraré a un rincón y me dedicaré a enseñar reclutas para que los aproveche el gobierno en cualquier otra parte. Lo que yo quisiera que ustedes me dieran cuando me restablezca es el gobierno de Cuyo. Allí podría organizarse una pequeña fuerza de caballería para reforzar a Balcarce en Chile, cosa que juzgo de grande necesidad si hemos de hacer algo de provecho, y le confieso que me gustaría pasar allá mandando ese cuerpo.[102]

Este texto fue reconstruido de memoria por el mencionado historiador, quien a pesar de su empeño por conseguir el original que según él también Mitre había visto, nunca pudo exhibirlo, lo que dió lugar a que se cuestionase su existencia. Así López, en carta a Mitre, se manifestó indignado con Barros Arana por "la reserva o sospecha con que había tomado el trasunto que rehice de memoria de la carta del general San Martín al señor Rodríguez Peña de abril de 1814".[103] Muchos más se sumaron al autor chileno. Obviamente, el texto transcripto no puede ser auténtico porque –como el mismo historiador lo confiesa– no se trata ni siquiera de una copia del original sino de una recreación hecha por el hijo del autor del himno, que tanto gustaba de fiarse a sus recuerdos. Sin embargo, esto no resta verosimilitud a su contenido. Consta documentalmente que el nombramiento de San Martín como gobernador intendente de Cuyo le fue extendido "a su instancia y solicitud" y no juzgamos para nada probable, en función de todo lo expuesto, que hubiera obrado así indeliberadamente, sino en función de un proyecto preconcebido por alguien que sabía –son sus palabras– "pensar en grande":

[...] necesitamos pensar en grande; si no lo hacemos, nosotros tendremos la culpa [...] Chile es nuestro como se haga un pequeño esfuerzo: este país nos proporciona la toma del Perú, sin aquél, todos los esfuerzos serán imaginarios: el tiempo por testigo.[104]

Notas

1. Cfr. Héctor Juan Piccinalli, "San Martín y Artigas, de 1812 a 1831", en *La Nación*, Buenos Aires, 15 de febrero de 1981.

2. Con base en la consulta de fuentes emanadas de archivos españoles y de la legación española en Río de Janeiro, el mencionado historiador observa que en la etapa preparatoria de la contraofensiva del ejército español que siguió a la batalla de Tucumán –en la que se rehizo admirablemente en su disciplina y acción, como lo probaría en Ayohuma– "se estableció, como es lógico en una vasta acción militar de esta naturaleza, la inteligencia entre las fuerzas españolas; la que debía atacar por el norte y la que estaba en Montevideo que aún no había sido tomada. Y bien, el desembarco que tenía que realizarse y que se realiza en el convento de San Lorenzo no es más que una etapa de la ejecución del plan español que establece la correlación de la fuerza invasora del norte, con la que existe en Montevideo y el triunfo de San Lorenzo no es tan sólo un hecho campal que se resuelve por un simple abastecimiento de tropas, sino que es una gran batalla [sic] que estratégicamente resuelve de una vez por todas y para siempre, esta cuestión de la relación de ambas fuerzas: la del norte y la de Montevideo". (*Segundo Congreso Internacional de Historia de América*, Buenos Aires, 1937, vol. 1, pág. 418).

3. AGN, Sala X, 4-2-3. Cit. en A. J. Carranza, *op. cit.*, vol. I, pág. 208.

4. Cfr. Héctor Juan Piccinalli, "Tríptico de la campaña de San Lorenzo", en *Investigaciones y Ensayos*, Buenos Aires, Academia Nacional de la Historia, enero-junio 1983, N° 34, págs.435-443. Afirma el autor que San Martín realizó en esta campaña la marcha forzada de caballería más rápida de toda la historia militar, a pesar del calor, los inmensos cardales y la oscuridad de las noches de luna nueva, seguidas de cuarto creciente, que apenas alumbraba.

5. Museo Histórico Nacional, *San Martín. Su correspondencia 1823-1850*. Buenos Aires, 1910, págs. 115-116. Borrador de San Martín en respuesta a la carta de Guillermo Miller del 30 de junio de 1827.

6. A. J. Carranza, *op. cit.*, pág. 209.

7. Véase cita N° 6.

8. J. F. y G. P. Robertson, *La Argentina en la época de la Revolución. Cartas sobre el Paraguay*. Buenos Aires, Vaccaro, 1920, pág. 134.

9. *Ibídem*, pág. 135.

10. A. J. Carranza, *op. cit.*, pág. 211.

11. Ver cita N° 6.

12. Parte del capitán Rafael Ruiz al capitán general y gobernador de las provincias del Río de la Plata, Río Paraná, 10 de febrero de 1813. Cit. en A. J. Carranza, *op. cit.*, vol. III, págs. 183-184.

13. *Ibídem*, pág. 184.

14. *Ibídem*.

15. Véase cita N° 6.

16. *DHLGSM, op. cit.*, tomo II, págs. 9-10. Sobre el combate de San Lorenzo, add. cfr. Marcelo Bazán Lazcano, "El combate de San Lorenzo", en *Revista de la Escuela Superior de Guerra*, Buenos Aires, 1973, N°s 405-406; Bartolomé Descalzo, *San Lorenzo, 3-II-1813:*

combate de los Granaderos a Caballo. Homenaje a los granaderos Cabral y Baigorria, Buenos Aires, D. Cersósimo, 1942.

17. En verdad deben computarse en dieciséis las bajas de los granaderos en San Lorenzo, por agregarse a los catorce muertos en combate el capitán Bermúdez –según se ha ya consignado– y el teniente Díaz Vélez, quien, canjeado como prisionero, murió tres meses después de las heridas recibidas: un balazo en el cráneo y dos bayonetazos en el pecho.

18. Cfr. A. J. CARRANZA, *op. cit.*, vol. III, pág. 180.

19. *Ibídem*, pág. 183. San Martín al Supremo Poder Ejecutivo, Buenos Aires, 27 de febrero de 1813, publicado en *Gaceta Ministerial* del 4 de marzo de 1813.

20. Véase cita N° 16.

21. AGN, Sala VII, 16-1-1. San Martín a Guido, Bruselas, 6 de abril de 1830.

22. Cfr. JUAN CÁNTER, "La Asamblea General Constituyente", en ANH, *HNA, op. cit.*, vol. VI, 1ª sección, págs. 29-249.

23. Cit. en H. PICCINALLI, *San Martín en Buenos Aires, op. cit.*, pág. 335.

24. *DHLGSM, op. cit.*, tomo II, pág. 11. Oficio del coronel San Martín al Supremo Poder Ejecutivo de las Provincias Unidas del Río de la Plata, Buenos Aires, 5 de junio de 1813.

25. *Ibídem*, pág. 61-62. Oficio de San Martín al gobierno, s/l., 1813.

26. *Ibídem*, pág. 14. Oficio del Supremo Poder Ejecutivo al coronel San Martín, Buenos Aires, 1° de septiembre de 1813.

27. *Ibídem*, pág. 16. Oficio del coronel San Martín al S.P.E., Buenos Aires, 1° de septiembre de 1813.

28. *Ibídem*, pág. 17. Oficio del S.P.E. al coronel San Martín, Buenos Aires, 3 de septiembre de 1813.

29. *Ibídem*, pág. 18. Oficio del coronel San Martín al S.P.E. Buenos Aires, 6 de septiembre de 1813.

30. *Partes oficiales y documentos relativos a la guerra de la independencia argentina*, Buenos Aires, Archivo General de la Nación, 1903, tomo I, pág. 153. La Junta de Chile al Gobierno de las Provincias Unidas, Santiago, 2 de octubre de 1813.

31. Cfr. CARLOS S. A. SEGRETI, *La máscara de la monarquía. 1808-1819*, Córdoba, Centro de Estudios Históricos, 1994.

32. Cfr. PATRICIA PASQUALI, "La expansión artiguista, 1813-1815: objetivos y accionar", en *Res Gesta*, Rosario, Facultad de Derecho y Ciencias Sociales. Instituto de Historia, 1988, números 22 y 23, págs. 149-172 y 131-169.

33. *DHLGSM, op. cit.*, tomo II, pág. 24. Carta del general en Jefe del Ejército Auxiliar del Perú, brigadier Manuel Belgrano, al coronel José de San Martín. Lagunillas, 25 de septiembre de 1813.

34. Cit. en EMILIO LOZA, "La guerra terrestre (1814-1815)", en ANH, *HNA, op. cit.*, vol. VI, 1ª sección, pág. 756.

35. *DHLGSM, op. cit.*, tomo II, pág. 44-46. Belgrano a San Martín, Humahuaca, 8 de diciembre de 1813.

36. *Ibídem*.

37. *Ibídem*, pág. 50. Belgrano a San Martín. Humahuaca, 17 de diciembre de 1813.

38. *Ibídem*, pág. 57. Nicolás Rodríguez Peña a San Martín, Buenos Aires, 27 de diciembre de 1813.

39. *Ibídem*, pág. 52. Belgrano a San Martín. Jujuy 25 de diciembre de 1813.

40. *Ibídem*.

41. B. Mitre, *Historia de Belgrano...*, *op. cit.*, tomo II, pág. 278.

42. *DHLGSM*, *op. cit.*, tomo II, pág. 73. Belgrano a San Martín, Jujuy, 2 de enero de 1814.

43. *Ibídem*, pág. 78. Posadas a San Martín, Buenos Aires, 10 de enero de 1814.

44. En cumplimiento de esa disposición, San Martín hizo adelantar a los Granaderos a Caballo, que se reunieron en Salta a la retaguardia del ejército al mando de Dorrego, quien cubrió la retirada del grueso cuando el enemigo entró en esa ciudad con fuertes guerrillas en las lomas de San Lorenzo. En ellas no tomaron parte, sin embargo, los granaderos montados, al parecer por deficiencias de conducción por parte del capitán Mariano Ríos, que estaba a su mando, quien más tarde fue juzgado por el tribunal secreto del cuerpo y separado de éste.

45. El tema del lugar del encuentro de ambos próceres dio motivo a la polémica historiográfica. Cfr. Manuel Lizondo Borda, "San Martín y Belgrano. Su encuentro en las Juntas y Yatasto", en *San Martín*, revista del Instituto Nacional Sanmartiniano, Buenos Aires, enero-abril 1954, Nº 33; Alfredo Gárgaro, "San Martín en el Ejército del Norte", *ibídem*, septiembre-diciembre 1954, Nº 35; Atilio Cornejo, *La entrevista de San Martín y Belgrano en Yatasto*, Buenos Aires, Instituto Nacional Sanmartiniano, 1959; add. del mismo autor "San Martín y Salta", en *San Martín. Homenaje de la Academia Nacional de la Historia en el centenario de su muerte*, Buenos Aires, Academia Nacional de la Historia, 1951, tomo I, págs. 531-572. Finalmente, el aporte de Benencia ha esclarecido definitivamente la cuestión. Cfr. Julio Arturo Benencia, *Cómo San Martín y Belgrano no se encontraron en Yatasto*, Buenos Aires, 1973.

46. Cit. en Alfredo Gárgaro, "Itinerario de San Martín al Ejército del Norte y abrazo con Belgrano en Tucumán", en *Revista de la Junta de Estudios Históricos de Santiago del Estero*, Santiago del Estero, enero-diciembre 1950, Nº 50, págs. 5-19.

47. Cit. en Antonio J. Pérez Amuchástegui, *San Martín y el Alto Perú*, Tucumán, ediciones fundación Banco Comercial del Norte, 1976, págs. 328-329.

48. *Ibídem*. pág. 340-341. Oficio de San Martín al Supremo Poder Ejecutivo, Tucumán, 30 de enero de 1814.

49. *Ibídem*, págs. 371-372. Oficio de San Martín al Supremo Poder Ejecutivo, Tucumán, 11 de febrero de 1814.

50. *Ibídem*, págs. 372-373.

51. José María Pa, *Memorias póstumas*, Buenos Aires, Hyspamérica, 1988, tomo I, pág.190.

52. G. Espejo, *op. cit.*, págs. 13.854-13.855.

53. *Documentos del archivo de San Martín*, Buenos Aires, Comisión Nacional del Centenario, 1910-11, tomo II, pág. 54. Posadas a San Martín, Buenos Aires, 10 de marzo de 1814.

54. Cit. en A. J. Pérez Amuchástegui, *op. cit.*, págs. 341-342. San Martín a Dorrego, Tucumán, 31 de enero de 1814.

55. *Ibídem*, págs. 342-345. Dorrego a San Martín, Guachipas, 2 de febrero de 1814.

56. *Ibídem*, págs. 330-331.

57. *Ibídem*, págs. 361-362. San Martín al Supremo Director de Estado, Tucumán, 10 de febrero de 1814.

58. *Ibídem*, págs. 362-363. Tucumán, 16 de febrero de 1814.

59. *Ibídem*, págs. 363-364. Tucumán, 18 de marzo de 1814.

60. *Ibídem*, págs. 366-367. Tucumán, 25 de abril de 1814.

61. *Ibídem*, págs. 374-376. San Martín al Supremo Poder Ejecutivo, Tucumán, 11 de febrero de 1814.

62. *Ibídem*, págs. 382-383. San Martín al Supremo Poder Ejecutivo, Tucumán, 8 de abril de 1814.

63. COMISIÓN NACIONAL DEL CENTENARIO (CNC), *Documentos del Archivo de San Martín* (CNC, *DASM*), Buenos Aires, Coni, 1910/1911. 12 volúmenes, tomo II, págs. 59-60. De Posadas a San Martín, 30 de marzo de 1814.

64. GREGORIO ARÁOZ DE LAMADRID, *Observaciones sobre las Memorias póstumas del general José María Paz*, cit. en JOSÉ LUIS BUSANICHE, *San Martín visto por sus contemporáneos*, Buenos Aires, Ediciones Argentinas Solar, 1942, págs. 16-17.

65. *DHLGSM*, *op. cit.*, tomo II, págs. 123-124. De Belgrano a San Martín, Santiago del Estero, 6 de abril de 1814.

66. V. F. LÓPEZ, *op. cit.*, tomo V, pág. 41.

67. Cit. en A. J. PÉREZ AMUCHÁSTEGUI, *op. cit.*, págs. 365-366. San Martín al Supremo Director de Estado, Tucumán, 31 de marzo de 1814.

68. *Ibídem*, págs. 325-327. San Martín al Director Supremo del Estado, Tucumán, 13 de febrero de 1814.

69. V. F. LÓPEZ, *op. cit.*, tomo V, págs. 38-41.

70. *DHLGSM*, *op. cit.*, tomo II, pág. 120. Posadas a San Martín, 2 de marzo de 1814.

71. AGN, *Fondo Arenales. Correspondencia con San Martín*. Sala VII, Nº 2.566 (caja 11). San Martín a Arenales, Tucumán, 2 de febrero de 1814.

72. *Ibídem*, San Martín a Álvarez de Arenales, Cuartel general de Tucumán, 26 de marzo de 1814.

73. Cit. en A. J. PÉREZ AMUCHÁSTEGUI, *op. cit.*, págs. 354-355. San Martín al Supremo Director de Estado, Tucumán, 23 de marzo de 1814.

74. *Ibídem*, págs. 348-350. Tucumán, 25 de abril de 1814.

75. En base a esa respuesta, Miller escribió: "En mayo de 1814 tuvo que retirarse el general San Martín a las montañas de Córdoba en virtud de su mal estado de salud; accidente desgraciado que puso término a la correspondencia con el coronel Castro, que mandaba la vanguardia realista en Salta, y fue después fusilado por orden del general Pezuela, por haber descubierto que procuraba exitar una sublevación entre las tropas realistas" (*Memorias del general Miller, escritas por John Miller*, Buenos Aires, Emecé, 1997, pág. 108).

76. Cit. en B. MITRE, *Historia de San Martín...*, *op. cit.*, tomo I, págs. 141-143.

77. J. M. PAZ, *op. cit.*, tomo I, pág. 196.

78. *DHLGSM*, *op. cit.*, tomo II, págs. 131-132. De Belgrano a San Martín, Santiago del Estero, 21 de abril de 1814.

79. Cit. en GREGORIO F. RODRÍGUEZ, *Historia de Alvear. Con la acción de Artigas en el período evolutivo de la Revolución Argentina de 1812 a 1816*. Buenos Aires, Ed. G. Mendesky e hijo, 1913, tomo I, págs. 463-464.

80. GERVASIO ANTONIO POSADAS, "Autobiografía", en SENADO DE LA NACIÓN, *Biblioteca de Mayo*, Buenos Aires, 1960, tomo II, pág. 1.434.

81. Cit. en J. P. OTERO, *op. cit.*, tomo I, págs. 285-286.

82. *DHLGSM*, pág. 144. Posadas a San Martín, Buenos Aires, 10 de mayo de 1814

83. *Ibídem*, págs. 145-146. Posadas a San Martín, Buenos Aires, 20 de mayo de 1814.

84. Los autores difieren en sus apreciaciones respecto de la sintomatología presentada por San Martín. Así, por ejemplo, ADOLFO GALATOIRE en *Cuáles fueron las enfermedades de San Martín*, Buenos Aires, Plus Ultra, 1973, sostiene que aquellos recurrentes esputos de sangre no eran hematemesis sino hemotisis, síntoma de una crónica tuberculosis pulmonar fibrosa de máscara gastrointestinal. Disiente, pues, con ANÍBAL RUIZ MORENO, VICENTE RISOLÍA, MARÍA MERCEDES ALLENDE, LUISA GALIMBERTI DE CARBAJO, *"Patografía de San Martín"*, en *Homenaje al Libertador General San Martín*, Buenos Aires, Publicaciones del Instituto de Historia de la Medicina, 1950, vol. XIV, tomo I. En este estudio se concluye que los síntomas presentados por San Martín permiten inferir que padecía de asma. El hecho de que los vómitos de sangre fueran acompañados de dolores de estómago, demostrarían que tales hemorragias no eran expectoraciones procedentes de las vías respiratorias sino de orígen gástrico y que por lo tanto no fueron hemoptisis, sino hematemesis debida a una úlcera estomacal o duodenal, lo que explicaría la periódica sucesión de mejorías y agravaciones. Más recientemente el concienzudo estudio de MARIO S. DREYER, *Las enfermedades del general D. José de San Martín. La influencia de su espíritu en la recurrencia de sus afecciones y apoteosis*, Buenos Aires, Instituto de Investigaciones de Historia de las Ciencias, 1982, confirma la opinión de los últimos, considerando que su principal patología fue la úlcera, presumiblemente de implantación duodenal, a la que jamás pudo curar por los traumas emocionales que debió soportar. A ello se agrega el asma, en su variedad exoalergénica; el reumatismo y las manifestaciones nerviosas (insomnio, excitaciones, temblor, irritabilidad); todas "enfermedades de la civilización", en las que las reacciones del espíritu desempeñan una influencia decisiva. Sabido es que debió valerse del opio para mitigar sus dolencias.

85. Cfr. EFRAIN BISCHOFF, *El general San Martín en Córdoba*, Córdoba, Librería Cervantes, 1950; add. del mismo autor, *"El Libertador en Saldán"*, en *La Nación*, Buenos Aires, 25 de febrero de 1978.

86. *DHLGSM, op. cit.*, tomo II, pág. 154. Posadas a San Martín, Buenos Aires, 24 de junio de 1814.

87. El 6 de mayo se había acordado la licencia solicitada por San Martín. Inmediatamente, Posadas se dirigió a Rondeau en estos términos: Por decreto del 14 de junio de 1814 se establecía: "Por cuanto el general en jefe del ejército auxiliar del Perú, don José de San Martín, continúa gravemente enfermo y por esta razón, inhábil para el desempeño de la alta confianza que depositó en su persona por su celo, pericia militar y demás circunstancias que la adornan y concurriendo en las mismas el benemérito brigadier don José Rondeau, de cuya actividad y conocimientos se espera el buen resultado de las operaciones de dicho ejército, he venido en nombrarle general en jefe de él con el sueldo anual de tres mil pesos sobre otros tantos que goza como coronel del regimiento de dragones de la Patria, con la calidad de que ha de disfrutarlos desde esa fecha en todo tiempo que sirva tan delicado encargo" (Cit. en G. ESPEJO, *op. cit.*, pág. 13.862).

88. *DHLGSM, op. cit.*, tomo II, pág. 155. Posadas a San Martín, Buenos Aires, 27 de junio de 1814.

89. *Ibídem*, pág. 157. Alvear a San Martín, Montevideo, 11 de julio de 1814.

90. *Ibídem*, tomo III, pág. 394. San Martín a Tomás Godoy Cruz, Mendoza, 12 de mayo de 1816.

91. En sus *Memorias* consigna: "Al principiar el invierno (año 1814) se generalizó en el ejército que una dolencia en el pecho aquejaba al general San Martín; no salió de su casa en mu-

chos días; la retreta no tocaba a su puerta para que el ruido no lo incomodase, y se hacía guardar el mayor silencio a los que llegaban a informarse de su salud, o con otro motivo [...] Por entonces se dudaba de la certeza de la enfermedad, pero luego fue de evidencia que ella era un mero pretexto para separarse de un mando en que no deseaba continuar" (J. M. PAZ, *op. cit.*, tomo I, pág. 194).

92. *Ibídem*, pág. 194-195.

93. *Ibídem*, tomo II, pág. 164-165. Posadas a San Martín, Buenos Aires, 18 de julio de 1814.

94. Ya el general Espejo consignó en su clásica obra: "en la hipótesis de que por el mapa ya le era bien conocida la jurisdicción topográfica de los virreinatos en que se proponía hacer la guerra, ¿habrá quien dude que la incubación del gran plan de derrocar el poder colonial en América, debió efectuarse antes de salir de Europa? ¿Habrá quien sostenga que en 1812 hubiese en nuestro país algunos militares que pudieran dictar una lección a San Martín? ¿Quien asomaría entonces, con capacidad de enseñarle los medios o la ocasión de preparar un jaque al rey o a la reina (Lima o Chile), sabiendo como sabemos, que vino de Europa a consagrarse exclusivamente a la guerra, provisto de teorías y harto de prácticas, ardides y estratagemas, adquiridos en las campañas y en las íntimas confidencias de los grandes generales Solano, La Romana y Coupigny?" (G. ESPEJO, *op. cit.*, pág. 13.857).

95. Cfr. RODOLFO H. TERRAGNO, *"Las fuentes secretas del plan libertador de San Martín"*, en *Todo es Historia*, Buenos Aires, agosto de 1986, N° 231, págs. 8-40.

96. Dicho plan se ha publicado en: ARCHIVO GENERAL DE LA NACIÓN, *Documentos referentes a la guerra de la Independencia y emancipación política de la República Argentina y de otras secciones dde América en que cooperó desde 1810 a 1828. Paso de los Andes y Campaña libertadora de Chile*, Buenos Aires, R. Radaelli, 1917, tomo I, págs. 223-224.

97. Este antecedente fue consignado por DIEGO BARROS ARANA en su *Historia general de Chile*, tomo IX, pág. 63. Cfr. J. P. OTERO, *op. cit.*, tomo I, págs. 332-333.

98. J. M. PAZ, *op. cit.*, tomo I, págs. 204-205.

99. V. F. LÓPEZ, *Historia de la República Argentina, op. cit.*, tomo V, págs. 221, 226.

100. Cfr. CARLOS GUIDO Y SPANO, *Vindicación histórica. Papeles del brigadier general Guido. 1817-1820. Coordinados y anotados algunos por...*, Buenos Aires, Carlos Casavalle editor, 1882.

101. B. MITRE, *Historia de San Martín..., op. cit.*, tomo I, pág. 306.

102. V. F. LÓPEZ, *La Revolución argentina*, Buenos Aires, 1881, tomo I, pág. 589.

103. *Correspondencia literaria, histórica y política del general Bartolomé Mitre*, Buenos Aires, Museo Mitre, 1912, tomo III, pág. 241.

104. *DHLGSM, op. cit.*, tomo III, pag. 419. San Martín a Tomás Godoy Cruz, Mendoza, 19 de mayo de 1816.

V

EN LA "ÍNSULA CUYANA"

Continuación de la peligrosa emergencia militar e internacional

A pesar del triunfalismo de Alvear, la victoria de Montevideo –con ser decisiva– estaba lejos de señalar el principio del fin de la guerra en ese frente. El Directorio no pudo sacar todo el rédito que se prometía de la caída del baluarte realista, porque ésta abrió paso a un recrudecimiento de la tan debilitadora como estéril contienda civil con el artiguismo. La capitulación de la plaza había cortado el avance hacia el sur que se proponía efectuar Pezuela, quien, alarmado por los triunfos obtenidos por las guerrillas altoperuanas y considerando inminente el reforzamiento del Ejército del Norte, a fines de julio inició su repliegue hacia Suipacha, apresurado más tarde por la crítica situación generada en su retaguardia con el estallido de la sublevación de los naturales del Cuzco el 3 de agosto. Pero, por otro lado, una tercera expedición al mando de Mariano Osorio era despachada por el virrey Abascal contra los revolucionarios chilenos, que desde hacía más de un año venían debatiéndose en una desquiciadora desavenencia interna.

Además, todavía continuaba pendiente el envío de la anunciada expedición que se estaba armando en la península y que presumiblemente se dirigiría al Río de la Plata. Recién a mediados de 1815 se tendría conocimiento de su cambio de rumbo y de que serían los patriotas venezolanos los que tendrían que resistir su embestida. No obstante, el curso de los acontecimientos europeos continuó presentándose crecientemente complicado para la causa emancipadora de Hispanoamérica. Más que elocuentes son las expresiones que Posadas dirigió a San Martín: "El maldito Bonaparte la embarró al mejor tiempo: expiró su imperio, cosa que los venideros no creerán en la historia, y nos ha dejado en los cuernos del toro. Yo soy de parecer que nuestra situación política ha variado mucho y que de consiguiente deben también variar nuestras futuras medidas".[1]

Era el anuncio de la persistencia y profundización en la política dilatoria y ambigua por la que había comenzado a optar la Logia al postergar la declaración de la independencia y decidir el envío de misiones diplomáticas de sospechosa apariencia de claudicación. Lo cierto era que si ya habían sido remitidos desde España más de quince mil soldados veteranos, con la restauración del absolutismo fernandino esa cifra se elevaría a 26.000. Podía afirmarse, pues, que el período más arduo y recio de la contienda recién comenzaba.

En tales circunstancias, el 10 de agosto 1814 Posadas designó a San Martín gobernador intendente de Cuyo. Se explicaba en el despacho que, ante las repetidas instancias del coronel Juan Florencio Terrada, se había decidido relevarlo en el gobierno de esa jurisdicción por el militar de igual rango Marcos Balcarce, a la sazón jefe de la división de auxiliares argentinos que desde 1813 se encontraba en Chile y se aprestaba a traspasar la cordillera cuando fue nuevamente llamado por el gobierno de Santiago, debiendo permanecer a sus órdenes. Pudo entonces el Director acceder a la solicitud del enfermizo coronel, que acababa de dejar el mando del Ejército del Norte para pasar a continuar sus servicios en ese nuevo destino, en el que podría reparar su quebrantada salud.

Se hallaba San Martín en la Posta del Retamo el 7 de septiembre cuando le notificaba al Cabildo de Mendoza que, "no obstante lo que he sufrido en la marcha", llegaría a esa ciudad al ponerse el sol, pero declinaba hospedarse en la casa que la corporación había dispuesto a tal efecto, por haber ya comisionado a quien se la procurase por su cuenta. Inmediatamente el Cabildo insistió en que aceptara el alojamiento preparado, pues de lo contrario se interpretaría su negativa como un desaire. El coronel debió ceder. Se iniciaba así entre el ayuntamiento y el nuevo mandatario una relación destinada a singularizarse en lo futuro. Tal vez haya influido en ello el consejo que para el desempeño de su cargo no tardaría en recibir de Posadas: "La tecla principal consiste en llevarse siempre bien con los cabildantes, sean los que fueren cada año, pues éstos abrazan toda la población con sus relaciones y parentescos, de modo que estando querido de ellos, lo estará Vd. de todo el pueblo".[2]

En Mendoza San Martín fue amablemente recibido y el clima pareció favorecer su restablecimiento. Además, allí volvería a reunirse con su esposa, cuyo talante afable y dado al trato social podría hacerle ganar "mucho partido", según preveía el Director, quien le notificaba que aquélla viajaría acompañada por Benita Merlo y su esposo Manuel Corvalán: "En breve tendrá allá su costilla, con cuya amable compañía se acabará de poner bueno y hará una vida tranquila y deliciosa"[3]. La demora de su llegada ya comenzaba a inquietar al gobernador cuando su corresponsal lo tranquilizó: "por fin ya partió su madama, la cual no ha tenido la culpa de su demora sino sus padres, pues no han querido que pase a un país nuevo sin todos los atavíos correspondientes a su edad y nacimiento".[4] Remeditos llegó acompañada, además de la pareja mencionada, por su sobrina Encarnación de María y su criada la mulata Jesús. En verdad, allí tendría el matrimonio San Martín su más prolongado período de convivencia –dos años–; pues más tarde la consagración exclusiva de José a la empresa continental no daría ocasión más que para reuniones fugaces; finalmente, cuando el Libertador pretendiese retirarse a la vida privada, la intriga política, primero, y la enfermedad y muerte de Remedios, después, impedirían el reencuentro.

Mediante las noticias comunicadas por el mandatario porteño, San Martín pudo seguir el desarrollo de los acontecimientos, del que había sustraído su concurso. Así, a mediados de septiembre vio confirmada su previsión respecto de los planes del gobierno: se preparaba una gran ofensiva con la intención de traspasar la línea del Desaguadero, para atacar a los realistas en su propio territorio; pero antes de iniciarla pretendíase concluir la campaña contra las montoneras artiguistas, prolongada más de lo que Alvear había supuesto en sus alegres cálculos: "La sanfrancia de la Banda Oriental sigue hasta hoy. Los árabes corren de un lado para el otro y así lo tienen encarnizado a Carlos en perseguirlos (a mi entender sin fruto)", confesaba el Director.[5]

En efecto, después de intentar infructuosamente llegar a un acuerdo con los orientales, en septiembre Alvear había desembarcado en Colonia con los coroneles Dorrego y Hortiguera, dispuesto a no dejar ni las huellas de los secuaces del caudillo en un fulminante paseo militar. Se equivocó: las operaciones se prolongarían por muchos meses, se perdería considerable número de vidas y los resultados estarían bien lejos de ser favorables, pese al inicial desbaratamiento de Otorgués en Marmarajá el 4 de octubre. Tal vez creyendo definitivo ese escarmiento, Alvear delegó la jefatura del ejército de operaciones en el coronel Miguel Estanislao Soler, para disponerse a continuar su cosecha de laureles por el camino del norte.

Precisamente porque se había decidido a volcar el mayor número de fuerzas sobre ese frente, Posadas desechó por completo el envío de una parte de esos efectivos al oeste, que San Martín le solicitara a instancias del gobierno patriota trasandino, acosado entonces por las fuerzas realistas. El Director, sin advertir el grave peligro que esto implicaba, le respondió en su peculiar estilo: "¿Y de los amigos chilenos, qué quiere Vd. que hagamos?… Estando como estamos empeñados en la campaña del Perú no podemos divertir una considerable parte de nuestra fuerza como la de 1.500 hombres hacia el Estado de Chile", al que por el momento –agregaba irónicamente– sólo se le podían dar "esperanzas", reduciéndose el apoyo a los doscientos hombres que, a cargo del teniente coronel Las Heras, segundo de Balcarce, constituían la división de auxiliares. En lo respectivo a Cuyo, dejaba librado al gobernador intendente "arreglar en esa ciudad y su provincia lo que se pueda ínterin acá me peleo por mandar tercerolas, sables viejos o demonios coronados para que se ponga la cosa en un pie de defensa". En cuanto a tropas, sólo le remitiría los prisioneros tomados en Montevideo y desterrados a ese destino, que San Martín se había resistido a recibir. Y para que no le quedasen dudas al respecto, finalizaba ratificando que "nuestros objetos por esta parte son muchos y de preferente atención, que nos hace muchísima cuenta batir con tiempo y aniquilar todas las fuerzas del Perú del mando de Pezuela y que nuestros vastos proyectos sobre Chile los hemos de realizar si la fortuna nos sopla, no para subyugar a esos mancarrones, como inicuamente se lo presumen, sino para entrarlos en el sendero de la unidad de sentimientos y conformidad de ideas a fin de establecer un gobierno sólido y estable contra todos los ultramarinos".[6]

Entre tanto, las fuerzas a cargo de la campaña de oriente continuaron siendo permanentemente hostilizadas por los lugartenientes de Artigas. La modalidad de la lucha era desconcertante para las tropas de línea, que, además de sufrir la franca hostilidad de los pobladores, tan prevenidos contra la prepotencia porteña, debieron soportar una endémica serie de cargas hechas por jinetes de chiripá que arremetían por sorpresa, tacuara en mano, para luego dispersarse a los cuatro vientos. También durante los últimos meses de 1814 la ofensiva montonera tuvo en jaque a las fuerzas directoriales litoraleñas al mando de Eusebio Valdenegro y Blas José Pico.

Por entonces, la sublevación de los jefes del ejército auxiliar del Perú –prohijada por Rondeau– frustraba los planes de Alvear, a quien la noticia lo sorprendió en Córdoba cuando se dirigía a tomar su mando. Debió retornar a la capital. Allí, al principiar enero, Posadas presentó su renuncia, la que le fue aceptada por la moribunda Asamblea, que designó al sobrino de aquél para completar el período de gobierno. Desobedecido en el norte y combatido en el Litoral, el régimen alvearista entró en un acelerado e incontenible proceso de disolución.

El curso de la guerra civil en el este no sólo traería aparejado el restablecimiento de la hegemonía de Artigas en su primitiva zona de influencia sino que, a la brevedad, condujo a su extensión más allá del Paraná y aun a la región mediterránea. Si todavía los orientales no habían podido volcar todos sus esfuerzos a ese objetivo expansionista era porque la situación de la Banda Oriental no estaba definida; pero, a partir del 10 de enero de 1815, con la derrota de la vanguardia porteña al mando de Dorrego por las partidas artiguistas de Fructuoso Rivera en Guayabos o Arerunguá, se consolidaría el dominio del caudillo en la región, que abrió paso a la Liga de los Pueblos Libres. En febrero, impotentes frente a las montoneras y ante la amenaza del inminente arribo de la expedición española que al mando de Morillo había partido de la península, las fuerzas directoriales –en cumplimiento de las órdenes impartidas por Alvear– evacuaron Entre Ríos y la Banda Oriental y se replegaron con el armamento sustraído en resguardo de la capital. Mientras tanto, Artigas se disponía a proseguir la lucha ya del otro lado del Paraná.

El fin de la "Patria Vieja" chilena y sus repercusiones en Mendoza

La primera y diminuta expedición enviada al sur de Chile por Abascal, inmediatamente engrosada por fuerzas locales, había conseguido en marzo de 1813 someter la plaza de Concepción. Con la posterior toma de Chillán, el ejército realista se elevó a seis mil plazas, erigiéndose en una seria amenaza para la capital. Una reorganizada Junta de Gobierno logró improvisar una fuerza de cuatro mil efectivos a cuyo frente se colocó José Miguel Carrera, designado general en jefe, con el objeto de defender la línea del Maule. Un primer enfrentamiento en abril resultó inesperadamente favorable a los patriotas; pero, lejos de aprovecharse la victoria, permitieron la retirada de los realistas hacia el sur y su atrincheramiento en Chillán. Demostró Carrera su ineptitud militar al preferir recuperar las plazas de Concepción, Talcahuano y Los Ángeles, dando tiempo al enemigo para organizar su defensa, en vez de atacarlo de inmediato. Recién a fines de julio estableció precariamente el sitio de Chillán, donde sus fuerzas no sólo debieron sufrir los repetidos embates de las guerrillas españolas sino también los rigores de la estación y la creciente hostilidad de la población del lugar, que reaccionó ante los excesos del ejército. Al trasladarse a Talca, la Junta de Santiago pudo constatar sobre el terreno de las operaciones la magnitud del fracaso de la campaña y decidió reemplazar a Carrera por Bernardo O'Higgins en el mando militar.

En enero de 1814 desembarcó en Concepción una segunda fuerza expedicionaria enviada desde el Perú al mando de Gabino Gainza. Para entonces, el ejército patriota se reducía a tan sólo dos mil hombres, mientras que los realistas dominaban la zona extendida entre los ríos Bío Bío y Maule e incluso habían apresado a José Miguel y Luis Carrera. Cuando todavía las fuerzas de O'Higgins operaban por el sur, una división realista se apoderó de Talca, cortándole la retirada a Santiago; la capital quedaba así expuesta a una invasión. Al calor del peligro, se resolvió en Cabildo Abierto concentrar el poder en Francisco de la Lastra, a quien el 7 de marzo se designó Director Supremo con facultades dictatoriales, y se organizó un cuerpo armado. A la derrota patriota de Cancha Rayada, a fines de marzo, siguió en abril el triunfo de Quechereguas, que permitió establecer un equilibrio de fuerzas entre los contendientes. El gobierno chileno accedió a negociar, cediendo a las instancias del capitán de la marina inglesa Hillyar, en función de la reversión desvaforable del panorama internacional. El 3 de mayo se suscribió entre Gainza y O'Higgins el Tratado de Lircay, por el que los chilenos, a cambio de la autonomía política y la libertad comercial, reconocían la soberanía de Fernando VII y la legitimidad del Consejo de Regencia, comprometiéndose a enviar diputados a España y a acatar la Constitución de 1812. El descontento generado por el acuerdo fue capitalizado por los recién fugados hermanos Carrera. El 23 de julio, José Miguel encabezó un nuevo golpe militar, depuso a Lastra y pasó a integrar una nueva Junta triunvira. Las persecuciones y destierros estuvieron a la orden del día. Por entonces Juan Mackena y Antonio José de Irisarri cruzaron la cordillera y, al entrar en Mendoza en contacto con San Martín, debieron contribuir a predisponer al nuevo gobernador en contra del gobierno carrerino.

O'Higgins marchó a Santiago a derrocar a las autoridades emergentes de esa cuartelada. El 26 de agosto, en el llano de Maipo, se encontró a la cabeza de sus quinientos hombres frente al ejército de Carrera, que lo cuadruplicaba en número. Esto lo hizo decidirse por replegarse hacia el sur; pero, al tener noticias del desembarco en Talcahuano de una tercera invasión procedente del Perú al mando del general Osorio, resolvió unir sus fuerzas a las del gobierno santiaguino. La mayor cohesión y profesionalidad de las fuerzas realistas, frente a los desaciertos y mutuas prevenciones de los jefes patriotas, que impidieron su eficaz cooperación, determinaron la derrota de los últimos en Rancagua el 2 de octubre de 1814, alternativa bélica que puso fin a la "Patria Vieja" chilena. Mientras Osorio entraba triunfante en la capital, más de dos mil chilenos, incluyendo a hombres, mujeres y niños, huían por los pasos cordilleranos hacia la ladera oriental de los Andes.

Al solicitar el gobierno de Cuyo, San Martín no había podido prever ese desastre, pues –como dice Yrarrazábal Larraín– por entonces "Rancagua estaba aún distante y no era inevitable".[7] Así, pues, repentinamente, al mes de su llegada, debió enfrentar ese abrupto cambio de situación, que lo dejaba expuesto y totalmente desguarnecido frente a la invasión de los vencedores realistas. Luego de disponer diversas medidas de seguridad y ordenar al Cabildo que se ocupase de arbitrar los medios para el abastecimiento y hospedaje de los patriotas fugados, salió hacia el valle de Uspallata con el fin de adquirir los conocimientos imprescindibles para iniciar una obra de fortificación que coadyuvara a la defensa de la ciudad; pero también para prevenir desórdenes, controlar la entrada de los emigrados y atender a su socorro, en virtud de lo cual remitió al pie de la cordillera una importante cantidad de mulas y víveres.

El conflicto con los Carrera

A mediados de octubre llegó José Miguel Carrera al frente de una fuerza de setecientos hombres e inmediatamente despachó ante el gobernador de Cuyo al coronel de Húsares Diego Benavente "para evitar desórdenes, para reunir las tropas de mi mando y para auxiliarlas en el modo que me sea posible".[8] Comenzaba así a dar muestras de su voluntad de ejecutividad, en función del mando que pretendía continuar poseyendo sobre la fuerza armada chilena.

También arribaron O'Higgins con 150 dragones y Las Heras con su división auxiliar. El primero fue afectuosamente recibido por San Martín en Villavicencio, pues había sido el héroe de la triste jornada de Rancagua, en la que se había batido con bravura sin dar ni pedir tregua hasta que, resultándole imposible sostenerse ante la fría impasibilidad de Carrera, que no acudió en su apoyo, debió abrirse paso a sangre y fuego por entre los enemigos.

El gobernador se hizo eco de los rumores que circulaban entre los emigrados opuestos a los Carrera, según los cuales éstos portaban consigo los caudales públicos de Chile, que habían alcanzado a tomar antes de emprender la huida; y en consecuencia ordenó el registro de los equipajes, lo que dio pie al desacato de Juan José, que protestó ante el oficial comisionado y amenazó con estar dispuesto a prender fuego a sus pertenencias antes que consentir su fiscalización. Cuando se procedió a la cuidadosa inspección de los equipajes no se encontró lo buscado, lo que dejó en desairada posición a una autoridad que los controvertidos hermanos se mostraban demasiado propensos a menoscabar: "La hospitalidad perdía mucho de su mérito por un celo tan intempestivo contra la desgracia –dice Mitre–, que sólo el propósito de contener pretensiones avanzadas podía explicar y justificar".[9]

El caudillo chileno, en un altivo oficio dirigido a San Martín, después de explicarle que el enemigo "destrozó nuestras guerrillas y nos obligó a abandonar cuanto habíamos conducido hasta el pie de la cordillera para salvar las vidas de una porción de hombres desarmados" agregaba: "El fruto de mis fatigas, de mis sacrificios y de mis rectas intenciones es muy ajeno a mis esperanzas" y en función de esta afirmación dirigía al gobernador de Cuyo una retahíla de cargos, que fueron puntualmente contestados en estos términos:

Apenas pisé este territorio cuando conocí que mi autoridad y empleo era atropellado, me dice V. S. en su oficio de hoy; yo pregunto a V.S. de buena fe, ¿si en un país extranjero hay más autoridad que las que el gobierno y leyes del país constituyen? *Se daban órdenes a mis subalternos y se hacía a mi vista y sin mi anuencia cuanto me era privativo.* Nadie daba órdenes más que el gobernador intendente de esta provincia; a mi llegada a Uspallata las repartí porque estaba en mi jurisdicción: una caterva de soldados dispersos cometían los mayores excesos, se saqueaban los víveres y se tomaban con un desorden escandaloso los recursos que remitía este gobierno para nuestros hermanos los emigrados; los robos eran multiplicados, y en este estado mandé reunir a los soldados dispersos, bajo las órdenes del general de Chile don F. [sic] O'Higgins y otros oficiales del mismo estado. V.S. no se hallaba presente y aún en este caso estaba en mi deber contener a una muchedumbre que se hallaba en la comprehensión de mi mando. *A mis oficiales se ofrecían sablazos o rodeados de bayonetas eran bajados a la fuerza de unas miserables mulas que habían tomado en las marchas.* Se equivoca groseramente quien diga que a un oficial vestido con su uniforme se le haya hecho el menor vejamen; no digo a oficial, al último emigrado se le ha tratado con la consideración de hermanos, y desafío a que se me presente el que haya sufrido semejante tratamiento. *Por último, señor gobernador, no ha faltado insulto para apurar el sufrimiento.* Yo estoy bien seguro que V.S. no ha tenido motivo de ejercitarlo desde que llegó a esta provincia. *Quiero que V.S. se sirva decirme cómo somos recibidos para arreglar mi conducta.* V. S. y demás individuos han sido recibidos como unos hermanos desgraciados para los que se han empleado todos los medios posibles a fin de hacerles más llevadera su situación. *Hasta ahora me creo jefe de las tropas chilenas.* [Carrera agregaba en su nota: "Creo que hasta no entenderme con el gobierno superior de estas provincias nadie está facultado para alterar lo menor".] Yo conozco a V.S. por jefe de estas tropas, pero bajo la autoridad del de esta provincia. *Yo debo saber lo que existe en el Ejército Restaurador* [y a continuación decía: "y de los inte-

211

reses que he retirado pertenecientes en todos los tiempos a Chile"]. Ninguna autoridad de esta provincia ha privado a V.S. aún de ese conocimiento. *Quiero conservar mi honor y espero que V.S. no se separe en nada de las leyes que deben regirle.* Nadie ataca el honor de V.S. y yo me guardaré bien de separarme de las leyes que deben regirme, porque soy responsable de mis operaciones a un gobierno justo y equitativo, así como no permitiré que nadie se atreva a recomendarme mis deberes.[10]

No terminó allí el entredicho. Los chilenos opositores al gobierno carrerino peticionaron a San Martín el apresamiento y confiscación de bienes de los tres hermanos y de los ex vocales de la Junta, Julián Uribe y Manuel Muñoz y Urzúa. Aunque el gobernador no accedió a ello, sí les intimó que se dispusieran a marchar hacia San Luis a esperar órdenes del gobierno supremo, protestando tomar esa medida por su propia seguridad para cortar así "la fermentación que noto contra los indivuduos del antiguo gobierno de Chile que acaba de fenecer" y preservar la tranquilidad del pueblo mendocino.[11] Juan José Carrera le contestó resistiendo la disposición por considerar que dado el empleo militar que ostentaba dependía "del general de las armas al que sirvo y del gobierno superior que reconozco", no pudiendo ejecutar las que vinieran por otros conductos; agregaba además que no había "el menor motivo para un destierro tan ignominioso".[12] También Uribe desacató el mandato alegando que era su deber permanecer junto a los chilenos emigrados; Muñoz, por su parte, manifestó su disposición de retornar a Chile; pero la contestación del líder del grupo parecía calculada para apurar hasta el colmo la paciencia de San Martín: "Si V.S. confinase a José Miguel Carrera ya expondría los derechos del hombre, el alcance de las judicaturas y el orden con que deben hacerse los juzgamientos. Pero como general del Ejército de Chile y encargado de su representación en el empleo de Vocal del gobierno, que dura mientras lo reconozcan los patriotas libres que me acompañan y mientras hagamos al Directorio de estas provincias la abdicación de las armas y personas a que marchamos, *sólo puedo contestar que primero será descuartizarme que dejar yo de sostener los derechos de mi Patria".* Continuaba diciendo que esperaba que le permitiese "servir libremente la marcha de las tropas de Chile para Buenos Aires a presentarse y disponerse bajo las órdenes de la capital de las Provincias libres de este Estado". Y terminaba en tono amenazador: "Advierto a V.S. que se desorganiza la división llegada de Chile, que no hay tropa, que se acaba todo sistema de unión, que perece el orden y todo se destruye con perjuicio del país y descrédito de V.S. si la violencia me arrebata mi empleo y mi libertad".[13]

Lo peor del caso era que San Martín, indignado en extremo por tan flagrante vejación de su autoridad, se hallaba impotente, puesto que carecía de fuerza material para reprimir a los arrogantes alborotadores. En efecto, si bien el gobernador era plenamente consciente del desprecio con que los Carrera miraban sus órdenes, dado que no poseía ninguna tropa para "rechazar cualquier atentado de unos hombres que acaban de sacrificar su patria y de consiguiente capaces de todo", resolvió simular avenirse a suspender toda medida hasta que llegase la resolución del superior gobierno. Pero, mientras tanto, hizo bajar de la cordillera a la división auxiliar para, "al menos, contener algún tanto la anarquía en que estos hombres malvados, insensiblemente, nos van envolviendo" y pidió encarecidamente al Directorio que le remitiera alguna fuerza para sostener el orden, pues sus propósitos hostiles se revelaban "en el acuartelamiento de sus tropas y órdenes dadas a sus oficiales para no obedecer sino las que ellos les comuniquen y no reconocer otra autoridad que la del gobierno que aun creen representar". La delicada situación en que se encontraba y la proximidad del enemigo, el cual –decía– sacaría partido de esas disensiones, "han contenido mi justísima venganza o mejor diré suspendido el condigno castigo a unos individuos que han ultrajado con escándalo al mismo gobierno en quien fundan su suerte".[14] Sin embargo, no se limitó a esperar la llegada de efectivos desde Buenos Aires sino que sigilosamente mandó poner sobre las armas a las milicias mendocinas. Entre tanto, continuó sufriendo la arrogancia del caudillo chileno, quien el 23 de octubre le escribía: "Ya nos manda V.S. salir, ya nos dice podemos pasar a Buenos Aires, ya somos detenidos: esta alternativa de disposiciones me confunde y acredita la ninguna libertad de que disfrutamos hasta hoy entre nuestros aliados. O yo vivo ignorante de nuestras facultades y derechos o V.S. obra con equivocación".[15] Y no sólo debió tolerar tales expresiones sino que también accedió a suministrarles pasaportes a los coroneles José María Benavente y Luis Carrera para que pudieran trasladarse a la capital, según eran sus deseos. El Director le había recomendado que obrase con tacto, porque únicamente estaba en condiciones de remitirle 240 hombres del Batallón de Infantería N° 8. Pero, cuando ese pequeño contingente rompió su marcha, ya San Martín estaba listo para dar el golpe que había preparado sagazmente y que tuvo lugar el 30 de ese mes.

Ese día, junto con los auxiliares de Las Heras, los militares chilenos que respondían a O'Higgins y las milicias locales, rodeó el cuartel de la Caridad, donde se encontraban los Carrera, abocando dos piezas de artillería a su puerta; les intimó la entrega de sus tropas y procedió al arresto de Juan José y José Miguel, como también del presbítero Uribe y del comandante Diego Benavente. Ni siquiera este drástico cambio de su suerte sofrenó la altanería de los prisioneros. El primero de los mencionados se quejaba en una nota dirigida al gobernador: "Tuve que sufrir el bochorno de pasar por las calles públicas como un particular criminoso. V.S. reflexionado un momento este lance conocerá muy bien el insulto, la degradación y el sentimiento que he recibido en él [...] hallándome hasta ahora con centinela a la vista y en una habitación tan estrecha que apenas se respira así por el excesivo calor como porque es ocupada de cuatro individuos". Esperaba que le hiciera conocer su delito.[16] Otro tanto hacía el resto de los apresados: "Cuarenta y ocho horas hace que presos en este cuartel estamos como expuestos a la expectación pública. Un cuarto asqueroso y reducido, guardado por un centinela es el destinado para nuestra habitación. Apenas caben las camas y nosotros de pie. No se permite cerrar la puerta y dormimos con vela encendida para aumentar el calor que nos tiene enfermos: no tenemos desahogo en los actos más precisos porque nos sigue un hombre armado. ¿Qué resta para apurar nuestro sufrimiento y para concluir con la existencia de unos hombres de honor?".[17]

Entonces sí los cabecillas chilenos fueron desterrados a San Luis, quedando luego en libertad por orden del Directorio para pasar a Buenos Aires. También durante la segunda mitad de noviembre se remitieron hacia el mismo destino las tropas carrerinas que no quisieron enrolarse en el ejército argentino, bajo la custodia del coronel de dragones chileno Andrés de Alcázar, quien se había atrevido a hablarle claro a Carrera, al reconocer la autoridad del gobernador de Cuyo para poner a rancho a la tropa: "Es preciso que V.S. conozca con evidencia la pérdida de Chile, que ya no existe, y de consiguiente que en sus ruinas quedó envuelta esa autoridad despótica que sabe aún abrigar los resentimientos que tuvo V.S. presentes para ver con serenidad sacrificar las fuerzas de Rancagua".[18]

San Martín y la caída del alvearismo

Un saldo positivo había dejado para San Martín ese tenso incidente con los Carrera: el aumento de la tropa de guarnición. En efecto, cuando del otro lado de los Andes tenía lugar la derrota de Rancagua, Mendoza no poseía un solo soldado de línea. Únicamente contaba con un puñado de blandengues apostados en el fuerte San Carlos, en observación de los indios del sur. A raíz del peligro de invasión realista, y para terminar el conflicto en que habían puesto las disidencias entre los emigrados a los pacíficos pobladores de la ciudad, el gobernador disciplinó las fuerzas milicianas existentes desde 1810. Éstas constaban de dos batallones de infantería: el de cívicos blancos, compuesto de vecinos y mercaderes a los que se agregó una compañía formada por los residentes ingleses, y el de los cívicos pardos, integrado por artesanos y menestrales; y de dos cuerpos de caballería cívica: el del Norte y el del Sur, que reunían a los habitantes de los suburbios y de la campaña. Engrosadas a raíz del bando de enrolamiento que consignaba que sería reputado de traidor a la patria todo aquel individuo apto para tomar las armas que no se hallase alistado, San Martín formó con estas milicias destacamentos que se despacharon a los caminos principales de la cordillera de Uspallata y el Portillo para que adelantasen descubiertas hasta la cumbre, en precaución de alguna sorpresa del enemigo. Esto fue lo que permitió hacer bajar de Uspallata, como se ha visto, a Las Heras al frente de su cuerpo de auxiliares, que en noviembre de 1814 era elevado a Batallón Nº 11 de Infantería de línea. A él se integraron las fuerzas enviadas desde Buenos Aires, esto es, dos compañías del Batallón Nº 8 al mando del sargento mayor Bonifacio García y cincuenta artilleros con una batería de cuatro piezas a las órdenes del mayor Pedro Regalado de la Plaza. De esta manera, pues, al cabo de dos meses se logró poner en armas a cuatrocientos efectivos para atender a la seguridad local.

Todavía tuvo que padecer el gobernador un coletazo del sonado entredicho con aquellos levantiscos jefes chilenos. Recibió una afrentosa carta de Juan José Carrera acusándolo de haber "arrebatado V.S. de mi poder tres caballos de mi estimación, dejándolos en el suyo". No escarmentado aún, continuaba con la habitual mezcla discursiva de quejas y amenazas: "Este es seguramente un modo el más original de administrar justicia, que tal vez no tendrá otro ejemplo. Mi estado desgraciado me obliga a sufrir en cierto modo; mas crea V.S. que en otras circunstancias sería funesto el resultado de estas violencias. En las presentes me queda el consuelo de poder ocurrir al gobierno supremo como haré efectivamente si V.S. no obra en justicia".[19] La cólera de San Martín ante "el insolente y grosero oficio" del desterrado en San Luis ya no se contuvo: "Si, como era de mi deber, hubiera a V.S. pasado por las armas, por los excesos escandalosos que cometió en esta, hubiera satisfecho la justicia y a este pueblo verdaderamente ultrajado, evitando por este medio sus repetidos insultos". Le aclaraba que los caballos habían sido incautados por llevar la marca de la provincia y se hallaban en Uspallata, sirviendo a los defensores de la libertad americana: "José de San Martín no necesita los caballos de V.S. porque no sabe usar como V.S. de lo que no es suyo".[20] Inmediatamente el gobernador dispuso que el brigadier chileno saliera de San Luis y marchase a la capital para ponerse a disposición del Director Supremo.[21]

Entre tanto, José Miguel Carrera ya había arribado a Buenos Aires; unos días antes su hermano Luis se había batido a duelo en los Bajos de la Residencia con el general Mackenna, que pereció en el lance.[22] Por entonces, Alvear fue designado Director Supremo y si bien el 10 de enero promovió a San Martín al grado de coronel mayor (intermedio entre el de brigadier y coronel, equivalente en la actualidad al de general de brigada), conjuntamente con Miguel Irigoyen, Francisco A. Ortiz de Ocampo, Miguel Estanislao Soler y Florencio Terrada, nada bueno debía prometerse el gobernador de Cuyo del encuentro de los antiguos amigos de la Logia de Cádiz, que tenían en él a un común blanco de ataque. Los sucesos recientemente acaecidos en la falda oriental de la cordillera habían atizado el resentimiento del caudillo chileno contra quien se había inclinado naturalmente hacia el bando de O'Higgins, respetuoso de su autoridad, para frenar la insolencia carrerina.

Si bien el nuevo Director había agraciado a San Martín con el mencionado ascenso, poco despúes lo sujetaba a su directa dependencia al disponer la reorganización del ejército en tres cuerpos, comprendiendo el primero, puesto al mando de Alvear, las guarniciones de Buenos Aires, provincias litorales, Córdoba y Cuyo; y el segundo y tercero las fuerzas del Norte y la Banda Oriental, a las órdenes de Rondeau y Soler, respectivamente.

El espíritu prevenido de San Martín debió ponerse en guardia ante la designación de Alvear y la influencia que sobre él podría ejercer Carrera. Contando con el respeto y aprecio del pueblo cuyano, sentía que al fin pisaba un terreno firme, cuyo dominio político militar tenía y que le serviría de punto de apoyo para la promoción de sus planes. Para que éstos no se malograsen, debía consolidar esa base regional de poder, a la que no renunciaría tan fácilmente como lo había hecho en relación con el mando del ejército auxiliar del Perú. Ya había pasado el tiempo del anonadamiento; la marea alvearista estaba en baja, tal como lo había previsto, pues él sabía que no bastaban la ambición ni la opulencia para consagrar un predominio. Nunca el poder de la facción había estado tan minado como cuando su líder tomó directamente el mando; la conmoción interior, sumada a la amenaza externa, terminaría por hacerle perder el rumbo; las resistencias desatadas por la necia soberbia de la camarilla ya no se podrían controlar; los vientos sembrados anunciaban la hora de la cosecha de tempestades. Sin adoptar los arteros procedimientos de Rondeau ni los desquiciantes de Artigas, San Martín desarrolló un hábil y sutil juego político que contribuiría a derrocar a Alvear. No dudó en hacer sentir el peso de su autoridad en el plano local para cortar los hilos de la trama que principiaba a gestarse en su contra. El primer incidente que lo puso en alerta tuvo por escenario al Cabildo, que constituía la base misma de la organización institucional de Mendoza.

Todo comenzó cuando, a fines de 1814, con motivo de la elección de regidores entrantes por parte de los salientes, el alcalde de segundo voto, Gregorio Villanueva, mocionó para que se excluyese de la votación al aguacil mayor Ignacio Bombal, a quien "tenía por criminoso" por haber vertido en la sala capitular expresiones contrarias al Supremo Director, "graduándolo de un gobierno lleno de vicios". Tales afirmaciones promovieron una ardua discusión, en virtud de la cual convinieron los demás regidores pedir la concurrencia del gobernador para que "con su respeto" se obviasen nuevas disputas. San Martín asistió a las deliberaciones, comenzando por exhortar a los cabildantes a que procediesen en armonía, "sin haber usado su señoría –aclara el acta– de amenazas ni violencias, antes por el contrario, les expuso que aquel era un acto libre y que no habían bayonetas que les intimidasen". Pero Villanueva se mantuvo firme en sus treces y no ocultó su disgusto por esa presencia imponente y ajena al cuerpo, lo que hizo que San Martín decidiera reprimirlo autoritariamente: "Únicamente la incomodidad e indisposición que hubo por parte del señor Intendente lo fue con el señor alcalde de 2º voto, impuesto de que éste había dado parte por sí directamente al Supremo Director de la causa en que suponía reo al regidor aguacil mayor, haciéndole entender lo mal que había hecho en aquello sin darle parte". Intervino entonces el alcalde de primer voto procurando calmar los ánimos exaltados; pero como Villanueva no se avino, "exponiendo que tenía carácter, le repuso su señoría que él amoldaría aquel carácter o dureza y entonces el alcalde me dijo –anotó el escribano del cuerpo– tuviese presente aquella expresión para que lo certificase, lo que oído por su señoría me dio orden que diese la certificación como el señor alcalde la dictase".

Una vez que hubo salido del asombro que debió causarle la inusitada energía del contestatario cabildante, San Martín hizo uso de la persuasión, induciendo a los regidores a reflexionar sobre si el motivo alegado era causa justa para que se excluyese a Bombal de la votación, a lo que todos le respondieron a coro que no, con la excepción consabida. Tuvo lugar el escrutinio en la noche del 1° de diciembre sin que en él tuviese parte el gobernador. No obstante, al día siguiente, Villanueva hizo constar la "nulidad de la votación por haber asistido el señor intendente al acuerdo del escrutinio y échole fuerza a proceder en él".[23]

No tardó San Martín en averiguar que detrás de este incidente se ocultaba un instigador conectado con sus enemigos de la Logia de Buenos Aires. Se trataba del asesor letrado de la intendencia, doctor José María García. Sus propósitos intrigantes pronto saldrían a la luz.

Dispuesto ya a definir las respectivas posiciones y cuando se hallaba franqueable la cordillera, con el consiguiente peligro de invasión que ello suponía, el gobernador de Cuyo acompañó las felicitaciones de fórmula al nuevo Director Supremo con una solicitud de licencia por cuatro meses para pasar, por razones de salud, a la Villa del Rosario, punto sobre la costa del Paraná que había conocido cuando su marcha hacia San Lorenzo. Mucho tiempo después, en su ostracismo, volvería San Martín a manifestar ese mismo deseo: su preferencia por ese sitio era cierta, no así su voluntad de dirigirse a él en 1815. Alvear, ignoraba el rápido prestigio que el peticionante había ganado en Cuyo y cayó en la trampa: el 8 de febrero le concedía una licencia ilimitada y, además, se apresuraba a enviar al coronel Gregorio Perdriel para que lo reemplazase. Tal como lo había calculado el astuto gobernador, apenas circularon los rumores de su destitución, se produjo la reacción instantánea de la población mendocina, que estaba dispuesta a sostenerlo en el mando. Se sumaba así una nueva resistencia a obedecer las órdenes del contrariado Director, que, sumada a la del Ejército del Norte –a la que se habían plegado Salta y Jujuy– y a la ofrecida por los pueblos litoraleños colocados bajo la égida del "protector" Artigas, venía a demostrarle a Alvear cuán limitado se encontraba su nominalmente "supremo" poder, que se hallaba circunscripto en los hechos a la capital, donde también el descontento contra su autoridad había comenzado a manifestarse en el Cabildo, no casualmente dirigido por el suegro de San Martín. En esa diestra jugada de ajedrez estaba ya cantado el "jaque mate".

Entre el 16 y el 21 de febrero se desarrolló la "revolución municipal" de Mendoza. La conmoción popular manifestada en las calles motivó la reunión del Cabildo Abierto, ante el cual San Martín tuvo que prometer que no haría uso de su licencia. Con la llegada de Perdriel y su exigencia de que se le entregara el mando, se movilizaron las milicias en apoyo del Cabildo, que se declaró en sesión permanente, y se exaltaron aún más los ánimos, llegándose al colmo del enardecimiento cuando las pretensiones de reconocer la autoridad del enviado directorial fueron sostenidas empecinadamente por el asesor José María García, quien quedó así en evidencia. El concurso clamó contra él, pidiendo que se lo "separase para siempre de este pueblo [...] que saliese en el acto, y aun hubo quienes reclamasen su cabeza". San Martín resolvió juntamente con el Cabildo su destierro y retuvo el poder, mientras el ayuntamiento diputaba al doctor Juan de la Cruz Vargas a Buenos Aires para obtener la permanencia del gobernador en su puesto, a lo que el 28 de febrero Alvear debió acceder.[24]

Con ese movimiento, San Martín quedó liberado de cualquier intento futuro de remoción arbitraria en función de los vaivenes políticos. Consolidó así su poder regional, y desde entonces quedaría como gobernador inamovible de Cuyo. En contraste con la lenta y trabajosa afirmación de San Martín, se precipitó la caída de Alvear de la inconsistente cima a la que tan vertiginosa como fácilmente había ascendido. A fines de marzo, con la deposición de los mandatarios directoriales Díaz Vélez y Ortiz de Ocampo, el artiguismo se imponía en Santa Fe y Córdoba, respectivamente. Ambas provincias, encabezadas por sus nuevos mandatarios Francisco Candiotti y José Javier Díaz, se colocaron bajo la protección del caudillo, a la par que se "independizaron" de Buenos Aires. Pareció entonces inminente la invasión montonera a la misma capital. En tales circunstancias, el 3 de abril de 1815 la vanguardia de la división enviada por el Director a desalojar a los artiguistas de Santa Fe, al mando de Álvarez Thomas, se sublevó contra su autoridad y le intimó la renuncia al mando, confraternizando aparentemente con los orientales, aunque en esa misma fecha el jefe de la rebelión se apresuró a notificar a Artigas que ya no había necesidad de que sus partidas traspasasen el límite del Arroyo del Medio. Después de intentar una infructuosa resistencia, el 17 Alvear debió embarcarse con su mujer y sus tres hijos en una fragata inglesa que puso proa hacia el Brasil. Se ponía así término a su dictadura castrense y al predominio de su aborrecida facción, a la par que con ello se le quitaba a Artigas el pretexto para la invasión a Buenos Aires.[25]

Al efectuar su pronunciamiento, Álvarez Thomas se había dirigido por nota a los cabildos y autoridades del interior, solicitándoles su apoyo. En virtud de tales comunicaciones, se reunió en Mendoza el Cabildo Abierto del 21 de abril, en el que ese pueblo decidió sustraerse a la obediencia del gobierno alvearista, a la vez que confirmó por aclamación a San Martín en el mando. Éste, por su parte, envió en esa misma fecha un oficio al "Jefe del Ejército Libertador", manifestándole que la voluntad de su provincia era idéntica a la de Buenos Aires, en el sentido de "negar obediencia al gobierno tiránico". Le enviaba 4.000 pesos para contribuir a su gloriosa acción, añadiendo que no omitiese pedirle nuevos socorros en caso de necesitarlos.[26] El 30 de abril el gobernador ordenó celebrar una misa solemne con Te Deum, en agradecimiento por "la destrucción del tirano gobierno de la capital".[27] Ese mismo día, juntamente con los jefes militares de la guarnición de Mendoza, se suscribió un acta reconociendo como Director titular al general Rondeau y como suplente al coronel Álvarez Thomas, tal como se había decidido en Buenos Aires, pero con la expresa condición de que se convocara a los pueblos a designar diputados para la reunión de un Congreso general, lo que fue ratificado por el Cabildo.[28]

El hecho de que el propio jefe de la sublevación le propusiese a San Martín ponerse a la cabeza del ejército da la pauta de que en la confabulación que condujo a la caída del alvearismo la participación del gobernador de Cuyo se extendió mucho más allá de su ínsula. En efecto, el nuevo Director le decía: "Harto sensible me es que V. no pueda venir a sacarnos de los apuros en que nos hallamos, poniéndose a la cabeza del ejército, cuyo mando he reasumido por evitar miserables y ruinosas calamidades".[29]

Entre tanto, el ex asesor García –que había abandonado Rodeo del Medio, punto de confinamiento que San Martín le había señalado, para dirigirse a la capital en busca del apoyo de la facción alvearista–, viendo el inhóspito clima que lo rodeaba a partir del vuelco político, le escribió al gobernador de Cuyo pidiéndole consejos para remediar su triste suerte, dejando traslucir su intención de que le permitiera retornar a Mendoza. El mandatario, indignado ante tan rastrera doblez, aprovechó la oportunidad que le brindaba la misiva para enrostrarle su infame conducta: le reprochó que se hubiese fugado del destino en que "mi excesiva condescendencia lo había puesto para buscar el modo de abatirme; V. –y esto lo tengo probado– pidió quince o veinte asesinos al general Alvear para quitarme la vida; V. quiso perder al honrado Bombal y, al fin, V. quiso envolver a su misma patria en la desolación".[30]

Dada la seriedad de los cargos expuestos, San Martín no podía consentir el regreso de ese personaje. Sin embargo, eso no le impidió que, a raíz de la renuncia del administrador de aduana, Juan Gregorio Lemos –que pasó a hacerse cargo de la contaduría del ejército–, propusiera en su reemplazo a Juan Francisco García, "vecino honrado de ésta, con inteligencia en el ramo de cuentas no obstante ser un capital enemigo mío en razón de ser hermano del asesor pretérito D. José María, pero que consultando solamente el bien del estado, creo ser el más apto para desempeñar este empleo".[31] A más de ese gesto, en marzo de 1816 se manifestó partidario ante el Cabildo de levantar el destierro que pesaba sobre el ex asesor, recomendando que se accediera a su petición de retornar a Mendoza, bajo el compromiso de vigilar personalmente su conducta.[32] Tanta aparente magnanimidad no llegó a tener oportunidad de ejercer. En carta a su amigo Godoy Cruz, el general le confiaba el trasfondo de lo ocurrido: "Se me escribió de Buenos Aires para la venida del bicho de García; y como yo no le doy a este insecto la importancia que en ésta, oficié al Cabildo sobre el particular, éste con su acostumbrada moderación me manifestó los inconvenientes de su presencia, pero que lo dejaba a mi elección para que hiciese lo que gustase: esta sola insinuación fue suficiente para que el tal ex asesor no aparezca por ésta jamás".[33] Como diría más de una vez, estaba en él perdonar, pero no olvidar.

El incidente autonomista sanjuanino

Si el 26 de abril el pueblo de Mendoza confirmó a San Martín como gobernador intendente, no sucedió lo mismo en San Juan con respecto a su teniente gobernador Manuel Corvalán, quien fue depuesto y sustituido por el doctor José Ignacio de la Roza. San Martín no apoyó el intento de resistencia del mandatario caído, fundándose en que carecía de autoridad para tomar parte en la cuestión, ya que aún San Juan y San Luis no se habían pronunciado en favor de su propia reelección, como lo había hecho el pueblo de la capital de la intendencia. Evidentemente, el gobernador, para evitar el ahondamiento de la divergencia, no quería contrariar abiertamente la voluntad popular de los sanjuaninos; sin embargo, movió sus influencias para llegar a un acuerdo sobre la base del reconocimiento de la nueva autoridad; a cambio, De la Roza y el Cabildo decidieron el 2 de mayo de 1815 restituirse a la dependencia provisoria de Mendoza y ratificar a San Martín en la gobernación hasta la resolución definitiva del Congreso Nacional que debía reunirse.[34]

Pero esa solución negociada no conformó al sector autonomista, que se lanzó a la conspiración. Alertado de ello, el teniente gobernador sanjuanino solicitó a San Martín fuerzas militares para contener a los sediciosos. El general ordenó que salieran 120 hombres del N° 8 y él mismo se dispuso a marchar –según expresó al Cabildo– "por la necesidad de conservar el orden de los pueblos que abusando de su soberanía faltan a los mismos deberes que espontáneamente se impusieron".[35]

En comunicación al Director Supremo, expuso más extensamente su pensamiento sobre lo acontecido en su jurisdicción en ese momento de efervescencia federalista: "Desengañémonos, Exmo. Sr., la demasiada liberalidad con unos pueblos que acostumbrados a arrastrar las cadenas de la servidumbre no conocen los límites que les prescribe el estado de libertad a que han pasado, no puede sino traernos consecuencias funestas. Si el pueblo de San Juan considera que él mismo se ha impuesto espontáneamente el precepto de la obediencia a V.E. y este gobierno y que sin unas causas suficientes no puede quebrantar la obligación a que se sujetó, seguramente no daría unos pasos tan absurdos; pero la falta de ilustración y el ningún conocimiento de sus deberes lo hacen precipitarse a este abismo de inconsecuencias, a que no es suficiente aliciente la política, sino que necesariamente obliga a tomar medios violentos, al menos capaces de hacer entrar en sus deberes a los revolucionarios que intentan quebrantar el orden y armonía social".[36]

Se ve, pues, cómo, a pesar de su actitud inicial de respeto por los derechos de los pueblos, San Martín, dado el fluctuante proceder de éstos, desconfiaba de su madurez, lo que lo determinó a obrar con energía en defensa de la autoridad, el orden y la jerarquía.

Esperanzas y postergaciones

Con la caída del alvearismo pareció más factible la concreción de las miras estratégicas de San Martín; sin embargo, durante el transcurso de 1815 surgieron nuevos escollos que obstaculizaron su marcha sobre Chile. El primero lo constituyó, en el mes de enero, la partida de Cádiz de la expedición de diez mil soldados que se suponía enviada a atacar a Buenos Aires. Ante ese peligro, no había dudado en convocar al pueblo cuyano para que se preparase a la lucha, sin reparar en la magnitud de los sacrificios que debieran realizarse: "Es cierto que tenemos que sufrir escasez de dinero, paralización de comercio y agricultura, arrostrar trabajos y ser superiores a todo género de fatigas y privaciones; pero todo es menos que volver a uncir el yugo pesado e ignominioso de la esclavitud". Agregaba: "Nuestro primer deber en tales circunstancias es proporcionar a la capital toda clase de auxilios. Si ésta cae bajo la opresión enemiga, como que es la fuente de donde emanan los recursos al sostén de nuestra libertad, o perecerá ésta o al menos sufrirá un revés que tal vez nos sea dificultoso repararlo".[37] Era el anuncio de un metódico y sistemático plan de aprovechamiento de todos los recursos humanos y materiales que la región poseía en insospechada y enorme potencia y que el genio práctico de San Martín convertiría –al decir de Mitre– en "el nervio de la fuerza expansiva de la revolución argentina americanizada".[38]

A pesar del febril despliegue de actividad e ingenio a que se entregó desde entonces el gobernador para organizar una fuerza armada capaz no sólo de garantizar la seguridad de su jurisdicción sino de pasar a la ofensiva al otro lado de los Andes, diversas circunstancias vinieron a contrariar sucesivamente sus propósitos, poniendo a prueba su paciencia; muchas de las ofrendas realizadas por ese esforzado pueblo, sometido rigurosamente a todo género de exacciones, fueron desviadas de la empresa que se proponía acometer. No obstante, la idea de San Martín había comenzado a ser objeto de mayor atención, como lo prueba el que se sometiese a su dictamen el proyecto de reconquista de Chile elevado al gobierno supremo por José Miguel Carrera. Consistía el plan en enviar una expedición de quinientos soldados chilenos con mil fusiles de reserva por Coquimbo, lo que fue desaconsejado por San Martín por considerar que sin una fuerza de 3.500 a 4.000 hombres bien disciplinados era imposible asegurar el éxito de la incursión.

Recién hacia mediados de 1815 llegaron las primeras noticias –hasta entonces no confirmadas– de que la temible expedición española había tomado otro rumbo. "Si esto se verificase –le decía Álvarez Thomas a San Martín– hallaríamos las más bellas circunstancias para dirigir nuestras tropas a Chile, pero los hombres que han nacido sin más principios que sus fines particulares, paralizan las medidas que podrían exterminar los enemigos del país en todas direcciones: tal es la conducta de Artigas".[39] Así, pues, disipado el peligro exterior por el lado de Buenos Aires, la disidencia interna tomaba su lugar en la serie de obstáculos opuestos a la operación trasandina.

En efecto, un mes más tarde se le comunicaba al gobernador de Cuyo el fracaso de las negociaciones con el caudillo y la necesidad de enviar 1.500 hombres, además de la escuadra, para operar en Santa Fe contra las montoneras. "Esto paraliza nuestras miras sobre Chile, porque no es prudente exponer esta provincia –alegaba el Director– a ser la víctima de sus implacables enemigos". Si bien se enviaban a Cuyo algunos refuerzos y elementos de guerra, éstos sólo servirían para "sostenerse a la defensiva, ya que no puede hacerse otra cosa en nuestra miserable constitución".[40]

En agosto San Martín insistió en sus pedidos de refuerzos y auxilios suficientes: los chilenos comenzaban a moverse, incitados por la "guerra de zapa" que él fomentaba sin escatimar recursos. La insurrección tomaba cuerpo por el sur. Además, los realistas habían tenido que desprenderse de un importante contingente de sus fuerzas, a pedido de Abascal. La oportunidad era inmejorable para preparar una formal entrada en Chile. El Director contestó: "Las circunstancias lo impiden absolutamente". Se juzgaba que, iniciada la tercera campaña por el Alto Perú al mando de Rondeau, debían volcarse allí todos los recursos disponibles, sobre todo luego de que Pezuela había sido reforzado con la columna enviada por Osorio y con las tropas que regresaban del Cuzco al mando de Ramírez, una vez sofocada la rebelión indígena.[41] Lo más que se estaba dispuesto a hacer por el oeste era destacar una fuerza volante para distraer al enemigo y contribuir a sostener el levantamiento de los patriotas. San Martín no tardaría en desechar esa propuesta inconducente. No sólo eso: en prueba de su disgusto por el constante relegamiento de su proyecto, presentó su pedido de licencia, que le fue rechazado: "No hay más remedio –le decía el Director– es preciso que V. se esfuerce y me ayude a llevar el timón de esta combatida nave".[42] Contrariado, el gobernador sostuvo su solicitud. Álvarez Thomas le contestó: "Yo no puedo dar a V. palabra de que de tornar a cerrarse la cordillera en el venidero año se le permita hacer uso de la licencia que ha solicitado y que inhumanamente se le ha negado, pues para entonces confío estar también yo reposando de las penosas tareas que deben circular entre todos". No se permitía que dejase su puesto, pero tampoco se lo alentaba con el envío de nuevos recursos: "Es furioso el nublado que nos amenaza por aquí para podernos desprender de más armamento y municiones. Es preciso que con lo que ahí se encuentre, se den maña ustedes".[43]

Aguijoneando al gobierno como un tábano, el 26 de septiembre, San Martín le elevaba una consulta reservada sobre el plan de campaña que debía observar. Ante su porfiado empeño en forzar las voluntades se le reiteró secamente que "la fuerza que se ha puesto a su mando ha sido calculada para estar sólo a la defensiva, ínterin no lleguen los resultados del Perú".[44] El general no se resignaba a esa espera porque la sabía inútil. Ningún rédito positivo podía obtenerse por esa vía. ¿Acaso no bastaban Huaqui y Ahoyuma para convencerse de ello? ¿Era preciso apurar un nuevo desengaño? Así parecía; pero, en tanto, él no dejaría de presionar a las autoridades ni se cruzaría de brazos. No se trataba de un capricho sino del compromiso tácito, pero sagrado, asumido con el abnegado pueblo que lo secundaba.

"Una utopía de cooperación económico-militar"

No era ajena a la clara conciencia de San Martín la magnitud del sacrificio realizado por los cuyanos y en especial por los mendocinos. A partir de Rancagua, los ingresos del tesoro se habían reducido a menos de la mitad, en virtud del cierre del comercio transcordillerano, que le había privado de la vital recaudación emanada del cobro de derechos de importación y exportación.

En junio, el gobernador dispuso que se recolectasen donativos voluntarios, nombrando a tal efecto una comisión a la que inmediatamente le comunicó que podría disponer de la mitad de su sueldo, en contribución al sostén de la regeneración política. Obviamente, comenzaba por dar el ejemplo.

Agotado el erario para cubrir los gastos de manutención de las tropas, que crecían proporcionalmente al número de éstas, el gobernador intendente se vio precisado a echar mano de un recurso "demasiado doloroso", pero necesario: "La derrama o empréstito forzoso". "Entre este único arbitrio o perecer las tropas, no hay medio", tal fue su lacónica pero contundente justificación de la medida ante el Cabildo, en tanto organismo encargado de su cumplimiento.[45] Esta contribución extraordinaria de guerra gravitó directamente sobre los capitales, calculándose sobre la base de un aporte de 4 reales por cada 1.000 pesos, y se mantuvo vigente durante la segunda mitad de 1815 y todo el año siguiente.

Preocupado por regularizar la percepción impositiva, San Martín tornó estricto el cobro del derecho de alcabala. Se añadió el impuesto voluntario sobre caldos, pues los traficantes de vinos y aguardientes se comprometieron a abonar espontáneamente un derecho sobre la extracción de sus productos. Más tarde establecería un gravamen sobre el consumo de carne, y también se multiplicaron las multas a los más diversos delitos. Por otro lado, se vendieron varios lotes de tierras públicas y se procedió al secuestro y confiscación de bienes de europeos y americanos enemigos de la causa de la Independencia, prófugos a Chile, Lima y otros puntos. Asimismo, se mandó ingresar en el tesoro los capitales de propiedad del convento de monjas de Buena Esperanza y los capitales de las diversas cofradías, y se llegó hasta el punto de tomar la limosna colectada por la comunidad mercedaria para redención de cautivos.

Como si todo esto no fuera suficiente, a nombre del gobierno supremo se apeló nuevamente a las donaciones de cuanto no fuera de absoluta necesidad en el ejército para aplicarlo al consumo de la escuadra, en especial, alhajas y caldos, porque ambas especies podían reducirse a dinero con mayor facilidad. Esta petición fue lo que dio lugar al conocido gesto de las damas mendocinas, que, encabezadas por la esposa del gobernador, se despojaron de sus joyas en aras de la patria. En aquella ocasión Remeditos dijo que no les era desconocido el riesgo que amenaza a los seres más queridos de su corazón, ni la penuria del tesoro, ni la magnitud de los servicios que demandaba la conservación de la libertad. Que los diamantes y las perlas les "sentarían mal en la angustiosa situación en que se veía la provincia y peor si por desgracia volviésemos a arrastrar las cadenas de un nuevo vasallaje".[46] El producido de esta contribución no se destinó al ejército de Mendoza, como habitualmente se cree, sino que –en cumplimento de órdenes del superior gobierno– debió ser remitido a Buenos Aires, mal que le pesara al gobernador de Cuyo, a quien no se le escapaba que ya era excesiva la sangría que se hacía de esa población con el fin de sostener el abultado número de tropas que estaba reuniendo como para que todavía tuviera que efectuar ingentes aportes al erario nacional.

Agreguemos, de paso, que no concluyó allí la cooperación femenina: "Las dignas señoras de este pueblo estoy seguro se prestarán gustosas a reparar la desnudez del soldado", decía San Martín al Cabildo en ocasión de encomendarle la misión de repartir equitativamente entre ellas cientos de pares de pantalones para que efectuasen gratuitamente su costura.[47] Demás está decir que abundaron las solicitudes de ese tipo.

Los gastos de la administración pública fueron constreñidos a su mínima expresión; de la misma manera se ajustó la economía en el ejército, lo que, lejos de redundar en detrimento de la formación militar, contribuyó en algunos casos a su mejoramiento, "como la buena cuenta de la oficialidad eran tan exigua que apenas daría lo escasamente preciso para la decencia personal, con la mira de disminuir en parte ese desequilibrio, se estableció el sistema de mesa común en cada cuerpo, que sus jefes presidían y muchas veces el mismo general en persona. Este método produjo con el tiempo beneficios debido a él mismo. El general se valía de estas ocasiones para inocular rasgos de urbanidad y maneras sociales, promoviendo conversaciones y refiriendo ocurrencias militares de las campañas y guerras de Europa que a la par de instructivas y amenas eran una lección académica para el que la necesitara".[48] Como se ve, San Martín no sólo hacía más soportable la penuria material inculcando el hábito de la solidaridad compartida sino que hasta sabía sacar ventajas nada desdeñables de ello.

Cansado de vivir implorando que le mandasen vestuarios de la capital y buscando siempre en la medida de lo posible el valimiento autónomo, discutió con el chileno Dámaso Herrera y con el mendocino Tejeda –dados a las invenciones– convertir el molino de este último en un batán. Dióse vueltas al asunto hasta que se logró el cometido, por rústico que resultase, ¡que no eran aquellos tiempos para lujos! A partir de entonces se hizo traer bayetas de San Luis y en la improvisada máquina hidráulica se procedió a teñirlas de azul y a darles el grado de consistencia conveniente para vestir al ejército.

Algo similar ocurrió con la pólvora. Harto estaba de renegar el comandante Pedro Regalado de la Plaza para que le fuera remitida en cantidad suficiente desde la capital. Desde allí se le decía a su jefe: "Plaza hace un gran comandante de artillería: para contentarlo (en parte) sería necesario dejar a plan barrido los almacenes de pólvora y los del parque: él hace bien de resguardarse con protestas pero están éstas mandadas suprimir desde la revolución y que se sustituyan con la industria, porque donde hay falta de recursos de nada valen las protestas".[49] Convertido en mano derecha del general, se hallaba en Mendoza el inge-

Espadaña del convento de San Carlos

Óleo de E. Schwender
Museo Histórico Provincial
"Julio Marc"
Rosario (Santa Fe)

Con la exigente y metódica preparación de sus granaderos, San Martín dio la primera muestra de su competencia militar. La acción de San Lorenzo demostró que precisamente era en el campo de instrucción donde debía comenzar a gestarse la victoria. Por otro lado, con su riesgosa exposición física en el enfrentamiento, que dio lugar a la heroica intervención de Cabral, el comandante se propuso demostrar de manera contundente su compromiso pleno con la Revolución, cortando así las habladurías sobre su sospechosa lealtad a la causa patriota.

Combate de San Lorenzo

Detalle de la carga de granaderos
Óleo de Ángel Della Valle
Museo Histórico Nacional, Buenos Aires

Martín Miguel Juan de la Mata Güemes

Dibujo a lápiz y carbonilla de Schiaffino
Museo Colonial, Histórico y de Bellas Artes
Salta

En 1814, asegurar la defensa del frente norte
y apresurar la toma de Montevideo era cuestión
de vida o muerte para salvar a la acosada
revolución rioplatense. San Martín cumplió
con eficacia, y en condiciones precarias,
la primera misión como comandante en jefe
del Ejército del Norte, para lo que contó
con el necesario asesoramiento de su antecesor
y amigo, el abnegado Belgrano, y con el coraje
de las montoneras gauchas de Güemes.

Manuel Belgrano

Óleo de autor anónimo
Complejo Museo Histórico del Norte, Salta

Güemes y sus gauchos

Óleo de Juan Laporte
Complejo Museográfico "Enrique Udaondo"
Luján

José Miguel
Carrera
y Verdugo

Óleo de autor
anónimo
Museo
Histórico
Nacional
Santiago
de Chile

El general O'Higgins

Museo Histórico del Carmen de Maypo
Maipú (Chile)

Tomás
Godoy Cruz
Diputado
por Mendoza
al Congreso
de Tucumán,
confidente y
colaborador
del General
San Martín.

Óleo de autor
anónimo
Museo
Histórico
Nacional

Como gobernador intendente de Cuyo, San Martín debió cubrir el tercer frente de guerra que abrió por el oeste la victoria realista en Rancagua. El auxilio que brindó a los refugiados en derrota, lo puso en contacto con quien sería su fiel amigo e incondicional aliado, Bernardo O´Higgins, y también con José Miguel Carrera, el mortal enemigo de ambos. También llegó entre los emigrados fray Luis Beltrán, quien haría verdaderas maravillas al frente del parque y la maestranza del Ejército de los Andes.

**Maestranza de fray
Luis Beltrán,**

Óleo de Iriarte
Museo del Pasado Cuyano
Mendoza

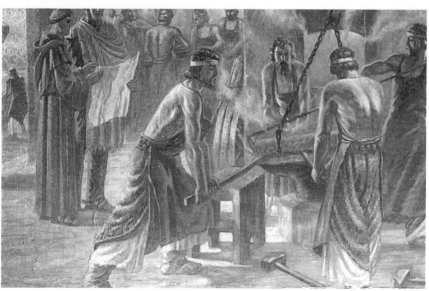

San Martín en Mendoza

Óleo de Octavio Gómez, copia del óleo de Cubillos que está en la Casa de Gobierno de Mendoza

En pleno auge del alvearismo, San Martín se retiró del Norte para dejarle el camino libre a la ambición de su cofrade, y solicitó al director Posadas el mando de la nueva gobernación de Cuyo. Con ello conseguía situarse en el terreno preciso para la realización de sus planes a mediano plazo, sin que sus enemigos y casi ninguno de sus amigos lo advirtiera.

El Director Supremo de las Provincias Unidas nombra a San Martín gobernador intendente de la provincia de Cuyo
Fechado el 1º de agosto de 1814; firman: Posadas-Herrera

Documento original
Museo Mitre
Buenos Aires

Bandera de los Andes
Confeccionada
por damas medocinas

Objeto original
Casa de Gobierno
de la provincia
de Mendoza

Damas patricias

Merceditas Álvarez, Margarita
Corvalán y Laureana Ferrari de
Olazábal, que compartían
la mesa de San Martín en la navidad
de 1816, se comprometieron gustosas
a cumplir su pedido
de proporcionar la bandera
al Ejército próximo a iniciar
la campaña libertadora de Chile.
Mucho costó conseguir la tela "color
de cielo" que el general deseaba.
De inmediato, Remedios se puso
a coser los dos paños celeste
y blanco, mientras sus amigas
aprontaban sedas, lentejuelas,
diamantes y perlas para bordar
el escudo de las Provincias Unidas. Las
damas debieron trasnochar
para culminar su tarea a las dos
de la mañana del 5 de enero,
día señalado para la jura.

Juan Martín de Pueyrredón

Fue Director Supremo de las Provincias Unidas del Río de la Plata.

Archivo del Instituto Nacional Sanmartiniano Buenos Aires

Pueyrredón fue el artífice político de la primera fase del plan continental de San Martín, que acordaron en la conferencia de Córdoba, en julio de 1816, contando con el apoyo de la reorganizada "Logia Lautaro", cuyo nombre cobró su verdadero sentido en función del cruce de los Andes, preparado con meticulosidad y cumplido con precisión matemática.

El cruce de los Andes

Litografía de Clairaux, dibujo de Waldemar Carssen, de un óleo de Durand Museo Histórico Nacional Buenos Aires

Batalla de Chacabuco
Detalle que muestra al Batallón Nº 8,
formado por negros, luchando en la vanguardia
a las órdenes de Ambrosio Cramer

Óleo José Tomás Vandorsse

Primer plano de San Martín

Óleo de Pedro Subercasseaux

La batalla de Chacabuco
constituyó la primera gran
señal del inicio
de la guerra ofensiva
en la lucha emancipadora
sudamericana.

ORDEN
GENERAL.
DEL
27 de Julio de 1819.

Batalla de Maipú

Óleo de Alfredo Guido
Pinacoteca del Instituto
Nacional Sanmartiniano
Buenos Aires

La contundente victoria de Maipú –tanto más inesperada para el enemigo luego del revés patriota de Cancha Rayada– no sólo dejó definitivamente consolidada la libertad de Chile sino que señaló el inexorable principio del fin del dominio realista en América. Después de ella, San Martín se dispuso a acometer la fase final de su plan continental: atacar directamente el núcleo de la resistencia realista: el Perú.

COMPAÑEROS del exercito de los Andes:

... La guerra se la tenemos de hacer del modo que podamos: sino tenemos dinero, carne y un pedazo de tabaco no nos tiene de faltar: cuando se acaben los vestuarios, nos vestiremos con la bayetilla que nos trabajen nuestras mugeres, y sino andaremos en pelota como nuestros paisanos los indios: seamos libres, y lo demas no importa nada...

...Compañeros, juremos no dejar las armas de la mano, hasta ver el pais enteramente libre, ó morir con ellas como hombres de corage.

San Martin.

Es copia.

niero José Antonio Álvarez Condarco; éste, que había secundado a Paroissien en la dirección de la fábrica establecida en Córdoba, no tardó en advertir que, al dotar la naturaleza con mayor abundancia a la región cuyana de su principal ingrediente, bien podría establecerse un laboratorio de salitre, que, una vez purificado al más alto grado de refinamiento, se fue almacenando; mientras se hacía este acopio, Condarco se contrajo a improvisar una fábrica de pólvora en una casa que cedió gratuitamente el doctor Tomás Godoy Cruz, proveyéndola de morteros, tamices, graneadores y cuantos utensilios eran indispensables. Apenas la puso en funcionamiento, los resultados superaron lo esperado: el general pudo contar desde entonces con innumerables quintales de pólvora, cuya calidad nada tenía que envidiar a la importada de Inglaterra.

Pero eso no fue lo más sorprendente de lo acontecido en esa mágica caja de Pandora en la que San Martín había convertido a Mendoza. El general encomendó la comandancia del parque y la dirección de la maestranza a fray Luis Beltrán, mendocino formado en Chile que había regresado a su lugar natal con la emigración y que realizó una asombrosa tarea en las fraguas del ejército convirtiendo las campanas de las iglesias en cañones, balas y bayonetas. Matemático, físico, carpintero, artillero, pirotécnico, todo en uno, se ocupó además de la confección de cartuchos, granadas, herraduras, mochilas, caramañolas, monturas, etcétera, y de idear, dibujándolos sobre la pared de su taller, los dispositivos de transporte a través de las altas cumbres. En efecto, gracias a su ingenio se podría conducir siete cañones de a 4 de batalla y dos obuses de 6 pulgadas, rodando sobre zorras por la cordillera. Y hasta se dio tiempo el popular franciscano para divertir y asombrar a sus coterráneos con su ingenio y destreza técnica, dejando en ellos un recuerdo imborrable:

"¡Ya se fue el padre Beltrán", decían las gentes al regresar al pueblo después de la partida del ejército; "no tendremos ya otros lindos fuegos como los que preparó en la plaza ni otro globo como el que lanzó en la noche de los fuegos!". Efectivamente, el padre Beltrán, que tenía pasión por aquella clase de trabajos, y un talento especial para ejecutarlos, había preparado y hecho quemar en la plaza, poco antes de ponerse en marcha las tropas unos fuegos artificiales como no se habían visto ni parecidos hasta entonces en Mendoza. [...] la plaza se iluminó como de día, apareciendo en seguida, en letras de luz de vivos y variados colores, esta inscripción que fue saludada con entusiastas vivas y aclamaciones por el inmenso pueblo que llenaba la plaza: "¡Viva el general San Martín!". Inmediatamente después se lanzó el gran globo, que fue de un efecto admirable, tanto por ser el primero que se veía en Mendoza, como por la circunstancia de elevarse casi en línea recta a una altura de quinientos o seiscientos metros, hasta confundirse su luz con la de las estrellas.[50]

Además, al considerar insuficiente el dispensario con que contaba la ciudad para asistir a la multitud de enfermos que acudían a él, San Martín dispuso la formación en el cuartel de la Caridad de "un hospital militar donde exclusivamente se medique la tropa", contando para su habilitación con los catres, colchones y almohadas suministrados por la población por vía de donativo o de reparto organizado, como de costumbre, por el Cabildo.[51] El general puso el servicio de sanidad bajo la dirección del doctor Diego Paroissien.

Un incidente vino a demostrar que tantas economías, contribuciones y tareas, férreamente asignadas por San Martín, lejos de terminar por agobiar a los cuyanos, eran sublimadas por el sentido del deber patriótico y, en vez de aborrecer el yugo y la expoliación del general –al que, a un tiempo, respetaban, amaban y temían–, se honraban de contar con su presencia. Y ello debe atribuirse, sin duda, tanto al mérito y docilidad de esos habitantes como al proceder inteligente y justo, aunque severo, de quien imponía su autoridad por la vía del ejemplo.

Desde el mismo momento en que tuvo noticias de la pérdida de Chile, San Martín había resuelto que Remedios regresara a Buenos Aires, pero luego, al considerar el mal efecto que ello causaría en la población, contribuyendo a aumentar sus temores de que los realistas invadiesen, desistió de hacerlo hasta tanto pudiera formar una fuerza respetable que garantizara la seguridad y disipara su inquietud. Como ese objetivo se hallaba plenamente logrado a fines de 1815, el general se dispuso entonces a cumplir su primitivo propósito, dado que, con la apertura de la cordillera, calculaba que se multiplicarían sus atenciones castrenses y que, incluso, tal vez tendría ocasión de marchar al encuentro del enemigo. Sin embargo, no pudo evitar la conmoción que causó en el pueblo la noticia de la "forzosa y repentina separación" de su esposa. El Cabildo informó, con ingenuidad, al gobernador: "Ambos sexos piensan sobre el mérito de esta deliberación. Unos aseguran que a precaución de las invasiones del enemigo. Otros que temen la separación de V.S. del gobierno y los más que esta medida nace de la escasez del sueldo que no alcanza a V.S. para alimentar a la familia". La corporación compartía esta última opinión y creyó de su deber, "en razón del honor de este pueblo y por el debido reconocimiento a los desvelos de V.S. que *con su eficacia y talentos ha dado otro ser, otra opinión y rango a esta provincia*", arbitrar los medios para que percibiera la totalidad de su sueldo –y no la mitad, como hasta entonces lo hacía– y pudiese así atender a la decorosa subsistencia de los suyos. El ayuntamiento, al interponer su influencia, agregaba: "Este pueblo debe a V.S. su rápido engrandecimiento y sólo en manos de V.S. cuenta segura su existencia futura. Todo género de sacrificios se deben a V. S. y el despachar a su señora esposa involuntariamente, ya es temerario y sólo un pueblo oscuro y grosero podrá desatenderlo. Por último el pueblo pierde su tranquilidad, se persuade deshonrado; y en gran descubierto si no se revoca la partida de la familia de V.S."[52] Si bien este gesto venía a contrariar los planes del general, no pudo dejar de conmoverlo. Obligado moralmente a suspender por segunda vez su resolución y luego de solicitar al Cabildo que dejara sin efecto "todo procedimiento en materia de aumento de mi sueldo, en la inteligencia que no será admitido por cuanto existe en la tierra", afirmaba: "V.S. en su oficio de ayer compromete mi gratitud de un modo que el sacrificio de mi vida misma sería escaso a su demostración: sírvase V.S. creer que mi reconocimiento en favor de esa representación y su representado será tan eterno como mi existencia".[53]

Remedios permaneció, pues, en Mendoza y los satisfechos vecinos pudieron seguir contemplando al matrimonio San Martín paseando por la hermosa y sombreada calle de la Alameda, que el gobernador había hecho ampliar y embellecer, o deteniéndose a tomar café o helados según la estación.[54] Así fue como en esa tierra soleada y hospitalaria nació poco después la única hija del general, Mercedes Tomasa. En carta fechada el 31 de agosto de 1816, el flamante y orgulloso progenitor le comunicaría a Tomás Guido: "Sepa V. que desde antes de ayer soy padre de una Infanta mendocina", haciendo mofa en su buen humor de sus detractores, que ya habían comenzado a llamarlo "el rey José", en alusión a sus presuntas ambiciones de poder asociadas a su monarquismo.

San Martín deseó quedar materialmente ligado con ese terruño tan entrañable para él y en octubre solicitó humildemente la concesión del corto número de cincuenta cuadras de tierra con que poder contar en su vejez, siendo el oficio de labrador –según exponía– al que más lo inclinaba su naturaleza y sin contar con recursos para adquirirlas a pesar de su escaso precio. El Cabildo no sólo le acordó la parcela solicitada en Los Barriales sino que donó otras doscientas cuadras para su pequeña niña, las que San Martín pretendió ceder a nombre de ella en favor de los miembros de su ejército que más se destacasen en la próxima campaña, lo cual no le fue admitido; en cambio, se destinó otra porción de tierra a tal fin. Era un gesto digno de la agradecida Mendoza dirigido no sólo al general sino también al gobernador intendente que se había ocupado de difundir la vacuna antivariólica, impulsar las obras de regadío, incorporando nuevas tierras al cultivo; delinear la Villa Nueva y promover la industria y el comercio; además de fundar la primera biblioteca mendocina y fomentar la educación, dictando instrucciones para los maestros de escuelas, prohibiendo los castigos corporales a los escolares y contribuyendo a la creación del colegio de la Santísima Trinidad, primer establecimiento de enseñanza secundaria que contó la ciudad, entre otras obras.[55]

Planes frustrados
La decepción del general

Durante el transcurso de 1815, San Martín había logrado engrosar fuertemente sus tropas. A los cuatrocientos hombres con que contaba al iniciar el año agregó otros setecientos, en virtud de la leva de libertos operada en cumplimiento del bando por el cual se ordenaba a los españoles europeos la entrega de sus esclavos, previniéndoles que el que no lo verificare, además de perderlos en cualquier número que fueran, pagaría 500 pesos por cada uno de ellos.[56] Antes de finalizar el primer semestre le llegaron nuevas dotaciones de artillería: cien hombres más del arma y dos cañones. Posteriormente se incorporaron los escuadrones 3° y 4° de Granaderos a Caballo, integrados por unas doscientas plazas. Con los emigrados transcordilleranos, San Martín formó la "Legión Patriótica de Chile". También recurrió a la leva de vagos y al voluntariado. A esta época corresponde su famoso bando "Tengo 130 sables arrumbados en el cuartel de granaderos a caballo por falta de brazos que los empuñen…". Colaboraron eficazmente con el general en esa tarea de reclutamiento los tenientes gobernadores de San Luis y San Juan, comandante Vicente Dupuy y doctor José Ignacio de la Roza, respectivamente.

Los excesos cometidos por el general Osorio habían allanado el camino a la muy intensa "guerra de zapa o de seducción" desarrollada por San Martín, quien había sembrado de espías las provincias trasandinas. Éstos le notificaban a cada instante la situación y las maniobras del enemigo, a la par que hacían circular falsas noticias para desconcertar a los realistas, mientras retemplaban los ánimos de los patriotas. Hacia fines de 1815, los chilenos oprimidos y esquilmados clamaban por su liberación. Sus agentes secretos le comunicaban al general: "Todos los habitantes de estos desgraciados pueblos de Chile del mar a cordillera desean estos infelices su libertad y que aviste una división de las tropas de la Patria para todos en masa unirse a ella, pues desean con ansia su reconquista […] Estos boquetes del sur a esta fecha no tienen ninguna guarnición […] por lo que conviene se aproximen las divisiones sin perder un instante para aprovecharse de los descuidos del tirano".[57]

Convencido de que había llegado el momento oportuno para dar un golpe de mano contra el enemigo, en diciembre envió a Buenos Aires a Manuel Ignacio Molina para que persuadiera al Directorio de partir en expedición a Chile en febrero, gestión a la que se le respondió que por el momento se consideraba inoportuno y peligroso ese proyecto; lo único que pudo conseguir el diputado cuyano del Director fue un auxilio mensual de 4.000 pesos en sostén del ejército, otorgado seguramente en función de lo expuesto con toda justicia y razón por el Cabildo de Mendoza: "Los pueblos que componen la provincia se han sacrificado en la persuasión de que en este verano el enemigo limítrofe sería destruido. Si por un año más sufriese la guarnición que sostienen, no podrían responder de sí mismos".[58] También por entonces llegó la noticia de la terrible derrota sufrida el 29 de noviembre por las tropas al mando de Rondeau, que puso fin a la tercera expedición al Alto Perú: "Nada me admira la pérdida de Sipe Sipe", le escribió el general a su amigo Tomás Guido; tampoco lo desconsolaba: fue entonces cuando invitó a un banquete a sus oficiales y a los postres pronunció su famoso brindis: "¡Por la primera bala que se dispare contra los opresores de Chile del otro lado de los Andes!".[59] Simultáneamente se le vio restablecido de su recrudecida enfermedad: "Un furioso ataque de sangre y en su consecuencia una extrema debilidad me han tenido diecinueve días postrado en cama", le decía a Godoy Cruz.[60] Bien mal la había pasado: durante esas largas jornadas apenas si podía dormir breves momentos sentado en una silla, por lo que, para conciliar el sueño, comenzó a abusar del opio, farmacopea recomendada por su médico Isidoro Zapata, un limeño de color que lo asistió en todas sus campañas. Pasado el ataque, concibió un modo de sacar provecho de aquella contrariedad militar: ya no había tiempo para preparar la invasión a Chile, pero en cambio cabía la posibilidad de atraer al enemigo hacia la ladera oriental, tentándolo con el anzuelo del desguarnecimiento de Mendoza por la supuesta salida de un importante número de sus tropas hacia el Norte en auxilio de los vencidos. La falsa noticia se hizo circular a través de su red de espionaje y todo parecía indicar que el nuevo mandatario de Chile, Casimiro Marcó del Pont, había caído en el lazo. Del otro lado de la cordillera las tropas realistas comenzaron a movilizarse. Entre tanto, le llegaba a San Martín un número significativo de armas y pertrechos, rápidamente remitidos desde Buenos Aires ante el anuncio de una posible tentativa del enemigo de cruzar la cordillera.[61] Los informes de sus agentes insistían en la necesidad de iniciar las operaciones: "Ya no les queda recurso alguno a estos infelices patriotas para mitigar sus padecimientos y así claman porque se acelere el momento de su libertad [...] Venga V.E. cuanto más antes".[62] El general esperaba ansioso al enemigo, estaba seguro de la victoria. En carta a Guido le describía sus planes:

> El enemigo no puede atacarme sino con la mitad de su fuerza, es decir con dos mil hombres; yo le puedo oponer 1.400 buenos, a más una milicia numerosa que aunque inútil para una batalla campal es utilísima para no emplear la fuerza veterana, imponer por la vista, perseguir, quitar caballadas y en fin para todo lo que no sea una línea formal; por otra parte, su caballería no es maniobrera, su infantería debe llegar cansada y estropeada, lo mismo que su armamento, mi artillería es superior tanto en instrucción como en calidad y número. Sus caballos en ochenta leguas que tienen que caminar sin comer y por pie en una travesía para llegar a ésta de más de diecinueve leguas me hacen esperar un buen resultado. Yo estoy tomando mis medidas no solamente para un caso de victoria, sino para uno adverso; si el primero se verifica me soplo en Chile y si el segundo, se podrá remediar con la precaución. V. me dirá cómo teniendo el enemigo cuatro mil hombres disponibles no puede atacarme más que con la mitad. La cosa es sencilla: esta fuerza está diseminada en varios puntos y en un espacio de más de trescientas leguas; tienen que cuidar de sus costas y del disgusto general de Chile, en fin, no pueden prescindir de acordarse es un país de conquista [...] ¡Hay tranquilidad! ¡Hay juicio! Dios nos ayude.[63]

La misma confianza le trasmitía a su amigo Godoy Cruz, tranquilizándolo: "No hay cuidado por el enemigo de Chile. Si viene espero tendremos un completo día y ya sabe V. que no soy muy confiado".[64] En verdad, no era bueno tener que supeditarse a los movimientos del enemigo, pero San Martín no consideraba prudente lanzarse a la ofensiva. La chance de triunfo frente a la superioridad numérica de los realistas residía precisamente en el desgaste que sufrirían en su trayecto. Por otro lado, no podía dejar desguarnecida a su gobernación: "¿qué emprende V. con sólo 1.500 veteranos que tengo? No hay duda que están en un pie sobresaliente, pero si aventuramos esta fuerza ¿qué es de la provincia? Yo pienso aumentarla con mil hombres y creo lo conseguiré en breve [...] Los enemigos están todos reunidos en la Aconcagua y según noticias recibidas ayer haciendo aprestos para pasar; Dios quiera que lo haga pues tal vez de este modo tomaremos a Chile".[65]

A fines de enero su proyecto de conquistar el país vecino en los campos de Mendoza se frustró: una delación detuvo al ejército realista: cuando se disponía al ataque, "persuadido de la salida de las tropas de ésta para el Perú, como se le había hecho entender, un maldito chileno se me pasó al enemigo y me trastornó todo el plan".[66]

Al malograrse de esa manera sus planes, estalló su ira. ¡Otra oportunidad perdida! ¡Hasta cuándo tendría que seguir esperando a que se decidieran a enviarle los recursos que tercamente se malgastaban una y otra vez por el camino del norte! Después de todo lo hecho en Cuyo, ¡¿cómo era posible que se continuase recelando de él?! Porque no a otra cosa atribuía el general su constante relegamiento. Su úlcera se hizo sentir nuevamente, poniendo en evidencia el carácter psicosomático de sus recurrentes ataques; sólo encontró algún alivio cuando pudo desahogar toda la acritud reconcentrada en su espíritu al contestar la carta que acababa de recibir de Guido, quien tenía el particular don de arrancarlo de su hosco hermetismo y hacerle abrir el corazón. Sólo con él –por el enorme afecto y la plena confianza que le inspiraba– San Martín se permitía escribir estas amargas palabras: "¡Qué quiere V. que le diga de la expedición a Chile! Cuando se emprenda, ya es tarde: V. crea mi amigo que yo estaba bien persuadido que no se haría sólo porque su Lancero [el propio San Martín] estaba a la cabeza: ¡maldita sea mi estrella que no hace más que promover desconfianzas! Por esto habrá V. notado que jamás he abierto mi parecer sobre ella: ay, amigo, y ¡qué miserables y débiles somos los animales con dos pies y sin plumas! Zapiola como yo estamos amolados en este campo, no de Marte sino de toda colección de bichos e insectos; paciencia. Adiós, mi Lancero: el humor no está bueno y la salud peor".[67] La última referencia debe conectarse con la nueva leva que se había ordenado para formar el segundo batallón del N° 11, que poco tiempo antes había sido elevado a regimiento.

Para comprender el estado de alteración en que San Martín se encontraba por entonces es preciso reparar en la embarazosa situación en que quedaba frente a cuyanos y chilenos, dado el compromiso personal que había asumido ante ellos. ¿Con qué palabras podría explicarles que debían prolongar durante todo un año más sus sacrificios y padecimientos? ¿Cómo evitar el abatimiento de los unos, el escepticismo de los otros y su propio descrédito? Nada más elocuente para penetrar en el interior del alma del general en esos aflictivos momentos que la lectura de su carta a Guido (véase recuadro en la página siguiente), cuyo contenido también sirve de balance de la gestión realizada en la gobernación de Cuyo.

Se ha dicho que no es el esfuerzo sino la inutilidad del esfuerzo lo que desalienta a los buenos. Afortunadamente para la causa de América, San Martín supo sobreponerse a ese difícil trance.

230

"SAN MARTÍN SIEMPRE SERÁ UN HOMBRE SOSPECHOSO EN SU PAÍS"

Mi Lancero amado: Al fin V. con su carta del 1º me ha hecho romper el silencio perpetuo que me había propuesto guardar, pero reventaría si así continuase en mi sistema: vamos al caso. V. me dice que pida y más pida para el aumento de fuerza de esta provincia; a la verdad, mi amigo, que es una cosa bien triste verse en esta situación: el que mande el todo debe cuidar de las partes, ¡pero pedir! ¿no lo he hecho aún de las cosas de primera necesidad y se me ha negado? ¿no he hecho continuas reclamaciones sobre la indefensión de esta provincia, tanto el año pasado como el invierno anterior? ¿Por ventura el gobierno no ha tenido los estados con el número de armamento y su calidad?, siendo éste de tal especie que las dos terceras partes está enteramente inútil. Pero para qué voy a enumerar a V. sobre esto cuando todo debe haber pasado por sus manos: a V. le consta que lejos de auxiliarme con un solo peso me han sacado 6.000 y más en dinero que remito a ésa, que las alhajas de donativo de la provincia (entre las que fueron las pocas de mi mujer) me las mandaron remitir como así mismo los caldos donados y que estos últimos no fueron porque ya era demasiada la paciencia; que tuve que pagar cuarenta mil pesos de las cuatro mil mulas remitidas al Perú, que mis entradas mensuales no eran más que de 4.000 pesos y gasto mensualmente 20.000, que he tenido que crear una maestranza, parque, armería, dos hospitales, una fábrica de pólvora (porque ni aún ésta se me ha remitido sino para la sexta parte de mis atenciones); una provisión de víveres y qué se yo qué otras cosas; no incluyo tres mil caballos recolectados y 1.300 mulas y mil recados; todo esto lo sabe el gobierno, y también el que he tenido que arruinar las fortunas para sostener y crear tantas atenciones: no hablemos de gastos secretos, porque esto es un mare magnum; y a pesar de todo se me ha abandonado y comprometido del modo más inaudito.

Yo bien sabía que ínterin estuviese al frente de estas tropas no solamente no se haría expedición a Chile, sino que no sería auxiliado, así es que mis renuncias han sido repetidas no tanto por mi salud atrasada cuanto por las razones expuestas. Vamos claros, mi Lancero: San Martín será siempre un hombre sospechoso en su país y por esto mi resolución está tomada: yo no espero más que se cierre la cordillera para sepultarme en un rincón en que nadie sepa de mi existencia; y sólo saldré de él para ponerme al frente de una partida de gauchos si los matuchos nos invaden [...]

(Archivo General de la Nación. Fondo Tomás Guido. Legajo Nº 1. Correspondencia del General José de San Martín, Sala VII, 16-1-1. San Martín a Guido, Mendoza, 14 de febrero de 1816.)

Vacilaciones, preparativos y medidas de seguridad

Las amargas quejas de San Martín no tardaron en llegar por la vía de Guido al seno del gobierno de Buenos Aires, que procuró reconfortarlo de la frustración de sus planes proponiéndole a la manera de paliativo la realización de una expedición parcial de quinientos hombres con el objetivo de ocupar Coquimbo durante el invierno y evitar que decayeran los ánimos de los patriotas chilenos. Ese proyecto no hacía más que denotar la falta de ideas claras acerca de la magnitud de la empresa libertadora trasandina y por consiguiente fue impugnado por el general:

> Chile por su excedente población, proporcionalmente a las demás regiones de la América: por la natural valentía y educada subordinación de sus habitantes: por sus riquezas, feracidad, industria y últimamente, por su situación geográfica; es el pueblo capaz de fijar (regido por mano diestra) la suerte de la revolución. El es el fomento del marinaje del Pacífico: casi podemos decir que lo ha sido de nuestros ejércitos y de los del enemigo. En este concepto, nada más interesa que ocuparlo. Lograda esta grande empresa, el Perú será libre. Desde aquí irán con mejor éxito la legiones de nuestros guerreros. Lima sucumbirá, faltándole los artículos de subsistencia más precisos. Pero para este logro, despleguemos de una vez nuestros recursos. Todo esfuerzo parcial, es perdido decididamente. La toma de este país recomendable debe prevenirse con toda probabilidad. Ella exige una fuerza imponente, que evitando la efusión de sangre, nos de completa posesión en el espacio de tres o cuatro meses. De otro modo, el enemigo nos disputa el terreno palmo a palmo. Chile, naturalmente es un castillo. La guerra puede hacerse interminable: y entre tanto, variado el aspecto de la Europa, armas sólo que envíe la península, puede traernos consecuencias irreparables.

En sustitución, presentaba su plan de campaña alternativo: pasar la cordillera en el siguiente octubre; necesitaría 14.000 pesos para continuar la guerra de zapa, 1.800 hombres que sumados a los 2.200 que tenía en Cuyo alcanzarían el número de efectivos requeridos; tres mil fusiles de repuesto, ochocientos sables y cuatro cañones, además de 60.000 pesos, "pues no es regular ir a Chile sin numerario y empezar por exacciones cuando se debe seguir un sistema en todo opuesto al de sus opresores". Y finalmente, agregaba: "Deben zarpar oportunamente de esas playas dos buques de toda consideración y porte, armados de cuenta del Estado y sujetos a órdenes del jefe del ejército: los que cruzando las costas de Chile contengan el escape de nuestros enemigos, o les apresen con los grandes tesoros que de lo contrario pueden sustraer. Promoviendo, sobre todo, desde ahora estos preparativos para que nada falte en el momento preciso de la marcha: que yo por mi parte protesto activar cuanto alcancen mis recursos, hasta formar (si es de la aprobación de vuestra excelencia) cuadros completos de oficiales escogidos entre los emigrados".[68] El gobierno aceptó esta última iniciativa, pero adujo no contar con la suma requerida en primer término, aunque prometió enviar auxilios ni bien le fuera ello posible.

Entre tanto, se había desarrollado por el Pacífico el crucero de corso a cargo de Brown y Bouchard, que logró distraer a Marcó durante el verano, aunque sus operaciones no tuvieron lugar sobre las costas chilenas sino sobre las peruanas: en enero se había tomado la fragata española *La Consecuencia* –que más tarde, rebautizada como *Argentina,* daría la vuelta al mundo al mando del intrépido ex combatiente de San Lorenzo– y bloqueado El Callao por tres semanas; posteriormente el primer marino –ya con las fuerzas divididas– pasó a operar sobre Guayaquil.

Paralelamente, como medida de prevención, San Martín se ocupó de construir reductos y baterías en los pasos de Los Patos, Uspallata y Portillo, "procediendo en el concepto de que en la próxima primavera debe realizarse la expedición a Chile" y dada "la necesidad de dejar entonces asegurada esta provincia por las tentativas hostiles del enemigo, como para guardar nuestra espalda y afianzar la retirada en un infortunio. No se diga que llevando la guerra a país extraño, desamparamos el nuestro".[69] Aprobada esa providencia por el gobierno, se le remitieron los elementos de fortificación necesarios. Asimismo, el general comisionó a un cuerpo de ingenieros a verificar un reconocimiento de los caminos de la cordillera hasta la cumbre, bajo la dirección del sargento mayor Álvarez Condarco. Uno de los partícipes en esas tareas informa que "por esta operación se rectificaron con el cronómetro las distancias entre uno y otro paraje, de esos que sirven de pascana a los traficantes y arrieros, levantando croquis topográficos en que se demarcaban con toda minuciosidad los manantiales, ríos, arroyos y demás accidentes del terreno".[70] Del plano resultante se sacaron varias copias que posteriormente se repartieron entre los jefes de las divisiones expedicionarias. San Martín dio cuenta de la ejecución de esa tarea al quejarse de que se le ordenase remitir a Buenos Aires a quien se ocupaba eficazmente en ella: "Una muela me sacan ustedes con llevarme a Bermúdez: éste con dos oficiales más están empleados en la formación de planos tanto de esta parte de la cordillera como del Estado de Chile para no marchar como siempre sucede a lo hotentote, sin tener el menor conocimiento del país que se pisa sino por la relación de gauchos".[71]

Espionaje, "guerra de zapa" y contrainteligencia

Aunque el Directorio no estaba del todo convencido de la conveniencia de la expedición trasandina, San Martín continuó sin tregua sus preparativos para la empresa. A fines de marzo solicitó la reincorporación de los escuadrones 1° y 2° de su regimiento, que habían hecho la campaña al Alto Perú, los que, luego de vencidas las resistencias opuestas por el general en jefe del Ejército del Norte y la demora en el tránsito –sobre todo en La Rioja– por falta de víveres para continuar la marcha, recién en noviembre arribaron a Mendoza, casi esqueléticos.

Entre tanto, San Martín siguió pidiendo pertrechos y auxilios de todo género a Buenos Aires, a la par que no descuidó el hábil manejo de la correspondencia, que fue un punto cardinal en la preparación de la campaña, abarcando un triple aspecto: el espionaje y la llamada "guerra de zapa" o de socavamiento del

233

campo enemigo; el montaje de medidas de seguridad, tanto en el ámbito civil como en el militar, y las operaciones de contrainteligencia. Para lo primero se valió de un importante número de emigrados chilenos, que lo mantuvieron al corriente de la situación de Chile y de las maniobras del adversario, a la vez que mantenían enhiestos los ánimos de sus compatriotas y seducían a oficiales y tropas que estaban bajo el gobierno realista. Se destacaron en esa labor Juan Pablo Ramírez, en Concepción y Talcahuano; Diego Guzmán, Ramón Picarte y Manuel Fuentes en Santiago; y sobre todo, el vehemente patriota Manuel Rodríguez, en Aconcagua. Este último, bajo el seudónimo de *El Español*, le escribía al general el 13 de marzo: "Los cuerpos militares tienen propensión a nosotros: la artillería de Valparaíso es nuestra y con Rancagua, San Fernando, Curicó y Quillota, sólo esperan el grito [...] si queda la reconquista para otro verano y yo he de volver allá, sea por pocos días a abrazar a V. y conversarle algunos planes que no caben ya en la cabeza, ni tengo a quién fiarlos. No quiero desamparar a Chile hasta morir o verlo libre". Estaba también pendiente del curso de los acontecimientos políticos de este lado de la cordillera: "¿Qué hay de los adelantamientos de este Congreso? Nada escribe V., no envía un papel público, ni una noticia. Paciencia. Paciencia". Y le aportaba a San Martín sugerentes apreciaciones sobre la sociedad chilena: "Es muy despreciable el primer rango de Chile. Yo sólo lo trato por oír novedades y para calificar al individuo sus calidades exclusivas para el gobierno [...] ¡Muy melancólicamente informará de Chile cualquiera que lo observe por sus condes y marqueses! Mas la plebe es de obra [es decir, de acción] y está por la libertad con muchos empleados y militares. Antes de tratarla, ha de estar V. en que la nobleza de Chile nos es necesaria por el gran crédito que arrastran en este reino infeliz las canas y las barrigas. Así es casi indispensable jugar con ellos o a lo menos no prepararles guerra hasta cierto tiempo". En cuanto a Marcó del Pont, decía con desenfado: "es un maricón de cazoleta. A nadie visita por orden de su rey. Pide que lo vean aunque no puede corresponder. Pasea las calles metido en su coche".[72]

Asimismo, San Martín estaba al tanto de la creciente opresión que pesaba sobre los chilenos. Los agentes secretos *Alfajor* y *Quinto* le informaban: "seguros de la no venida de V.S. en la presente estación, [los realistas] aumentarán hasta el último exceso las contribuciones, destierros y embargos que han principiado a repetir y no perdonan ni aun a los infelices y miserables. A proporción es el despecho, indignación y encono con que generalmente son mirados: tanto que, no decimos a V.S., a quien aguardamos con los brazos abiertos, pero el diablo para abajo que viniese a libertarnos le recibiríamos gustosos como no fuese español europeo [...] si antes creíamos a Osorio el mayor tirano salido de Europa, Marcó ha venido a sacarnos de este engaño, haciendo respetar como a santo a su antecesor".[73]

Ya para el mes de mayo San Martín había conseguido importantes logros en cuanto a la infiltración en el campo enemigo. Satisfecho, comentábale a Guido la introducción de sus *quintacolumnistas*: "La guerra de zapa que les hago es terrible: ya les tengo metidos en sus cuerpos ocho desertores, entre ellos dos sargentos, gente de toda mi confianza; es decir, que han ido en clase de tales. Esto me ha costado indecible trabajo, pero ha sido preciso separar toda sospecha de intervención mía en el particular para ocultar este paso".[74]

En cambio, Marcó no podía vanagloriarse ni remotamente de ello, porque San Martín celaba con sumo cuidado la introducción furtiva de espías enemigos en Cuyo, tanto para escarmentarlos como para emplearlos en sus tareas de contraespionaje. Así, dispuso que los que estuviesen en connivencia con el enemigo fueran condenados a "cuatro años de obras públicas y puestos a la expectación con un rótulo en la frente que diga: *Infieles a la Patria o indecentes amigos del tirano Osorio*".[75] Su servicio de información era tan eficiente que, por ejemplo, apenas pisó Mendoza fray Bernardo López, quien servía de agente a Marcó, fue apresado y sentenciado a ser ejecutado en veinticuatro horas, lo que provocó la confesión del religioso, que, a fin de salvar su vida, entregó las cartas que ocultaba en el forro de su sombrero para varios vecinos españoles, los que a su vez fueron intimados y multados por San Martín. Éste, además, para tener bajo control a los sospechosos y enterarse de sus maquinaciones, se valió de los más curiosos recursos, entre los que cabe citar el caso de Pedro Vargas, a quien comprometió para que simulase convertirse en godo acérrimo, haciéndole padecer destierros y cárceles con el fin de que los realistas encubiertos se franqueasen con él. Tan eficazmente llegó Vargas a desempeñar ese papel, sobre el que supo guardar el más absoluto secreto, que su esposa –perteneciente a la familia patriota de los Corvalán– estuvo a punto de romper su matrimonio, indignada por la conducta de aquél.

Finalmente, en cuanto al servicio de contrainteligencia, que tiene por finalidad negar al enemigo la adquisición de conocimientos de la propia fuerza, incrementar la seguridad y coadyuvar a la obtención de la sorpresa, San Martín obtendría ampliamente esos fines, pues lograría ocultar a Marcó y sus subordinados los cursos de acción previstos, la magnitud de sus efectivos y el paso por donde se cruzaría la cordillera.[76]

La constante lucha contra la imprevisión y la demora

Sin duda en Cuyo las cosas marchaban a todo ritmo por la férrea voluntad de San Martín, pero ello no era suficiente. El tiempo pasaba raudamente y los decisivos auxilios que el gobierno central debía remitirle no se hacían efectivos. Los nervios consumían al general, que desde fines de enero había vuelto a sentir sus recurrentes malestares de salud. Por ese motivo, pero también como modo de manifestar su disgusto por la desatención de que su ejército era objeto, el 9 de marzo nuevamente había solicitado licencia por dos meses, para dirigirse a las sierras de Córdoba con el fin de restablecerse. El gobierno rechazó el pedido, pero el rumor de que el general había renunciado se esparció rápidamente por Mendoza y provocó la consiguiente reacción del Cabildo, que se dirigió al gobernador intendente en estos términos:

El nombre del Sr. San Martín ha contenido al enemigo de Chile dentro de sus límites. A su actividad, táctica y talentos se deben el Ejército que nos guarnece, las relaciones preparatorias de la opinión de Chile y ruina de sus opresores, y los recursos que no hubiera producido la provincia y que desaparecerán en el momento de verse sin el jefe que los ha creado y que comprometió su palabra a no desampararnos, mientras el pueblo no se negase a los sacrificios que ha prestado sin reserva. Este pacto es muy sagrado para que temamos que se defrauden nuestras esperanzas.

Los pueblos no se hicieron para el que gobierna, sino éste para los pueblos. El de Mendoza cifra toda su confianza en el Sr. San Martín. Sea que él piense humildemente de sí mismo, sea que quiera dar a los viles díscolos una lección de desprendimiento que los avergüence en la trama sorda con que maquinan contrastar su honor, sea que las atenciones del gobierno político graviten de un modo insoportable a sus multiplicadas atenciones; la seguridad de la Patria es un objeto sacrosanto y superior a toda personalidad [...] Hoy más que nunca la persona del Sr. San Martín es insustituible.[77]

San Martín se avino a esta nueva instancia del Cabildo para que no se alejara de su puesto; pero la corporación, no satisfecha con eso, decidió elevar al Congreso nacional –que el 24 de marzo había inaugurado sus sesiones en Tucumán– la petición del título en propiedad de General del Ejército de Mendoza para su meritorio gobernador "de un modo terminante y obligatorio", fundando el ejercicio de ese derecho en los generosos sacrificios realizados por ese pueblo para el sostén de las tropas y el acopio de recursos para la expedición.[78]

Entre tanto, San Martín –a través de Guido– continuaba tratando de imponer a las autoridades nacionales de la relevancia que tenía la empresa trasandina y de lo necesario que resultaba obrar con previsión y método, en vez de dejar todo librado a la improvisación de último momento:

Veo que la expedición de Chile no se verifica o por lo menos si se hace será aventurada como todas nuestras cosas; el gobierno es menester que se persuada que si espera buen éxito de ella es necesario no desperdiciar un sólo día de este invierno en los aprestos y preparativos [...] Chile necesita esfuerzos y yo veo que las atenciones inmediatas hacen olvidar la Ciudadela de la América. Una objeción se me ocurre: ¿no le parece a V. muy admirable que desde que permanezco en ésta no se me haya pedido un sólo plan de ofensa o defensa, ni que por infidencia se me haya dicho qué medios son los más conducentes al objeto que se proponga? Esto será increíble en los fastos de todo gobierno y un comprobante de nuestro estado de ignorancia.

Repito a V. que la expedición a Chile es más ardua de lo que parece; sólo la marcha es obra de una combinación y reflexión de gran peso, pero agregue V. a esto los aprestos, política que es necesario observar, tanto allá como con esta furibunda gente de emigrados y resultará que la cosa es de bulto.[79]

Al parecer Guido hizo conocer esta inquietud de San Martín a la Logia reorganizada, que ya había logrado colocar en el gobierno a uno de sus cofrades: el vencedor de Suipacha y vencido en Huaqui, Antonio González Balcarce. Éste, que había sustituido al renunciante Álvarez Thomas en el directorio interino, no tardó en dirigirse al general para solicitarle una lista de cuanto le hiciera falta para la expedición a Chile, así como el plan de campaña ofensivo y defensivo que creyera aconsejable seguir. Pero cuando parecía que por fin las cosas comenzaban a encarrilarse, un nuevo peligro amenazó malograr definitivamente el postergado plan.

Nuevo proyecto de incursión por el Alto Perú
Revelación integral del plan continental

Una de las primeras medidas adoptadas por el Congreso fue el nombramiento de nuevo Director Supremo, que recayó el 3 de mayo en quien había sido designado diputado por San Luis, el brigadier Juan Martín de Pueyrredón, que convertía así su lugar de destierro de 1812 en la plataforma de su lanzamiento a la primera magistratura nacional. Inmediatamente le comunicó su designación al gobernador intendente de Cuyo, anunciándole que de inmediato pasaría personalmente al Ejército del Perú para informarse certeramente de su estado, lo que no dejó de inquietar al general.

La situación se mostraba preocupante en el frente norte, a pesar de que acababa de zanjarse satisfactoriamente el conflicto suscitado entre Güemes y Rondeau, que San Martín celebró "más que mil victorias", ordenando en Mendoza una salva de veinte cañonazos, iluminaciones, repiques de campanas y otros festejos.[80] En efecto, luego del triunfo obtenido por Pezuela en Sipe Sipe, los realistas habían proseguido su avance por el Alto Perú, estableciendo su cuartel general en la Quebrada de Humahuaca. El 26 de abril, desde Jujuy, Rondeau ofreció su renuncia a la jefatura del ejército, sin que se resolviera nada en concreto. Al mes siguiente tuvo lugar en Trancas su entrevista con Pueyrredón. Éste debía persuadir a dicho jefe y a la oficialidad de aceptar una nueva conducción, que se sabía contaría con fuertes resistencias. Dos meses antes San Martín la había aconsejado: "En el caso de nombrar quien deba reemplazar a Rondeau, yo me decido por Belgrano: éste es el más metódico de lo que conozco en nuestra América, lleno de integridad y talento natural: no tendrá los conocimientos de un Moreau o Bonaparte en punto a milicia, pero créame V. –le decía al diputado por Mendoza, Tomás Godoy Cruz– que es lo mejor que tenemos en la América del Sur".[81]

Pero el viaje del Director no se debía únicamente a la necesidad de evitar cualquier conflicto en el recambio de mandos que se avecinaba sino también al plan que se había abierto cauce entre los congresales de poner a ese ejército en

237

un pie de seis mil hombres para enfrentar a los realistas. Notificado de ese proyecto, San Martín se apresuró a escribir largamente a Godoy Cruz, procurando utilizar todos los argumentos posibles para que se desistiera de ese propósito, pues de llevarse a cabo frustraría definitivamente su meditada empresa, la única que realmente tenía chance de triunfo. Comenzaba invitando a reflexionar sobre su factibilidad, para consignar seguidamente, con base en la experiencia que por sí mismo había recogido en el escenario bélico septentrional, que lo más conveniente era adoptar allí una posición defensiva y expectante:

> [...] aun en el caso de que se reúna la gente y el dinero, ¿qué tiempo es necesario para ponerlo en estado de batirse? a más, para la organización de esta fuerza es preciso retirarse a Tucumán, pues en Salta y Jujuy no puede verificarse, 1° por su temperamento malsano y 2° por lo distante del centro donde salen los recursos y la multiplicación de sus costos y poca proporción de cuarteles [...] Por otra parte, el mismo Napoleón que mandase no podría organizar un ejército cuando éste estaba obrando activamente. Amigo mío, vea V. que hasta ahora se ha conocido en los fastos de la historia el que reclutas se formen soldados en ejército de operación, es decir, cuando el número de los primeros es excesivo al de los segundos el soldado se forma en los cuarteles o campos de instrucción y luego de ser tales marchan al ejército: por lo tanto y conociendo la imposibilidad de lo que me dice soy de parecer el que nuestro ejército debe tomar una defensiva estricta en Jujuy para proteger la provincia de Salta: destacar las mejores tropas con buenos oficiales a ésa [Tucumán], organizar en ella cuerpos bien cimentados promoviendo la insurrección del Perú y auxiliándola con algunas armas y municiones en el supuesto de que si como se asegura dicha insurrección es cierta, crea V. que el enemigo no pasa jamás de Jujuy: este punto estará suficientemente cubierto por setecientos hombres, todo el resto baje a organizarse.

Más tarde insistiría en desestimar el peligro de invasión realista por el norte: "Mucho dificulto que Pezuela avance a Jujuy y si lo hace sale mal, o por lo menos hará una marcha infructuosa; para hacer intransitable aquellos países no se necesita un solo soldado, sobra con la gauchada para que se mueran de hambre".[82] Acuciado por el temor de que "todo se lo llevara el diablo" –según su habitual expresión–, recién entonces se avino San Martín a revelar en su real magnitud y detalles el plan que, a juzgar por los términos con que lo describe –se verá que era prácticamente idéntico al diseñado por Maitland–, parece evidente que ya traía en su cabeza al cruzar el Atlántico:

> Al cabo, mi amigo, nosotros debemos penetrarnos de este axioma, si la guerra continua dos años más, no tenemos dinero con qué hacerla en orden y faltando éste la ruina es segura; para evitarla pensemos no en pequeño como hasta aquí y sí con elevación y si así la perdemos será con honor. Yo no he visto en todo el curso de nuestra revolución más que esfuerzos parciales, excepto los

emprendidos contra Montevideo, cuyos resultados demostraron lo que puede la resolución: háganse simultáneos y somos libres.[…] el Perú no puede ser tomado sin verificarlo antes con Chile: este país está enteramente conquistado a fines de abril del año entrante con 4.000 o 4.500 hombres: estas tropas en seguida deben embarcarse y en 8 días desembarcan en Arequipa; esta provincia pondrá para fines de agosto 2.600 hombres; si el resto se facilita, yo respondo a la nación del buen éxito de la empresa: todo está pronto menos la gente y artillería necesaria, quiero decir el déficit de 2.600 a 4.000.
Otra reflexión: esta fuerza que V. debe emplear en la reconquista de Chile, deja V. de mantenerla en el momento de entrar en aquel territorio, y remitir a esta parte los brazos que tiene sobrantes, y de que tanto carecemos; en conclusión, ínterin el ejército que debe conquistar Chile obra, el de Perú se organiza para que tomando aquel reino ambos puedan obrar con decisión sobre Lima.[83]

Como se puede apreciar esta formulación teórica del plan continental ponía el acento en el objetivo de la toma de Lima, siendo la expedición relámpago a Chile tan sólo el indispensable paso previo, pues le destinaba un escasísimo lapso de tiempo a su conquista para lanzarse de inmediato hacia Arequipa. Todavía estaba San Martín lejos de sospechar que lo que concebía posible realizar en tres meses –tal como lo ideara el autor del proyecto inglés– le terminaría demandando tres años. Esto puede observarse nítidamente en la carta de similar factura que tres días más tarde le escribió a Guido, agregando en una posdata la imprescindible necesidad de una expedición naval paralela a la terrestre, por si algo faltara para hacer más visibles las concomitancias con el antecedente británico:

Somos mediados de mayo y nada se piensa, el tiempo pasa y tal vez se pensará en expedición cuando no haya tiempo. Si esta se verifica es necesario salga el 1° de noviembre a más tardar para que todo el Reino se conquiste en el verano, de no hacerse así es necesario prolongar otra campaña y entonces el éxito es dudoso; por otra parte se pierde el principal proyecto, cual es, a mediados del invierno entrante hacer marchar una expedición marítima sobre Arequipa, dirigirse al Cuzco, llevando algún armamento y hacer caer el coloso de Lima y Pezuela: en el entre tanto el Ejército del Perú debe organizarse en Tucumán, único punto en mi opinión capaz de poderlo hacer un ejército, tomando al efecto una defensiva estricta en Jujuy con seiscientos o setecientos hombres, auxiliar la insurrección del Perú con algún armamento y en esta situación amenazante estar prontos para obrar de acuerdo con el ejército de desembarco […] P.D. Nada progresará la expedición sin dos o tres buques de fuerza que salgan de ésa para seguir las operaciones del Ejército que entre, y la de que no saquen los caudales y escapen sus tropas a Chile pues nada habíamos conseguido teniendo este punto que después de la conquista es tomado con cuatrocientos hombres.

Tanto en una como en otra epístola, San Martín presenta a sus interlocutores una drástica receta de extracción de recursos para financiar la empresa, que se diría inspirada en la economía de guerra implantada por los jacobinos para salvar a la revolución francesa en su momento de mayor acoso exterior. No es vana, pues la alusión a Robespierre:

[…] aun restan recursos si los empleamos con acierto y resolución y en mi opinión somos libres: indicaré a V. los que por el pronto se me ocurren: 1° Póngase un cuño: ésta es obra de dos meses, aquí existen los dos mejores operarios de la Casa de Moneda de Chile. 2° Prohíbase bajo la pena de confiscación de bienes todo uso de plata labrada y comamos con cucharas de cuerno. 3° Póngase todo empleado público a medio sueldo; los oficiales que están en los ejércitos a dos tercios, 5 pesos el cabo, tambor y trompeta y 4 el soldado: esta operación se ha hecho en toda esta provincia, y nadie ha chistado y todos (según me parece) están contentos, peor es creerse tener 2.000 pesos y no tomar mil. 4° Todo esclavo útil es soldado, por mi cálculo deben producir las provincias los siguientes: Buenos Aires y su campaña, 5.000; provincia de Cuyo, y esto lo sé muy bien porque todos son cívicos, 1.273; Córdoba, 2.700; resto de provincias, 1.000; total, 9.973.
Estoy viendo a mi Lancero que dice: Qué plan tan sargentón el presentado; yo lo conozco – que así es, pero peor es que nos cuelguen. ¿Y quién hace el pan en Buenos Aires? Las mujeres, como sucede en el resto de las provincias, y mejor es dejar de comer pan que el que nos cuelguen. ¿Y quién nos hará zapatos, cómodas, ropa, etc.? los mismos artesanos que tienen en la Banda Oriental: más vale andar con ojotas que el que nos cuelguen. En fin, amigo, todo es menos malo que el que los maturrangos nos manden y más vale privarnos por tres o cuatro años de comodidades que el que nos hagan morir en alto puesto, y peor que esto, el que el honor nacional se pierda.
Hasta aquí llegó mi gran plan: ojalá tuviéramos un Cronwell o un Robespierre que lo realizase y a costa de algunos menos diese la libertad y esplendor de que es tan fácil nuestro suelo.[84]

Días más tarde, preocupado por lo que decidieran el Congreso y Pueyrredón con respecto al Ejército del Norte, envió un correo extraordinario al segundo: "Todo su objeto es tener con él una entrevista para arreglar el plan que debemos seguir: el tiempo es corto, hay mucho que hacer y las distancias son largas: en tres correos se pasa el invierno y étele que llega el verano, nada se hace, los enemigos nos frotan y la comedia se acabó a capazos". También volvió a escribir a Godoy Cruz, instándolo a desechar una nueva incursión por el Alto Perú. Ya en su carta anterior, ante la propuesta del citado diputado de que se encargase del mando de aquella tropa, le había contestado que era "absolutamente imposible". Ahora le decía: "Desengáñense ustedes, ese ejército para poder obrar como corresponde necesita lo menos un año para organizarse, esto es, con todos los esfuerzos del gobierno, de consiguiente todo este tiempo le damos al enemigo para que nos hostilice y nos acabe; en esta inteligencia, es preciso no dejarlo respirar, y que extendamos nuestras miradas a un horizonte más dilatado".[85] Si-

240

multáneamente escribió al nuevo Director interino, Antonio González Balcarce, ligado con la Logia y sostenido por los cuerpos cívicos, exponiéndole la urgente necesidad de operar con cuatro mil hombres en Chile. Por entonces le escribía a Guido: "Si no obstante el estado de mi salud me precisan a que vaya a Chile no lo puedo hacer sin que V. venga conmigo: es un desconsuelo ver mi situación no teniendo de quién fiarme para lo menor: las solas comunicaciones con los agentes de Chile necesitan toda la contracción de un hombre. Ahora calcule V. cómo me veré teniéndolo que hacer todo por mi mano: sobre este particular escribo al Marquetero mayor".[86] Su amigo, desde la Secretaría de Guerra, había venido siguiendo el curso de los sucesos militares y las reflexiones hechas por San Martín; sabía que el momento era crucial: o se decidían las autoridades a obrar de una vez por el frente oeste o habría que resignarse a abandonar definitivamente el proyecto. La Logia y el Director interino estaban bien dispuestos; en cambio, se estaba a ciegas con respecto a Pueyrredón. Con el fin de interiorizarlo de la vital cuestión y ganar su voluntad, Guido reunió todos los datos que San Martín le había proporcionado y los expuso con claridad y elocuencia en su famosa *Memoria* concluida el 20 de mayo, que con la recomendación de Balcarce fue elevada al Director titular. En ese documento llamaba la atención del gobierno sobre "tres puntos graves e indispensables para la solidez de las combinaciones militares. La fuerza reglada con que se cuenta para seguir la guerra, la de los enemigos que se hallan en campaña y los medios más eficaces para destruirla". Analizaba minuciosamente cada uno de ellos sobre la base de cifras precisas y datos fidedignos, para afirmar categóricamente:

Concluyo, pues, que considero impolítico y ruinoso continuar la gran ofensiva con el Ejército Auxiliar del Perú: que es forzoso adoptar medios enérgicos para desconcertar el plan de los enemigos y que si no ganamos instantes por conseguir, tal vez no haya tiempo para conjurar la tormenta [...]
La ocupación del Reino de Chile es el objeto principal que por varias razones debe proponerse el gobierno a todo trance y a expensas de todo sacrificio: primera, porque es el único flanco donde el enemigo se presenta más débil; segunda, porque es el camino más corto, fácil y seguro para libertar las provincias del Alto Perú, y tercera porque la restauración de la libertad en aquel país consolidará la emancipación de la América bajo el sistema a que induzcan ulteriores acontecimientos.[87]

Como se ve, Guido únicamente hablaba de operaciones ulteriores a la expedición a Chile por el Alto Perú: es que aún no había recibido la comunicación de San Martín en que éste desnudaba el propósito central de su proyecto: la conquista de Lima. Así, pues, sólo cabe continuar sosteniendo su coautoría del plan continental, en el caso de que se tratara de una omisión ex profeso, por considerar prematuro adelantar la verdadera dimensión de la empresa, lo que no nos parece verosímil. Sin cuestionar el fuerte efecto que este documento pudo haber causado en Pueyrredón –según expresión de Darragueira: lo habría "electrizado"–, las primeras ideas claras del proyecto las obtuvo el Director de las cartas que San Martín dirigió a Godoy Cruz. Así resulta del cotejo de fechas. La *Memoria* le fue remitida el 31 de mayo y, antes de recibirla, el 6 de junio escribió al gobernador de Cuyo citándolo a Córdoba, lugar al que estimaba arribar –de paso para Buenos Aires– a mediados de julio: "Estoy convencido de que es sumamente importante que yo tenga una entrevista con V. S. para arreglar con exactitud el plan de operaciones del ejército de su mando que sea más adaptable a nuestras circunstancias y a los conocimientos que V.S. me suministre". Le decía asimismo que Balcarce no era más que un delegado suyo y que le había ordenado que le franquease todos los auxilios que le pidiera.[88] Es evidente que el Director había reparado en la relevancia de las ideas expuestas por San Martín y, si bien se sentía inclinado a secundarlas, todavía vacilaba; por eso la necesidad de tomar contacto personal con él. De regreso en Tucumán, leyó la *Memoria* y terminó de decidirse. El 24 de junio, le comunicaba a Balcarce que "estando yo más que convencido de toda la importancia que ofrece dicha expedición a la seguridad y ventajas del Estado, *la he resuelto decididamente*".[89] Pocos días más tarde, San Martín marcharía a la ciudad mediterránea, sin sospechar que su interlocutor estaba ya persuadido de lo acertado de su plan.

Esbozo de plan de campaña y conferencia de Córdoba

Si bien todavía lo dominaba cierta incertidumbre respecto a la posición que asumiría Pueyrredón, San Martín se sentía más confiado en la realización de sus planes desde que éstos contaban con el apoyo de la logia, que había vuelto a recobrar su influencia una vez superado el cimbronazo de 1815. La favorable predisposición del nuevo Director interino lo confirmaba en ello. Para satisfacer su demanda, a mediados de junio diseñó "una idea por mayor" de las operaciones a efectuar en la campaña a Chile, pues –como le explicaba a Guido– "el plan ofensivo y defensivo es imposible que pueda marchar tan circunstanciado como V. me dice: el punto o provincia por donde debe entrar lo ha de indicar la posición que tome el enemigo, es decir, el punto en que reúna sus fuerzas".[90] En el oficio dirigido a González Balcarce decía:

[…] nuestra fuerza reunida, debe cargar al grueso del enemigo, hasta deshacerlo en la primera acción y tomar la capital, para huir el gravísimo inconveniente de demorar la guerra, y que unas campañas se sucedan a otras, disputándosenos el terreno palmo a palmo.[91]

En verdad no lo inquietaba mayormente lo que ocurriera una vez que hubiese bajado al llano del otro lado de la cordillera, pues estaba seguro de vencer en

242

el enfrentamiento con los godos; sí, en cambio, le preocupaba la fase previa: "Amigo mío –le confiaba a Guido–, lo que no me deja dormir es, no la oposición que pueda oponer el enemigo, sino el atravesar estos inmensos montes". Por entonces continuaba sin descanso remontando y adiestrando las tropas, se disponía a poner en planta el 5° Escuadrón de Granaderos a Caballos que más tarde le oficiaría de escolta bajo el mando de Mariano Necochea, y no se cansaba de pedir vestuarios, en particular para los integrantes de ese regimiento, dado que, a consecuencia del servicio en la cordillera, estaban "poco menos que en cueros". Por entonces, la resistencia que su figura despertara en un sector de la oficialidad del ejército, le hizo solicitar a la Logia a través de su hombre de confianza: "Venga entonces Balcarce de general en jefe y yo de mayor general –esto me parece lo mejor: de este modo se hacen más manejables los regimientos pues nuestra instrucción no está para mandar cuerpos numerosos. Si esto se aprueba hágase sin la menor pérdida porque el tiempo nos apura y mucho". Más adelante, confirmando que estaba dispuesto a ceder a otro los laureles de la victoria tan largamente preparada, agregaba: "Si don Marcos Balcarce viene, que traiga ya consigo todas las instrucciones para la campaña"; y al finalizar la epístola repetía su proyecto de "venida pronta de Balcarce. Mire V. que ya no puedo con la carga".[92]

El 29 de junio San Martín tomó la posta para Córdoba, luego de delegar el gobierno militar en Bernardo O'Higgins, quedando el político depositado en el Cabildo. Así se lo avisó a Guido momentos antes de salir al encuentro de Pueyrredón en una breve nota cuyo tenor confirma que desconocía la posición que el Director adoptaría en orden a "arreglar el plan que debe regirnos: avisaré sin pérdida de las resultas".[93] Sin duda, ese aviso no incumbía sólo a Guido sino al resto de los miembros de la Logia, también inquieta por el inminente arribo del mandatario a Buenos Aires, pues, a pesar de su formación masónica, no integraba esa comunidad de cofrades. El mismo 9 de julio en que el Congreso declaró la independencia, San Martín arribaba a la ciudad mediterránea en compañía de Cruz Vargas y Vera, luego de "un viaje bien penoso por los fríos excesivos". Una semana más tarde, Pueyrredón todavía no había llegado. Disgustado por lo que debió haberle parecido un mal presagio, el general se quejaba en carta a Godoy Cruz: "Es increíble lo mortificado que estoy con la demora del Director: la primavera se aproxima y no alcanza el tiempo para lo que hay que hacer [...] En el momento que el Director me despache, volaré a mi ínsula cuyana: la maldita suerte no ha querido el que yo me hallase en nuestro pueblo para el día de la celebración de la Independencia. Crea V. que hubiera echado la casa por la ventana".[94]

La entrevista debió realizarse entre el 16 y 22 de julio, fecha esta última en que se apresuró a escribirle al mismo diputado, alborozado por el giro decididamente favorable que en forma inesperada tomó la situación a raíz de su completa compenetración de miras con Pueyrredón. La espera había valido la pena: "Me he visto con el dignísimo Director que tan acertadamente han nombrado V.S.; ya sabe que no soy aventurado en mis cálculos, pero desde ahora les anuncio que la unión será inalterable pues estoy seguro que todo lo va a transar. En dos días con sus noches hemos transado todo: ya no nos resta más que empezar a obrar, al efecto pasado mañana partimos cada uno para su destino con los mejores deseos de trabajar en la gran causa".[95] Ratificaba esa apreciación en carta, algo retrasada, a Guido: "Creo que ya se procederá en todo sin estar sujeto a oscilaciones políticas que tanto nos han perjudicado".[96]

Desde entonces, y contando con el sólido, eficiente e imperturbable apoyo del "hermano" Juan Martín, pudo el general dedicarse de lleno a terminar los preparativos de su campaña, seguro de que nada impediría su realización.

San Martín y la política nacional

a) El estallido del localismo autonomista y el Congreso de Tucumán

Recuérdese que, a la caída de Alvear, San Martín y los cuyanos habían reconocido a las nuevas autoridades designadas en Buenos Aires, con la precisa condición de que se convocase inmediatamente a los diputados de los pueblos a reunirse en un Congreso general. La Junta de Observación, creada en la ciudad porteña como contralor del Poder Ejecutivo con el fin de evitar nuevos excesos dictatoriales, dictó en mayo de 1815 el Estatuto Provisional, que disponía en su artículo 30 que el Director convocase a la elección de representantes que debían concurrir a Tucumán para integrar dicha asamblea.

Por influencia de San Martín, en Mendoza se decidió negar obediencia al Estatuto, seguramente por estar en disconformidad con la injerencia de la Junta y el Cabildo de Buenos Aires en cuestiones propias del gobierno nacional, además de no acordar específicamente con las disposiciones que imponía limitaciones al Director en detrimento de su eficacia operativa, ni con la extensión del derecho electoral del núcleo urbano a la campaña y la forma de elección de los gobernadores y tenientes gobernadores (los primeros debían ser designados popularmente por los vecinos de la capital de la intendencia pudiendo también sufragar los ciudadanos que habitaran en las zonas rurales; los segundos, por el Director, entre una terna presentada por el Cabildo).[97]

En cambio, todo Cuyo, atizado por su gobernador intendente, procedió sin pérdida de tiempo a nombrar sus diputados, resultando electos Tomás Godoy Cruz y Juan Agustín Maza, por Mendoza; Francisco Narciso Laprida y fray Justo Santa María de Oro, por San Juan, y Juan Martín de Pueyrredón, por San Luis. El primero sería el vocero en el seno del Congreso del pensamiento de San Martín, quien constituyó junto con Belgrano y Güemes el trípode sobre el cual se apoyó el organismo, que debía por fin cumplir la misión que la Asamblea del año XIII no se había atrevido a acometer.

Impaciente, el gobernador le escribía a su diputado amigo: "¡Cuándo empiezan ustedes a reunirse! por lo más sagrado les suplico hagan cuantos esfuerzos quepan en lo humano para asegurar nuestra suerte. Todas las provincias están en expectativa esperando las decisiones de ese Congreso: él sólo puede cortar las desavenencias".[98] Apenas unos días más tarde, el general volvía a arremeter: "¡Cuándo se juntan y dan principio a sus sesiones! yo estoy con el mayor cuidado sobre el resultado del Congreso y con mucho más si no hay una unión íntima de opinión".[99]

El panorama interno se presentaba bastante complicado. En 1815 el artiguismo había alcanzado su momento de mayor auge: no sólo se integraron a la "Liga de los pueblos libres", bajo la égida del Protector la Banda Oriental, Misiones, Entre Ríos, Corrientes y Santa Fe, sino que la influencia federalista pareció desbordar los límites de su escenario natural litoraleño, proyectándose sobre el interior. En Córdoba, el gobernador intendente Francisco Antonio Ortiz de Ocampo se vio obligado a renunciar ante la presión del caudillo y de un sector de la población local y fue reemplazado por el federal José Javier Díaz, elegido por los propios cordobeses. En Salta sucedió algo similar, aunque sin conexión alguna con Artigas: el gobernador intendente directorial Hilarión de la Quintana fue sustituido por el elegido del pueblo, Martín Güemes. Otro estallido autonomista tuvo lugar ese año en Santiago del Estero contra la dependencia de Tucumán, encabezado por el teniente coronel Juan Francisco Borges, que a diferencia de los anteriores fue sofocado.

Para San Martín, como para la mayor parte de la "opinión sensata", esos movimientos no eran más que brotes anárquicos que se estaban multiplicando peligrosamente y amenazaban encaminar a la causa independentista hacia un prematuro fracaso. En esos momentos críticos, el orden debía imponerse aun a costa de la tradicional liberalidad que había guiado a los revolucionarios, y que estaba resultando suicida. Asombra comprobar que la línea de pensamiento que San Martín exhibirá más frecuentemente en la última etapa de su vida, justificando la entronización de un gobierno dictatorial como el de Rosas, estaba ya delineada en 1816:

¡Carajo con nuestros paisanitos! Toma liberalidad y con ella nos vamos al sepulcro. Lancero mío, en tiempo de Revolución, no hay más medio para continuarla que el que mande diga hágase, y que esto se ejecute tuerto o derecho; lo general de los hombres tienen una tendencia a cansarse de lo que han emprendido y si no hay para cada uno de ellos un cañón de a 24 que les haga seguir el camino derecho, todo se pierde.

Un susto me da cada vez que veo estas teorías de libertad, seguridad individual, ídem de propiedad, libertad de imprenta, etc. ¿Qué seguridad puede haber cuando me falta el dinero para mantener mis atenciones y hombres para hacer soldados? ¿Cree V. que las respetan? Estas bellezas sólo están reservadas para los pueblos que tienen cimientos sólidos y no para los que ni aún saben leer y escribir, ni gozar de la tranquilidad que dan la observancia de las leyes: no hay que cansarnos, cuantos gobiernen serán despreciados y removidos ínterin los pueblos subsistan sobre tales bases. Yo aseguro a V. (y esto sin vanidad) que si yo no existiese en esta provincia [haría] los sanbardos [sic] que la demás; pues todo el mundo es país.[100]

Tales criterios serían más tarde adoptados por el Congreso. En efecto, el 25 de julio se sancionó una ley de suspensión de las garantías individuales sustentada en la consigna "fin a la revolución, principio al orden"; y el 1° de agosto se facultó al Director Supremo para que obrase libre de trabas.

A principios de 1816, el principal punto de conflicto era Santa Fe, que con la invasión de tropas al mando de Viamonte desde septiembre anterior había sido restituida a la dependencia de Buenos Aires; pero su situación era sumamente inestable. Apenas dicha fuerza se vio debilitada por el envío de algunos cuerpos hacia el norte para reforzar al ejército derrotado en Sipe Sipe, tuvo lugar la sublevación acaudillada por Mariano Vera que, a fines de marzo, restableció la autonomía santafesina, luego de expulsar a los efectivos porteños. Ante tales acontecimientos, San Martín le escribió a Guido: "Veo que lo de Santa Fe va de mal en peor, pero hasta ahora ni V. ni nadie dicen qué es lo que quieren: yo no soy de opinión de emplear la fuerza, pues cada gota de sangre americana que se vierte me llega al corazón, por lo tanto, ya que han salido estas tropas sería de parecer no hiciesen la menor hostilidad hasta esperar la resolución del congreso".[101] El jaqueado director interino Álvarez Thomas, en medio de sus conflictos con la Junta de Observación y el Cabildo, designó al general Belgrano –recién arribado de Europa– jefe del ejército de Observación acantonado en San Nicolás, quien, con el objeto de inclinar a Vera en favor del Directorio, mandó al coronel Díaz Vélez hacia Santa Fe. Este jefe, resentido por haber sido desplazado del mando de esa hueste, pactó con el joven mandatario autonomista, traicionando a su superior, cuya autoridad fue desconocida. La maniobra contribuyó a exaltar los ánimos de los cuerpos cívicos porteños, bajo cuya presión Álvarez renunció, designándose en su reemplazo al general Antonio González Balcarce, quien no ratificó los tratados celebrados con Vera, aduciendo que correspondía al Congreso entender en ellos. Se produjo así una nueva ruptura entre el Directorio y los santafesinos.

San Martín se mostraba pesimista ante el curso que tomaban los sucesos: "Encuentro un dificilísimo remedio a la anarquía, ya esparcida por todas partes".[102] Entendía que poco tenían que ver esos movimientos con la preferencia por una forma de estado y que sólo cabía obrar con energía para erradicar esos brotes subversivos; pero cuando los ecos federalistas llegaron al seno de Congreso, San Martín se alarmó:

¡Me muero cada vez que oigo hablar de Federación: ¿no sería más conveniente transplantar la capital a otro punto cortando por este medio las justas quejas de las provincias? ¡Pero federación! ¡y puede verificarse! ¿si en un gobierno constituido y en un país ilustrado, poblado, artista, agricultor y comerciante se han tocado en la última guerra contra los ingleses (hablo de los americanos del norte) las dificultades de una federación, qué será de nosotros que carecemos de aquellas ventajas? Amigo mío, si con todas las provincias y sus recursos somos débiles, qué nos sucederá aislada cada una de ellas; agregue a V. la rivalidad de vecindad y los intereses encontrados de todas ellas, y concluirá V. que todo se volverá una leonera, cuyo tercero en discordia será el enemigo.[103]

Esa falta de recursos económicos y humanos de las provincias, unida a la expansión del localismo anárquico y faccioso y a la situación de emergencia creada por la amenaza exterior, hacía imprescindible la concentración del poder y la instauración de un Estado consolidado o unificado; pero en el pensamiento de San Martín ello no implicaba apodícticamente que debía dejarse en libertad la fuerza centrípeta porteña, que era rechazada por los pueblos, sobre todo por aquellos que en tiempos coloniales habían formado parte de la jurisdicción de Buenos Aires. De allí su propuesta de salvar ese régimen, sacando a la capital del tradicional epicentro geográfico de la vocación hegemónica. De hecho, durante todo el transcurso del año se consideró persistentemente la posibilidad de que las autoridades se instalasen en Córdoba; sin embargo la premura impuesta por las necesidades de guerra, junto con la convulsión interna que afectaba a esa provincia, hizo que se terminara desechando por inverificable una solución que, considerada en abstracto, parecía ofrecer tantas ventajas.

b) La independencia de las Provincias Unidas de Sud América

Es claro que para San Martín lo fundamental era mantener una estructura concentrada de poder que coadyuvara de la mejor manera posible al buen resultado bélico. Obviamente, el paso previo era la declaración de la independencia, la que tendría además relevantes consecuencias en el plano de la guerra, pues en virtud de ella los patriotas dejarían de ser tratados por el enemigo como insurgentes sin derechos. De allí que instase a su diputado en una conocida misiva: "¡Hasta cuándo esperamos declarar nuestra Independencia! No le parece a V. una cosa bien ridícula, acuñar moneda, tener el pabellón y cucarda nacional y por último hacer la guerra al soberano de quien en el día se cree dependemos, que nos falta más que decirlo por otra parte ¿qué relaciones podremos emprender cuando estamos a pupilo? Los enemigos (y con mucha razón) nos tratan de insurgentes, pues nos declaramos vasallos. Este V. seguro que nadie nos auxiliará en tal situación y por otra el sistema ganaría un cincuenta por ciento con tal paso, ánimo que para los hombres de coraje se han hecho las empresas – vamos claros mi amigo, si no se hace el Congreso es nulo en todas sus partes porque reasumiendo éste la soberanía, es una usurpación que se hace al que se cree verdadero, es decir a Fernandito".[104]

Se explica entonces que cuando el general al fin conoció lo resuelto por el Congreso el 9 de julio, lo considerara un "golpe magistral". Ese día se procla-

247

mó la *independencia de las Provincias Unidas de Sud América*, remarcándose con esa fórmula el espíritu americanista de la revolución, en un gesto de dramática amplitud que importaba un compromiso hacia el resto del continente y una vocación de unidad, tanto más trascendente en esos momentos en que el movimiento emancipador era aplastado por la reacción absolutista española.

En efecto, en México había tenido lugar durante 1815 el decisivo avance militar realista de Iturbide y Callejas, que llevó a la derrota final patriota de noviembre en Texmalaca. El año finalizó con el fusilamiento de Morelos. En 1816 el virrey Juan Ruiz de Apodaca hacía frente a los últimos reductos rebeldes: los del cura Torres en Guanajuato y de Guadalupe Victoria en Veracruz.

En Venezuela, luego de concluida en 1812 la primera fase de la revolución, la resistencia había continuado en el este sobrellevada por los pescadores y marineros de la isla Margarita y por Santiago Mariño, jefe del alzamiento de la costa de Cumaná. En tal escenario la guerra tomó un carácter salvaje. En marzo de 1813 la insurgencia avanzó desde oriente, a la par que Bolívar reaparecía en los Andes, adoptando el nuevo estilo bélico al que institucionalizó el 15 de junio al decretar la "guerra a muerte". En agosto entró en Caracas y, prevaleciendo sobre Mariño, fue declarado Dictador. Monteverde, derrotado, regresó a España en 1814, pero subsistió la resistencia realista de los jinetes de los llanos, acaudillada por Bobes, que terminó imponiéndose a las fuerzas revolucionarias a fines de ese año. En 1815 Venezuela recibió a la poderosa expedición de Morillo, que se dispuso a preparar desde esa base el golpe de gracia contra Nueva Granada.

Allí continuaba cundiendo la división entre los patriotas, que favoreció la restauración realista. En 1814, Nariño había sido derrotado y capturado por el general Aymerich; fue enviado a los calabozos de Cádiz, donde permanecería hasta 1820. Entre tanto, Bolívar, nombrado en Tunja capitán general de la Federación de Estados de Colombia, advirtiendo la necesidad de la unión neogranadina para la reconquista de Venezuela, se dispuso a someter a la provincia rebelde de Cundinamarca. En diciembre de 1814 tomó Bogotá; pero por otro lado prosiguió la terca negativa de Cartagena a aceptar su autoridad. Así, mientras distraía sus fuerzas en la guerra civil, los realistas recuperaron el terreno perdido. Ni aun ante la amenaza de Morillo el movimiento neogranadino parecía resignarse a deponer sus diferencias y unificarse. En mayo de 1815 Bolívar abandonó la lucha y se refugió en Jamaica. Mientras, el recién arribado jefe español pacificaba la isla Margarita, para luego rendir Cartagena, tras un terrible sitio de cuatro meses, procediendo con su segundo Morales a limpiar el resto de Virreinato, a cuya cabeza quedó en 1816 el general Samano.

Así, pues, en ese crucial año, pese a su inestable situación interna, las Provincias Unidas eran el último bastión de la libertad de América. Con plena conciencia de ello, San Martín se preparaba a emprender "la tremenda", como él denominaba a su empresa transcordillerana, dispuesto a cambiar la suerte del movimiento emancipador.

c) El monarquismo

Cuando en el seno del Congreso se debatió la cuestión de la forma de gobierno, suscitó especial atención la proposición de Belgrano de instaurar una monarquía temperada restaurando la dinastía de los incas, que procuraba adecuarse al nuevo temperamento de la Europa de la Restauración aproximándose al principio legitimista, a la par que entusiasmar a las masas indígenas. Al respecto, San Martín le escribió a Godoy Cruz: "Ya digo a Laprida lo admirable que me parece el plan de un Inca a la cabeza: sus ventajas son geométricas; pero por la patria les suplico, no nos metan una regencia de [varias] personas: en el momento que pase de una, todo se paraliza y nos lleva el diablo. Al efecto, no hay más que variar de nombre a nuestro director y queda un Regente. Esto es lo seguro para que salgamos a puerto de salvación".[105]

A criterio de San Martín, el problema de la forma de gobierno resultaba secundario siempre que se mantuviera concentrada la autoridad. Pero precisamente por esa vía se fue confirmando en la conveniencia del establecimiento de un régimen monárquico, oponiéndose a la organización republicana por considerar que ella no haría más que favorecer el desarrollo de las fuerzas localistas dispersivas que venían contrariando la consecución del objetivo prioritario: asegurar la subsistencia del nuevo Estado por la vía de la victoria en la guerra. Así, haciendo gala de "erudición gabinetina" y declarándose "un americano republicano por principios e inclinación, pero que sacrifica estos mismos por el bien de su suelo", exponía:

1° Los americanos o Provincias Unidas no han tenido otro objeto en su revolución que la emancipación del mando de fierro español y pertenecer a una nación.
2° ¿Podremos constituirnos República sin una oposición formal del Brasil (pues a la verdad no es muy buena vecina para un país monárquico) sin artes, ciencias, agricultura, población y como una extensión de territorios que con más propiedad pueden llamarse desiertos?
3° ¿Si por la maldita educación recibida no repugna a mucha parte de los patriotas un sistema de gobierno puramente popular, persuadiéndose tiene este una tendencia a destruir nuestra religión?·
4° Si en el fermento horrendo de pasiones existentes, choque de partidos indestructibles y mezquinas rivalidades no solamente provinciales sino de pueblo a pueblo podemos constituirnos nación.
5° Si los medios violentos a que es preciso recurrir para salvarnos tendrán o no los resultados que se proponen los buenos americanos y si se podrán o no realizar contrastando el egoísmo de los pudientes.
Seis años contamos de revolución y los enemigos victoriosos por todas partes nos oprimen: falta de jefes militares y nuestra desunión son las causales ¡y se podrán remediar![106]

Ni la República parecía ser el medio adecuado para fortalecer la necesaria unión, ni el estado social de los pueblos era el apropiado para tal sistema de gobierno. Esta convicción constituía la raíz de los proyectos monárquicos que en lo sucesivo San Martín impulsaría.

d) La guerra civil

Frente a la extensión de las pretensiones autonomistas y la guerra civil que amenazaba hacerse endémica, San Martín confesaría estar "aburrido de nuestras niñerías, que tal pudieran llamarse si éstas no tuviesen una influencia tan marcada en nuestra felicidad futura".[107] Luego de entrevistarse con Pueyrredón se sintió más animado: "No dudo que el Director cortará de raíz las desavenencias de Santa Fe, sin cuya circunstancia es inverificable la expedición a Chile, tanto por la escasez de fuerza como porque esta es la mayor parte recluta y necesito alguna tropa veterana. Trabaje, mi amigo, en que se consolide la unión de un modo indisoluble, que todos formen un solo cuerpo, de lo contrario esto termina en poco tiempo".[108] Pero la división interna y la efervescencia insurreccional continuaron.

Las provincias litoraleñas captadas por la disidencia federal artiguista no habían enviado sus representantes al Congreso y los diputados de Córdoba –que sí concurrieron a Tucumán– suscitaron acalorados debates en el seno del cuerpo. Partidarios del federalismo, luego de denunciar la parcialidad imperante en la asamblea –aunque después redujeron el alcance de su protesta a los diputados porteños–, en septiembre llegaron a retirarse de las sesiones hasta consultar con el gobierno de su provincia la conducta a seguir.

Simultáneamente fracasaba la misión de paz ante los santafesinos, confiada al canónigo doctor Miguel Calixto del Corro, no sólo porque el congreso demoró la ratificación del avenimiento pactado sino además por la arbitraria irrupción de Díaz Vélez, que en agosto entraba con sus fuerzas a Santa Fe, estratégicamente abandonada por sus moradores y que no tardó en convertirse en una verdadera ratonera para los invasores, los que, jaqueados por las guerrillas que el gobernador Vera había organizado en el norte, debieron retirarse derrotados después de veintiocho días de ocupación. Pueyrredón había desautorizado al jefe porteño, quien había obrado sin su consentimiento, y en octubre envió al deán Gregorio Funes para hacer valer ante los santafesinos su voluntad conciliadora, pero estas nuevas tratativas fracasaron cuando se puso como condición de éstas la aprobación de Artigas. Fue en ese marasmo cuando San Martín manifestó su desazón en carta dirigida desde Mendoza el 7 de septiembre a su amigo británico el comodoro Bowles, quien acababa de retornar al Plata:

Ya habrá V. conocido todos los sucesos acaecidos en el período de su separación de estas provincias: yo estoy seguro de la admiración de V. al contemplar el encadenamiento no interrumpido de los desastres, desorganización y anarquía: no es esto lo peor, mi amigo, sino que el horizonte no promete despejarse y sí el que los males vayan en aumento, yo protesto a V. a fuer de hombre de bien, que la sola consideración de poder servir algo a mi patria no me ha hecho tomar el partido de abandonarla y no ser testigo de su total ruina: esta no la temo de los españoles, pero sí de las desavenencias domésticas, de nuestra falta de educación y juicio: por fortuna la única provincia y tropas que mantienen el orden y se han libertado del contagio general son éstas, pero crea V. que me ha costado esfuerzos sobrenaturales para conseguirlo, ya empleando un rigor extraordinario (que mis paisanos llaman crueldad y despotismo) ya halagando, etc.: en conclusión, repito a Vd. lo que en nuestros ratos de amable sociedad solía decirle, a saber, era moralmente imposible el que nosotros mismos nos constituyésemos: somos muy muchachos y nuestros estómagos no tienen suficiente calor para digerir el alimento que necesita: bajo estos principios, calcule V. qué esfuerzo no me era necesario para sobreponerse a estas demostraciones geométricas. En medio de estas tristes reflexiones no me queda otro consuelo que el trabajar cuanto esté a mis alcances en beneficio del suelo que me ha dado el ser y desear a la Providencia sus resultados.[109]

Entre tanto, la magnitud del enfrentamiento con los diputados de Córdoba hizo que se pensase en disolver el Congreso, por temor a que en virtud del dominio artiguista en la zona mediterránea quedaran cortadas las comunicaciones con Buenos Aires. San Martín, alarmado por ese anuncio, le escribió a Godoy Cruz que si ello se verificaba todo se perdía: "No hay remedio, mi amigo, el país se va a envolver en las mayores desgracias, con el doble sentimiento de que los principales agentes de ellas sean los padres en quienes confiaron los pueblos su fortuna y honor; esto está demasiadamente conocido y ahora se convencerá V. más y más de mis reflexiones acerca de lo imposible que yo creía fuésemos capaces de mandarnos a nosotros mismos".[110] Esta última es otra idea que se iría afianzando en el general y que en breve le haría buscar el respaldo de una potencia extranjera.

La situación se complicó aún más a raíz del levantamiento armado encabezado por el montonero Juan Pablo Pérez Bulnes, quien, luego de haber luchado contra Díaz Vélez en Santa Fe, retornó a Córdoba y depuso al gobernador Díaz, por no considerarlo lo suficientemente adicto a Artigas. San Martín, preocupado, le escribió a Guido: "¿Qué hacemos con el último movimiento de Córdoba, si como creo desobedece al Congreso? ¿Qué partido tomaremos? Parece que un genio infeliz nos dirige a los americanos y que una mano destructora entorpece los mejores planes. Protesto a V. que no encuentro un consuelo para ver tanto disparate y mucho más cuando no teniendo enemigos nuestra ignorancia nos precipita al último fin".[111]

Belgrano, que había sido designado general en jefe del Ejército del Norte, envió por orden del Congreso una columna armada al mando del sargento mayor Francisco Sayós para reprimir la insurrección mediterránea, consiguiendo vencer al jefe insurgente en Santa Ana el 8 de noviembre. Al respecto, San Martín comentaba: "Mucho nos ha aliviado la derrota de Bulnes, pero es pre-

251

ciso a toda prisa mandar a Córdoba alguna fuerza para evitar se repitan tales escenas".[112]

No terminó el año sin que se produjeran nuevas incidencias. El 18 de noviembre las autoridades salteñas decidían retirar su diputación del Congreso, si no se incorporaba a su conflictivo representante José Moldes, sobre quien pendían varias acusaciones, entre ellas la de Godoy Cruz, según la cual se habría apropiado de comunicaciones confidenciales y reservadas dirigidas a San Martín. El trasfondo de la cuestión se centraba en el disgusto que causaba la decisión de trasladar el Congreso a Buenos Aires, tomada no sólo ante la amenaza realista por el norte sino sobre todo por la invasión portuguesa a la Banda Oriental.[113] Por otra parte, también a fines de 1816 y como reacción al centralismo del Estatuto Provisorio sancionado por el Congreso en noviembre, se produjo el segundo intento de insurrección de Juan Francisco Borges, con intenciones de separar a Santiago del Estero de la dependencia de Tucumán. Belgrano ordenó a Lamadrid marchar a sofocar el movimiento. Su cabecilla fue vencido en Pitambalá y sería fusilado el 1° de enero de 1817.

Ante estos sucesos, San Martín se franqueaba con Guido en significativos términos:

Ya sabrá V. lo de Salta y Santiago del Estero, y dígame V. si con semejante gente podemos constituirnos en Nación: en Nación, sí, pero de salteadores; yo opino que como no sea nada que tenga relación con españoles, porque primero es la muerte, todo nos acomodaría. En fin, mi amigo, dígame V. con ingenuidad: ¿con nuestro carácter, ambición, falta de costumbres, ninguna ilustración y el encono mutuo de los partidos y hombres particulares, ve V. ni remotamente un porvenir regular a nuestra felicidad futura, no a nosotros, sino al común de los habitantes? Por otra parte, repito mi pregunta anterior ¿qué tiempo podrán nuestros recursos mantener la guerra con orden sin recurrir a la de vandalaje? Esta reflexión debe pesar un poco en los amantes del país y honrados. Yo no miro mi individuo porque desde que llegué al país hice el ánimo resuelto de no sobrevivir a la empresa de ser libre. Mas digo a V. que si una nación extranjera o un príncipe tal lo mandare, yo lo abandonaría para vivir sepultado en la miseria, pero mi individuo no es el bien general y yo me creo, como hombre de bien, en la obligación de sacrificar mis inclinaciones al de la comunidad.[114]

El desorden interior le hacía pues ponderar como necesaria la apelación a las gestiones diplomáticas que el Congreso y el Directorio intentarían en lo sucesivo tendientes a la instauración de una monarquía constitucional con un príncipe europeo a la cabeza, con la única exclusión de la dinastía española. Así se lo manifestaba a Guido con todas las letras: "Repito lo que en mi carta anterior, que nosotros no somos capaces de constituirnos en Nación por nuestros vicios e ignorancia y que es preciso recurramos a algún demonio extranjero que nos salve".[115]

e) La Invasión de los portugueses

A partir de la segunda mitad del año al caótico panorama interno se sumó la invasión de los portugueses a la Banda Oriental, so pretexto de castigar los excesos cometidos por Artigas en sus incursiones sobre la frontera con el Imperio. Las ambiciones portuguesas sobre ese territorio habían sido incentivadas por la riesgosa política desplegada por el enviado argentino a Río de Janeiro, Manuel José García, quien propiciaba el acercamiento a los lusitanos. Se veía al reino portugués como la nueva potencia americana capaz de proteger a los nacientes Estados de la injerencia europea. El propio Artigas, mediante la misión Redruello-Caravaca, había procurado ganarse ese respaldo. La alianza con el poderoso vecino quitaría la base necesaria a cualquier intento expedicionario español. A su vez, la actitud permisiva frente al movimiento de tropas portuguesas, que el diplomático aconsejaba, obligaría al caudillo oriental a desviar sus fuerzas hacia el norte, librando de su influencia al litoral argentino. Por otro lado, era ostensible que las Provincias Unidas no podrían sostener dos guerras a la vez. Sin embargo, la invasión había levantado una ola de indignación popular en Buenos Aires, alentada desde la imprenta de la *Crónica Argentina* (Agrelo, Pazos Silva, Moreno) y sostenida por los militares Soler, French y Dorrego. Con tal situación se encontró Pueyrredón al asumir el mando.

En un comienzo, San Martín confió en que el caudillo federal batiría a los invasores de su suelo. El 20 de octubre le escribía a Guido: "Si los portugueses vienen a la Banda Oriental, como V. me dice, y Artigas le hace la guerra que acostumbra no les arriendo la ganancia". El 1º de noviembre persistía en esa idea: "Bien extraña es la ignorancia en que nos hallamos de los movimientos de los portugueses. Yo opino que Artigas los frega completamente".[116] Pero luego observó con preocupación que su avance era persistente y que se abría un tercer frente de lucha para las Provincias Unidas justo cuando él se hallaba pronto para iniciar la reconquista de Chile. Le decía a Guido: "Veo que tenemos guerra con los portugueses: veo también que cuasi es necesaria, pero V. que está en la fuente de los recursos me sabrá responder: qué fuerza tenemos para hacerla y qué medios (sin desatender los demás) y qué tiempo la podremos sostener: yo estoy seguro que nuestra situación actual es la más crítica de todas y que no nos queda otro arbitrio que el hacer esfuerzos".[117]

En verdad dicha invasión ponía al gobierno central ante el dilema de sostener a su enemigo interno –debilitando a la empresa trasandina por la necesaria división de fuerzas– o aparecer como cómplice de los invasores para librarse de él. Pueyrredón, a la vez que informó al Cabildo de Montevideo que había resuelto poner fin a su neutralidad, envió al coronel De Vedia ante el jefe de las fuerzas de ocupación portuguesas, general Lecor, para reclamarle el cumplimiento del armisticio Rademaker. Dicho jefe alegó que entendía no haber violado lo concertado en 1812, por cuanto la provincia oriental ya no respondía al gobierno de Buenos Aires. Esta contestación dio pie a que Pueyrredón, para desarmar el argumento del jefe invasor exigiera al gobernador delegado de Montevideo, Miguel Barreiro, quien había solicitado su auxilio, que reconociera la autoridad del Congreso y el Directorio. En efecto, el 8 de diciembre se labró el Acta de Incorporación de la Banda Oriental a las Provincias Unidas; pero esto no tuvo mayores consecuencias, pues apenas enterado Artigas de ese paso, desconoció lo actuado y ordenó que el documento fuese quemado en la plaza pública.

Frente a tales sucesos, San Martín hizo bien explícita su posición: "No me ha tomado de sorpresa la maldad de los orientales pues yo calculaba que su decantada unión no debía tener más duración que ínterin nos necesitasen [...] Yo opino que los portugueses avanzan con pie de plomo esperando a su escuadra para bloquear a Montevideo por mar y tierra; y en mi opinión se lo meriendan; a la verdad no es la mejor vecindad, pero hablándole a V. con franqueza la prefiero a la de Artigas: aquéllos no introducirán el desorden y anarquía y éste, si la cosa no se corta, lo verificará en nuestra campaña como estoy bien informado".[118] La afirmación es lo suficientemente rotunda como para extendernos en comentarios: entre el dominio de los portugueses o el de Artigas en la Banda Oriental, San Martín prefería el de los primeros como mal menor, ante la imposibilidad momentánea de desalojarlos.

Por si todavía quedara alguna duda acerca de su posición en la controversial cuestión, repárese en estas otras afirmaciones: "Un misterio es para mí la conducta de los portugueses en sus operaciones; en mi opinión si hubieran querido ya estarían sobre Montevideo. No estoy porque se declare la guerra a los fidalgos: antes de que se declare una casa es preciso hacer cimientos y contar con materiales; yo creo que nosotros carecemos de ellos para una nueva guerra".[119]

Pueyrredón, que compartía esa misma postura, había logrado captarse al general Soler designándolo jefe de Estado Mayor del Ejército de los Andes; en cambio, no tuvo éxito con el coronel Dorrego que se mostró irreductible. Era sin duda el jefe de mayor cuidado del partido popular, abierto opositor al monarquismo y la política pro portuguesa del gobierno. A mediados de noviembre sorpresivamente fue apresado y desterrado sin más trámite por orden del Director. En la ocasión San Martín le manifestó a Guido: "Vaya con Dios Dorrego: lástima es la pérdida de este joven que un poco moderado hubiera podido ser útil a su patria".[120]

f) La reorganización logista

Entre tanto, desde principios de 1816 San Martín se había preocupado por la reorganización de la Logia de Buenos Aires con el fin de que coadyuvase a su empresa trasandina, a la que veía como único medio de salvación. El 6 de mayo le decía a Guido: "Mucho me alegro que el Establecimiento de Matemáticas progrese, si éste está bien establecido las ventajas serán ciertas". Al mes siguiente, le hacía a su amigo esta sugerencia para que la transmitiese a los hermanos: "Sería muy conveniente llevar desde ésta a Chile ya planteado el Establecimiento de Educación Pública, bajo las bases e inmediata dependencia del de esa ciudad, esto sería muy conveniente por cuanto el atraso de Chile es más de lo que parece: hágalo V. presente al gobierno para si es de su aprobación empezar a operar algunos alumnos. Yo creo que aunque no sea más que por conveniencia propia no dejaría Pueyrredón de favorecer el establecimiento de Educación Pública, el conocerá que sin las luces nada haremos y sólo acabaremos de arruinarnos: nuestra ignorancia nos tiene en este estado".[121] Después de las conferencias de Córdoba, ya no tuvo ninguna duda al respecto: "Pueyrredón va a ser el iris que va de la paz a las pasiones: él tiene mucho mundo, talento y dulzura y al mismo tiempo filantropía; por lo tanto estoy bien seguro que no solamente promoverá el bien del país, sino su base, cual es el establecimiento de educación pública".[122] Y en verdad encontró excelente disposición en el Director, quien no dudaría en asegurarle: "El establecimiento de matemáticas será protegido hasta donde alcance mi poder. El nuevo secretario interino Terrada [ministro de guerra] es también matemático y por consiguiente me ayudará al fomento de un objeto tan útil".[123] Su comunicación con San Martín fue sumamente fluida y no sólo se restringió a los preparativos de la expedición a Chile sino que abarcó las principales cuestiones de Estado, partiendo ambos del reconocimiento recíproco como hombres de orden. Fue un rasgo frecuente en esa correspondencia el intercambio de datos sobre las características de los personajes que los circundaban, siempre con miras a integrarlos a la Logia. Así, por ejemplo, luego de aconsejarle "omita V. siempre en sus cartas poner la letra H. con que acostumbra concluir: basta un ., *pour eviter q'une surprise donne lieu a des soupçons*", le informaba: "El paisano don Manuel Pinto es excelente y lo creo como V. muy útil para la academia. No lo es ni lo será nunca Soler: es disipado, poco contraído, muy superficial y nada circunspecto: esta es mi opinión y es la de todos los amigos que lo conocen".[124] A medida que aumentaba la conmoción interior se fue afirmando la consideración de la importancia de la organización logista como el principal instrumento disciplinador: "No hay medio, amigo mío; o conseguimos poner a la cabeza de cada provincia y de cada ejército un amigo de la razón o perecemos entre guerras civiles".[125] En el mismo sentido, el Director le notificaría más tarde: "Mando al deán Funes y al amigo doctor Castro: llevan también el objeto de pacificar a Córdoba y de pasar el último a Salta en el designio de persuadir a Güemes de la necesidad de que se dedique al estudio de las matemáticas para mejor conocer el terreno en que ha de hacer la guerra".[126]

San Martín en uso de las atribuciones que el estatuto de la Logia le confería por su cargo de gobernador para poder establecer filiales, había reorganizado la masonería introducida años antes en Mendoza por José Moldes, en una logia que respondía a su veneratura, la que al iniciar su campaña sería delegada primero en Toribio Luzuriaga y luego en Godoy Cruz. Pero tal como lo había propuesto, llevaría a Chile una logia formada en el seno del Ejército de los Andes, que serviría de base a la Lautarina de Santiago, la que se establecería luego de Chacabuco, presidida por Bernardo O'Higgins.[127] Es a todas luces evidente la confianza que el general depositaba en la eficacia y respaldo de la organización logista, por considerar indispensable para asegurar la estabilidad del gobierno que éste contase con un grupo fuerte de operadores políticos juramentados.

La conspiración en el Ejército

El 14 de mayo y con carácter reservado San Martín le escribía a Guido: "Es materialmente imposible el que el Regimiento 11 se organice no poniendo a su cabeza un coronel capaz de hacerlo: Heras tiene disposición y deseos pero no tiene conocimiento del manejo interior de un cuerpo. Esto es más urgente de lo que se cree y por lo tanto si se piensa en Chile es necesario hacerlo pronto para que este regimiento se ponga en estado de batirse".[128]

Este propósito del general no tardó en trascender, predisponiendo en su contra tanto a ese jefe como a otros presuntos afectados por los recambios que se gestionaban. Éstos comenzaron a conspirar para resistir con la fuerza el pretendido relevo, planeando incluso atentar criminalmente contra la persona de San Martín. Eran los promotores de la conjura el teniente coronel José María Rodríguez, comandante del piquete N° 8, y su segundo, el sargento mayor Enrique Martínez, quienes contaban con la complicidad del jefe del N° 11 para cuando llegara la oportunidad de deponer al comandante en jefe del Ejército. Pero no se le escaparon a éste los hilos de la trama.

En efecto, en vísperas de partir hacia Córdoba, San Martín mandó llamar a Rodríguez y lo encaró: "Yo sé que V. trata de deponerme y nunca se le proporciona mejor ocasión que ahora que me voy", lo que le causó a dicho oficial "tal sofocación que se metió a la cama y al día siguiente se dio baños pues veía que el Sr. General estaba ya impuesto de todo lo que él pensaba".[129]

La confabulación pretendió extenderse a San Juan, a donde Las Heras envió un emisario para comunicar a los oficiales de su regimiento que allí se encontraban, particularmente al capitán Mariano Mendizábal, que el general se proponía removerlo del mando para que se aprontaran a la resistencia. Enterados el teniente gobernador De la Roza y el comandante de armas Juan Manuel Cabot, a la par que desterraron preventivamente a aquél, dieron aviso del hecho a San Martín, quien se hallaba entonces en San Luis. En el sumario que posteriormente levantó una comisión de guerra presidida por O'Higgins se hizo constar que el citado correveidile, Manuel Quiroga, afirmaba que "todo o la mayor parte de su batallón que se hallaba en esa ciudad estaba resuelto a perecer antes que permitir le quitaran o mudaran al Coronel D. Juan Gregorio de Las Heras, como sabían trataba de hacerlo el Sr. General: que a más de esto pensaban oponerse a todas las ideas del Sr. General, pues a más de ser un hombre que no había prestado ningunos servicios a la patria, dudaban de su opinión; añadiendo que su comandante había recibido dos mil desaires de él, como igualmente todos los oficiales del cuerpo, hasta en las conferencias, demostrando lo mal que los quería y que sólo trataba de destruirlos, cuando por otra parte ponía tanto esmero en proteger a su regimiento [...] que toda la tramoya se dirigía a sostener a su coronel, deponer al señor General y pedir en su lugar a D. Marcos Balcarce que tenía más conocimientos del país".[130]

A fines de septiembre, San Martín libró orden de prisión contra Rodríguez y Martínez; en noviembre fueron separados del mando del N° 8. Si bien el general exceptuó de similares medidas a Las Heras, pues no consideró la evidencia emanada del sumario "suficiente para arrestar a un jefe de mérito"[131], su regimiento, el N° 11, quedó reducido a un solo batallón, formándose con el segundo, que antes lo componía el N° 1 de Cazadores, puesto bajo las órdenes de Rudecindo Alvarado.

Últimos preparativos militares

Luego de quedar definitivamente convenida la empresa trasandina en la entrevista de Córdoba con Pueyrredón, San Martín se ocupó preferentemente en gestionar que se lo reforzase con tropas veteranas, pues si bien su ejército aumentaba rápidamente, se componía en su mayor parte de reclutas. Contribuyó sobre todo a ese incremento "el golpe de los esclavos". Ya en el mes de mayo el general, aun a sabiendas del malestar que su sustracción causaría entre los propietarios, había adelantado su proyecto de incorporarlos al servicio de las armas en sendas cartas enviadas a Tomás Guido y a Godoy Cruz. Este último conceptuó extrema la medida y reprobó que se hiciera efectiva, alegando que se podía todavía echar mano de otros recursos que causaran menos controversia. Ese parecer dio lugar a que San Martín se extendiera en interesantes consideraciones al respecto:

> Veo que el proyecto de los esclavos no le parece bien por ahora y sí para el último caso o apuro; ¡ay amigo! ¡cuán sensible me es el que esperemos el tal apuro cuando podíamos precaverlo! Tiempo vendrá tal vez en que nos arrepintamos de haber tenido tantas consideraciones: lo cierto es que por estas nos vamos paulatinamente al sepulcro: no hay remedio, mi buen amigo, sólo nos puede salvar el poner todo esclavo sobre las armas; por otra parte, así como los americanos son lo mejor para la caballería así es una verdad que no son los más aptos para infantería, mire V. que yo he procurado conocer a nuestro soldado y sólo los negros son los verdaderamente útiles para esta última arma: en fin Vds. harán lo que les parezca mejor.[132]

En verdad, no se trataba de una cuestión de poca monta, pues la planeada expropiación afectaba en Mendoza no sólo a la esclavatura de servicio doméstico sino a la ocupada en trabajos agrícolas perteneciente a la comunidad religiosa de San Agustín. Ésta contaba con cuantiosos bienes temporales, entre los que figuraban dos conventos y una extensa área de terrenos de cultivo en la que había establecido una especie de colonia de esclavos de origen africano denominada El Carrascal, de la que San Martín se proponía sacar un número de trescientos o más hombres de armas para engrosar el ejército. Según testimonio de Espejo, el propósito del general fue secundado "por los exaltados patriotas afiliados a la logia radicada en Mendoza", que, venciendo las resistencias suscitadas entre los vecinos, lograron la cesión de las dos terceras partes de la esclavatura existente en todo el territorio de Cuyo, para aumentar la fuerza de línea.[133] A raíz de la incorporación de ese cuantioso contingente se dispuso el desdoblamiento del Nº 8 en dos batallones: el de igual número, al mando del teniente coronel Pedro Conde y del sargento mayor Cirilo Correa, y el Nº 7, confiado al comandante Ambrosio Crámer, que tenía por segundo al mayor Joaquín Nazar.

El 1º de agosto San Martín había sido designado general en jefe del Ejército de los Andes y, con el fin de contraerse de lleno a los preparativos militares, se lo desligó de las tareas administrativas, quedando el mando de la gobernación intendencia a cargo del coronel mayor Toribio Luzuriaga. Posteriormente, el Congreso y el Director le confirieron el nombramiento de capitán general con el tratamiento de excelencia, pero el ayuntamiento de Mendoza, no conforme con ello, peticionó que se le confiriera además el grado de brigadier. En la confidencia con Guido, San Martín manifestaba la molestia que ello le había causado: "Estos carajos de cabildantes me tienen de amolar con sus solicitudes: en julio hicieron otra al Congreso solicitando se me diese el mando del Ejército. Esto me ha obligado a dar el papelucho que V. verá en uno de los periódicos, pues los malvados creerán son instigaciones mías".[134] Efectivamente, en previsión de la maledicencia que permanentemente lo había rodeado, el general se apresuró a enviar el siguiente comunicado, publicado en *El Censor* del 12 de diciembre, que contenía una formal declaración:

> Señor censor – Muy señor mío: por el último correo se me avisa de esa capital, haber solicitado el Cabildo de esta ciudad, ante el excelentísimo supremo director se me diese el empleo de brigadier. No es ésta la primera oficiosidad de estos señores capitulares: ya en julio del año corriente, imploraron del soberano Congreso se me nombrase general en jefe de este ejército. Ambas gestiones, no sólo han sido sin mi consentimiento, sino que me han mortificado sumamente. Estamos en revolución, y a la distancia puede creerse, o hacerlo persuadir genios que no faltan, que son acaso sugestiones mías. Por lo tanto ruego a usted se sirva poner en su periódico esta exposición con el agregado siguiente: *Protesto a nombre de la independencia de mi patria no admitir jamás mayor graduación que la que tengo, ni obtener empleo público, y el militar que poseo renunciarlo en el momento en que los americanos no tengan enemigos.* No atribuya usted a virtud esta exposición, y sí al deseo que me asiste de gozar de tranquilidad el resto de mis días.[135]

Al finalizar el mes de septiembre San Martín se había trasladado con el ejército al campamento de El Plumerillo, situado a cuatro kilómetros al nordeste de Mendoza, "en un lugar infernal, donde antes de cavar una tercia de vara se encontraba el agua y el campo estaba siempre blanco de salitre". Tal el testimonio de Melián, quien agrega: "Sólo nuestra robustez y el ser todos jóvenes, unido esto al patriótico entusiasmo que nos animaba, nos pudo hacer resistir tantas molestias. El general no encontró otro campo mejor donde colocarse. Los que más cerca se hallaban no distaban menos de cuatro o cinco leguas, y él precisaba estar inmediato a la ciudad".[136] En ese inhóspito lugar, San Martín dispuso ubicar al frente el extenso campo de instrucción y, hacia el oeste, un tapial doble utilizado como espaldón de tiro; además mandó construir barracas de adobe para la tropa, detrás de las que se establecieron las cocinas y los alojamientos para jefes y oficiales. Allí terminaron de disciplinarse sus fuerzas hasta quedar en pie de guerra.

El 10 de septiembre San Martín en persona marchó a los campos del sur a entenderse con los indios pehuenches con el objeto de que le facilitaran el paso de tropas por el Planchón, frente a Curicó y Talca. Luego de ocho días de festín y borrachera se logró sellar el trato: "Concluí con toda felicidad mi Gran Parlamento con los indios del sur; no solamente me auxiliarán al ejército con ganados, sino que están comprometidos a tomar una parte activa contra el enemigo", le noticiaba el general a Guido.[137] Manuel de Olazábal suministra una jocosa versión de esa conferencia:

[…] llegaron los plenipotenciarios en número como de ochenta con su Estado Mayor. ¡Era de ver las figuras y trajes de los *Soberanos* de un mundo! La mayor parte iba casi en cueros y tan hediondos a potro que no se podía sufrir […] El general tenía, frente a los ranchos en que habitaba una gran tienda de campaña, de lona, cuya figura era exactamente un paraguas abierto […] Reunidos allí el general y los caciques formados en círculo y sentados en el suelo, el general desde su silla les dijo por intermedio del lenguaraz Guajardo: Que los había convocado para hacerles saber que los españoles iban a pasar de Chile con un ejército para matarlos a todos y robarles sus mujeres e hijos. Que en vista de esto, y siendo también él indio, iba a pasar los Andes con todo su ejército y los cañones que se veían (el ejército en este momento maniobraba en gran parada y la artillería funcionaba estrepitosamente) para acabar con los godos que les habían robado la tierra a sus padres. Pero, que para poderlo hacer por el sur como pensaba, necesitaba el permiso de ellos que eran los dueños. Los soberanos del desierto que ya se habían desayunado con buena dosis de aguardiente, prorrumpieron en alaridos y vivas a San Martín (en su idioma) abrazándolo todos a porfía y prometiéndole morir por él y ayudarlo. Concluida la conferencia, el general tuvo que ir de prisa a mudarse toda la ropa por el perfume que le habían dejado y varios *Granaderos* hijos del desierto que se veían caminar por sobre su uniforme. El general decía con mucho festejo: "¡Qué diablos! Estos piojos se comerán a mi amigo Marcó del Pont que siempre está lleno de olores".[138]

Sin embargo, la traición coronó aquella jornada, pues inmediatamente los mensajeros del cacique Necuñán volaron al campo realista para delatar la marcha de los patriotas. Conocido esto por San Martín, decidió avanzar por el paso más dificultoso de Los Patos burlando a las alertadas fuerzas enemigas.[139]

Desde hacía meses el general venía solicitando la presencia de su confiable y eficiente amigo Tomás Guido. Pese a su insistencia, no había conseguido su propósito: "El Director me ha desahuciado terminantemente sobre su venida, pues me dice le pido un imposible en razón de que V. es el que lleva el peso de toda la secretaría. Su falta me equivale a un batallón, pues no tengo de quien fiarme, especialmente para las comunicaciones secretas y otras cosas reservadas. Y todo es preciso lo haga este hijo de puta. En fin a la entrada de la expedición voy a pedirlo a V. terminantemente sin perjuicio de la rotunda negativa".[140] Como se ve no se resignaba: "Hable V. al amigo Pueyrredón sobre su venida, ésta es indispensable, póngase las espuelas y vuele hasta abrazarnos".[141] El tema hubo de considerarse en una tenida de la Logia y el resultado no fue favorable al general: "Al cabo la ∴ me ha amolado negándome su venida".[142]

También debió resignar San Martín –y esto era mucho más grave– la realización de una parte de su plan por falta de recursos: el apoyo naval, que le permitiría continuar su empresa encaminándola hacia su objetivo central que era Lima. En efecto, Pueyrredón le decía: "Esto está quieto pero no lo está mi corazón, a quien agitan la pobreza del Estado y los males inherentes. Espero que V. me abra en Chile un manantial de recursos porque de lo contrario nos acabará la necesidad. Siento sobremanera no poder mandar una expedición marítima por falta de fondos; estoy sin embargo arbitrando medios para hacerla, pero dudo del buen éxito".[143] Poco después se confirmaba el mal pronóstico, pero el general ya estaba jugado y por eso le diría a Guido: "Mucha falta nos harán cuatro o seis buques de fuerza para la expedición, pero el que no tiene más con su madre se acuesta".[144] "Yo marcharé aunque me lleve el Diablo".[145]

Una vez que recibió el convoy que conducía un importante parque de guerra y demás pertrechos remitidos desde Buenos Aires –el que logró evitar que fuera interceptado a su paso por la montonera, no sin costarle buenos sustos y cuidados al general–, éste clamó por el envío de recados y sobre todo de vestuarios para los Cazadores, Granaderos y el Nº 8: "Sin este auxilio no se puede realizar la expedición, pues es moralmente imposible pasar los Andes con hombres enteramente desnudos […] es preciso que en quince días estén concluidos: que todas las mujeres cosan y todos los sastres corten". Él mismo se asombraba de la magnitud de los recursos que tenía que movilizar en medio de la pobreza: "Es increíble lo que necesito: sólo en el ramo de mulas son necesarias 7.500, tres mil caballos, otras tantas monturas para la infantería, 1.000 aparejos de cordillera, subsistencias cargadas para veinte días y otros mil artículos, todo sacándolo con tirabuzón".[146]

Los pedidos de San Martín continuaron lloviendo sobre el agobiado Director, quien al remitirle todo lo que había sido posible reunir en un último esfuerzo le dirigía esta conocida misiva:

Van todos los vestuarios pedidos y muchas más camisas […] Van cuatrocientos recados. Van hoy por el correo en un cajoncito los dos únicos clarines que se han encontrado […] Van los doscientos sables de repuesto que me pidió. Van doscientas tiendas de campaña o pabellones y no hay más. Va el mundo. Va el demonio. Va la carne. Y no sé yo cómo me irá con las trampas en que quedo para pagarlo todo; a bien que en quebrando, chacelo cuentas con todos y me voy yo también para que V. me dé algo del charqui que le mando; y, ¡carajo, no me vuelva V. a pedir más, si no quiere recibir la noticia de que he amanecido ahorcado en un tirante de la fortaleza![147]

A mediados de diciembre el general decidió confiar a Álvarez Condarco una misión bastante riesgosa: debía encaminarse hacia Chile por el paso de Los Patos, en calidad de parlamentario, con la excusa de entregar a Marcó del Pont una copia oficial del acta de la independencia de las Provincias Unidas, presuponiendo que el presidente realista lo despacharía con cajas destempladas de regreso por el camino más corto, el de Uspallata. Ello le permitiría cumplir el objetivo secreto que San Martín le encomendara, esto es, el reconocimiento final de las dos rutas por las que pocos días más tarde marcharía el Ejército de los Andes. Efectivamente, el emisario no pudo permanecer en Chile más que cuarenta y ocho horas, pues la documentación que portaba ofuscó a Marcó, quien al día siguiente ordenó prenderle fuego en la plaza mayor por mano de verdugo. Entre tanto, Álvarez debió pasar por momentos de suma inquietud, temiendo por su vida, pero quiso la suerte que se lo hospedase en casa del coronel Antonio Morgado, jefe del Regimiento de Dragones de Concepción, donde tuvo lugar un episodio que sin duda le fue favorable. Cuando el anfitrión invitó a sus comensales a tomar una copia de vino, el oficial patriota, casual o intencionadamente, hizo uso de los signos que en estos casos acostumbran los masones. No pasó inadvertido este hecho de ninguno de los presentes, pues eran liberales que pertenecían a la logia establecida en Chile que trabajaba sigilosamente por el restablecimiento de la constitución gaditana, abolida por el absolutismo fernandino. Poco después, Marcó –convencido de encontrarse ante un espía encubierto– los mandó llamar para formar junta de guerra, haciéndoles partícipes de las razones que lo inclinaban a fusilarlo; pero entonces aquellos jefes se opusieron firmemente a tal medida, fundándose en las inmunidades prescritas por las leyes de la guerra para los parlamentarios. El mandatario debió conformarse con expulsar a Álvarez Condarco, pero antes le entregó una violenta contestación a los oficios que le remitiera San Martín, en la que le manifestaba que cualquier otro enviado "no merecerá la inviolabilidad y atención con que dejo regresar al de esta misión". Y al estampar su rúbrica, según la tradición, el general realista habría afirmado: "Yo firmo con mano blanca y no como la de su general que es negra", aludiendo a su traición a la causa del rey.[148]

Mientras el ingeniero espía retornaba por la vía más corta a Mendoza, tal como había previsto San Martín, éste se hallaba inmerso en una febril actividad y acosado por las preocupaciones, pero resuelto a todo:

Si no puedo reunir las mulas que necesito me voy a pie, ello es que lo más tardar estoy en Chile para el 15, es decir, me pondré en marcha, y sólo los artículos que aun me faltan son los que me hacen demorar este tiempo. Es menester hacer el último esfuerzo en Chile pues si esta la perdemos todo se lo lleva el Diablo. Yo espero que no sea así y que en el pie en que se halla el ejército saldremos bien. El tiempo me falta para todo, el dinero ídem, la salud mala, pero así vamos tirando hasta la tremenda.[149]

A medida que se aproximaba el momento de la partida sentía con creciente intensidad la ausencia de Guido: "Cada vez me convenzo más y más de que sin V. no haremos nada, esto lo digo en razón de lo que V. me dice de los chilenos y Carreras: no puede V. figurarse lo que el partido de estos malvados está minando la opinión del ejército; el secretario que tengo [José Ignacio Zenteno] es emigrado y no puedo tener la menor confianza de él en asuntos que tengan relación con Chile. Ahora bien, calcule V. cómo me veré en pasando, en una campaña activa y teniendo que establecer la base de nuestras relaciones políticas, crear otro ejército, hacer reformas indispensables, etcétera". Insistió, pues, ante Pueyrredón para que se resignara a prescindir, al menos por tres meses, del eficiente oficial mayor de la Secretaría de Guerra, pero tampoco esta vez logró su cometido.

Las dudas y los recelos no se apartaban del general ni en medio de sus trabajos, pero, como fuere, ya la suerte estaba echada: "No crea V. que voy confiado en el carácter y patriotismo de los chilenos, éste lo tantearé y si no corresponde a lo que han prometido me andaré con pies de plomo; de todos modos es necesario tantear una acción general con Marcó antes que llegue el mes de marzo, si es batido el país es nuestro, si lo somos tenemos tiempo de repasar los Andes antes de mayo, pues de lo contrario seríamos perdidos; en fin para fines de febrero la suerte de Chile estará decidida".[150]

NOTAS

1. *DHLGSM*, *op. cit.*, tomo II, pág. 168. De Posadas a San Martín, Buenos Aires, 18 de julio de 1814.

2. *Ibídem*, pág. 195. Buenos Aires, 16 de septiembre de 1814.

3. *Ibídem*, pág. 209. Buenos Aires, 24 de septiembre de 1814.

4. *Ibídem*, pág. 238. Buenos Aires, 1° de octubre de 1814.

5. *Ibídem*, pág. 243.

6. *Ibídem*, págs. 209-212. Posadas a San Martín, Buenos Aires, 24 de septiembre de 1814.

7. JOSÉ MIGUEL YRARRAZÁBAL LARRAÍN, *San Martín y sus enigmas*, Santiago de Chile, Edito-

rial Nascimento, 1949, tomo I, pág. 58. Abascal había decidido el envío de Osorio antes de recibir la noticia de la sublevación del Cuzco; inmediatamente después volvía sobre sus pasos y le hacía llegar instrucciones al general invasor para que negociara con los patriotas, a fin de retornar cuanto antes para auxiliar a Pezuela.

8. *DHLGSM*, *op. cit.*, tomo II, pág. 257. Uspallata, 15 de octubre de 1814.

9. B. MITRE, *Historia de San Martín...*, *op. cit.*, tomo I, pág. 252.

10. *DHLGSM*, *op. cit.*, tomo II, págs. 272-274. San Martín a Carrera, Mendoza, 17 de octubre de 1814.

11. *Ibídem*, pág. 276. San Martín a José Miguel Carrera. Mendoza, 19 de octubre de 1814.

12. *Ibídem*, pág. 280. Juan José Carrera a San Martín, Mendoza, 19 de octubre d e 1814.

13. *Ibídem*, págs. 285-287. José Miguel Carrera a San Martín. Mendoza, 20 de octubre de 1814.

14. *Ibídem*, págs. 289-290. Mendoza, 21 de octubre de 1814.

15. *Ibídem*, pág. 300. José Miguel Carrera a San Martín. Mendoza, 23 de octubre de 1814.

16. *Ibídem*, pág. 327. Cuartel de San Agustín, 30 de octubre de 1814.

17. *Ibídem*, pág. 346. José Miguel Carrera, Julián Uribe y Diego Benavente a San Martín, Mendoza, 1° de noviembre de 1814.

18. *Ibídem*, pág. 319. Alcázar a José Miguel Carrera. Mendoza, 27 de octubre de 1814.

19. *Ibídem*, pág. 388. Juan José Carrera a San Martín, San Luis, 29 de diciembre de 1814.

20. *Ibídem*, págs. 389-391. San Martín a Juan José Carrera. Mendoza, 2 de enero de 1815.

21. Pese a la consignada resolución, una vez puesto en camino, al llegar a la posta del Retamo, Juan José Carrera ofició a San Martín –ya en tono más respetuoso– que por razones de enfermedad no podía continuar su derrotero. Más tarde regresaría a Mendoza y al parecer pudo incluso arreglar su tirante relación con el gobernador, a quien el 2 de febrero le dirigía una nota tratándolo de "mi amigo y paisano apreciadísimo" para recordarle su promesa de facilitarle el cobro de una deuda.

22. La enemistad entre el irlandés y los hermanos Carrera venía de antiguo. Ya Luis se había batido con él en Chile; incluso durante las agitadas jornadas transcurridas en Mendoza, Juan José le había promovido un escandaloso reto a duelo, que a duras penas San Martín pudo impedir. La tercera fue la vencida.

23. *DHLGSM*, *op. cit.*, tomo II, pág. 373 y ss. Acta del acuerdo del 1° de diciembre de 1814 y certificación de lo ocurrido extendida por el escribano Cristóbal Barcala, Mendoza, 3 de diciembre de 1814.

24. *Ibídem*, pág. 439. Oficio del oficial mayor de la Secretaría de Gobierno Manuel Moreno a San Martín. Buenos Aires, 28 de febrero de 1815.

25. Significativamente, tres días antes de que la tensa situación alcanzara ese desenlace, la Asamblea reunida en sesión extraordinaria, ante la renuncia al mando político de Alvear y cuando aún pretendía retener el militar, designó un Tercer Triunvirato integrado por Rodríguez Peña, San Martín y Matías Irigoyen, habiéndose hecho eco para la designación de los dos primeros del pedido llegado desde el Ejército del Norte.

26. Cfr. JUAN CÁNTER, "La revolución del abril de 1815 y la organización del nuevo Directorio", en ACADEMIA NACIONAL DE LA HISTORIA, *Historia de la Nación Argentina, op. cit.*, vol. VI, 1ª sección, págs. 251-298.

27. *DHLGSM*, *op. cit.*, tomo II, pág. 462. San Martín al Cabildo, Mendoza, 30 de abril de 1815.

28. *Ibídem*, pág. 463. Conformaban la mencionada guarnición: el comandante general de armas,

coronel mayor Marcos Balcarce; el comandante de frontera, teniente coronel José de Susso; el comandante de artillería, mayor Pedro Regalado de la Plaza; el comandante del batallón N° 11, teniente coronel Juan Gregorio Las Heras; el comandante del piquete del N° 8, mayor Bonifacio García; el comandante de cívicos de infantería, capitán Pedro Molina y el comandante de cívicos de escuadrones de caballería, capitán Javier Correa.

29. *Ibídem*, pág. 513. De Ignacio Álvarez Thomas a San Martín, Buenos Aires, 1° de junio de 1815.

30. *Ibídem*, págs. 503-504. San Martín a José María García. Mendoza, mayo de 1815.

31. *Ibídem*, tomo III, pág. 117. San Martín al Cabildo, Mendoza, 27 de diciembre de 1815.

32. *Ibídem*, pág. 261. San Martín al Cabildo, Mendoza, 13 de marzo de 1816.

33. *Ibídem*, pág. 344. Mendoza, 24 de abril de 1816.

34. Cfr. MARGARITA FERRÁ DE BARTOL, "San Martín y las tendencias autonomistas de San Juan en el contexto de la gobernación intendencia de Cuyo", en COMISIÓN NACIONAL EJECUTIVA DE HOMENAJE AL BICENTENARIO DEL NACIMIENTO DEL GENERAL JOSÉ DE SAN MARTÍN, *Primer Congreso Internacional Sanmartiniano*, Buenos Aires, 1979, tomo VIII. Add. EDBERTO OSCAR ACEVEDO, "San Martín y el sistema político de Cuyo (1815-1817). Contribución al estudio de sus ideas políticas", en *Investigaciones y Ensayos*, Buenos Aires, Academia Nacional de la Historia, julio-diciembre 1981, N° 31, págs. 115-155.

35. *DHLGSM, op. cit.*, tomo II, pág. 502. Mendoza, 24 de mayo de 1815.

36. Cit. en AUGUSTO LANDA, *Dr. José Ignacio de la Roza, gobernador de San Juan de 1815 a 1820. Documentación histórica*, San Juan, Talleres Gráficos del Estado, 1941, tomo II, pág. 65. Mendoza, 24 de mayo de 1815.

37. *DHLGSM, op. cit.*, tomo III, pág. 445. Oficio de San Martín al Cabildo, Mendoza, 31 de marzo de 1815.

38. B. MITRE, *Historia de San Martín...*, *op. cit.*, tomo I, pág. 246. También pertenece a este autor la expresión que sirve de título al parágrafo, pues así califica su biógrafo por excelencia a la empresa realizada por San Martín como gobernador de Cuyo al organizar allí a un pueblo de trabajadores y combatientes que se apoyaban recíprocamente y que permitió mantener alimentado, vestido y pagado durante dos años en la región al ejército destinado a devolverle la libertad a Chile y pasar luego al Perú.

39. *DHLGSM, op. cit.*, tomo II, pág. 538. Buenos Aires, 24 de junio de 1815.

40. *Ibídem*, tomo III, pág. 4. Álvarez Thomas a San Martín, Buenos Aires, 24 de julio de 1815.

41. *Ibídem*, págs. 32-36. Álvarez Thomas a San Martín, Buenos Aires 1° de septiembre de 1815.

42. *Ibídem*, pág. 44. Buenos Aires, 9 de septiembre.

43. *Ibídem*, págs. 48-49. Álvarez Thomas a San Martín, Buenos Aires, 9 de octubre de 1815.

44. *Ibídem*, pág. 53. El secretario interino de la Guerra, coronel Marcos Balcarce a San Martín, Buenos Aires, 9 de octubre.

45. *Ibídem*, pág. 9. San Martín al Cabildo, Mendoza, 12 de agosto de 1815.

46. G. ESPEJO, *op. cit.*, pág. 13.977.

47. *DHLGSM, op. cit.*, tomo III, pág. 83. Mendoza, 22 de noviembre de 1815.

48. *Ibídem*, pág. 13.978.

49. *DHLGSM, op. cit.*, tomo III, pág. 52. Álvarez Thomas a San Martín, Buenos Aires, 9 de octubre de 1815.

50. José Antonio Estrella, *"Recuerdos sobre la organización del Ejército de los Andes"*, en Bartolomé Mitre y Vedia, *Páginas serias y Humorísticas*. Cit. en J. L. Busaniche, *op. cit.*, págs. 27-28.

51. *DHLGSM, op. cit.*, tomo III, pág. 873. San Martín al Cabildo, Mendoza, 17 de noviembre de 1815.

52. *Ibídem*, pág. 78-79. Mendoza, 21 de noviembre de 1815.

53. *Ibídem*, págs. 80-81. Mendoza, 22 de noviembre de 1815.

54. Cfr. Damián Hudson, *Recuerdos históricos sobre la provincia de Cuyo*, Mendoza, 1931 pág. 45.

55. Cfr. Edmundo Correas, *"San Martín, gobernador intendente de Cuyo"*, en Instituto Nacional Sanmartiniano, *José de San Martín, libertador de América*, Buenos Aires, Manrique Zago ediciones, 1995, pág. 50. Add. Federico A. gentiluomo, *San Martín y la provincia de Cuyo: precursores de la nación*, Tucumán, 1950; Ernesto J. Fitte, *"Vicisitudes de San Martín en Cuyo"*, en *Anales de la Academia Sanmartiniana*, Buenos Aires, Instituto Nacional Sanmartiniano, 1962, N° 3.

56. *DHLGSM, op. cit.* tomo II, pág. 414. San Martín al Cabildo, Mendoza, 26 de enero de 1815.

57. *Ibídem*, tomo III, págs. 93-95. Cartas de los agentes secretos Antonio Astete y El Tapadera, Chile, 17 de diciembre de 1815.

58. Cit. en B. Mitre, *Historia de San Martín...*, *op. cit.*, tomo I, pág. 297.

59. Cfr. B. Mitre, *Historia de San Martín...*, *op. cit.*, tomo I, pág. 296. El testimonio recogido por este historiador le fue suministrado por el general Las Heras.

60. *DHLGSM, op. cit.*, tomo III, pág. 178. San Martín a Godoy Cruz, Mendoza, 19 de enero de 1816.

61. *Ibídem*, págs. 131-132. Oficio del oficial mayor de la Secretaría de Guerra, Tomás Guido, a San Martín, Buenos Aires, 1° de enero de 1816.

62. *Ibídem*, pág. 177. Informe del agente secreto El Americano, s/l., 17 de enero de 1816.

63. AGN, VII, 16-1-1. San Martín a Guido. Mendoza, 19 de enero de 1815 [sic: 1816].

64. *DHLGSM, op. cit.*, tomo III, pág. 183. San Martín a Tomás Godoy Cruz, Mendoza, 19 de enero de 1816.

65. *Ibídem*, págs. 186-191. San Martín a Godoy Cruz. Mendoza, 24 de enero de 1816.

66. *Ibídem*, 240. San Martín a Godoy Cruz. Mendoza, 24 de febrero de 1816.

67. AGN, VII, 16-1-1. San Martín a Guido, Mendoza, 28 de enero de 1816.

68. Cit. en J. Espejo, *op. cit.*, págs. 13.998-9. San Martín al Director Supremo del Estado, Mendoza, 29 de febrero de 1816.

69. *Ibídem*, pág. 14.000. San Martín al Director Supremo del Estado, Mendoza, 20 de marzo de 1816.

70. *Ibídem*, pág. 14.002.

71. *Ibídem*.

72. *DHLGSM, op. cit.*, tomo III, págs. 263-268. Informes del agente secreto Manuel Rodríguez, alias El Español, a San Martín. Chile, 13 de marzo de 1816.

73. *Ibídem*, pág. 281. S/l., 27 de marzo.

74. AGN, AG, VII, 16-1-1. San Martín a Guido, Mendoza, 6 de mayo de 1816.

75. J. Espejo, *op. cit.*, pág. 13.988.

76. Cfr. Alfredo D. H. Scunio, "San Martín, oficial de inteligencia", en *Investigaciones y Ensayos*, Buenos Aires, Academia Nacional de la Historia, enero-junio 1982, N° 32, págs. 225-242.

77. *DHLGSM, op. cit.*, tomo III, págs. 305-306. El Cabildo a San Martín, Mendoza, 8 de abril de 1816.

78. *Ibídem*, págs. 351-352. El Cabildo al Soberano Congreso Nacional, Mendoza, 24 de abril de 1816.

79. AGN, AG, VII, 16-1-1. San Martín a Guido, Mendoza, 6 de abril de 1816.

80. *DHLGSM, op. cit.*, tomo III, pág. 318. San Martín a Godoy Cruz, Mendoza, 12 de abril de 1816. El incidente se había iniciado cuando en marzo de 1815 Güemes, resentido con Alvear y el gobierno directorial de Salta en manos del coronel Hilarión de la Quintana, abandonó el Ejército con sus *Infernales* y apoderándose del parque que estaba en Jujuy, depuso al mandatario y entregó el poder al Cabildo con la condición de que convocara a elección popular de gobernador, cargo para el que obviamente fue designado el propio caudillo. Tras la derrota definitiva del Ejército del Norte en Sipe Sipe, en noviembre de ese año, Rondeau –instigado por la oficialidad salteña y los vecinos de nota de esa ciudad– decidió marchar a castigar la indisciplina de su subordinado, pero viéndose falto de apoyo y de víveres, pues toda la población rural tomaba parte activa en la resistencia a sus fuerzas a favor de Güemes, debió transar con él –previa intermediación de su inteligente y valiente hermana Magdalena Güemes, la *Macacha*– el 22 de marzo de 1816, firmando el pacto de Los Cerrillos, por el que reconocía el gobierno autónomo del jefe de los gauchos a cambio del compromiso de éste de colaborar en la lucha contra los realistas.

81. *Ibídem*, pág. 258. Mendoza, 12 de marzo de 1816.

82. AGN, AG, leg. cit., San Martín a Guido, Mendoza, 14 de junio de 1816.

83. *Ibídem*, págs. 392-395. San Martín a Godoy Cruz, Mendoza, 12 de mayo de 1816.

84. AGN, AG, leg. cit., San Martín a Guido, Mendoza, 14 de mayo de 1816.

85. *DHLGSM*, tomo III, pág. 419. Mendoza, 19 de mayo de 1816.

86. AGN, AG, leg. cit., Mendoza, 14 de mayo de 1816.

87. *DHLGSM*, tomo III, pág. 433. Buenos Aires, 20 de mayo de 1816.

88. *Ibídem*, pág. 472. Jujuy, 6 de junio de 1816.

89. Cit. en J. Espejo, *op. cit.*, págs. 14.005-14.006.

90. AGN, AG, leg. cit., Mendoza, 14 de junio de 1816.

91. Cit. en J. Espejo, *op. cit.* pág.14.024. San Martín al Supremo Director del Estado, Mendoza, 15 de junio de 1816.

92. AGN, AG, leg. cit., San Martín a Guido, Mendoza, 14 de junio de 1816.

93. *Ibídem*. San Martín a Guido, Mendoza, 29 de junio de 1816.

94. *DHLGSM, op. cit.*, tomo IV, pág. 7. Córdoba, 16 de julio de 1816.

95. *Ibídem*, pág. 13. San Martín a Godoy Cruz. Córdoba, 22 de julio de 1816.

96. AGN, AG, leg. cit., Mendoza, 16 de agosto de 1816.

97. Carlos S.A. Segreti, "Cuyo y la forma de estado hasta 1820", en *Investigaciones y Ensayos*, Buenos Aires, Academia Nacional de la Historia, enero-junio 1988, N° 37, págs. 71-118.

98. *DHLGSM, op. cit.*, tomo III, págs. 178-179. San Martín a Godoy Cruz, Mendoza, 19 de enero de 1816.

99. *Ibídem*, pág. 186. Mendoza, 24 de enero de 1816.

100. AGN, AG, leg. cit. San Martín a Tomás Guido, Mendoza, 28 de enero de 1716.

101. *Ibídem*, Mendoza, 6 de abril de 1816.

102. *Ibídem*, San Martín a Guido, Mendoza, 6 de mayo de 1816.

103. *DHLGSM, op. cit.*, tomo III, págs. 239-240. San Martín a Godoy Cruz, Mendoza, 24 de febrero de 1816.

104. *Ibídem*, tomo III, págs. 318-319. Mendoza, 12 de abril de 1816.

105. *Ibídem*, tomo IV, pág. 13. Córdoba, 22 de julio de 1816.

106. *Ibídem*, tomo III, pág. 452. San Martín a Godoy Cruz, Mendoza, 24 de mayo de 1816.

107. *Ibídem*, pág. 392. San Martín a Godoy Cruz, Mendoza, 12 de mayo de 1816.

108. AGN, AG, leg. cit. San Martín a Guido, Mendoza, 16 de agosto de 1816.

109. Cit. en R. PICCIRILLI, *op. cit.*, pág. 196.

110. *DHLGSM*, cit, tomo IV, pág. 146. San Martín a Godoy Cruz, Mendoza, 10 de septiembre de 1816.

111. AGN, AG, leg. cit. Mendoza, 8 de octubre de 1816.

112. *Ibídem*. San Martín a Guido, Mendoza, 21 de octubre de 1816.

113. Cfr. CARLOS S. A. SEGRETI, "Las elecciones de diputados al Congreso de Tucumán", en *Investigaciones y Ensayos*, Buenos Aires, Academia Nacional de la Historia, julio-diciembre de 1982, N° 33, págs. 69-130; y del mismo autor *La acción política de Güemes*, Córdoba, Centro de Estudios Históricos, 1991.

114. AGN, AG, leg. cit., Mendoza, 31 de diciembre de 1816.

115. *Ibídem*, Mendoza, 5 de enero de 1817.

116. *Ibídem*.

117. *Ibídem*, Mendoza, 22 de diciembre de 1816.

118. *Ibídem*, 31 de diciembre de 1816.

119. *Ibídem*, 13 de enero de 1817.

120. *Ibídem*, 6 de diciembre de 1816.

121. *Ibídem*, San Martín a Guido, Mendoza, 14 de junio de 1816.

122. *Ibídem*. Mendoza, 31 de agosto de 1816.

123. *DHLGSM, op. cit.*, tomo IV, pág. 145. Pueyrredón a San Martín, Buenos Aires, 10 de septiembre de 1816.

124. *Ibídem*, pág. 245. Buenos Aires, 9 de octubre de 1816.

125. *Ibídem*, pág. 285. Buenos Aires, 14 de octubre de 1816.

126. *Ibídem*, pág. 340. Buenos Aires, 2 de noviembre de 1816.

127. Cfr. ALCIBÍADES LAPPAS, "San Martín, el hombre de las logias", en *Revista Símbolo*, Buenos Aires, 1970, N°s 71-72.

128. *Ibídem*.

129. *DHLGSM, op. cit.*, tomo IV, pág. 201. Sumario militar. Mendoza, 1° de octubre de 1816. Declaración del capitán Francisco Bermúdez.

130. *Ibídem*, pág. 213. Declaración del capitán Lino Arellano.

131. *Ibídem*, pág. 193. San Martín a la comisión militar, Mendoza, 29 de septiembre de 1816.

132. *Ibídem*, tomo III, pág. 485. San Martín a Godoy Cruz, Mendoza, 12 de junio de 1816.

133. J. ESPEJO, *op. cit.*, pág. 14022. Pueyrredón no obtendría el mismo resultado cuando procuró implementar igual medida en Buenos Aires: "He dado el golpe de los esclavos y con mucha más suavidad que en esa, y sin embargo hay un clamor infernal de los patriotas con esta medida; y es en tales términos que tal vez me obligará a desistir del intento", le confiaba el Director a San Martín (*DHLGSM*, tomo IV, pág. 246. Buenos Aires, 9 de octubre de 1816).

134. AGN, AG, leg. cit., Mendoza, 21 de octubre de 1816.

135. Cit. en J. ESPEJO, *OP. cit.*, pág. 14.037.

136. "Apuntes históricos del coronel José Melián", en *Biblioteca de Mayo, op. cit.*, tomo II, págs. 1648-1665.

137. AGN, AG, leg. cit., Mendoza, 24 de septiembre de 1816.

138. Cit. en J. L. BUSANICHE, *op. cit.*, págs. 40-42.

139. No parece creíble en función de lo expresado en sus comunicaciones con Guido, Pueyrredón y Godoy Cruz la versión clásica que quiere presentar a San Martín previendo la delación de los indios.

140. AGN, AG, leg. cit., San Martín a Guido, Mendoza, 8 de octubre de 1816.

141. *Ibídem*. Mendoza, 1° de noviembre de 1816.

142. *Ibídem*, Mendoza, 6 de diciembre de 1816.

143. *DHLGSM, op. cit.*, tomo IV, pág. 225. Pueyrredón a San Martín, Buenos Aires, 1° de octubre de 1816.

144. AGN, AG, leg. cit., Mendoza, 21 de octubre de 1816.

145. *Ibídem*, San Martín a Guido, Mendoza, 6 de diciembre de 1816.

146. *Ibídem*, San Martín a Guido, campo de instrucción, 20 de octubre de 1816.

147. *DHLGSM, op. cit.*, tomo IV, pág. 346. Pueyrredón a San Martín, Buenos Aires, 2 de noviembre de 1816.

148. Cfr. G. ESPEJO, *op. cit.*, págs. 14.044-14.051. El autor fue testigo presencial de la entrega como prisionero de Marcó a San Martín luego de Chacabuco, ocasión en la que éste se dirigió a su adversario de la víspera con la mano extendida diciendo en voz alta: "Señor general, venga esa mano blanca".

149. AGN, AG, leg. cit. San Martín a Guido, Mendoza, 15 de febrero de 1816.

150. *Ibídem*, 5 de enero de 1817.

VI

LA RECONQUISTA DE LA LIBERTAD
DE CHILE

Memorable despedida y partida escalonada del ejército

El 5 de enero de 1817 fue un día de extraordinaria animación en la laboriosa capital cuyana. En esa mañana radiante y cálida, el Ejército de los Andes, vestido de gran parada, con sus corceles briosos y sus armas relucientes, abría su marcha desde el campamento de El Plumerillo, con Soler y los jefes del Estado Mayor a su frente, al son de pífanos y tambores. Poco después penetraba entre repiques de campanas por las calles de Mendoza, engalanadas por arcos florales y banderas; se detuvo ante el Convento de San Francisco, de donde se extrajo la imagen de Nuestra Señora del Carmen, a quien San Martín había designado Patrona de su lucida hueste. Tras la Virgen generala, San Martín se puso a la cabeza de la columna, que prosiguió su camino hasta la iglesia matriz, donde, al pie del altar, se hallaba la bandera, cuya confección había costado más de un desvelo a las damas que se habían abocado a tal empresa, cumpliendo así los deseos manifestados por el general en la pasada cena de Navidad. Esa noche Dolorcitas Prats –viuda de Huisi–, Merceditas Álvarez, Margarita Corvalán y Laureana Ferrari de Olazábal, que compartían su mesa, se habían comprometido gustosas a proporcionar al ejército su bandera. Mucho costó conseguir la tela "color de cielo" que quería San Martín. De inmediato Remedios se puso a coser los dos paños blanco y celeste, mientras sus amigas aprontaban sedas, lentejuelas, diamantes y perlas para colocar en el escudo de las Provincias Unidas; se venció la dificultad de dibujar el óvalo con la utilización de una bandeja de plata que sirvió para marcarlo, y le correspondió a Manuel Soler el dibujo de las manos. Las damas debieron trasnochar para culminar su tarea a las dos de la mañana del día señalado para la jura.[1]

Una multitud se apiñaba en la plaza principal. El capellán castrense Juan Lorenzo Güiraldes celebró la misa y bendijo la bandera. San Martín se acercó a la imagen y le colocó en la mano su bastón de mando; después tomó la bandera con su mano derecha y avanzó hasta las gradas del atrio, presentándola ante el pueblo y ejército. La blandió tres veces y con firme acento dijo: "¡Soldados! Esta es la primera bandera que se ha levantado en América [repárese en que significativamente tenía dos franjas, como la que Belgrano había levantado a orillas del Paraná]. Jurad sostenerla, muriendo en su defensa, como yo lo juro". Un atronador "Lo juramos" prorrumpido al unísono por aquellos valientes guerreros electrizó los corazones de la concurrencia, que estalló en arrebatadores vivas al ejército y su esforzado jefe. Concluido el solemne acto, la ciudad se entregó por tres días a fiestas y diversiones públicas. La autoridad municipal, orgullosa de aquella espléndida hueste, decidió homenajearla ofreciéndole a la oficialidad un gran sarao y a la tropa un almuerzo campestre y una corrida de toros.

¡Hubo toros! ¡Pero qué toros y qué toreros! El capitán D. Lucio Mansilla descollaba entre los capeadores; don Juan Lavalle, entre los picadores; el capitán Nazar, primer espada; y O'Brien, engrillado con cintas de seda, saltó al bicho. D. Juan Apóstol Martínez, capitán de granaderos a caballo, el genio más travieso y mejor catador de pisco (que cuando llegó al pueblo de ese nombre no quería salir, afirmando que en él debía haber nacido), cabalgó sobre el toro, desnucándole de una puñalada. Isidoro Suárez, futuro héroe de Junín, fue quien más se lució como enlazador y Necochea, Correa, Villanueva, Olazábal, Escalada, Videla y otros brillantes oficiales del Ejército de los Andes repitieron lucidas suertes.[2]

La jornada fue magnífica. Aquellos jóvenes oficiales, llenos de audacia y coraje, se emulaban unos a otros, a cual más intrépido, ante la mirada satisfecha de San Martín, que comprobaba que con "esos locos" estaba asegurada de antemano la victoria. Con aquella despedida, el entretenimiento terminó. Empezaba el tiempo de la hazaña.

La clave del éxito de la empresa trasandina consistió en amagar a los realistas de Chile por diversos pasos de acceso de la cordillera, con el fin de obligarlos a diseminar sus fuerzas, debilitándolas; a la par que se lograba mantener en secreto el lugar por el que efectivamente penetraría el grueso del ejército. Al respecto, San Martín le escribiría a Guido: "Las medidas están tomadas para ocultar al enemigo el punto de ataque, si se consigue y nos dejan poner el pie en el llano, la cosa está asegurada; en fin, haremos cuanto se pueda para salir bien pues si no todo se lo lleva el diablo".[3] Para ello fue preciso coordinar con exactitud matemática los movimientos de las fuerzas patriotas sobre un frente de más de dos mil kilómetros de longitud. Las primeras en iniciar la marcha fueron las divisiones ligeras, destinadas a complementar las operaciones centrales con su accionar combinado. El 9 partió una columna de cuarenta infantes y cien hombres de caballería al mando del coronel Juan M. Cabot, que desde la zona septentrional de San Juan, debía atravesar la cordillera por el paso de Guana para caer sobre Coquimbo. Más al norte, en territorio riojano, 130 infantes al mando del coronel Francisco Zelada cruzarían por Come Caballos hacia Copiapó. En dirección opuesta partió el 14 el teniente coronel Ramón Freire, con ochenta infantes y veinticinco granaderos, para atravesar el Planchón hacia Talca e insurreccionar las provincias del sur. Más tarde partieron 55 hombres de caballería entre milicianos y blandengues que, al mando de José León Lemos, se asomarían por El Portillo, completando la estrategia de dispersión. Entre el 18 y el 19 iniciaron su partida de manera escalonada las dos columnas que constituían el grueso del Ejército patriota para transponer los Andes por los dos pasos centrales. Además de la sincronización en función de las diversas distancias a recorrer, otros motivos obligaban al fraccionamiento de las fuerzas y sucesión en los días de marcha; según aclara Espejo, "era el único medio de salvar la escasez de agua, en las dos o tres primeras jornadas, fuerte barrera que la naturaleza oponía a los primeros pasos del ejército. Y si tal combinación fue motivo de serios estudios y lucubraciones, no es difícil imaginarse el grado de zozobra que agitaría el espíritu del general hasta no tener noticia de que esos obstáculos hubiesen sido superados con felicidad".[4] Éste, en la última carta que le escribió a su Lancero antes de partir, decía: "El 18 rompió su marcha el Ejército, para el 24 ya estará todo fuera de ésta y el 15 de febrero decidida la suerte de Chile: si ésta es próspera, crea V. que entonces se le dará la importancia que merece; mucho ha habido que trabajar y vencer, pero todo sale completo excepto el dinero que no me llevo más que 14.000 pesos [...] Yo no me entiendo con mulas, víveres, hospitales, caballos y una infinidad de carajos que me atormentan para que salga el Ejército. Mi amigo, si de esta salgo bien, como espero, me voy a cuidar de mi triste salud a un rincón pues esto es insoportable para un enfermo".[5]

El cruce

Había que abrirse paso por las angostas sendas bordeadas de abismales precipicios y paredones gigantescos, que obligaban a alargar la única fila de tropa casi hasta el infinito para trasponer cuatro cordilleras que sobrepasaban los cinco mil metros de altura y avanzar dificultosamente por esos blancos caminos, escarpados y peligrosos, peleando a latigazos, sin combustible, contra el frío mortal;[6] forzando los pulmones para poder respirar el aire enrarecido; sobreponiéndose en cada movimiento a la pesadez y lentitud provocadas por el soroche; completamente anonadados por la desmesurada belleza de aquellas moles nevadas, a las que corona el soberbio pico del Aconcagua, sin dejar de estremecerse al oír el gimiente sonido producido por las ráfagas de viento, cuyo eco lúgubre repetían los valles. La división que partió el 18 de Mendoza a cargo del coronel Las Heras estaba integrada por el batallón N° 11, treinta granaderos a caballo, treinta artilleros y dos piezas de montaña, treinta mineros zapadores y el escuadrón de milicias de San Luis. A dos jornadas de distancia le seguía el parque general del ejército, la artillería y la maestranza a las órdenes del capitán Beltrán. El cruce se efectuó por Uspallata, zona por donde la cordillera tiene menos espesor, lo que acorta el camino que desemboca en el Valle de Aconcagua tras un recorrido de 340 kilómetros, que fue cubierto en diez jornadas. El objetivo principal de esta columna era llamar la atención del enemigo, mientras el grueso del ejército desembocaba por el flanco. Una pequeña avanzada fue batida por los realistas en Picheuta, pero el sargento mayor Enrique Martínez no tardó en tomarse la revancha el 25 de enero en Los Potrerillos y el 4 de febrero en Guardia Vieja, acción en la que el capellán José Félix Aldao, fraile dominico, no pudo contener el ímpetu bélico que le hizo olvidarse de su hábito y entró a repartir sablazos contra los godos a diestra y siniestra.

Con sus ropas, su sable y sus manos teñidas de sangre, se presentó al coronel Las Heras, el cual increpándole su conducta, le dijo: "Padre, ese no es su oficio; ese es el nuestro, el suyo es leer el Breviario". El padre Aldao, que esperaba ser elogiado, se retiró furioso, jurando colgar los hábitos de un árbol, como lo verificó más tarde.[7]

Entre tanto, el 19 de enero de 1817 había emprendido su marcha la división más voluminosa, dividida en tres cuerpos: la vanguardia al mando del jefe de Estado Mayor, brigadier general Miguel Estanislao Soler, integrada por el Batallón de Cazadores de los Andes, las compañías de granaderos del 7 y 8 de línea, el 4º Escuadrón de Granaderos a Caballo y la escolta con cinco piezas de montaña; el grueso con los batallones Nº 7 y Nº 8, una división de artillería y noventa zapadores, todo bajo la conducción del brigadier chileno Bernardo O'Higgins; y la reserva, en la que se encontraba el general en jefe, donde figuraban los tres escuadrones restantes del Regimiento de Granaderos a Caballo con su comandante Zapiola. Traspasaron en forma escalonada la cordillera por el paso de Los Patos, frente a San Juan, a 67 kilómetros al norte de Uspallata, para desembocar en el valle de Putaendo, en la falda occidental de la cordillera, apoderarse del puente de Aconcagua que comunicaba con San Felipe y posesionarse de esa villa, abrir comunicaciones con Las Heras y marchar rectamente a Chacabuco.

En efecto, al llegar a la cumbre debían comenzar el descenso siguiendo el curso del río Putaendo, que conduce al valle del mismo nombre, al que se penetra por la angostura de Las Achupallas. Pero sucedió que los enemigos, ya alertados por los derrotados en Los Potrerillos del avance de una fuerte división patriota por Uspallata, no tardaron en ser informados de que aparecía otra columna por Los Patos. Estaban en posición de detener con unos pocos hombres la marcha de una de ellas y malograr su combinación de fuerzas; bastaba para ello dominar alguno de los desfiladeros de esos dos caminos antes de que el Ejército de los Andes ocupara el llano. Los españoles se corrieron hacia la izquierda. Si por un lado ello facilitaba a Las Heras la toma de la villa de Santa Rosa, por otro quedaba comprometido el acceso del grueso del ejército. Atento a ello, San Martín dispuso que el mayor de ingenieros Antonio Arcos, a cargo del comando de las fuerzas más avanzadas de la vanguardia de Soler, con doscientos hombres en su mayoría pertenecientes al Regimiento de Granaderos a Caballo se adelantase a ocupar la garganta de Las Achupallas, batiese a las fuerzas que allí encontrase y se sostuviese hasta la llegada del resto de la columna, impidiendo cualquier obstrucción. Tuvo lugar en esa ocasión la primera de una larga serie de épicas cargas de caballería protagonizada por el "bravo teniente Lavalle", según lo calificó el general San Martín al referirse a esa inaugural actuación del 4 de febrero, que al frente de veinticinco granaderos a caballo puso en fuga al reforzado destacamento realista.[8]

SAN MARTÍN EN LA CORDILLERA

Estas órdenes eran expedidas por San Martín, al mismo tiempo que trepaba la cumbre de la gran cordillera, caballero en una mula, como cuenta la historia que lo hizo Bonaparte al transmontar el San Bernardo, no por imitación ni por modestia, sino por ser la única cabalgadura cuyo paso firme y marcha equilibrada permite orillar sin peligro los abismos de las montañas, observando y meditando tranquilamente, entregado el viajero con la rienda suelta a su instinto seguro. Su montura estaba enjaezada a la chilena, con estribos baúles de madera. Iba vestido con una chaqueta guarnecida de pieles de nutria y envuelto en su capotón de campaña con vivos encarnados y botonadura dorada; botas granaderas con espuelas de bronce como las de sus estatuas; su sable morisco ceñido a la cintura; cubierta la cabeza con su típico falucho –sombrero apuntado–, forrado en hule, sujeto por barbiquejo que para mayor garantía contra el viento impetuoso de las alturas ató con un pañuelo por debajo de la barba. Al tiempo de ascender la cuesta de Valle Hermoso se ocupaba en conversar con los guías sobre los caminos laterales que comunicaban con Las Heras, para combinar las marchas y ataques de ambas columnas, cuando una tempestad de granizo se descolgó de la montaña y obligó a hacer un alto a la división de reserva que había alcanzado en aquel punto. El general de los Andes, apeóse de su mula, se acostó en el suelo y se durmió con una piedra por cabecera bajo una temperatura de 6 grados centígrados. Al tiempo de continuar la marcha, pidió a su asistente los chifles guarnecidos de plata en que llevaba su provisión de agua y aguardiente de Mendoza, invitó al coronel don Hilarión de la Quintana –a quien había nombrado su primer ayudante de campo–, y reconfortado por aquel corto sueño después de tantas noches de vigilia, encendió un cigarrillo de papel y mandó que las charangas de los batallones tocasen el himno nacional argentino, cuyos ecos debían resonar bien pronto por todos los ámbitos de la América del Sur. En seguida, continuaron la penosa ascensión de la nevada cumbre, detrás de la cual estaba el llano que buscaba para combatir y triunfar. Este sitio ha conservado desde entonces la denominación de *Trinchera de San Martín*.

BARTOLOMÉ MITRE, *Historia de San Martín y la independencia sudamericana*, op. cit., tomo I, pág. 357.

Con la ocupación de la salida de ese desfiladero la campaña quedaba salvada. Una vez reforzada la posición patriota, desde ella fue destacado Necochea con 140 granaderos a caballo hacia San Felipe. En la madrugada del 7 de febrero se encontró con una columna de reconocimiento realista al mando del coronel de ingenieros Miguel María Atero, que había llegado a Las Coimas, marchando en dirección al valle de Putaendo. Una compañía patriota que hacía fuego de tercerola y se batía en retirada consiguió atraer a los españoles sobre sí, para volver caras a distancia conveniente y, con el resto del escuadrón, "arrolló a los tiradores realistas, que vinieron a confundirse con la reserva y envueltos y mezclados, unos con otros fueron batidos y puesta en precipitada retirada la infantería de éstos".[9]

La jornada de Chacabuco

El 10 de febrero las dos columnas principales que habían atravesado la cordillera por Los Patos y Uspallata se reunieron al pie de la cuesta de Chacabuco. Del otro lado se encontraba el campo donde, según las previsiones de San Martín, debía definirse la suerte de la campaña en una primera y decisiva batalla cuyo éxito consideraba garantizado, tanto por su superioridad numérica como por la estrategia de ataque ideada. La ladera que los patriotas debían remontar, compuesta de una serie de cerros muy escarpados en su parte alta y cubiertos de montes, presentaba grandes dificultades para las maniobras militares. Menos obstáculos ofrecía, en cambio, la vertiente opuesta.

Ese terreno era la llave para un avance sobre Santiago de Chile, donde Marcó había mandado concentrar sus fuerzas. Recién el mismo día en que las dos alas del Ejército de los Andes se reconcentraban atinó aquél a designar comandante en jefe al brigadier Rafael Maroto, quien reforzó las compañías que estaban apostadas en la cumbre de la sierra de Chacabuco con parte del aguerrido Regimiento de Talavera y dio orden de que no cedieran su posición al enemigo hasta no haber perdido la mitad de sus efectivos, mientras pedía más refuerzos a la capital. San Martín decidió entonces adelantar la batalla, aunque todavía no hubiese llegado la artillería y estuviera incompleta la reposición de caballos. Debía evitar que se concentrasen las fuerzas adversarias, pues el atacarlas divididas garantizaba el triunfo. Había llegado el momento de vencer o morir. Decidido esto en junta de guerra con sus principales oficiales, en la noche del 11 el ejército vivaqueaba al pie de la gran cuesta; el general al salir de su tienda se encontró con Olazábal: "Yo me paseaba cerca de la puerta –testimonia dicho oficial– por estar de guardia de su persona como segundo de los ochenta granaderos a caballo que componían su escolta. Cuando me vio me dijo: «Y bien, ¿que tal estamos para mañana?» «Como siempre, señor, perfectamente.» «¡Bien! Duro con los *latones* (sables) sobre la cabeza de los *matuchos*, que queden *pataleando*»...".[10]

Era la madrugada del 12 cuando la hueste patriota trepaba hacia la cumbre hasta llegar a una bifurcación del camino. El grueso, al mando de Soler, tomó el sendero del oeste, hacia la Cuesta Nueva. Debía atravesar tortuosos desfiladeros para atacar a los realistas por su flanco izquierdo y retaguardia. Por el este, hacia la Cuesta Vieja, marchó la columna dirigida por O'Higgins, con instrucciones de amagar de frente al enemigo, pero sin comprometer acción formal. Como este camino de mayor pendiente era más corto, debía esperar la convergencia de las fuerzas de Soler para llevar a cabo un ataque simultáneo. Con las primeras luces del amanecer, esta división cayó sobre el flanco izquierdo de las compañías realistas apostadas en la cumbre, las que, cargadas a la bayoneta, se retiraron precipitadamente. Los atacantes, al son de músicas militares tomaron posesión de la cima sin mayores dificultades, ante la mirada atónita de Maroto, que recién llegaba con sus fuerzas para colocarlas en una posición defensiva.

Entre tanto O'Higgins había conseguido autorización de San Martín para apurar la persecución de las fuerzas en repliegue. Apenas llegó al llano, ordenó el desdoblamiento y despliegue de su columna, dispuesto a llevar por el frente el ataque principal cuando todavía las fuerzas de Soler continuaban su marcha por la sierra, contraviniendo así ordenes expresas. El jefe chileno repitió la arenga de Rancagua: "¡Soldados! ¡Vivir con honor o morir con gloria! ¡El valiente siga! ¡Columnas, a la carga!" y se lanzó a cobrarse el desquite de aquella dura jornada. Con este acto irreflexivo, que la alegada irrefrenabilidad del impulso heroico de aquel jefe no puede justificar, casi se desbarató el plan estratégico del Libertador, quien –como ya se dijo– buscaba un éxito aplastante por medio de la acción conjunta de fuerzas envolventes. Durante más de una hora las tropas patriotas sostuvieron un desventajoso combate a tiro de fusil, siendo batidas sin esfuerzo por la artillería e infantería realistas. Finalmente, los asaltantes debieron retirarse casi en desorden, quedando en el campo un tendal de los "pobres negros"[11] del N° 7 y el N° 8. Fue entonces cuando San Martín, observando la comprometida situación, levantó su brazo hacia la Cuesta Nueva –posición inmortalizada en su estatua ecuestre–, urgiéndole a Álvarez Condarco: "Corra V. y diga al general Soler que cargue lo más pronto posible sobre el flanco enemigo"; mientras ordenaba a Zapiola atacar sin pérdida de tiempo, al frente de sus tres escuadrones de granaderos. Simultáneamente actuaron por el otro extremo las primeras fuerzas desprendidas de la división Soler: los cazadores al mando de Lucio Salvadores y los escuadrones escolta y 4° del Regimiento, al mando del comandante Necochea, que cayeron por la izquierda de los enemigos contra su retaguardia, aniquilándolos. Entre tanto, los recompuestos batallones de O'Higgins daban su segundo asalto a la bayoneta, esta vez con éxito total. Cuando eran atacados por todos lados, los realistas observaron estupefactos que, además, comenzaba a asomar el grueso de la columna de Soler, quien completó la acción al cortar la retirada de la infantería, que se rindió a discreción. Como afirmó San Martín, con su estilo escueto y contundente, "la batalla de Chacabuco puede decirse es la obra de los escuadrones de granaderos a caballo".[12] Los seiscientos muertos del enemigo probaban que había ofrecido una resistencia extraordinaria, aunque sin chance. Los sables, afilados a molejón por los barberos de Mendoza, fueron descargados con tal ferocidad que más tarde pudo verse sobre el campo de batalla no sólo una cabeza separada del tronco, sino también un cráneo rebanado en dos.

La tenaz persecución se llevó hasta el Portezuelo de la Colina, pasando el poblado de Chacabuco. En los veinte kilómetros que median entre ese sitio y la capital de Chile no quedó un solo enemigo con las armas en la mano. Entre los oficiales tomados hubo quien intentó reconquistar su libertad apelando a la vía del soborno, pero las onzas de reluciente oro que asomaron de su bolsillo no fueron suficientes para opacar la orgullosa dignidad del sargento de granaderos Maximiliano Toro, que súbitamente contuvo el gesto de su prisionero con unas contundentes palabras: "Los argentinos no nos vendemos porque no tenemos precio".[13]

Algunos días más tarde, el general vencedor le notificaba el triunfo a su "Lancero amado": "Al fin no se perdió el viaje y la especulación ha salido como podía esperarse, es decir, con la rapidez que se ha hecho. Ocho días de campaña han deshecho absolutamente el poder colosal de estos hombres. Nada existe sino su memoria odiosa y su vergüenza. Coquimbo es nuestro y sólo les resta quinientos reclutas en Concepción, los que a esta fecha estarán dispersos".[14] En efecto, las divisiones ligeras de Zelada y Cabot, luego de batir en el cruce de la cordillera a las dos guardias realistas se posesionaron de la provincia de Coquimbo, colocando autoridades adictas. En el sur, Freire, luego de sorprender a los españoles en la Vega del Cumpeo, había logrado incorporar a numerosos voluntarios chilenos que elevaron su fuerza a dos mil hombres, lo que obligó a Marcó a dirigir contra ellos a una importante división realista que no pudo tomar parte en la batalla de Chacabuco. También el jefe chileno logró ocupar Talca, pero pronto las cosas cambiarían de aspecto al refugiarse en esa zona los realistas que pudieron escapar a la derrota del 12 de febrero, los cuales aprovecharon el tiempo que demoraron los patriotas en avanzar contra ellos para reforzarse.

Sucedió que luego de la batalla las fuerzas victoriosas permanecieron en el campo a la espera de un probable ataque desde la capital por parte de las fuerzas enemigas que no habían alcanzado a intervenir en la acción, el que en verdad fue propuesto a Marcó del Pont por el decidido jefe realista Barañao pero que, dada la estulticia del mandatario, no se produjo. Recién el 14, San Martín envió tropas al Valparaíso, cuando ya parte considerable de las fuerzas realistas, con Maroto a la cabeza, habían embarcado hacia el Perú, mientras el resto se reorganizaba en el sur, a las órdenes del enérgico y activo gobernador de Concepción, José Ordóñez.

El primer pensamiento del agradecido capitán general, apenas ingresado en la capital chilena, fue para esa gente laboriosa y sencilla que nunca había vacilado en secundar su empresa: "Glóriese el admirable Cuyo de ver conseguido el objeto de sus sacrificios. Todo Chile es ya nuestro".[15]

"Este espejismo –la convicción de haber rematado la campaña de Chile con la entrada a la capital, que de nuevo ha de dejarse ver y con más trágicos con-

276

tornos en el Perú– empezaría a desvanecerse a poco con la iniciación de la pro longada y cruenta lucha", advierte acertadamente un crítico autor trasandino.[16] De todos modos, lo acontecido el 12 de febrero de 1817 era de la mayor tras cendencia para la suerte de las armas americanas, pues –como observó Mitre– fue la primera gran señal de la guerra ofensiva en la lucha emancipadora.

En Santiago

Al evacuar Marcó la capital chilena, ésta quedó expuesta al desorden y el saqueo. San Martín hizo adelantar a Necochea con un escuadrón de granaderos a caballo para controlar la situación. Al día siguiente de la batalla las columnas libertadoras se pusieron en marcha hacia la capital chilena. El 14, en medio del entusiasmo popular, hicieron su entrada San Martín y su séquito libertador.

El general debía ajustar su conducta a las precisas instrucciones reservadas que le había impartido su gobierno. La Nº 1 establecía que "la consolidación de la independencia de la América de los reyes de España, sus sucesores y metrópoli, la gloria a que aspiran en esta grande empresa las Provincias Unidas del Sud, son los únicos móviles a que debe atribuirse el impulso de la campaña". La Nº 14 del ramo Político y Gubernativo puntualizaba: "Aunque, como va prevenido, el general no haya de entrometerse por los medios de la coacción o el terror en el establecimiento del gobierno supremo permanente del país, procurará hacer valer su influjo y persuasión para que envíe Chile su diputado al Congreso general de las Provincias Unidas, a fin de que se constituya una forma de gobierno general, que de toda la América unida en identidad de causas, intereses y objeto, constituya una sola nación; pero sobre todo se esforzará para que se establezca un gobierno análogo al que entonces hubiese constituido nuestro congreso, procurando conseguir que, sea cual fuese la forma que aquel país adoptase, incluya una alianza constitucional con nuestras provincias".[17] Como se observa, la vocación de unidad inspiraba a la obra de liberación, que llegaba hasta a contemplar en el primer caso la concentración política bajo un gobierno común y, como alternativa al menos, la alianza entre gobiernos de similares características, aunque se evitaba explicitar el tipo de régimen institucional al que debían ceñirse. Las estipulaciones 6 y 7 determinaban que, una vez libre de opresores la capital de Chile, el general en jefe debía designar un presidente provisorio y un ayuntamiento que procedería a dictar las disposiciones necesarias para el restablecimiento del gobierno en el país. Pero San Martín, cautamente, objetó este procedimiento, que dejaba librado al criterio de tal corporación la designación del mandatario, y consiguió que quedase convenido de antemano la designación de O'Higgins como presidente o director provisorio. Así es como, meses más tarde, quejándose de la "plaga de díscolos" que lo rodeaba, San Martín le confiaría a Godoy Cruz: "V. sabe que estos diablos hubieran arruinado la causa si felizmente o por mejor decir la suerte de América no tuviese hombres al frente de sus negocios cuya buena comportación la libertase de las garras de estos malvados: esta es una de las razones que he tenido y V. sabe para exigir con tanto empeño una forma de gobierno pronta, segura y bajo bases permanentes de modo que contenga las pasiones violentas y no pueda haber las vacilaciones que son tan comunes en tiempos de revolución".[18]

San Martín convocó a una asamblea de notables que pretendió entregar el gobierno con facultades omnímodas al general libertador, pero éste se negó y convocó por medio del Cabildo una nueva asamblea que el 16 de febrero, tal como estaba convenido desde antes de iniciarse la campaña, designó Director Supremo a Bernardo O'Higgins. Fueron sus ministros Miguel Zañartú, en la cartera del Interior, y José Ignacio Zenteno, en la de Guerra y Marina. El Libertador se reservó el mando militar como generalísimo del Ejército Unido argentino chileno, que comenzó a organizarse rápidamente al incorporar a los prisioneros y presentarse fuertes contingentes de voluntarios. De inmediato la sociedad santiaguina agasajó con un suntuoso baile a los vencedores de Chacabuco:

[…] lo que más llamó la atención de la capital fue la estrepitosa idea de colocar en la calle, junto a la puerta principal de la entrada al sarao, una batería de piezas de montaña, que contestando a los brindis y a las alocuciones patrióticas del interior, no debía dejar vidrio parado en todas las ventanas de aquel barrio […] ninguno de los más selectos manjares de aquel tiempo dejó de tener su representante sobre aquel opíparo retablo […] Fue convenido que las señoras concurriesen coronadas de flores y que ningún convidado dejase de llevar puesto un gorro frigio lacre con franjas de cintas bicolores azul y blanco. […] Siguió el minué, la contradanza, el rin o rin, bailes favoritos entonces, y en ellos lucían su juventud y gallardía el patrio bello sexo y aquella falange chilena-argentina de brillantes oficiales […] La confianza, hija primogénita del vino, hizo más expansivos a los convidados […] San Martín, después de un lacónico pero enérgico y patriótico brindis, puesto de pie, rodeado de su estado mayor y en actitud de arrojar contra el suelo la copa en que acababa de beber, dirigiéndose al dueño de casa dijo: "Solar, ¿es permitido?" y habiendo éste contestado que esa copa y cuanto había en la mesa estaba allí puesto para romperse, ya no se propuso un solo brindis sin que dejase de arrojarse al suelo la copa para que nadie pudiese profanarla después con otro que expresase contrario pensamiento. El suelo, pues, quedó como un campo de batalla lleno de despedazadas copas, vasos y botellas. Dos veces se cantó la canción nacional argentina y la última vez lo hizo el mismo San Martín. Todos se pusieron de pie, hízose introducir en el comedor dos negros con sus trompas, y al son viril y majestuoso de estos instrumentos, hízose oír electrizando a todos la voz de bajo, áspera pero afinada y entera, del héroe que desde el paso de los Andes no había dejado de ser un solo instante objeto de general veneración.[19]

Entre tanto, Marcó del Pont fue apresado por una partida de granaderos, comandada por el capitán Aldao. Cuando, más tarde, el distinguido prisionero fue llevado a presencia del Libertador, éste recordó la agria alusión a su "mano negra" de traidor hecha dos meses atrás por el mismo general ahora caído en desgracia y no pudo reprimir gastarle una ironía que le nacía de sus mismas entrañas. Se le acercó y le dijo: "A ver esa blanca mano, señor don Francisco Marcó", dejando balbuceante a su interlocutor, con quien mantuvo posteriormente una prolongada entrevista privada, para confinarlo luego a San Luis.

Recién el 3 de marzo partió hacia el sur una columna de mil hombres al mando de Las Heras, que, luego de una lenta marcha de cuarenta días, encontraría al enemigo rehecho.

Mientras O'Higgins imponía cargas y confiscaciones a los realistas con el fin de obtener recursos para sostener al Ejército de los Andes, organizar el de Chile, resarcir en parte a Cuyo de lo invertido en la campaña y atender a los gastos de la administración nacional, además de reservar una importante suma para la adquisición de barcos y armamentos, San Martín se ocupó en organizar la Logia Lautarina. La mente del general estaba puesta sin duda en la continuación de su gesta que le permitiera cumplir su objetivo central: atacar a Lima. Esto es lo que le hizo desestimar la resistencia realista que cobraba fuerza en Concepción. A tan sólo diez días de Chacabuco, se dirigió por carta a su amigo el comodoro Williams Bowles, quien acababa de regresar al Plata al frente de la estación naval británica, luego de casi tres años de ausencia.

Mi amigo muy apreciable: al fin la expedición sobre este país ha tenido los resultados más felices; todo lo han perdido y lo peor es que ni aun el honor han podido salvar: estas ventajas no debe V. atribuirlas a mis conocimientos y sí a las faltas que ha cometido el enemigo en sus movimientos y que tuve proporción de aprovecharme con ventajas.

El orden que con la fuga del enemigo y abandono de la capital se había alterado la noche del 12, se restableció en la mañana del 13 con la presencia de la vanguardia del ejército en esta y la ejecución de algunos castigos que mandé hacer porque el pueblo bajo, se había entregado al pillaje; sin embargo, no hubo una sola muerte, lo que me temía mucho.

El país está todo por nuestro, excepto Concepción, que sólo contaba con quinientos hombres disgustados: a esta fecha ya estarán disueltos.

Muy necesaria sería la presencia de V. en esta: una entrevista entre V. y yo podría contribuir mucho al bien de estos países y yo espero que si está en su arbitrio lo hará.

Sería muy conveniente que viniesen a estos mares algunas fuerzas de guerra británicas, tanto para proteger su comercio como por las ventajas que podrían resultar con su presencia.

Adiós mi buen amigo: tendría suma vanidad en serlo de V. siempre su afmo.

José de San Martín

El general Marcó y principales jefes han sido tomados prisioneros, todos serán tratados con consideración, a pesar de que la conducta del primero para conmigo es la más despreciable que pueda haber tenido hombre alguno: baste decir a V. que en sus papeles públicos, después de tratarme con los dicterios más asquerosos me ofrece la horca en caso de tomarme: los sentimientos de los hombres no pueden ser iguales. Vale.[20]

Más allá de los principios humanitarios que inspiraban al Libertador, los que tanto resaltan en la nota –muy presumiblemente porque ella está pensada para ser dirigida a quien comparte su misma formación masónica–, las frases que se destacan en el texto evidencian que San Martín, inmediatamente después de hacer pie en Chile, apeló al auxilio de la marina británica, conservando todavía intacta la esperanza de poder llevar a cabo su plan inicial de lanzarse en unos pocos meses sobre la capital del virreinato peruano. Bowles recibió la carta a principios de abril, encontrándose a bordo de su nave *Anphion*, frente a Río de Janeiro, y desde allí le escribe el 9 de ese mes al secretario del Almirantazgo J. W. Croker interpretando de este modo la proposición del general: "Sólo puedo comprenderlo, mediante la conclusión de que él tiene algún plan que confiarme y en el que la intervención del gobierno de Su Majestad pudiera ser necesaria; plan que no se aventura a exponer por escrito". Y si bien el comodoro se cuida de prometer a la superioridad que evitaría "cuidadosamente toda interferencia política no autorizada", no deja de manifestar su simpatía por el personaje como para que se atienda su sugerencia: "Ya he tenido ocasión de someter a vuestra consideración mi opinión de este muy distinguido oficial, cuyos propósitos –creo firmemente–, están enteramente desprovistos de toda ambición personal y tienden exclusivamente a la pacificación y felicidad de su país".[21]

El breve viaje a Buenos Aires

No había transcurrido todavía un mes de la batalla, cuando encontrándose en la cocina de la "Casa colorada" de la calle de la Merced, que había pertenecido al Conde de la Conquista y que fue su primer alojamiento en Chile, el Libertador interrumpió la conversación que mantenía para dirigirse a su fornido y apuesto oficial irlandés: "O'Brien –le dijo–, mañana al amanecer marchamos para Buenos Aires". Asombrado por el inesperado mandato, su interlocutor atinó a preguntarle: "¿Y llevaremos carga, señor general?". "¡¿Carga?!" , replicó San Martín entre burlón y enfadado, "¿se ha figurado usted que voy a meterme a fraile para viajar con petacas? Vaya. Déjese usted de santiaguinadas. ¡En lo montado! ¡En lo montado!". Agregó después: "Mande un ordenanza a don José Miguel Serrano a los Pasos de Huechuraba, para que me haga aprontar mi mula barrosa de cordillera y vaya corriendo a la secretaría a decir a Álvarez Jonte que ponga dos letras al viejo Alcázar para que me tenga en los Andes un poco de charqui, cebolla picada, harina tostada y... a caballo. ¡En lo montado! ¡En lo montado! ¿Me ha entendido usted?".[22]

El 11 de marzo, San Martín se puso en marcha hacia Buenos Aires. En Uspallata debió detenerse pues la fatiga de pecho no le permitió marchar. Al llegar a Mendoza no pudo evitar los efusivos homenajes, la ciudad estaba profusamente iluminada y durante toda la noche en que permaneció en ella continuaron los banquetes, bailes y fuegos artificiales; pero al amanecer del día siguiente el general continuó su marcha, no sin antes rechazar la donación de 10.000 pesos que le remitió el Cabildo de Santiago "como un corto obsequio para los gastos del viaje", los que destinó a la biblioteca pública de esa ciudad.

El 9 de febrero había arribado al Plata a bordo de la *Clifton* José Miguel Carrera, de regreso de los Estados Unidos, donde había logrado contratar el envío de cinco naves con las que pensaba realizar una expedición para liberar a su país, comprometiéndose a pagarlas al doble de su precio una vez realizada la empresa, en tanto estarían bajo las órdenes de un representante de la casa armadora. Aun cuando tuvo noticias de la victoria de Chacabuco, persistió en su propósito de navegar hacia Chile; pero sus planes fueron cruzados por el director Pueyrredón, que se opuso firmemente a ello y entró en negociaciones con el capitán de la corbeta norteamericana para obtener su cesión al gobierno de las Provincias Unidas. Al llegar el segundo buque, el bergantín *Savage*, el caudillo chileno se disponía a evadirse en él cuando su tentativa fue denunciada a las autoridades y el 19 de marzo fue encarcelado en los cuarteles del Retiro.

Ese mismo día, desde la posta del Retamo, San Martín le escribió a O'Higgins: "Voy a ver si puedo llegar antes que salgan los buques que trajo Carrera y, si son buenos, los tendrá V. en esa dentro de dos meses […] Según me escriben de Buenos Aires están empeñados en la cosa de Lima". Terminaba la misiva dirigiendo "al filósofo Zenteno y hermanicos, miles de cosas"[23]. Es que su ex secretario del Ejército de los Andes desempeñaba idéntico cargo en la Logia recientemente instalada en Santiago. Una de las primeras determinaciones de ésta fue apartar al altivo general Soler del escenario chileno, a raíz de su animosidad contra O'Higgins por su comportamiento en la reciente batalla. Era un factor de discordia que debía eliminarse: "Va la orden para la salida de Soler, no le afloje V. y haga que en el momento se ponga en marcha y previniendo a los jefes estén ojo alerta. En Mendoza he sabido con certeza sus relaciones con los Carrera y sus partidarios, pues me consta estaba en comunicación con Manzano y Rodríguez".[24]

El 30 San Martín llegó a Buenos Aires. Encontró a la opinión pública de la ciudad agitada por el partido antiportugués, que procuraba presionar al Directorio para que reaccionara contra la ocupación de la Banda Oriental enfrentando al Imperio. Hasta entonces Pueyrredón había seguido, no sin cierta desconfianza, la política que le aconsejaba desde Río de Janeiro el enviado argentino Manuel José García de mantener buenas relaciones diplomáticas con el gobierno de Juan VI, como el medio más efectivo para contrarrestar el doble peligro que representaban España y Artigas, quitando la necesaria base de recalado de toda futura expedición punitiva que intentara dirigir Fernando VII a las costas rioplatenses y cortando la influencia disolvente del caudillo oriental en el litoral argentino. Pero por entonces la actitud prepotente del general invasor Lecor, que en enero anterior había entrado en Montevideo, casi llevó a Pueyrredón a la ruptura de hostilidades. Esto debió preocupar sobremanera a San Martín, pues era necesario el mantenimiento del statu quo en el frente oriental para que no se desviasen hacia allí los recursos económicos y humanos que debían invertirse en la continuación de la empresa liberadora continental. A ningún otro motivo se debía el viaje del general, que sólo permaneció en la capital porteña el tiempo indispensable para convenir con el Director los medios de formar la escuadra que permitiera dominar las aguas del Pacífico con el fin de proteger la expedición a Lima. Para empezar logró que no se extrajesen de Chile más que los prisioneros de guerra y 40.000 pesos con destino al Ejército del Norte, evitando que pasasen cuerpos del de los Andes a luchar contra los portugueses.

Por medio de sigilosos acuerdos de los que únicamente participaron Pueyrredón, San Martín y el ministro de Guerra Matías Irigoyen, se confirieron poderes a Manuel Hermenegildo de Aguirre para que, en compañía del vista de aduana y amigo personal del Libertador Gregorio Gómez, procediese a la compra y armamento de dos fragatas en los Estados Unidos, aportando el gobierno de Chile 200.000 pesos a tal efecto.

Con miras de deshacerse sin mayores violencias de la presencia siempre exasperante de José Miguel Carrera y sus hermanos, Pueyrredón intercedió en su favor ante el gobierno chileno para que les confiriera una pensión anual que facilitara su remisión y permanencia en los Estados Unidos; a su vez, San Martín se entrevistaba con el prisionero del Retiro para instarlo a que aceptase tal ofrecimiento. Pero la intransigencia primó por ambas partes. O'Higgins rechazó indignado la propuesta por entender que "se autoriza el crimen en tanto se premia al delincuente" y Carrera, luego de rehusar estrechar la mano que el vencedor de Chacabuco le tendió, tampoco se avino a partir.

El 8 de abril el Libertador daba cuenta al Director de Chile del resultado de sus gestiones: "Infinitos quehaceres, convites, etc., me han impedido escribir a V., pero todo va completamente [...] ya han marchado varios oficiales para ésa; de la mayor parte tengo los mejores informes y mañana salen otros franceses y americanos del N., sujetos apreciables. El general Brayer lo verificará igualmente y estoy seguro le tiene a V. de gustar infinito [...] Han marchado para ésa varios buques; algunos llevan armamento. He concluido un trato de novecientos fusiles y otros artículos necesarios para el ejército [...] Pueyrredón está corriente en todo y no dude V. que daremos el golpe a Lima". Como agregado consignaba: "Los Carreras y Benaventes salen para los Estados Unidos en el primer buque: van bien fregados y sin los sueldos que se solicitaba".[25] Esto último no se cumplió. Pocos días después José Miguel se fugaba de su prisión, asilándose bajo bandera portuguesa en Montevideo, donde en consorcio con Carlos de Alvear iniciarían una persistente campaña difamatoria contra San Martín, O'Higgins y Pueyrredón utilizando la prensa traída por el chileno desde Norteamérica.

Además de ocuparse de lo expuesto en su informe, el Libertador no descuidó sus contactos con los agentes ingleses. Como no pudo encontrarse con Bowles, que se hallaba en Río de Janeiro, se entrevistó con el cónsul Robert Staples. Éste informaba secretamente a su gobierno que el objeto del viaje del general era "llevar a cabo los preparativos necesarios para avanzar sobre Lima, para lo cual pide medios de transporte. Su ocupación de Chile ha vencido por completo los planes de los Carrera". Respecto de éstos el Libertador le había informado, en tren de alimentar la competencia marítima entre los británicos y los yanquis, que "entraron en un tratado con los Estados Unidos por el cual, en el caso de obtener éxito, Chile cedería a Norteamérica las islas de Chiloé y Santa María con el puerto de Valdivia". Volviendo a la cuestión central decía: "La posibilidad de someter al Perú es de gran importancia en el estado actual de las cosas en este país, mucho puede esperarse del celo y talento de San Martín". A continuación dejaba traslucir que era poco probable su intervención en la cuestión con los portugueses, a la par que observaba agudamente cómo, al quedar los recursos para llevar su campaña al Perú reducidos prácticamente a los que pudiera extraer de Chile, San Martín habíase mostrado abiertamente resuelto a operar con independencia del gobierno de las Provincias Unidas, sosteniéndose en la nueva base de poder que le suministraba la liberación de aquel país:

Su conducta en público está extremadamente vigilada, es por lo tanto probable que viendo la gran escasez de medios que hay aquí y la necesidad de su inmediato regreso a Chile, su parte en este asunto será mucho menos activa que lo que de otro modo hubiese sido.

Para todos los equipos navales que pueda hacer aquí remitirá sus fondos desde Chile; se propone armar, si es que puede encontrar naves apropiadas cuatro buques de guerra habiendo apartado, con ese fin, 400.000 dólares; ha declinado firmemente emplear los barcos de la expedición de Carrera, a menos que él se hiciese responsable en cualquier forma por el cumplimiento de los compromisos por él contraídos con el gobierno americano, aunque no impide que los barcos naveguen. Demuestra el deseo de emplear tantos oficiales extranjeros como pueda; y aunque actúa bajo la autoridad de este gobierno es visible que considera a Chile completamente separado de él sobre cuyo particular he observado al director Pueyrredón hablar muy deficientemente.[26]

Antes de partir de la capital porteña, San Martín le dejó una carta a Bowles en la que se lamentaba de no haberlo encontrado para "repetir nuestras antiguas conferencias en beneficio de estos países", a la par que lo remitía a Staples para que le notificara de todo cuanto habían tratado, le ratificaba que haría "cuanto esté a mis alcances para la terminación de una guerra desastrosa y exterminación del poder español en esta América". Finalmente, le recomendaba al mayor Álvarez Condarco que en breve partiría en misión a Gran Bretaña. Al regresar el comodoro a Buenos Aires, y enterarse del contenido de la misiva y de las conversaciones que el general había sostenido con el cónsul, en el informe elevado con tal motivo al secretario del Almirantazgo Croker interpretó así la conducta y propósitos de aquél:

> Resulta claro, aunque él no llegó tan lejos para decirlo en términos expresos, que considera poseer un completo ascendiente en Chile y es tan independiente de este gobierno como para tomar sus propias medidas en todos los asuntos importantes sin consultarlo. Durante su estadía aquí esto fue suficientemente claro por su conducta, y dio a entender a los que gozan de su confianza, que Chile en el futuro deberá ser tratado como un Estado separado, sobre el cual estas provincias no podrán invocar ninguna autoridad, pese a cualquier grado de unidad que actualmente tengan sus intereses.
>
> Me pareció necesario establecer esto tanto como para explicar su osadía al formular por separado un pedido de tan importante naturaleza, cuya subsistencia es solicitar en su propio resguardo y en el del Director de Chile una insinuación de los deseos del gobierno de Su Majestad y sugestiones para su futura conducta en la medida que pueda considerarse apropiado, declarando al mismo tiempo su propia buena voluntad y la de sus colegas para atender a las recomendaciones que pueda recibir. No solicita asistencia de ninguna naturaleza, ni pecuniaria ni de otra clase.
>
> El señor Staples no logró descubrir si es que tiene un plan determinado para la liquidación del presente estado de los asuntos. Sus argumentos estaban todos en favor de un gobierno monárquico, como única forma apropiada para estos países, pero se mostró opuesto a cualquier arreglo mediante el cual se llegare a introducir una rama de la Casa de Borbón.
>
> Al ser firmemente presionado sobre el tema de la conexión portuguesa, muy categórica y explícitamente se declaró en contra de ella bajo las presentes circunstancias y perspectivas de mejoramieinto del país, y agregó "usted no debe sentir la menor aprehensión en cuanto a que nos volvamos portugueses; tenga cuidado de que no formemos conexión con Rusia".[27]

Casi simultáneamente, Staples ratificaba los puntos básicos expuestos por San Martín en su entrevista: "Declaró que su principal deseo era que el gobierno británico le informara en alguna forma secreta el camino que, de seguirlo, contara con su aprobación; esto requirió insistentemente que alguna persona fuese autorizada para señalarle, y que al consultarle pudiera dar a los asuntos de Chile el cambio necesario para lograr el fin propuesto". "Su mayor dificultad se cifra en su falta de buques de guerra y oficiales navales; para conseguir los primeros teme enviar fondos a Norteamérica, por si este gobierno alega derechos sobre ellos como consecuencia de los compromisos contraídos por Carrera". "Se compromete por la cooperación del Director de Chile [...] y parece confiado en que la combinación de su influencia será suficiente para llevar a cabo cualquier plan así convenido. Presenta el carácter del pueblo de Chile como más inclinado hacia una forma de gobierno monárquica antes que republicana, pero exceptuando en todos los casos cualquier miembro de los Borbones". "Está extremadamente ansioso que alguna fuerza naval británica fuese destinada hacia esos mares, la cual, aún cuando actuara sobre el principio de la más estricta neutralidad, evitaría muchos actos de naturaleza arbitraria y opresiva a los cuales está expuesto todo el comercio de esa costa. Admite plenamente las dificultades y consideraciones que pueden evitar que reciba cualquier ayuda directa de Inglaterra, pero dice que sería de gran importancia el estar seguro, aunque sólo fuera de su neutralidad; no necesita dinero, armas o soldados", pero buscaba "ansiosamente alguna influencia extranjera" por temer las consecuencias que podrían derivar de la rivalidad de los partidos. Fue más parco en lo relativo a la invasión lusitana, aunque afirmó que "el pueblo de este país no podrá nunca acostumbrarse con la idea de un gobierno portugués", pero, aunque algunas personas del gobierno se inclinasen a ello, "las circunstancias han sido muy alteradas por la liberación de Chile" favorablemente a las Provincias Unidas, de tal manera que creía probable la intervención de otro poder de mayor gravitación, aludiendo especialmente a Rusia.[28] Respecto de esto último, cabe consignar que Pueyrredón había despachado al iniciarse 1817 a Antonio José Valdés en misión a ese país y a Austria para pedir a sus monarcas su apoyo y mediación. Probablemente la idea de esta gestión haya surgido a raíz de las apreciaciones contenidas en una carta que San Martín había recibido, no sin sorpresa, algunos meses antes. Se la había remitido Carlos de Alvear apelando a su antigua amistad para que intercediese ante el gobierno en procura de mejorar su crítica situación y al analizar el panorama internacional le decía: "De las potencias que no tienen colonias se sacaría mucho si se mandasen a todas ellas enviados. Acuérdese V. que Caracas fue reconocida por la Rusia; esta potencia, que es en el día la más fuerte de Europa, tiene un vivo interés en extender sus relaciones con esta parte del mundo. El otro día tuve una conversación sobre esto mismo con el ministro ruso que se halla aquí [Río de Janeiro] y me dijo que habíamos hecho muy mal en no habernos dirigido a su gobierno en toda la revolución y que estaba seguro que sacaríamos mucho partido del emperador Alejandro. De Holanda y Austria también se puede conseguir mucho".[29]

Queda claro, pues, que San Martín al regresar a Buenos Aires luego de su victoria de Chacabuco, consideraba afianzado su poder en Chile, a nombre de cuyo gobierno actuaba con marcada independencia del gobierno de las Provincias Unidas, enfrascado por entonces en la cuestión portuguesa, de la que él se desligaba para abocarse de lleno a hacer factible la expedición sobre Lima, en procura de lo cual buscaba ganarse el apoyo de Inglaterra.

Había logrado convenir con Pueyrredón y los amigos de la Logia que los recursos del país liberado se empleasen en la formación de una escuadra de guerra chilena y además consiguió que el Director designara a Tomás Guido su representante ante el gobierno del país liberado. Sería su misión gestionar a nombre de las Provincias Unidas "fijando todas las bases y pactos que son consecuentes al espíritu de fraternidad, unión íntima y recíproco interés de ambos Estados". Según las instrucciones que se le impartieron debía contraerse a estrechar los vínculos entre los dos países, establecer las reglas relativas al comercio recíproco y con los extranjeros, ganarse la confianza de los chilenos, "extinguiendo en cuanto pueda el espíritu de rivalidad suscitado siniestramente por injuriosas sospechas". Al respecto se agregaba: "Tendrá muy especial cuidado de noticiar a este gobierno supremo cualquiera ocurrencia de grave interés relativamente a la amistad de ambos Estados, indicando los medios de prevenir todo motivo de equivocación y alarma en los espíritus de aquellos habitantes y muy singularmente del gobierno".[30] Por fin el general podría contar con la colaboración de su confiable y eficiente amigo, al que tan repetida como infructuosamente había reclamado antes de emprender su campaña; y, en verdad, Guido se comportaría más como un agente personal de San Martín que como diputado del gobierno argentino. El 20 de abril ambos partieron hacia Chile. Al llegar a Mendoza, se encontraron con Álvarez Condarco, quien, luego de recibir las instrucciones pertinentes a su misión de adquirir armamentos navales, siguió viaje a Buenos Aires para embarcarse hacia Inglaterra, junto a Álvarez Jonte.

El 11 de mayo San Martín y Guido arribaron a Santiago, pasando a ocupar el edificio que oficiaría ya de residencia permanente del Libertador en Chile: el Palacio Episcopal, ubicado sobre la Plaza de Armas, que en el tiempo de su ausencia había sido suntuosamente acondicionado, aunque el general rechazó la rica vajilla de plata con que se le obsequiara. También renunciaría por tres veces al sueldo de 6.000 pesos anuales que se le había asignado como general del ejército chileno, si bien tales dimisiones no le fueron aceptadas. En cambio, no puso reparo alguno a la donación que el Cabildo le hizo de la "Chacra de Beltrán", que había sido propiedad de un realista prófugo a quien el gobierno se la había confiscado. Estaba ubicada en las puertas de la ciudad, en Nuñoa.

El malestar público chileno, la conjura de los Carrera y el abatimiento del general

Alarmado por la lentitud de movimientos de Las Heras, O'Higgins había decidido hacerse cargo personalmente del comando de la División del Sur, la que, sin embargo, una vez en el teatro de la acción actuó adecuadamente, batiéndose en abril en Curapaligüe y, a principios de mayo, fuertemente posicionada en el cerro Gavilán, acababa de rechazar una ofensiva realista dirigida por Ordóñez, cuando llegaba el Director con sus refuerzos. Apenas arribado a Santiago, San Martín le escribió: "Vea V. si necesita más tropa para que salga rabiando y podamos quedar libres de matuchos".[31] Poco después, luego de festejar aquella victoria, le decía: "Precisamente estábamos en los fuegos artificiales que se hacían en la plaza cuando recibí la de V. del 7. No ha estado malo el refregón y cada día me convenzo más y más de la utilidad de su marcha a ésa, sin la cual la división del sur se hubiera deshecho enteramente".[32]

El Libertador, mientras tanto, se ocupaba de aumentar el ejército y de calmar el descontento generalizado entre los santiaguinos por la delegación del mando que había hecho O'Higgins en el coronel Hilarión de la Quintana, esto es, en un argentino sin conexión con el medio y cuyo único título para ocupar ese puesto era ser pariente político del Libertador (era hermano de su suegra, doña Tomasa), lo que vino a aguzar más aún la de por sí irritable susceptibilidad chilena, a la vez azuzada por el partido opositor carrerino contrario a la injerencia argentina. De inmediato, San Martín y la Logia dispusieron que el cuestionado mandatario interino presentara su renuncia, por lo que el primero le prevenía al Director: "Si V. la admite no se le pase a V. por la imaginación el delegar en mí, en la inteligencia de que no admito". Pero precisamente O'Higgins insistió en eso mismo, por lo que el general le volvió a escribir: "Me es imposible poder admitir la dirección que la bondad y amistad de V. me había confiado sobre lo que contesto de oficio; V. sabe mis compromisos públicos y la imposibilidad de faltar a ellos, por lo tanto ruego a V. que por el bien del país, y por la opinión pública nombre a otro que a Quintana. Este es un caballero, pero el país se resiente que no sea un chileno el que los mande. Ínterin V. viene podía nombrarse un hombre de bien y amable (pero con carácter) que desempeñase este empleo". Simultáneamente le comunicaba la fuga de Carrera a Montevideo: "Se aseguraba en aquella plaza que su ánimo era el de venir a formar montoneras a Chile; yo lo dificulto, pues [para] esta especie de guerra se necesita de más coraje que el de José Miguel".[33] Asimismo, apenas hubo arribado a Santiago se le había presentado a San Martín Manuel Rodríguez, que si bien militaba notoriamente en el partido opositor a O'Higgins le había manifestado sus deseos de ser útil a su patria, garantizándole su buena comportación. El general decidió agregarlo al estado mayor del ejército con la venia del Director, a quien aseguraba: "Yo vigilaré su conducta que creo no tardará mucho en descubrirse, pero tiemble, porque hago con él una completa alcaldada si me da el menor motivo".[34] Sin embargo, el vehemente chileno no tardó en contribuir a afianzar la opinión contra el predominio extranjero, agitando la bandera de la autonomía nacional, lo que convenció a San Martín de la necesidad de alejarlo, ofreciéndole pasar a las Provincias Unidas para desempeñarse ante ellas como representante de su país, a la manera de Guido en Chile, a lo cual el fogoso tribuno se mostró renuente: "Qué le parece a V. Manuel Rodríguez –le decía indignado San Martín a O'Higgins–, no le ha acomodado la diputación de Buenos Aires, pero le acomodará otro destino en la India, si es que sale pronto un buque para aquel destino en breves días, como se me acaba de asegurar, es bicho malo y mañana se le dará el golpe de gracia". En un párrafo anterior de la misma misiva, había informado coincidentemente: "Los díscolos siguen minando; pero V. verá el golpe que se les da".[35] Sucedía que desde meses antes, en la casa porteña de la bella, inteligente e intrigante hermana de los Carrera, doña Javiera, se había tramado una conspiración para subvertir la situación en Chile que tenía por fin desterrar a O'Higgins como traidor, juzgar militarmente a San Martín como criminal y pasar por las armas a los que se resistiesen. En julio habían pasado a Chile subrepticiamente algunos conjurados que constituían la vanguardia de la expedición carrerina, comenzado a reunirse en la Hacienda de San Miguel, propiedad del padre de los inquietos hermanos. Contra ellos se dio el golpe de que hablaba San Martín, quien los tenía en la mira. El 23 fueron sorprendidos y arrestados, al igual que Rodríguez, quedando así abortado el plan. Ese mismo día el general había marchado a la chacra de Francisco Ruiz Tagle. Su salud y su ánimo se hallaban más quebrantados que nunca, hasta el punto de que se llegó a creer más que probable su deceso. En efecto, el cirujano mayor del ejército y médico de cabecera de San Martín se dirigió a mediados de julio en términos angustiosos a Guido:

La Patria, el honor y la gratitud me obligan a dar a V.S. la pesadumbre que yo siento. Preveo muy próximo el término de la vida apreciable de nuestro general, si no se le distrae de las atenciones que diariamente le agitan; a lo menos por el tiempo necesario de reparar su salud, atacada ya en el sistema nervioso. El cerebro viciado con las continuas imaginaciones y trabajo, comunica la irritabilidad al pulmón, al estómago y a la tecla vertebral, de donde resulta la emathoe, o sangre por la boca; que si antes fue traumática o por causa externa, hoy es por lo que ya he dicho. El mismo origen tienen sus dispexias y vómitos, sus desvelos e insomnios, y la consunción a que va reduciéndose su máquina. Empeñe V.S. toda su amistad para que este hombre todo del público se acuerde alguna vez de sí mismo, y que dejando de existir no servirá ya a esa patria para quien debía vivir, y por quien se hace inaccesible al consejo. Yo me enternezco… Bastante he insinuado a V.S.[36]

El diputado de inmediato previno al director Pueyrredón sobre este "peligroso estado de salud del general", "para que con tiempo tome las medidas que sirvan en caso de su pérdida". Era preciso "un hombre de conocimiento, de opinión y confianza" que se recibiese del mando del Ejército de los Andes, cuya fuerza ya sobrepasaba los 4.500 hombres, sobre todo cuando el enemigo que ocupaba "todavía un punto fuerte del territorio", exigía la organización activa de las fuerzas para emprender en la primavera operaciones militares decisivas. Guido conectaba la penosa situación del general con los trabajos y disgustos que le habían deparado los chilenos:

La complicación de negocios que han cargado sobre este digno jefe es inexplicable, en un país donde todos los vicios de la depravada administración española conspiran contra el que manda. La principal parte de los ciudadanos más distinguidos por su rango, lejos de auxiliar, embarazan por su timidez y apego a los resabios coloniales. Esta circunstancia redobla los trabajos del general y aniquiladas casi las fuerzas corporales por ataques violentos se agrava por instantes el peligro de una vida tan apreciable. Es ya necesario por lo mismo separarlo de toda intervención pública y que, entregado a repararse en el campo, deje por un mes o dos cuanto tiene sobre sí, hasta probar si el descanso y la medicina le restablecen para seguir en las empresas que tiene a su cargo.[37]

Apenas recibida esta alarmante comunicación, Pueyrredón dispuso, acertadamente por cierto, el envío del brigadier Antonio González Balcarce en carácter de jefe de Estado Mayor general. Su vigorosa actividad, unida a la no menos enérgica del ministro de Guerra, Zenteno, que regresó del sur, adonde había marchado con O'Hggins, aliviaría al general de las tareas propias de la organización del Ejército Unido; aunque –como bien lo aclaraba Guido– no era la labor castrense sino el temperamento pacato, conservador e intrigante de la sociedad chilena lo que principalmente había afectado al Libertador, quien así lo confiaba a su íntimo amigo Godoy Cruz:

> Mi salud sigue en un estado bien miserable. Conozco que el remedio es la tranquilidad por cuatro o seis meses pero una extraordinaria situación me hace ser víctima desgraciada de las circunstancias; crea V., mi amigo, que no hay filosofía para verse caminar al sepulcro con el desconsuelo de conocerlo y no remediarlo: por otra parte V. no puede calcular la violencia que me hago en habitar este país: en medio de sus bellezas encantadoras, todo me repugna de él; los hombres en especial son de un carácter que no confrontan con mis principios y aquí tiene V. un disgusto continuado que corroe mi triste existencia: dos meses de tranquilidad en el virtuoso pueblo de Mendoza me darían la vida.[38]

Poco después, al escribir a Laprida, San Martín encuadraría a los chilenos en tres categorías: "se sigue lidiando con díscolos, apáticos y sarracenos".[39] Mitre ha penetrado agudamente en el momento psicológico por el que entonces atravesaba el Libertador, que no podía menos que repercutir en su físico, al reparar en su "aislamiento moral en medio de su gloria". Pasada ya la euforia de los primeros momentos de la victoria y cuando lo sostienen grandes esperanzas en la continuación de su empresa, se apoderó de él una profunda tristeza. "El gran hombre de guerra, admirado en el Plata y aceptado como una necesidad en Chile, nunca fue amado ni verdaderamente popular en uno y otro país […] Era americano ante todo sin dejar de ser argentino. Lastimado por unos y otros llevaba en su corazón una llaga secreta, ocultada estoicamente, que a veces le hacía exhalar quejas comprimidas, como alma solitaria que no tenía afecciones íntimas y estaba condenado a no tener ni hogar".[40] Ese aislamiento era el correlato de su consagración exclusiva a la causa de la independencia de América, sentida como una misión. Una misión que lo empujaba hacia la soledad y hacia la gloria.

Mientras el general se mantenía alejado del trato santiaguino, permaneciendo en las afueras de la ciudad por un mes con la intención de restablecerse, en Cuyo se descubría la trama de la conspiración carrerina. En efecto, sin conocer la suerte corrida por los conjurados enviados a Chile, Luis Carrera se había puesto embozadamente en marcha tras ellos. Descubierta su identidad, y con motivo de haber violado una valija de correo, al llegar a Mendoza fue tomado preso por el gobernador Luzuriaga. En agosto fue detenido Juan José en San Luis, acusado de haber dado muerte, para que no denunciara su paradero, a un niño postillón que lo acompañaba. Ambos hermanos tenían la intención de pasar a Chile a esperar allí la aparición de José Miguel, que embarcaría en Montevideo en el buque *General Scott*, que debían remitirle desde Norteamérica. Recién entonces fue develada la verdadera índole subversiva de sus planes, que constituían el trasfondo del malestar experimentado en el país. Así lo interpretó Pueyrredón en carta dirigida a San Martín, en la que a pesar de todo trataba de reconfortarlo: "En la ocurrencia de los Carrera, cuyos planes e intentos atroces ha recibido V. por Luzuriaga se encuentra indudablemente el origen de las inquietudes y alteraciones que V. me avisa se observaban entre los chilenos. Estos eran precisamente los preparativos al gran desorden que debía obrarse y es preciso obrar con firmeza y energía para aniquilar esta raza de turbulentos [...] ¡Ha visto V. qué malvados!, pero amigo mío, no se puede desconocer que andamos de buena fortuna pues nada se emprende que no sea feliz y nada se intenta contra el orden que no escolle en sus primeros movimientos. Cuídese V., amigo mío, restablezca su salud importante y no dude que hemos salvado al país".[41]

San Martín comunicó al director chileno la noticia de la conjura en estos términos que denotaban su asombro, luego de las contemplaciones que en Buenos Aires se había tenido con sus cabecillas: "No cabe en mi imaginación cómo hay hombres que por ambición o pasiones personales, quieran sacrificar la causa de América".[42] Como se ve, ni un dejo de despecho o rencor asomaba en sus palabras, lo que contrastaba con la terrible reacción de O'Higgins, quien le escribió en contestación esta misiva que más parece una implacable sentencia: "Nada extraño es lo que V. me dice acerca de los Carrera –le escribía a San Martín–, siempre han sido lo mismo y sólo variarán con la muerte; mientras no la reciban, fluctuará el país en incesantes convulsiones porque es siempre mayor el número de los malos que el de los buenos. Si la suerte ahora nos favorece con descubrir sus negros planes y asegurar sus personas, puede ser que en otra ocasión se canse la fortuna y no quede a los alcances del gobierno apagar el fuego ni menos prender a los malvados. Un ejemplar castigo y pronto es el único medio que puede cortar tan grave mal. Desaparezcan de entre nosotros los tres inicuos Carrera, júzgueseles y mueran, pues lo merecen más que los mayores enemigos de la América; arrójense a sus secuaces a países que no sean dignos como nosotros de ser libres".[43]

El malestar público siguió en aumento por las fuertes medidas represivas que fueron tomadas y los perturbadores incentivaron el natural rechazo hacia las tropas de ocupación y su jefe; pero, como el temor impedía dirigir los tiros hacia él, fue el delegado De la Quintana el blanco de todos los tiros. Si bien éste había presentado por tres veces su renuncia, O'Higgins no se había decidido a reemplazarlo, pero ante los ánimos solivantados a raíz del descubrimiento de la conjura fue preciso proceder a su inmediato relevo para calmar la desconfianza pública. Así lo explicaba Guido: "El punto a que habían subido los celos por una parte y por otra la odiosidad recaída en el Gobierno por las providencias fuertes que se vio precisado a tomar contra los cómplices de la conjuración; y finalmente el influjo que se suponía del general en jefe del Ejército en cada una de las medidas guber-

290

nativas exigían la adopción de medios capaces de neutralizar la sugestión de los perversos, y de restablecer en el pueblo la confianza que de otro modo podría perderse. Era necesario que el orden ejecutivo que sucediese, apareciese todo del interés de los naturales sin vislumbre de relaciones con las autoridades de esas provincias y en aptitud de decidir con absoluta independencia en sus operaciones públicas".[44] Se decidió, pues, que el poder delegado fuese desempeñado por una Junta de gobierno integrada por chilenos independientes y respetables: Francisco Antonio Pérez, Luis de la Cruz y José Manuel Astorga.

El diputado Guido no desaprovecharía la oportunidad de la entronización del nuevo gobierno, lo que tuvo lugar el 7 de septiembre, para hacer una altiva manifestación de los principios liberales y fraternos que guiaban a los argentinos tan vapuleados en la opinión de quienes habían libertado. Apeló al recuerdo de la opresión pasada para contribuir a "la estabilidad de la unión contra las sugestiones de la malicia", agregando con la altivez de la dignidad gratuitamente ofendida:

Si la obstinación desconoce la autenticidad de los hechos, si el desprendimiento del Jefe de los Andes, si el acto generoso del antecesor de V.E. no bastan todavía a inspirar confianza y fraternidad con los súbditos de las Provincias Unidas; permítame V.E. que a nombre de mi Gobierno proteste ante las corporaciones ilustres que me escuchan: que los legisladores de las Provincias Unidas han declarado al mundo que los hombres han nacido libres e iguales: que tienen derechos naturales, esenciales e inalienables, que por consecuencia de principios, se avergonzarían cuando menos de contradecirse en la opresión de sus hermanos de Chile; y que la liberalidad de sus sentimientos rasgará el velo que supone la suspicacia de los perturbadores. Mi gobierno sólo quiere la paz y unión con V.E.; que el esfuerzo recíproco robustezca el poder contra el enemigo común, y que enlazados Chile y el Estado Argentino por vínculos eternos de amistad, formen dos naciones libres e independientes.[45]

A partir del cambio gubernamental, se restó fuerza a los argumentos de los opositores y poco a poco fue restableciéndose el orden en la capital chilena. En diciembre, ante la nueva situación generada por el peligro de una nueva invasión realista, el gobierno delegado volvería a tomar la forma unipersonal, concentrándose sus atribuciones en el coronel Luis de la Cruz.

Gestiones, proyectos y divergencias

Pese a sus padecimientos de salud, San Martín no descuidó en momento alguno las gestiones iniciadas en Buenos Aires en procura del apoyo inglés. Cuando Bowles arribó a Buenos Aires, ya San Martín había regresado a Chile, por lo que le escribió el 17 de mayo lamentando el desencuentro, a la par que notificaba a su gobierno que se disponía a poner proa a Valparaíso, sin duda inclinado a favorecer los propósitos de San Martín, manifestados en forma reservada al cónsul Staples, encareciéndole el secreto por no habérselos participado al gobierno porteño. El general contestó al comodoro desde Santiago: "No pierdo las esperanzas de que comamos juntos en estos países ya que la suerte ha dispuesto no fuera en esa", y no dejó de insistir: "A W. Staples escribí sobre la urgente necesidad de alguna fuerza inglesa en estos mares para hacer respetar su comercio, pues de lo contrario está muy expuesto a las tropelías de los españoles". Le agradecía además "las finezas de V. con mi amigo Álvarez".[46] Además de las atenciones personales, Bowles se había ocupado de recomendarlo a su gobierno, al que informaba luego de realizar una elogiosa semblanza del personaje como hombre de confianza de San Martín: "es enviado a Inglaterra en parte como agente de O'Higgins, Director de Chile, para comprar barcos que puedan ser armados y empleados luego contra los españoles en los mares del sur y en parte también, según me imagino, con un empeño de establecer comunicación con el gobierno de Su Majestad y tomar ventaja de cualquier circunstancia favorable que pueda presentarse [...] lleva consigo 100.000 dólares en efectivo y un poder del Director de Chile para girar sobre el Tesoro de esa Provincia hasta cualquier suma que considere necesaria. Sospecho que está autorizado para apalabrar oficiales para el servicio naval de Chile y también para entrar en cualesquiera negociaciones que las circunstancias le permitan. Dice que no tiene comisión ni autorización alguna del gobierno de Buenos Aires y sé que se le negó permiso para sacar de aquí más de 20.000 dólares y que ha sido obligado a embarcar el resto secretamente".[47]

Todo parece indicar que San Martín y el gobierno de Buenos Aires habían comenzado a transitar por rumbos separados, aunque todavía ello no fuera demasiado ostensible; en verdad, no podía ser de otra manera, pues tenían diversas prioridades. La del Libertador era siempre la misma, pero la del directorio porteño había comenzado a variar, trasladándose paulatinamente del plano continental al local. Para seguir fiel a su norte, el general debía ahora recostarse en el apoyo de Chile, estrechamente comprometido –como retribución al esfuerzo realizado en pro de su liberación– a afrontar el grueso del costo bélico de la segunda fase del proyecto continental con la formación del ejército y la escuadra que posibilitaran la invasión al Perú. Era pues natural que San Martín apareciera cada vez más estrechamente ligado con O'Higgins, a la par que independizado de Pueyrredón. Cuando este último le comunicó al cónsul inglés la decisión del Congreso de las Provincias Unidas de trabajar por una constitución monárquica, contando con el consentimiento de Chile para formar parte del nuevo gobierno, Staples lo puso en duda, ya que esto no coincidía con lo que le había manifestado el Libertador. Y afirmó con lógica: "Las consecuencias de cualquier oposición desde Buenos Aires a los planes de San Martín pueden explicar su forma de actuar como si fuese bajo la dirección de este gobierno y aun tomando medidas vigorosas para su apoyo, pero cualquier subordinación permanente a él no concordaría de ninguna manera con lo que él me dio a entender confidencialmente en su repetido pedido, que nadie aquí, ni siquiera exceptuando al Director, está informado de lo que él desea

sea escrito al gobierno de Su Majestad".⁴⁸ Así, pues, tres años antes de que ocurriera, estaba prenunciada la llamada "desobediencia histórica" del general.

Por entonces recibía San Martín dos cartas de Belgrano, ese otro solitario de la gloria al que por eso mismo tanto comprendía y respetaba; de allí que no fuera una mera fórmula el encabezamiento de su contestación: "Mi H y amigo amado", lo llamaba. ¿Es necesario aclarar que le escribía a un "hermano" en el sentido masónico del término?

Me dice V. está con deseos de saber mis planes ulteriores para poder arreglar los suyos con anticipación; en dos palabras se los diré a V. pero bajo el supuesto de que me tiene V. que dar su opinión con la franqueza que le caracteriza, pues de este modo me queda tiempo de variarlos.
Nada puede emprenderse con esta fuerza sin tener una marítima que nos asegure: al efecto están en Estados Unidos dos comisionados los que han llevado 200.000 pesos en dinero y letras abiertas para la compra de cuatro fragatas de treinta cañones para arriba, a más se han celebrado otras dos contratas de las que esperamos seis fragatas de igual porte; dominado el Pacífico hacer salir la expedición de seis mil hombres y desembarcar en Lima. *Mi objeto es atacar el foco de sus recursos y si la capital cae, el resto tendrá igual suerte,* yo espero que en todo marzo venidero estaremos pronto, repito que espero el parecer de V.⁴⁹

He ahí claramente expuesto el error de base de su estrategia en el Perú: creer que la capital era el foco de los recursos del enemigo, cuando éste, lejos de encontrarse en la pobre y árida zona costera, se hallaba en la sierra del interior. San Martín terminaba diciendo: "Sigo mortificado con mis achaques, pero no hay otro arbitrio que trabajar hasta que demos fin a nuestra grande obra". En esto le predicaba a un convencido, pues Belgrano fue el primero en darse cuenta de que San Martín era el hombre que la Revolución necesitaba, y una vez más se lo ratificaba al responderle "preciso es cuidarse y tomar precauciones para recuperar la salud y poder continuar la empresa hasta concluirla: ya V. no es de sí mismo, es de la gran causa que, no hay remedio, es a V. a quien toca ponerle fin". Se manifestaba de acuerdo con su plan, pero creía necesario que se emplearan dos mil hombres más en la expedición, con la que estaba dispuesto a cooperar por más que no desconocía que eran muchas las dificultades que lo rodeaban. Sabiendo que su ánimo se hallaba abatido, le decía con la noble intención de alentarlo que había recibido carta de Rivadavia desde París, en la que comentaba las amplias repercusiones de Chacabuco: "Ha causado toda impresión, como debía; desengáñese V., mi amigo y más amado, V. salvó la Patria y le ha dado el crédito y respeto que ya tenía perdido, no tiene V. idea de la gratitud en que le estoy y están cuantos aman aquella digna madre".⁵⁰

En septiembre, San Martín, sabiendo próximo el arribo de Bowles, comenzó a pergeñar la idea de valerse de sus servicios para enviar una misión ante el virrey La Serna, con el objeto ostensible de proponerle la regularización de la guerra y un canje de prisioneros, apelando a su filantropía. La intención oculta era tener una excusa para enviar como parlamentario un agente observador y sagaz que captase información y tomara contacto con los patriotas peruanos, iniciando una nueva guerra de zapa. En efecto, en octubre arribó a Valparaíso la fragata de guerra de S.M.B. *Anphion*, trayendo a bordo al comodoro amigo de San Martín, quien por fin pudo entrevistarse con él. Y no sólo esto, sino que el 29 fue objeto de un espléndido agasajo público organizado por el Cabildo, del que ha dejado testimonio uno de sus concurrentes, un viajero inglés que quedó impresionado con la figura del "Aníbal de los Andes".[51]

Al principiar noviembre partió Bowles hacia el Callao, llevando a bordo al sargento mayor Domingo Torres para proponer un canje de prisioneros a nombre de San Martín, en su carácter de generalísimo del Ejército Unido. Dos semanas más tarde, Pueyrredón remitía a Guido sus comunicaciones dirigidas al virrey de Lima instándole a la misma operación, pero a nombre de las Provincias Unidas; le encargaba a dicho diputado tal comisión y lo autorizaba asimismo a proponer un armisticio como preliminar a un convenio que tuviera por base la retrogradación de las tropas del Perú y las Provincias Unidas al límite de sus respectivas jurisdicciones. Cuando llegó esta nota a manos del representante argentino en Chile ya se había cumplido un mes de la partida del comisionado designado por San Martín. Así se lo hizo conocer Guido al Director al excusarse del cumplimiento de su mandato. Era una clara muestra de la independencia e imperio propio con que actuaba el Libertador, que no debió dejar de disgustar al desairado mandatario porteño.

Probablemente esa actitud del general estuviese en recíproca correspondencia con la desatención por parte del gobierno argentino a la vital obra de la creación de la escuadra, que se dejó librada al solo esfuerzo chileno, a pesar de las reiteradas veces que Guido le reclamara a Pueyrredón que tomara cartas en asunto tan relevante no sólo para continuar la empresa comenzada sino para no malograrla. Precisamente, el dominio indisputado del Pacífico por los realistas pondría de inmediato en riesgo la independencia chilena, que acababa de reconquistarse con el envío desde el Callao de una poderosa expedición de 3.500 hombres al mando de Osorio que el 9 de diciembre despachó el virrey del Perú, para sumarse a la ya fuerte resistencia de Talcahuano. Al recibir las primeras noticias de esto, el representante de las Provincias Unidas en Chile le escribía a su gobierno: "Está visto que el virrey de Lima se propone alejar la guerra de aquel territorio y atraerla al seno de este país; y por falta absoluta de buques de guerra que padece este gobierno para interrumpir la comunicación es inevitable la repetición de auxilios de aquel virreinato".[52] Demás está aclarar que Guido era el vocero de San Martín y que sus comunicaciones trasuntaban fielmente el pensamiento del general; de allí que pintara este elocuente cuadro de situación, tendiente a demostrarle al gobierno argentino que no podía dejarse todo librado al exhausto erario chileno:

Si V.E. está resuelto a batir con seguridad los buques enemigos en el mar Pacífico para terminar la guerra en este reino y emprenderla sobre las provincias de Lima, creo necesario y urgente que haciendo V.E. algún sacrificio, se aprontren dos corbetas o bergantines de cuenta de ese Estado, cuyo importe será satisfecho superabundantemente con el resultado de la campaña. Las ventajas de la toma de Lima importan igualmente a Chile que a las Provincias Unidas. La guerra en este país amenaza tomar un aspecto imponente. El consumo del Ejército agota todos los recursos. Las fortunas abatidas aun por las depredaciones de los enemigos escasamente sufren las contribuciones, y si la guerra hubiese de prolongarse en este reino por falta de auxilios marítimos, sería necesario ocurrir a medidas que engendrarían nuevos odios, divisiones y peligros, no siendo entonces fácil calcular un porvenir favorable.[53]

A pesar de las protestas de buena voluntad que abundan en las contestaciones del gobierno de las Provincias Unidas, lo cierto es que sólo se comprometió a ocuparse de la compra y armamento de buques si se verificaba la remisión del dinero necesario por parte de Chile. Así, Pueyrredón le confesaba olímpicamente a San Martín, en bastante tardía fecha: "Nada he hecho hasta ahora sobre el armamento de buques porque espero que Guido me mande los cien mil pesos que se han ofrecido por ese gobierno".[54] Y con la misma franqueza, pero más explícitamente, el Director le escribía a Guido: "Me muestra V. en su última del 22 ppdo. la inquietud en que estaba por no haber recibido contestación al pliego que me dirigió San Martín sobre armamento de buques: se recibió y se contestó; pero por más que VS. apuren nada se puede adelantar si no vienen los cien mil pesos ofrecidos y que ya debían estar en camino según lo prometido: vengan pues si es posible por el correo y en oro, yo aseguro lo demás. ¿Cómo quiere V. que yo emprenda aquí cosa alguna sin tener esos fondos en seguridad? No, mi amigo, las obras se concluyen pronto cuando están todos los materiales a la mano".[55]

Entre tanto, a principios de enero había regresado a Valparaíso la fragata al mando de Bowles. El canje de prisioneros no tuvo efecto, ya que Pezuela advirtió de inmediato que se trataba de un ardid del enemigo para interiorizarse de su situación. En cambio, sí se habían logrado los objetivos reales de la misión, pues por más que el virrey trató de ocultar la expedición de Osorio, a la vez que retener al emisario y al comodoro durante diez días después de la partida de aquélla, igual pudieron llegar a tiempo –dada la mejor calidad de la embarcación que los conducía– para alertar a los patriotas de la nueva invasión, confirmando las noticias que éstos ya tenían por otras vías. Además, el capitán Torres había logrado tomar contacto con peruanos comprometidos con la causa emancipadora y esparcir propaganda revolucionaria, poniendo los cimientos de la nueva "guerra de zapa". Por entonces San Martín recibía una muy significativa epístola remitida por integrantes de la masonería de Lima; todo indica que no se trataría de criollos sino de liberales españoles que, luego de condenar los bárbaros procedimientos utilizados por Morillo en Venezuela y Nueva Granada, sindicaban en contraposición a San Martín como el jefe destinado a introducir el trato humanitario en el conflicto, que preferentemente debía encaminarlo hacia su resolución pacífica. Sentaban el precepto de que "entre masones no hay españoles ni americanos, y el que de nuestra orden haga la guerra a éstos no hará más que profanar un título tan sagrado y obrar en una razón totalmente inversa con lo que debemos practicar". Reconocían como inexorable la independencia de América, cuya misión era ser refugio de los oprimidos y baluarte de la libertad: "Ya parece que los sucesos han fijado la opinión de que es inevitable la emancipación de este hermoso país [...] todos los hombres sensatos lo desean y se lo proponen como asilo contra la persecución de estos gobiernos cuyos desaciertos e intolerancia debe producir a la América un aumento de población y luces que ella misma quizá no se esperará [...] Todo es ya Asia, sólo la América mantiene la esperanza de los hombres de bien. Así, pues, todos están obligados a fomentar su obra para bien de la humanidad que en caso contrario quedaba sentenciada a una esclavitud absoluta".[56]

Entre tanto, las operaciones en el sur parecían no tener solución de continuidad. Allí la causa del rey contaba con un grueso número de partidarios, como lo demostraban la resistencia popular de Arauco y las montoneras entre el Bío Bío y el Maule.

Con la llegada de la primavera se reactivaron las operaciones del sitio de Talcahuano. Junto con los refuerzos de la capital había llegado un oficial francés, de los varios emigrados a América luego de la caída de Napoleón que se integraron al ejército revolucionario (Beauchef, Viel, Brandsen, Bruix, Raulet, Soulanges, Soyer, etcétera). Se trataba de Miguel Brayer, que ostentaba nada menos que el grado de general del Imperio y que gozaba de gran reputación por su valor. Pese a sus antecedentes, estaba destinado a ejercer una influencia francamente negativa. En efecto, a principios de diciembre se decidió dar el ataque final a la fortaleza. Brayer, en oposición al plan de O'Higgins y Las Heras, consideró que debía realizarse un ataque frontal sobre las más fuertes posiciones realistas. "Esta última opinión prevaleció y fue funesta; la mayor parte se avino a ella por desprecio del peligro [...] La idea del valor de un general francés pudo mucho en este asunto [...] La novedad de la moda nos costó muy caro".[57] Pero si aquel memorable asalto fue infructuoso y no quedaron posibilidades de repetirlo por falta de municiones, la derrota moral correspondió a los realistas, que no se atrevieron a salir una cuadra de sus trincheras.

Declaración de la Independencia, propuesta de mediación inglesa y proyecto monárquico

Después de consumada la victoria de Chacabuco, San Martín no pudo contar ya con la colaboración material del gobierno argentino, que, concentrado en la lucha contra la disidencia federal litoraleña y en la búsqueda por vía diplomática de soluciones de carácter monárquico al problema de la independencia y constitución del nuevo Estado, parecía había perdido de vista la dimensión continental del enfrentamiento bélico; y si no era así, al menos consideraba cumplida su parte en él con la liberación de Chile, delegando tácitamente en ese país la responsabilidad de su prosecución. Esta actitud prescindente había impedido la rápida organización de una fuerza naval en el Pacífico como pretendía San Martín. No se trataba de una utopía, sólo tenía que obrarse con la decisión con que se lo hizo en 1814, obteniendo la caída de Montevideo; pero estaba visto que para él las cosas no serían tan sencillas como lo fueron entonces para su émulo Alvear: no sólo no pudo contar con una flotilla que obrase en las costas chilenas simultáneamente con la invasión del Ejército de los Andes a través de la cordillera, como era su primigenia intención, sino que, luego de conseguido el triunfo, éste se tornó provisorio al permanecer expuesto a las incursiones marítimas de los realistas. Allí estaba Osorio desembarcando sus efectivos en Talcahuano, a menos de un año de una batalla que se había juzgado decisiva, obligando a dar otras nuevas con la perspectiva de perpetuar la guerra en un territorio que sólo debía haber sido un transitorio punto de apoyo para llevarla al corazón del Perú. Sin duda, el plan continental se había trastrocado, obligando a multiplicar los esfuerzos donde éstos no podrían tener efectos definitorios. Para reencauzarlo, el Libertador entendió que debía sustraerse de la ambigüedad política argentina, sin romper con ella, y, sustentado en el fuerte ascendiente que tenía sobre Chile, obrar con independencia de Buenos Aires, haciendo su propio juego en procura de granjearse el apoyo de Inglaterra y su poderosa escuadra.

Un paso decisivo dado en ese nuevo rumbo fue la formal declaración de la independencia chilena. A fines de 1817 el gobierno dispuso la apertura de registros cívicos en que los ciudadanos se pronunciaran en pro o en contra de tal proclamación. Ésta sin duda tendría un doble significado: además de consagrar el deseo de separarse de España, implicaba la definitiva afirmación de la identidad de Chile como Estado soberano que cortaba de raíz cualquier pretensión del gobierno de las Provincias Unidas de subsumirlo políticamente. El voto afirmativo fue unánime. Y al cumplirse el primer aniversario de Chacabuco, el pueblo en masa concurrió entusiasmado a la plaza mayor de Santiago para asistir a la solemne jura de la independencia de Chile, lo que vino de paso a templar los ánimos ante el inminente enfrentamiento con el invasor realista. Los festejos se extendieron desde el 11 hasta el 16 por la noche, destacándose el gran convite que ofreció el diputado argentino a las autoridades y vecinos principales.

Al contestar a la notificación de Guido sobre lo ocurrido en esos días, Pueyrredón, al que sólo le quedaba aceptar los hechos consumados, lo hizo elegantemente, aunque no dejó de hacer notar la indebida autonomía de movimientos de su nominal representante: "Me parece muy bien que se jurase en esa la Independencia y del mismo modo que V. la reconociese oficialmente, suponiendo mi autorización, que no ha ido por falta de previsión o noticia de V. anticipada: mas esto nada importa". Cambiando de tema, agregaba: "Tomamos la Bajada del Paraná y estoy tratando con todo empeño por aquella parte: destruyan Vds.

a los maturrangos mientras yo me ocupo aquí de los anarquistas".[58] En verdad, no había sido eso lo convenido en la conferencia de Córdoba, pues, al equiparar el Director la guerra por la emancipación con la contienda doméstica, se desdibujaba el orden natural de prioridades claramente reconocido en julio de 1816, cuando se decidió la realización de la empresa trasandina. Fue precisamente en virtud de este viraje que San Martín debió reformular su estrategia.

Cuando, al principiar 1818, la nave del comodoro Bowles fondeó en el puerto de Valparaíso, el general San Martín salió a su encuentro portando un memorial dirigido por el Director Supremo de Chile al Príncipe Regente de Gran Bretaña, fechado en el cuartel general de Concepción el 20 de noviembre del año anterior; al que acompañaba una nota del propio Libertador dirigida al ministro de Relaciones Exteriores, vizconde de Castlereagh, para que se sirviese elevarlo a Su Alteza Real. En aquel documento luego de extenderse en la relación de los horrores cometidos por los españoles contra la humanidad en las personas de los americanos, el pronunciamiento de éstos en favor de la independencia y las atrocidades de la guerra, concretaba el objeto de la nota, cual era solicitar la mediación inglesa en pro de la reivindicación de los derechos chilenos, poniendo el acento en las mutuas ventajas que de ello se obtendría:

Después de siete años de la contienda más empeñada no puede ocultarse a la viva penetración de V.A.R. hasta qué punto debe subir el encono de los combatientes; las quejas amargas de la América contra la España y cuál será el trágico desenlace de esta escena si V.A.R. no opone a nombre de la humanidad Su Augusta mediación a la inundación de tantos males. El feliz éxito que ha coronado los esfuerzos de V.A.R. por la pacificación de la Europa correspondería sin duda a su intervención poderosa por la felicidad del nuevo mundo; y cuando al alto influjo de V.A.R. debiese Chile la recuperación de sus derechos, cuando los buques de los súbditos de Inglaterra visiten libremente nuestros puertos y cuando al abrigo de una Constitución liberal pueda ofrecer el oro desentrañado de las montañas de este país en cambio de la industria de sus laboriosos vasallos entonces me lisonjeo se abrirán canales que indemnizasen en parte las quiebras de la Europa, los conocimientos útiles se propagarían en estas deliciosas comarcas y los pueblos de Chile cederían en sus transacciones políticas y comerciales lo que debiese la gratitud a los *mediadores por la Independencia de la América*.[59]

En alta mar, el 14 de febrero, el comodoro Bowles redactó el informe secreto y detallado de lo conversado con San Martín. Comenzaba recordando que, ya desde meses antes, San Martín había intentado proponer a Pueyrredón una tramitación conjunta solicitando la mediación inglesa a su favor y mostrándose decidido a que "si alguna contrariedad se mostraba en Buenos Aires para acceder a esta proposición, Chile procedería entonces por separado para tomar medidas que juzgaran conveniente". Cuando el general llegó a Valparaíso portando la correspondencia mencionada, "aunque no quiso admitirlo directamente, de su con-

298

versación deduje que el requerimiento a Buenos Aires no había tenido éxito y que por eso había decidido que el Gobierno de Chile (respecto del cual tiene influencia ilimitada) no debía perder más tiempo en dar el paso que desde tanto tiempo y a conciencia recomendaba". El marino atribuía las vacilaciones del director porteño a que se hallaba "enredado todavía en el laberinto de su intriga con la corte del Brasil". En cambio, San Martín, libre de esos compromisos, siempre había mostrado una opinión uniforme: "Desde el comienzo mismo de la revolución ha visto y lamentado la carencia de talento e integridad que hasta ahora ha opuesto aquí un obstáculo invencible a la adopción de un sistema regular, y aunque tal vez sea uno de los más decididos sostenedores de la causa de la independencia, lo ha sido siempre con la convicción de que la interferencia extranjera habría de ser al cabo necesaria para instituir en este país un gobierno estable". En efecto, cabe recordar que fue exactamente ésta la posición que San Martín había expuesto clara y persistentemente, no ya como una posible estratagema ante la diplomacia extranjera, sino en las cartas confidenciales dirigidas a sus íntimos amigos Tomás Guido y Godoy Cruz.

Proseguía Bowles: "Si se ha de dar crédito a sus propias afirmaciones, su objeto es solamente la pacificación de su país en condiciones que tengan por base la independencia y seguridad; y sus ideas acerca de los posibles medios de alcanzar este fin, parecen que empiezan a tomar más definitiva forma que antes". Luego de este enunciado general, describe lo sustancial de su pensamiento tal como se lo manifestó:

a) Rechazo a toda vinculación con España: "Está firmemente resuelto como siempre a oponerse a toda conexión con España y destaca con urgencia que a causa de la inveterada forma con que en ese país ha sido llevada la guerra revolucionaria, ha asumido ahora el carácter de una personal hostilidad entre criollos y españoles, y un príncipe de esta última nación así venga solo o acompañado no puede nunca ser aquí recibido sino a la luz de sospechas y como un objeto de disgusto. Tal arreglo comportaría en consecuencia los elementos de una nueva revolución e infortunio".

b) Conveniencia del establecimiento de gobiernos monárquicos constitucionales, en consonancia con el estado social de Hispanoamérica, bajo el auspicio de las potencias europeas: "Está, sin embargo, decididamente a favor de un gobierno monárquico, como el único adecuado al estado de la sociedad en este país, así como al genio y disposición de sus habitantes; y un día mientras hablaba al respecto, emitió la idea de dividir la América del Sur entre las principales potencias europeas, formando tal número de reinos que se pudieran proveer con ello a un príncipe de cada casa real, y por tal medio satisfacer a todas las partes y prevenir las rivalidades y celos que de otro modo pudieran producir oposición y dificultades".

c) Compensar la pérdida sufrida por España por vía indemnizatoria: "Para reconciliar a la corte de Madrid con los sacrificios que tan enormes parecen, sugería la practicabilidad de indemnizaciones pecuniarias y comerciales por parte de las colonias así liberadas".

d) Intervención morigeradora de una "potencia amiga" para terminar con los conflictos internos: "El gran peligro que aquí se ha de enfrentar al presente es el de las disensiones internas que aun el peligro actual apenas puede reprimir, y que el éxito probablemente acrecentará. El país será así hecho pedazos por las contiendas civiles, y por sus excesos y desórdenes ha de peligrar la general tranquilidad. Solamente la moderada y amigable intervención de alguna potencia amiga puede terminar con las convulsiones presentes y prevenir otras nuevas y más serias".

e) Cambio de las bases de los gobiernos únicamente sostenidos en la opinión pública, lo que conduce a la demagogia populista en detrimento del buen gobierno: "Urgía él con mucha fuerza y repetidamente, los males que tienen que resultar de permitir que continúe el presente estado de cosas. El gobierno existente sostenido meramente por la opinión pública, se ha visto obligado en muchas circunstancias a adoptar medidas perjudiciales para el bien general, en interés de la popularidad y para conciliar. Las clases más bajas han obtenido así una preponderancia indebida, y están empezando a manifestar una disposición revolucionaria peligrosa en cualquier país pero más particularmente en éste donde la falta de educación y de información general se siente con tanta fuerza. Cuanto más se prolongue este estado de los negocios, tanto más dificultoso vendrá a ser el corregirlo, y las consecuencias pueden llegar a ser todavía más fatales conforme las armas revolucionarias se extiendan a otros países –a Lima, por ejemplo–, en donde la porción no ilustrada de la comunidad es numerosa (particularmente los esclavos y los indios) y al mismo tiempo tan formidable".

En función de todo lo expuesto, San Martín reiteraba lo que ya le había adelantado en Buenos Aires a Staples: "Seriamente solicita alguna comunicación del Gobierno de Su Majestad que pueda guiar su conducta si los eventos de la guerra ponen al Perú del todo en su poder, para estar en condiciones de adoptar de una vez los pasos más apropiados y no hallarse en la necesidad de volver sobre los erróneos". En esta ocasión San Martín se atrevió a avanzar las compensaciones que el gobierno chileno estaba dispuesto a otorgar a los ingleses: "Me informó que el agente del gobierno de Chile en Londres –don J. Irisarri– está facultado para ofrecer las siguientes ventajas y concesiones si Gran Bretaña quiere favorecer la causa de la independencia, 1º la cesión de la isla de Chiloé y el puerto de Valdivia, y 2º la reducción del diez al quince por ciento sobre las importaciones y del cuatro sobre las exportaciones, para todos los barcos británicos por treinta años. Que estas preferencias habrían de ser en proporción a la ayuda prestada pero que si un príncipe de la Familia Real de Gran Bretaña aceptara el trono de Chile, sería recibido aquí sin otra condición que el establecimiento de una monarquía constitucional".

Bowles, luego de dejar constancia de la cautela con que por su parte había procedido en virtud de las indicaciones recibidas respecto de "la abstención de toda interferencia política", consideraba oportuno realizar un "pequeño boceto" de San Martín, que se reproduce a continuación.[60]

SAN MARTÍN EN 1818

El general San Martín tiene como 45 años; alto, reciamente constituido, de tez oscura y notable porte. Es perfecta su buena crianza y extremadamente placentero en sus modales y conversación. Su modo de vida es en sumo grado simple y austero, y raramente se sienta siquiera a la mesa, comiendo en pocos minutos de cualquier vianda que acontezca estar lista cuando se siente con hambre. Se dedica laboriosamente a los asuntos, no tolerando que nada escape a su personal atención y llevando toda la correspondencia confidencial sin ayuda de tercero. Su única diversión es la práctica del tiro; de lo cual se paga mucho, declarando siempre su intención de retirarse totalmente de los negocios públicos en cuanto se concluya la guerra. Desdeña el dinero, y creo que está muy poco más rico que cuando yo vine a este país, aunque, si sus miras hubieran sido interesadas o personales, hubiese podido fácilmente amasar una voluminosa fortuna desde su entrada en Chile. Es ilustrado, lee mucho, y posee mucha información general. Su concepción política es amplia y liberal, y lo es particularmente respecto del comercio, que entiende bien. Siempre ha mostrado marcada predilección por Gran Bretaña. [...] Es extremadamente bien querido por todas las clases en su ejército, como que, con ser rigurosa su disciplina, sabe conciliar su respeto así como obtener su obediencia. Sus tropas están bien vestidas y alimentadas, pagadas con regularidad y en punto de orden e instrucción son muy superiores a todo cuanto hasta ahora se ha visto en este país, particularmente la caballería, que es su arma favorita.

Su salud es mala y está sujeto a violentas hemorragias pulmonares –lo que es consecuencia de una caída del caballo hace algunos años–. Sólo es de esperar que la pacificación de este país tenga efecto antes de que pierda el único hombre en cuya integridad y desinterés se puede depositar confianza y cuya muerte sería seguida probablemente por nuevas escenas de anarquía y confusión.

[William Bowles al secretario del Almirantazgo, J. W. Croker. A bordo de la nave de Su Majestad, *Anphion*. En alta mar, 14 de febrero de 1818.]

No parece probable que San Martín desconociera que Gran Bretaña no tomaría demasiado en cuenta ese fantástico proyecto plurimonárquico, coordinado desde el trono chileno ofrecido a un príncipe de su dinastía. Más racionalmente podría interpretarse que, tras tanta avanzada propuesta, lo que efectivamente el general aspiraba a conseguir fuera ganarse la buena voluntad o al menos la neutralidad de esa potencia naval. Y tenía poderosas razones para ello, deducidas de la historia reciente de Chile. En efecto, desde hacía tiempo, el control del Pacífico había dejado de ser ostentado por los españoles para convertirse en escenario disputado por los anglosajones. La "Patria Vieja" se había beneficiado del audaz crucero de la fragata de guerra norteamericana *Essex,* que bajo el mando de David Porter había sido enviada a la zona a destruir a los balleneros británicos y proteger a los buques mercantes yanquis, logrando abrir los puertos chilenos antes bloqueados por los realistas. Esta situación perduró hasta que fue abatida por la flotilla enviada por Inglaterra al mando del comandante Hillyar, quien tenía órdenes de apoyar la reconquista española de Chile, la que precisamente sólo fue posible cuando los realistas, directa o indirectamente, recuperaron el dominio del mar, lo que permitió la reanudación del envío de tropas desde el Callao. San Martín debió tomar cuidadosa nota de los infelices resultados que tuvo para los patriotas la enemistad con los comandantes de la Royal Navy.[61] De allí su accionar diplomático naval en procura de cultivar las más amistosas relaciones con las dos potencias marítimas cuyos intereses estaban en juego en el Pacífico, pues por cierto su trato no se limitó a los marinos británicos. Así, pues, cuando en enero de 1818 viajó a Valparaíso para entrevistarse con Bowles, no desechó la ocasión para entablar contacto con el comandante estadounidense. Le decía a Guido: "He tratado al capitán de corbeta americana en cuyo buque estuve ayer: me hizo un recibimiento completo y su carácter me ha parecido muy recomendable: Monteagudo queda trabajando con él, veremos qué partido saca".[62] Una prueba de las ventajas concretas que San Martín logró de ese trato puede verse en la reciente actuación de Bowles. Al respecto, Pezuela dice en sus *Memorias:* "Advertí a este comodoro oficialmente estar Chile en riguroso bloqueo y que de ninguna manera debía quebrantarle entrando en Valparaíso".[63] Como se vio, poco caso hizo el inglés a esas prevenciones; por el contrario, llegó y entró en ese puerto, y como el mismo virrey denunció, "por él supieron los enemigos cuanto deseaban acerca de la referida expedición [la de Osorio]".[64]

Cancha Rayada: el sabor amargo de la derrota

Luego del fracasado ataque de Talcahuano y ante la inminente invasión de Osorio, San Martín y la logia de Santiago decidieron que la división del Sur levantase el sitio y se replegase a la capital, en procura de concentrar las dos partes en que estaban divididas sus fuerzas antes de chocar con el enemigo. Así se lo hacía saber a O'Higgins:

Todos los hermanos hemos acordado que la posición de Concepción es sumamente cerrada, y sumamente expuesta en atención a que la mayor parte de esa provincia no nos es muy adicta, por otra parte pudiéndonos dar la mano ése y este ejército seremos siempre no solamente superiores, sino que podremos caer sobre el enemigo y decidir en un solo día la suerte de Lima, con esto damos tiempo a que llegue lo que esperamos de Norte América como me escribe Aguirre estarán en Chile lo más tardar para marzo. Nada nos importa abandonar una provincia pobre, sin recursos de subsistencias, y que pronto la volveremos a tomar. Tenga V. presente que si por una de aquellas casualidades de la guerra, ese ejército fuere batido, todo se lo llevará el diablo [...] luego que estemos todos reunidos pasan de nueve mil hombres los que podemos dar un buen día. La resolución que V. tome que sea pronta, para no hacer una retirada picado por el enemigo, con anticipación creo que puede V. quitarles todos los recursos de la provincia como son granos, caballadas y ganados, y retirando todo malvado enemigo y sospechoso.[65]

La retirada hacia Talca comenzó el 1º de enero de 1818 arrastrando población, víveres y ganados –como indicaba el Libertador–, a fin de dejar al enemigo el territorio arrasado. Mientras, en Santiago se convocaba a las milicias y se requisaban caballos y medios de transporte. En la localidad de Las Tablas, al sur de Valparaíso, se estableció el campamento de las tropas al mando de Balcarce, que llegaban a cuatro mil hombres. Simultáneamente, el enemigo iniciaba su desembarco en Talcahuano, pero recién se puso en marcha hacia el norte el 10 de febrero con un ejército de 4.600 plazas. A fines de ese mes las tropas del llamado "Ejército del Oeste" convergieron con la columna proveniente del sur. La reunificación de los patriotas venía a malograr el plan realista de batirlos por separado. Contando con ocho mil hombres y 43 piezas de artillería, la superioridad de los revolucionarios parecía incuestionable. El general patriota decidió tomar la ofensiva. Un avance de su caballería comandado por Freire se malogró por la inacción de Brayer, encargado de sostenerlo. Otro rechazo tuvo lugar cuando, el 19 de marzo, los cuerpos de granaderos a caballo y cazadores, dirigidos por Antonio González Balcarce, pretendieron cortar la retirada al enemigo y obligarlo a librar batalla. Sin examinar previamente el difícil terreno para el accionar de la caballería que presentaba Cancha Rayada, cortado por barrancos y pantanos, se cargó infructuosamente. Mitre no dejó de señalar el error cometido por San Martín al comprometer a la caballería en esos dos lances consecutivos desafortunados, que rebajaron su moral.

Luego de esta escaramuza, al no ser posible emprender la batalla final porque estaba oscureciendo, se ordenó pasar a descanso en posición de combate. Los realistas ocupaban Talca. A pesar de la ventaja que habían conseguido esa tarde, ante la superioridad numérica de los independientes no dejaron de considerarse perdidos, pues hicieron salir hacia Concepción su parque, su hospital y todos sus bagajes. Sin embargo, su mismo acorralamiento fue el que impulsó al jefe más hábil e intrépido de los adversarios a jugar una carta imprevista: Ordóñez obtuvo consentimiento para intentar dar esa misma noche un golpe nocturno sobre el campamento patriota.

Informado por un espía de que los realistas planeaban un inminente asalto, San Martín decidió cambiar de posición a sus tropas. Esperó el anochecer para comenzar a efectuar ese movimiento, a fin de que los enemigos no se percatasen de él y conseguir así revertir el efecto de la sorpresa. Pero la marcha subrepticia de la tropa realista, orientada por los fogones patriotas, no fue sentida a tiempo como para poder organizar la defensa. El ataque enemigo en momentos en que la conversión estaba haciéndose vino a tronchar la arriesgada maniobra de San Martín, que resultó contraproducente por ser demasiado tardía. A partir de ese momento una serie de escenas cuasi dantescas coronaron la fatal jornada del 19 de marzo de 1818, en la que todo fue confusión y pánico. El general en jefe vio caer a sus pies a su joven ayudante Larraín. A O'Higgins lo hirieron en el brazo derecho y su caballo fue muerto. Resultó imposible reunir a la caballería. El regimiento de granaderos intentó dos veces formarse, sin conseguirlo. Nada pudo contener el alboroto de los caballos, sin frenos la mayoría. La artillería del comandante Plaza se perdió en su totalidad. Lo que comenzó en retirada se convirtió en dispersión en medio del fuego sin que se pudiera distinguir en la oscuridad a los amigos de los enemigos.

Preparación de la revancha

El Ejército Unido fue así completamente derrotado, con excepción de las fuerzas que habían alcanzado a ocupar la nueva posición indicada, esto es, la derecha y parte del centro, las que bajo el mando provisional de Las Heras pudieron retirarse ordenadamente, a diferencia de las restantes. Su no participación en la lucha de esa división y su posterior retirada permitió salvar 3.500 hombres que fueron la base para rearmar posteriormente el ejército independiente.

El 21 de marzo, al conocerse la noticia de la derrota, cundió la alarma en la capital chilena. El pánico fue atizado por la actitud de Brayer, que dio por aniquilado al ejército y por perdida toda posibilidad de reacción. Repitió una y otra vez a quien quisiera escucharlo que no había esperanza alguna. El desaliento y el temor cundió entre los patriotas. Nada se sabía de San Martín hasta que Guido recibió su mensaje, que respondió en estos términos conmovedores:

¡De cuánta angustia me ha sacado la carta de V. de ayer! Nada se sabía de su existencia y esta idea consumía mi corazón. Anoche se reunieron las corporaciones para tratar de un plan de defensa y prestar a cualquiera que se hiciera cargo de ella cuantos auxilios tiene el país, y yo hablé con todo el fuego que me inspiraba el dolor de ver perdida en un momento la obra de tantos trabajos: quedó convenido se oficiase a V. pidiese cuanto quisiera y todo irá.

No hay que desmayar amigo querido, porque no hay uno solo que no fije con ansia sus ojos sobre V. Todos le hacen justicia y el vulgo inocente corre de día y noche por estas calles aclamándolo a V. por la única ancla de su esperanza. Vamos a trabajar de nuevo, vamos a hacer la guerra sin acordarnos de los indignos cobardes que le han abandonado, y dejemos si es necesario nuestro cadáver en estos campos antes de abandonarlos por ceder a un contraste tan común en la carrera. En fin esa filosofía y esa alma bien templada es preciso que se sobreponga a la amargura de todo lo pasado.[66]

La aparición del bravo chileno Manuel Rodríguez galvanizando los ánimos de los independientes y pidiendo a gritos una asamblea para salvar a la patria resultó providencial en esas horas de angustia.

Por decisión popular fue asociado en el gobierno al coronel De la Cruz y de inmediato el tribuno se convirtió en el árbitro de la situación, determinando la prisión de los sospechosos de traición, el reparto de vestuarios y armas para la defensa y la creación de un escuadrón de doscientos milicianos denominados "Húsares de la muerte". Pero su bulliciosa dictadura sólo duró un día, ya que el 24 O'Higgins entró en la ciudad, recibido por una salva de veintiún cañonazos, y retomó el gobierno, volviendo todo a su quicio. Entre tanto, San Martín atravesaba el llano de Maipú en su marcha hacia la capital cuando se encontró con Guido, que había salido a su encuentro.

"Apenas recibió mi saludo –cuenta don Tomás–, acercó su caballo al mío, me echó sus brazos y dominado de un pesar profundo me dijo con voz conmovida: «¡Mis amigos me han abandonado, correspondiendo así a mis afanes!». «No, general», le respondí interrumpiéndole, bajo la penosísima impresión de que me sentí poseído al escucharlo; «rechace Vd. con su genial coraje todo pensamiento que lo apesadumbre. Sé bien lo que ha pasado; y si algunos hay que sobrecogidos después de la sorpresa le hubiesen vuelto la espalda, muy pronto estarán a su lado. A Vd. se le aguarda en Santiago como a su anhelado salvador»."[67]

En efecto, un repique general de campañas y fervorosas aclamaciones señalaron la entrada de San Martín en la capital en la noche del 25 de marzo. Ante el requerimiento anhelante del pueblo, el general, enfundado en su uniforme granadero todavía cubierto con el polvo del infortunio, con su semblante transido por la fatiga, terminó de infundir confianza en los expectantes chilenos. Con voz firme y grave les aseguró: "El Ejército de la Patria se sostiene con gloria al frente del enemigo… Los tiranos no han avanzado un punto de su atrincheramiento… La Patria existe y triunfará y yo empeño mi palabra de honor de dar un día de gloria a la América del Sur".[68]

Desde entonces todo fue una carrera contra el tiempo: acuartelamiento de milicias, reunión de armamentos, compra de fusiles, elaboración de municiones. Los enemigos, al demorar su avance, perdieron su oportunidad de apoderarse de Santiago, y si bien habían quedado dueños del campo de batalla, tuvieron cuantiosas pérdidas y en la confusión de esa jornada sus cuerpos sufrieron tal dispersión que quedaron imposibilitados para picar la retirada de los vencidos. Entre los patriotas predominaba, en tanto, la convicción de que aquel contraste no tardaría en ser revertido. El crédito en la propia capacidad guerrera y el prestigio de su conductor no sufrieron mella. Esto hizo que, lejos de amilanarse, se congregasen en breve unos 4.500 dispersos, que se replegaron en orden hacia Santiago. Guido le aseguraba al director Pueyrredón: "A excepción de un corto número de alucinados por un temor imprudente, la oficialidad y tropas del Ejército de las Provincias Unidas no menos que las de Chile siguen firmes en la resolución de vengar el honor de la Patria".[69]

Las noticias del diputado argentino reconfortaron un tanto los abatidos ánimos del gobierno directorial porteño. Entre tanto, en el norte, la infausta noticia fue recibida con toda entereza. Belgrano le decía a Guido: "No tenga V. cuidado por estas partes: ya sabe V. que aquí están acostumbrados a contrastes y que el que se ha sufrido en ésa bien que se haya sentido a nadie ha amilanado, mucho más viviendo nuestro San Martín y los demás de sus compañeros". Por cierto, el infatigable patriota se preocupaba especialmente de que el Libertador no se desmoralizara por las traiciones a las que –como se ha visto– había aludido: "Hará muy mal nuestro San Martín de tomar a pecho esa desgracia, ni de hacer caso de los hombres: he tenido la fortuna de reírme constantemente de ellos y como siempre he estado y estoy prevenido de sus engaños no he llegado al caso de los desengaños: el general nunca debe hacer caso de que hablen bien o mal de él… anímelo V., aliéntelo y dígale que a pesar de todo no hay un hombre de armas que no lo vea con aprecio y que no se haga cargo que no ha estado en sus manos el resultado de sus disposiciones".[70]

Mientras O'Higgins terminaba de disponer todo lo relativo a la defensa de Santiago, San Martín reordenaba las tropas en el campo de instrucción y el capitán Beltrán no se daba tregua para que fuese cierto lo que se había aventurado a contestar cuando el Libertador le preguntara: "¿cómo estamos de municiones?". "Hasta los techos, general, hasta los techos", afirmó por puras ganas de tomarse la revancha contra los godos. La siguiente nota de San Martín da cuenta del acelerado funcionamiento de su cerebro organizador, al que nada se le escapaba:

He mandado avisar verbalmente a Zapiola se detenga hoy en ésa para acabar de errar sus caballos y alistarse de todo lo que le falte; los cazadores deberán permanecer en Santiago hasta nueva providencia. Diga V. a Necochea que establezca la mejor disciplina y que procure mantener siempre por lo menos la mitad de su fuerza dentro del cuartel y siempre pronta. No hay la menor noticia de enemigos. Hágame V. el gusto de escribir a Pueyrredón que yo lo verificaré mañana. Me parece bien se levante el batallón en Coquimbo […] *Mucho nos interesa el armamento del navío que está en Valparaíso: hágase un esfuerzo extraordinario pues las circunstancias lo exigen.* Esto se va poniendo en orden y creo que en cuatro o cinco días todo se metodizará.[71]

Como puede observarse, en tan críticas circunstancias San Martín no sólo se ocupaba de aprontar lo relativo a la guerra terrestre sino que ponía especial énfasis en no desperdiciar la ocasión para dar el primer paso de importancia en orden al armamento naval. En efecto para entonces ya se había desvanecido la esperanza en los buenos resultados de la comisión encomendada a Aguirre. En vez de las naves norteamericanas que aquél debía remitir, había arribado a las costas chilenas –en virtud de las gestiones realizadas por Álvarez Condarco– la fragata mercante *Windhan*, perteneciente a la Compañía de Indias Orientales, que la ofrecía en venta. O'Higgins atendió a las indicaciones de San Martín y se decidió a su compra, sólo que no disponía de la totalidad de la suma requerida. Para allanar la cuestión San Martín dispuso que Guido, como representante de las Provincias Unidas, garantizase a nombre de su gobierno el pago de la cifra restante, alegando: "La desgraciada jornada del 19 ha aumentado los peligros del país y para salvarlos son indispensables grandes sacrificios: el gobierno supremo en Chile está resuelto a todo por la libertad de América y debo presumir iguales sentimientos en nuestro gobierno".[72] Era una prueba más de la independencia con que el general procedía, tomando sin consultar decisiones fundadas en la situación de emergencia que sin duda competían al Directorio. Sin perder un segundo, el 31 de marzo el gobierno chileno autorizó a Guido "para que dé impulso y dirija el plan de corso a que debe sujetarse el comandante del *Windhan* y los otros buques del Estado que le acompañen, tanto en el caso de sernos favorable el resultado de la acción a que se preparan nuestras armas, cuanto en el contrario".[73] Seguidamente, el diligente colaborador de San Martín marchó a Valparaíso y se encargó personalmente de "contratar, tripular, armar y enviar al mar fuerzas capaces de levantar el bloqueo del puerto de Valparaíso", logrando así dos días antes de la batalla habilitar la fragata recién adquirida, rebautizada *Lautaro,* para realizar la primera operación de la marina chilena que arrojó el resultado de liberar dicho puerto.[74]

La contundente victoria de Maipú

A diferencia de la febril actividad de los patriotas, el avance realista fue sumamente lento. Recién el 3 de abril el ejército atravesaba el río Maipo y acampaba sobre su margen en La Calera, antigua propiedad jesuita, para ubicarse luego más al oeste, en la hacienda de Espejo. La vanguardia patriota destacada por San Martín vigilaba atentamente su movimiento.

Al amanecer del 5 de abril, día de la batalla, el ejército realista en masa, a tambor batiente y banderas desplegadas, avanzó en marcha de flanco en dirección oeste, hacia el camino de Valparaíso. Fue entonces cuando San Martín, que en persona los observaba en compañía de su ayudante O'Brien, pronunció su célebre frase: "¡Qué brutos son estos godos! Osorio es más torpe de lo que yo pensaba. El triunfo de este día es nuestro. ¡El sol por testigo!".[75] En consecuencia, el jefe patriota hizo correr su ejército en el mismo sentido para que quedara enfrentado a la posición enemiga.

Estaba el ejército independiente en disposición de ataque cuando el francés Brayer coronó la serie de desaciertos y flaquezas por las que se había venido singularizando con su solicitud del permiso del general en jefe para pasar a los baños de la Colina por motivos de salud. "El último de mis tambores tiene más honor que usted, general", fue la indignada respuesta de San Martín a quien tan desvergonzadamente trataba de rehuir al peligro en ese crucial momento en que era preciso jugarse el todo por el todo. Inmediatamente después de la batalla, el

Libertador ordenaría que se le instruyera al francés una sumaria indagatoria sobre su conducta militar y política y se lo separara del ejército.[76]

Sobre el mediodía los patriotas rompieron el fuego. La derecha al mando de Las Heras, compuesta por tres batallones y por los cuatro escuadrones de granaderos a caballo, inició el movimiento sobre la izquierda enemiga, conducida por el general Primo de Rivera. Éste, al comprender que el propósito del adversario era aislarlo de su línea de batalla, lanzó a su vez a su caballería al mando de Morgado. Los granaderos a caballo dieron tres cargas brillantes sobre fuerzas cuatro veces mayores que las suyas. Mientras el éxito coronaba el movimiento de la derecha independiente, la izquierda al mando de Alvarado había iniciado un movimiento envolvente que fue contestado por los batallones que, al mando de Ordóñez y Morla, pasaron a la ofensiva con tal denuedo que casi deshicieron a los patriotas, hasta que fueron detenidos por los fuegos de la artillería de Borgoño y por la carga que oportunamente San Martín ordenó dar a la reserva comandada por Quintana. Este ataque fue decisivo y definió la victoria. Los españoles lucharon con denuedo, pero sin caballería, rodeados, tras ser tomada su retaguardia, con Osorio fugado y retirado Primo de Rivera al ver anulada su fuerza, no hicieron más que sacrificarse sin fruto, dejando dos mil cadáveres tendidos en el campo de batalla.

San Martín dictó a Paroissien su lacónico primer parte de cuatro líneas. La última hubiera bastado, pues todo lo decía: "La Patria es libre". Eran las cinco de la tarde cuando se oyeron grandes aclamaciones. Estaban dedicadas a O'Higgins, quien –no recuperado aún de su lesión de Cancha Rayada–, al oír los primeros cañonazo,s y sin poder refrenar su ansiedad, había salido al galope hacia el campo de batalla. Llegó cuando las armas ya habían consagrado el triunfo de la libertad. Con el brazo derecho en cabestrillo y su herida abierta estrechó a San Martín, pronunciando su inmortal saludo: "¡Gloria al salvador de Chile!". Pero todavía no habían concluido las acciones. A las 14.30, Osorio, a cargo de la infantería española, había emprendido serenamente la retirada, refugiándose en la hacienda de Espejo. Allí, luego de disponer la defensa, esperó con sangre fría el último ataque. Cuando todavía no estaba preparada la artillería patriota para cañonear la posición realista antes de dar el asalto, Balcarce ordenó al batallón de Cazadores de Coquimbo que la atacase sin pérdida de tiempo por el callejón en el que los realistas habían apostado las dos únicas piezas de artillería que les quedaban. Fueron así deshechos los 250 integrantes de esa fuerza y quedó frustrada la ofensiva. En un segundo ataque, en el que se siguió el plan de Las Heras, el tupido fuego de los cañones patriotas logró quebrar la resistencia y cuando los realistas se retiraron en procura de refugio en las casas y la viña, fueron cargados por la infantería. Los patriotas, enardecidos por el sacrificio del Coquimbo, se abalanzaron a la bayoneta sobre el enemigo con una ferocidad incontenible. En el momento final de la lucha un regimiento auxiliar de milicias de Aconcagua se apoderó de centenares de dispersos lazo en mano, como si fueran reses. La matanza continuaba cuando llegó Las Heras, que a duras penas logió contener aquella estéril carnicería. Acto seguido, los valerosos jefes y oficiales realistas le entregaron sus espadas en calidad de prisioneros.

La de Maipú responde al tipo de las batallas de orden oblicuo. López consigna al respecto esta anécdota que le refirió Las Heras:

A los dos o tres días de la batalla me hizo llamar don José y me dijo: "Lea, amigo, el borrador que he hecho tirar para pasar a nuestro gobierno el detalle de la batalla y dígame si le parece bien". Yo lo leí y me pareció incompleto. "General", le dije, "esto de aquí *que nuestra línea se inclinaba sobre la derecha del enemigo presentando un orden oblicuo sobre este flanco* fue, como usted sabe, todo el mérito de la victoria; y puesto como aquí está nadie lo va a entender, sino yo que estaba en la idea de usted". El general se sonrió y me dijo: "Pero con eso basta y sobra. Si digo algo más, han de gritar por ahí que quiero compararme con Bonaparte o con Epaminondas. ¡Al grano, Las Heras, al grano! ¡Hemos amolado a los godos para siempre y vamos al Perú! ¿El orden oblicuo nos salió bien?, pues basta, amigo, aunque nadie sepa cómo fue..." y refregándose las manos agregaba: "mejor es que no sepan; pues aún así mismo habrá muchos que no nos perdonarán haber vencido".[77]

Maipú no sólo dejó definitivamente consolidada la libertad de Chile sino que señaló el inexorable principio del fin del dominio realista en América. Al día siguiente de la gran batalla, San Martín entregó el mando del Ejército Unido a Balcarce. Se dispuso, como después de Chacabuco, a viajar a Buenos Aires; pero antes consideró oportuno retomar, desde la posición consolidada que le suministraba la victoria, la línea de gestiones diplomáticas que había venido desarrollando. El 11 de abril se dirigió al virrey de Lima con el pretexto de reiterar su proposición de canjear prisioneros, pero en verdad para hacer un alegato sobre las justas pretensiones de los pueblos americanos destinadas a imponerse indefectiblemente, por lo que la continuación de la guerra resultaba estéril; por el contrario, el general presentaba como compatible la libertad moderada a que se aspiraba con el cultivo de buenas relaciones con la metrópoli:

V.E. no ignora que la guerra es un azote desolador que en el punto a que ha subido en la América la lleva a su aniquilación, y que la fortuna de las armas ha inclinado ya la decisión en favor de las pretensiones de la parte meridional del Nuevo Mundo. V.E. ha podido descubrir también en el período de siete años que las Provincias Unidas y Chile solo apetecen una constitución liberal y una libertad moderada; y que los habitantes del Virreinato de Lima cuya sangre se ha hecho derramar contra sus hermanos, tengan parte en su destino político, y se eleven del abatimiento colonial a la dignidad de las dos naciones colindantes.
Ninguna de estas aspiraciones está por cierto en oposición con la amistad, con la protección y con las relaciones de la Metrópoli española; ninguna de estas pretensiones es un crimen; y por el contrario ninguna de ellas deja de ser en el presente siglo el eco uniforme de los ilustrados de la culta Europa. Querer con-

tener con la bayoneta el torrente de la opinión universal de la América es como intentar la esclavitud de la naturaleza. Examine V.E. con imparcialidad el resultado de los esfuerzos del gobierno español en tantos años y sin detenerse en los triunfos efímeros de las armas del rey, descubrirá su impotencia contra el espíritu de LIBERTAD.[78]

Sin duda era el lenguaje apropiado para hablarle a un liberal español, sólo que Pezuela no lo era y replicó en tono descomedido a este razonamiento de San Martín y a su segunda proposición de que convocase a los pueblos peruanos a un congreso general para que decidieran sobre sus propios destinos en vez de proseguir la guerra, considerándolos como una muestra de insolencia de un militar ensoberbecido por haberse volcado momentáneamente en su favor la suerte de las armas.

También volvió el Libertador a dirigirse a Castlereagh con el objeto de insistir en la necesidad de que Gran Bretaña interpusiese su mediación para que concluyese la guerra en América quedando consagrada su libertad política, pues descartaba que los realistas se aviniesen de *motu proprio* a negociar, pero nunca sobre esa base.[79]

Así, pues, San Martín daba el raro ejemplo de un militar coronado por la victoria que, lejos de dejarse arrastrar por la embriagadora tentación de la guerra, refirmaba la necesidad de restablecer la paz valiéndose de los laureles conquistados sólo en pro de hacerla más factible.

Dos manchas sangrientas

En aquellos días dos episodios lamentables vinieron a empañar la euforia generada por el triunfo, poniendo en evidencia que subsistía la división facciosa: el fusilamiento de Luis y Juan José Carrera en Mendoza, a los tres días de Maipú, y el asesinato de Manuel Rodríguez en el camino de Santiago a Quillota, poco después. Un personaje aparece ligado con ambos crímenes: Bernardo Monteagudo. Si algo ha singularizado la vida de este apasionado revolucionario fue su capacidad para relacionarse estrechamente con las figuras dominantes de cada etapa: primero había secundado a Castelli, en el alto Perú; luego a Alvear en Buenos Aires; años más tarde, haría otro tanto con San Martín y luego con Bolívar. En 1818, acababa de regresar al país luego de haberlo abandonado a raíz del vuelco político de abril de 1815. A regañadientes había sido admitido por la nueva Logia de Buenos Aires, aceptando la condición que le impuso Pueyrredón de retirarse a Mendoza. Sin embargo, no permaneció mucho tiempo allí, pues con la intención de recobrar influencia política marchó a Chile, dispuesto a granjearse la protección de San Martín y O'Higgins. No tardó en conseguirlo, siendo designado auditor del ejército.

Entre tanto, la causa de los Carrera tramitábase inconexa y simultáneamente tanto en Mendoza como en Chile. Cuando a principios de 1818, el gobierno chileno pasó la causa al general del Ejército Unido para que convocase al consejo de guerra que debía entender en él, San Martín se excusó en estos términos: "Es demasiado público los incidentes y disgustos que mediaron entre los señores Carrera y yo a su llegada a Mendoza con motivo de la pérdida de Chile, estos disgustos crecieron especialmente con don Juan José, por otra parte los jefes que deben juzgarlos, la generalidad me consta están prevenidos contra ellos, y aunque estoy muy convencido del honor que asiste a todos los jefes del Ejército Unido y la imparcialidad que guardarían en el juicio, sin embargo la sentencia que recayese no sería mirada en el público como justa, y se creería emanada de mi influencia".[80] Su fundada argumentación fue atendida. En verdad, el mismo Libertador intercedió para que se liberase a los chilenos implicados en la conjura, pues el proceso nada probaba. En ocasión de haberse proclamado la independencia chilena, el defensor de los Carrera pidió su indulto, pero su súplica no fue atendida. Todos los antecedentes indican que la intransigencia estaba de parte de O'Higgins. El proceso fue "encajonado", esto es, quedó pendiente y detenida su prosecución. La impaciencia generada por la espera hizo concebir a Luis la descabellada idea no sólo de fugarse, en connivencia con los milicianos que lo custodiaban, sino de levantarse contra el gobernador Luzuriaga y tomar el mando de Cuyo; pero el 25 de febrero fue delatado su intento cuando estaba a punto de consumarse por uno de sus cómplices, lo que motivó que se les abriera a ambos hermanos un nuevo proceso por perturbadores del orden público. Luis se confesó único culpable, liberando de responsabilidad al resto. Así estaban las cosas cuando, a fines de marzo, llegó la noticia del revés de Cancha Rayada. Monteagudo había sido uno de los primeros en huir despavorido del lugar de la acción y no paró hasta cruzar la cordillera, junto con un grupo de dispersos del ejército que sembraron el pánico en Mendoza. Previendo que se reprodujesen los desórdenes introducidos por la emigración chilena luego de Rancagua, el Cabildo instó al gobernador a que se diese término a la causa de los Carrera. Monteagudo actuó como asesor junto con otros tres letrados aconsejando que, dado el peligro inminente, se procediese a ejecutar la sentencia sin previa consulta a la superioridad, pronunciándose a favor de la pena capital. Inmediatamente a la emisión de tal dictamen, en la tarde del 8 de abril Juan José y Luis Carrera fueron fusilados. Momentos más tarde llegó la noticia de Maipú.

Entre tanto, a raíz de la victoria, la esposa de Juan José había solicitado el indulto de los hermanos a San Martín y éste intercedió ante el gobierno chileno para conseguirlo. O'Higgins accedió de modo reticente y no sin manifestar sus reparos: "La respetable mediación de V.E. aplicada en favor de los Carreras, no puede dejar de producir en toda su extensión los efectos que V.E. se propone y aun cuando la patria peligrase por la existencia de estos hombres, V.E. en quien descansa la salvación de este Estado, sabrá conciliar su peligro con el objeto de su pretensión".[81] Cuando el Director firmaba este oficio ya hacía dos días que los prisioneros habían sido pasados por las armas.

San Martín partió hacia Buenos Aires el 13 de abril. Allí tuvo que enfrentar la ciega ira de José Miguel Carrera, quien, al conocer el dramático fin de sus hermanos, lanzó desde Montevideo una violenta proclama inculpando del crimen político a San Martín, a Pueyrredón y a O'Higgins:

Ved aquí sus bárbaros asesinos. El cobarde y afeminado Luzuriaga no fue más que el verdugo de esos monstruos sanguinarios que vomitó el infierno para oprobio del nombre americano. ¡Aleves! ¿Qué? ¿Habéis pensado asegurar un trono del otro lado de los Andes y sancionar la esclavitud de un millón de republicanos manchando cobardemente los cadalsos de Mendoza con la sangre apreciable de los héroes chilenos, con esa sangre tantas veces derramada por la libertad de sus compatriotas? [...] ¿Los chilenos que acaban de arrollar las filas enemigas, los héroes de Maipú, sucumbirán cobardes al despotismo de tres asesinos? ¡Compatriotas, que mueran los tiranos para que la patria sea libre e independiente! Ya no tiene Chile otros enemigos que esos viles opresores. Yo secundaré vuestros esfuerzos gloriosos desde cualquier distancia adonde me lleve el destino. La sangre de los Carrera pide venganza. ¡Venganza compatriotas! Odio eterno a los déspotas de Sudamérica.[82]

El Libertador se vio precisado a dar un manifiesto para desmentir las falsas imputaciones. Afirmaba que no había mandado a ejecutar a los Carrera y publicaba los documentos probatorios (excusación de participar en la causa, pedido de clemencia), pero al mismo tiempo justificaba el fusilamiento, agregando que, de haberse dado las circunstancias, él no hubiera dudado en ordenarlo: "Repito no haber tenido la menor parte en la ejecución de sus hermanos y vuelvo a repetir también que si me hubiera hallado de gobernador de Mendoza, mucho antes lo hubieran sido". En cuanto a las acusaciones de tener subyugado al país trasandino, San Martín decía: "Chile es libre y lo será ínterin el ejército exista con vida y el que dice que lo oprime no tiene más objeto que defenderlo, sostener sus derechos y libertarlo de la anarquía que quieren introducir en él los díscolos, malvados, perturbadores del orden y peores enemigos que los mismos españoles". Terminaba afirmando: "El señor don José Miguel Carrera me permitirá haga un paralelo entre su conducta y la mía: él perdió por su culpa el Estado de Chile y yo por dos veces he ganado su libertad. Él sólo ambiciona dominar a su país, como si fuese un vínculo de su propiedad y yo no deseo más que verlo libre e independiente".[83]

Mientras, en Chile la noticia del luctuoso hecho ocurrido en Mendoza había provocado la indignación de los carrerinos, desatándose en Santiago la agitación opositora, de la que el Cabildo se hizo eco. Manuel Rodríguez encabezó una pueblada reclamando que el poder pasase al ayuntamiento hasta tanto se reuniese un Congreso. O'Higgins reprimió enérgicamente el movimiento y el 17 de abril el caudillo chileno fue puesto en prisión. Un mes más tarde, el Director accedió a flexibilizar un tanto el régimen, nombrando una comisión de ciudadanos ilustrados para que presentasen un proyecto de constitución provisional. Ésta mantuvo las amplias facultades del gobierno, pero estableció que las funciones legislativas fueran ejercidas por un senado de cinco miembros que serían designados por el titular del Ejecutivo.

Por entonces quedó sellada la fatal suerte de quien había sido el indirecto promotor de ese cambio. En efecto, Rodríguez estaba detenido en el cuartel de Cazadores de los Andes, bajo el mando de Rudecindo Alvarado. Cuando el batallón salió hacia Quillota, la custodia del prisionero fue confiada al teniente Manuel Navarro, previamente instruido por su jefe y por Monteagudo para deshacerse del conflictivo personaje. El 24 de mayo Rodríguez fue asesinado de un pistoletazo en la quebrada de Til Til. En el sumario levantado el oficial alegó que había obrado en defensa propia cuando por el preso lo atacó en un intento de fuga, y fue absuelto. Esta muerte también provocó una viva protesta en Chile. No puede ella atribuirse exclusivamente a la influencia personal de Monteagudo en tren de granjearse con estos "servicios" la consideración de su nuevo protector O'Higgins; por la manera concertada en que se actuó, tanto en la ejecución del crimen como en el proceso que le siguió –a diferencia de lo ocurrido en Mendoza–, parece indudable la responsabilidad de la Logia. Al serle transmitida la noticia a Buenos Aires, San Martín le escribiría a Guido con el mismo tono de aceptación resignada y similares palabras con que antes lo había hecho para referirse al destierro de Dorrego: "Me ha sido muy sensible la muerte de Manuel Rodríguez, su carácter anunciaba un fin trágico: sus talentos pudieron haber sido muy útiles a su patria, con un poco de juicio".[84]

Notas

1. Cfr. el relato realizado por una de las protagonistas, Laureana Ferrari, esposa de Olazábal: *La Bandera de los Andes, op. cit.* en J. L. Busaniche, *op. cit.*, págs. 43-46.

2. Pastor Obligado, *Tradiciones históricas*, Barcelona, Montaner y Simón editores, 1903, pág. 199.

3. AGN, AG, leg. cit., Mendoza, 13 de enero de 1817.

4. J. Espejo, *op. cit.*, pág. 14074.

5. AGN, AG, leg. cit., San Martín a Guido, Mendoza, 21 de enero de 1817.

6. Consigna M. A. Pueyrredón, *op. cit.*, pág. 150 que "perecieron muchos hombres, atacados por el soroche los unos y helados los otros. Su número llegaba a trescientos. En la cumbre hizo un frío tan intenso que se helaron sesenta a setenta hombres, que murieron. Mayor número se salvó, usando de remedios eficaces, entre ellos el látigo para los negros que eran los más sensibles al frío".

7. M. A. Pueyrredón, *Memorias del coronel...*, *op. cit.*, pág. 152.

8. Parte detallado del general San Martín al gobierno argentino dando cuenta de la batalla de Chacabuco. Cuartel general de Santiago de Chile, 22 de febrero de 1817, en *Biblioteca de Mayo, op. cit.*, tomo XVI, 2ª parte, pág. 14.406.

9. General Antonio Quintanilla, "Antecedentes de la batalla de Chacabuco", en *ibídem*, págs. 14.394-5.

10. MANUEL DE OLAZÁBAL, "Recuerdos de Chacabuco", en J. L. BUSANICHE, *op. cit.*, pág.62.

11. Tal fue la exclamación de San Martín cuando, días después, en viaje a Buenos Aires, pasó con su ayudante O'Brien por el campo de batalla y observó la porción de tierra removida ocupada por los restos de los valientes libertos sacrificados.

12. JOSÉ DE SAN MARTÍN, "Contestación a las preguntas del general Miller", en *Biblioteca de Mayo, op. cit.*, tomo II, pág.1.907.

13. JUAN ROMÁN SYLVEIRA, *Anecdotario histórico militar*, Buenos Aires, Ediciones Argentinas Brunetti, 1949.

14. *Ibídem*, pág. 2. San Martín a Guido, Santiago, 18 de febrero de 1817.

15. Cit. en CARLOS GUIDO Y SPANO, *Vindicación histórica. Papeles del brigadier general Guido, 1817-1820*, Buenos Aires, Carlos Casavalle editor, 1882, pág. 3.

16. J. M. YRARRAZÁBAL LARRAÍN, *op. cit.*, tomo I, pág. 149.

17. *DHLGSM*, *op. cit.*, tomo IV, págs. 561-575. Buenos Aires, 21 de diciembre de 1816.

18. *Ibídem*, tomo VI, pág. 132. Santiago de Chile, 20 de agosto de 1817.

19. VICENTE PÉREZ ROSALES, *Recuerdos del pasado*, cit. en J. L. BUSANICHE, *op. cit.*, págs. 67-72.

20. Cit. en R. PICCIRILLI, *op. cit.*, págs. 413-414.

21. *Ibídem*, pág. 424.

22. BENJAMÍN VICUÑA MACKENNA, *Relaciones históricas. El general San Martín después de Chacabuco.* Cit. en J. P. OTERO, *op. cit.*, tomo II, pág. 112.

23. ARCHIVO NACIONAL (AN), *Archivo de don Bernardo O'Higgins (AO'H)*, Santiago de Chile, Imprenta Universitaria, 1951, tomo VIII, págs. 163-164.

24. *Ibídem*, pág. 164. San Martín a O'Higgins, Cañada de Lucas, 25 de marzo de 1817.

25. *Ibídem*, págs. 165-166. Buenos Aires, 8 de abril de 1817.

26. Cit. en R. PICCIRILLI, *op. cit.*, págs. 425-426. Staples a W. Hamilton, Buenos Aires, 11 de abril de 1817.

27. *Ibídem*, págs. 430-431. Buenos Aires, 24 de mayo de 1817.

28. *Ibídem*, págs. 432-433. Buenos Aires, 25 de mayo de 1817.

29. *DHLGSM*, *op. cit.*, tomo III, pág. 207. Alvear a San Martín, Río de Janeiro, 2 de febrero de 1816. En esa curiosa carta, el director caído le decía a San Martín con total impavidez: "Ignoro el grado de resentimiento en que V. pueda hallarse con respecto a mí, pues nuestros comunes enemigos han tratado incesantemente de afinar la discordia entre los dos, pero como por una parte mi conciencia nada me reprocha con respecto a V. y por otra el conocimiento que tengo de su honradez me mueven paisano mío a escribirle a V. para que si tiene algún valimiento con el gobierno de Buenos Aires se empeñe con él para que me vuelvan mis bienes embargados, de otro modo me es imposible vivir y tendré que pasar el resto de mi vida en la más horrorosa miseria con una familia inocente que ha tenido la desgracia de pertenecer a un padre que ha perdido todo por su fanatismo, en hacer toda especie de sacrificios en obsequio de un país que le ha pagado con tanta ingratitud".

30. C. GUIDO Y SPANO, *op. cit.*, págs. 16-19. El secretario de Estado Gregorio Tagle al oficial mayor del Ministerio de la Guerra, Tomás Guido, Buenos Aires, 8 de abril de 1817.

31. AN, *AO'H*, *op. cit.*, pág. 167. San Martín a O'Higgins, Santiago, 11 de mayo de 1817.

32. *Ibídem*, pág. 168. Santiago, 18 de mayo de 1817.

33. *Ibídem*, págs. 170-171. Santiago, 5 de junio de 1817.

34. *Ibídem*, pág. 172. San Martín a O'Higgins, Santiago, 23 de junio de 1817.

35. *Ibídem*, pág. 173. Santiago, 21 de julio de 1817.

36. C. GUIDO Y SPANO, *op. cit.*, pág. 25. Santiago, 16 de julio de 1817.

37. *Ibídem*, pág. 24. Guido al Director de las Provincias Unidas, Santiago, 18 de julio de 1817.

38. *DHLGSM, op. cit.*, tomo VI, pág. 48. De San Martín a Godoy Cruz, Santiago, 22 de julio de 1817.

39. *Ibídem*, pág. 154. Santiago, 31 de agosto de 1817.

40. B. MITRE, *op. cit.*, tomo II, pág. 33.

41. *DHLGSM, op. cit.*, tomo VI, pág. 144. Buenos Aires, 25 de agosto de 1817.

42. AN, *AO'H, op. cit.*, tomo VIII, pág. 175. S/f.

43. *DHLGSM, op. cit.*, tomo VI, pág. 197. Concepción, 9 de septiembre de 1817.

44. C. GUIDO Y SPANO, *op. cit.*, pág. 35. El diputado Tomás Guido al Director de las Provincias Unidas, Santiago, 10 de septiembre de 1817.

45. *Ibídem*, págs. 37-38. Alocución del Diputado de las Provincias Unidas al nuevo gobierno de Chile.

46. R. PICCIRILLI, *op. cit.*, pág. 439. Santiago, 18 de junio de 1817.

47. *Ibídem*, pág. 436. Bowles al secretario del Almirantazgo J. W. Croker, Buenos Aires, 30 de junio de 1817.

48. *Ibídem*, págs. 434-435. Staples a Hamilton, Buenos Aires, 16 de agosto de 1817.

49. *DHLGSM, op. cit.*, tomo VI, pág. 126. San Martín a Belgrano, Santiago de Chile, 20 de agosto de 1817.

50. *Ibídem*, pág. 230. Belgrano a San Martín, Tucumán, 26 de septiembre de 1817.

51. Cfr. SAMUEL HAIGH, *Bosquejos de Buenos Aires, Chile y Perú*. Buenos Aires, 1920. Traducción y prólogo de Carlos A. Aldao.

52. C. GUIDO Y SPANO, *op. cit.*, pág. 58. El diputado Tomás Guido al Director de las Provincias Unidas de Sud América, Santiago de Chile, 10 de diciembre de 1817.

53. *Ibídem*, págs. 61-62. Santiago de Chile, 12 de diciembre de 1817.

54. *Ibídem*, pág. 78. Pueyrredón a San Martín, Buenos Aires, 7 de febrero de 1818.

55. *Ibídem*, pág. 89. Pueyrredón a Guido, Buenos Aires, 16 de marzo de 1818.

56. *DHLGSM, op. cit.*, tomo VI, págs. 325-327. Caupolicán ∴ al H ∴ Inaco, Salamina, 6 de noviembre de 1817.

57. *Ibídem*, págs. 232-234.

58. C. GUIDO Y SPANO, *op. cit.*, págs. 89-90. Pueyrredón a Guido, Buenos Aires, 16 de marzo de 1818.

59. R. PICCIRILLI, *op. cit.*, págs. 437-438.

60. *Ibídem*, págs. 441-445.

61. Cfr. FÉLIX DENEGRI LUNA, "San Martín y su admirable estrategia política y militar", en *Primer Congreso Internacional Sanmartiniano*, Buenos Aires, 1978, tomo IV, págs. 405-427.

62. AGN, *AG*, leg. cit., San Martín a Guido, Cuartel general en Las Tablas, 3 de febrero de 1818.

63. *Memoria de gobierno del virrey Joaquín de la Pezuela*, Sevilla, 1947, pág. 201.

64. CNC, *DASM, op. cit.*, tomo V, pág. 188. Pezuela al conde de Casa Flores, Lima, marzo de 1818.

315

65. AN, *AO'H, op. cit.*, págs. 178-179. San Martín a O'Higgins, Santiago, 11 de diciembre de 1817.

66. *DHLGSM, op. cit.*, tomo VII, pág. 117. Tomás Guido a San Martín, Santiago de Chile, 22 de marzo de 1818.

67. Estos apuntes de Guido fueron publicados en el tomo III de la *Revista de Buenos Aires*; reunidos con los correspondientes a los tomos IV y VII fueron recogidos más tarde en TOMÁS GUIDO, *San Martín y la gran epopeya*, Buenos Aires, El Ateneo, 1928, perteneciente a la Colección Grandes Escritores Argentinos. Cit. en J. L. BUSANICHE, *op. cit.*, pág. 102.

68. B. MITRE, *op. cit.*, tomo II, pág. 63.

69. C. GUIDO Y SPANO, *op. cit.*, pág. 97. Santiago de Chile, 29 de marzo de 1818.

70. *Ibídem*, págs. 105-106. Belgrano a Guido, Tucumán, 10 de abril de 1818.

71. *Ibídem*, págs. 97-98. San Martín a Guido, llano de Maipú, 30 de marzo de 1818.

72. *Ibídem*, págs. 98-99. San Martín al Diputado de las Provincias Unidas de Sud América, cuartel general en la Aguada, 30 de marzo de 1818.

73. *Ibídem*, págs. 100-101. Credencial extendida por O'Higgins al diputado de las Provincias Unidas teniente coronel Tomás Guido, refrendada por los secretarios de Estado de Gobierno, Guerra y Hacienda, Francisco Fontesilla, Miguel Zañartú, José Ignacio Zenteno y Anselmo de la Cruz.

74. *Ibídem,* pág. 115. El diputado T. Guido al Director de las Provincias Unidas de Sud América, Santiago de Chile, 20 de mayo de 1818.

75. *Ibídem*, pág. 70.

76. El coronel Hilarión de la Quintana en su declaración, dada en Santiago el 9 de abril, luego de afirmar categóricamente que "en todas las ocasiones de riesgo se ha portado con cobardía", se hace constar el referido episodio (*DHLGSM, op. cit.*, tomo VII, pág. 218).

77. V. F. LÓPEZ, *op. cit.*, tomo VII, págs. 194-195.

78. *DHLGSM, op. cit.*, tomo VII, pág. 183. San Martín a Joaquín de la Pezuela, Santiago, 11 de abril de 1818.

79. C. K. WEBSTER, *op. cit.*, tomo I, pág. 770. San Martín al vizconde de Castlereagh, Santiago de Chile, 11 de abril de 1818.

80. *DHLGSM, op. cit.*, tomo VII, pág. 59. San Martín al Director Supremo delegado de Chile, coronel Luis de la Cruz, Cuartel general de las Tablas, 18 de enero de 1818.

81. *Ibídem*, pág. 179. O'Higgins a San Martín, Santiago de Chile, 10 de abril de 1818.

82. Cit. en J. P. OTERO, *op. cit.*, pág. 384.

83. *Ibídem*, págs. 385-386.

84. C. GUIDO Y SPANO, *op. cit.*, págs. 118-119. San Martín a Guido, Buenos Aires, 23 de junio de 1818.

VII

DEMORAS, INTRIGAS Y OBSTÁCULOS
EL ARRIBO A LA META: PERÚ

Homenajes y tratativas en la capital del Plata

El 9 de abril San Martín le había avisado a Pueyrredón que viajaría a Buenos Aires para descansar unos días de sus fatigas en el seno de su familia y sobre todo con el objeto de acordar lo necesario para dar el último golpe a los enemigos, pero le previno que no quería "bullas ni fandangos", y pese a las recomendaciones del Director, el general eludió los homenajes preparados con motivo de su llegada. El 11 de mayo entró silenciosamente a la ciudad al romper el alba. En cambio, no pudo evadirse seis días después de asistir a la sesión extraordinaria que acordó celebrar el Congreso para expresar públicamente la gratitud de la nación al vencedor de la gloriosa jornada del 5 de abril.

En verdad, San Martín estaba impaciente por acelerar la formación de la escuadra que permitiera el dominio del Pacífico y el inmediato traslado del Ejército al Perú. Pero no encontró un ambiente favorable al suministro de nuevos recursos, no sólo por la penuria financiera del Estado sino por la peligrosa irritación que causaría la continuación de la política de exacciones y empréstitos forzosos que no podía menos que aumentar la impopularidad que la cuestión portuguesa le había granjeado al Directorio. Por otro lado, al alejarse las acciones bélicas del escenario rioplatense, parecía haberse olvidado el compromiso de solidaridad americana asumido en 1816. No en vano Pueyrredón le decía a su representante ante el gobierno de Chile: "Aquí no se conoce que hay revolución ni guerra, y si no fuera por el medio millón que estoy sacando para mandar a ese país, ni los godos se acordarían de Fernando".[1]

La suma aludida correspondía al empréstito que finalmente San Martín consiguió que el gobierno porteño ordenase levantar –accediendo el ministro Tagle de mala gana– para atender a los gastos de la expedición al Perú, luego de las largas conversaciones que tuvieron lugar durante los días que pasó en la hermosa chacra del Director en San Isidro. Allí se reunieron ambos con otros integrantes de la Logia y al parecer reinó la cordialidad, a juzgar por los comentarios de

Pueyrredón a Guido: "San Martín ha sido fiel en lo ajeno y en lo propio; y me ha hecho confesiones en la historia de toda su vida capaces de hacer reír a un muerto".[2] Antes le había dicho: "Hemos pasado algunos días buenos con San Martín y otros amigos en mi chacra; a bien que no serán malos los que V. pasará con la llegada del cachumbo mayor y la presencia de la manada de cachumbillos. He procurado con instancia persuadir a San Martín abandone el uso del opio; pero infructuosamente, porque me dice que está seguro de morir si lo deja: sin embargo, me protesta que sólo lo tomará en los accesos de su fatiga".[3]

Tal vez a sabiendas de cuánto costaría reunir el monto estipulado entre los comerciantes de la plaza, quería el Director que San Martín permaneciera en ella hasta saber el resultado de la medida. A fines de junio, el Libertador, pecando de optimismo, le confirmaba a Guido: "El empréstito de los 500.000 pesos está realizado; hágase por ese Estado [Chile] otro esfuerzo y la cosa es hecha: por lo menos, auméntese la fuerza hasta nueve mil hombres, pues de lo contrario nada se podrá hacer". "Póngase V. en zancos y dé una impulsión a todo para que haya menos que trabajar, de lo contrario yo me tiro a muerto".[4]

Así, pues, confiado en que contaría con esa suma, el 4 de julio el general partió de Buenos Aires, esta vez acompañado por su esposa y su pequeña hija. También había conseguido que saliera hacia las costas chilenas el bergantín de guerra *Maipú*, llevando a bordo a 150 marineros de excelente calidad que se destinarían a tripular el *Cumberland,* navío que –a raíz de las gestiones realizadas por Álvarez Condarco– había zarpado de Inglaterra con destino a Valparaíso. Por otro lado, luego de sortear múltiples inconvenientes, se esperaba que llegasen antes de la primavera los buques provenientes de los Estados Unidos.

Intermedio mendocino

Noticias alentadoras acababa de recibir San Martín de sus comisionados en Europa. Además de anunciar el envío del *Cumberland*, Álvarez Jonte le decía entusiasmado: "No es menos interesante la adquisición de lord Cochrane, este sujeto es preciso conocerlo para saberlo apreciar; a la cabeza de la marina de ese país, será el terror de los españoles y el respeto de todos. Después de tan grandes cosas parece que V. no tendría más que oír: mas es preciso que componga V. su alma para escuchar lo mejor. Se está construyendo un gran buque de vapor".[5] Era, sin duda, más de lo que el general esperaba. En fin, todo parecía que marchaba viento en popa.

Sin embargo, esa misiva también contenía una inquietante noticia: en Cádiz se aprontaba con actividad una expedición para sumar nuevas fuerzas a la represión de los revolucionarios, por lo que el mencionado agente lo instaba a que se pusiera término a todo trance a la resistencia que seguían manteniendo los realistas en Talcahuano, antes de que pudieran ser reforzados con esa nueva remesa de tropas. En función de esto, al llegar a Mendoza –donde debió detenerse por encontrar cerrada la cordillera– le escribió a Guido: "En el momento que lleguen los buques de Norteamérica es menester que se halle preparado todo para atacar a Talcahuano: tomado éste como lo espero por un bloqueo riguroso, las tropas del ejército pueden embarcarse en este punto para reunirse en Valparaíso o, por mejor decir, en las Tablas para formar un campo de instrucción que es necesario a lo menos por dos meses".[6] Algunos días más tarde insistía: "Repito que es necesario concluyamos con Talcahuano para que quedemos acéfalos para emprender nuevas operaciones".[7]

Durante su permanencia en la capital cuyana comenzaron a llegarle al general malas noticias. Reiterados anónimos le informaban sobre una grave desavenencia suscitada entre el mandatario chileno y el representante argentino, por eso le encarecía a este último: "Si hay algo, ruego a V. por nuestra amistad se corte todo con O'Higgins; háblele V. con franqueza, no sea le hayan metido algún chisme, sobre todo no tome V. parte alguna en nada que tenga intervención con Chile: O'Higgins es honrado y estoy seguro que todo se transará".[8] No le engañaba el olfato al Libertador, pues, en efecto, un personaje mirado con desconfianza por la Logia de Buenos Aires luego de su reorganización de 1816[9] buscaba recuperar su injerencia en el poder por la vía alternativa de congraciarse con el Director chileno. Parte de esa estrategia, a la táctica sangrienta de las ejecuciones innecesarias ya señaladas siguió la de la insidia, fomentando la malquerencia hacia Guido. Ganado por ella, el mandatario se quejó indignado por la intromisión indebida del argentino en detrimento de su autoridad, hasta el punto de punto de exigir de su par de las Provincias Unidas que lo retirase de su puesto, lo que fue concedido de inmediato por Pueyrredón en tren de cortar a tiempo la discordia. San Martín, sabedor de que el cumplimiento de esa medida le significaba perder a su indispensable colaborador, interpuso su autoridad en sostén del cuestionado funcionario y logró que se solucionara la divergencia. Por entonces presentó sus credenciales ante el gobierno de las Provincias Unidas el enviado chileno Miguel Zañartú, con el fin de estrechar la unión y cooperación de ambos Estados en pro de la continuación de la empresa libertadora. Pasado el desagradable incidente, Guido alertó a San Martín sobre el trasfondo de la cuestión:

Ya supongo a usted tranquilizado con cuanto le he dicho en mis cartas de 26 y 29. Nadie ha vuelto a recordar el suceso yo menos que nadie; pero usted se admirará al saber que estamos convencidos que el agente principal de la maniobra secreta jugada contra mí ha sido Monteagudo. Este pícaro desagradecido no perdona medio de atacar a usted, a mí y a cuantos cree capaces de embarazarle las ideas que ha dejado transpirar y contando con la docilidad de O'Higgins se introduce como una culebra en un círculo que cree él diferente del nuestro, y ha chocado hasta con Peña por un acaso increíble. Yo temo entrar en detalles, porque a todo resisto, menos a la ingratitud de los hombres, y me deslizaría en medio del resentimiento que me causa el ver a un Monteagudo empeñado en destruir la opinión de los que la han granjeado a costa de incesantes fatigas. Usted vendrá y escuchará de nuestros amigos imparciales la historia y se asombrará del punto a que llega la bajeza de ciertos corazones.[10]

Advertido de la trama, el general se movilizó rápidamente para sacar al Director de Chile del influjo del intrigante. Comenzó por avisarle desde Mendoza, como al pasar, al finalizar una carta: "P.D. *Reservada para V. solo*. Luzuriaga me ha dicho esta mañana le ha asegurado un vecino honrado de ésta haber visto una carta de Monteagudo en que a la verdad nos hace muy poco favor a V. y a mí, como igualmente a ese pueblo".[11] Cuando en octubre el general regresara a Santiago, una de sus primeras acciones sería denunciar en sesión de la Logia las maquinaciones urdidas por el tucumano, lo que determinaría que se dispusiese el destierro de éste a San Luis. Como bien había observado Guido, el error del condenado consistió en no haber percibido –pese a su indiscutible sagacidad– que existía una total compenetración entre el círculo logista que dirigía la política en Chile y en las Provincias Unidas.

Pero no fue este incidente, sino otra novedad de mayor gravedad la que afectó al general durante su estadía en Mendoza. Cuando se ocupaba de ordenar a Balcarce que activase el aumento de reclutas, la conclusión del campo de instrucción, la maestranza y todo lo demás relativo a la puesta a punto del ejército, recibió un oficio reservado de Pueyrredón por el que le comunicaba que "el empréstito de los 500.000 pesos sancionado, apenas se hará asequible a una tercera parte y con la lentitud a que da mérito la escasez de numerario. Entre tanto, habiendo acrecido las atenciones de este gobierno de un modo extraordinario, sin que le fuese dado dejar de acudir a ellas por su gravedad y consecuencia", había tenido que disponer de lo colectado, por lo que le prevenía que contase por el momento con esos recursos para atender al Ejército Unido.[12] Las nuevas urgencias que le habían obligado a distraer esos fondos, a que aludía el Director estaban relacionadas con la nueva campaña que en agosto había decidido abrir contra Santa Fe, enviando una columna de tropas al mando de Juan Ramón Balcarce a invadir la provincia desde el sur; mientras Belgrano, en cumplimiento de órdenes superiores, destacaba una expedición al mando de Bustos que debía atacar simultáneamente desde Córdoba. Había primado en esta determinación de Pueyrredón la línea política que propiciaba su ministro Gregorio Tagle, quien a nombre de la seguridad interior había comenzado a oponerse a continuar solventando la realización del plan continental sanmartiniano.

La mencionada resolución cayó como un balde de agua fría sobre el entusiasmo del general, que nunca como entonces había creído más cercana la concreción de su proyecto y lo determinó a tomár una drástica resolución. De esta manera comunicaba lo sucedido a Guido:

Muy reservado.
Incluyo a V. copia del oficio de nuestro Pueyrredón que recibí hace tres días; juzgue V. la impresión que habrá causado en mi corazón su contenido. Él como jefe de Estado y como amigo y a presencia de sus secretarios sancionó el auxilio de los 500.000 pesos para el Ejército; en esta confianza yo marchaba a hacer el último sacrificio volviendo a encargarme de un mando que me es odioso, pero habiendo recibido avisos de un amigo de Buenos Aires en que se me aseguraba este resultado suspendí mi marcha a ésa. Ayer he hecho al Director la renuncia del mando del ejército, del que no me volveré a encargar jamás: yo no quiero ser el juguete de nadie y sobre todo quiero cubrir mi honor.[13]

San Martín consiguió con su renuncia del 6 de septiembre el efecto que se había propuesto:

Al fin, consecuente a mi renuncia, se ha vuelto a decretar el auxilio de los 500.000 pesos para el Ejército de los Andes: ya tengo en mi poder algunas libranzas contra individuos de esa que remitiré a Lemos en el correo entrante. También han salido de Buenos Aires en la fragata inglesa *Lord Lindoch* los vestuarios necesarios para cuatro mil hombres y la artillería de batir que había pedido. Todo esto ha mejorado mi salud y sólo espero un poco de más tiempo para que venga todo el dinero y marcharme a ésa aunque sea muriéndome: ahora tal cual se puede trabajar, de lo contrario sería ir a ser víctima de la necesidad.[14]

En efecto, el gobierno, presionado por la Logia, reaccionó de inmediato y haciendo honor a lo convenido, autorizó al general para que librase a cuenta de la suma estipulada contra el tesoro porteño. Pueyrredón, avisado de la estratagema, le escribió confidencialmente "dejémonos ahora de renuncias"; y San Martín, ni lerdo ni perezoso, inmediatamente sacó partido de la facultad que se le confería: alegando el riesgo a que estaban expuestos de caer en manos de las montoneras santafesinas los caudales que el comercio de Chile enviaba por correo a Buenos Aires, se incautó de ellos prescribiendo a las autoridades de Mendoza que girasen a cambio del efectivo letras pagaderas en la capital de las Provincias Unidas. Dejó así a Pueyrredón en el mismo aprieto que debió soportar años atrás su antecesor Posadas, debido a una medida muy similar adoptada por el general cuando se desempeñaba como jefe del Ejército del Norte en Tucumán. El primero le decía: "Me ha puesto V. en las mayores angustias con las libranzas que ha dado por los caudales de los correos que ha detenido. Ha sido preciso pagarles a la vista, porque de otro modo padecía el crédito de V., el mío y el de la administración toda; y para ello gradúe cómo me habré visto para hacer de modo que fuesen todos los accionistas pagados antes que se despachase el correo. He barrido al cabildo, consulado, aduana y cuanto había con algún dinero ajeno. Si viene otra hago bancarrota y nos fundimos".[15]

El incidente pronto fue olvidado por la conmoción que produjo en el gobierno, y sobre todo en el francófilo Director, el arribo del coronel Le Moyne a Buenos Aires. Era un enviado del marqués d'Osmond, quien durante el reinado de Luis XVIII trabajaba juntamente con Richelieu para instaurar monarquías en América que respondieran a la influencia francesa. Se barajaron entonces nuevos proyectos monárquicos que primero giraron en torno de la posible coronación en el Plata del duque de Orleáns, reduciéndose más tarde las expectativas al duque de Luca. Pero en los momentos iniciales de esas tramitaciones, Pueyrredón escribió eufórico a San Martín sobre "el nuevo teatro que se presentaba a nuestros negocios públicos", el cual hacía necesario suspender la empresa a Lima. Con el objeto aparente de dar satisfacciones al general a nombre de la Logia sobre el tema del empréstito, pero con el real de interiorizarlo del proyecto que ocupaba entonces la atención del Congreso, llegó el 10 de octubre a Mendoza don Julián Álvarez, tras un agitado viaje en el que, acosado por las montoneras santafesinas, tuvo que quemar presurosamente los papeles que delataban la gestión monárquica. Tal actitud era la más elocuente demostración de la conciencia que tenía la dirigencia logista de gobernar de espaldas al pueblo, contrariando sus anhelos republicanos; de ninguna otra manera puede interpretarse tal destrucción de "la prueba del delito". El gobierno argentino había resuelto enviar al canónigo doctor Valentín Gómez, ex alvearista de la Asamblea del año XIII, en misión diplomática ante el congreso de Aix-la-Chapelle para exponer la intención de organizarse bajo la forma monárquica constitucional y tramitar la coronación de un príncipe de alguna dinastía europea. Para reforzar la posición del emisario se le encargó a San Martín que interpusiera su influencia ante O'Higgins con el fin de que se lo autorizase a gestionar en el mismo sentido en nombre de Chile. Y, en consecuencia, el general le escribió al Director: "Por mi oficio verá V. la comisión dada al Dr. Gómez para que éste se presente al Congreso de Soberanos y demás naciones, a fin de establecer nuestra independencia. Los pliegos que venían para V. sobre este particular, se vio precisado Álvarez a quemarlos, para que no cayera en las manos de las montoneras de Santa Fe, quienes le despojaron de todo el dinero y armas que traía: la representación de ambos Estados debía ser una gran fuerza en el citado Congreso de Soberanos".[16] El mandatario chileno correspondió a las instancias del Libertador, pero en vez de delegar la representación de su país en el comisionado porteño, como sugería Pueyrredón, nombró a José Antonio Irisarri como agente diplomático de Chile para que actuase de consuno con aquél.

Entre tanto San Martín estaba ya dispuesto a cruzar la cordillera. Tendría que hacerlo sin llevar consigo a su familia, pues Remedios acababa de sufrir un aborto natural y se hallaba delicada de salud, por lo que debió permanecer en Mendoza con Merceditas.

La escuadra chilena, el complot de los franceses y la campaña al Bío Bío

Cuando el 29 de octubre San Martín llegó a Santiago, la escuadra en formación se hallaba desarrollando importantes acciones navales que en breve le permitirían dominar el sur del Pacífico. El primer buque con que contó la marina chilena fue el *Águila*, apresado a los realistas luego de Chacabuco y que se rebautizó con el nombre de *Pueyrredón*. Su primera campaña fue el rescate de los patriotas chilenos confinados por Osorio y Marcó del Pont en la isla de Juan Fernández. Después de Cancha Rayada –según se ha visto– Guido fue comisionado por el gobierno chileno a indicación de San Martín para adquirir la fragata *Windhan*, perteneciente a la Compañía de Indias Orientales que Álvarez Condarco había hecho dirigir hacia las costas chilenas. Este buque de fuerza superior –renombrado *Lautaro*– dio respetabilidad a la naciente marina y en su primera incursión logró desarticular el crucero español que bloqueaba Valparaíso; y si bien se le escapó la fragata *Esmeralda*, pudo apresar un bergantín enemigo que transportaba caudales, lo que permitió terminar de pagar la costosa embarcación. En julio se compró la corbeta *Coquimbo*, rebautizada *Chacabuco*, y poco después llegaba a los puertos chilenos el bergantín *Columbus*, que también fue adquirido por el gobierno, pasando a llamarse *Araucano*; en agosto arribó el poderoso navío *Cumberland*, asimismo enviado desde Inglaterra, al que se lo denominó *San Martín*. Finalmente llegó a Buenos Aires la fragata *Horacio*, que debía ser seguida en breve por otra: la *Curacio*, ambas enviadas por Aguirre desde los Estados Unidos luego de sortear múltiples dificultades. El mando de esta fuerza naval fue encomendado al teniente coronel de artillería Manuel Blanco Encalada.

Por entonces la escuadra chilena se aprestaba a recibir a la expedición española enviada desde Cádiz compuesta de once transportes con 2.500 hombres a su bordo, convoyados por la fragata *María Isabel* de cincuenta cañones. El 28 de octubre las fuerzas comandadas por Blanco Encalada lograron tomar esta importante nave en Talcahuano, la que fue rebautizada *O'Higgins*. Asimismo cayeron en manos de los independientes cinco de los transportes mencionados. Posteriormente se incorporó a la escuadra el bergantín *Galvarino* y colaboró con ella el buque argentino *Intrépido*.

El 28 de noviembre por fin llegó a Valparaíso el esperado lord Tomás Alejandro Cochrane –no así el anunciado buque a vapor– junto con otros marinos británicos como Wilkinson, Guise, O'Brien, Forster, quienes se habían decidido a prestar sus servicios a la causa de la independencia de América. En un gesto de nobleza, Blanco Encalada declinó el mando de la escuadra en el afamado marino inglés. En breve éste iniciaría sus operaciones contra la flota realista del Callao.

Fue en estos momentos cuando San Martín recibió noticias de Pueyrredón sobre el descubrimiento de un plan de asesinato contra él y O'Higgins, que debían llevar a cabo los franceses Carlos Robert y Juan Lagresse, reunidos con otros tres conspiradores de su misma nacionalidad. Éstos habían partido hacia

Chile en cumplimiento de su misión cuando fueron denunciados y apresados, a fines de noviembre. Los instigadores del abortado intento, obviamente, fueron José Miguel Carrera y su hermana Javiera, incansables intrigantes acicateados por el odio. El caudillo chileno se hallaba por entonces reunido en Montevideo con su símil porteño Carlos de Alvear. Ambos, de acuerdo con los caudillos de Entre Ríos y Santa Fe, daban pábulo a la guerra civil, afilando el arma de la difamación a través de las publicaciones realizadas en la imprenta que el primero había traído de los Estados Unidos. Los franceses acusados del conato de crimen fueron sometidos a juicio por una comisión militar. Robert y Lagresse, sentenciados con exceso de rigor a la pena capital, fueron fusilados en abril de 1819.

Entre tanto, continuaba la resistencia realista en el sur. El envío, después de Maipú, de una partida poco numerosa de tropas al mando de Zapiola para terminar con aquélla no había arrojado resultado alguno. No obstante, en septiembre Osorio desguarneció Talcahuano y se embarcó hacia el Callao, quedando la resistencia a cargo del general Sánchez, quien avanzó batiendo a las fracciones enemigas hasta Los Ángeles, que acababa de ser evacuado por el jefe realista.

La acción decisiva de esta campaña tuvo lugar el 19 de enero sobre la costa del Bío Bío. Tras esta derrota, Sánchez, con su ejército en esqueleto, se recluyó en Valdivia, donde permanecería mal armado, sin artillería y sin posibilidad alguna de recibir refuerzos.

Después de esta campaña, San Martín y Balcarce dieron por terminada la guerra en esa zona, quedando a cargo de Freire liquidar las últimas resistencias.

Los perjuicios del localismo: el general condenado a la inacción

La formación de la escuadra chilena y sus exitosas operaciones, el acuerdo conseguido con el gobierno directorial porteño y el creciente aislamiento de la resistencia realista al sur de Chile presagiaban el inminente inicio de la campaña a Lima. El 13 de noviembre de 1818 San Martín dirigió una importante proclama al pueblo peruano en la que anunciaba su próxima expedición, sellando de esa manera el compromiso asumido por los dos gobiernos: "Los Estados independientes de Chile y de las Provincias Unidas de Sudamérica me dirigen para entrar en vuestro territorio para defender la causa de la libertad". "La fuerza de las cosas ha preparado este gran día de vuestra emancipación política y yo no quiero ser sino un instrumento accidental de la justicia y un agente del destino". Se adelantaba asimismo a enunciar su proyecto integracionista: "La unión de los tres Estados independientes convencerá a la España de su impotencia y las otras potencias le concederán estima y respeto. Al asegurar los primeros pasos de vuestra existencia política, un congreso central compuesto por representantes de los tres estados dará a vuestra organización representativa una nueva finalidad y una constitución para cada una, así como una perpetua alianza y federación".[17]

El giro decididamente favorable a los patriotas dado en la guerra emancipadora sudamericana a partir de 1818 y sobre todo después de la batalla de Maipú fortificó la idea de unión continental. Al conocer Bolívar el irreversible triunfo de San Martín en Chile juzgó ya segura la expedición libertadora de Nueva Granada que estaba planeando, ya que a imitación del ejemplo argentino cruzaría los Andes venezolanos para caer sobre Bogotá; y no hesitó en escribir al gobierno de las Provincias Unidas desde Angostura el 2 de junio de 1818: "Una sola debe ser la patria de los americanos". "Cuando el triunfo de las armas de Venezuela complete la obra de la independencia, nos apresuraremos a entablar el pacto americano que formando de todas nuestras repúblicas un cuerpo político presente la América ante el mundo con un respeto de majestad y grandeza". "Nuestra divisa sea: Unidad en la América meridional".[18]

A pesar de esta coincidencia básica en el pensamiento político de los Libertadores del Norte y del Sur, el mezquino localismo de cortas miras y la suicida tendencia al "sálvese quien pueda" eran poderosísimos obstáculos para la concreción de la integración continental. San Martín ya había podido comprobarlo con relación al gobierno de las Provincias Unidas y al principiar 1819 le ocurriría otro tanto con las autoridades de Chile. En cuanto consideraban asegurada la propia existencia por el alejamiento del peligro exterior, la solidaridad se tornaba en reticencia, traduciéndose en dificultades y dilaciones para la concreción del plan continental. De allí lo admirable de la férrea perseverancia y la titánica fuerza de voluntad de San Martín para llevar a cabo su misión, superando las sucesivas trabas interpuestas en el camino a Lima, no ya a lo largo de los meses, sino de los años.

A su regreso de Mendoza, el general comprobó que el dominio del Pacífico, en vez de facilitar la realización de sus planes, debilitaba la disposición del gobierno chileno para cooperar con la liberación del Perú. Obtenido el dominio del mar, su extenso litoral quedaba exento del peligro de nuevas invasiones realistas; por otro lado, las penurias del erario ocasionadas por el tremendo peso de los gastos de guerra (la formación y sostenimiento de la escuadra y del ejército) generaban un fuerte malestar contra el gobierno dictatorial de O'Higgins. Éste, a raíz de la reforma constitucional implementada en octubre de 1818, ya no podía obrar tan discrecionalmente como antes, pues debió contar a partir de entonces con el Senado, que se convirtió en el reducto de las resistencias a la política americana y en el baluarte de la tendencia a la reconcentración nacional. A fines de ese año, San Martín denunciaba ante el gobierno de las Provincias Unidas que, debido a la bancarrota en que se encontraba el Estado de Chile, no sólo no se fomentaban los aprestos para la expedición sino que el Ejército de los Andes se hallaba impago y desatendido, advirtiendo sobre la eventualidad de su repaso de la cordillera si en ese país subsistía la dificultad de sostenerlo.

El general se dirigió oficialmente al representante argentino y al gobierno de las Provincias Unidas, cargando las tintas contra el proceder de las autoridades chilenas:

Muy reservado.

Creo de mi obligación y en descargo de toda responsabilidad hacer a V.S. presente que la conducta que observo en este gobierno es en nada adecuado ni al agradecimiento que debía tener al Ejército Unido, como al plan de operaciones para atacar los enemigos de Lima [...] hice ver la necesidad de aumentar el ejército hasta un número tal que pudiese quedar en seguridad el país y estar disponibles 6.100 hombres para la expresada expedición. Nada de esto se ha hecho y no hay la más remota esperanza de que se verifique: por una parte no contesta a las peticiones que se le hacen, no toma medidas para dar un solo recluta como no se ha verificado en cuatro meses: en igual tiempo no ha sido socorrido con un solo real el Ejército de los Andes: por este estado nada se trabaja en la maestranza, ni ningún pedido que hace el Ejército se le concede. En fin, la conducta de este gobierno está manifiestamente clara de que su objeto es no sólo que no se verifique la expedición proyectada sino la de desprenderse del Ejército de los Andes poniéndonos en un estado de desesperación tal que tengamos que pasar la cordillera y comprometernos a disgustos de la mayor trascendencia.[19]

San Martín no exageraba la situación crítica del ejército: desde septiembre de 1818 permanecía impago, mientras que todos los fondos eran destinados a la marina, convertida en el centro exclusivo las atenciones del gobierno. Así lo confirmaba el diputado Guido, en un oficio dirigido al Director argentino: "Una impasibilidad insalvable hace ineficaces los reclamos más vigorosos del señor general San Martín". Sin embargo, no atribuía la desatención del ejército a la mala voluntad: "A pesar de la oposición casi general de los chilenos a las tropas de las Provincias Unidas, no puedo persuadirme exista en el gobierno un ánimo hostil contra ellas o decidida intención a comprometerlas a repasar las cordilleras. No dudo que el gobierno de Chile se complacería en que el Ejército de los Andes saliese del reino por aliviarse del gran peso que causa su existencia en él, cuando no es de temerse una invasión por los enemigos pero entiendo preferiría expedicionase a las costas de Lima a afianzar la seguridad de este reino y a abrir nuevos mercados para el consumo de sus frutos. Un buen deseo sin el conocimiento o ejecución de los medios para practicarlo, fácilmente se confunde con una voluntad viciada". Por lo tanto, el diputado concluía que debía resolverse la siguiente proposición: "O es del interés de las Provincias Unidas la destrucción del sistema español en Lima y debe emprenderse a todo trance, o no". En el primer caso, no quedaba otra alternativa, dado el estado de postración económica de Chile, que el gobierno argentino lo auxiliase con 500.000 pesos, sin los cuales era imposible realizar la expedición; en el segundo, debía sostener al Ejército de los Andes sin que cruzase la cordillera, por entender que sólo su permanencia en ese país podría "mantener en orden y seguridad este baluarte de la independencia de la América, a menos que un sistema ilustrado y vigoroso presida en lo sucesivo los consejos de este gobierno".[20]

El 14 de enero San Martín le explicaba al gobierno de las Provincias Unidas que sólo disponía de tres mil hombres, con los que no se podía emprender un ataque formal sobre ningún punto del Alto Perú y menos sobre Lima; lo más que podía hacerse, luego de destruida la escuadra enemiga en el Callao –para lo que ese mismo día había salido el primer crucero, dirigido por lord Cochrane–, eran desembarcos parciales sobre puertos intermedios. Él habíase comprometido a dirigir la expedición si se le facilitaban los auxilios necesarios, pero, como esto no se había verificado ni por parte de las autoridades argentinas ni de las chilenas, y como su precaria salud no le permitía empeñarse en una campaña dilatada de la magnitud de la que proponía, solicitaba licencia para reponerse en Mendoza. Si ésta no se le concedía, pediría licencia absoluta.

Sin duda, San Martín atravesaba por una situación similar a la de principios de 1816, sintiéndose responsable e impotente a la vez, y ello lo llevó a emplazar al gobierno chileno en oficio del 16 de enero de 1819: "Los ojos de la América o, por mejor dicho, los del mundo están pendientes sobre la decisión de la presente contienda con los españoles respecto a la expedición al Perú. Todos aguardan sus resultados y saben que el general San Martín es quien está nombrado para decidirla. Ante la causa de América está mi honor y no tendré patria sin él y no puedo sacrificar don tan precioso por cuanto existe en la tierra. Tengo dicho que para esperar un suceso favorable de la expedición se necesita 6.100 hombres. Espero se me diga si el Estado de Chile se halla en disposición de aprontarme los efectos que tengo pedidos y en qué tiempo".[21] O'Higgins se limitó a contestarle que era preciso conseguir 600.000 pesos fuera de su país para llevar a cabo la empresa.

Ante esa respuesta, el general volvió a escribir al directorio porteño que no había voluntad en el gobierno trasandino de llevar adelante la expedición al Perú si no era costeada por las Provincias Unidas y que los auxilios que éstas destinaron a tal fin él había tenido que invertirlos en el sostén del Ejército de los Andes. Para que éste no se disolviera, el gobierno argentino debía optar urgentemente –pues la cordillera permanecería abierta sólo hasta mediados de abril–, entre correr con los gastos de esas tropas manteniéndolas en Chile, o bien ordenar que pasasen a Cuyo, con lo que se corría el riesgo de que sufriesen una fuerte deserción, pues la mitad de ellas estaban compuestas de chilenos, y de que estallara la anarquía a su partida. Como se ve, si es cierto que el Libertador no dejó de presionar al gobierno de Chile, sus quejas, en las que siempre se hacía hincapié en el estado ruinoso de sus finanzas, tenían por fin ostensible conseguir auxilios supletorios por parte de las Provincias Unidas. En el mismo sentido había orientado Guido su extenso alegato ante Pueyrredón.

Luego de los esfuerzos realizados para formar la marina de guerra, la administración de O'Higgins se hallaba paralizada por la falta de recursos y en medio de un descontento generalizado alimentado por la creciente oposición carrerista, que presentaba al país expoliado por el mandatario personero del general argentino. En Talca, desde octubre de 1818 se habían levantando en armas Francisco de Paula Prieto y sus hermanos José y Juan Francisco, titulándose "Protectores de los Pueblos Libres de Chile", como remedo transcordillerano del modelo artiguista.

La situación chilena se tornaba cada vez más crítica y el director parecía no decidirse a obrar con mano firme para sofocar a sus enemigos internos, que lo eran también de San Martín. Sin embargo, la Logia no tardaría en pasar a la ofensiva.

La compleja cuestión del repaso del Ejército de los Andes

a) En resguardo del orden interno

Desde fines de enero de 1819, San Martín se estableció con el Ejército de los Andes en Curimón, sobre la ruta de Uspallata. A la vez, ordenaba a Balcarce que retirase a Talca el resto de esta fuerza que operaba en el sur, siempre y cuando con las tropas de Chile "pudiese quedar tranquila y segura la provincia de Concepción". Le explicaba a Guido: "Mi principal objeto es reencontrar las fuerzas de nuestros ejército bien sea para obrar ofensivamente contra el enemigo o bien el que repase los Andes si tienen orden para ello consecuente a las noticias recibidas de la expedición de España sobre Buenos Aires".[22]

En efecto, cuando el general decidió aproximar las tropas argentinas a la cordillera, ya le habían escrito de Inglaterra confirmándole esa preocupante información según la cual alrededor de veinte mil hombres se aprestaban a salir de Cádiz bajo el mando del general José O'Donell, conde de La Bisbal.[23] Este nuevo factor que entraba en juego fue lo que le hizo empezar a considerar como posible, y hasta necesario, lo que hasta entonces no había sido más que un elemento de presión. Mientras tanto, también el frente interno de las Provincias Unidas presentaba un aspecto cada vez más preocupante.

Encontrándose en Chacabuco a principios de febrero, San Martín recibió noticias de que los montoneros mantenían interceptadas las comunicaciones con Buenos Aires y que para restablecerlas se había ordenado a Belgrano que bajase con su ejército sobre Santa Fe, provincia que fuerzas de Buenos Aires, al mando de Juan Ramón Balcarce, ya habían invadido, encontrándose entonces en Rosario. Poco después el general se enteró de los extraños y luctuosos sucesos ocurridos en San Luis: el 8 de febrero los oficiales prisioneros tomados en Chacabuco y Maipú se sublevaron y atacaron sin éxito el cuartel y la cárcel; otro grupo que intentó apresar al teniente gobernador Dupuy fue detenido en su intento por el pueblo puntano al grito de "mueran los godos". Monteagudo, quien, como se recordará, se hallaba confinado en el lugar, fue encargado de instruir el proceso, lo que redundó en el fusilamiento de los complotados. San Martín, que –alarmado porque creía que se había establecido una combinación entre los anarquistas del Litoral, los españoles sublevados y los carreristas chilenos–, ya había decidido cruzar la cordillera para impedir la infición de la montonera en Cuyo y tomar una parte activa con el fin de cortar la guerra civil por vía de su intercesión conciliadora, se puso en marcha el 13 de febrero hacia Mendoza, no sin antes alertar a O'Higgins para que obrara drásticamente en Chile:

Mi amigo, vamos claros. Si V. quiere que se mantenga el orden en este país, mande V. por vía de precaución a la isla de Juan Fernández todos los carreristas […] este paso debe darse con prontitud en mi opinión, pues cuando echan mano de los españoles europeos para sus fines está visto que todo les importa menos que la independencia de la América […] es imposible que Ordóñez, Primo Rivera y demás jefes que han muerto y que todos eran de cálculo e instruccción se pudiesen meter en una conjuración sin que ésta estuviese apoyada con muchas ramificaciones en Chile y Provincias Unidas. Ojo al charqui y prevenirse con toda actividad.[24]

El Director no tardó en tomar las "medidas de seguridad" que San Martín le aconsejaba, a la par que se preparó una división de 1.500 hombres para repasar los Andes en el momento que el general lo requiriese. Simultáneamente, Guido le informaba que en sesión de la Logia se había acordado enviar una diputación de Chile, compuesta por el coronel Luis de la Cruz y el regidor Salvador de la Cavareda, para mediar las diferencias entre Artigas y Buenos Aires. Entre tanto, la suerte se había mostrado adversa para las armas directoriales en el Litoral. Atento a estos acontecimientos, San Martín le escribía al director chileno: "Los sucesos no han sido favorables y por lo que veo y me escriben los portugueses, Alvear y Carrera están metidos en este negocio. Yo voy a ver si puedo transarlo, pero al mismo tiempo armar la provincia de Cuyo para caer con ella contra los anarquistas, siempre que éstos no vengan a razón". Y no dejaba de reiterarle: "Ruego a V. tome medidas pues el plan de los anarquistas está visto es combinado con Chile".[25]

El 23 de febrero ya se encontraba en Mendoza, donde había vuelto a reunirse con su mujer: "He encontrado a Remedios muy aliviada, pero estoy resuelto a que marche a Buenos Aires en el momento que los montoneros lo permitan, pues estoy seguro que si permanece en ésta no vivirá muchos días". Todavía los caminos permanecían interceptados. Luego de manifestar en carta a Guido su aprobación de las medidas tomadas con los prisioneros en el país trasandino, aunque "éstos no son de tanto cuidado como los perturbadores del orden con los que es menester tener la mayor vigilancia", le informaba que "no ha venido el detalle sobre el suceso de San Luis, pero debo decir a V. que pasan de cuarenta los muertos que hubo en la rebujina: hasta ahora lo que sabemos es que su objeto era unirse a la montonera y que Ordóñez, Alvear y Carrera estaban en comunicación íntima". Él estaba en vísperas de marchar hacia esa localidad, donde esperaría el envío de la comisión mediadora, idea que mucho celebraba: "Ésta puede contribuir mucho al objeto de paz que nos proponemos"; "Dios me dé suerte en este viaje, pues si puedo contribuir a una pacificación sólida tendré más satisfacción que ganar veinte batallas".[26] En la misma fecha le escribía a Pueyrredón suplicándole que aceptase tal oficiosidad amistosa para "cortar una guerra cuyas consecuencias están más bien a la alta penetración de V.E. y máxime amenazados de una expedición española que en estas circunstancias no dudo conseguirá su objeto".[27] San Martín confiaba en que si los "anarquistas de Montevideo", esto es, Alvear y Carrera, no tenían mayor influencia sobre los santafesinos, sería posible arribar a una transacción. Con esa esperanza se dirigía a su caudillo, Estanislao López, para anunciarle el nombramiento de la comisión chilena y para interponerle "mis súplicas a fin de que se corten estos males, que todos ellos gravitan sobre patriotas que teniendo las mismas ideas de libertad americana, emplean algunos medios algo encontrados. El que escribe a usted no quiere otra cosa que la emancipación absoluta del gobierno español, respeta toda opinión y sólo desea la paz y unión. Sí, mi paisano: estos son mis sentimientos: libre la patria de los enemigos peninsulares, no me queda más que desear". Y para ganar su confianza se avanzaba a afirmar que "bajo la garantía de su palabra, no tendré el menor inconveniente en presentarme en el punto que usted me indique para que tratemos".[28] Sobre este oficio que San Martín dirigió a Belgrano, éste le notificó: "No hemos creído oportuno remitirlo; a lo que entiendo esta guerra no tiene transacción, la hacen hombres malvados sin objeto ni fin", y le devolvió el pliego.[29] En cuanto al envío de la comisión mediadora, el creador de la Bandera afirmaba: "Juzgo que sería dar un valor a esa horda de malvados, poco menos que destruidos, la interposición de carácter tan distinguido".[30]

Si bien en marzo se lograría dejar expedito el camino a la capital –lo que permitió que Remedios se marchase con su niña el 25 a restablecerse en el seno de la familia Escalada–, San Martín se mostraba escéptico respecto de la imposición bélica sobre los montoneros: "Por lo que veo esta guerra no va a concluir y sólo tengo esperanzas en que la comisión de Chile y mis buenos deseos puedan apagarla, pues de lo contrario, aunque salgamos victoriosos el resultado será perder los bravos, aniquilar todo género de recursos, aumentar mutuamente la odiosidad, desbaratar la campaña y al fin, si viene la expedición española ser presa de nuestras desavenencias".[31] De allí que poco después se lo vería insistir en la vía conciliatoria.

b) La expedición española, el llamado al Ejército y la política conciliatoria

Entre tanto en Buenos Aires cundía la alarma por la temida incursión naval realista, que se asociaba arbitrariamente a la política pro portuguesa del Directorio, cuando en verdad gracias a ella el gobierno de Río de Janeiro había asumido una actitud neutral en virtud de la que negaba autorización para recalar en sus puertos a los navíos que debían partir de Cádiz, obstaculizando así su arribo al Plata. El 27 de febrero, el ministro de la Guerra extendía orden a San Martín para que el ejército de los Andes repasase la cordillera y se situase en Mendoza con el fin de estar pronto para repeler la amenaza exterior que se cernía sobre la capital. El Directorio se pronunciaba así por la alternativa que el general sólo se había avanzado a esgrimir como recurso indirecto para obtener nuevos auxilios pecuniarios de las Provincias Unidas.

330

El Libertador recibió esa comunicación hallándose en San Luis, donde se había reconciliado con Monteagudo, por la energía con que había procesado a los amotinados y liberado a Facundo Quiroga, que se hallaba preso en el cuartel cuando los conjurados habían intentado tomarlo, oponiéndose valientemente a ello. "No queda duda alguna de que los maturrangos visitan nuestra capital", le comunicó a Guido, e inmediatamente se dispuso a cumplir el mandato recibido, que el 9 de marzo transmitió a Balcarce, instruyéndolo para que evitase la deserción de las tropas al efectuar el cruce, mientras él se dirigía a la capital cuyana para prepararse a recibir a la primera división de 1.200 hombres que debía arribar a la ladera oriental. No tuvo lugar, pues, en este momento la llamada "desobediencia histórica" de San Martín.

Unos días más tarde, en vista del inminente peligro exterior, el general hacía un nuevo intento para cortar las desavenencias domésticas, escribiendo sendas famosas cartas a Estanislao López y a José Artigas. Al primero le decía: "Unámonos, paisano mío, para batir a los maturrangos que nos amenazan; divididos seremos esclavos, unidos estoy seguro que los batiremos; hagamos un esfuerzo de patriotismo, depongamos resentimientos particulares y concluyamos nuestra obra con honor. La sangre americana que se vierte es muy preciosa y debía emplearse contra los enemigos que quieren subyugarnos […] Mi sable jamás saldrá de la vaina por opiniones políticas: usted es un patriota y yo espero que hará en beneficio de nuestra independencia todo género de sacrificios sin perjuicios de las pretensiones que usted tenga que reclamar"; y finalmente le reiteraba su disposición de ir a su encuentro "en el punto que me indique, si lo cree necesario, tal es la confianza que tengo en su honradez y buena comportación".[32] Al jefe de los orientales le explicó que en Chile había tenido conocimiento de su enfrentamiento con Buenos Aires y que el ejército de Belgrano había bajado a Córdoba; como éste debía operar en combinación con el de su mando, le había sido preciso suspender su avance sobre Lima. "Calcule usted, paisano apreciable, los males que resultan tanto mayores cuanto íbamos a ver la conclusión de una guerra finalizada con honor y debido sólo a los esfuerzos de los americanos." Luego le informaba: "Noticias contestes que he recibido de Cádiz e Inglaterra aseguran la pronta venida de una expedición de dieciséis mil hombres contra Buenos Aires; bien poco me importaría que fueran veinte mil con tal que estuviésemos unidos, pero en la situación actual ¿qué debemos prometernos? No puedo ni debo analizar las causas de esta guerra entre hermanos y lo más sensible es que siendo todos de iguales opiniones en sus principios, es decir, de la emancipación e independencia absoluta de España; pero sean cuales fueran las causas, creo que debemos cortar toda diferencia y dedicarnos a la destrucción de nuestros crueles enemigos los españoles, quedándonos tiempo para transar nuestras desavenencias como nos acomode, sin que haya un tercero en discordia que pueda aprovecharse de estas críticas circunstancias". Y finalizaba: "No tengo [más] pretensiones que la felicidad de la patria: en el momento que ésta se vea libre, renunciaré el empleo que tengo para retirarme, teniendo el consuelo de ver a mis conciudadanos libres e independientes; en fin, paisano mío, hagamos una transacción a los males presentes; unámonos contra los maturrangos, bajo las bases que usted crea y el gobierno de Buenos Aires más convenientes, y después que no tengamos enemigos exteriores, sigamos la contienda con las armas en la mano, en los términos que cada uno crea por conveniente: mi sable jamás se sacará de la vaina por opiniones políticas, como éstas no sean en favor de los españoles y su dependencia".[33] Estas comunicaciones no llegaron a sus destinatarios, pues fueron interceptadas por el ejército de Belgrano en Córdoba y remitidas a la capital. Es de imaginar el disgusto que le habrá deparado al gobierno directorial la formal declaración de prescindencia en la lucha interna hecha a sus enemigos por el Libertador, lo que no podía menos que redundar en detrimento de la fuerza moral de la autoridad de la que teóricamente dependía. Esta nueva ocurrencia venía a agravar la mala impresión que había causado la iniciativa de la mediación chilena, suscitándole a San Martín una fuerte reprobación de Pueyrredón: "Lejos de necesitar padrinos, estamos en el caso de imponer la ley a los anarquistas. Pero, prescindiendo de esta aptitud, ¿cuáles son las ventajas que usted se ha prometido de esta misión? ¿Es acaso deificar el genio feroz de Artigas? [...] Jamás creería él que la misión de Chile había sido oficiosa de aquel gobierno y sí que éste la había solicitado por debilidad y temor de su situación. Resultará de aquí nuevo engreimiento para él y un mayor aliento a sus bandidos, a quienes tendrá esta ocasión más de alucinar. Por otra parte, ¡cuánto es humillante para nosotros ver que la embajada se dirige a Artigas para pedirle la paz y no a este gobierno!". Concluía admonitoriamente: "He resuelto prevenir a los diputados que suspendan todo paso en ejercicio de su comisión: también lo digo a usted en contestación a su oficio".[34] En verdad, era comprensible el enojo del Director ante esta nueva demostración del obrar independiente del general, quien, a pesar de sus buenas intenciones, hacía demasiados años que se hallaba alejado del escenario político litoralense como para permitirse obrar de manera inconsulta. Pueyrredón conocía los bueyes con que araba: a esas alturas era utópico el avenimiento con Artigas y el solo intento hubiera sido contraproducente; en cambio, su error y el de la Logia porteña consistió en desdeñar un acercamiento con López, quien, sin exhibir la intransigencia del oriental, daba muestras ya de pretender librarse de su ruinoso protectorado.

c) Resistencias al cruce del ejército, amenaza de La Serna y tregua con la montonera

Se ha visto que no hubo en primera instancia, por parte de San Martín, amago alguno de resistencia al cumplimiento de la orden del repaso del ejército, aunque no debió dejar de contrariarlo una medida que terminaba de trastrocar su ya tan trabajoso proyecto continental. También a Belgrano le impresionó negativamente esa disposición: "Si V. se conmovió con mi bajada, figúrese cual me habrá sucedido con la noticia de que el ejército de su mando debe repasar los Andes", lo que juzgaba como "un movimiento que va a retardar la ejecución de los mejores planes, y quién sabe hasta qué punto perjudicar la causa en el interior y afirmar el yugo español".[35] Pero donde esa noticia produjo la más fuerte conmoción fue en Chile, donde el gobierno –temeroso de las consecuencias que podría acarrear la sustracción de las tropas argentinas y luego de haber reprimido duramente al núcleo levantisco nacionalista con la excusa de los sucesos puntanos– se mostró dispuesto a retomar la política americana, a la que antes se había manifestado renuente. O'Higgins le escribió a San Martín: "Terrible cosa es mover el Ejército de los Andes a la otra banda y más terribles los riesgos a que este país queda expuesto: los facciosos se reanimarán y el virrey del Perú (si Cochrane es desgraciado) tentará una nueva invasión".[36] La Lautarina comenzó a tratar la cuestión, a instancias de Guido. Y el general, si bien permaneció expectante, pues le decía a su amigo: "Estoy con la mayor curiosidad por saber el resultado de la entrevista que iba V. a tener con los amigos […] lo cierto es que necesitamos indispensablemente decidirnos antes que la cordillera se cierre"; por otro lado afirmaba: "Todos los aprestos para recibir al ejército están listos".[37] La Logia decidió enviar al comandante de artillería José Manuel Borgoño a entrevistarse con San Martín para convenir verbalmente lo que debía hacerse. El emisario portaba una extensa carta de Guido en la que sostenía la necesidad de transar a toda costa con los disidentes; fundamentaba la consigna de que el repaso del ejército importaba la ruina de América y presentaba como alternativa salvadora su permanencia en Chile, amenazando Perú, con lo que ni Pezuela ni La Serna se atreverían a moverse de las posiciones que ocupaban para efectuar el temido movimiento de tenazas en conjunción con la expedición española que debía arribar a Buenos Aires. También le fueron entregados al general los oficios del Director y el Senado chilenos por los que se procuraba hacerlo desistir del repaso del Ejército de los Andes y se argumentaba a favor de la expedición a Lima. Por su parte, Borgoño aseguró al Libertador la voluntad de los amigos lautarinos de secundarlo en sus miras.

En virtud de las razones alegadas en la mencionada correspondencia –que remitió a Buenos Aires– y el anuncio que circuló por entonces de la sublevación de Madrid y la muerte o fuga de Fernando VII –que, de verificarse, libraría a las Provincias Unidas de todo ataque–, San Martín notificó a Pueyrredón el 25 de marzo que había hecho suspender la venida del Ejército a Mendoza por considerar que los planes debían variarse. Pero agregaba que, sin embargo de lo expuesto, había dado terminantes órdenes a Balcarce para que estuviera pronto a traspasar con su fuerza la cordillera si el gobierno argentino así lo determinaba, aún cuando hubieran variado las circunstancias. Como se ve, tampoco esta resolución del general puede considerarse una desobediencia. Tal comunicación de San Martín con las adjuntas citadas fueron interceptadas por las montoneras del caudillo santafesino, quien impuesto de la importancia de su contenido las remitió a Viamonte y éste al gobierno porteño. Su conocimiento tuvo un doble y contrapuesto efecto en uno y otro sector. Predispuso a los primeros a negociar con los directoriales y el 5 de abril se convino el armisticio de San Lorenzo. Al respecto le decía Belgrano al Libertador: "Una de las cosas que me consuela y que me hace creer que éstos no trabajaban por los españoles es que la correspondencia de V. y de O'Higgins que interceptaron, sobre la vuelta del Ejército de los Andes, ha sido la que movió a López al parecer. No se si ello ha servido de pretexto viendo la aproximación del Ejército. Sea lo que Dios quiera, con tal que haya tranquilidad mientras arrojamos a los enemigos de Salta más allá".[38] En efecto, esta tregua no podía efectuarse en momento más oportuno, ya que el desguarnecimiento en que quedaron las poblaciones norteñas por la bajada del ejército para combatir las montoneras había sido aprovechado por La Serna para avanzar hacia el sur.

Pero si, por un lado, el episodio de las cartas capturadas arrojó ese resultado positivo, por otro vino a agriar más las relaciones entre el Directorio porteño y San Martín. Éste había quedado a la espera de lo que el gobierno resolviese, aunque opinaba que se pronunciaría a favor de que las tropas permanecieran en el país trasandino, tanto por las poderosas razones que se habían indicado, como por lo avanzado de la estación; por otro lado, nada decían las últimas noticias sobre la expedición española, por lo que ese peligro parecía disipado. Mientras tanto, el Libertador no descuidaba la preparación de fuerzas para atender a las necesidades bélicas de las Provincias Unidas. Sobre la base de los escuadrones de cazadores que había ordenado pasar a Mendoza se proponía, en el breve plazo de dos meses, formar un cuerpo de ochocientas a mil plazas, que, munido de un tren de ocho piezas volantes servido por 150 artilleros, podría "hacer variar el semblante de las cosas". Porque –como le explicaba a O'Higgins– "el chubasco o tormenta que amenaza por ésta, es preciso contenerlo con buena caballería que es de lo que carece Belgrano y Viamont" y para que ese plan pudiera verificarse le pedía que lo auxiliase con armamento: "Encargo, amigo mío, muy encarecidamente que los sables y carabinas que V. pueda remitirme sea sin pérdida de un solo momento, pues si se cierra la cordillera queda la provincia indefensa".[39] Contando con dos mil mulas de silla prontas y cuatro mil caballos podría transportar esa fuerza al puesto que fuese necesario con la rapidez que exigiesen las circunstancias. Si La Serna avanzaba más allá de Tucumán, pensaba hacerla marchar hacia ese punto por La Rioja y Catamarca para dejarlo enteramente cortado.

d) La decisión de la Lautarina y las dudas del Libertador
Disgustos, malentendidos e intrigas

¿Y la prosecución del plan continental? San Martín estaba lejos de olvidarlo, pero, a pesar del giro favorable a sus propósitos por parte de las autoridades chilenas, no confiaba demasiado en que ese cambio se plasmase en realizaciones. En función de lo acordado con Borgoño, la Logia Lautarina había decidido el 2 de abril que el Ejército de los Andes no repasase la cordillera, porque debía emplearse en la próxima realización de la expedición al Perú, la que, según se estipuló, se compondría de cinco mil hombres.[40] Al día siguiente de tan trascendental tenida, varios amigos –entre ellos el mismo O'Higgins y los ministros Echeverría y Zenteno– se apresuraron a comunicarle al general lo que se había determinado, instándolo a que se trasladase a Chile para activar los preparativos. Pero el Libertador no quería aventurarse en vano. "Veo lo que V. me dice sobre las deliberaciones de nuestros amigos acerca de la expedición", le contestaba a Guido, "la creo sumamente necesaria, pero los aprestos deben hacerse inmediatamente en términos que no se quede en deliberaciones; si así se verifica marcho al instante, no digo a cordillera cerrada, pero con mil más que tuviese que pasar".[41] Y unos días más tarde volvía el general a escribirle exhibiendo toda la acritud de su escepticismo, bien justificado, por cierto, dadas las veces que había sido burlado en sus esperanzas:

> Mi amado amigo: veo que en su última me confirma decretada una expedición de cinco mil hombres: esta voz decreto no quisiera oírla, he visto tantos y no cumplidos que desconfío de todos ellos; pero hablemos claro, amigo mío, ¿V. ha visto cumplir ningún acuerdo de los amigos de ésa; y de buena fe cree V. que los hombres varíen de carácter? V. sabe cuál ha sido el interés que he tomado en la suerte de la América, pero amigo es doloroso que V. y yo y otros pocos son los que meten el hombro; nada de esto importaba como nuestros trabajos tuviesen buenos resultados, aunque con sacrificio de nuestras vidas, pero el resultado es el que también perderemos el honor y tanto más desconsolador cuanto es por culpas ajenas.[42]

La firma del armisticio de San Lorenzo contrarrestó el mal humor del general, quien, al contestar la notificación de Belgrano, le decía que en la misma fecha –el 16 de abril– escribía al general González Balcarce "suspenda la marcha del Ejército de los Andes a esta parte, pues las circunstancias han variado el nuevo aspecto que presenta este agradable incidente".[43] Pero pocos días más tarde le llegó por fin la esperada respuesta del gobierno a sus últimas comunicaciones, la cual volvió a contrariarlo, pues, contra lo que él y los chilenos deseaban, en ella se le ordenaba que hiciera repasar el Ejército dejando sólo dos mil hombres del otro lado. Comentando esta resolución, San Martín le decía a Guido de manera reservada: "Yo me lo tenía ya tragado, por el antecedente de haber sabido que don Marcos Balcarce debía pasar a Mendoza, por esto no extrañaré el que V. sea relevado de su destino y aquél pase a Chile". En cuanto a la correspondencia que había caído en manos de los santafesinos, le informaba respecto a la reacción del gobierno porteño: "Parece que no ha gustado mucho. Se hallan impuestos todos de los sentimientos que nos animan y esto está manifiesto en la seca carta con que me acompañan la de V." (como se recordará, en ella el representante argentino consideraba imprescindible negociar con los federales). Concluía San Martín amargamente: "Parece disipada la expedición española, sólo va refuerzo a Lima y por eso se sacan las tropas de Chile. Ay, amigo, mucho he ocultado a V. de mis padecimientos. Día llegará en que le hable con franqueza".[44]

Pronto el Libertador tuvo que soportar nuevos sinsabores: no sólo se desmembraba su fuerza sino que además se la sustraía a su conducción y se obraba a sus espaldas, evitando su participación en cuestiones de su principal incumbencia. En efecto, con fecha 15 de abril el gobierno porteño le ordenaba terminantemente y con urgencia que la parte del Ejército de los Andes que se hallaba en territorio argentino, engrosada con dos mil reclutas chilenos que O'Higgins se había comprometido a enviar en reemplazo a los otros tantos soldados de línea que se había autorizado a permanecer en Chile, marchase a Tucumán para ponerse a las órdenes del general Cruz, quien, al mando del Ejército del Norte, debía hacer frente a la invasión realista de La Serna. Por más que esta nota la remitía el ministro de la Guerra, Matías Irigoyen, San Martín no se engañaba acerca de quién era el promotor de esa medida, la cual implicaba lisa y llanamente su desplazamiento. Por eso, en una carta dirigida a Guido bajo la advertencia "reservada para V. solo", le confiaba: "El Tagle ha tenido un modo sumamente político de separarme del mando del Ejército [...] Sea lo que fuere yo no haré más que obedecer, lavar mis manos y tomar mi partido el que ya está resuelto. Dije a V. en mi anterior que mi espíritu había padecido lo que V. no puede calcular, algún día lo pondré al alcance de ciertas cosas y estoy seguro dirá V. nací para ser un verdadero cornudo, pero mi existencia misma la sacrificaría antes de echar una mancha sobre mi vida pública que se pudiera interpretar por ambición. [...] Es lo más célebre la copia de los tratados celebrados sobre la expedición al Perú, sin que el general en jefe haya tenido el menor conocimiento ni V. Dios los ayude".[45] Se refería en esta última alusión al pacto firmado en Buenos Aires el 5 de febrero entre el representante chileno Antonio José de Irisarri y el ministro Gregorio Tagle para costear conjuntamente la incursión a Lima, en la que no se le había dado ni la mínima intervención. El general tenía, pues, más de un motivo para sentirse traicionado una vez más; de allí que utilizara la elocuente expresión "nací para ser un verdadero cornudo", la que, sacada del contexto que le da sentido, ha sido burdamente malinterpretada, dando pábulo a la tan difundida como infundada versión del marido engañado.[46]

Por entonces también le llegó la comunicación que contenía el enérgico rechazo de Pueyrredón a la mediación, que implicaba –según se ha visto– una dura amonestación. Cargado de amargura y harto de los dobleces, San Martín cumplió a rajatabla con lo que se le indicaba, por más injusto y desacertado que lo creyera, dando orden el 21 de abril a Balcarce –que recién llegaba con las tropas que habían hecho la campaña al sur a Curimón–, para que repasara la cordillera; pero, cuatro días más tarde, presentaba su renuncia como jefe del Ejército de los Andes. Desengañado de la política del directorio porteño, clavó su mirada en el país trasandino, único reducto que le quedaba a su terca esperanza de marchar a Lima. Por entonces le decía a O'Higgins: "V. verá no ha sido admitida la mediación de los diputados de ese gobierno. En esta consecuencia les digo pueden retirarse, en una palabra mi amigo, *estoy viendo y palpando que sólo en Chile se puede formar la ciudadela de la América, siempre que todos los amigos tengan la energía suficiente para verificarlo*".[47] ¿Tendría la Logia Lautarina la firmeza necesaria para sostener los planes del Libertador como para justificar que él se sustrajera a la influencia de las autoridades porteñas? San Martín, consciente de todo lo que estaba en juego y de que perdería hasta su honra si daba un paso en falso, seguía mostrándose cauto al respecto: "Oficialmente estoy pronto a marchar, pero antes de verificarlo –le decía a Guido– quiero ver algo, es decir, que hay expedición: aunque sea de mil hombres; en este caso habré cumplido con sacrificarme, pero no perderé mi honor y le consta cuántas veces he sido el ridículo juguete y cuántas veces me han comprometido. Ya sería debilidad en mí el permitir se repitiesen estas escenas". Y, comprendiendo que si un jefe chileno encabezara la empresa se vencerían más fácilmente las resistencias, dejando satisfecho el orgullo del país sobre el que correría su costo, agregaba: "Pero vaya otra propuesta que me parece puede llenar todos los objetos, ¿no sería mejor fuese O'Higgins mandando la expedición y yo de jefe de estado mayor?, por este medio se activaría todo y todo se conciliaba".[48] Recuérdese que una sugerencia similar había hecho en 1816 con respecto a Balcarce para que los recelos hacia su persona no malograsen el cruce de los Andes, anteponiendo así una vez más el cumplimiento de la misión a su gloria individual. Era la misma actitud que, llevada al extremo, en 1822 determinaría su renunciamiento.

Entre tanto, habíale llegado a Pueyrredón la comunicación de San Martín del 16 de abril, por la cual –según se ha visto–, alegando la firma del armisticio de San Lorenzo, le notificaba que había mandado suspender a Balcarce el cruce de las tropas, lo que contrariaba la resolución del gobierno de fecha anterior. Desconociendo que ella había sido mandada cumplir por el general, no sin visible contrariedad se le respondió oficial y confidencialmente el 1º de mayo que se daba por revocada la orden de repaso parcial del ejército, y por consiguiente su marcha a Tucumán, aunque se dejaba debidamente aclarado que ninguna relación había tenido dicha orden con la guerra contra la montonera sino con el peligro realista que amenazaba por el norte y con la imposibilidad en que Chile se encontraba de realizar la expedición al Perú, según las propias afirmaciones de San Martín.

Cuando esta disposición llegó a Mendoza, ya habían arribado desde Chile el batallón de cazadores de infantería de Rudecindo Alvarado, los dos escuadrones de cazadores de caballería de Mariano Necochea y tres escuadrones de granaderos a caballo al mando de Manuel Escalada. San Martín le comunicó entonces a Guido: "Todos los jefes de esta división me han representado particularmente la imposibilidad de poder marchar al Perú: veremos como se recibe esto en Buenos Aires, por lo que sé extrajudicialmente todos ellos están resueltos a dejar sus empleos antes de separarse del Ejército de los Andes, yo los he apaciguado todo lo que ha estado en mis alcances para que no se dé una campanada que nos puede traer consecuencias fatales".[49] Pero lo cierto era que el 11 de mayo el general se dirigió al gobierno de las Provincias Unidas respaldando plenamente la posición de dichos oficiales. Estas poco gratas comunicaciones cruzadas a destiempo no podían menos que redundar en un disgusto creciente entre San Martín y Pueyrredón. Este último realizó un postrer intento de allanar los malentendidos ins-

337

tando al Libertador a que viajara a conferenciar con él a Buenos Aires, "pero V. conocerá –le decía el convocado a Guido– me es imposible verificar semejante viaje en tiempo de invierno pues el temperamento húmedo de Buenos Aires atrasa mi salud extraordinariamente". En verdad, se hallaba entonces "postrado en cama de resultas de una fístula producida por unas almorranas agangrenadas",[50] pero el Director debió tomar esto como un nuevo desaire a su autoridad. No es casual, pues, que el 9 de junio presentara por tercera vez su renuncia al mando, la que esta vez le fue aceptada por el Congreso.[51]

Es preciso incurrir en este minucioso relato de los sucesos para desvirtuar, con la coherencia que guarda su secuencia, la acendrada interpretación de la supuesta artificiosidad de las órdenes y contraórdenes dadas por San Martín, a quien suele presentarse como desarrollando en estos años una habilidosa maniobra para poner al servicio de sus planes a los gobiernos argentino y chileno. Es una versión derivada de la concepción errónea y simplista que atribuye al héroe el desmedido papel de gran hacedor. Pero lo cierto es que al ajustar la lupa se lo ve en desesperada lucha a brazo partido por desenredarse de la complejísima trama de intrigas y vaivenes políticos a la que se encontraba sujeto en esos años de larga demora de la fase final de su misión. Lejos estaba San Martín entonces de manejar la situación y dominar los acontecimientos, más bien se sentía vapuleado por las cambiantes circunstancias, que lo hacían incurrir en conductas sólo aparentemente contradictorias, porque en verdad se ajustaban a aquéllas. De allí su desaliento, su desconfianza, sus dudas, todo ello exteriorizado en la postración física que experimentaba. Un testigo ocular refiere: "Había numerosas intrigas políticas por aquel tiempo, tanto en Chile como en Buenos Aires, y San Martín se disgustó tanto con la falta de cooperación que había encontrado que renunció a todo mando". Y ubicando la escena en los primeros días de 1819, agrega: "Encontré al héroe de Maipú en su lecho de enfermo y con aspecto tan pálido y enflaquecido que, a no ser por el brillo de sus ojos, difícilmente le habría reconocido".[52] La imagen descripta no parece corresponder a la versión del enigmático demiurgo generador de infalibles estratagemas destinadas a doblegar imperceptiblemente todas las voluntades, que se viene repitiendo desde Mitre hasta Pérez Amuchástegui sin solución de continuidad.

e) Iniciativas del general ante el renovado peligro de invasión naval realista

El 21 de junio San Martín solicitó formalmente al gobierno autorización para pasar a servir en Chile con el grado de brigadier que ese Estado le había conferido y él aceptado en marzo de ese año, para continuar luchando por la causa de la independencia de América, por lo cual renunciaba a todos los empleos que tenía en las Provincias Unidas. Sin embargo, el Libertador desistió de este propósito apenas supo –por conducto del nuevo Director, José Rondeau– que la expedición de Cádiz suspendida meses antes se hallaría lista para zarpar en agosto, calculándose que arribaría al Plata en octubre. A fines de julio, San Martín se hallaba dispuesto a marchar a Buenos Aires, donde se lo llamaba con urgencia para tratar los medios de organizar su defensa. Tan honda y sinceramente preocupado se hallaba por esa incursión realista que, en medio de sus aflicciones de salud, y de manera "muy reservada", se apresuraba a transmitirle a O'Higgins, entre ansioso y angustiado, el plan que había lucubrado en sus interminables noches de insomnio:

> Compañero y amigo amado:
> El destino de la Amércia del Sur está pendiente de V. No hay duda que viene la expedición a atacar Buenos Aires y tampoco la hay de que si vienen como todos aseguran fuerte de dieciocho mil hombres, el sistema se lo lleva el diablo. El único modo de libertarnos es el que esa escuadra parta sin perder momento a destrozar dicha expedición. La falta de la marina en Chile no asegura tanto ese Estado como la fuerza que V. tendrá disponible para su defensa. Si convencido de mis razones hace V. partir la escuadra para batir la expedición, San Martín ofrece a V. cumplir bajo su palabra de honor y como amigo los artículos que oficialmente le propongo: los buenos resultados penden del sigilo y por lo tanto soy de opinión que sólo V., Cochrane y Guido deben estar en este arcano. Se me llama con la mayor exigencia a Buenos Aires, pero no partiré hasta recibir la contestación de V. Le ruego por nuestra amistad no me la demore un solo momento.
> Es la ocasión en que V. sea el Libertador de la América del Sur. La expedición española no saldrá de Cádiz sino en todo agosto, de consiguiente da tiempo suficiente para que nuestra escuadra pueda batirlos; si como es de esperar Cochrane lo verifica, terminamos la guerra de un golpe.[53]

San Martín pretendía que la escuadra chilena doblara el Cabo de Hornos y atacara por sorpresa a la española en el Atlántico; ofrecía adelantar 50.000 pesos para su apresto mientras ordenaba hacer salir de Buenos Aires los víveres y demás pertrechos necesarios. Para desorientar al enemigo debía esparcirse la voz de que el objetivo de la salida de la flota era atacar Lima. A Guido le decía que "el amor de la patria me hace echar sobre mí esta responsabilidad: así contribuyo a salvarla, aunque después me ahorquen".[54] Pero no hubo modo de convencer a Cochrane. En junio éste había regresado a Valparaíso de su primera expedición al Callao, sin haber podido lograr que la escuadra española saliera a combatir; no obstante, su presencia intimidatoria en las costas del virreinato había provocado el repliegue de La Serna, quien desistió de su avance hacia Tucumán. El almirante estaba convencido de que lograría destruir a la escuadra realista, empleando cohetes a la Congrève para incendiarlas. Le aseguró a San Martín que obtenido ese objetivo prioritario, aún quedaría tiempo para atacar a los invasores. Logró que prevaleciera su criterio, pero la concreción de sus miras no resultaría tan sencilla. Mientras tanto, el general se debatía entre la impotencia a que lo condenaba su precaria salud y la preocupación por la inconsciencia ante el peligro que imperaba en la capital: "Ya estaría en Buenos Aires a no haber sido un diabólico ataque de reumatismo inflamatorio que me ha tenido once días postrado de pies y manos y sufriendo los dolores más agudos: ayer me levanté algo más mejorado y si continúo con alguna mejoría emprenderé mi marcha sin perder momento. No queda ya la menor duda sobre la expedición española a nuestras costas; esto no es lo sensible sino la general apatía que reina en Buenos Aires: en fin veremos si algo se hace de provecho".[55] Esa confirmación le había llegado por vía de Álvarez Condarco desde Inglaterra. El director Rondeau contaba con San Martín para ponerlo a la cabeza del ejército que se formase y éste le escribió ofreciéndole una fuerza de cuatro mil hombres que preparaba en Cuyo, considerando que estaría pronta para octubre, toda ella compuesta –salvo doscientos artilleros– por escuadrones de caballería ligera, pues la consideraba el arma por excelencia para operar en la llanura bonaerense frente a un invasor sin medios de movilidad. Ante el peligro, el general aconsejaba obrar con presteza y sin trabas, exigiendo del pueblo los sacrificios consiguientes, como él a su turno lo había hecho en Cuyo:

> Si en las actuales circunstancias el Poder Ejecutivo no está revestido de unas facultades ilimitadas y sin que tenga la menor traba, el país se pierde irremisiblemente. Los enemigos que nos van a atacar no se contienen con libertad de imprenta, seguridad individual, de propiedad, estatutos, reglamentos y constituciones [recuérdese que el 22 de abril de ese año el Congreso había sancionado la aristocrática y centralizadora constitución de 1819 contrariando la voluntad de las provincias]. Las bayonetas y sables son los que tienen que rechazarlos y asegurar aquellos dones preciosos para mejor época. En el día, compañero querido, no puede haber otra ley que la que inspire el peligro en que nos hallamos: faltan vestuarios, falta fierro, faltan maderas; la imperiosa ley de la necesidad hace que se tome de donde se encuentre: sin este método y facultar a usted para hacerlo, ni hay fondos suficientes en el día para ponernos en defensa, ni la podemos hacer [...] Si somos libres todo nos sobra y de consiguiente los ciudadanos serán recompensados de sus esfuerzos [...] si ponemos diez mil hombres veteranos como podemos hacerlo en cuatro meses, no son los españoles los que nos hacen doblar la cerviz.[56]

Pero en septiembre llegaron noticias a Buenos Aires enviadas por los agentes del gobierno que, por iniciativa de Pueyrredón, operaban en Cádiz infiltrados en las logias secretas donde se preparaba la revolución liberal española en la que se hallaba comprometido el ejército.[57] Se aseguraba que la expedición no tendría efecto, de tal suerte que Rondeau le decía a San Martín: "Parece que ya sin cuestión sobre esta materia debemos decidirnos a pensar en la expedición a Lima sobre cuyo proyecto dará V. las ideas que crea conveniente".[58] El general se había puesto ya en marcha a la capital cuando le llegó esta comunicación a San Luis, donde debió detenerse en razón de su estado de postración física; no obstante, dispuso que continuasen los aprestos "pues no creo prudente se exponga la suerte del país por unas meras noticias; lo sensible es que en Buenos Aires ya nada temen y de consiguiente se han suspendido los trabajos de ellos"; pero además de estas medidas precautorias no dejaba de considerar que la expedición a Lima podría ser aumentada a más de seis mil efectivos, ya que al parecer el Director se hallaba "resuelto a que se verifique y de consiguiente algunos auxilios deben dar para ello; en la entrevista que yo tenga con él veré sacar todo el partido que sea posible".[59]

f) Nuevas intrigas

Recién el 4 de octubre el Libertador estuvo en condiciones de tomar la galera hacia Buenos Aires, pero al acercarse a la frontera de Córdoba, en la posta del Sauce le avisaron que era imposible proseguir pues el camino estaba cerrado por las montoneras, que el 7, sin previo aviso –pese a lo convenido en el armisticio– rompieron las hostilidades, habiendo capturado a varios oficiales procedentes de Buenos Aires, entre ellos a Marcos Balcarce, quien se dirigía a Chile, aparentemente con la intención de reemplazarlo en el mando del ejército. Otra vez la intriga política rodeaba al general y en ella no sólo estaba implicada la Logia de Buenos Aires –quien seguramente continuaba desconfiando de poder contar con San Martín, dadas sus reiteradas postergaciones de su viaje a la capital– sino tabién el gobierno chileno. La siguiente carta del representante del país trasandino ante el Directorio porteño, Miguel Zañartú, dirigida a O'Higgins, no tiene desperdicio y da cuenta tanto de los manejos logistas como de la maniobra para desplazar a Libertador:

Los montoneros estuvieron cerca de Luján, si ellos se acercan a San José de Flores como pudiesen hacerle impunemente, hay en este pueblo una disolución social, no por explosión de mina preparada, sino porque los señores de la 00 no se hubieran entendido entre sí. Este gremio se compone de sujetos muy miserables. Ellos decretaron la guerra a Santa Fe, a lo que me opuse con un calor proporcionado a las consecuencias que preveía. Me siguieron tres o cuatro. Pero el provincialismo pudo más que el interés general. Desde entonces me separé porque advertí que las deliberaciones ya iban tomadas de antemano y que sólo buscaban comodines. Tuve mis altercados algo acres con el V. [era entonces venerable el antiguo logista iniciado en España Manuel Guillermo Pintos, comandante de artillería] el cual se agradó seguramente de mi separación que me habría forzado a ese partido aun cuando yo no lo hubiese tomado porque ya nunca más me citaron. San Martín no tiene en este cónclave secuaces. Unos lo envidian, otros lo temen y ninguno lo ama. Él bien conoce y ha recelado que la orden para empeñarlo en una guerra con los montoneros tiene por objeto hacerle perder su opinión. Yo entiendo que no se engaña, porque aquí hay unos cubileteros primorosos y es lo único para que le da el naipe. ¿Y será posible que hombres tan miserables se lleven las glorias sobre Lima, después que no son más que fríos expectadores de los sacrificios de Chile? ¿Será posible que el vencedor de Chacabuco [se refiere a O'Higgins] quede tan obscurecido en esta nueva expedición, como no quedó en aquélla debido sólo a su valor? Desengañémosnos, las glorias son del general aun cuando nada haga. Yo conozco que a V. le faltaba un segundo y veo que no lo hay en Chile.

Es llegado a este punto que el astuto chileno manifestaba sin ambages cuánto le agradaría que se saliera de ese dilema cubriendo el vacío señalado con Marcos Balcarce como un ciudadano chileno. Recuérdese que pese a haber nacido en las Provincias Unidas, prácticamente toda su carrera militar había sido desplegada del otro lado de los Andes. Zañartú continuaba:

Me dice V. que la 00 [se refiere a la Lautarina de Santiago] no lo admitirá [a Balcarce]. Yo me temo que en esto influya mucho el partido de San Martín. Pero V. se debe hacer una reflexión: Balcarce servirá a ese Estado sin robarle las glorias y San Martín apagará a V. y en los grandes resultados sucederá siempre lo que en Maipú. No sonará un chileno aunque ellos sean los que todo hagan. Por otra parte, los rumores de la expedición española vuelven con mayor fuerza que antes [...] De manera que el mando le viene a V. naturalmente porque a San Martín lo han de necesitar aquí o bien para hacer la guerra a los españoles o a los portugueses, con quienes están coligados según diré después. ¿Qué derecho tienen ellos para poner jefe a las fuerzas de Chile, cuando no quieren contribuir a la expedición ni firmar los tratados celebrados a este fin?[60]

Se comprueba así la agudeza con que el Libertador había penetrado en la psicología de la dirigencia chilena, cuando, anticipándose preventivamente a estos manejos de trastienda, había propuesto que O'Higgins se pusiera al frente de la expedición, reservándose para él el segundo puesto de jefe de Estado Mayor, como una alternativa que garantizaría su realización sin correr el riesgo de malograrla por incapacidad de conducción. El demasiado ostensible y reiterado esfuerzo del Director de Chile por convencer a San Martín de que cualquier pretensión de Balcarce sería rechazada permite inferir que el general había descubierto la maquinación.

g) La callada desobediencia y sus repercusiones

Tal como se mencionaba en la comunicación de Zañartú, a principios de octubre había vuelto a renacer la alarma en Buenos Aires al conocerse que el general O'Donnell había logrado abortar el levantamiento militar próximo a estallar, pero poco después se supo que ello se había conseguido a cambio de exceptuar a las tropas de marchar a América, con lo que al mismo tiempo quedaban desbaratadas la conjura y la expedición. El ministro de Guerra, Matías Irigoyen, en sucesivas comunicaciones del 8, 13 y 16 de ese mes, le ordenó a San Martín que se trasladara a la capital con toda la caballería, operando hostil y vigorosamente sobre el enemigo si éste trababa su marcha, es decir que, de hecho, su primer objetivo cierto era batir a la montonera santafesina y entrerriana de López y Ramírez; asociado a este último se hallaba José Miguel Carrera con un núcleo de chilenos partidarios. Tales oficios fueron recibidos por San Martín en Mendoza, adonde había arribado el 17 de octubre. El 24 contestó que su fuerza se pondría en marcha hacia Córdoba, tan luego se recolectaran las caballadas y muladas, y en ese sentido hizo pedidos al gobernador de esa provincia, doctor Manuel Antonio Castro, como también a Dupuy en San Luis. Pero por entonces se diluía nuevamente el peligro realista: se supo que una epidemia de fiebre amarilla había hecho presa del ejército expedicionario de Cádiz. Por otro lado, desde hacía meses los amigos de la Lautarina de Chile reclamaban la presencia del general para activar la marcha a Lima. Recién en ese momento, el 9 de noviembre de 1819, tuvo lugar la "desobediencia histórica" de San Martín, no por reservada menos real. En esa fecha le escribió a O'Higgins: "Tengo la orden de marchar a la capital con toda la caballería e infantería que pueda montar; pero me parece imposible poderlo realizar tanto por la flacura de los animales, como por la falta de numerario". Eran pretextos; en la parte confidencial de la carta, renglones después, afirmaba: "Tengo reunidos en ésta 2.600 caballos sobresalientes, los que marcharán a esa con la división". En efecto, he aquí el párrafo que contenía su trascendental decisión:

Reservado para V. sólo.
No pierda V. un solo momento en avisarme el resultado de Cochrane para que sin perder un solo momento marchar con toda la división a ésa, excepto un escuadrón de granaderos que dejaré en San Luis para resguardo de la provincia. Se va a cargar sobre mí una responsabilidad terrible, pero si no se emprende la expedición al Perú todo se lo lleva el diablo.[61]

En esta misma epístola le daba precisiones al director chileno sobre el próximo ataque de los montoneros a las fuerzas directoriales y su invasión a la campaña bonaerense. Aun así optaba finalmente por sustraer la división de los Andes de esa lucha y dirigirla en sentido contrario al ordenado por el gobierno argentino. Al esfumarse definitivamente ya el fantasma de la expedición española, San Martín terminó de resolverse en el sentido en que su inteligencia y su voluntad se venían orientando desde mediados de ese año, cuando al conocer el rechazo terminante del gobierno a la mediación conciliadora comprendió que había caído en el mismo error de su adversario interno: anteponer el localismo faccioso a la causa de la independencia continental. Esa había sido la raíz de sus divergencias con los gobiernos de uno y otro lado de la cordillera: la proclividad de éstos a pensar en "chileno" o en "argentino" u "oriental", cuando San Martín discurría en "americano".

El 11 de noviembre estalló un motín militar en Tucumán que depuso al gobernador Motta Botello y apresó al general Belgrano; se proclamó la independencia provincial y Bernabé Araoz se colocó a su frente. Al tener conocimiento de este movimiento, San Martín ordenó el 23 a Alvarado que suspendiera la marcha de sus tropas a Mendoza y regresase a San Juan. Simultáneamente se le anoticiaba de una conspiración combinada en el Ejército del Norte, situado en Córdoba, que extendería sus ramificaciones al interior. Basado en estos rumores de un posible alzamiento subversivo en la provincia de Cuyo, el 7 de diciembre el general comunicó al gobierno que había decidido suspender la marcha de sus fuerzas hacia la capital y que, a raíz de un nuevo ataque que acababa de sufrir, saldría a tomar los baños de Cauquenes en Chile. El director Rondeau, que ya se encontraba en el Arroyo del Medio para hacer frente a los montoneros, le ordenó el 18 de ese mismo mes que igualmente marchase esa división a incorporársele, ya fuera al mando de Alvarado o Necochea. El 26 el Libertador renunció al mando del ejército alegando su estado de postración, que por cierto no era ficticio, pues debió cruzar a Chile transportado en camilla por sus soldados.

Al finalizar el año 1819, Zañartú, que por sus inteligentes observaciones oficiaba de termómetro de la opinión porteña, al comentar en carta a O'Higgins la agitación extraordinaria en que se encontraba ese pueblo, le decía: "San Martín no aproxima sus tropas, por más que se repiten a este fin las órdenes del gobierno. En la subordinación acreditada de aquel jefe sólo queda lugar para pensar que no ha podido su empeño vencer la resistencia del pueblo que debe proporcionarle los recursos para esta campaña, ni contrastar el torrente y odio casi universal que explican las provincias contra la actual administración".[62] Seguramente imbuido de esa misma convicción, Rondeau con fecha 8 de enero de 1820 le concedió al general licencia para pasar a Cauquenes, pero conservando la investidura de capitán general y jefe del ejército de los Andes. Para entonces, el enviado chileno cambiaba de opinión: "El general San Martín, según parece, no quiere eclipsar su nombre mezclándose en estas tristes desavenencias".[63]

Lo cierto es que, a esas alturas, no sólo Buenos Aires sino todas las Provincias Unidas –expresión dolorosamente irónica en esos días– constituían un inmenso polvorín a punto de explotar. El 9 de enero se amotinaba el Batallón N° 1 de Cazadores, acantonado en San Juan, sin que Alvarado lograra reducirlo y sólo logró que mil hombres de caballería, de los 2.300 que el general había logrado organizar, cruzasen la cordillera. Casi simultáneamente, se había producido la sublevación del Ejército del Norte en la posta de Arequito, cuando marchaba desde Córdoba a la capital, encabezada por los oficiales Bustos, Heredia y Paz, para evitar su intervención en la guerra civil.

De esta manera el régimen directorial perdía de golpe los pilares militares en los que hasta entonces se había sustentado. La suerte quedaba así echada: el 1° de febrero se produjo en Cepeda la espantada de las tropas de Rondeau frente a un puñado de montoneros conducidos por López y Ramírez. Los caudillos avanzaron triunfantes sobre la aterrada ciudad-puerto. La anarquía federal vencía al pretorianismo oligárquico, se disolvían los poderes nacionales y surgía la provincia de Buenos Aires, que pactaría la paz con las de igual potestad soberana Santa Fe y Entre Ríos, ya olvidadas de su anterior dependencia del Protector de los Pueblos Libres. Así, pues, se desmoronaron a un tiempo los antagonistas de la víspera: el centralismo porteño y el artiguismo litoralense. En el país disuelto de 1820 quedaría a salvo la independencia –que San Martín se aprontaba a asegurar con su expedición al Perú– y –al abandonarse definitivamente la quimera de los proyectos monárquicos– se recobraba el segundo ideal de Mayo, la república. En cambio, el federalismo, consagrado en la letra de los tratados interprovinciales de Pilar y Benegas, sería por mucho tiempo materia de discusión y enfrentamientos.

Los hombres de Buenos Aires que desde el gobierno y la Logia creyeron hasta último momento que podían contar con la subordinación militar de San Martín, a pesar de las recientes desavenencias, jamás le perdonarían que los abandonase, dejándolos inermes ante los caudillos y adueñándose de unas tropas que no eran una hueste mercenaria a disposición de su "condottiero" sino un ejército perteneciente al desaparecido Estado argentino. El Libertador era consciente de las graves repercusiones de su determinación; por ello había afirmado al tomarla "se cargará sobre mí una responsabilidad terrible". Por lo pronto, la condena de la Logia cayó sobre él como un rayo fulminante: "La cofradía no se entiende entre sí y ya desconfían unos de otros", escribía Zañartú. "Todos abominan de San Martín y no ven en él más que un enemigo de la sociedad desde que se ha resistido a tomar parte en las guerras civiles y ha impedido la marcha de sus tropas. A él atribuyen la sublevación de los pueblos y si se aumentan las desgracias de este país, creo que lo quemarán en estatua. Los menos furiosos de los hermanos dicen que cuando él hubiese tenido algunos resentimientos, o considerado necesaria la separación de algunos, o la disolución total del cuerpo, pudo haberse insinuado y obtenerlo, aprovechándose de la opinión que gozaba, sin exponer al país a tantos desastres".[64] Los masones que se reorganizaron fundando una entidad provincial hacia mediados de año guardaron profundos sentimientos de venganza hacia el prócer, que poco tiempo después tendrían ocasión de concretar.

Pero la inquina hacia el Libertador en la Atenas del Plata se extendía mucho más allá del secreto recinto de la Logia: "En el día está tan mudada la opinión del general San Martín que puede asegurarse sin riesgo de error que no habrá un amigo suyo bastante resuelto para brindar ni aún por la salud de dicho jefe en una concurrencia".[65] Nada de esto se le ocultaba a la penetrante lucidez del Gran Capitán, quien antes de partir al Perú rompió su acostumbrado silencio, no para rebatir a sus detractores sino para sacar de su desconcierto a los hombres de bien explicitando su franca apreciación del estado en que se encontraban las Provincias Unidas, sus quejas y advertencias, como también los móviles de su conducta imperturbablemente coherente con la grandeza de su misión.

345

PROCLAMA DEL GENERAL SAN MARTÍN A LOS HABITANTES DE LAS PROVINCIAS UNIDAS DEL RÍO DE LA PLATA

(Valparaíso, 22 de julio de 1820)

Compatriotas: voy a emprender la grande obra de dar la libertad al Perú, mas antes de mi partida quiero deciros algunas verdades que sentiría las acabáseis de conocer por experiencia. También os manifestaré las quejas que tengo; no de los hombres imparciales y bien intencionados cuya opinión me ha consolado siempre, sino de algunos que conocen poco sus propios intereses y los de su país, porque al fin, la calumnia, como todos los crímenes, no es sino obra de la ignorancia y del discernimiento pervertido.

Vuestra situación no admite disimulo; diez años de constantes sacrificios sirven hoy de trofeo a la anarquía; la gloria de haberlos hecho es mi pesar actual cuando se considera su poco fruto. Habéis trabajado un precipicio con vuestras propias manos y acostumbrados a su vista, ninguna sensación de horror es capaz de deteneros. El genio del mal os ha inspirado el delirio de la federación. Esta palabra está llena de muertes y no significa sino ruina y devastación. Yo apelo sobre esto a vuestra propia experiencia y os ruego que escuchéis con franqueza de ánimo la opinión de un general que os ama y que nada espera de vosotros. Yo tengo motivos para conocer vuestra situación, porque en los dos ejércitos que he mandado me ha sido preciso averiguar el estado político de las provincias que dependían de mí. Pensar en establecer el gobierno federativo en un país casi desierto, lleno de celos y de antipatías locales, escaso de saber y de experiencia en los negocios públicos, desprovisto de rentas para hacer frente a los gastos del gobierno general fuera de los que demande la lista civil de cada Estado, es un plan cuyos peligros no permiten infatuarse ni aún con el placer efímero que causan siempre las ilusiones de la novedad.

Compatriotas: yo os hablo con la franqueza de un soldado. Si dóciles a la experiencia de diez años de conflictos no dais a vuestros deseos una dirección más prudente, temo que cansados de la anarquía suspiréis al fin por la opresión y recibáis el yugo del primer aventurero feliz que se presente, quien lejos de fijar vuestros destinos, no hará más que prolongar vuestra incertidumbre. Voy ahora a manifestaros las quejas que tengo, no porque el silencio sea una prueba difícil para mis sentimientos, sino porque yo no debo dejar en la perplejidad a los hombres de bien, ni puedo abandonar enteramente a la posteridad el juicio de mi conducta calumniada por hombres en que la gratitud algún día recobrará sus derechos.

Yo servía en el ejército español en 1811. Veinte años de honrados servicios me habían atraído alguna consideración, sin embargo de ser americano; supe la revolución de mi país y al abandonar mi fortuna y mis esperanzas, sólo sentía no tener más que sacrificar al deseo de contribuir a la libertad de mi patria; llegué a Buenos Aires a principios de 1812 y desde entonces me consagré a la causa de América: sus enemigos podrán decir si mis servicios han sido útiles. [...] Sin embargo de esto la calumnia trabajaba contra mí con una perfecta actividad, pero buscaba las tinieblas, porque no podía existir delante de la luz. Hasta el mes de enero próximo pasado el general San Martín merecía el concepto público en las provincias que formaban la Unión, y sólo después de haber triunfado la anarquía ha entrado en el cálculo de mis enemigos el calumniarme sin disfraz y reunir sobre mi nombre los improperios más exagerados. [...]

Compatriotas: yo os dejo con el profundo sentimiento que causa la perspectiva de vuestra desgracia; vosotros me habéis acriminado aún de no haber contribuido a aumentarlas, porque éste habría sido el resultado si yo hubiese tomado una parte activa en la guerra contra los federalistas: mi ejército era el único que conservaba su moral y me exponía a perderla abriendo una campaña en que el ejemplo de la licencia armase mis tropas contra el orden. En tal caso era preciso renunciar a la empresa de libertar al Perú y suponiendo que la suerte de las armas me hubiera sido favorable en la guerra civil, yo habría tenido que llorar la victoria con los mismos vencidos. No, el general San Martín jamás derramará la sangre de sus compatriotas y sólo desenvainará la espada contra los enemigos de la independencia de Sudamérica. En fin, a nombre de vuestros propios intereses os ruego que aprendáis a distinguir los que trabajan por vuestra salud de los que meditan vuestra ruina; no os expongáis a que los hombres de bien os abandonen al consejo de los ambiciosos; la primera de las almas virtuosas no llega hasta el extremo de sufrir que los malvados sean puestos al nivel con ellas: y ¡desgraciado el pueblo donde se forma impunemente tan escandaloso paralelo!

¡Provincias del Río de la Plata! el día más célebre de vuestra revolución está próximo a amanecer. Voy a dar la última respuesta a mis calumniadores: yo no puedo menos que comprometer mi existencia y mi honor por la causa de mi país; y sea cual fuere mi suerte en la campaña del Perú, probaré que desde que volví a mi patria, su independencia ha sido el único pensamiento que me ha ocupado y que no he tenido más ambición que la de merecer el odio de los ingratos y el aprecio de los hombres virtuosos.

[CNC, *DASM*, op. cit., tomo VII, pág. 214.]

La situación de las Provincias Unidas, el "Acta de Rancagua" y los preparativos de la expedición

Con el derrumbe de los poderes nacionales, esto es, la caída del Directorio y la disolución del Congreso, terminó de abrirse paso la irrefrenable desintegración de las estructuras políticas regionales. Al fragmentarse las gobernaciones intendencia, el país ofreció una nueva fisonomía atomizada en provincias soberanas. Entre esa constelación de poderes locales comenzó a despuntar la vocación hegemónica mediterránea, apuntalada por los remanentes del Ejército del Norte. Éstos entronizaron en la gobernación a Juan Bautista Bustos, quien no tardó en tomar la iniciativa de invitar a las provincias a enviar representantes al Congreso que se reuniría en Córdoba para organizar la nación bajo el régimen federativo. San Martín, interesado en la reconstrucción de una autoridad nacional –dada la situación anómala en que él, con el Ejército de los Andes, había quedado y con miras a que no se diluyese la planeada cooperación de una fuerza armada por el Alto Perú, que debía operar de manera combinada a su ofensiva por la costa peruana cuando estaba a punto de verificarse– se puso en contacto con el mandatario cordobés, en quien halló buena predisposición para secundar sus planes. Idéntica actitud encontró en Güemes, a quien el Libertador designó a mediados de 1820 –¿en virtud de qué autoridad?– general en jefe de un fantasmagórico Ejército de Observación sobre el Perú, con el objeto de que oportunamente avanzara por el altiplano. Pero esta operación ofensiva secundaria tendiente a distraer una parte considerable de las tropas realistas estaba destinada a no realizarse, pues la guerra civil continuaría enseñoreándose de las Provincias Unidas, malográndola. En efecto, cuando, en noviembre de ese año, Güemes se aprestó a salir con sus hombres, no consiguió que se le enviara el parque que el Ejército Auxiliar del Perú había dejado en Tucumán, por lo que envió parte de sus fuerzas a apoderarse de él, las que fueron vencidas por las de su contrincante Aráoz en el Rincón de Marlopa. Mientras, su ausencia era aprovechada por el partido opositor de su provincia para pronunciarse en su contra, abriendo las puertas a la novena invasión realista, al mando de Olañeta. El caudillo logró recuperar el gobierno, pero fue sorprendido y herido mortalmente por los españoles, que habían avanzado sigilosamente hasta la ciudad de Salta. El 7 de junio moría Güemes en la Cañada de la Horqueta, dejando un vacío que ni Bustos, ni Pérez de Urdinenea –como se verá– podrían llenar, en orden a los planes sanmartinianos.

Entre tanto, en el Litoral se asistiría al efímero proyecto de reconstrucción del liderazgo regional por parte de Francisco Ramírez, quien, luego de vencer a Artigas –recluido hasta su muerte en el Paraguay del dictador Gaspar Rodríguez de Francia– y habiendo ya extendido su poder a toda la mesopotamia con la conformación de la "República de Entre Ríos", intentaría lanzarse contra Buenos Aires acompañado por José Miguel Carrera –imperérrito en su propósito de volver a tomar el poder en su país–. Sin embargo, Ramírez chocaría contra las montoneras santafesinas de Estanislao López, su aliado de otrora, quien, ganado por los veinticinco mil vacunos conseguidos mediante las cláusulas secretas del tratado de Benegas y los subsidios periódicos a su provincia, secundaba la política porteña. El "Supremo entrerriano" hallaría la muerte en la demanda; poco después, cuando aproximaba a la frontera andina, caería el chileno que constituyera hasta entonces una verdadera pesadilla para el gobierno de O'Higgins. Al conocer su deceso, San Martín le expresaría al Director amigo: "Al fin el malvado Carrera ha tenido el destino que merecía: a pesar de todo es poco una vida para expiar tantos crímenes y males como ha cometido. Chile respirará del temporal que lo amenazaba".[66]

Por otro lado, libre ya del azote de los caudillos –eliminados y neutralizados a menos de un año de su victoria de Cepeda– y dominada la anarquía interna por el "Partido del Orden", el Buenos Aires del gobernador Martín Rodríguez y su ministro Bernardino Rivadavia se reconcentraría sobre sí mismo. Su dirigencia neodirectorial, segregada de la causa americana y desentendida de las cuestiones nacionales, ensayaría una política de contragolpe saboteando la asamblea que había comenzado a reunirse en Córdoba y se contraería al ejercicio de una administración provincial progresista que caracterizaría a esta etapa como la del "aislamiento fecundo" o "feliz experiencia". Esta evolución, coincidente con el desarrollo de la fase final de la campaña sanmartiniana, no podía menos que redundar en desmedro de su éxito.

A mediados de enero de 1820, el Libertador había arribado a Santiago en deplorables condiciones de salud, pero gratificado por la decisión del gobierno chileno de persistir en su intención de partir en expedición al Perú a pesar de la descomposición política imperante del otro lado de la cordillera, tomando sobre sí todo el peso de la responsabilidad de la empresa.

Entre tanto, la segunda campaña de Cochrane al Callao no había arrojado los resultados esperados por el marino, pues los cohetes a la Congrève con los que pensaba incendiar a la escuadra realista no surtieron efecto por su defectuosa construcción. Malogrado el intento a fines de 1819 y luego de llegar hasta Guayaquil en busca de la fragata *Prueba*, mientras el capitán Guise ocupaba Pisco durante algunos días con un destacamento de infantería de marina el almirante concibió la casi imposible empresa de atacar Valdivia, primer puerto de costa firme, luego de doblar el Cabo de Hornos, que por sus fortificaciones, su nutrida guarnición y sus defensas naturales se consideraba una plaza militar realista inexpugnable. En enero, el coronel Freire, que mandaba en Talcahuano, se sumó a su plan, suministrándole las tropas necesarias para emprender el ataque, que se efectuó con inesperado éxito el 4 de febrero, con lo que los realistas perdieron su base de operaciones en el sur de Chile. En cambio, el marino escocés no pudo doblegar a las fuerzas del coronel Quintanilla, quien dominaba en Chiloé, reducto que, al igual que el del Callao, sostenido por Rodil, prolongaría su resistencia aun cuando el poderío español ya hubiera sido definitivamente abatido. La reciente proeza dio vuelo a la ambición de Cochrane, quien aspiró a suplantar a San Martín en el mando en jefe de la expedición. En contraposición a las exigentes demandas de tropas y recursos del general, quejoso por la lentitud de los preparativos, el almirante presentó al gobierno de Chile sucesivos contraproyectos de excursiones marítimas con menos de la mitad de los efectivos que se estaban alistando y reduciendo al mínimo los costos que se proponía suplir con las contribuciones que se impondrían al país invadido. Pero la determinación de la Logia –exteriorizada a través de la firme voluntad de O'Higgins y de su ministro Zenteno, quien guardaba fuerte inquina por el lord– se impuso al Senado, tentado de aceptar dichas ofertas, que fueron rechazadas unas tras otras.

A fines de febrero, el general se hallaba en los baños de Cauquenes, donde permaneció durante un mes en procura de hallar en las propiedades curativas de sus aguas algún alivio para sus dolores. Allí recibió noticias transmitidas desde Cuyo sobre los sucesos de su país, en virtud de las cuales le informó a Guido con la resignación de un espectador impotente que "todo el teatro está mudado y que Buenos Aires entraba en la federación: en fin veremos lo que sale de esta tortilla". Sólo le restaba obrar firmemente respecto de aquello que dependía de su control. Preocupado por la suspensión de los trabajos de maestranza, se disponía a marchar a Rancagua "para pasar una revista al Ejército" y en seguida dirigirse a Santiago, "a ver si se puede activar los aprestos de la expedición, o que me desengañen cuanto antes".[67] Sin embargo, en la primera localidad tendría lugar un acto de mucha mayor trascendencia que el anunciado.

San Martín era plenamente consciente de la precaria y anómala posición en que había quedado a partir del derrumbe de gobierno nacional rioplatense, que le había conferido el mando del Ejército de los Andes, y el cual había quedado como fuerza autónoma que debía resolver por sí su propia y singular situación. Con esa finalidad, de regreso en la capital chilena, el 26 de marzo le dirigió un pliego a Las Heras ordenándole que procediese a su lectura una vez que hubiese reunido al cuerpo de oficiales. El general les comunicaba por ese medio la carencia del sustento jurídico de su autoridad, por la desaparición de la que se la había otorgado. Por consiguiente, invitábalos a decidir por votación la elección del general en jefe. Enrique Martínez, considerando nulo el argumento de la caducidad de los poderes de San Martín, protestó que no debía votarse. Fue apoyado por Mariano Necochea, Pedro Conde y Rudecindo Alvarado, acordándose por unanimidad que debía continuar en el mando, porque "su origen, que es la salud del pueblo, es inmutable", de lo que se dejó constancia en el documento actualmente conocido como "Acta de Rancagua" y que se suscribió el 2 de abril de 1820. Se ha observado la importancia de esta interpretación, según la cual, "cuando un mandato tiene un contenido de *suprema lex*, su duración no cesa con el órgano otorgante".[68] Lo cierto era que, si, por un lado, el ejército, al ratificar en el mando a San Martín, se solidarizaba con la misión libertadora que él identificaba con su destino, por otro lado, el general reconocía el principio de que su autoridad emanaba de sus compañeros de armas poderdantes. Ha señalado Mitre que por este acto "se comprometía a la vez la disciplina y la autoridad y que fue causa que desde ese momento el general no mandase a sus subordinados sino a título del consentimiento".[69] Si en ese momento la prestigiosa autoridad moral del Libertador pudo restar importancia a tales consideraciones, las consecuencias ulteriores no serían desdeñables, en especial cuando, durante los días del Protectorado del Perú, la conducción militar del general fuese cuestionada precisamente por los oficiales descontentos del Ejército de los Andes. Aunque a éstos, por disposición del gobierno de O'Higgins, les fueron reconocidos sus grados en el Ejército de Chile, las fuerzas argentinas conservaron su personalidad distintiva, asumiendo de hecho la representación de las Provincias Unidas,[70] y si bien éstas partirían hacia el Perú bajo la bandera chilena, al entrar triunfantes en Lima volverían a enarbolar su propio estandarte. Por otro lado, cuando llegara el momento de la partida de la expedición, San Martín se la notificaría al Cabildo de Buenos Aires afirmándole que "desde el momento en que se erija la autoridad central de las Provincias estará el Ejército de los Andes subordinado a sus órdenes superiores con la más llana y respetuosa obediencia".[71]

El 6 de mayo San Martín fue designado generalísimo de la expedición, extendiéndose su autoridad no sólo al que se denominó "Ejército Libertador del Perú" sino también a la escuadra, enterándose Cochrane en alta mar, cuando abrió el pliego de sus instrucciones, de que quedaba subordinado al Libertador. En cambio, O'Higgins no dio curso a las que el senado chileno le había extendido a San Martín, como tampoco a la presencia de un "diputado diplomático" que figurase junto a él ejerciendo funciones de control. Por el contrario, revistió al general de omnímodas facultades políticas y militares, incluso quedó autorizado para la rápida sustanciación de la justicia militar a través de consejos de guerra verbales y para hacer ejecutivas sus sentencias sin previa consulta al gobierno de Chile. Asimismo, a su expresa solicitud le acordó plenos poderes para entrar en negociaciones con el virrey del Perú, anunciándose ya con ello la tendencia a evitar la efusión de sangre que ha de guiarlo durante su actuación en la tierra de los incas.

Desde mediados de mayo empezaron a ser concentradas las fuerzas en Quillota, adelantando en su instrucción militar bajo la dirección del jefe de Estado Mayor, Juan Gregorio de Las Heras, ascendido a general de brigada. Se incorporaron al ejército dos jefes de alta graduación: Juan Antonio Álvarez de Arenales y José Toribio Luzuriaga, y se formó un cuadro de oficiales para ponerlos al frente de los voluntarios patriotas que se sumaran a los libertadores en tierra peruana. Monteagudo reemplazaría en el cargo de auditor de Ejército y Marina a Álvarez Jonte, que, moribundo casi, se aprestaba también a marchar para prestar su postrer servicio a la causa de la independencia. Guido iría en calidad de primer ayudante de campo y tendría a su cargo el "ramo secreto". Paroissien correría a cargo del rubro sanitario. En total, unos trescientos jefes y oficiales a cargo de 4.100 soldados se hallaban listos, al promediar 1820, para zarpar en dieciséis transportes protegidos por ocho naves de guerra y once lanchas cañoneras, embarcaciones servidas por 2.500 hombres y que portaban además ochocientos caballos, municiones y armamentos de todo género, entre los que se contaban 35 cañones, quince mil fusiles y dos mil sables de repuesto; junto con víveres y forraje para largos meses.

El alto cometido de la empresa quedó explicitado en la proclama que O'Higgins dirigió a los peruanos, en la que les prometía "seréis libres e independientes, constituiréis vuestro gobierno y vuestras leyes por la única y espontánea voluntad de vuestros representantes, ninguna influencia militar o civil, directa o indirectamente tendrán estos hermanos en vuestras disposiciones".[72]

El 20 de agosto, al levar anclas la escuadra, le fueron entregados a San Martín los despachos de capitán general. Se embarcó, acompañado por su Estado Mayor, en una vistosa falúa y antes de dirigirse a la nave que llevaba su nombre recorrió toda la bahía de Valparaíso, saludado desde los buques por los soldados y la tripulación con el grito entusiasta de "¡Viva la Patria!", repetido por la multitud que, apiñada en la playa, contemplaba la salida de la espléndida expedición. Por fin había llegado para el general la tan ansiada como postergada ocasión de completar la misión que dio sentido a su vida: "Se acerca el momento en que yo voy a seguir la grande obra de dar la libertad al Perú. Voy a abrir la campaña más memorable de nuestra revolución y cuyo resultado aguarda el mundo para declararnos rebeldes si somos vencidos; a reconocer nuestros derechos si triunfamos".[73]

Desembarco, armisticio de Miraflores y primera campaña a la Sierra

El general invasor debía, con sus escasos cuatro mil hombres, enfrentar a una fuerza adversaria compuesta de más veinte mil efectivos. Esa pavorosa desproporción es un dato más que elocuente para apreciar lo temerario de la empresa, la audacia de concepción de su jefe y el temple de sus bravos guerreros, pero también para comprender las exigencias a que deberían sujetarse. Era preciso evitar ponerse en inmediato contacto con el enemigo durante el desembarco para que éste no sacara partido de su superioridad numérica, llamar su atención por diversos puntos para evitar su reconcentración y revolucionar al país como único medio de sostenerse en él.

El 7 de septiembre la escuadra arribó con mar picado a la amplia bahía de Paracas, 250 kilómetros al sur de Lima. Al día siguiente desembarcó una avanzada al mando del general Las Heras que, cargando sus monturas al hombro –pues debían procurarse caballos–, se dirigió quince kilómetros hacia el norte para apoderarse de Pisco y hacer del lugar cabeza de playa. Ante el amago patriota, las fuerzas realistas de ese cantón, comandadas por el coronel de milicias Manuel Quimper, se retiraron en dirección a Ica y en consecuencia el 11 todo el ejército pudo desembarcar allí sin oposición. Poco después, la vanguardia se apoderaba de la hacienda de Caucato, donde encontraron importantes abastecimientos y gran cantidad de esclavos que en número de más de quinientos se incorporaron al ejército. Partidas de caballería recolectaron caballos y ganado, lo que permitió montar y suministrar carne fresca a la tropa. Todo ello se hizo bajo las instrucciones

Partida de la Escuadra Libertadora del Perú
(Valparaíso, 20 de agosto de 1820)

Óleo de Antonio Abel
Pinacoteca del Instituto
Nacional Sanmartiniano
Buenos Aires

El 20 de agosto de 1820, luego
de sortear numerosas intrigas
y obstáculos, que demoraron durante
más de dos años el inicio de la campaña
libertadora del Perú, y mediando
la desobediencia de San Martín
a las órdenes del gobierno directorial
porteño, partió de la bahía de Valparaíso
–bajo bandera chilena– la temeraria
expedición de poco más de cuatro mil
hombres, dispuesta a enfrentarse
con una fuerza adversaria de más
de veinte mil efectivos.

**Guerrillero peruano
de la campaña
de la independencia**

Óleo con firma F. V.
Museo Histórico Militar
del Real Felipe
Callao
Perú

El Ejército Libertador
desembarcó en Pisco el 8 de
setiembre de 1820, fecha que
fue bautizada por San Martín
como el "primer día de la
libertad" peruana.
Era preciso contrarrestar
la superioridad numérica
del enemigo revolucionando
el país, como único medio
de sostenerse en él. De allí
el invalorable aporte
de las guerrillas peruanas,
que mantuvieron en constante
alerta a los realistas.

**Desembarco del Ejército Libertador
en la Bahía de Pisco**

Óleo de C. Wood
Museo Histórico Nacional
Santiago de Chile

Manuel Blanco Encalada

Óleo de J. González
Museo Marítimo
Viña del Mar
Chile

Luego de las primeras acciones victoriosas, la escuadra chilena, comandada por Blanco Encalada, fue puesta al mando de lord Cochrane, quien, tras una serie de prodigiosas hazañas logró el completo dominio del Pacífico. Las desavenencias del marino británico con San Martín dejaron a éste sin su vital apoyo naval, lo que debilitó la capacidad ofensiva de los patriotas en el Perú. De regreso en Chile, Cochrane se convirtió en promotor de la campaña difamatoria contra el Libertador.

**Alexander
Thomas
Cochrane**

Óleo
de Sepúlveda
Museo del Mar
"Lord Cochrane"
Valparaíso
Chile

EL PROTECTOR DEL PERU

CONSIGUIENTE á los principios de filantropía que todos los gobiernos del mundo civilizado han adoptado antes de ahora, ansiosos de vengar la especie humana de los ultrajes que ha sufrido en los siglos de error y obscuridad, que ya han pasado, y que han pasado para siempre, ordeno y mando lo siguiente.

1.º   Todo esclavo que desde esta fecha llegase al territorio independiente del Perú, quedará libre del dominio de su amo, por el solo hecho de pisarlo.

2.º   Los capitanes de puerto donde los haya, y los presidentes de los departamentos quedan especial y estrechamente encargados de hacer saber este decreto á los esclavos que entrasen al Perú por cualquiera de los puertos libres ó fronteras del territorio independiente, para que la ignorancia de esta resolucion no prive á los interesados del beneficio de la libertad. Imprímase, publíquese por bando, y circúlese á quienes corresponde. Dado en el palacio protectoral de Lima Noviembre 24 de 1821.—2.º

Firmado

San Martin.

Por órden de S. E.

B. Monteagudo.

Proclamación de la independencia del Perú

San Martín logró tomar posesión de Lima sin efusión de sangre y reclamado por sus mismos vecinos. Tal como se lo había propuesto; proclamó la Independencia el 28 de julio. Pero a poco las operaciones bélicas se paralizaron por el equilibrio de fuerzas con los realistas, a los que no tenía posibilidad de enfrentar con seguridad de éxito sin contar con el auxilio del Libertador del Norte, que se aproximaba al cenit de su carrera. Cuestionada su autoridad por el partido republicano en el Perú y sin contar ya con sus tradicionales bases de apoyo argentina y chilena, San Martín acudió a la entrevista de Guayaquil en posición francamente desventajosa.

Simón Bolívar

Museo
Histórico
Provincial
Rosario
Santa Fe

Carta de San Martín a O'Higgins
Fechada en Callao, el 14 de julio de 1822

En ella, el Libertador anuncia su partida hacia la conferencia de Guayaquil.

Caricatura de San Martín

Al prócer, con figura de tigre, se le escapa la corona real. En sus manos y a sus pies, las cabezas de los hermanos Carrera, M. Rodríguez, Prieto, Conde, Murillo y Mendizábal.

SE ESCAPÓ

L. Carrera

J.J. Carrera

M. Rodríguez

Mendizábal

Prieto

Conde

Murillo

"¡Pueblos! ¿Os desengañaréis? ¿Conocéis a San Martín, al héroe decantado? Mirad sus víctimas y deducid el destino que os preparaba. Temed aún."

El incomprendido retiro de San Martín de la escena americana, dejando la obra de liberación inconclusa, abonó un fértil campo de cultivo para la calumnia. Ya durante su ostracismo, su persistente enemigo, Carlos de Alvear, contribuyó a fomentar la detracción de su persona y accionar. Según consigna Tomás de Iriarte en sus *Memorias*, fue Alvear quien escribió y difundió en forma anónima un aberrante relato de la actuación del prócer, ilustrado con estas burdas caricaturas que él mismo se ocupó de diseñar.

Pueblos de Chile

O'Higgins

San Martín

Mercedes de San Martín

Óleo de Delia Súarez
Pinacoteca Instituto
Nacional Sanmartiniano
Buenos Aires

Mariano Balcarce

Óleo de E. Garaboto
Pinacoteca Instituto
Sanmartiniano del Perú
Lima

"Máximas para mi hija"

Archivo del Museo Mitre
Buenos Aires

Consciente de que no todo cabía esperarlo de los establecimientos de instrucción, San Martín intervino personalmente en la formación de su hija. Así lo prueban las "Máximas" escritas para ella en 1825, claras y profundas, en las que volcó lo mejor de su espíritu humanitario, libre y universal. No pretendía hacer de ella "una dama de gran tono", sino una persona de bien. Mucho satisfizo al Libertador que la joven se desposara con Mariano, hijo mayor de su fallecido amigo Antonio G. Balcarce: "Él no posee más bienes de fortuna que una honradez a toda prueba, he aquí todo lo que yo he deseado para hacer la felicidad de Mercedes".

San Martín

Daguerrotipo
de 1848
Museo Histórico
Nacional
Buenos Aires

Celoso vigía de la
independencia que
con tanto empeño
había contribuido
a forjar, San Martín
se enorgulleció de
la digna altivez que
mostró Rosas en
los conflictos con
Francia e Inglaterra,
y no hesitó en
legarle al dictador
su famoso sable
corvo. Al respecto,
le dijo a Guido:
"V. sabe que yo no
pertenezco a
ningún partido;
me equivoco, yo
soy del partido
americano, así es
que no puedo
mirar sin el mayor
sentimiento los
insultos que se
hacen a la
América". "En este
particular, yo soy
como el célebre
Manchego, sensato
en todo, menos
cuando se trata de
caballería andante."

Testamento ológrafo del Libertador

En la 4ª cláusula de su testamento de 1844, luego de prohibir que se le hiciera ningún género de funeral, San Martín manifestó su deseo de que su corazón fuera depositado en el cementerio de Buenos Aires. Sólo se cumplió parcialmente su última voluntad cuando fueron repatriados sus restos en 1880.

El cortejo fúnebre se estaciona frente a la Catedral

Acuarela de Delia Suárez
Archivo Gráfico del Instituto Nacional Sanmartiniano
Buenos Aires

severas y minuciosas que reglaban su comportamiento: "No venís a hacer conquistas sino a libertar pueblos", les había dicho San Martín en su primer proclama al tocar tierra peruana, pues de captarse la voluntad de los nativos y convertirlos en sus colaboradores dependía la propia subsistencia del ejército. También contaban en su favor con las condiciones propicias generadas por el vuelco político operado en la península a partir del éxito de la sublevación de Riego del 1º de enero de 1820, que inauguró el que se conoce en la historia de España como "trienio liberal", durante el cual se trató de llegar a un avenimiento pacífico con los insurgentes americanos sobre la base del acatamiento a la restablecida carta gaditana de 1812. La posición del jefe expedicionario al respecto era clara y precisa: "La revolución de España es de la misma naturaleza que la nuestra: ambas tienen la libertad por objeto y la opresión por causa. Pero la América no puede contemplar la constitución española sino como un medio fraudulento de mantener en ella el sistema colonial, que es imposible conservar por más tiempo por la fuerza".[74]

En cumplimiento de la Real Orden del 11 de abril de 1820, destinada a conseguir la pacificación de Hispanoamérica, el virrey Pezuela envió un emisario ante San Martín para entablar negociaciones. De inmediato fue aceptada la proposición por el general, quien envió a sus comisionados Tomás Guido y Juan García del Río. El 26 de septiembre, en las conferencias de Miraflores, pactaron un armisticio con los delegados realistas que establecía el cese de hostilidades hasta el 4 de octubre, lapso durante el que se discutirían las bases de un arreglo. Si bien las gestiones no fructificaron, dado que la irreductible condición de los patriotas era el previo reconocimiento de la independencia, éstos dejaron deslizar que "no sería difícil encontrar en los principios de equidad y justicia la coronación en América de un príncipe de la casa reinante de España". Era la primera insinuación de la idea de instaurar una monarquía peruana independiente, progresivamente explicitada en las tratativas posteriores.

La situación generada a raíz de la invasión patriota había profundizado la división en el interior de la oficialidad realista. Los veteranos de la guerra contra Napoleón, que se incorporaron a los ejércitos coloniales tardíamente, luego de la restauración fernandina, acapararon las principales jefaturas y miraron con orgulloso desprecio a los americanos, favoreciendo la deserción de éstos hacia las filas insurgentes. Además, con las nuevas unidades procedentes de allende el océano, se trasladó al nuevo continente la pugna entre absolutistas y constitucionales, y aparecieron las primeras logias militares que comenzaron a minar el campo realista. Por otro lado, a medida que se consolidó el dominio del mar por parte de los patriotas, se acentuó la incomunicación con la metrópoli, la cual, a su vez, devorada por la lucha de facciones, se desentendió progresivamente del problema americano, dejando librado a su suerte al virreinato peruano, a cuyo solo cargo quedó el peso de la guerra. Esta situación se tornó irreversible a partir del pronunciamiento liberal de 1820: ya no cabía esperar el envío de nuevos refuerzos desde la península. A raíz de ello, los oficiales españoles llamados "blancos" o "constitucionales" se mostraron proclives a la paz; mientras que los "negros" o "serviles" fueron partidarios de continuar la guerra a todo trance. Conocedor de esta escisión, San Martín confiaba sinceramente en la posibilidad de arribar a un acuerdo con los peninsulares de ideología liberal valiéndose del nexo masónico. Creía que cabía esperar de ellos que antepusieran los principios universales de la justicia a los mezquinos intereses emanados de los irracionales privilegios metropolitanos. La experiencia peruana terminaría demostrándole que la coherencia entre ideas y conductas era un bien esquivo aun entre los esclarecidos hermanos.

El mismo día 5 de octubre en que expiraba el armisticio, San Martín decidió enviar una división a posesionarse de Ica, encabezada por el general Arenales. Como segundo jefe de la división actuaría el coronel Manuel Rojas. El 8 de octubre entraron triunfalmente en dicha plaza y fueron aclamados por el pueblo. Como la misión encomendada a la columna volante de Arenales era cumplir una marcha de circunvalación en reconocimiento del interior del país, encendiendo a su paso el espíritu revolucionario, fue preciso dejar en completa seguridad al vecindario de Ica, evitando que las tropas de Quimper volviesen a él una vez que la división continuase hacia la Sierra; por lo que se destacó un contingente en persecución del jefe realista. Éste había hecho alto en Nazca, donde fue sorprendido el 15 de octubre por una partida de caballería al mando de Lavalle, que penetró a gran galope por las calles de ese pueblo, espantando al desprevenido adversario. Perseguidas tenazmente, las fuerzas de Quimper se internaron en la sierra en dirección a la intendencia de Huamanga, pero al día siguiente fueron vencidas por las tropas del teniente Isidoro Suárez en Acarí.

Cumplido el objetivo de destruir la primera fracción desprendida del ejército de Lima, toda la división reunida reanudó desde Ica el 21 su avance hacia el nordeste, iniciándose así la primera expedición a la Sierra. A marchas casi forzadas por entre nieve y peñascos, la columna recorrió en sólo diez días más de cuatrocientos kilómetros y entró el 31 de octubre en Huamanga (Ayacucho), abandonada por el gobernador Recabarren, que había huido hacia Cuzco. Arenales se dispuso de inmediato a ocupar militarmente el valle de Jauja, el más importante del centro de la sierra, rico en producción y centros poblados (Huancayo, Jauja, Tarma, Pasco), que debía servir de base a sus operaciones. Con su posesión en manos de los patriotas, se procuraba aislar a Lima y cortar sus comunicaciones con el ejército de reserva del sur.

Entre tanto, San Martín, luego de permanecer un mes y medio en Pisco, consideró cumplidos los objetivos que se había propuesto en ese sitio: aprovisionamiento, propaganda política, incorporación de hombres y lanzamiento de la campaña a la sierra. El 23 de octubre se reembarcó con el grueso de su ejército a fin de llamar la atención del enemigo maniobrando sobre la costa cercana a Lima. El general pretendía con ello cubrir la internación de Arenales. Luego de algunas demostraciones de la escuadra patriota ante el puerto del Callao, donde quedó lord Cochrane con tres naves –a los pocos días lograría tomar por abordaje, en un inusitado gesto de audacia, la fragata de guerra española *Esmeralda*–, San Martín decidió reanudar la navegación para fondear en Ancón, al norte de Lima, el 3 de noviembre, donde realizó un amago de desembarco. Seguidamente se alejó con la escuadra más al norte y el 9 de noviembre desembarcó en Huacho, estableciendo su cuartel general en Huaura.

Al tanto Pezuela de los éxitos obtenidos por el adversario en su expedición a la Sierra, ya posesionada de Tarma, despachó una columna al mando del general Diego de O'Reilly hacia el Cerro de Pasco, para cortar a los patriotas su camino hacia Lima. Debía actuar en concurso con Ricafort, que venía avanzando hacia el norte para aniquilar a la división patriota, que se encontraba en inferioridad numérica. Pero, el 6 de diciembre, el general Arenales cayó sobre el enemigo, después de trepar aquel macizo, logrando batirlo. Con esta batalla quedó establecida la superioridad militar de los independientes en la Sierra, así como abiertas las comunicaciones con San Martín, situado sobre la costa. El parte de la victoria le llegó al general a su campamento de Huaura, cuando acababa de pasarse a sus filas el batallón realista Numancia, integrado por venezolanos y neogranadinos, fuerte de 650 plazas al mando de Tomás Heres. Por otro lado, el 20 de diciembre la intendencia de Trujillo se plegó a los libertadores, encabezada por el marqués de Torre Tagle, quien estaba en contacto con San Martín desde su desembarco en Pisco[75]; a lo que siguió la declaración de independencia de Piura, el 4 de enero siguiente. Así, pues, al principiar 1821 todo el norte del Perú, desde Chancay hasta Guayaquil, quedó pronunciado por la emancipación, contando desde entonces el ejército expedicionario con una base segura de operaciones y un rico territorio capaz de atender a su aprovisionamiento.

Por entonces, el general, que había venido actuando –según su propia expresión– "con pies de plomo, sin querer comprometer una acción general", "con paciencia y sin precipitación", resolvió salir de su posición expectante y pasar a la ofensiva. El 5 de enero se movió con el grueso del ejército de Huaura y avanzó hasta Retes, a escasa distancia del campamento realista de Aznapuquio. Había planeado atacar de frente al enemigo, en combinación con Arenales, quien, desprendiéndose de la sierra, debía embestirlo por el flanco; sin embargo, en consideración a lo inseguro de la incorporación a tiempo de este último, en penosas condiciones luego de su esforzada campaña, hicieron desistir a San Martín de la operación. En cambio, fue el virrey quien –reforzado por tropas traídas por Canterac desde el Alto Perú–, se dispuso a avanzar contra las fuerzas expedicionarias aprovechando la falsa posición en la que se habían colocado, pues los ochenta kilómetros de arenal que tenían a sus espaldas harían mortífera cualquier retirada. Advertido de los planes enemigos y de lo riesgoso de su posición, el Libertador retrocedió a Huaura, el 13 de enero.

Por su parte, el virrey, temeroso de que San Martín desembarcara por sorpresa en Lima, que se hallaba desguarnecida, dio contraorden al ejército realista, el cual ya había comenzado su avance sobre el enemigo. En verdad, todo era confusión y desaliento en la capital peruana, donde se empezaban a sentir los efectos del bloqueo marítimo y terrestre, a lo que se agregaría el accionar de las guerrillas organizadas por San Martín y puestas al mando del salteño Isidoro Villar. Los vecinos principales apoyados por el Cabildo habían venido presionando a Pezuela para que llegara a un acuerdo amistoso con los independientes, evitando el enfrentamiento armado. Entre tanto, los jefes militares realistas culpaban al vencedor de Ayohuma y Sipe Sipe de la mala conducción de la guerra y la última demostración de su conducta indecisa precipitó la crisis que tuvo lugar el 29 de enero en el campamento de Aznapuquio, cuando triunfó el complot urdido por la logia constitucionalista que, encabezado por Valdés y Canterac, depuso a Pezuela y transfirió el mando militar y político a La Serna.

Nuevas operaciones militares y conferencias de Punchauca

Luego del triunfo de Pasco, todo aconsejaba mantener el terreno conquistado en la vital zona de la Sierra. Así lo entendió Arenales, cuyo plan era volver sobre Jauja para batir a Ricafort; sin embargo, recibió órdenes de retirarse hacia la costa y, pese a manifestar su posición contraria, verificó su cumplimiento. Ya había traspasado la cordillera cuando, simultáneamente, se producía el avance de San Martín hacia Retes. Sin duda aquellas directivas respondían al plan de ataque combinado que el Libertador se proponía llevar a cabo. Cuando, días más tarde, desistió de él, le llegó a Arenales una tardía contraorden. El 8 de enero su división, "cubierta de gloriosos andrajos y rica en trofeos" (traía trece banderas y cinco estandartes), se reunía con el grueso del ejército, después de haber realizado una expedición modelo de guerra de montaña que constituyó el más osado y bien conducido de los movimientos estratégicos de la campaña del Perú, pues popularizó la invasión, sublevando al país en su trayecto, y derrotó material y moralmente a los ejércitos realistas, al demostrar prácticamente que una columna volante de sólo mil hombres podía pasearse triunfalmente en medio de ellos.

Sin embargo, con la retirada de la Sierra el éxito conseguido quedó de inmediato neutralizado. Las fuerzas dejadas a cargo de Bermúdez y Aldao eran insuficientes para sostener las posiciones conquistadas. Debieron ponerse en retirada, mientras Ricafort y Carratalá ejecutaban su sangrienta represalia contra los indígenas de Huamanga, Cangallo y Huanta. Empecinado el ex fraile en mantener la lucha, decidió resistir en Huancayo, pero fue derrotado. Otro tanto pensó hacer en Tarma, pero no tuvo ocasión, pues Ricafort, por orden del virrey, regresó a Lima.

Los primeros meses de 1821 transcurrieron en una total inacción, agravada por la epidemia de tercianas, propia de la insalubridad de los valles de la costa en la época estival, que afectó a un tercio del ejército patriota estacionado en Huaura, falto de medicinas. Los realistas no se hallaban en mejores condiciones: su campamento también cayó presa de la peste, agravada por la falta de víveres. No obstante, para abril Ricafort y Valdés terminaron de reconquistar la sierra entre Pasco y Jauja, dejando en ella débiles guarniciones al mando de Carratalá.

Por su parte, San Martín inició operaciones en el sur del Perú destacando la primera expedición a los llamados "puertos intermedios" (por estar situados entre Valparaíso y Callao), a cargo de Miller y Cochrane. A pesar del insuficiente apoyo marítimo y de caer víctima del paludismo, estas fuerzas recorrieron de Pisco a Arica, cumpliendo el objetivo de distraer fuerzas realistas hacia esa zona, dejando más de mil efectivos fuera de combate. Fueron ocupadas sucesivamente en mayo Tacna, Moquegua y Torata, hasta que el avance se detuvo en Punchauca con la firma de un nuevo armisticio, el 23 de mayo. Paralelamente, el 21 de abril había partido de Huaura una segunda campaña a la Sierra, confiada nuevamente a Arenales que con el triple de fuerzas que la primera debía recorrerla en sentido opuesto al anterior, es decir, de Pasco a Ica. Avanzó sin resistencia ante la retirada de Carratalá, quien –en inferioridad numérica–, logró por tres veces esquivar el choque bélico. Al posesionarse de Tarma el 21 de mayo, Arenales le propuso a San Martín que todo el ejército se trasladase a la sierra, dejando la tarea de incomunicar a Lima a la escuadra y las guerrillas, para seguir él sus marchas hasta el Cuzco. El acertado plan no se llevó a efecto y cuando el jefe expedicionario entraba en Jauja le llegó también la noticia de que se había acordado un nuevo cese de hostilidades.

En efecto, entre los comisionados que el gobierno constitucional de la península envió a América para negociar con los insurgentes figuraba el capitán de fragata Manuel Abreu, quien, antes de su arribo al Perú, el 6 de febrero, se había puesto en comunicación epistolar con San Martín dándole referencias acerca de su familia. El general le contestó desde Huaura que dicha misiva "me ha traído a la memoria época que no puedo recordar sin emoción. Celebro mucho que V. hubiese tratado en Málaga a mi madre y hermana y este es un doble motivo para que me interese más en su pronta llegada".[76]

El 25 de marzo, el enviado regio desembarcó en el norte del Perú y, conducido por el ayudante de campo José I. Arenales –hijo del héroe de la Sierra–, se hizo presente en el campamento del Ejército Libertador en Huaura. Allí fue confraternalmente agasajado por San Martín y sus jefes, contrastando este recibimiento con el que se le daría luego en Lima, al tratar con el virrey La Serna y el grupo castrense dominante, pues dicha "camarilla liberal" –ofendida por la previa visita del comisionado regio al campo adversario– desestimó la importancia de su misión. "Todo lo han mirado como cosa de juego que nada importa", se quejaría el emisario.

Antes de despedirse de Abreu, San Martín le había confiado su plan militar de "tomar Lima circunvalándola, cortándole todas las entradas de víveres sin aventurar acción", reservando sus tropas para una ocasión más comprometida si era atacado, pues para acabar con las fuerzas de la capital "se bastaba con la sublevación de todo el país". Pero más trascendente era lo que el general le había adelantado con respecto a su proyecto político, lo que explicaba el entusiasmo despertado en el negociador:

que si España se empeñaba en continuar la guerra sería el exterminio del Perú [...] Que reconocía muy bien la impotencia de la América para erigirse en República independiente por carecer de virtudes y civilización, y que en estos extremos había convenido con los de su ejército en coronar a un príncipe español, medio único capaz de abrogar las opiniones de enemistad, reunirse de nuevo las familias y los intereses; y que por honor y obsequio de la península se harían tratados de comercio con las ventajas que se estipulasen y que en cuanto a Buenos Aires, [continúa cifrado] emplearía sus bayonetas para compelerlos a esta idea si no se prestasen.[77]

La reunión de los comisionados convenida por ambas partes se efectuó a mediados de mayo en la hacienda de Punchauca, cinco leguas al norte de Lima. Concurrieron por parte de San Martín Tomás Guido, Juan García del Río y José Ignacio de la Rosa, quienes, por sus instrucciones extendidas el 27 de abril, fueron omnímodamente facultados para negociar sobre el principio de la independencia política de Chile, Río de la Plata y Perú; debían rechazar la propuesta contraria de acatar la Constitución de 1812 como vínculo de unión entre España y América, de la misma manera en que no sería aceptable el envío de diputados a la península para definir la cuestión mientras no fueran evacuados la capital de Lima y el castillo del Callao, dejándose a este último guarnecido por las tropas libertadoras. Las tratativas se iniciaron el 14 y nueve días más tarde se concertó un armisticio, ante el propósito de San Martín manifestado por sus delegados de tener una entrevista personal con el virrey. Durante ésta –que tuvo lugar el 2 de junio–, el Libertador tomó la palabra para instar a La Serna a obrar en concordancia con los principios liberales que los hermanaban:

General, considero este día como uno de los más felices de mi vida. He venido al Perú desde las márgenes del Plata, no a derramar sangre, sino a fundar la libertad y los derechos de que la misma metrópoli ha hecho alarde al proclamar la constitución del año 12, que V.E. y sus generales defendieron. Los liberales del mundo son hermanos en todas partes y si en España se abjuró después esa constitución, volviendo al régimen antiguo, no es de suponerse que sus primeros cabos en América, que aceptaron ante el mundo el honroso compromiso de sostenerla, abandonen sus más íntimas convicciones, renunciando a elevadas ideas y a la noble aspiración de preparar en este vasto hemisferio un asilo seguro para sus compañeros de creencias.

Esgrimió después lo que ya se había sugerido en Miraflores, esto es, la posibilidad de conciliar los intereses de España y América, evitando la prosecución de la guerra, que, además de injusta, resultaba ya estéril dada la inevitabilidad de la independencia. Y finalmente concretaba su proposición:

358

Si V.E. se presta a la cesación de una lucha estéril y enlaza sus pabellones con los nuestros para proclamar la independencia del Perú, se constituirá un gobierno provisional, presidido por V.E., compuesto de dos miembros más, de los cuales V.E. nombrará el uno y yo el otro; los ejércitos se abrazarán sobre el campo; V.E. responderá de su honor y de su disciplina; y yo marcharé a la península, si necesario fuere, a manifestar el alcance de esta alta resolución, dejando a salvo hasta los últimos casos de la honra militar, y demostrando los beneficios para la misma España de un sistema que, en armonía con los intereses dinásticos de la casa reinante, fuese conciliable con el voto fundamental de la América independiente.[78]

La proposición, apoyada por Abreu, pareció encontrar un eco favorable en el virrey y su consejo de oficiales, imperando la mayor cordialidad en el refrigerio que le siguió. Sin embargo, cuando San Martín creía ya logrado su cometido –conseguir sin efusión de sangre la independencia del Perú por medio del establecimiento de una monarquía constitucional que garantizara su estabilidad, evitando así la anarquía que traía aparejada la revolución– le llegó la respuesta negativa de La Serna. El general Valdés se había opuesto enérgicamente a contravenir las bases de la negociación señaladas por el gobierno español con el reconocimiento previo de la independencia y arrastró en el mismo sentido la voluntad de sus compañeros de armas. A pesar del momentáneo desaliento del Libertador, se proseguiría intentando llegar a un acuerdo.

Existe cierto notable paralelismo –ya advertido por García Camba– entre lo propuesto por San Martín sin éxito para Perú y lo que logró pactar Iturbide para México con mejor suerte inicial. En junio de 1821, su propuesto Plan de Iguala –que suponía el reconocimiento de la independencia sobre las tres bases fundamentales del sostenimiento de la religión católica, el gobierno monárquico temperado y la conciliación entre españoles y americanos– fue aceptado por el sucesor del virrey Apodaca, Juan O'Donojú. Así, la apertura conciliatoria metropolitana favoreció, tanto en México como en Perú, los últimos conatos de implantación de una monarquía en América. No tuvo, en cambio, iguales resultados en Venezuela y Colombia, donde la política de pacificación sólo condujo a la firma, el 26 de noviembre de 1820, del armisticio entre Bolívar y Morillo que regularizó la guerra, si bien a fines de abril de 1821 se reanudarían las hostilidades.

Señaló Mitre que "la entrevista pactada por el armisticio de Punchauca es el paso político más trascendental en la vida de San Martín, pues determinó un rumbo en su carrera que debía conducirlo a un camino sin salida".[79] Esta apreciación sin duda encierra una sobrevaloración del monarquismo sostenido por el Libertador, como factor que jugó en su contra en el momento final de la lucha emancipadora hispanoamericana, ya que –como se verá– fueron otras circunstancias desfavorables de más peso las que terminarían forzando su exclusión.

Posesión de Lima, asunción del gobierno
y paralización de la guerra

A pesar de que durante las tratativas se había aflojado el bloqueo de Lima, permitiendo San Martín la introducción de víveres, la miseria imperante en la ciudad generaba inevitables tensiones entre el pueblo, las autoridades y el ejército realista.

Todavía durante la vigencia del armisticio, que se prolongó hasta fines de junio, se produjo la salida hacia la Sierra de una gruesa división de 1.400 hombres al mando de Canterac. Y el 4 de julio La Serna hizo pública su decisión de evacuar Lima. Luego de delegar el mando político y militar en el marqués de Montemira, el 6 se retiró con los dos mil hombres restantes. Otros tantos efectivos quedaron, bajo el mando del mariscal La Mar, protegiendo El Callao, donde también se habían refugiado los civiles favorables a la causa realista.

No había querido San Martín llevar un ataque sobre la ciudad ni entrar en ella por la fuerza. La lucha en el Perú, decía, "no es común, no era guerra de conquista y gloria, sino enteramente de opinión; era guerra de los principios modernos y liberales contra las preocupaciones, el fanatismo y la tiranía [...] ¿De qué me serviría Lima si sus habitantes fueran hostiles en opinión política? [...] Quiero que todos los hombres piensen como yo y no dar un solo paso más allá de la marcha progresiva de la opinión pública".[80] Y se cumplieron sus deseos de ser llamado por los propios vecinos, que le solicitaron que no retardara su entrada en la ciudad, amenazada por el desorden.

El 10 de julio entró en la capital peruana el primer destacamento del ejército libertador, al mando del coronel José Manuel Borgoño. Cuatro días más tarde, San Martín se instalaba con su séquito civil y militar en el palacio de los virreyes. Posteriormente, en medio de un desbordante entusiasmo popular, ingresaron otros cuerpos de tropas patriotas. Evoca en sus memorias el coronel Juan Isidro Quesada, entonces joven oficial de infantería, que al ir a saludar al general éste les dijo: "He hecho bajar al batallón N° 8 a la capital para que la juventud delicada que tengo en mi presencia forme la opinión de este país, que se halla tan impregnada de viejas costumbres de aristocracia y por medio de ustedes, principiar a hacer olvidar éstas y fomentar las de nuestro sistema demócrata". En seguida ordenó que bajaran y cantaran en la puerta del palacio la canción nacional, lo que hicieron en medio del entusiasmo del gentío.[81]

Sin dejar de advertir la importancia de la profunda transformación social que se había propuesto fomentar San Martín, lo cierto fue que su contrapartida pareció ser la paralización de las acciones militares. Considerando erróneamente que bastaba la toma de Lima para decidir la suerte del Perú, el Libertador desaprovechó la oportunidad de perseguir vigorosamente y aniquilar al enemigo, que se rehízo más tarde en el interior del país, con lo que la guerra se prolongó cuatro años más y sólo pudo concluir con la intervención de las fuerzas de Bolívar. Arenales, en cambio, advirtió claramente que el esfuerzo bélico debía volcarse en la Sierra y, resuelto a atacar a Canterac, que se retiraba quebrantado, forzó sus marchas, pero cuando estaba relativamente cerca del enemigo y su triunfo era más que probable, recibió instrucciones de San Martín de no arriesgar una operación y replegarse hacia Pasco o Lima. Se abandonó así nuevamente esa vital región, que fue tomada sin esfuerzo por los realistas. Otra vez, el Libertador reaccionó tardíamente: cuando Arenales se hallaba ya en Matucana, próximo a la capital, recibió órdenes de fecha 25 de julio para que se sostuviera en la sierra sin comprometer una acción desventajosa. La contestación de esta comunicación denota ya la exasperación del esforzado guerrero: "No puedo dejar de admirar esta advertencia [...] Dije con repetición y lo digo y lo diré siempre que si esta fuerza salía una vez del centro de aquella provincia y llegaban a ocuparla los enemigos, no seríamos capaces de recobrarla; y aún tengo bien presente que en una de sus comunicaciones me dice ud. en contestación que le importa poco perder la sierra en comparación con otras meditadas medidas".[82] Días más tarde le agregaba: "Bien claro está, señor, y Ud. mismo lo conoce mejor que yo que esto no se puede verificar sin pelear con los enemigos; y, entre no pelear ni desocupar aquellas posiciones, no hay un medio". Por otro lado, no comprendiendo la inacción del general y previendo lo que no tardaría en acontecer, le inquiría con relación al Callao: "¿Qué hacemos, señor, que no asaltamos ese castillo cuanto antes para que los enemigos pierdan totalmente la esperanza de volver a él? Yo supongo que para esta operación no es preciso que la tropa se detenga mucho en la costa y antes por el contrario, evacuada puede salir casi toda a librarse de los efectos de su temperamento".[83]

Siempre en tren de captar la opinión pública limeña para su causa, San Martín acordó que el 28 de julio se declarase solemnemente la independencia. En la pomposa ceremonia llevada a cabo ante las tropas formadas en la Plaza Mayor, el general proclamó: "Desde este momento el Perú es libre e independiente por voluntad general del pueblo y por la justicia de su causa, que Dios defiende". Y batiendo la bandera blanca y encarnada por él creada en Pisco, exclamó: "Viva la patria! ¡Viva la independencia! ¡Viva la Libertad!", escuchándose luego el eco clamoroso de la multitud en medio de los repiques de campanas y las salvas de artillería. Al día siguiente se celebró un Te Deum y, por la noche, un espléndido baile en el palacio de los virreyes.

El 3 de agosto el Libertador, decidido a seguir una "conducta abierta y franca", alejada de toda hipócrita teatralidad, asumió el Protectorado, reuniendo en su persona el mando supremo político y militar. A diferencia de lo que había ocurrido en Chile, así lo había decidido la Logia, que desde el seno del Ejército Libertador ya se había establecido en el Perú. En los considerandos del decreto, San Martín expresaba con claridad y sin ambages:

Desde mi llegada a Pisco anuncié que por el imperio de las circunstancias me hallaba revestido de la suprema autoridad y que era responsable a la patria del ejercicio de ella. No han variado aquellas circunstancias puesto que aun hay en el Perú enemigos exteriores que combatir; y por consiguiente, es de necesidad que continúen reasumidos en mí el mando político y el militar. Espero que al dar este paso se me hará la justicia de creer que no me conduce ninguna miras de ambición, si sólo la conveniencia pública. Es demasiado notorio que no aspiro sino a la tranquilidad y al retiro después de una vida tan agitada; pero tengo sobre mí una responsabilidad moral que exige el sacrificio de mis más ardientes votos. La experiencia de diez años de revolución en Venezuela, Cundinamarca, Chile y Provincias Unidas del Río de la Plata me han hecho conocer los males que ha ocasionado la convocación intempestiva de Congresos, cuando aún subsistían enemigos en aquellos países: primero es asegurar la independencia, después se pensará en establecer la libertad sólidamente. La religiosidad con que he cumplido mi palabra en el curso de mi vida pública me da derecho a ser creído; y yo la comprometo ofreciendo solemnemente a los pueblos del Perú que en el momento mismo en que sea libre su territorio, haré dimisión del mando para hacer lugar al gobierno que ellos tengan a bien elegir [...] Cuando tenga la satisfacción de renunciar el mando y dar cuenta de mis operaciones a los representantes del pueblo, estoy cierto que no encontrarán en la época de mi administración ninguno de aquellos rasgos de venalidad, despotismo y corrupción que han caracterizado a los agentes del gobierno español en América.[84]

Fueron sus ministros José Hipólito Unanue, Juan García del Río y Bernardo Monteagudo en los rubros de Hacienda, Estado y Relaciones Exteriores y Guerra y Marina, respectivamente. El último se convertiría en el nervio del gobierno civil que procuraría fortalecer la identidad de Perú independiente. San Martín delegó el mando del Ejército Libertador en Las Heras, quien juró reconocer y obedecer al gobierno protectoral, con la salvedad de que ello no estuviera en pugna con la obediencia que cada una de las divisiones debía a su gobierno respectivo.

Por entonces entró en Lima la esforzada columna de Arenales, con mil hombres menos a consecuencia de la fuerte deserción sufrida en la marcha de retorno. Muchos de sus cuerpos pasaron a engrosar el ejército sitiador del Callao. Completado el cerco marítimo con el terrestre y contando con víveres sólo para dos meses, los sitiados realizaron varios intentos de salida, que fueron rechazados. A su vez, una atrevida operación para penetrar en las fortificaciones y apoderarse por sorpresa de la entrada fue ensayada por los patriotas, sin que pudiesen lograr su cometido. No obstante, los sitiados, acuciados por la falta de víveres, entablaron negociaciones con San Martín, las cuales fueron interferidas por Cochrane, que intentó llegar a un acuerdo por separado. El marino inglés sostenía por entonces una agria disputa con el Protector, a raíz del reclamo de los pagos debidos a sus marinos. En tales circunstancias se recibieron noticias del inminente arribo de una expedición que, al mando de Canterac, se aproximaba desde la sierra para auxiliar a la guarnición bloqueada y recuperar Lima. El general puso a la ciudad en estado de guerra e hizo trasladar los caudales de la tesorería del Estado y el dinero de algunos particulares en varios transportes surtos en Ancón, valores de los que Cochrane se apoderó, repartiéndolos entre la tripulación de su escuadra impaga, sin devolver el sobrante. Después desconoció el derecho de San Martín a impartirle órdenes, fundándose en que había faltado a la fidelidad y la subordinación debidas al Estado de Chile, y le retiró la colaboración de las fuerzas navales a su mando. Al dar cuenta de lo ocurrido a O'Higgins, el Protector afirmaba: "El dinero que ha robado este malvado nos pone por de pronto en una situación crítica; pero este Estado sabrá reparar esta pérdida con prontitud. Lo sensible es que este diablo vaya a cometer mil raterías que comprometan a V. y a mí". Pero por el momento, su permanencia hostil en la costa peruana impidió que San Martín enviase una expedición a Pisco para que, unida a la división de Miller, cortase la retirada de La Serna: "No me atrevo a embarcarla en los transportes por temor de que se apodere de ella y vaya a saquear la costa, de manera que estoy sin poder hacer ningún movimiento ínterin este bribón se mantenga aquí, teniendo por este medio paralizadas todas mis operaciones".[85] Por fin el 6 de octubre Cochrane se marchó a realizar un crucero por el Pacífico norte; recién en mayo de 1822 –previa captura de la nave *Moctezuma* a la escuadra peruana– regresaría a Chile, donde fue recibido como un héroe. De hecho, ese gobierno no había secundado la reiterada propuesta de San Martín de declarar al lord un pirata fuera de la ley ante los comandantes de los buques neutrales.

La grave divergencia referida había ocurrido ante la amenaza enemiga de Canterac. En efecto, a menos de dos meses de su evacuación de la capital, el jefe realista partió de Jauja con 3.400 hombres dispuesto a retomar la ofensiva. San Martín, por su parte, convencido de que no debía arriesgar en una jornada todo cuanto hasta el momento había logrado, optó por la defensiva: ocupó una posición inexpugnable y dejó la iniciativa librada al enemigo, desoyendo las instancias de Cochrane y Las Heras que, como el resto de los jefes y oficiales, ansiaban pasar al ataque. Varios días permanecieron los ejércitos a la vista, hasta que Canterac pasó a encerrarse en El Callao, de donde se retiró cuatro días más tarde sin haber conseguido otra cosa que agravar la situación de la guarnición, la cual vio disminuir dramáticamente sus elementos de subsistencia. El jefe patriota, persistiendo en su sistema de guerra *sine sanguine*, ni siquiera intentó perturbar el desfile del enemigo por su frente y sólo tardíamente ordenó su persecución. A los pocos días lograba la rendición de la fortaleza, ofreciendo una honrosa capitulación a su jefe, el general La Mar. Pero lo cierto fue que esa "batalla blanca" ganada por San Martín en septiembre de 1821 acentuó su desprestigio entre los descontentos oficiales de su ejército. Lo que entonces sucedió lo explica Mitre con estas acertadas palabras: "El general que toma por atributo de combate el escudo con preferencia a la espada, confiesa en el hecho su impotencia para cortar el nudo, y sus ventajas negativas humillan el orgullo de sus soldados". De manera concordante con esta creciente impopularidad, a mediados de octubre de 1821 Tomás Heres, jefe del batallón Numancia, informó sobre una conspiración para atentar contra la vida de San Martín que preparaban los jefes del Ejército de los Andes. Negado el hecho por los inculpados, el Protector dispuso que el denunciante se alejara a Guayaquil, aunque no dudaba de la veracidad del complot. La tendencia indisciplinada y contestataria de los compañeros de armas que habían suscripto el acta de Rancagua se acentuó a raíz del reparto que hizo San Martín entre veintiuno de sus parciales de las propiedades confiscadas por la municipalidad de Lima, estimadas en medio millón de pesos, lo que fomentó el disgusto de los no beneficiados. Las Heras, Martínez y Necochea solicitaron su retiro del ejército.

Entre tanto, La Serna se estableció en el Cuzco, donde reclutó contingentes y se consagró al realistamiento de sus fuerzas. El grueso del Ejército quedó en el valle de Jauja al mando de Canterac, mientras otras guarniciones realistas en Oruro, Puno, Arequipa y Tacna controlaban el Alto Perú y los puertos intermedios. La resistencia indígena en la Sierra fue implacablemente vencida por los coroneles Loriga y Carratalá; mientras que en el altiplano sólo subsistían las guerrillas de José Miguel Lanza.

Al tener noticias de que O'Donojú había reconocido la independencia del Imperio mexicano, San Martín le escribió a Canterac el 11 de diciembre proponiéndole la concertación de un armisticio y la apertura de nuevas negociaciones fundadas en tal ejemplo. El jefe realista le contestó que no se hallaba facultado por el virrey para darle una respuesta favorable, agregando: "Los acontecimientos que dice usted han sobrevenido en la Nueva España son enteramente nuevos para nosotros, mas sean cuales fuesen nunca pueden influir para hacernos adoptar una resolución que no esté conforme a la determinación de la nación española".[86] La intransigencia realista fue correspondida por el Protector con los decretos de 31 de diciembre de 1821 y 25 de enero de 1822 que disponían la inmediata salida del territorio peruano de los españoles que no hubieran obtenido carta de naturalización y de los solteros de la misma nacionalidad que no tuvieran carta de ciudadanía, pasando la mitad de sus bienes al Estado peruano. Serían deportados cerca de quinientos godos costeados por el gobierno, sin contar con los que lo hicieron por cuenta propia.

También a principios de 1822, San Martín decidió destacar una expedición al valle de Ica que, respondiendo a su programa de peruanizar la revolución, puso al mando de los militares nativos general Domingo Tristán y coronel Agustín Gamarra. Dos divisiones realistas al mando de Canterac y Valdés descendieron de Jauja y Arequipa para enfrentarla, obteniendo una completa victoria sobre ella el 7 de abril, en la Hacienda de la Macacona. El suceso reforzó las críticas al Libertador, acusado de haber puesto las armas americanas en manos de "pasados" ineptos. Ya para entonces Las Heras había hecho efectivo su abandono del mando del Ejército y pasó con licencia a Chile, siendo designado en su reemplazo Rudecindo Alvarado, bajo cuyo inhábil mando siguió cobrando vuelo la indisciplina. Esa derrota puso de manifiesto una realidad militar anémica y sin el tono necesario para emprender la campaña final. Lima comenzó a sentir el peso de la guerra, que se prolongaba por la inacción militar impuesta por el equilibrio de fuerzas establecido entre los independientes, que quedaron dueños del norte, la capital y parte de la zona central, y los realistas, que ocupaban toda la sierra, el sur del país y el Alto Perú. Si bien el enemigo contaba con el doble de efectivos, éstos se hallaban dispersos, lo que contribuía también a balancear la situación; pero a su vez la notoria insuficiencia de las fuerzas militares patriotas imposibilitaba la realización de la ofensiva final. Se imponía, pues, para asegurar el triunfo conseguir importantes refuerzos. Consciente de ello, San Martín procuraría infructuosamente obtenerlos en sus antiguas bases de suministro –esto es, Chile y las Provincias Unidas–, que ya no estaban dispuestas a secundarlo. A la par, preparó la necesaria colaboración del Libertador del norte, adelantándose a enviar una división en auxilio del ejército colombiano que al mando de Sucre operaba en Quito.

Un protectorado de tono monárquico y americanista
Su programa de reformas liberal-ilustradas

A pesar de que, como Protector, había concentrado en sus manos el poder militar y político (Legislativo y Ejecutivo), San Martín decidió sujetarse al Estatuto Provisorio del 8 de octubre de 1821, destinado a regir hasta que se declarase la independencia de todo el Perú, en cuyo caso se convocaría inmediatamente un Congreso General. Entre tanto, por este instrumento jurídico se aseguraban las garantías individuales y la libertad de imprenta, y se establecían el régimen municipal sobre la base del sufragio popular, el juicio por jurado y la organización de la administración de justicia como poder independiente. Además, se creaba un Consejo de Estado de carácter consultivo, compuesto de doce miembros, entre los que se incluían los tres ministros de gobierno y cuatro títulos de Castilla, que pasaron a denominarse "del Perú". Se trataba, pues, de una corporación jerárquica y aristocrática, apropiada para el régimen monárquico que San Martín pretendía instaurar sin confesarlo públicamente. Al declarar subsistentes dichos títulos, con derecho a conservar los blasones aunque modificando los símbolos, se mantuvo el andamiaje de la nobleza tradicional. A la vez, con la institución de la Orden del Sol –distinción nobiliaria creada ese mismo día, que era una repetición exagerada de la Legión del Mérito de Chile, con tres clases de miembros: fundadores, beneméritos y asociados, que gozaban de prerrogativas personales hereditarias hasta la tercera generación–, se fomentó la creación de una nueva nobleza fundada sobre la base de los grandes servicios rendidos a la Patria. Más tarde, el 21 de enero de 1822, se instituyó una condecoración destinada a las representantes del sexo femenino que se hubieran singularizado por su adhesión a la causa emancipadora, consistente en una banda bicolor blanca y encarnada que en su parte central ostentaba una medalla de oro con el grabado las armas nacionales en el anverso y la inscripción "Al patriotismo de las más sensibles" en el reverso; la que fue distribuida con prodigalidad, más como galantería que como premio al verdadero mérito. También en esos días se decretó la formación de la Sociedad Patriótica, conformada por cuarenta miembros de número o perpetuos que el gobierno seleccionaba entre los nobles, intelectuales y dignidades eclesiásticas y que estaba destinada a examinar y debatir eruditamente tres cuestiones fundamentales planteadas por su presidente, el doctor Monteagudo: la forma de gobierno que resultase más adaptable y conveniente a la constitución social del Perú, las causas que retardaron la revolución en Lima y la necesidad de mantener el orden público para terminar la guerra y perpetuar la paz. A pesar de su índole académica, es probable que se pretendiera hacer de la Sociedad un vehículo de esclarecimiento y difusión de las ventajas del sistema monárquico, como lo sugiere el primer tema expuesto a su consideración.

Si a estas disposiciones se agrega la guardia regia que rodeaba al Libertador, quien enfundado en su transformado y suntuoso uniforme recamado con palmas de oro, transitaba las calles de la opulenta y seductora Lima en una carroza de gala tirada por seis caballos, que lo trasladaba los fines de semana desde su quinta de la Magdalena, donde despachaba los asuntos administrativos percibiendo a cambio un suculento sueldo de 30.000 pesos, para presidir lujosas reuniones y fiestas sociales, acompañado de la bellísima Rosita Campusano, apodada "la Protectora" en los corrillos populares por su íntima vinculación con el jefe de Estado, se comprende que todo ello diera pábulo a la intriga y al descontento que fue deteriorando la imagen de San Martín, sospechado de abrigar la ambición de coronarse rey o emperador del Perú.

En realidad, lo que el general pretendía era que el Protectorado sirviera de fase intermedia de transición a la instalación de una monarquía constitucional, cimentada sobre tres pilares que juzgaba indispensables para evitar la anarquía: concentrar el poder, evitar prematuros debates en asambleas y preparar a los ciudadanos para el ordenado y progresivo ejercicio de sus derechos. El hecho de que nunca presentara su proyecto de modo claro y completo contribuyó a generar un clima adverso de desconfianza e incertidumbre respecto de sus miras.[87]

El 24 de diciembre de 1821 se reunió en sesión secreta el Consejo de Estado presidido por el Protector con el fin de estipular las bases de las tratativas que deberían entablar ante los altos poderes de Europa los comisionados Juan García del Río y Diego Paroissien. Según consta en el acta extendida en clave, para conservar el orden interno del Perú y adquirir respetabilidad externa se consideró conveniente el establecimiento de un gobierno vigoroso, el reconocimiento de la independencia y la alianza o protección de una de las grandes potencias de Europa, encontrándose en ese caso Gran Bretaña y Rusia en segundo término. Los comisionados procurarían conseguir un príncipe de la dinastía reinante en la primera (preferentemente el de Sussex) para ser coronado emperador del Perú bajo la condición de que aceptase encabezar una monarquía limitada por una constitución de signo confesional católico. De no lograrse esto, se apelaría a un príncipe de las casas alemana o austríaca, siempre que contase con el sostén del gobierno inglés. Si éste se mostrase remiso, se dirigirían al emperador de Rusia y en última instancia se aceptaría un miembro de las dinastías de Francia o Portugal, siendo la última opción el duque de Luca de la casa de España. Los enviados quedaban facultados para ofrecer al gobierno con el que se negociase ventajas proporcionales a la protección que ofreciera. Con este proyecto, San Martín no renunciaba a sus aspiraciones integracionistas, pues los representantes peruanos deberían requerir similares poderes de los gobiernos de Chile y el Río de la Plata; precisamente para adelantarse a conseguirlo, envió a fines de noviembre hacia esos destinos a Toribio Luzuriaga, quien, además, debía obtener que se levantara un cuerpo de tropa que actuase por el Alto Perú. Por esa misma fecha, el Protector –que apenas comenzaba a reponerse de un nuevo achaque de su salud consecuente y simultáneo al disgusto provocado por el complot de los jefes del Ejército de los Andes– le escribía a O'Higgins para anunciarle su proyecto, dando por descontado su apoyo:

[…] llevo una temporada cruel de padecimientos, los cuales me tienen aún en la cama, aunque algo aliviado; sin embargo de esto es demasiado visto que esta máquina necesita algún reposo, si quiero conservar algunos días más de vida. Al fin (y por si acaso, o bien dejo de existir o dejar este empleo) he resuelto mandar a García del Río y Paroissien a negociar no sólo el reconocimiento de la independencia de este país, sino dejar puestas las bases del gobierno futuro que debe regir. Estos sujetos marcharán a Inglaterra y desde allí, según el aspecto que tomen los negocios, procederán a la península; a su paso por esa instruirán a V. verbalmente de mis deseos, si ellos convienen con los de V. y los intereses de Chile, podrían ir dos diputados por ese Estado que unidos con los de éste harían mucho mayor peso en la balanza política e influirían mucho más en la felicidad futura de ambos Estados. Estoy persuadido de que mis miras serán de la aprobación de V., porque creo estará V. convencido de la imposibilidad de erigir estos países en repúblicas. Al fin yo no deseo otra cosa que el establecimiento del gobierno que se forme sea análogo a las circunstancias del día, evitando por este medio los horrores de la anarquía. ¿Con cuánto placer no veré en el rincón en que pienso meterme constituida la América bajo una base sólida y estable?[88]

En consonancia con su intención manifiesta de dejar sentadas las bases definitivas del Estado peruano –estrechamente relacionada con la misión García del Río-Paroissien–, por decreto del 27 de diciembre convocó a un Congreso General Constituyente en el que estipulaba que "los únicos objetos de su reunión serán: establecer la forma definitiva de gobierno y dar la constitución que mejor convenga al Perú según las circunstancias en que se hallan su territorio y población".[89]

A principios de mayo se encontraba en Lima el plenipotenciario colombiano Joaquín Mosquera, con la misión de concertar una alianza confederal entre ambas naciones, para luego proseguir a Santiago y Buenos Aires con el mismo cometido. Sus negociaciones con el ministro Monteagudo, que duraron casi dos meses, culminaron con la firma de los tratados del 6 de julio. Por ellos, entendiendo que "los territorios de América devastados por el largo dominio que ejercieron sobre ellos los españoles, necesitan unirse estrechamente para sostener su esplendor y no ser sojuzgados por las potencias extranjeras"; "la república de Colombia y el

367

estado del Perú se unen, ligan y confederan desde ahora para siempre, en paz y guerra, para sostener con su influjo y fuerzas marítimas y terrestres, en cuanto lo permitan las circunstancias, su independencia de la nación española y de cualquiera otra dominación extranjera y asegurar después de reconocida aquélla, su mutua prosperidad, la mejor armonía y buena inteligencia, así entre sus pueblos súbditos y ciudadanos, como con las demás potencias con las que deben entrar en relaciones".[90] No se trataba de una "lírica hermandad espiritual, sino de una confederación activa y ejecutiva"[91], pues, además de establecerse claramente el principio de la ciudadanía hispanoamericana, se instituían el libre tránsito, el comercio libre y el auxilio militar y financiero recíprocos entre ambas naciones, comprometiéndose a interponer sus buenos oficios con los gobiernos de los demás estados de la América antes española para entrar en ese pacto; luego de conseguido esto, se reuniría en el istmo de Panamá una asamblea general de los estados americanos compuesta de sus plenipotenciarios, sin que todo ello interrumpiera en manera alguna el ejercicio de la soberanía nacional de cada una de las partes contratantes, aunque quedaban obligadas a apoyarse mutuamente para garantizar la estabilidad de los gobiernos legalmente reconocidos en todos y cada uno de los Estados hispanoamericanos, prescindiendo de la manera por la que hubieran optado para organizarse –monarquía o república–; de allí la referencia a sus pueblos con la doble designación de "súbditos" y "ciudadanos", consignada más arriba.

Otros aspectos de la obra protectoral formaban parte de un programa integral de reformas:

a) Fuerzas Armadas

San Martín dotó al estado peruano de un ejército y una marina propios. El primero se inició sobre la base de la Legión Peruana de la Guardia, que puso al mando del mariscal de campo marqués de Torre Tagle. Dicho cuerpo debería servir de modelo a los demás por su valor en el combate y por su disciplina. En cuanto a la segunda, se preocupó de adquirir los barcos que necesitaba para formar una escuadra: así compró la corbeta inglesa *Limeña*, a la que se agregaron los bergantines *Balcarce* y *Belgrano* y las goletas *Moctezuma* y *Castelli*, más tarde se incorporarían las fragatas españolas *Prueba* y *Venganza*. Se ordenó el alistamiento de todos los habitantes de entre quince y sesenta años en los cuerpos cívicos y el enrolamiento de todos los esclavos de la capital en la artillería cívica; asimismo se incorporó al servicio de las armas por tres años a los esclavos de los españoles solteros que habían sido expulsados, quedando libres luego del cumplimiento de ese plazo.

b) Economía y finanzas

Para evitar la paralización del giro fue preciso echar mano al establecimiento de un Banco Auxiliar de papel moneda, con cuyos billetes debía satisfacerse todo pago hasta la mitad de su valor. Sin embargo la resistencia a recibirlos por parte del comercio hizo que a los pocos meses se lo extinguiera, acuñándose en cambio una nueva moneda del Perú con igual peso y ley que la anterior, pero que ostentaría las armas del Estado y la inscripción "Perú libre". Se estipuló un premio de 2.000 pesos para quien presentase el mejor plan de regularización de la Hacienda, porque "la desorganización de las rentas públicas es el mortal síntoma de la ruina y pérdida del Estado"; se establecieron nuevos libros de contabilidad para llevar las cuentas del gobierno. Se reglamentó estrictamente el funcionamiento de las reparticiones públicas, combatiéndose la burocracia y la corrupción administrativa, con lo que se redujeron drásticamente los presupuestos de gastos en ese rubro. Si bien, como en todo país en estado de guerra, los principales recursos del gobierno provinieron de las confiscación de bienes a los enemigos y de contribuciones forzosas o voluntarias, en cambio se decretó la abolición del tributo indígena, por considerar degradante esa vergonzosa exacción impuesta por la tiranía española como signo de señorío. Para aumentar las rentas provenientes de las entradas de aduana se permitió el libre comercio por los puertos libres de El Callao y Huanchaco. Éste quedó sujeto a un reglamento provisional que pretendía simplificar el caos de aranceles que gravaban el tráfico mercantil: las mercaderías introducidas en buques extranjeros pagarían el veinte por ciento por único derecho de importación, las portadas en buques de Chile, Río de la Plata o Colombia, el dieciocho por ciento y las que lo hicieran en naves peruanas el dieciséis; pagarían el doble los artículos que perjudicaran a la industria nacional. Se prohibía la extracción de metálico sin amonedar. Para formentar la marina mercante nacional se declaraba que el comercio de cabotaje debía realizarse por buques y súbditos del Estado, aunque, dado el estado de guerra, el gobierno podía conceder las licencias que creyera conveniente. En un aviso aclaratorio se consignaba que se habían consultado "las relaciones de amistad que deben estrechamente unirnos con los gobiernos libres con quienes confinamos al Sur y al Norte. Identificados en la defensa común de nuestra amada independencia, debemos estarlo en los intereses que nos suministren los medios de sostenerla; y con ánimo generoso entablar un canje mutuo que por la equidad de las exacciones, parezca que es un solo país el que trafica en los diversos puntos de sus costas". Se aclaraba asimismo que "tanto en el comercio extranjero como en el interior se ha tenido particular atención así al fomento de la instrucción pública y adelantamiento de las artes como al de la minería, patrimonio el más rico del Perú. Por eso se ha dejado libre de derechos la introducción de libros, imprentas, máquinas, azogues, etcétera"[92]. El Consulado tomó el nombre de Cámara de Comercio del Perú; se combatió el contrabando y se reglamentó el ejercicio de la pesca, como también la distribución de presas tomadas a los buques enemigos, correspondiéndole el cincuenta por ciento de éstas al Estado. Por entonces San Martín meditaba sacar amplio partido de este recurso.

c) Política y sociedad

Se comenzó por establecer una medida ya clásica en los Estados hispanoamericanos emancipados, como era la "libertad de vientres" a partir del día de declaración de la independencia, a la que el protector fundamentaba así: "Una porción numerosa de nuestra especie ha sido hasta hoy mirada como un efecto permutable y sujeto a los cálculos de un tráfico criminal: los hombres han comprado a los hombres [...] Yo no trato sin embargo de atacar de un golpe este antiguo abuso: es preciso que el tiempo mismo que lo ha sancionado lo destruya. Yo sería responsable a mi conciencia pública y a mis sentimientos privados si no preparase para lo sucesivo esta piadosa reforma conciliando por ahora el interés de los propietarios con el voto de la razón y de la naturaleza".[93] El Estado peruano se comprometió a la liberación de veinticinco esclavos cada año; también se decretó la libertad de los que provenientes del exterior pisasen el territorio del Perú independiente y la de los que hubieran pertenecido a los españoles salidos del país. Por otro lado, se procedió a la extinción de toda clase de servidumbre personal "que los Peruanos, conocidos antes con el nombre de indios o naturales, hacían bajo la denominación de mitas, pongos, encomiendas, yanaconazgo", por considerar "un atentado contra la naturaleza y la libertad el obligar a un ciudadano a consagrarse gratuitamente al servicio de otro".[94] Asimismo se establecieron las normas sobre naturalización y ciudadanía, extendiéndolas a todo natural o naturalizado y ciudadano "de los Estados independientes de la América antes llamada española"[95], así como diversas facilidades y exenciones a los extranjeros con el objeto de estimular la prosperidad por medio de "la adquisición de hombres útiles que con el capital de sus luces, de su industria o de sus riquezas multiplican los valores que circulan en el gran mercado de la sociedad".[96] Se fijaron normas para el luto de los habitantes, fundándose este curioso decreto en "el excesivo gasto que causa a las familias la antigua preocupación de llevar luto más del tiempo preciso para pagar a la naturaleza la deuda de una aflicción moderada y racional, haciendo extensivo este abuso a personas que ordinariamente se someten a él por costumbre y con repugnancia".[97] Asimismo quedó abolido el ceremonial que regía en el "antiguo régimen". Por otro lado, se estableció una comisión destinada a efectuar estudios estadísticos que debía clasificar a la población de cada departamento, levantar planos topográficos, presentar planes de mejora de la agricultura, del comercio, la industria y la instrucción pública; informar sobre el estado de las fuerzas de línea y de milicias, etcétera. Se ordenó censar a las familias dejadas por los españoles salidos del territorio, comprometiéndose el Estado a atender a la subsistencia de las que hubieren quedado en situación de indigencia.

d) Justicia

La primera medida en este rubro tomada por el Protector fue el establecimiento de la Alta Cámara de Justicia, que tendría las mismas atribuciones que la antigua Audiencia hasta tanto no se designasen las propias por un reglamento especial. No tardó en darse tal normativa para regularizar el régimen de los tribunales de justicia, ratificándose una vez más la importancia fundamental de ese poder: "Los gobiernos despóticos no existirían sobre la tierra por más depravados que fuesen los que dirigen la fuerza pública, si pudiesen preservarse del contagio los que administran la justicia". Era esencial corregir los vicios y deformidades que en ese aspecto presentaba el régimen colonial: "Bastaba ver la corrupción casi general de los jueces y el orden estudiosamente lento que observaban los que hacían el tráfico forense para clamar al cielo y pedir venganza contra la criminal federación del gobierno y de los depositarios de la autoridad judiciaria".[98] Se instituyó la inviolabilidad del domicilio, por entender que "la seguridad individual del ciudadano y la de su propiedad deben constituir una de las bases de todo buen gobierno".[99] "En conformidad con las ideas filantrópicas de los gobiernos libres", decía la crónica de la *Gaceta de Lima*, el Protector dispuso hacer una visita general de las cárceles, ordenando que se le presentasen las listas individuales de todos los presos y de sus causas con esclarecimiento de los delitos que habían motivado su detención. "Oídas las reclamaciones y exposición de los delincuentes, varios fueron puestos en libertad, otros aliviados en sus prisiones y S.E. ordenó que todas las causas se concluyesen dentro del término de veinte días. Asimismo reconcilió el Exmo. Señor Protector a la humanidad con el Perú, desterrando la ferocidad y los abusos que introdujo la administración española en la legislación criminal y en las prisiones, aboliendo para siempre toda especie de tormento y mandando que jamás se hiciera uso de los horrendos calabozos conocidos con el nombre de infiernillos, en donde se sepultaban, se desesperaban y morían los hombres bajo el anterior gobierno".[100] En consecuencia se dictó un nuevo reglamento carcelario, entendiendo que "nada prueba tanto los progresos de la civilización de un pueblo, como la moderación de su código criminal".[101] Se mandó construir una nueva cárcel en Guadalupe que consultase el alivio y la seguridad de los presos. Se decretó también la abolición de las penas de azotes y de horca. A la par que se castigó el juego, considerado como un delito, prohibiéndose inclusive las riñas de gallos.

e) *Educación y cultura*

"Convencido sin duda el gobierno español de que la ignorancia es la columna más firme del despotismo, puso las más fuertes trabas a la ilustración del americano, manteniendo su pensamiento encadenado para impedir que adquiriese el conocimiento de su dignidad. Semejante sistema era muy adecuado a su política, pero los gobiernos libres, que se han erigido sobre las ruinas de la tiranía deben adoptar otro enteramente distinto, dejando seguir a los hombres y a los pueblos su natural impulso hacia la perfectibilidad. Facilitarles todos los medios de acrecentar el caudal de sus luces y fomentar su civilización por medio de establecimientos útiles es el deber de toda administración ilustrada."[102] Tales fueron los fundamentos que sirvieron de base al decreto de establecimiento de la Biblioteca Nacional de Lima, que se inauguró el 17 de septiembre de 1822 en las postrimerías del Protectorado, y a la que San Martín donó su nutrida biblioteca personal. Para evitar "los abusos que la inmoralidad podría hacer de la franqueza con que se permite la introducción de libros, como uno de los mejores resortes para promover la ilustración general", el Libertador dispuso como única restricción prohibir la entrada de libros obscenos.[103] Se estableció la obligación de los amos de proveer a los gastos que demandasen la crianza y educación de los hijos de las madres esclavas. A pedido del censor del teatro de la capital peruana para propender al progreso, el Protector, comprendiendo que se trataba de un "establecimiento moral y político de la mayor utilidad", decretó que "el arte escénico no irroga infamia al que lo profesa", pudiendo "los cómicos" optar a los empleos públicos y ser vistos con consideración por la sociedad.[104] Se ordenó la instalación de escuelas gratuitas de primeras letras puestas al cuidado "subsidiario" de los conventos, como medida transitoria hasta que el gobierno concluyese el diseño del plan general de reforma en el rubro, esto es "mientras se forma un instituto nacional, mientras se establecen las escuelas centrales, mientras se adopta y generaliza el sistema de la enseñanza recíproca que ha hecho conocer el venerable nombre de Láncaster en la culta Europa y en los más apartados puntos de ella".[105] Efectivamente, poco después se estableció la Escuela Normal conforme al sistema lancasteriano, bajo la dirección del profesor Diego Thompson. Se propendió a la formación del Museo Nacional, entendiendo que merecían reunirse en ese establecimiento los venerables restos del imperio incaico "antes que acaben de ser exportados fuera de nuestro territorio, como lo han sido hasta aquí".[106] Consecuentemente, se dictó un decreto de preservación del patrimonio arqueológico peruano.

Resulta oportuno cerrar este capítulo con un concepto altamente significativo del breve discurso pronunciado por San Martín en el acto de inauguración de la Biblioteca Nacional, que, lejos de ser una consigna huera, constituía una acendrada convicción: "La ilustración universal [es] más poderosa que nuestros ejércitos para sostener la independencia". En verdad, predicaba con el ejemplo, pues en él siempre el humanista se sobrepuso al soldado.

Notas

1. C. Guido y Spano, op. cit., pág. 129. Pueyrredón a Guido, Buenos Aires, 16 de julio de 1818.

2. Ibídem.

3. Ibídem, pág. 117. Buenos Aires, 16 de junio de 1818.

4. Ibídem, págs. 118-119. San Martín a Guido, Buenos Aires, 23 de junio de 1818.

5. DHLGSM, op. cit., tomo VII, pág. 32. Antonio Álvarez Jonte a San Martín, Londres, 13 de enero de 1818.

6. C. Guido y Spano, *op. cit.*, págs. 135-136. Mendoza, 31 de julio de 1818.

7. *Ibídem*, pág. 137. San Martín a Guido, Mendoza, 2 de agosto de 1818.

8. *Ibídem*.

9. Sobre Monteagudo, véase la correspondencia entre Pueyrredón y San Martín en *Ibídem*, págs. 78-79.

10. CNC, *DASM*, *op. cit.*, tomo VI, pág. 413. Guido a San Martín, Santiago de Chile, 2 de septiembre de 1818.

11. AN, *AO'H*, *op. cit.*, tomo VIII, pág.181. San Martín a O'Higgins, Mendoza, 13 de octubre de 1818.

12. *Ibídem*, págs. 147-148. El gobierno de las Provincias Unidas a San Martín, Buenos Aires, 22 de agosto de 1818.

13. *Ibídem*, págs. 145-146. San Martín a Guido, Mendoza, 7 de septiembre de 1818.

14. *Ibídem*, págs. 153-154. San Martín a Guido, Barriales, 7 de octubre de 1818.

15. Cit. en B. Mitre, *op. cit.*, tomo II, pág. 105.

16. AN, *AO'H*, *op. cit.*, tomo VIII, pág. 180. San Martín a O'Higgins, Mendoza, 13 de octubre de 1818.

17. CNC, *DASM*, *op. cit.*, tomo XI, págs. 198-201. Santiago, Chile, 13 de noviembre de 1818.

18. Cit. en B. Mitre, *op. cit.*, tomo II, págs. 136-137.

19. AGN, *AG*, leg. cit., San Martín al diputado del Supremo Gobierno de las Provincias cerca del de Chile, coronel Tomás Guido, Cuartel general en Santiago de Chile, 12 de enero de 1819.

20. *Ibídem*, Guido al director Pueyrredón, Santiago, Chile, 12 de enero de 1819.

21. *Ibídem*, págs. 140-141.

22. *Ibídem*, San Martín a Guido, Curimón, 1° de febrero de 1819.

23. *Ibídem*, Curimón, 27 de enero de 1819. En esta comunicación San Martín decía: "De Inglaterra me escriben la Expedición de Cádiz contra Buenos Aires y me la dan por segura".

24. AN, *AO'H*, *op. cit.*, tomo VIII, págs. 182-183. San Martín a O'Higgins, Curimón, 13 de febrero de 1819.

25. *Ibídem*, pág. 184. San Martín a O'Higgins, Uspallata, 18 de febrero de 1819.

26. AGN, *AG*, leg. cit., San Martín a Guido, Mendoza, 23 de febrero de 1819.

27. *Ibídem*, San Martín al Supremo Director de las Provincias Unidas del Sud, Mendoza, 23 de febrero de 1819.

28. *DHLGSM*, *op. cit.*, tomo XI, págs. 191-192. San Martín a Estanislao López, Mendoza, 26 de febrero de 1819.

29. *Epistolario belgraniano*, Buenos Aires, Academia Nacional de la Historia, 1970, pág. 395. Belgrano a San Martín, Ranchos, 5 de marzo de 1819.

30. *Ibídem*, pág. 396.

31. AGN, *AG*, leg. cit. San Martín a Guido, San Luis, 6 de marzo de 1819.

32. *DHLGSM*, *op. cit.*, tomo XII, págs. 13-14. San Martín a Estanislao López, Mendoza, 13 de marzo de 1819.

33. *Ibídem*, págs. 14-16. San Martín a José Artigas, Mendoza, 13 de marzo de 1819.

34. *Ibídem*, tomo XI, págs. 309-310. Pueyrredón a San Martín, Buenos Aires, 11 de marzo de 1819.

35. *Epistolario belgraniano, op. cit.*, pág. 403. Belgrano a San Martín, Ranchos, 13 de marzo de 1819.

36. *DHLGSM, op. cit.*, tomo XII, pág. 23. O'Higgins a San Martín, Santiago de Chile, 13 de marzo de 1819.

37. AGN, AG, leg. cit., San Martín a Guido, Mendoza, 23 de marzo de 1819.

38. *Epistolario belgraniano, op. cit.*, pág. 414. Posta de la Candelaria, 7 de abril de 1819.

39. AN, *AO'H, op. cit.*, tomo VIII, págs. 186-187. San Martín a O'Higgins, Mendoza, 9 de abril de 1819.

40. ENRIQUE DE GANDÍA, en su interesante artículo "La Logia 0–0 y la supuesta desobediencia de San Martín", en *Investigaciones y Ensayos*, Buenos Aires, Academia Nacional de la Historia, enero-junio 1981, Nº 30, págs. 15-53, ha señalado al 2 de abril de 1819 como una "fecha trascendentalísima en la historia de América" por la decisión tomada en esa fecha por la Logia Lautarina, concluyendo que fue la masonería y no San Martín quien determinó que el Ejército de los Andes permaneciese en Chile para efectuar la expedición al Perú, limitándose el prócer a obedecer ciegamente ese mandato. Si bien no restamos importancia a esa resolución, se verá que distó de ser definitoria, ni el propio Libertador se consideró sujeto a ella, por el contrario, desconfió de su cumplimiento y tardó varios meses más en tomar la "responsabilidad terrible", según sus palabras, de no acudir al llamado de Rondeau. El general fue secundado por la logia chilena, no condicionado por ella.

41. AGN, *AG*, leg. cit., Mendoza, 9 de abril de 1819.

42. *Ibídem*, San Martín a Guido, Mendoza, 13 de abril de 1819.

43. *DHLGSM, op. cit.*, tomo XII, pág. 147. San Martín a Belgrano, Mendoza, 16 de abril de 1819.

44. AGN, *AG*, leg. cit., Mendoza, 21 de abril de 1819.

45. *Ibídem*, Mendoza, 24 de abril de 1819.

46. Cabe aclarar que no hay indicio alguno de desavenencia matrimonial en la documentación, por el contrario abundan las cartas anteriores y posteriores a la partida de Remedios hacia Buenos Aires el 25 de marzo de 1819 –sería esa la postrer despedida de los esposos– donde el general se manifiesta muy preocupado por su salud, como también porque no tuviera inconvenientes en su viaje a raíz de las montoneras que pululaban en los caminos del interior a la capital. Le recomendó muy encarecidamente su cuidado al general Belgrano y éste efectivamente se ocupó de asegurar su custodia, después que supo que había tenido algún sobresalto en el trayecto. En cuanto a su relación anterior, es bien conocido el testimonio del viajero E. M. BRACKENRIDGE consignado en su obra *La independencia argentina* (Buenos Aires, 1927): "Mientras estuve en Buenos Aires, he oído frecuentemente citar a San Martín y su esposa como un ejemplo de matrimonio feliz", correspondiente a la etapa de recién casados (septiembre de 1812-diciembre de 1813), a la que sobrevino el interregno de 1814, el año durante el cual la marcha de San Martín a Tucumán, para luego bajar a Córdoba y más tarde trasladarse a Mendoza, los mantuvo separados. El reencuentro se produjo en la capital cuyana y la pareja se mantuvo unida durante el transcurso de dos años (1815-1816), naciendo en el último la unigénita Mercedes. Las referencias de DAMIÁN HUDSON, en su clásica obra *Recuerdos históricos sobre la provincia de Cuyo*, ya citada, refleja al igual que otros testimonios una imagen armónica de la pareja. Sin embargo, a esta etapa corresponden ciertos rumores discordes echados a rodar por la chismografía. Los menciona, desestimándolos ERNESTO QUESADA, en su artículo "El ostracismo de San Martín (1824), en *Verbum*, Buenos Aires, 1919, Año IV, tomo 50, y están relacionados con la mulata Jesús, la "bellísima esclava" que acompañó a su ama Remedios a Mendoza y que habría sido la autora de las intrigas que motivaron que San Martín degradase a los oficiales Murillo y

Ramiro, a la par que despachaba a su esposa a Buenos Aires. Según los libelistas de la época, el general habría tenido un hijo de la negra de sorprendente semejanza con él, conocido en Lima, donde aquello era *vox populi*. Baste recordar, para demostrar lo inverosímil de la leyenda, que el Libertador envió a Remedios y a Merceditas a Buenos Aires sólo cuando inició la campaña de liberación de Chile y que, luego de Maipú, retornó de la capital a Mendoza llevando consigo a su familia, lo que no se explicaría si hubiera quedado en malos términos con su esposa a raíz del incidente mencionado. Tampoco hemos encontrado indicación alguna de una conducta que no fuera decorosa en Remedios durante los últimos años de su existencia, en que permaneció alejada de su marido, a pesar de que en la correspondencia de Zañartú contenida en el citado *Archivo O'Higgins* se hace asidua mención de ella y a veces en términos poco caballerescos como éstos: "La señora de San Martín que está en cama bien enferma de su ataque nervioso y cuyo padre se halla sacramentado y sin esperanzas, ha agradecido a V. mucho la visita que le hice a su nombre y el abrazo de felicitación que le di por V. a pesar que está bien fea" (*op. cit.*, pág. 256. Buenos Aires, 9 de octubre de 1820). Por el contrario, consigna cómo, durante el espléndido banquete dado por el chileno a raíz de la proclamación de la independencia de Lima, la dama se mantuvo en habitación aparte, alejada del bullicio del baile y los festejos, cual correspondía a la ausencia de su cónyuge y al luto por su padre.

47. AN, *AO'H, op. cit.*, tomo VIII, págs. 188-189. San Martín a O'Higgins, Mendoza, 31 de abril de 1819.

48. AGN, *AG*, leg. cit., San Martín a Guido, Mendoza, 26 de mayo de 1819.

49. *Ibídem*, Mendoza, 12 de mayo de 1819.

50. *Ibídem*, Mendoza, 9 de junio de 1819.

51. Las buenas relaciones surgidas en las conferencias de Córdoba de julio de 1816 se enfriaron definitivamente a raíz de esta serie de lamentables desinteligencias. El 4 de marzo de 1820 Zañartú le escribiría a O'Higgins desde Buenos Aires: "Lo más admirable es que en la casa de San Martín, como el bruto de Quintana y Escalada por destruir a Pueyrredón, que consideraban enemigo del general, han contribuido al ensalzamiento de Carrera" (AN, *AO'H, op. cit.*, pág. 199). Por su parte CELEDONIO GALVÁN MORENO, en su conocida obra *San Martín, el Libertador* (Buenos Aires, Ed. Claridad, 1942, pág. 121) consigna que "en París vivía Pueyrredón casi frente de San Martín, pero debió ser tal su resentimiento con el prócer que jamás volvió a tener relaciones con él".

52. S. HAIGH, *op. cit.* Cit. en J. L. BUSANICHE, *op. cit.*, págs. 141-142.

53. AN, *AO'H, op. cit.*, vol. VIII, pág. 190. San Martín a O'Higgins, Mendoza, 28 de julio de 1819.

54. Cit. en B. MITRE, tomo II, pág. 185.

55. AGN, *AG*, leg. cit., San Martín a Guido, Mendoza, 12 de agosto de 1819.

56. Cit. en J. P. OTERO, *op. cit.*, tomo II, pág. 586.

57. El ex Director Supremo revelaría años más tarde en un escrito vindicatorio de su gestión: "Emprendí por fin la obra de insurreccionar el mismo ejército que debía obrar nuestra ruina. Don Ambrosio Lezica, negociante de esta ciudad fue encargado de dirigirse a su hermano don Tomás, establecido en Cádiz para iniciar sus relaciones con los jefes de aquel ejército. Los señores don Tomás Lezica y don Andrés Arguibel, naturales de Buenos Aires y establecidos con crédito en la plaza de Cádiz fueron los agentes que llevaron a su término aquella riesgosa empresa. Fueron facultados para invertir las sumas de dinero que fuesen necesarias. La eficacia y destreza con que se manejaron apareció en el resultado. El ejército de la isla de León se insurreccionó. La terrible expedición que nos amenazaba se convirtió en daño del mismo que la for-

mó, y la República Argentina se vio por este medio libre y triunfante de sus enemigos". (JUAN MARTÍN DE PUEYRREDÓN, *Refutación a una atroz calumnia*, Buenos Aires, Imprenta de la Independencia, 1829. Cit. en CARLOS A. PUEYRREDÓN, "La diplomacia con algunos Estados Americanos. 1817-1819", en ACADEMIA NACIONAL DE LA HISTORIA, *Historia de la Nación Argentina*, *op. cit.*, vol. VI, 1ª sección, pág.723). Resulta excesivo atribuir a los agentes porteños el pronunciamiento liberal encabezado por el coronel Rafael de Riego al frente del batallón Asturias, en Cabezas de San Juan el 1° de enero de 1820, pero sin duda las valiosas informaciones obtenidas por aquellos en virtud de la hermandad masónica de aquende y allende el Atlántico fueron de suma utilidad para los revolucionarios.

58. AGN, *AG*, leg. cit., Buenos Aires, 9 de septiembre de 1819.

59. *Ibídem*, San Martín a Guido, San Luis, 21 de septiembre de 1819.

60. AN, *AO'H*, *op. cit.*, tomo VI, págs. 183-184. Original incompleto de Zañartú a O'Higgins, s/f.

61. *Ibídem*, tomo VIII, pág. 193.

62. *Ibídem*, tomo V, pág. 160. Miguel Zañartú al Supremo Director de Estado, Buenos Aires, 28 de diciembre de 1819.

63. *Ibídem*, pág. 162. Buenos Aires, 7 de enero de 1820.

64. *Ibídem*, tomo VI, pág. 193. Zañartú a O'Higgins, Buenos Aires, 5 de febrero de 1820.

65. *Ibídem*, tomo V, pág. 173. Zañartú a O'Higgins, Buenos Aires, 4 de marzo de 1820.

66. AN, *AO'H*, *op. cit.*, tomo VIII, pág. 199. San Martín a O'Higgins, Lima, 29 de septiembre de 1821.

67. AGN, AG, leg. cit., San Martín a Guido, Baños de Cauquenes, 7 de marzo de 1820.

68. ALBERTO PADILLA, "San Martín y el Congreso de las Provincias Unidas", en *La Prensa*, Buenos Aires,14 de marzo de 1978.

69. B. MITRE, *op. cit.*, tomo II, pág. 217.

70. Cfr. ANTONIO J. PÉREZ AMUCHÁSTEGUI, "El pacto de Rancagua (2 de abril de 1820)", en *Primer Congreso Internacional Sanmartiniano*, Buenos Aires, 1978, tomo VII, págs. 191-206.

71. C. GUIDO Y SPANO, *op. cit.*, pág. 366.

72. Cit. en B. MITRE, *op. cit.*, tomo II, pág. 261.

73. *Ibídem*, pág. 257.

74. *Ibídem*, pág. 266.

75. Cfr. *Correspondencia de San Martín y Torre Tagle*, Lima, Librería Editorial Juan Mejía Baca, 1963. Prólogo, recopilación y ordenamiento de Javier Ortiz de Zevallos con facsimilares de cartas y borradores.

76. Cit. en R. PICCIRILLI, *op. cit.*, pág. 262. San Martín a Abreu, Huaura, 6 de marzo de 1821.

77. *Ibídem*, pág. 265. Parte relacionado a S. M. de las ocurrencias en la Negociación con los disidentes en Lima, incluyendo copias autorizadas de todos los documentos que han obrado en ella y que en él se citan, Lima, 6 de noviembre de 1821.

78. TOMÁS GUIDO, "Negociaciones de Punchauca", en *La Revista de Buenos Aires*, Buenos Aires, 1865, tomo VII, págs. 420-421.

79. B. MITRE, *op. cit.*, tomo II, pág. 331.

80. BASILIO HALL, *El general San Martín en el Perú*. Cit. en J. L. BUSANICHE, *op. cit.*, págs.174-175.

81. FÉLIX LUNA, "La personalidad de San Martín a través de las memorias, parcialmente inéditas, de uno de sus oficiales", en *Primer Congreso Internacional Sanmartiniano, op. cit.*, tomo V., pág. 343.

82. *DHLGSM, op. cit.*, tomo XVI, pág. 203. Juan Antonio Álvarez de Arenales a San Martín, San Juan de Matucana, 27 de julio de 1821.

83. *Ibídem*, págs. 211-212. Matucana, 30 de julio de 1821.

84. INSTITUTO NACIONAL SANMARTINIANO (INS), *La conducta política del general San Martín durante el Protectorado del Perú*, Buenos Aires, 1982, tomo I, pág. 31. Decreto del Protector del Perú, Lima, 3 de agosto de 1821.

85. AN, *AO'H, op. cit.*, tomo VIII, pág. 198. Lima, 29 de septiembre de 1821.

86. CNC, *DASM, op. cit.*, tomo VII, pág. 412.

87. Cfr. la clásica tesis doctoral de JOSÉ AGUSTÍN DE LA PUENTE CANDAMO, *San Martín y el Perú: planteo doctrinario*, Lima, 1948. Add. *La Independencia del Perú*, Madrid, Mapfre, 1992.

88. AN, *AO'H, op. cit.*, tomo VIII, pág. 204. Magdalena, 30 de noviembre de 1821.

89. INS, *op. cit.*, tomo II, pág. 32.

90. *Ibídem*, págs. 114 y 117.

91. Así lo hizo notar ANTONIO J. PÉREZ AMUCHÁSTEGUI, en su clásico opúsculo *Ideología y acción de San Martín*, Buenos Aires, Ábaco, 1979, pág. 60.

92. INS, *op. cit.*, tomo III, pág. 17.

93. *Ibídem*, tomo I, págs. 94-95. Decreto del 12 de agosto de 1821.

94. *Ibídem*, pág. 96. Decreto del 28 de agosto de 1821.

95. *Ibídem*, págs.42-43. Decreto del 4 de octubre de 1821.

96. *Ibídem*, pág. 77. Decreto del 19 de abril de 1822.

97. *Ibídem*, págs. 51-52. Decreto del 31 de diciembre de 1821.

98. *Ibídem*, pág. 112. Decreto del 10 de abril de 1822.

99. *Ibídem*, pág. 96. Decreto del 7 de agosto de 1821.

100. *Ibídem*, págs. 97-98. Noticia sobre la visita a las cárceles. Lima, 15 de octubre de 1821.

101. *Ibídem*, pág. 108. Decreto del 23 de marzo de 1822.

102. *Ibídem*, tomo II, págs. 79-80. Decreto del 28 de agosto de 1821.

103. *Ibídem*, pág. 80. Decreto del 31 de octubre de 1821.

104. *Ibídem*, págs. 82-83. Decreto del 31 de diciembre de 1821.

105. *Ibídem*, pág. 89. Decreto del 23 de febrero de 1822.

106. *Ibídem*, pág. 91. Comentario de la *Gaceta del gobierno de Lima Independiente*, Lima, 2 de abril de 1822.

VIII

ANTICIPADO FIN DE LA MISIÓN
Y OSTRACISMO

El debilitamiento político-militar del Protector

Mientras sus comisionados García del Río y Paroissien partían hacia Chile en enero de 1822, San Martín, luego de despachar la expedición al mando de Tristán y Gamara al valle de Ica, el 19 de enero delegaba el mando en el marqués de Torre Tagle y el 8 de febrero se embarcaba hacia Guayaquil con el propósito de entrevistarse con Bolívar. Así se lo notificaba al pueblo peruano: "Tiempo ha que no me pertenezco a mí mismo sino a la causa del continente americano. Ella exigió que me encargase del ejercicio de la autoridad suprema y me sometí con celo a este convencimiento; hoy me llama a realizar un designio cuya contemplación halaga mis más caras esperanzas: voy a encontrar en Guayaquil al Libertador de Colombia; los intereses generales de ambos Estados, la enérgica terminación de la guerra que sostenemos y la estabilidad del destino a que con rapidez se acerca la América hacen nuestra entrevista necesaria, ya que el orden de los acontecimientos nos ha constituido en alto grado responsables del éxito de esta sublime empresa".[1] Pero San Martín no lograría concretar su propósito, que debió ser postergado hasta fines de julio, pues no pudo reunirse con el jefe venezolano, que se hallaba por entonces entregado a dominar la resistencia de Pasto. A principios de marzo estaba de regreso en Lima.

Entre tanto, sus comisionados fracasaban en su intento de conseguir la adhesión de O'Higgins al plan monárquico, no porque hubiera dejado de ser un adicto incondicional del Libertador sino porque, hallándose su gobierno altamente desgastado, no podía arriesgar el poco crédito que le quedaba apoyando una gestión impopular. Igual suerte correrían García del Río y Paroissien en Buenos Aires.[2] El primero, desde Santiago, le comunicó a San Martín cuán adversa y hostil le era la opinión de la mayoría de la dirigencia dominante en ambos países:

Los chismes y los cuentos han abundado aquí respecto de nosotros, esparcidos principalmente por los oficiales del ejército que han venido descontentos. Las especies más absurdas y groseras eran creídas por personas que parecían sensatas; como son la disolución de todos los cuerpos de Chile y su distribución entre los de los Andes; la tentativa de querer hacer mudar bandera a la escuadra y otras por este tenor. Así es que los ánimos estaban irritados contra usted y sus consejeros y que se recibió con regocijo la noticia de lo ejecutado por Cochrane en Ancón [...] yo debo continuar hablando a usted con franqueza sobre cuanto pueda interesarle. El mismo Echeverría me ha mostrado cartas de Zañartú en que le avisa que tiene usted muchos enemigos en Buenos Aires aun en la administración presente, y lo creo según noticias que por otro conducto he adquirido. El único amigo que parece tiene usted en el otro lado es Bustos, el cual defiende a usted a capa y espada, con la mira (según dice) de que nombren a usted director por las provincias federadas y quedar él de delegado.[3]

Desde el Perú, San Martín había continuado sus contactos epistolares con quienes se habían comprometido a tomar parte en la expedición combinada por el Alto Perú y a apurar el restablecimiento de las autoridades nacionales. Así, a poco de iniciada su campaña, le escribiría desde Pisco a Godoy Cruz y a Juan Bautista Bustos "a fin de que haciéndose cargo de la necesidad urgentísima de que esas provincias, cuna del patriotismo, ya formen un cuerpo social respetable, interese eficazmente sus empeños para que se reúna desde luego el congreso soberano de los representantes de todas ellas y se erija la autoridad central. Entonces será que reasumiendo sus derechos que les dan sus esfuerzos y sacrificios rendidos a la causa de la libertad puedan concurrir a establecer la unión y la paz, y a *constituir la grande nación de Sud América*".[4] Bustos había hecho valer el pensamiento de San Martín cuando envió a sus mediadores al Litoral, que lograron concertar la paz definitiva entre Santa Fe y Buenos Aires mediante el Tratado de Benegas del 24 de noviembre de ese año, en el que se convino además la convocatoria de un congreso que se reuniría en la ciudad de Córdoba para organizar federativamente a la nación.[5] Dicha política tenía su propio vocero de prensa en la capital porteña: *El Patriota*, de Pedro Feliciano Cavia, quien –sobre todo luego de la entrada de San Martín en Lima– insistiría en la imperiosa necesidad de instalar la mencionada asamblea, que posibilitase la ulterior formación de la "Asociación argentino-chileno-peruana", presentando a San Martín con derechos indisputables para ponerse a su frente. La insinuación no quedó sin réplica: el general no era el único hombre de mérito, ni tenía por qué venir a jugar el papel de reorganizador. Sucedía que para entonces, fines de 1821, imperaban en el gobierno bonaerense la vocación aislacionista y la animadversión hacia el Protector, sobre todo en el seno de la reorganizada Logia provincial. Así se lo informaba confidencialmente el diplomático chileno al Director O'Higgins:

Esta institución [la 0–0 que destruyó el año XX] traicionada por muchos de sus miembros fue renovada posteriormente por algunos de los antiguos h∴ con agregación de otros varios. Sus objetos son muy diferentes y su eje principal el provincialismo. Aquellos amigos que mirábamos en grande en bien de la América y nos habíamos declarado contra esas ideas mezquinas del nuevo orden, quedamos excluidos, aunque no enemistados y por lo mismo en buena proporción de observar la marcha de los nuevos cofrades [...] Los nuevos socios conservan muchas relaciones con Las Heras, el cual les ha escrito desde Lima y aún hay suspicaces que se avanzan a creer que fue sugerido por éstos para hacerle revolución a San Martín. Yo no lo creo, pero es bueno estar aun en los indicios cuando se trata de cosas tan importantes. Lo indudable es que Las Heras es el héroe para los enemigos de Chile y de San Martín, y los nuevos lógicos lo son.[6]

Por lo pronto, el ministro porteño Rivadavia logró imponerse a los planes de Bustos: en abril de 1822 suscribió con las provincias litorales el Tratado Cuadrilátero por el cual se desarticulaba el intento organizativo mediterráneo, disponiéndose la no concurrencia de los representantes de las partes signatarias al "diminuto Congreso de Córdoba". El mismo Zañartú explicaba al respecto, refiriéndose a los nuevos logistas de cortas miras: "No pueden sufrir que San Martín se cubra de tanta gloria, después que les desobedeció en no venir a mezclarse en la montonera, como querían, acaso para fusilarlo. Por esta misma razón, en mi juicio, no quieren congreso porque suponen nombre a San Martín director, y aunque no temen que éste venga, temen que el nombramiento y la propiedad del director le dé sobre el sustituto y sobre el Estado una gran influencia".[7]

Por entonces, este panorama poco favorable que presentaban las circunstancias chilenas y rioplatenses para el Libertador del Sur terminó de complicarse en el Perú. Recuérdese que, a pesar de que la guerra no daba visos de concluir, igual habíase convocado la reunión de un Congreso general. A su regreso del frustrado intento de entrevistarse con Bolívar, el Protector no volvió a asumir el mando político: creía que ya era tiempo de "dar un rápido impulso a la campaña que va a abrirse", por lo que necesitaba seguir separado de la administración, que continuó delegada en Torre Tagle.[8] Tal vez su apuro respondiera a que se acercaba el fin del plazo que se había autoimpuesto para permanecer al frente del gobierno. Al tiempo de asumirlo, en carta a O'Higgins, San Martín le había confiado: "Los amigos me han obligado terminantemente a encargarme de nuestro gobierno y he tenido que hacer el sacrificio, pues conozco que de no ser así el país se envolvería en la anarquía. Espero que mi permanencia no pasará de un año". A su vez, Monteagudo, en la *Memoria* que publicó en Quito luego de su destitución del ministerio peruano, confirmaba: "Los jefes del ejército saben que cuando llegamos a Pisco, todos exigimos de él el sacrificio de ponerse a la cabeza de la administración si ocupábamos Lima, porque creíamos que éste era el único medio de asegurar el éxito en las campañas militares: él se decidió a ello con repugnancia y siempre por un tiempo limitado".[9] Esta determinación de retirarse de una conducción gubernativa que había comenzado a despertar la resistencia del sector republicano y de la que el mismo general ansiaba desprenderse, la conocían sus más cercanos colaboradores. La misiva ya comentada de

García del Río del 21 de marzo de 1822 así lo confirma: "Personas hay aquí que creen que usted se ha ido de puro aburrido y que en lugar de tener la entrevista con Bolívar, sólo ha sido este un pretexto para marcharse a Europa. Otros creen que usted ha tenido que ceder a la necesidad y aparentar que renunciaba para evitar el golpe de una revolución; y como la causa perdería mucho con que esta voz se generalizase y, por otra parte, no hay para qué dar margen a que se alegren nuestros enemigos, me parece absolutamente indispensable *que cuando usted regrese de su viaje, entre otra vez en el mando y se reciba de él con la mayor solemnidad posible; en seguida proceda usted a la apertura del Congreso; y allí puede renunciar el mando político, sin que entonces tenga nadie que morder a usted ni quede lugar a creer que el paro ha sido forzado*".[10]

Luego del desastre militar sufrido por los independientes en La Macacona el 7 de abril y para contrarrestar sus efectos desmoralizadores, el Protector ratificó el anuncio de operaciones decisivas que pondrían fin a la guerra en 1822. Así en una enérgica proclama fechada el 11 de abril afirmaba: "¡Compañeros del Ejército Unido! Vuestros hermanos de la división del sur no han sido batidos pero sí dispersados: a vosotros toca vengar este ultraje, sois valientes y conocéis tiempo ha el camino de la gloria: afilad bien vuestras bayonetas y sables: la campaña del Perú debe concluirse este año; vuestro antiguo general os lo asegura: preparaos a vencer".[11]

San Martín tenía planeado realizar dos nuevas expediciones que debían obrar combinada y simultáneamente: una a la Sierra, al mando de Arenales, y otra a los Puertos Intermedios, a cargo de Alvarado. Esta última debía ser reforzada por una división chilena y para concertar dicha acción el Protector envió en mayo ante el gobierno santiaguino al doctor José Cavero y Salazar como ministro plenipotenciario; mientras que por el Alto Perú debía marchar una expedición auxiliar formada por los contingentes de las provincias argentinas y financiada por el gobierno porteño, que se pondría al mando de Bustos o, en su defecto, del gobernador de San Juan, Pérez de Urdinenea. Para lograr que esto último se realizase también en el mismo mes comisionó al teniente coronel peruano Antonio Gutiérrez de la Fuente. Ambas gestiones estaban destinadas a fracasar, sobre todo la última, debido a la intransigencia del Ejecutivo y la junta de representantes porteña, que atacó fuertemente el proyecto sanmartiniano, prefiriendo en cambio entrar en tratativas pacíficas con el gobierno liberal español.

Entre tanto, los realistas, envalentonados por la reciente victoria, parecían menos propensos que nunca a transitar por la vía negociadora en la que siempre había confiado San Martín y en la que insistiría infructuosamente hasta último momento.

Lo cierto era que, mientras el poderío del Protector presentaba claros síntomas de debilitamiento, brillaba cada vez con más fuerza la estrella del Libertador del Norte.

El fin de la guerra de Quito, la cuestión de Guayaquil y el encuentro de los dos Libertadores

El año 1819 había sido el de la gran ofensiva septentrional. Tras derrotar en Boyacá el 7 de agosto a los realistas, Bolívar entró victorioso en Bogotá, abandonada por el virrey Sámano; y en diciembre fue nombrado presidente de la República de Colombia, instaurada por la Constitución de Angostura sobre la base de la unión de Venezuela y Nueva Granada. Una vez roto el armisticio firmado con Morillo y dispuesto a avanzar hacia el sur, a mediados de 1821 envió a su lugarteniente Antonio José de Sucre con fuerzas colombianas hacia Guayaquil, que desde octubre de 1820 había declarado su independencia. Reforzado con las tropas del lugar, salió el jefe patriota al encuentro de las fuerzas realistas al mando del general Aymerich. En agosto de 1821 logró vencer en Yahuachi, pero un mes más tarde fue derrotado en Huachi o Ambato.

Entre tanto, Bolívar, que en junio había vencido a los realistas en Carabobo, liberando definitivamente Venezuela, reabrió a principios de 1822 su campaña combinada al sur del Colombia, operando al mismo tiempo por Pasto y Guayaquil, pero sería nuevamente detenido luego de su mortífera victoria a lo Pirro del 7 de abril en Bomboná, contra los bravos pastusos. Dado lo insostenible de su situación, debió emprender la retirada a Patía. A Sucre no le habría quedado posibilidad alguna de salir de su precaria posición defensiva si no hubiera recibido refuerzos desde el Perú. Le era indispensable contar con elementos veteranos para reorganizar sus tropas; por eso había solicitado al Protector el envío del batallón colombiano Numancia. San Martín le remitió, en cambio, una fuerza más numerosa: la división preparada por Arenales en Trujillo y en Piura, de 1.300 hombres, puesta a cargo del coronel altoperuano Andrés de Santa Cruz. Así, en febrero pudieron abrazarse al pie del Chimborazo, amalgamados por un sentimiento común de patria americana, argentinos, chilenos, peruanos, quiteños, neogranadinos y venezolanos. El 21 de abril tuvo lugar en Río Bamba el más célebre combate de caballería de la guerra de la independencia, protagonizado por Lavalle y sus 96 granaderos, quienes lograron imponerse al enemigo peleando en proporción de uno contra cinco. Fue el preludio de la definitoria batalla librada el 24 de mayo al pie del volcán Pichincha, después de la cual Aymerich capituló. Pocos días más tarde, al ver amenazada su retaguardia por las fuerzas colombianas, debieron rendirse –con gran resentimiento– los hasta entonces indoblegables pastusos. Quito quedó incorporado de hecho a la República de Colombia. Concluía de esa manera, la guerra emancipadora en el norte del subcontinente y Bolívar se apresuraba a comunicárselo a San Martín, agregando que su ejército estaba pronto a acudir a donde sus hermanos lo llamaran y muy especialmente a la patria de sus vecinos del sur.

Enterado de los felices resultados de la campaña de Quito, el Protector le escribió a su amigo O'Higgins: "Este golpe feliz ha hecho tomar un nuevo aspecto a la guerra de este país. Sin embargo, como las posiciones de la sierra que ocupa el enemigo las puede disputar palmo a palmo y por otra parte la terquedad de los españoles es bien conocida, creo que el modo de negociar la paz con ellos es llevarles la guerra a la misma España. Por lo tanto, estoy resuelto a que las fragatas *Prueba* y *Venganza* y la goleta *Macedonia* salgan de ésta a principios de agosto con destino a Europa a arruinar del todo el comercio español. Creo que sería muy del caso, tanto por el honor de Chile como por el interés general, que si V. puede unir a estas fuerzas algunas de ese estado la expedición tendría los mejores resultados [...] Las ventajas de esta empresa no se le pueden ocultar, pues sus resultados necesariamente deben ser felices y de una gran utilidad para pasar el resto de los días que nos queden sin tener que mendigar".[12]

También el fin exitoso de esa campaña dio pie a que San Martín intentase una postrera negociación –siempre sobre la base del reconocimiento de la independencia del Perú, a cambio de franquicias comerciales a los españoles– con el virrey La Serna, a quien se dirigió el 14 de julio en estos términos:

La guerra de América ha tomado ya un carácter tan decidido que aun suponiendo alguna vicisitud parcial en el territorio del Perú no podría poner en peligro los intereses generales. La situación de V.E. es hoy por lo mismo nueva en todo respecto, así porque el dominio español está limitado a las provincias que ocupan las armas de V.E., como porque la Península ni puede, ni quiere ya hacer la guerra a los americanos [...] la victoria de Pichincha deja a V.E. enteramente aislado [...] El Congreso constituyente está próximo a reunirse; y apenas se instale cumpliré mi palabra resignando el mando supremo, porque ya han cesado las circunstancias que exigieron de mí el sacrificio de ponerme al frente de la administración. Pero antes quiero dejar marcado el último período de ella con una nueva transacción que la política de España y la fortuna de las armas de América sugieren como el último partido racional y decoroso para salvar los intereses de ambas partes.[13]

El virrey no se dejó impresionar por los argumentos de San Martín y, haciendo valer la superioridad relativa de sus fuerzas, rechazó contundentemente sus proposiciones:

Prescindo de si el gobierno supremo de la nación no puede ni quiere hacer la guerra a los americanos disidentes; y de si el general Aymerich ha sido o no batido en Quito, porque sea de esto lo que fuere lo que no tiene duda y nadie puede negar es que las armas que V.E. manda no ocupan sino una muy pequeña parte del Perú. Esto es notorio, y también lo es que si mi situación es nueva como V.E. dice, ella es la que ha librado al Perú de los males que le amenazaban a principios del año próximo pasado de 821 [...] permítame V.E. decirle que no estoy en el caso de que expresión alguna sea capaz de alucinarme con respecto a la fuerza física y moral con que puede V.E. contar para llevar adelante sus ideas, por tener noticias bastante exactas de la fuerza física de V.E. y datos positivos de que en la moral no sólo no hay en favor de las miras de V.E. ese torrente que supone, sino que en el día la tiene muy reducida.[14]

San Martín se embarcó en la goleta *Macedonia* para entrevistarse con Bolívar el 25 de julio, esto es, sin conocer esta categórica respuesta, aunque muy probablemente la diera por descontado. Asimismo, era consciente de que, dado que apenas si podía contar con el menguado apoyo chileno y que la dirigencia porteña le era francamente adversa, poco podía prometerse de las misiones destinadas a obtener auxilios militares por ese lado. Por consiguiente, el Protector no podía menos que reconocer que carecía de las fuerzas suficientes para derrotar a los realistas, a la par que la vía alternativa del acuerdo era ya utópica. Sólo existía una única posibilidad de salir del brete en que se encontraba: la colaboración decidida del victorioso ejército del Libertador del Norte, la que sí era altamente factible no sólo por los ofrecimientos espontáneos de Bolívar sino también en virtud de lo estipulado en los tratados de Confederación que acababan de acordarse. Todo indicaba que San Martín no hallaría obstáculos a sus planes por parte de Colombia; pero, en cambio, a partir de su debilitamiento militar provocado por la reciente derrota de Tristán, había cobrado vuelo el partido republicano peruanista cada vez más contrario a la política monarquizante del Protector, en lo interno, y a la alianza –ahora en situación de inferioridad– con los victoriosos vecinos septentrionales. Mientras San Martín contó con el apoyo incondicional de Chile y llevó triunfantes sus fuerzas, todo marchó a las maravillas. Los jefes y los dirigentes políticos se esmeraban para merecer el honor de ingresar en la aristocrática Orden del Sol y en la no menos pomposa Sociedad Patriótica y, harto satisfechos, ostentaban altas funciones administrativas y aprobaban los planes de San Martín, ya que a mediados de 1821 las circunstancias imponían por su propio peso la hegemonía peruana. Los caudillos locales, más allá de las ideas que sustentaran respecto de las formas monárquicas, apoyaban la consolidación de un imperio que, como se presentaban las cosas, mantendría la tricentenaria alcurnia virreinal a fuer de monitor de los pueblos hermanos. Pero esa situación había cambiado radicalmente un año más tarde: "La debilidad por que atravesaba el Perú permitía inferir con buenas razones que, en todo caso, la hegemonía quedaría centrada en Colombia. Y ni los jefes militares, ni los caudillos políticos peruanos estaban dispuestos a permitirlo. Entonces salieron a escena, con estucadas poses de repúblicos localistas, los mismísimos conspicuos miembros de las aristocráticas entidades que antes habían aplaudido ante las perspectivas monárquicas, con el copetudo y fogoso Riva Agüero a la cabeza".[15]

San Martín veía otra vez surgir el mismo obstáculo que a su turno había refrenado la realización de su plan continental en las Provincias Unidas primero y en Chile después: el espíritu localista; pero existía sin embargo una radical diferencia. Si en los casos precedentes ese factor nocivo y paralizante había surgido al distenderse la situación de peligro, en el Perú aparecía precozmente cuando la posición militar de los independientes, lejos de consolidarse, atravesaba por una fase crítica. Advertido de ello, el Protector había adelantado la reunión de la asamblea representativa y anunciado repetidamente que depondría en ella el mando político, como un recurso para mitigar el descontento y cortar a tiempo la disidencia, mientras se llevaba a cabo la campaña final contra los realistas.

Cuestionado en su conducción militar por sus propios jefes, sin su tradicional base de apoyo argentino-chilena y con su respaldo político local en dramática merma, San Martín marchó al encuentro de Bolívar, descontando su vital colaboración. Su confianza en una desinteresada solidaridad hispanoamericana le restó realismo para prever que su desventajosa situación lo dejaba en posición subordinada.

Además del tema fundamental y prioritario –que no podía ser otro que el de la reunión de ambos ejércitos para la conclusión de la guerra–, no dejarían de tratarse en las conferencias las bases sobre las que se constituirían los nuevos Estados hispanoamericanos y la cuestión de Guayaquil. Luego de declarar su independencia esta provincia se había puesto bajo la protección del Perú, pues existía una estrecha vinculación humana y comercial entre ella y Piura; no obstante San Martín había respetado su soberanía, acatando sin vacilación el principio de la libre determinación de los pueblos, dado que la opinión estaba dividida, pues otro sector pugnaba por la anexión a Colombia fundándose en que el territorio había formado parte de la Presidencia de Quito y ésta era una dependencia del Virreinato de Nueva Granada.

Cuando el 25 de julio, a bordo de la goleta *Macedonia*, el Protector llegó a la isla de Puná, se enteró que el 11 Bolívar había entrado en la ciudad y tomado el mando político y militar, disolviendo a la Junta gubernativa. Enterado de la presencia del mandatario a orillas del Guayas, el venezolano insistió en sucesivas comunicaciones para que bajase al que acababa de convertir por su golpe de mano en territorio de Colombia. El 26 se produjo el desembarco, sucediéndose luego dos breves entrevistas: una en el alojamiento de San Martín y la otra en la residencia de Bolívar. Al día siguiente ambos volvieron a conferenciar a puertas cerradas durante cuatro horas. Más tarde asistieron a un espléndido banquete. Llegado el momento de los brindis, el venezolano dijo: "Brindo, señores, por los dos hombres más grandes de la América del Sur, el general San Martín y yo", al que contestó el argentino: "Por la pronta terminación de la guerra, por la organización de las nuevas Repúblicas del Continente y por la salud del Libertador". Evidentemente, las dos primeras expresiones de deseos del Protector correspondían a los tópicos que acababan de abordar; el tercero, sobre el destino de Guayaquil, ya carecía de sentido discutirlo. Después de un descanso ambos Libertadores asistieron al baile organizado por la municipalidad, durante el cual San Martín se mantuvo como espectador y con aire preocupado mientras Bolívar se entregaba alegremente a los placeres de la danza. Finalmente, el primero le dijo a Guido: "Llame usted al coronel Soyer: ya no puedo soportar este bullicio", se despidió reservadamente de su anfitrión y se retiró con sus edecanes sin que nadie lo notara. Inmediatamente se embarcó en la *Macedonia*, que en esa misma madrugada del 28 puso proa hacia Lima. El general le confió a su amigo don Tomás luego de la entrevista "la opinión que había formado del general Bolívar, es

386

decir, una ligereza extrema, inconsecuencia en sus principios y una vanidad pueril".[16] La conducta que observó el venezolano al rechazar sus proposiciones de unir sus fuerzas para culminar con rapidez y seguridad la guerra por la independencia en el Perú, ya fuera bajo un mando conjunto o incluso subordinándose San Martín a su conducción, lo dejó "firmemente persuadido que la pasión de mandar es la más dominante que tiene el hombre y que se necesita una filosofía cuasi sobrenatural para resistir a sus alicientes".[17] Sus expectativas fueron defraudadas cuando su interlocutor sólo se mostró dispuesto a devolver estrictamente la cooperación prestada en la última campaña por la división auxiliar remitida desde el Perú. El Protector regresaba convencido de que su presencia era el único obstáculo para una colaboración más decisoria de aquel jefe.

Al mes de la entrevista, le escribiría al Libertador del Norte, no sólo "con la franqueza de mi carácter, sino con la que exigen los grandes intereses de América":

Los resultados de nuestra entrevista no han sido los que me prometía para la pronta terminación de la guerra. Desgraciadamente, yo estoy íntimamente convencido, o que no ha creído sincero mi ofrecimiento de servir bajo sus órdenes con las fuerzas de mi mando, o que mi persona le es embarazosa. Las razones que usted me expuso de que su delicadeza no le permitirá jamás mandarme y que aun en el caso de que esta dificultad pudiese ser vencida, estaba seguro que el congreso de Colombia no consentiría su separación de la República, permítame general le diga, no me han parecido plausibles. La primera se refuta por sí misma. En cuanto a la segunda, estoy muy persuadido que la menor manifestación suya al Congreso sería acogida con unánime aprobación, cuando se trata de finalizar la lucha en que estamos empeñados, con la cooperación de usted y del ejército de su mando; y que el alto honor de ponerle término refluirá tanto sobre usted como sobre la república que preside.
No se haga V. ilusión, general. Las noticias que tiene de las fuerzas realistas son equivocadas; ellas montan en el Alto y Bajo Perú a más de diecinueve mil veteranos, que pueden reunirse en el espacio de dos meses. El ejército patriota, diezmado por las enfermedades no podrá poner en línea de batalla sino 8.500 hombres y, de éstos, una gran parte reclutas. La división del general Santa Cruz (cuyas bajas según me escribe este general no han sido reemplazadas a pesar de sus reclamaciones) en su dilatada marcha por tierra, debe experimentar una pérdida considerable, y nada podrá emprender en la presente campaña. La división de 1.400 colombianos que V. envía será necesaria para mantener la división del Callao y el orden de Lima. Por consiguiente, sin el apoyo del ejército de su mando, la operación que se prepara por puertos intermedios no podrá conseguir las ventajas que debían esperarse, si fuerzas poderosas no llamaran la atención del enemigo por otra parte, y así la lucha se prolongará por un tiempo indefinido. Digo indefinido porque estoy íntimamente convencido que sean cuales fueren las vicisitudes de la presente guerra, la independencia de América es irrevocable; pero también lo estoy, de que su prolonga-

ción causará la ruina de sus pueblos y es un deber sagrado para los hombres a quienes están confiados sus destinos, evitar la continuación de tamaños males. En fin, general, mi partido está irrevocablemente tomado. Para el 20 del mes entrante he convocado el primer congreso del Perú y al día siguiente de su instalación me embarcaré para Chile, convencido de que mi presencia es el solo obstáculo que le impide a usted venir al Perú con el ejército de su mando. Para mí hubiese sido el colmo de la felicidad terminar la guerra de la independencia bajo las órdenes de un general a quien la América debe su libertad. El destino lo dispone de otro modo y es preciso conformarse.

[...] Nada diré a usted sobre la reunión de Guayaquil a la república de Colombia. Permítame, general, que le diga que no era a nosotros a quienes correspondía decidir. Concluida la guerra, los gobiernos respectivos lo hubieran transado, sin los inconvenientes que en el día pueden resultar a los intereses de los nuevos estados de Sud América.

He hablado a usted, general, con franqueza, pero los sentimientos que expresa esta carta quedarán sepultados en el más profundo silencio; si llegasen a traslucirse, los enemigos de nuestra libertad podrían prevalerse para perjudicarla y los intrigantes y ambiciosos para soplar la discordia.[18]

En efecto, el Protector no dejó trasuntar ni el mínimo indicio de lo expuesto en esta pieza documental que puede considerarse como la piedra angular de la historiografía sanmartiniana. Malas nuevas lo esperaban al llegar a Lima. Durante su ausencia, el 25 de julio se produjo el estallido de un movimiento opositor dirigido por Riva Agüero, quien exigió al delegado Torre Tagle, como presidente del distrito y de la municipalidad capitalina, la exoneración del ministro Monteagudo, quien no sólo fue depuesto sino puesto en prisión y posteriormente deportado a Panamá. Mientras tanto, el ejército se abstenía de toda intervención, permitiendo así el triunfo de estas intrigas que eran verdaderos tiros por elevación al general San Martín. Éste reasumió el mando el 20 de agosto y apresuró los preparativos conducentes a la instauración de la organización política que debía subrogar su personal conducción, ya no sólo en lo político sino también en lo militar.

El alejamiento del Protector

Apenas si pudo contener la ansiedad por cumplir sus planes: "Va a llegar la época de instalar el Congreso", le decía a O'Higgins. "El siguiente día me embarcaré para gozar de la tranquilidad que tanto necesito: es regular pase a Buenos Aires a ver a mi chiquilla; si me dejan vivir en el campo con quietud, permaneceré; si no, me marcharé a la Banda Oriental".[19]

Con su acostumbrada precisión matemática se dieron los pasos previstos y el 20 de septiembre, ante el primer Congreso Constituyente de San Marcos, que acababa de reunirse, se despojó de la banda bicolor, símbolo de su autoridad, y presentó su renuncia irrevocable a todo mando futuro. Se retiró de inmediato a su hacienda de la Magdalena, luego de haberle pedido a su leal compañero Tomás Guido que lo acompañara. A éste el general le confesó el alivio que sentía por haberse desembarazado de una carga que ya no podía sobrellevar.

Entre tanto, el Congreso, al mismo tiempo que aprobaba por unanimidad su nombramiento de Generalísimo de las armas del Perú, destacaba una comisión para solicitarle que continuase ejerciendo el poder político y militar con amplias facultades. Mucho le costó a San Martín mantener su negativa, pero finalmente consiguió escapar del "precipicio" al que se lo empujaba. San Martín aceptó aquel título, pero no su ejercicio, por considerar que sería perjudicial para la Nación, ya que alarmaría "el celo de los que anhelan por una positiva libertad; dividiría la opinión de los pueblos y disminuiría la confianza que sólo inspira Vuestra soberanía con la absoluta independencia de sus decisiones. Mi presencia en el Perú con las relaciones de poder que he dejado y con la de las fuerzas es inconsistente [sic: incompatible] con la moral del cuerpo soberano y con mi opinión propia porque ninguna prescindencia personal por mi parte alejaría los tiros de la maledicencia y de la calumnia". El Congreso contestó otorgándole el título de la Fundador de la Libertad del Perú y asignándole una pensión anual vitalicia de 12.000 pesos. Una nueva comisión insistió en la necesidad de que finalizara la obra empezada, manteniendo al menos el mando militar; pero corrió igual suerte que la primera. La decisión del general era irrevocable.

El ministro del Guerra y Marina, que venía asistiendo perplejo a aquellas alternativas, vio colmado su asombro cuando a las nueve de la noche de ese agitado día, y en ocasión de haberlo invitado San Martín a compartir un té, le hizo el súbito anuncio de que partiría hacia Chile en pocos momentos. Aquella declaración repercutió en su querido amigo como "el estallido repentino de un trueno", puesto que hasta entonces el Libertador había silenciado su designio, solamente confiado a Bolívar y al director chileno. En vano esgrimió Guido las argumentaciones de mayor peso para disuadirlo de su determinación, las que se estrellaron contra este categórico discurrir: "No desconozco los intereses de América ni mis imperiosos deberes y me devora el pensar de abandonar camaradas que quiero como a hijos y a los generosos patriotas que me han ayudado en mis afanes; pero no podría demorarme un solo día sin complicar mi situación, me marcho. Nadie, amigo, me apeará de la convicción en que estoy, de que mi presencia en el Perú le acarreará peores desgracias que mi separación [...] Tenga usted presente que por muchos motivos no puedo ya mantenerme en mi puesto sino bajo condiciones contrarias a mis sentimientos y a mis convicciones más firmes. Voy a decirlo: una de ellas es la inexcusable necesidad a que me han estrechado, si he de sostener el honor del ejército y su disciplina, de fusilar algunos jefes, y me falta el valor para hacerlo con compañeros que me han seguido en los días prósperos y adversos".

Como Guido insistiera en su réplica, San Martín se vio constreñido a darle una última y concluyente justificación de su conducta: "Le diré a usted sin doblez, Bolívar y yo no cabemos en el Perú".[20]

En efecto su renunciamiento respondía a una confluencia de factores: por un lado, su impotencia para concluir la guerra "sin la activa y eficaz cooperación de todas las fuerzas de Colombia"[21], la que se haría factible sólo dejándole el camino libre a su émulo del Norte; y por otro, el no querer ser artífice de un castigo ejemplificador en los mandos del ejército ni tampoco implantar un régimen dictatorial a fin de cortar la anarquía en ascenso, provocada por las agitaciones del partido republicano y por el exacerbado sentimiento peruanista, que recelaba de la alianza con Bolívar, amenazando con hacer peligrar el proyecto continental acariciado por ambos libertadores, aunque por vías diferentes: régimen monárquico, confederación de repúblicas.

Inmerso en esa situación, el natural rechazo de San Martín a ejercer un poder tan fuerte como necesario coadyuvó en grado sumo a su separación. Años más tarde, en 1829, puesto en una coyuntura equivalente, tomaría idéntica resolución. Su postura era "legalista"; sin embargo, la disyuntiva de 1822 parecía ser la pérdida del Perú o el establecimiento de una dictadura efectiva. Pocos días más tarde, Mrs. Graham, después de observar detenidamente a San Martín, anotaría: "Parece haber en él cierta timidez intelectual que le impide atreverse a dar libertad, a la vez que atreverse a ser un déspota".[22] Ya en su ostracismo, el general reconoció ante la afirmación de García del Río de que "si hubiera dado fuertes palos no se habría visto precisado a salir del Perú: "es verdad", "el palo se me cayó de las manos por no haberlo sabido manejar".

Otro factor que también constituía un punto clave para entender cabalmente su resolución de 1822 jamás sería aludido por el Libertador. En efecto, cuando Miller le dijo: "Yo no sé si convendría exponer los males que causó la Logia establecida en Buenos Aires y cómo por ella quedó usted casi con las manos atadas cuando era necesario obrar con actividad y hacer un ejemplo con algunos jefes cuyas intrigas y escandalosa conducta fueron apoyados por dicha logia"; San Martín se apresuró a responderle en términos categóricos: "No creo conveniente que hable usted lo más mínimo de la Logia de Buenos Aires: estos son asuntos enteramente privados, y aunque han tenido y tienen una gran influencia en los acaecimientos de la revolción de aquella parte de América, no podrían manifestarse sin faltar por mi parte a los más sagrados compromisos".[23]

El Libertador sabía que su tarea quedaba inconclusa, pero no se creía en condiciones de proseguirla. A pesar de haber dejado concertadas las operaciones ulteriores con Alvarado y Arenales, el éxito de la expedición a puertos intermedios era dudoso. Al irse, no trataba de esquivar su responsabilidad frente al curso de la guerra. Lejos de despreocuparse de ella, desde Chile y Mendoza seguiría movilizando los recursos a su alcance para contribuir a su buen resultado. Podría haber permanecido en el Perú para controlar más de cerca las operaciones —como le reclamó Guido— pero en ese caso el factor político hubiera jugado en contra: las bases de su poder se habían debilitado y la opinión se volvía cada día más contestataria. La anarquía contra la que prevenía en su proclama de despedida a los peruanos estaba a punto de estallar. Frente a ese estado de necesidad sólo cabía el refuerzo de la autoridad, pero, de haber continuado en el mando, no sólo habría confirmado las acusaciones de sus detractores sino que además habría retardado el logro del objetivo supremo. Por otro lado, "San Martín sostuvo a lo largo de su vida americana el principio de renunciar al poder si la política amenazaba convertirse en guerra civil o no tenía por fin la independencia y la libertad".[24] Y finalmente estaba el último elemento a tener en cuenta, la ambición bolivariana, que se le manifestaba como un factor ambivalente: si por un lado terminaba de determinar su propia exclusión, por otro llevaba implícita la resolución de arrollar todos los obstáculos sin cuidarse de formas, con lo cual se salvaría la común meta independentista. La inteligencia del Libertador aprehendió rápidamente ese complejo cuadro de situación. Su voluntad no vaciló: se apresuró a dejar expedito el camino. Lo que para los demás fue una retirada prematura e incomprensible, para San Martín fue la actitud que exigía la exacta ponderación de los factores en juego. Al decir de Mitre, "fue una resolución aconsejada por el instinto sano y un acto impuesto por la necesidad, ejecutado con previsión y conciencia".[25]

Entre la calumnia y la muerte

Confundido en la penumbra de la noche limeña salía presurosamente hacia Ancón, donde se hallaba al ancla, listo para zarpar, el bergantín *Belgrano*. Perú jamás volvería a ver al *Fundador de su Libertad*. Tal proceder dio lugar por entonces a las más severas críticas de sus amigos, a la par que estimuló la saña de sus enemigos, que se solazaron en presentarlo como una huida en derrota. La calumnia melló con más fuerza que nunca su reputación: "Un ambicioso en desgracia, un caudillo desprestigiado, un militar flojo y un gobernante ladrón, eso era para muchos San Martín en aquella hora sublime de su incomprendida grandeza. Tales injurias pululaban en la costa del Pacífico cuando el peregrino silencioso desembarcó en Valparaíso".[26] Fue recibido el 12 de octubre de 1822 por el gobernador de la plaza, su antiguo secretario del Ejército de los Andes, el chileno José Ignacio Zenteno. La afectuosa consideración que éste le manifestó se vio contrastada por la perfidia de lord Cochrane, quien pretendía que se le formase proceso por haber usurpado por la fuerza la suprema autoridad en aquel país, con violación de los mandatos solemnes recibidos del gobierno de Chile. Esta campaña difamatoria que presentaba a San Martín como venido en fuga y trayendo cuantiosos caudales sustraídos de las arcas del Estado peruano, encontró terreno propicio no sólo en el tremendo encono del vicealmirante sino también en el partido opositor a O'Higgins y entre los mismos oficiales del Ejército de los Andes que se retiraron descontentos del Perú.

No obstante, el general fue objeto de una esmerada acogida oficial. En un lujoso coche y acompañado por una escolta de honor llegó San Martín a Santiago, donde el héroe de Rancagua, su siempre fiel amigo, puso a su disposición tres residencias. El prócer argentino prefirió la quinta denominada Del Conventillo, donde pudo contar con las diligentes y afectuosas atenciones de doña Isabel y Rosita, madre y hermana de O'Higgins. Estos cuidados fueron más que necesarios, ya que fue entonces cuando cedieron todas las defensas orgánicas del Libertador: el agobio psíquico y moral causado por el abrumador peso de la decisión tomada hizo eclosión somática. El reumatismo y los vómitos de sangre se manifestaron de la manera más aguda y no tardaron en complicarse con una intensa fiebre tifoidea. Aquel desesperante cuadro se prolongó por dos meses interminables en los que se temió un desenlace fatal. No es casual que por entonces San Martín testara, nombrando por albacea al director chileno. Pero, por más intensa que fuera esta crisis, su penosa enfermedad estaba destinada a una nueva remisión; su estadía en los Valles de Cauquenes contribuyó a ello.

La demora

Apenas los pasos de la cordillera se hicieron practicables, San Martín se puso en marcha hacia Mendoza en compañía del teniente Luis Pérez. Sabía que por allí podía tener "enemigos entre las familias afectadas por su gobierno, pero cuenta con la adhesión de la multitud".[27] La travesía por la cordillera lo fatigó en exceso. Varios días más tarde aún no lograría reponerse de una intensa disnea. Pero al llegar a la cumbre encontró una recompensa para aquel esfuerzo: vio dibujarse a lo lejos una silueta querida. Sí, el coronel Manuel Olazábal, aquel joven oficial, ex cadete del Regimiento de Granaderos a Caballo en 1813, lo estaba esperando.[28] Ante él y en medio del imponente paisaje escenario de sus hazañas, el general se permitió la emoción, aflorada en lágrimas. Mas ni la necesidad de descansar ni la desgustación del mate de café que él mismo se preparó lograron retenerlo demasiado: "Bueno será, quizá, que bajemos ya de esta eminencia desde donde en otro tiempo me contempló la América".[29] Estas palabras, de anfibológico significado, resultaban altamente simbólicas: su espíritu tenía prisa por descender al llano en busca de la tranquilidad que tanto anhelaba.

Se encontraba en la finca de Francisco Delgado, en el Totoral, cuando un chasque de Chile le trajo la noticia de la renuncia de O'Higgins, presentada el 28 de enero de 1823 como resultado de la creciente presión ejercida por la oposición. Antes de salir para Cuyo, San Martín le había aconsejado la dimisión; por eso, al consumarse ésta, no dudó en transmitirle epistolarmente "millones de millones de enhorabuenas por su separación del mando [...] Sí, mi amigo, ahora es cuando gozará usted de paz y tranquilidad, y sin necesidad de formar cada día nuevos ingratos".[30] Proyectaba así sus más íntimos sentimientos en aquel compañero de gloria y de infortunio, con la esperanza de que la similitud de sus experiencias amenguara un tanto la soledad de la incomprensión. Con esto quedaba cortada toda su influencia en el país trasandino y se malograban definitivamente sus esfuerzos por coadyuvar a la campaña de Alvarado con el envío de una columna auxiliar que debía marchar por el Alto Perú al mando de Pérez de Urdinenea, cuyos preparativos militares habían mantenido alerta la desconfianza del gobierno porteño.

Públicamente, San Martín se había venido encerrando en un estricto mutismo, impuesto por el estoico convencimiento de que las acusaciones e ingratitudes formaban parte de las reglas del juego: "Cuando finalicé mi carrera me propuse no contestar a los tiros de los enemigos que todo hombre público por justificado que sea se suscita, especialmente en revolución".[31] Ante los ataques a su persona publicados en *La Abeja Republicana,* sólo se limitó a manifestar con dolor que "el nombre del general San Martín ha sido más considerado por los enemigos de la independencia que por muchos de los americanos a quienes ha arrancado de las viles cadenas que arrastraban".[32] No obstante, su espíritu estaba fuertemente resentido por tanta maledicencia, y en la privacidad de la confidencia con O'Higgins logró desahogar su desencanto, pronosticándole con la conciencia que da la autoestima: "Nos echarán de menos antes de que pase mucho tiempo".[33]

San Martín se había hospedado provisionalmente en la casa de doña Josefa Ruiz Huidobro y ya en el mes de febrero manifestó su intención de seguir viaje a Buenos Aires. Sin embargo, una vez instalado en su chacra de los Barriales, pareció desistir de su proyecto inicial; y pese al angustioso llamado de su esposa Remedios desde su lecho de agonía, San Martín demoró por un año su estadía en Mendoza.

Debemos presumir que ello tuvo que ver con el desarrollo de los sucesos en el Perú. Su anuncio de partir a fines de febrero había sido hecho antes de conocer el fracaso de la expedición de Alvarado a puertos intermedios, por él pergeñada. Seguramente al tener noticias de las derrotas de Torata y Moquegua decidió modificar sus planes. Lo preocupaba la notoria falta de colaboración de los auxiliares colombianos, que con su jefe Paz del Castillo terminaron retirándose del Perú, exacerbando aún más con esa actitud el sentimiento nacionalista contrario a las huestes enviadas por Bolívar, cuyo ofrecimiento de auxilio fue rechazado por el gobierno, con una arrogancia suicida.

San Martín no pudo menos que inquietarse ante la posibilidad de ver destruida su obra, pero el respeto que debía a su propia persona le hacía descartar el regreso a Lima. Era una cuestión de dignidad: "Seamos claros, mi amigo", le decía a Guido, "¿podría el general San Martín presentarse en un país donde ha sido tratado con menos consideración que lo habían hecho los mismos enemigos y sin que haya habido un sólo habitante capaz de dar la cara en su defensa?". Sus nervios se hallaban profundamente alterados: "En este momento no soy dueño de mí y no puedo conformarme con la idea de que un hombre que ha dispuesto de la suerte de Estados opulentos se vea reducido a 31.000 pesos de capital... ¡tachado de *ladrón!*"[34]

Entre tanto, Perú realizaría por entonces un intento de libertarse a sí mismo. La irritación que la derrota provocó en el pueblo terminó con la Junta Gubernativa. La guarnición de Lima, insurreccionada, impuso al Congreso el nombramiento de José de la Riva Agüero como Presidente y Gran Mariscal.

San Martín se sintió tocado en su responsabilidad de Fundador de la Libertad del Perú y, superando la justificada desconfianza que le inspiraba el nuevo mandatario, le dirigió una carta de fecha 7 de mayo de 1823 en la que le expresaba: "Si usted cree útiles mis servicios en estas circunstancias, avísemelo y partiré"; sólo ponía una única pero indispensable condición: actuar "bajo las órdenes de otro general".

Pero lo más importante del contenido de esta carta son las afirmaciones que echan por tierra la versión –tradicionalmente admitida en nuestra historiografía– de que San Martín procuraba terminar la guerra por las armas, en contraposición al pensamiento rivadaviano de negociarla diplomáticamente con el gobierno liberal que entonces dominaba en la península. En efecto, el general notificaba que había recibido carta de su hermano Justo Rufino, quien se desempeñaba como oficial de la Secretaría de Guerra de Madrid, en la que le aconsejaba el envío de diputados autorizados plenamente a fin de negociar la paz y el reconocimiento de la independencia por España, ya que no cabía esperar por cuestiones de orgullo nacional ofendido que fuera ese gabinete el que tomara la iniciativa. San Martín decía que él había previsto la "necesidad de ese paso, así es que el día de la instalación del Congreso le presenté una nota recomendándole del modo más positivo la prontísima remisión de un diputado a España [...] ignoro si se ha dado algún paso desde mi venida, pero creo que aún es ocasión oportuna para negociar; la guerra civil en que la península se halla envuelta ofrece una oportunidad favorable. La paz es necesario comprarla y todos los sacrificios que haga ese Estado con ese objeto están remunerados a los tres años de conseguirla". Él mismo se ofrecía para viajar a España: "En fin, si usted me cree útil para este encargo lo admitiré gustoso y lo desempeñaré con el honor que me es propio. Repito que mis servicios están y estarán prontos en favor del Perú y que sólo espero sus órdenes, pero vuelvo a repetir que como militar (única carrera en la que me emplearé en el Perú) no será mandando en jefe".[35] Restablecida la verdad sobre el tema, no es extraño entonces que San Martín siguiera con atención el curso de las negociaciones de Rivadavia con los comisionados regios y que, lejos de desaprobarlas, lamentase su fracaso al recibir desde Buenos Aires las comunicaciones de Ambrosio Lezica, del 30 de agosto de 1823, y de Pedro Vidal, del 1º de septiembre del mismo año, en que confirmaban la anulación de aquéllas como consecuencia de la caída de los constitucionales en España.[36]

Riva Agüero, ensoberbecido representante de la aristocracia peruana, más preocupada por el grado de control que pudiera tener sobre el poder político y militar que por la independencia misma, ni siquiera se dignó contestar el ofrecimiento del Libertador. Posteriormente, ya desencadenada la guerra civil en el Perú y encontrándose en posición desventajosa frente a Torre Tagle –que era sostenido por Sucre–, y a los pocos días de la llegada de Bolívar, el 22 de agosto, desde Trujillo, le volvió a escribir a San Martín, en tono imperativo: "A lo que dije a usted el 3 de este mes añado que es llegado el caso de venir a prestar sus servicios". Al margen de ese párrafo, San Martín anotó: "Esta carta (la del

3 de agosto) no ha sido recibida y dudo que ni escrita".[37] Penetraba así la agudeza del prócer el oportunista accionar del peruano, a quien contestó indignado: "¿Cómo ha podido usted persuadirse que los ofrecimientos del general San Martín (*a los que usted no se ha dignado contestar*) fueron jamás dirigidos a un particular y mucho menos a su despreciable persona?"[38]

Hacia fines de julio, San Martín recibió noticias de que su esposa quedaba sin esperanza de vida. Resolvió entonces que apenas falleciese pasaría a Buenos Aires a buscar a su niña. Efectivamente, el deceso de Remedios ocurrió el 3 de agosto; pero Guido se apresuró a aconsejarle al general que "demorase su viaje porque no habiendo partido a la capital inmediatamente de su arribo a Mendoza, creo sería prudente dar algún tiempo más, sin perjuicio de que viniera Merceditas, acompañada de madama Ruiz".[39] San Martín le contestaba el 22 de septiembre: "He tomado su consejo de no ir a Buenos Aires pronto y sólo pasaré y me detendré lo más preciso para irme a Europa".[40] La pertinencia del consejo de Guido debe atribuirse a la mala impresión que naturalmente debió haber causado a los Escalada la no concurrencia del Libertador al llamado de su esposa moribunda. No era sólo el seguimiento de las operaciones de la guerra en el Perú lo que motivaba su resistencia a ir a Buenos Aires, la que sólo cedió ante aquella situación límite que le impuso asumir en plenitud sus derechos de padre. Su persistente voluntad de mantenerse alejado de ese "semillero de finas intrigas" –según la elocuente expresión de Guido– respondía precisamente a su frustrado plan de desvanecer los rumores maliciosos que lo acusaban de tener intenciones de derrocar al gobierno porteño. En verdad, hasta su retiro de Mendoza llegaron los hilos de los planes urdidos por los descontentos con la administración Rodríguez-Rivadavia. Se lo instigaba para que encabezara la reacción, enviándole a tal fin diputaciones y una nutrida correspondencia.

Conociendo el estado de espíritu del Libertador, era imposible que tales pretensiones hallaran algún eco en él, hastiado como estaba del bajo accionar de "los guerreros y profundos políticos"[41]; precisamente por eso –decía– "a mi regreso del Perú (y no a mi retirada como dice el Argos)"[42], había planeado recluirse en su chacra y dedicarse a las tareas agrícolas y a la educación de su hija, lo que creía que eliminaría toda duda respecto de sus intenciones de no figurar más en la vida pública. Por otro lado, "mi separación voluntaria del Perú me ponía a cubierto de toda sospecha de ambicionar nada sobre las desunidas Provincias del Plata".[43] Sin embargo, "los de la oposición, hombres a quienes en general no conocía ni aún de vista, hacían circular la absurda idea de que mi regreso de Perú no tenía otro objeto que el de derribar la administración de Buenos Aires y para corroborar esta idea mostraban (con una impudicia poco común) cartas que ellos suponían les escribía".[44]

De nada valdría que se confinara en Mendoza, no teniendo más relación que con algunos vecinos, y que, para hacer su posición más inexpugnable, cortase toda otra comunicación. *El Centinela* comenzó a hostilizarlo: denunciaba que "un brazo fuerte militar movía los pueblos al desorden"[45], que se promovía una federación militar de provincias. San Martín le aseguraba a Guido, años más tarde, que, a su llegada a Mendoza de regreso del Perú, "se creyó que el objeto era el de venir a hacer una revolución para apoderarme del mando de las provincias de Cuyo, y se me enseñó una carta del gobernador Carril (de San Juan) en la que se aconsejaba, se tomasen todas las medidas necesarias para evitar tamaño golpe"[46]. El Libertador se sintió impotente para enfrentar esa "guerra de pluma" que se le hacía. Por otro lado, su correspondencia, "abierta con grosería", sufrió "una revista inquisitorial la más compleja" y se lo cercó de espías. Hubo de soportar algo más grave aún: "El año 23, cuando por ceder a las instancias que Remedios me hacía de venir a darle el último adiós, resolví venir por mayo del mismo año a Buenos Aires, se apostaron partidas para prenderme como al mayor facineroso; lo que no verificaron por el aviso que me dio un individuo de la misma administración".[47]

Se reeditaba así en la Argentina, con connotaciones más escandalosas y denigrantes, el denso clima que lo había alejado del Perú. A las mismas causas correspondieron iguales efectos: San Martín comprendió que tampoco aquí podría permanecer. "Había figurado demasiado en la revolución –reflexionaba– para que me dejasen vivir en paz."[48] "En fin, yo vi claramente que me era imposible vivir tranquilo en mi patria, ínterin la exaltación de las pasiones no se calmase y esta certidumbre fue la que me decidió a pasar a Europa".[49]

Fue, pues, aquel acosamiento el que determinó su partida, la que sin embargo no se consumó hasta que se produjo la llegada de Bolívar al Perú. Las noticias recibidas desde allí habían venido siendo cada vez más desalentadoras, pero San Martín confiaba en la drasticidad de su émulo, que el 1° de septiembre por fin había arribado, tardando un año desde la salida del Protector. En carta a Guido del 22 de ese mes le decía: "Veo lo que usted me dice del estado anárquico de ese desgraciado país, afortunadamente he visto por el correo que llegó ayer de Chile la llegada del Libertador, él sólo puede cortar los males, pero con un brazo hachero, porque si contemporiza todo se lo llevará el diablo".[50]

En octubre, proveniente de Buenos Aires, arribó a la chacra del general el capitán retirado don Manuel Guevara, quien puso en manos de San Martín una comunicación que le había sido entregada por un oficial santafesino en la posta de La Candelaria. Era un aviso del gobernador de Santa Fe, don Estanislao López, quien repetía en ésta los conceptos elogiosos, ya expuestos en otras oportunidades, que le merecía la persona del general, advirtiéndole luego: "Sé de una manera positiva por mis agentes en Buenos Aires que a la llegada de V.E. a aquella capital, será mandado juzgar por el gobierno en un consejo de guerra de oficiales generales, por haber desobedecido sus órdenes en 1817 haciendo la gloriosa campaña a Chile, no invadir a Santa Fe y la expedición libertadora del Perú. Para evitar este escándalo inaudito y en manifestación de mi gratitud y del pueblo que presido, por haberse negado V.E. tan patrióticamente en 1820 a concurrir a derramar sangre de hermanos, con los cuerpos del Ejército de los Andes que se hallaban en la provincia de Cuyo, siento el honor de asegurar a V.E. que a su solo aviso estaré con la provincia en masa a esperar a V.E. en el Desmochado, para llevarlo en triunfo hasta la plaza de la Victoria. Si V.E. no aceptase esto, fácil me será hacerlo conducir con toda seguridad por Entre Ríos hasta Montevideo, etcétera".[51]

Olazábal da testimonio de la indignación trasuntada en su rostro completamente demudado y en el desfallecimiento de su "voz de trueno". Era una nueva mella que se agregaba a las tantas que últimamente venía soportando su agobiado espíritu. Despachó a los pocos días una contestación para López con quien sí se entrevistaría, pero sin aceptar su ofrecimiento. Marcharía, pero solo. Años más tarde, San Martín le confiaría a Guido: "A mi regreso a Buenos Aires para embarcarme para Europa, López en el Rosario me conjuró a que no entrase en la capital argentina, ¡más aquí de Don Quijote! Yo creí que era de mi honor el no retroceder y al fin esta arriesgona me salió bien pues no se metieron con este pobre sacristán".

Una fría y silenciosa escala

San Martín llegó a la indiferente Buenos Aires el 4 de diciembre de 1823. Mantuvo muy pocas entrevistas. Aquella fue una estadía breve y casi inadvertida. Al respecto comenta Quesada: "El vacío que hizo alrededor del héroe la familia de su esposa fue absoluto: sólo el general don Manuel se atrevió a visitarlo y San Martín se sintió tan sorprendido que ni siquiera reclamó personalmente a su hija que estaba en poder de la abuela, sino que la hizo pedir por interpósita persona".[52]

Debió proceder al arreglo de algunas cuestiones de índole pecuniaria, única causa de su permanencia durante un mes en aquella ciudad. En efecto, no sólo había que rescatar a Merceditas de los cuidados sobreprotectores de su abuela doña Tomasa y afrontar el consecuente disgusto de aquella familia por el alejamiento de la niña sino, además, tomar posesión de la parte de la herencia que le había correspondido a Remedios por el fallecimiento de su padre en noviembre de 1821.[53]

A los dos meses de su arribo, San Martín, por sí y por su hija, como herederos de doña Remedios, firmó de conformidad con las cuentas rendidas por el albacea, que lo era su cuñado don Manuel de Escalada. La tasación y distribución de bienes fue aprobada a fines del mes de enero, recibiendo un haber hereditario de 43.000 pesos. A los pocos días de sustanciada esta tramitación, el general y su pequeña de siete años se embarcaban para Europa en el navío francés Le Bayonnais.

Antes, el Libertador se ocupó de hacer erigir, sobre el sepulcro de quien por tan breve tiempo compartió su vida, un mausoleo en el que grabó esta inscripción: "Aquí yace Remedios de Escalada, esposa y amiga del general San Martín".

Se detuvo también a desarticular una más de las tantas intrigas tejidas en su torno. Antes de salir de Mendoza, Manuel Corvalán le había dado a conocer una carta de Facundo Quiroga, en la que éste decía que le habían hecho saber que San Martín era su más mortal enemigo, sin que el destinatario hubiese dado crédito a tal especie. Más tarde, el mismo Corvalán le remitió al general esas cartas, dirigidas desde Córdoba en agosto de 1823 al comandante de los llanos por el canónigo José Fermín Sarmiento y por Francisco Antonio Ortiz de Ocampo, en las que se lo alertaba sobre el siniestro plan tramado en su contra por el "protector de la ambición que impaciente no se puede tolerar sin el imperio sobre los hombres". Desde Buenos Aires, en correspondencia dirigida a Quiroga, San Martín desmintió esa "verdadera y negra imputación de alguna vil y despreciable alma, de las que por desgracia abundan en nuestra revolución"; a la par que le manifestaba que "he apreciado y aprecio a usted por su patriotismo y buen modo de conducirse" y terminaba anunciándole su viaje a Europa, del que pensaba regresar pronto.[54]

Harto ya de tan viles procederes, no veía la hora de zarpar. Entre tanto, las tropas de Riva Agüero se habían pasado a Bolívar, que estaba en Trujillo, pero los realistas seguían ganando terreno. Además, la expedición chilena había retornado a su lugar de origen por orden del comandante Pinto, a los quince días de haber arribado a Arica, ante el estado de caótica división imperante. Tal era el tenor de las últimas informaciones recibidas por San Martín antes de partir. El mismo Bolívar, en la proclama del 25 de diciembre, había declarado que ya el Perú no existía. Sin embargo, se abrían dos esperanzas: una, la que San Martín había venido previendo como única medida salvadora, esto es, la instauración de la dictadura del venezolano; y otra, la escisión operada entre los enemigos por la caída del régimen constitucional en España: los liberales La Serna, Canterac y Valdez vieron desertar de sus filas al absolutista Olañeta. Ante esa situación, Guido le escribió al general amigo haciendo un último esfuerzo por retenerlo en América: "El momento de la gran crisis ha llegado", le decía. Pero era tarde: para San Martín la suerte estaba ya echada.[55]

Partió llevando a cuesta la tremenda fatiga producida por doce años de revolución; mientras, sentía cómo se agolpaban en sus sienes convicciones forjadas en lo más profundo de su conciencia: "Si algún servicio tiene que agradecerme la América es el de mi retirada de Lima"… "Cuando me propuse derramar mi sangre por los intereses de nuestra causa fue en el concepto de hacer su defensa con honor y como un militar, pero jamás me envolveré en la anarquía y desórdenes que son necesarios y que deben manchar los párrafos de nuestra revolución"… "Aun el esplendor de la victoria es una ventaja subalterna para quien sólo suspira por el bien de los pueblos"… "Sean cuales fueren las vicisitudes de la presente guerra, la independencia de América es irrevocable".[56]

Haciendo pie en Europa

El diez de febrero de 1824 los viajeros partieron de Buenos Aires. Setenta y dos largos días de penosa travesía marítima hicieron que San Martín se prometiera "no volver a embarcar en buque mercante", pues "el trato que se da a los pasajeros es lo más pésimo".[57] Particularmente duro fue para Merceditas, casi todo el viaje castigada en su camarote por no poder adaptarse abruptamente a la recta disciplina impuesta por su padre, luego de haberse acostumbrado a que la licencia fuera la regla en casa de la abuela Tomasa.

El 23 de abril de 1824 llegaron al Havre. Eran tiempos poco propicios para gozar de la hospitalidad francesa. Un general sudamericano, tal como se presentó San Martín, no podía menos que despertar la alarma de la Francia borbónica, miembro de la Santa Alianza desde 1818 y, por lo tanto, partícipe en las intervenciones represoras de los movimientos liberales subversivos. El prefecto marítimo procedió al interrogatorio del peligroso americano y a la requisa de sus baúles, mientras el director de policía tomaba conocimiento del intranquilizador desembarco. A su vez, el gobierno francés no tardaba en prevenir confidencialmente del suceso a la cancillería española. Finalmente, el Ministerio del Interior resolvió ordenar el embarque inmediato del general hacia Inglaterra, con la expresa prohibición de hacer pie en ninguno de los puertos de Francia. Luego de una segunda requisa y una vez que el pasajero y su hija hubieron abordado el *Lady Wellington*, les fueron devueltos los paquetes de periódicos y demás documentos, a los que los funcionarios pesquisidores encontraron impregnados de un republicanismo exaltado.

El 4 de mayo partieron hacia Southampton. Aquel puerto era un lugar de refugio frecuente para numerosos exiliados; pero, dispuestos a realizar una gira por Gran Bretaña, los viajeros partieron rumbo a Londres. En esa ciudad les sirvió de morada la casa ubicada en el Nº 23 de Park Road NW1. Entre los primeros en darle la bienvenida al general estuvo su amigo lord Macduff, conde de Fife, aquel a cuyas gestiones debiera haber podido salir de Cádiz en 1811. Consecuente en su admiración por el héroe de los Andes, no sólo le abrió las puertas de la alta sociedad británica, presentándolo como conquistador de las libertades de América y émulo de Washington, sino que, en ocasión de recorrer el norte de Escocia, zona en que estaban ubicados sus dominios, lo hizo promover a la calidad de ciudadano honorario del condado de Banff.

Si tal vez lord Fife era el más entusiasta, compartía el aprecio por el Libertador con otros nobles ingleses, cuya amistad San Martín cultivaba desde los tiempos en que luchó junto a ellos en la campaña contra la invasión napoleónica a la península, en tanto que otros ingresaron en el círculo de sus afectos a través de los servicios prestados a la causa emancipadora americana.[58] Desde que se instaló en Europa, el general intensificó su contacto epistolar o personal con ellos, entre los que se destacaban el comodoro Bowles, Heywood, Parish Robertson, O'Brien, Miller, Paroissien, Spencer.

Se encontró asimismo en Londres con sus antiguos colaboradores García del Río y Álvarez Condarco. Con ellos brindó, en el banquete de conmemoración de la independencia norteamericana, por Bolívar y la feliz culminación de la campaña de liberación de Sudamérica.

Pero no todo fueron paseos y homenajes. La presencia de Carlos de Alvear, su rival de los momentos iniciales de su actuación en el Plata, determinó la prosecución de la campaña difamatoria. No tardó aquél en informar al gobierno de Buenos Aires que San Martín conspiraba con el general mexicano Agustín Iturbide para imponer el sistema monárquico en América.[59]

Aquellas intrigas rápidamente encontraron eco en el periodismo oficial porteño. El Libertador, al enterarse, se colmó de desazón: ya no sabía qué conducta seguir para acallar tanta patraña. Permitiéndose "un desahogo a 2.500 millas del suelo que he servido con los mejores deseos", le explicaba a Vicente Chilavert: "Vengo a Europa y al mes de mi llegada un agente del gobierno de Buenos Aires en París (que sin duda alguna concurre a los consejos privados del ministro francés) escribe que uno u otro americano residente en Londres, tratan de llevar (metido en un bolsillo) a un reyecito para con él formar un gobierno militar en América. He aquí indicado al general San Martín que, como educado en los cuarteles, debe haberle alejado la oportunidad de estudiar otro sistema más adecuado a la verdadera voluntad y a las necesidades positivas de los pueblos".[60]

También estando en Londres, y preocupado como siempre por la suerte de América, buscó desde allí contribuir al feliz desenlace de la causa que dio sentido a su existencia. Estudió, juntamente con John Parish Robertson, Thomas Kinder, García del Río, Manuel Hurtado y Paroissien, las posibilidades de comprar dos buques de guerra para los patriotas peruanos, a la par que se proponía buscar apoyos en Buenos Aires y Chile. El Libertador consideraba conveniente realizar la compra en Estocolmo. El proyecto finalmente se frustró por falta de instrucciones del ministro de Colombia. Entre tanto llegaron a Lima noticias tergiversadas que le atribuían a San Martín la intención de trasladarse en aquellas fragatas al Pacífico para interferir en los planes bolivarianos.

San Martín se terminó de persuadir de que no podía realizar ningún movimiento sin que se lo malinterpretase. Crecía, pues, su convicción de que debía alejarse del trato de los hombres y, en verdad, su tendencia a la misantropía tenía más que sobrados justificativos. Entre tanto, transcurría el tiempo, y debía dar forma estable a su estadía en Europa, fijando algún lugar de residencia. En julio de 1824, el Libertador había cruzado el canal de la Mancha en compañía de Álvarez Condarco, con quien se registró en el Hotel Flandes, de Bruselas.[61] Presumiblemente aquella fue una visita de reconocimiento para observar las características de la ciudad con miras a establecer en ella su morada. Obviamente, resultó favorable, puesto que retornaría para instalarse allí dos meses depués. La solicitud presentada en julio de 1824 por el hermano del Libertador, residente en París, al ministro del Interior de Francia, conde de Corbière, para que le permitiese al general su entrada en la ciudad por un tiempo determinado, fue denegada. En consecuencia, sería Justo Rufino quien se trasladaría a Bruselas.

En el retiro bruselense

Bruselas era la ciudad capital de la provincia de Brabante, una de las que conformaban el reino de los Países Bajos. Las también denominadas Provincias Unidas estaban regidas por Guillermo I, otrora príncipe de Orange-Nassau. Sobre los motivos de la elección del aquel lugar de destino, San Martín se explayó en carta a su amigo O'Higgins: "lo barato del país y la libertad que se disfruta me han decidido fijar mi residencia aquí hasta que finalice la educación de la niña, que regresaré a América para concluir mis días en mi chacra y separado de todo lo que sea cargo público y si es posible de la sociedad de los hombres".[62] Así, pues, el general se radicó en Bruselas por razones económicas y también como consecuencia de sus convicciones liberales. Seguramente, en razón de aquellas condiciones apreciadas por el Libertador, esa localidad se había convertido en punto de convergencia para los proscriptos de diversas nacionalidades, especialmente franceses, en aquellos tiempos de reacción.

Aquellas tierras de Bélgica habían cobrado fama por el espíritu de empresa, de ahorro y de trabajo de sus hijos. San Martín se sintió cómodo entre esa gente laboriosa y discreta que no emitía comentarios sobre el reservado señor americano que tanta correspondencia recibía y de tan diversos lugares. Por otro lado, el retraimiento del emigrado era demasiado marcado como para dar a entender claramente su deseo de resultar inadvertido. "Paso en la opinión de estas gentes por un verdadero cuáquero –le decía a su amigo Guido–; no veo ni trato a persona viviente porque de resultas de la revolución he tomado un tedio a los hombres que ya toca en ridículo".[63] Corrobora esta actitud retraída el informe que elevó a su gobierno el diplomático mexicano en Bruselas, Pablo Vázquez, ante rumores de que algunos emigrados americanos estarían inmersos en planes conspirativos. En él hacía constar que el Libertador "está en su casa metido sin tratar con nadie".[64]

Sin embargo, San Martín no pudo sustraerse a un significativo testimonio de reconocimiento público. El mismo periódico *Le Belge ami du Roi et de la Patrie*, que había anunciado su arribo a Bélgica, procedente de Escocia, el 15 de septiembre de 1824, cuatro meses más tarde se hacía eco del homenaje tributado al Libertador por la masonería. La logia La Parfaite Amitié encargó el grabado de una medalla al artista Jean Henri Simon, en honor al hermano justamente célebre por su actuación en la revolución sudamericana.[65] El resultado de esta iniciativa fue una magnífica obra de arte, tal vez la más notable pieza de la numismática sanmartiniana, no sólo por los méritos del grabador sino también por haber posado el propio San Martín para ella y ser el único retrato de perfil que le haya sido tomado del natural.[66]

Es más que probable la participación de San Martín en las logias durante su permanencia en Bruselas. Existía por entonces en esa ciudad la sociedad masónica Amis du Commerce, la que aparece en la correspondencia de San Martín mencionada como lugar de frecuentación habitual.

El constante desvelo por la suerte de América mantenía al general en una angustiosa expectativa; no podía impedir que el análisis de los sucesos políticos de ultramar hicieran "alterar su bilis" –como decía comúnmente–; por eso solía evadirse de aquellos sinsabores entregándose al sencillo placer de los quehaceres cotidianos, en su casita de campo a tres cuadras de la ciudad: "Ocupo mis mañanas en la cultura de un pequeño jardín y en mi taller de carpintería; por la tarde salgo a pasear y las noches en la lectura de algunos libros alegres y papeles públicos, he aquí mi vida". En medio de los menesteres de su solitario retiro encontró lo que en América había desesperado de conseguir: "Ud. dirá que soy feliz –le decía a Guido–, sí, amigo mío, verdaderamente lo soy"; sin embargo no podía evitar que la nostalgia lo invadiese: "¿Creerá usted si le aseguro que mi alma encuentra un vacío que existe en la misma felicidad y, sabe usted cuál es? El de no estar en Mendoza. Ud. reirá, hágalo, pero le protesto que prefiero la vida que seguía en mi chacra a todas las ventajas que presenta la Europa culta, y sobre todo ese París, que por la libertad de su gobierno y seguridad que en él se goza, le hace un punto de reunión de un inmenso número de extranjeros".[67]

Nada disfrutaba más el Libertador que la tranquilidad que Bruselas le brindaba, aunque todavía no quedase exento de la fiscalización de su correspondencia, "pasto de la curiosidad prusiana y francesa"; por lo que sugirió a sus corresponsales que remitieran sus misivas a un camuflado "Mr. St. Martin".[68]

A todo esto, la educación de Mercedes progresaba a pasos agigantados. Ello colmaba de orgullo al general, quien, entusiasmado, le contaba a su amigo don Tomás cómo había logrado neutralizar los efectos de la malcrianza de la abuela: "Esta amable señora con el excesivo cariño que la tenía me la había resabiado (como dicen los paisanos), en términos que era un diablotín. La mutación que se ha operado en su carácter es tan marcada como la que ha experimentado en figura. El inglés y francés le son tan familiares como su propio idioma y su adelanto en el dibujo y la música son sorprendentes. Usted me dirá que un padre es un juez muy parcial para dar su opinión; sin embargo, mis observaciones son hechas con todo el desprendimiento de un extraño, porque conozco que de un juicio equivocado pende el mal éxito de su educación".[69] Este testimonio demuestra elocuentemente la seriedad con que San Martín había asumido la formación de su niña y la gran importancia que a ella le asignaba. A la distancia Guido lo ratificaría en su acierto: "Jamás ha tenido usted un pensamiento más feliz que el de conducirle a Europa. Nuestras mujeres por acá se estacionan en su triste educación".[70]

Pero, consciente de que no todo cabía esperarlo de la instrucción impartida en los establecimientos educativos, por mejores que éstos fueran, no eludió echar mano personalmente en la modelación de su criatura. Así fue como volcó con infinita ternura lo mejor de su espíritu libre y universal sobre el papel al escribir, en 1825, las "Máximas para mi hija", claras y profundas a un tiempo: humanizar el carácter y hacerlo sensible, amar la verdad y odiar la mentira, unir el respeto a la confianza y la amistad, ser caritativo con los pobres, respetar la propiedad ajena, saber guardar un secreto, ser tolerante con todas las religiones, tratar con dulzura a los criados, pobres y viejos; hablar poco y lo preciso, guardar la formalidad en la mesa, amar el aseo y despreciar el lujo; amar la patria y la libertad. No pretendía con ellas formar "una dama de gran tono" sino hacer de Mercedes una tierna madre y esposa, pero sobre todo una persona de bien.

Un tormento perpetuo

En eso se convertiría para el general San Martín su América, a pesar de la distancia, o acaso por ella misma. El fin de la guerra en el Perú había devuelto a su solar británico al general Miller, quien inmediatamente se puso en contacto con San Martín, porque "ni el tiempo ni los sucesos políticos jamás han podido borrar de mi memoria lo mucho que debo al primer general que me distinguió y que me dio la mano en América". Le prometía visitarlo en su casa de Bruselas.[71] Honda satisfacción causó al Libertador recibir noticias de quien le había dado "sobradas pruebas de amistad". Si él había sido el primer general que lo distinguió, ello se había debido a sus méritos: "Si yo hubiera tenido la felicidad de tener en el ejército que mandaba, sólo seis jefes que hubieran reunido las virtudes y conocimientos de usted, yo estoy bien seguro que la guerra del Perú se hubiera terminado dos años antes de lo que ha concluido". Le decía que en su casa encontraría un "alojamiento militar y una independencia completa".[72] Su comunicación con Miller resultaría particularmente fructífera, porque estimuló al general a explayarse sobre los sucesos de sus pasadas glorias a fin de proporcionarle al inglés los datos necesarios para que aquél lograra completar sus *Memorias*. También este trato enriqueció la iconografía sanmartiniana. En efecto, en septiembre de 1828, el inglés le pidió un retrato para incluir en la edición española de la obra, y San Martín, un tanto remiso al comienzo, terminó consintiéndolo: "Usted me ha hecho quebrantar el propósito que había hecho de no volverme a retratar en mi vida".[73] Este fue el origen de las obras de Jean Baptiste Madou, que no dejaron del todo satisfecho al general. Más tarde, el pintor François Joseph Navez lograría aventajar a su antecesor en la fidelidad de la expresión artística.

También Tomás Guido estaba de regreso en Buenos Aires, y al retomar el contacto epistolar con su antiguo jefe y amigo no pudo evitar cierta acritud en sus palabras: las dificultades por las que había tenido que atravesar en el Perú luego de la retirada del Protector le habían motivado cierto resentimiento. Por eso, haciendo una tácita comparación con la actitud de su interlocutor, decía: "El 22 de febrero de este año salí de Lima luego de haber presenciado la rendición del Callao, último asilo de los españoles en Lima. Por mi voluntad no habría dejado aquel país en toda mi vida si durante ella no se habría concluido la guerra del Perú. Tal fue mi propósito desde el año 20 y felizmente pude ver el principio y término de la obra". Más avanzada la carta, dejó de lado las sutilezas: "Jamás perdonaré la retirada de usted desde el Perú y la historia se verá en trabajos para cohonestar este paso. Piense usted lo que quiera sobre esto, tal es y será siempre mi opinión". Su dura franqueza no pudo obviar tampoco la confrontación de sus respectivas situaciones: él había venido siendo en los últimos cuatro años objeto de sospechas y persecuciones. "¡Qué diferencia terrible entre los que corren esta suerte y los que gozan la vida de usted!" Sin haber podido permanecer en Chile, retornaba a su patria luego de diez años de ausencia, carente de recursos: "Esta circunstancia más insoportable hoy para mí que nunca, me obliga a conservarme en el servicio y no sé todavía cuál será mi destino, mientras tanto usted vive tranquilo".[74]

Aquella fortísima carta de Guido conmocionó el ánimo del Libertador: cómo permanecer indiferente frente a la suerte corrida por los amigos. "Al fin es preciso creer (y sólo porque usted me lo asegura) el que todos los hombres que no han empuñado el clarín para desacreditar al ex general San Martín, han sido perseguidos por el general Bolívar; digo que es preciso creer porque como he visto tanto, tanto, tanto… de la baja y sucia chismografía que por desgracia abunda en nuestra América, no había querido dar crédito a varias cartas anónimas que se me habían escrito sobre este particular." Llamado a la reflexión dejaba correr la pluma: "Lo general de los hombres juzgan de lo pasado según su verdadera justicia y de lo presente según sus intereses". No se ocupó de dejar satisfecha a la opinión pública: "¿Ignora usted por ventura que de los tres tercios de habitantes de que se compone el mundo, dos y medio son necios y el resto pícaros con muy poca excepción de hombres de bien?". Frente a tales gentes sólo cabía el silencio del desprecio, seguro como estaba de que "los honrados me harán la justicia de que yo me creo muy acreedor". No cabía más que asumir "la desgracia de ser hombre público […] porque estoy convencido que serás lo que hay que ser, si no eres nada"; en cuanto al estado del país no podía esperar que mejorase "hasta que no vea se mande sin pasiones, cosa bien difícil, con la educación que hemos recibido y con las oposiciones que ha hecho nacer la revolución".[75]

En su siguiente carta desarrolló más extensamente aquellas últimas consideraciones sobre el futuro político de las naciones hispanoamericanas. Su situación contristaba al general, pero no lo sorprendía: conociéndola a fondo, podía calcular lo que acontecería sin incurrir en mucho error. Él había dicho reiteradamente que "nuestra gran crisis se experimentaría al concluirse la guerra de la emancipación. Ella era indispensable visto el atraso y los elementos de que se compone la masa de nuestra población, huérfanos de leyes fundamentales y por agregado las pasiones individuales y locales que ha hecho nacer la revolución; estos males se hubieran remediado en mucha parte si los hombres que han podido influir se hubieran convencido de que para defender la causa de la independencia no se necesita otra cosa que un orgullo nacional (que lo tienen hasta los más estúpidos salvajes), pero que para defender la libertad y sus derechos se necesitan ciudadanos, no de café sino de instrucción, de elevación de alma y por consiguiente capaces de sentir el intríseco y no arbitrario valor de los bienes que proporciona un gobierno representativo".

Sumergido en la reflexión política, el general ratificaba a Guido su ideario republicano de cariz austero, pero a la par señalaba las dificultades de su concreción en función de la realidad americana: "Usted más que nadie debe haber conocido mi odio a todo lo que es lujo y distinciones, en fin, a todo lo que es aristocracia; por inclinación y principio amo el gobierno republicano y nadie, nadie lo es más que yo. Pero mi afección particular no me ha impedido ver que este género de gobierno no era realizable en América sino pasando por el alambique de una espantosa anarquía, y esto sería lo de menos si se consiguiesen los resultados, pero la experiencia de los siglos nos ha demostrado que sus consecuencias son tiranía de un déspota".[76] Otra vez, su penetrante mirada le hacía profetizar el derrotero político que seguirían las naciones emancipadas en el período posbélico, con sus resabios de caudillismo y militarismo, conducentes a la anarquía, antesala de la dictadura.

Sin embargo, algunos cambios favorables comenzaban a sucederse. Su apoderado le escribía desde Mendoza diciéndole que el número de sus amigos iba en aumento: "Dicen que están desengañados, que el general San Martín ni ha sido déspota, tirano, pero ni aún ladrón [...] Me acuerdo de su profecía cuando salió usted de Lima en que decía que no era la presente generación la que haría justicia a su mérito; pero creo que aun en la presente se la harán cuando conozcan quién ha sido el general San Martín y a quién deben su libertad".[77] Guido pareció corroborar esta opinión, ya que, dándole noticias de Bolívar, le manifestaba que "sin él quererlo y bien a pesar de sus santos deseos ha colocado el nombre de usted en el Perú en la elevación más eminente. El fanático desprendimiento de usted, aunque muy prematuro y ruinoso, permítaseme este desahogo, al lado de la más desembozada ambición de mandar, las consideraciones de usted con el Perú y el tratamiento que ha recibido del general Bolívar, forman un contraste tan vivo que ha arrancado, aunque tarde, confesiones de arrepentimiento a los más encarnizados enemigos del general San Martín".[78] Sí, tal vez había comenzado el proceso de reversión de la opinión, pero el Libertador no prestó mayor atención al tema; lo que sí lo preocupó fue el derrotero que seguía su émulo venezolano y no tardó en vaticinar: "el hombre marcha a largos pasos al precipicio".[79]

La guerra con el Brasil

En el epistolario sanmartiniano correspondiente a estos primeros años en Bruselas un tema cobró gradualmente primacía: la guerra con el Brasil. Los conceptos vertidos al respecto vuelven a asombrar por la precisión con que el general se anticipa a los hechos. Desde un comienzo advirtió que la cooperación que se brindaba a los orientales –"cooperación, justa, justísima", le decía a Guido– estaba en contradicción con una sana política, porque conducía directamente a la guerra con el Imperio, cuyos resultados "no podían menos que ser funestos por cualquier punto que se mirase", "el bloqueo del río sería la primera consecuencia y [...] obstruido este único canal de nuestra existencia, y sin medios para impedirlo, no resta otra alternativa que la de una paz, hablemos claro, vergonzosa". Consideraba que la contienda se había empeñado "por temor a los gritones de la capital", con lo que había quedado evidenciada la debilidad de la autoridad y ocasionado la disidencia de las provincias".[80]

Antes de iniciarse el conflicto, San Martín, por intermedio de su cuñado, le había pedido al gobierno de Buenos Aires que prorrogase su licencia para permanecer en Europa. Los meses pasaron sin que obtuviera contestación. Guido le aclaró luego que el escrito se había perdido, y con su característica franqueza y buen sentido le manifestaba: "En esta circunstancia [esto es, ya desatada la guerra] sería imprudentísimo que Manuel hiciese otro a nombre de usted pidiendo secamente la prórroga. Soy pues de la opinión por el honor de usted, por el de este país y por el de sus amigos, que aunque no se le pase por la imaginación venir a América, renueve usted su solicitud al gobierno pero ofreciendo en ella sus servicios para la actual guerra y que si no fueren necesarios se le prorrogue por el período que usted designara".[81] Pero la prevención que San Martín tenía por el gobierno de Rivadavia hizo que no aceptase la sugerencia, creyendo evitarse con ello un nuevo desaire que él prejuzgaba seguro. Así, le explicó a Guido que, ignorando que su solicitud se hubiera perdido, "ya es demasiado tarde para ofrecer mis servicios, y por otra parte estoy seguro que este paso se creería dado por miras hostiles, tanto más cuanto sé el empeño que se ha puesto en hacer creer que el general San Martín no ha tenido otro objeto en su viaje a Europa que el de establecer una monarquía en América".[82]

Entre tanto le llegaban al Libertador las noticias de las victorias militares argentinas. En carta a Miller manifestaba: "Mucho he celebrado los triunfos de Buenos Aires. Estos golpes harán más moderado al emperador y la paz será una consecuencia de esta lección, sin contar con la influencia de la diplomacia inglesa, que no dejará de aprovecharse de esta circunstancia para decidirlo a dar este paso".[83]

Se ve, pues, que su actitud es mesurada y prudente, exenta de todo arrebato triunfalista. Al respecto le explicaría a Guido: "He recibido con inclusión del parte de la batalla de Ituzaingó y triunfo del Uruguay. Efectivamente, ambas batallas son de un gran interés; ellas pueden contribuir a la terminación de la deseada paz. Sin embargo, diré a usted francamente que no viendo en ninguna de las dos el carácter de decisivas, temo y mucho, que si el emperador conoce como debe el estado de nuestros recursos pecuniarios y más que todo la anarquía de nuestras provincias, se resista y sin más que prolongar un año la guerra, nos obliguen a capitular a discreción".[84]

Entre tanto, don Tomás, alentado por la voz que corría de que el general estaría pronto a embarcarse rumbo al Plata, terminó de dar forma a la idea que ya había tímidamente esbozado: "Se ha generalizado el rumor que usted vuelve muy pronto a su patria; yo lo deseo y si creyese que usted había abandonado esa filosofía estoica que le alejó del teatro de su fama, le diría que la fortuna abre a usted un nuevo campo para aumentar sus glorias tomando a su cargo la guerra contra el imperio".[85] Sin embargo, lejos estaba San Martín de dejarse tentar. Si bien al conocer la caída de Rivadavia había ofrecido sus servicios a Vicente López, eludió el tratamiento de la propuesta; señal de que la había descartado de plano y por lo tanto le pareció inútil discutirla. Acostumbrado a prever los acontecimientos, no lo había sorprendido la renuncia del presidente: "El carácter ridículo y eminentemente orgulloso del primero no podía menos que hacerse de un crecido número de enemigos". Tampoco era imprevisible la postura intransigente del emperador en la negociación de paz. En cambio, confesaba San Martín: "Lo que verdaderamente me ha sorprendido es el tratado celebrado por García y que he visto en los papeles públicos, tratado vergonzoso y degradante y que ningún pueblo generoso puede menos que desecharlo con indignación, más chocante cuanto se separa enteramente de las instrucciones precisas que se le dieron". En esta agria epístola también se refiere el Libertador a su antiguo enemigo Alvear, al que descalifica profesionalemnte, lamentando su conducta al frente del Ejército: "Parece que este atolondrado y ambicioso joven fuera una mala estrella que gravita sobre el país para darle continuos pesares, pues su carácter inquieto no hará más que continuar en sembrar la discordia, apoyado sobre los pillos que lo rodean".[86]

Para entonces, el Libertador ya había tomado su resolución de regresar, no para dirigir la guerra como quería Guido, sino por motivos personales de índole económica. En efecto, sólo esperaba que terminase la contienda para embarcarse.

Las dificultades financieras y las vísperas del regreso

Desde el comienzo de su ostracismo comenzó San Martín a preocuparse por la deficiente administración de sus bienes en América.

Recordemos que la herencia recibida de su esposa comprendía, entre otras pertenencias, la posesión en condominio con su cuñado Mariano de la casa ubicada en lo que hoy es la esquina de San Martín y Perón (ex Cangallo). Al poco tiempo compró la parte de su hermano político y alquiló la casa ventajosamente. La otra residencia, otorgada por el Congreso y el Directorio en 1819 y ubicada sobre la plaza de la Victoria, en la esquina de Rivadavia y Bolívar, había sido vendida en febrero de 1825 por su apoderado Manuel Escalada a don Miguel de Riglos y Lasala en 20.000 pesos. Además, San Martín era titular de un crédito hipotecario constituido entre 1824 y 1829 sobre la estancia El Rincón de López, propiedad de don Braulio Costa, cuyo importe era de 30.000 pesos, el que fue levantado en 1833 cuando Gervasio Ortiz de Rozas compró dicho campo.[87]

Asimismo, San Martín poseía otros bienes raíces en Mendoza, Chile y Perú. La provincia cuyana le había asignado la chacra de los Barriales, conformada por 250 cuadras de tierra que dedicó a la siembra de trigo, con sus correspondientes molinos, y a la cría de caballos, para lo cual, en 1818, había celebrado contrato con Pedro Advíncula Moyano, quien debía administrar y cuidar la chacra por ocho años, partiendo las utilidades. En ese año, compró San Martín dos sitios contiguos en la Alameda, emprendiendo de inmediato la construcción de una casa. Al año siguiente encargó del cuidado de los expresados bienes a Pedro Núñez. En 1823, antes de marchar a Europa, entregó nuevamente poder a Moyano para que cancelara las cuentas que tenía en Chile pendientes con don Nicolás Rodríguez Peña, procedentes de la administración que había tenido de la chacra La Chilena, a dos cuadras de Santiago, autorizándola a venderla o arrendarla. En Perú, el Libertador poseía la casa de Jesús María, en la ciudad de Lima, y la hacienda de la Magadalena, en un poblado cercano.

La suma del valor de los bienes da una cifra muy abultada que, según los cálculos de Labougle, debían proporcionarle al general una renta bastante superior a la retribución que percibía en Francia un Consejero de Estado o un director general de Ministerio, que eran los sueldos más altos en la administración de ese país.[88]

Sin embargo, puede afirmarse que a fines de 1827 la situación económica de San Martín era bastante crítica. Ya en abril de 1825, Salvador Iglesias, apoderado para cobrar los sueldos del Perú, le notificaba las dificultades habidas para cobrar la renta de la hacienda de Chile.[89] Luego transcurrió un año sin que San Martín recibiera noticia alguna de sus apoderados y administradores. En carta de 3 de agosto de 1826 le decía en tono enérgico a Pedro Moyano: "Yo creo que usted e Iglesias han dejado de existir, pues las últimas que he recibido son de fecha 1° de abril del año pasado, y sin haber recibido contestación a mis tres anteriores: esto me tiene con sumo cuidado".[90] Por otro lado, a casi dos años de habérselo indicado, el general no podía conseguir que ambos hicieran el inventario de sus bienes. Iglesias le aconsejaba insistentemente que vendiera su chacra de Mendoza y también el terreno de la Alameda; al poco tiempo sospechosamente se ofrecía como comprador del último a un bajo precio.

La inversión de 21.000 pesos que había realizado en Londres en títulos del empréstito del Perú le había ocasionado a San Martín un fuerte quebranto. Cuando ese país suspendió el pago de los dividendos, se vio obligado a vender sus bonos a una suma irrisoria, que, sin embargo, le resultaba imprescindible para su sostenimiento y el de su hija. Se agregaba a esto que la renta de la casa de Buenos Aires, que le había hecho declarar en 1825 que con ella era el hombre más rico del mundo, dos años más tarde se había vuelto prácticamente nominal. Sucedía que "con la circulación del papel moneda y la guerra con el Brasil, está el cambio sobre Londres a 16 peniques en lugar de 50 a que estaba anteriormente, no quedándome en el día –decía San Martín en octubre de 1827– recurso alguno para subsistir ni más arbitrio que la pensión de 9.000 pesos anuales que me tienen señalados el Congreso del Perú". Y precisamente esas remesas no le llegaban. Ese país le debía 33.000 pesos por entonces. "No se me obscurece –le decía San Martín a O'Higgins– la situación en que se hallará esa República y sería en mí una falta de consideración exigir mis atrasos; yo remediaría mis necesidades con 4.000 pesos anuales sin molestar por más a ese gobierno ínterin usted vea se halla en apuros".[91] Le adjuntaba poder para que se ocupase de esos asuntos, recomendándole la delicadeza de la situación.

Entre tanto, San Martín se vio obligado a abandonar su casa de campo y se instaló en la residencia de la Rue de la Fiancée, con una planta baja y dos pisos superiores, que compartía con otra familia.

Hasta entonces San Martín venía realizando periódicos viajes a Aix-la-Chapelle, localidad cuyas aguas termales le brindaban el necesario alivio a su reumatismo, pero a comienzos de 1828 decidió realizar un viaje por el sur de Francia y llegar por fin a París, antes de embarcarse hacia el Río de la Plata para solucionar sus problemas financieros. Así lo comunicaba el 16 de octubre de 1827 a Miller: "Puede que este invierno dé una vuelta por París pues sería vergonzoso estando tan inmediato dejar de ver un país que presta tanto interés y mucho más regresando a América, pues se atribuiría a quererme singularizar".[92]

En efecto, a principios de 1828 inició su viaje en el que recorrió Lille, Tolón, Marsella, Nimes, Montpellier, Toulouse, Burdeos, Tour y París. En mayo de ese año estaba de regreso en Bruselas y su salud se hallaba bastante quebrantada: "Casa vieja todas son goteras".[93] Por eso hizo sucesivos viajes a Aix. A principios de agosto estaba de nuevo en Bruselas; se había apresurado a volver de los baños esperando encontrarse con noticias favorables para su embarque. Su ansiedad por volver creció a medida que pasaban los días: "Yo me estoy preparando para si la noticia de la paz llega", le decía a Miller.[94] Tres meses más tarde le seguiría insistiendo: "no deje usted de avisar sin la menor demora si tiene la noticia de la paz o la suspensión del bloqueo de Buenos Aires".[95]

Finalmente, el 21 de noviembre de 1828 se embarcó desde Falmauth, luego de haber pasado a saludar a la señora madre del general inglés en Canterbury, en el *Countess of Chichester*, rumbo a Buenos Aires, acompañado de su fiel criado Eusebio Soto.

Noticias aciagas y un hostil recibimiento

El 15 de enero de 1829 el paquete inglés que transportaba al Libertador, prudentemente oculto tras el nombre de José Matorras, arribó a Río de Janeiro. Se enteró allí de un suceso destinado a tornar inoportuno aquel imprescindible viaje: el 1° de diciembre un motín militar, encabezado por el general Juan Lavalle e instigado por el partido unitario había derrocado al gobernador federal porteño, coronel Manuel Dorrego. San Martín comprobó así con dolor que continuaba la convulsión política que él había creído conjurada con la caída de Rivadavia. Tal parecía ser, en fin, el estado natural de su América.

Pero al arribar el 5 de febrero a Montevideo comprendió que la situación era mucho más grave de lo que había supuesto: el proceder temerario del jefe pronunciado, que mandó fusilar al mandatario depuesto, debía ser el principio de una escalada de violencia en la lucha de facciones, que engendraría el terror endémico. En tales circunstancias, su presencia se convertiría en un factor de perturbación, a pesar de su firme propósito de no intervenir en los asuntos públicos. Su posición hacía que no pudiese evitar el verse comprometido en las cuestiones políticas. Lo mejor era, pues, no llegar a destino: decidió desembarcar en Montevideo y esperar allí el curso de los sucesos. Sin embargo, un hecho fortuito le impidió concretar su propósito: el envío del bote que mandó a pedir para su trasbordo demoró su llegada y el capitán del *Countess of Chichester* se vio en la ineludible necesidad de partir rumbo a Buenos Aires con San Martín a bordo. El 6 de febrero llegó a balizas exteriores. Pero la tentación de pisar aquel suelo entrañable no logró vencer la voluntad del general. Sin desembarcar, dirigió de inmediato una comunicación explicativa de su arribo a don José Miguel Díaz Vélez, en su carácter de ministro secretario general de la provincia de Buenos Aires. Allí decía que: "A los cinco años justos de mi separación del país he regresado a él con el firme propósito de concluir mis días en el retiro de una vida privada, mas para esto contaba con la tranquilidad completa que suponía debía gozar nuestro país, pues sin este requisito sabía muy bien que todo hombre que ha figurado en la revolución no podía prometérsela, por estricta que sea la neutralidad que quiera seguir en el choque de las opiniones. Así es que en vista del estado en que se encuentra nuestro país y por otra parte no perteneciendo ni debiendo pertenecer a ninguno de los partidos en cuestión, he resuelto para conseguir este objeto pasar a Montevideo, desde cuyo punto dirigiré mis votos por el pronto restablecimiento de la concordia".[96] En consecuencia, solicitaba los pasaportes para él y su criado.

Es indudable que la súbita aparición de San Martín en la rada de Buenos Aires inquietó los ánimos de los que se encontraban embarcados en aquella lamentable aventura decembrista. Era de suponer la actitud reticente y desconfiada del sector encaramado en el poder, a pesar de que se pusiera estudiado empeño en guardar las formas.

Al día siguiente, encontrándose ya junto al general el infaltable coronel Olazábal –uno de los primeros en ir a saludarlo, junto con Álvarez Condarco, el comandante Espora y Tomás Guido–, le llegó la respuesta de Díaz Vélez, adjuntándole el pasaporte peticionado. En ella decía: "Cuán inopinado ha sido para mí su arribo a estas balizas otro tanto es satisfactoria esta noticia"; luego de lamentar que las primeras opiniones sobre el estado político del país las recogiera en uno en donde no se hallaban "bien amortiguados los odios nacionales con una paz reciente", afirmaba que "aquí no hay partidos, si no se quiere ennoblecer con este nombre a la chusma y a las hordas de salvajes. Veterano de la revolución y con bastantes conocimientos de los hombres que han figurado en ella, usted sabrá caracterizar a los que dan impulso a aquellas máquinas; y el tiempo, si algo falta, los dejará en su verdadero punto de vista".[97] Campeaba en esta nota el tono altivo, el espíritu de facción asomaba claramente en las expresiones despectivas con que se calificaba al adversario y se dejaba traslucir una velada sensación de desaire producido en el círculo gubernista por la actitud –que se juzgaba censora– del Libertador.

Dos días más tarde, el general José María Paz enteraba a Lavalle de los citados acontecimientos, juzgando que "Díaz Vélez le ha contestado convenientemente, accediendo a su insinuación y remitiéndole el pasaporte. Él hasta la fecha no ha desembarcado y por el tenor y espíritu de su carta, es de esperar que no lo hará. Sin embargo, calcule usted las consecuencias de una aparición tan repentina. Es probable que la oposición desahuciada, desesperada por falta de un conductor que la guíe, se fije en este hombre y le haga propuestas seductoras. Ellas nada valdrán si el general San Martín quiere, como dice, no pertenecer a un partido y servir a los verdaderos intereses del país, y si nuestros compañeros son como es de esperarse consecuentes a sus primeros pasos; pero si esto no sucede, nos costará más trabajo el cumplimiento de la obra que hemos principiado".[98]

Esta marcada prevención del gobierno de facto porteño no tardó en manifestarse abiertamente a través de la prensa oficial. Un artículo aparecido el 10 de febrero en *El Tiempo* –órgano dirigido por los unitarios Manuel Bonifacio Gallardo, Juan Cruz y Florencio Varela–, comentando la extraña conducta observada por el general, que había decidido ir a Montevideo "sin siquiera desembarcarse", observaba: "Él ha recibido a bordo muchas visitas de sus amigos y se habrá impuesto por consiguiente, de que en el día no se sostiene otra lucha en Buenos Aires que la del orden contra la anarquía y tampoco ignorará que en este país no hay hombres *precisos*".

Dos días más tarde, el mismo periódico publicaba con el título "Correspondencia" una carta suscripta por *Unos Argentinos* que criticaba acerbamente la actitud del Libertador. Luego de expresar sus deseos de retenerlo en el país, le reprochaban: "Nos abandonáis, sin embargo, general" y haciendo afectado alarde de patriotismo ofendido, continuaba: "¿Cómo partir de las riberas del Río de la Plata gritando a todo el mundo que no hay en sus márgenes un solo punto habitable? Confesamos que esa resolución es imposible para nosotros". Afirmaba que "los que dejáis en el país, de cuyo estado parecéis asustado y temeroso", jamás imitarían su ejemplo. Terminaba proyectando en San Martín la propia soberbia: "No olvidéis cuando merezcamos el favor de un recuerdo, que a ningún hombre, por grande que su mérito sea, le es permitido divorciarse con la Patria y mucho menos si con pretensión orgullosa, de lo que no os acusamos, general, pretende tener toda la razón de su parte, concediendo a su sola opinión todos los derechos de la verdad". En esta última reflexión se revelaba nuevamente cómo el sector golpista se sentía cuestionado por San Martín. Es evidente que consideraban su decisión de no desembarcar en Buenos Aires como una demostración reprobatoria del vuelco político consumado.

El general, apenas hubo llegado a Montevideo, recibió carta de Guido en la que éste le noticiaba que "ya han comenzado a arañar a usted los papeles públicos. Demasiado tardaban. No haga usted caso de la paja. No falta quien defienda a usted".[99] En efecto, ese mismo día había aparecido en la *Gaceta Mercantil* un artículo replicando los ataques de *El Tiempo*, firmado por *Un compañero de armas del general San Martín y admirador de sus luchas en la guerra de la independencia*. Sin embargo, esta iniciativa quedó truncada por voluntad del mismo Libertador, transmitida a Tomás Guido, quien, luego de expresarle su satisfacción por su feliz arribo a Montevideo y por saberlo "fuera del contacto de las pasioncillas que por aquí se agitan", se mostró de acuerdo "en que nada sería más inoportuno que sostener una polémica en los periódicos de esa capital en defensa de usted en las presentes circunstancias". Por lo tanto, se comprometía a recomendarle al autor del artículo apologético que cesara en su empeño.[100]

411

En medio de la calidez oriental

Mientras Buenos Aires seguía mostrándose tan hosca con el Libertador, Montevideo le abrió cordialmente sus puertas. En efecto, en la otra orilla del Plata fue dignamente recibido. Por encargo del presidente provisorio, general José Rondeau, una comitiva de recepción, a la que se sumaron los vecinos, estaba esperando su arribo. Entre los muchos que se presentaron a rendirle al general los cumplidos del caso y ofrecerle sus servicios se encontraba el entonces hombre fuerte de la Banda Oriental, don Fructuoso Rivera, quien acababa de reconquistar las misiones orientales, lo que había contribuido no poco a decidir al emperador a la firma de la paz. El caudillo se había asesorado previamente con su amigo y colaborador Julián de Gregorio Espinosa acerca de las causas por las cuales aquél no había bajado en Buenos Aires. Dicha consulta dio lugar a estas interesantes consideraciones: "No ha causado poco que decir y a algunos que murmurar esta conducta, mas en mi concepto y en el de todos los que juzgan imparcialmente, San Martín ha hecho lo que debió hacer, porque a la verdad, un hombre de su fama y servicios a la patria, necesariamente debe arrastrar partido y un partido engreído, porque pertenece a los primeros resultados victoriosos de consideración que tuvo el país: venir, pues, él en circunstancia tan difícil era preciso que saltando a tierra declinara su opinión a cualesquiera de los dos partidos en agitación, a menos que, del que a él pertenece se formara una tercer entidad: la prudencia dicta que esto debió hacer San Martín y conociendo sin duda que su persona podría añadir combustible a cualquiera de los dos volcanes, ha preferido separarse del teatro consultando quizá de este modo evitarse el sentimiento de presenciar los sucesos, siempre funestos a la patria, sea cual fuese el partido victorioso. Pero miremos puramente el proceder de San Martín en cuanto a su persona sola: no hay duda en que el imperio de la espada es el que rige: Lavalle creo que no es devoto de San Martín; saca tú ahora la consecuencia para juzgar de su resolución. Y se habrá confirmado en ella desde que haya leído lo que se ha escrito a su respecto cuando se fue".[101]

En el Uruguay, San Martín se encontró rodeado de un pueblo entusiasta. Se estaba atravesando un proceso de transición del que saldría organizada la nacionalidad oriental. En cumplimiento de lo dispuesto por el Convenio preliminar de paz, las tropas contendientes se estaban retirando de su territorio y, en tanto Montevideo no fuera completamente evacuada, el gobernador interino y la Asamblea General Constituyente y Legislativa se habían instalado en la Aguada, en las proximidades de la capital.

El general, apenas arribó, se había alojado por unos días en la Fonda de los Carrera; luego pasó a la finca del Saladero, propiedad de Gabriel Pereira, quien además puso a su disposición criados y un coche para que pudiera atender sus diligencias. Desde San Isidro, el canónigo Pedro Vidal le recomendaba a su huésped: "Él es hombre en extremo frugal y enemigo de todo fausto y etiqueta

412

y es que sin la recomendación de algunos amigos, no pasaría del silencio su lle
gada a ésa".[102] Tanta solicitud no pudo menos que reconfortar al general: a los
honores oficiales y la hospitalidad de los particulares, se sumó también el respetuoso tratamiento que le ofreció la prensa.

La estadía del general en Montevideo transcurrió placenteramente. Asistió a
demostraciones militares organizadas en su honor por el ministro de la Guerra, el
coronel Eugenio Garzón, oficial que había servido bajo sus órdenes y que se pro-
digaba en múltiples atenciones para con él. El Libertador acudía con asiduidad a
La Aguada, de Montevideo, por entonces convertida en punto de convergencia de
todo el movimiento político y militar del Uruguay. Allí, desde la barra, acompañó con su presencia el debate iniciado en la Asamblea sobre la primera carta constitucional, en la que debió influir de manera indirecta, dada su preocupación por
la organización jurídico-política de los nuevos Estados americanos y su cercanía
amistosa con varios de los legisladores.[103] Además, San Martín fue objeto de homenajes y entrevistas numerosas. Tuvieron ocasión de tratarlo personalmente Rondeau, Garzón, Pereira, Rivera, Lavalleja, Ellauri, Llambí, Iriarte, Zufriátegui,
Acosta y Lara, Suárez, los Vidal, el capitán Gauthier, Manuel A. Pueyrredón. Se
reencontró allí también con su cuñado, Manuel de Escalada, que acababa de hacer junto a Rivera la campaña de Misiones. El Libertador participó asimismo de
algunas fiestas de sociedad, constatándose su presencia en dos que sobresalieron
particularmente: la brindada por el doctor Llambí y su esposa, María Reyes, en la
que el poeta Francisco Acuña de Figueroa leyó unas sentidas estrofas en las que
aludía a San Martín y a Lavalleja, entrelazando las victorias de Chacabuco y Sa-
randí; la otra fue la organizada por la señora María Antonia Agell de Hocquard.

Sin embargo de todo esto, en carta a Guido fechada en Montevideo el 19 de
marzo, San Martín respondía a los insistentes requerimientos de éste desganada-
damente: "Qué quiere que le diga, que estoy bueno, que estoy aburrido y que
siento los males de nuestra Patria estoica".[104] Comenzaba a pensar seriamente
en su retorno a Europa.

Por otro lado, había ya logrado cumplir en parte con el objetivo fundamental
de su viaje al Plata: poner orden en la administración de sus bienes. En efecto,
esa había sido una de sus principales preocupaciones una vez instalado en Montevideo. Capitalizando su experiencia precedente y los apuros que una delegación incierta le había ocasionado, pensó en su entrañable amigo Goyo Gómez
como la persona indicada para concederle el poder general de sus bienes. Así lo
hizo el 28 de febrero de 1829, ante el escribano público Bartolomé Vianqui, en
forma amplia "para que por mí, en mi nombre y representando mi propia persona como yo mismo haría […] dirija y gobierne mis fincas, posesiones, haciendas
e intereses […] en Buenos Aires y su jurisdicción y […] en la ciudad de Mendoza […] sin limitación de cosa alguna […] ejerciendo su representación en pleitos, causas, negocios, así civiles como criminales, eclesiásticos y seculares, y para que asimismo pida, demande y cobre de las arcas del estado la pensión que el
Soberano Congreso señaló a mi hija doña Mercedes de San Martín".[105] Aquella

tramitación también contemplaba que en caso de fallecimiento o inhabilitación de Gómez, el citado poder pasara a manos de Vicente López y Planes.

También durante aquella breve estadía San Martín se ocupó de rescatar su documentación, llevándosela consigo a Europa. Así lo manifiesta en carta del 25 de abril de 1833 a Mariano Álvarez, al contarle que se encontraba escribiendo sobre sus campañas: "Este trabajo emprendido por entretenimiento tomó más extensión de lo que me había propuesto con la ayuda de mis papeles que había dejado en Buenos Aires y que recogí en el viaje hecho a Montevideo en 1829. Estos documentos recogidos al principio por mera curiosidad se componen de colecciones completas de todos los papeles públicos y panfletos publicados desde el año 1810 hasta fines de 1822, en el Perú, Chile y Buenos Aires, copias legalizadas, que hice sacar de las órdenes secretas del gobierno español y demás documentos interesantes encontrados en archivos y secretarías de Chile y Perú de las principales causas, originales de la Inquisición de Lima, de las correspondencias secretas, de los generales en jefe de los ejércitos realistas con los virreyes del Perú y de éstos con los de Nueva España, Santa Fe y Quito; de mi correspondencia con los gobiernos independientes de América".[106]

Se ve pues que si aquel viaje había resultado infructuoso en orden a su proyecto de afincarse definitivamente en América, no lo fue del todo en lo referido al ordenamiento de sus pertenencias. Era cierto que quedaban por solucionar las cuestiones de sus posesiones en Chile y Perú y el cobro de los sueldos en este último país, pero aquello no era tan grave, puesto que O'Higgins ya se había ocupado de encaminar las tramitaciones. En algún momento, el Libertador había pensado en la posibilidad de viajar a Lima. Estando todavía en Bruselas y en ocasión de saludar al general Lamar por su ascenso a la presidencia le había manifestado: "No merecería el título de Fundador de la Libertad del Perú, con el que me ha honrado esa República si hallándose alguna vez amenazada su independencia, no le ofreciera mis servicios como lo hago por conducto de V.E."[107]

Guido pronto se entusiasmó con la posibilidad de que San Martín concretara su ofrecimiento, puesto que se creía inminente la guerra con Colombia. En realidad, la guerra ya había estallado, según se lo hacía saber al Libertador su incondicional Rivadeneira, en carta escrita desde Lima el 25 de enero de 1829, que presumiblemente no llegó a sus manos durante su estadía en Montevideo. Más tarde, San Martín le confirmaría a su insistente amigo don Tomás que "no había sido llamado al Perú, y ahora añado que si se me llamase volvería en su auxilio porque la guerra que sostiene es justa. Si mi ida a Lima no fuese interpretada por miras ambiciosas, o que tuviese seguridad de que no habría de ser desairado, esté usted seguro que en lugar de regresar a Europa, marcharía a prestarle mis servicios; de todos modos si me llamaran partiré del punto en que me halle y será usted el primero a quien se lo avise, por si quisiese volver a sufrir nuevas pellejerías".[108]

Vaticinios políticos

Una vez que comprendió que la decisión de San Martín de regresar a Europa era inconmovible y que su partida se hacía cada vez más inminente, Guido apeló a sus más elocuentes argumentaciones para disuadirlo, tal como lo había hecho en septiembre de 1822 en Lima y con la misma infructuosidad. Le decía: "¿No juzga usted asegurada su independencia y tranquilidad personal permaneciendo en Montevideo?"[109]. A esta pregunta el general contestaba rotundamente: "No, mi buen amigo, no lo creí jamás. Baste decir a V. que no se trataba nada menos que de ponerme a mí de tercero en discordia entre los partidos de Lavalleja y Fructuoso Rivera; por consiguiente aquí me tenía V. metido entre dos fuegos".[110]

Don Tomás no era el único abocado a conseguir su permanencia. El 10 de marzo habían arribado a Montevideo, deportados por el gobierno decembrista, algunos civiles y militares de nota pertenecientes al partido federal. Figuraban entre ellos Tomás de Iriarte, Juan Ramón Balcarce y Enrique Martínez, quienes se esforzaron por convencer al general de que esperase al término de la guerra, que parecía próximo, para pasar a Buenos Aires y ponerse al frente de los negocios públicos; pero encontraron en San Martín una infranqueable resistencia. Si con ellos el general no se extendió en consideraciones sobre el tema, en cambio sí lo hizo con Guido, a quien más de una vez le confesó que tenía la "rara habilidad de hacerme escribir largos cartapacios". Lo hizo en la que es, sin duda, la carta más importante escrita por él en Montevideo: la del 3 de abril. En ella, al explicar los motivos que determinaron su segunda expatriación, hizo una notable pintura del cuadro de situación que presentaba el país, anunciando con minuciosa precisión lo que sobrevendría con el advenimiento de Rosas al poder:

Las agitaciones de diecinueve años de ensayos en busca de una libertad que no ha existido y más que todo, las difíciles circunstancias en que se halla en el día nuestro país, hacen clamar a lo general de los hombres que ven sus fortunas al borde del precipicio y su futura suerte cubierta de una funesta incertidumbre, no por un cambio en los principios que nos rigen y que en mi opinión es en donde está el mal, sino por un gobierno vigoroso, en una palabra, militar; porque el que se ahoga no repara en lo que se agarra; igualmente convienen en que para que el país pueda existir, es de necesidad absoluta que uno de los dos partidos en cuestión desaparezca de él, al efecto, se trata de buscar un salvador, que reuniendo el prestigio de la victoria, el concepto de las demás provincias y más que todo un brazo vigoroso, salve a la patria de los males que la amenazan: la opinión presenta este candidato, él es el general San Martín, para esta aserción yo me fundo en el número de cartas que he recibido de personas de respeto de ésa y otras que me han hablado en ésta sobre este particular; yo apoyo mi opinión sobre las circunstancias del día.

Repárese en los conceptos vertidos hasta aquí: San Martín decía que el desengaño provocado por los ensayos de gobiernos seudoliberales y la inseguridad material y personal generada por la revolución había inclinado a la opinión pública hacia una solución ficticia (la solución de fondo radicaba en el cambio de los principios) y peligrosa: una dictadura militar que eliminase a uno de los partidos en pugna a fin de restablecer el orden. Proseguía luego explicando las causas por las cuales se oponía al desempeño del papel mesiánico que se le pretendía asignar:

> Partiendo del principio que es absolutamente necesario el que desaparezca uno de los partidos contendientes, por ser incompatible la presencia de ambos con la tranquilidad pública, ¿será posible sea yo el escogido para ser el verdugo de mis conciudadanos y cual otro Sila cubra mi patria de proscripciones? No, jamás, jamás, mil veces preferiría correr y envolverme en los males que la amenazan, que ser yo el instrumento de tamaños horrores; por otra parte, después del carácter sanguinario con que se han pronunciado los partidos, no me sería permitido por el que quedase victorioso usar de una clemencia necesaria y me vería obligado a ser el agente del furor de pasiones exaltadas que no consultan otro principio que el de la venganza. Mi amigo, veamos claro, la situación de nuestro país es tal que el hombre que lo mande no le queda otra alternativa que la de apoyarse sobre una facción o renunciar al mando; esto último es lo que hago.
> Muchos años hace que usted me conoce con inmediación y le consta que nunca he suscripto a ningún partido y que mis operaciones y resultados de éstas han sido hijas de mi escasa razón y del consejo amistoso de mis amigos; no faltará quien diga que la patria tiene un derecho de exigir de sus hijos todo género de sacrificios, esto tiene sus límites; a ella se le debe sacrificar la vida e intereses, pero no el honor.

Este planteo nos parece similar al que debió hacerse en el Perú, si hacemos prescindencia de la cuestión militar. Aun admitiendo, como lo hizo en los dos casos, la necesidad de ejercer un gobierno fuerte para controlar una situación caótica, le repelía la sola idea de ser él quien lo ejerciera. Y en el caso argentino existía además el agravante de que en el fondo no estaba persuadido de que esa fuera la solución; además de contradecir sus principios de siempre, sobre todo el de la no intervención en las luchas fratricidas. Al respecto es importante reparar que él señalaba la necesidad de utilizar la indulgencia, la tolerancia para aplacar las pasiones; mientras que lo que requería el espíritu público exaltado era todo lo contrario: el revanchismo y la eliminación del vencido. San Martín continuaba:

> La historia y más que todo la experiencia de nuestra revolución me han demostrado que jamás se puede mandar con más seguridad a los pueblos que los dos primeros años después de una gran crisis, tal es la situación en que quedará el de Buenos Aires, que él no exigirá del que lo mande después de esta lucha más que tranquilidad. Si sentimientos menos nobles que los que poseo en favor de nuestro suelo fuesen el norte que me dirigieran, yo aprovecharía la coyuntura para engañar a este heroico pero desgraciado pueblo, como lo han

hecho unos cuantos demagogos que con sus locas teorías lo han precipitado en los males que le afligen y dándole el pernicioso ejemplo de perseguir a los hombres de bien, sin reparar en medios.

Esta es otra nota diferencial respecto de la del Perú de 1822; aquí podía contar con la absoluta docilidad y avenimiento del pueblo si conseguía el fin de restablecer la paz, sin que importasen los medios que utilizara ni se ejerciesen controles sobre el poder. San Martín va prefigurando así la situación que más tarde quedaría institucionalizada con el otorgamiento al gobernante de las facultades extraordinarias y la suma del poder público.

Después de lo que llevo expuesto, ¿cuál es el partido que me resta? Es preciso convenir que mi presencia en el país en estas circunstancias, lejos de ser útil no haría otra cosa que ser embarazosa, para los unos, y objeto de continuas desconfianzas; para los otros, de esperanzas que deben ser frustradas; para mí de disgustos continuados.

Así, pues, su resolución resultaba coherente con sus conductas anteriores en situaciones equiparables. Su presencia, lejos de contribuir a mejorar el cuadro, añadíale un nuevo obstáculo: hacía sentir inseguros y recelosos a los unitarios, alentaba en vano a los federales. Otra vez el general sentía la exigencia moral de anonadarse, de relegarse a un segundo plano.

Yo no dudo que usted encontrará mil razones para rebatir las que dejo expuestas, pero usted convendrá conmigo en que los hombres no están de acuerdo más que sobre las primeras reglas de la aritmética.
No he querido hablarle una sola palabra sobre mi espantosa aversión a todo mando político. ¿Cuáles serían los resultados favorables que podrían esperarse entrando al ejercicio de un empleo con las mismas repugnancias que una joven recibe las caricias de un lascivo y sucio anciano? Por otra parte, ¿cree usted que tan fácilmente se hayan borrado de mi memoria los honrosos títulos de ladrón y ambicioso con que tan gratuitamente me han favorecido los pueblos que (en unión de mis compañeros de armas) he liberado? Yo estoy y he estado en la firme persuasión de que toda la gratitud que se puede exigir a los pueblos en revolución es el que no sean ingratos; pero no hay filosofía capaz de mirar con indiferencia la calumnia; de todos modos, esto último es lo de menos para mí, pues, si no soy dueño de olvidar las injurias, a lo menos sé perdonarlas.[111]

Estos párrafos ratifican la poca influenciabilidad de San Martín y su absoluta confianza en el propio análisis de situación. Se ve además que, cuando desciende a la particularización de la propia vivencia personal, aflora tanto su natural rechazo por toda conducción que no fuera la específicamente castrense, como la marca indeleble de las injusticias padecidas.

Una misión sin chance

San Martín solicitó y obtuvo del gobernador Rondeau su pasaporte hacia Bruselas, que le fue extendido el 9 de abril, pero antes de que partiera tuvo lugar la misión confidencial del coronel Eduardo Trolé y Juan Andrés Gelly, enviados del general Lavalle ante San Martín. Ocurría que a la revolución decembrista se le estaba terminando el oxígeno político. Luego de la malhadada campaña sobre Santa Fe, quedaría cercada en la ciudad-puerto por las milicias de la campaña. Por lo tanto, no era difícil suponer el tenor de esta comisión. El mismo general confiaría a O'Higgins el cometido de los emisarios en estos términos: "El objetivo de Lavalle era el que yo me encargase del mando del ejército y provincia de Buenos Aires y transase con las demás provincias a fin de garantir, por mi parte y la de los demás gobernadores, a los autores del movimiento del 1° de diciembre".[112] Otro testimonio proveniente del Libertador en el que aparece otra vez la asociación con su Protectorado del Perú fue recogido por el coronel Manuel Alejandro Pueyrredón. El general le habría dicho: "Yo no podía aceptar sus ofertas porque José de San Martín poco importa, pero el general San Martín da mucho peso a la balanza y tú sabes que he sido el enemigo de las revoluciones, que no podía ir a ponerme al servicio de una de ellas. Cuando Bolívar fue al Perú, yo tenía ocho mil hombres, podía mantenerme, arrojarlo; pero era preciso dar el escándalo de una guerra civil entre dos hombres que trabajaban por la misma causa y preferí resignar el mando".

Sobre la base de estos testimonios se concluye que se buscaba que San Martín asumiera el comando político y militar de la situación para que con su prestigio incuestionable se impusiera ante las provincias y salvase a los jefes decembristas. Así, pues, quedaba claro que la intención de los últimos no era otra que la de parapetarse tras la sólida figura del general.

El 14 de abril, San Martín remitió al general Juan Lavalle, desde Montevideo, unas escuetas líneas por las que sentía informarle que los medios propuestos por los señores Trolé y Gelly "no me parecen tendrían las consecuencias que usted se propone para terminar los males que afligen a nuestra patria desgraciada". Terminaba con una recomendación impregnada de humanitarismo que, en las circunstancias en que se encontraba su destinatario, implicaba una tácita reprobación de su irreflexiva y peligrosa conducta: "Sin otro derecho que el de haber sido su compañero de armas permítame usted, general le haga una sola reflexión a saber, que aunque los hombres en general juzgan de lo pasado según su verdadera justicia y de lo presente según sus intereses, en la situación en que usted se halla una sola víctima que pueda economizar a su país le servirá de un consuelo inalterable sea cual fuere el resultado de la contienda en que se halla usted empeñado, porque esta satisfacción no depende de los demás, sino de uno mismo".[113]

Veamos cuál fue la versión que transmitieron de esa entrevista los oferentes. En carta del 15 de abril, Gelly le comunicaba a Lavalle que el Libertador, luego de una sostenida discusión a raíz de la propuesta de los comisionados, mantuvo firmemente su negativa, invocando como justificativo que "siendo conocida su opinión de que el país no hallaría jamás quietud, libertad racional, ni prosperidad sólida sin la admisión de una dinastía, llevada en esta sola circunstancia un motivo de oposición que la destruiría tarde o temprano. Que en toda su vida pública había manifestado francamente esta opinión, por lo que creía, de la mejor buena fe, la única conveniente y practicable en el país, pero que las ideas en contrario estaban en boga, formaban por consiguiente la mayoría y que él nunca podría resolverse a diezmar a sus conciudadanos para obligarlos a la adopción de su sistema, en que vendrían necesariamente a parar, aunque tarde, y después de mil desgracias. Que el partido que hoy hacía oposición al gobierno había solicitado antes su cooperación [...] y que estaba resuelto a regresar al Janeiro y desde allí a Europa para alejarse de un teatro al que estaba ligado por tantos vínculos y cuyas desgracias le afectaban tanto".[114]

Hay diferencia, pues, entre lo expuesto confidencialmente por San Martín a sus amigos y el relato realizado por uno de los emisarios del gobierno porteño. Ante ellos la argumentación del general habíase limitado a señalar la falta de concordancia entre las aspiraciones republicanas de la mayoría y sus propias convicciones relativas a la necesidad de cambiar ese sistema, las que sin embargo no estaba dispuesto a imponer por la fuerza. Callaba en cambio las otras razones que expuso a Guido. Seguramente no creyó necesario hacerlo porque pudo entrever que las propuestas de sus interlocutores, más que propender al bien público, constituían un subterfugio para apuntalar a un gobierno que estaba a punto de caer. Por otro lado, ¿hasta qué punto aquel acercamiento no fue un sondeo? Induce a pensar en esa posibilidad una comunicación de Díaz Vélez a Lavalle, de fecha 23 de abril, en la que decía que se había encargado a los comisionados "activar el envío de las tropas nacionales que debía remitir el general Rivera", y que "al mismo tiempo se encargó de explorar qué parte tomaba en los disturbios de esta campaña el general San Martín, pues se decía con franqueza que él estaba unido a los desterrados de aquí".[115]

Pero, de todas maneras, la decisión de retornar a Europa estaba irreversiblemente tomada, aunque San Martín sabía que muy pocos la comprenderían y muchos le recriminarían su actitud. El 27 de abril se despedía de Guido en términos raramente conmovedores. Tal vez el general intuyera que jamás volvería a su patria: "Sólo tomo la pluma para decirle adiós, pues el paquete se espera para hoy. Yo no sé si es la incertidumbre en que dejo al país y mis pocos amigos u otros motivos que no penetro, ello es que tengo un peso sobre mi corazón que no sólo me abruma sino que jamás he sentido con tanta violencia".[116]

La última estadía en Bruselas

Apenas dos meses de permanencia en el Plata y ya de nuevo debía cruzar el Atlántico. El paquebote inglés que lo transportaba tenía destino a Falmauth. Desde allí se dirigió a Londres, pero, "como dice el refrán «a perro flaco...»" volcó el coche del correo en que venía y con uno de los vidrios de él", le explicaba el general a su amigo O'Higgins, "me hizo una profunda herida en el brazo izquierdo. Mas, por no exponerme a andar danzando en los papeles públicos, guardé el más profundo incógnito". Para colmo de males, Europa lo recibió con un cruelísimo invierno: "De memoria de vivientes no se ha conocido otro igual". Durante tres meses no pudo salir de su habitación; pero aquella mala experiencia arrojó un saldo positivo: "En esta situación he llegado a apreciar lo que valen los consuelos que me ha proporcionado mi tierna hija".[117]

Ya repuesto de su herida y también de su mal humor, San Martín viajó a Amberes a ver a su amigo Delisle, persona ligada con el comercio del Plata y representante de los intereses argentinos ante el gobierno holandés, que cuatro años más tarde sería nombrado cónsul argentino en Bélgica. Posteriormente, atento a los primeros síntomas de la futura sublevación belga, marchó a París a fin de colocar a su hija en un reputado colegio. Por entonces visitó el que había fundado para jóvenes de origen hispano el jurisconsulto y pedagogo Manuel Silvela, refugiado liberal español. A la primera visita de 1829, de la que el chileno Vicente Pérez Rosales en sus *Recuerdos del pasado* ha dejado una vívida evocación, siguieron otras asiduas desde que el general se radicó en esa ciudad.

De regreso en Bruselas se encontró con una carta de don Vicente López, en la que éste lamentaba que San Martín no hubiera podido permanecer en Buenos Aires para combinar juntos los medios de acción con el fin de "darnos una sólida autoridad".[118] Las reflexiones del autor del Himno acerca de la revolución rioplatense dieron pie a que el Libertador, extendiendo el campo de análisis a todas las antiguas colonias españolas, concluyera que el desorden que en ellas imperaba "no pende tanto de los hombres como de las instituciones".[119] Explicaba que los gobiernos americanos carecían de las dos bases de estabilidad conocidas: la observancia de las leyes (imperante en los gobiernos representativos) o la fuerza armada (base de los regímenes absolutistas). "Y he aquí la razón por la cual se halla la revolución en permanencia y sin que haya previsión humana capaz de calcular la época de su terminación, a menos que haciendo un cambio en su constitución pongan ésta en armonía con las necesidades de los pueblos. En mi opinión, en vano se sucederán los hombres en el mando: sin esto, todos los demás medios que se empleen no serán sino paliativos". Si estos razonamientos completan su cosmovisión de la problemática hispanoamericana, lo que seguía es de capital importancia para entender cabalmente el porqué de su negativa sistemática a involucrarse en la conducción política de los nuevos Estados y eliminar el desabrimiento que podría haber dejado pensar que lo único que lo impulsaba a ello era –según lo había manifestado hasta el momento– lograr la propia tranquilidad individual, causa legítima pero que no alcanza a cubrir la cuota de grandeza exigida al héroe. "Yo pienso", decía San Martín, "en todo el año entrante, regresar a ésa con mi hija; pero protesto a usted, mi buen amigo, que sólo la depresión de nuestro papel moneda, que no me permite vivir en Europa con el rédito de mis fincas, es lo que me obliga a dar este paso y que preferiría una expatriación voluntaria a tener que ser testigo de los males que preveo continuarán afligiendo a nuestra patria". Es preciso tener en cuenta esta afirmación porque ella explica la extensión de su permanencia en Europa desde que empezaron a solucionarse sus inconvenientes financieros. Y ahora sí el Libertador explicaba la razón última de su reticencia: "Tal vez usted dirá como lo han hecho algunos de mis amigos que yo me debo todo a mi Patria y que yo debo sacrificarme empleando mis servicios en cualesquier destino que ella me ocupe; yo lo habría de complacer si supiera que el sacrificio de mi tranquilidad y vida la pudiese salvar; pero cuando un convencimiento de toda mi razón, ratificado por la experiencia de veinte años, y el conocimiento exacto que tengo de la América, me dice que un Washington o un Franklin que se pusiesen a la cabeza de nuestros gobiernos, no tendría mejor suceso que el de los demás hombres que han mandado, es decir, desacreditarse empeorando el mal; repito, no en los hombres es donde debe esperarse el término de nuestros males; el mal está en las instituciones y sí sólo en las instituciones". No era pues el temor al esfuerzo sino la convicción de su inutilidad lo que explicaba su prescindencia.

Por entonces, mediados de 1830, un grupo de chilenos y otros sudamericanos, por iniciativa del cónsul de Chile en los Países Bajos, don Pedro Palazuelos, organizaba una visita a caballo al llano de Waterloo, logrando que San Martín no sólo los acompañase en la excursión sino que incluso les prestase su valioso asesoramiento respecto de la crucial batalla. El joven chileno José María de la Barra, que, como secretario de su hermano Miguel, encargado de negocios en Francia, era de la partida, evoca aquel episodio en sus *Recuerdos de mi viaje a Europa de abril de 1828 a enero de 1836, a bordo de la Y en el Océano Atlántico* en estos términos: "Cabalga el general con gallardía y es un consumado jinete. El cicerone no nos fue necesario, porque San Martín nos explicó la batalla de un modo tan claro y preciso y al mismo tiempo pintoresco, que parecía que hubiera estudiado mucho las campañas de Napoleón en el terreno [...] Regresamos al galope en una hermosa tarde de verano, con San Martín erguido y silencioso a la cabeza. Parecía que el recuerdo de sus victorias embargaba por completo la mente del gran expatriado".[120]

Estos paseos, lejos de constituir una excepción, se convirtieron en una agradable costumbre para el Libertador, quien en lo sucesivo estrecharía más la camaradería, sobre todo, con el grupo de amigos chilenos y peruanos, particularmente solidarizado con él. Pero por el momento Bruselas había dejado a ser el hogar acogedor de antaño, convirtiéndose en un punto neurálgico de conflicto para la diplomacia de las grandes potencias. No tardó en iniciarse el proceso revolucionario belga para independizarse de Holanda, incubado al calor de los sucesos de Francia, que habían provocado la caída de Carlos X para instaurar la monarquía burguesa de Luis Felipe de Orleáns. En efecto, el 25 de agosto la representación de una ópera en el Teatro de la Moneda, situado a tres cuadras de la casa de San Martín, fue ocasión para que eclosionara el espíritu insurgente, canalizado en una manifestación antigubernamental que dio lugar a disturbios.

Ante la inminencia de la llegada del ejército para reprimir el movimiento y la falta de plan y conducción de éste, el burgomaestre de la capital, barón de Wellens, le habría ofrecido a San Martín el comando general de las tropas, que San Martín rehusaría a fin de no quebrantar las reglas de la hospitalidad. Este dato surgió de una tradición familiar recogida por Benjamín Vicuña Mackenna en su obra *San Martín. Revelaciones íntimas*, que fue corroborada por la nieta del general, Josefa Balcarce y San Martín de Gutiérrez Estrada.[121]

La llegada del ejército que anunciaba el inicio de los enfrentamientos y los estragos causados por una epidemia motivaron el alejamiento definitivo del Libertador de su modesta morada bruselense. En carta a José Rivadeneira explicaría precisamente que "la revolución que estalló en los Países Bajos me obligó a dejar mi residencia de Bruselas y conducir a mi hija a ésta (París), con objeto de evitarle los peligros y temores que se originan en una insurrección, cuyos principios acompañados de saqueos e incendios hacían temer sus consecuencias, y al mismo tiempo dar la última mano a su educación". Por otro lado le notificaba "los progresos del cólera morbus, ni los cordones sanitarios establecidos por las potencias del Norte y todas las demás medidas adoptadas de cuarentenas, etc., no han podido hasta el presente detener la marcha de esta espantosa enfermedad. Por mi parte, algo fatalista, miraría tranquilo venir este azote, pero mi convicción no se extiende hasta el grado de que la existencia de mi única hija pueda ser amenazada".[122] Así, pues, a fines de septiembre se trasladó a Aix en busca de las reparadoras aguas termales y posteriormente pasó a París, estableciendo su residencia en la Rue de Provence. Comenzaba así la etapa francesa del ostracismo sanmartiniano.

Expectativas, enfermedades y alegrías

Al establecerse en París, San Martín no lo hace con intenciones de afincarse definitivamente. La situación del viejo continente le hacía temer al general una conflagración generalizada en la que se enfrentaran las fuerzas de la reacción hasta entonces dominantes con las corrientes populares de ideología liberal, que venían creciendo de modo incontenible. Ante el turbio e inestable panorama europeo, su mirada volvíase hacia su América: "Si, lo que no es probable, vence el abolutismo, no dude usted que la vieja España será ayudada por la Santa Alianza a reconquistar sus antiguas colonias: yo nada temo de todo el poder de este continente siempre que estemos unidos; de lo contrario, nuestra cara patria sufrirá males incalculables".[123]

Es verdad que hasta mediados de 1831 hizo todo lo posible para evitar un regreso al Plata, dado que estaba en pleno vigor la lucha entre unitarios y federales, pero posteriormente fue variando su postura a medida que le llegaban noticias de que el orden habíase restablecido en Buenos Aires, y sobre todo cuando supo que la guerra civil había concluido con la derrota de la Liga del Interior. Creyó entonces que se había acercado el tiempo del retorno definitivo, puesto que a la pacificación de su patria se sumaba la terminación de los estudios de su hija y las todavía no resueltas vicisitudes económicas. Sin embargo, un nuevo imponderable contribuyó a retenerlo: "Hace meses libré contra mi apoderado de Buenos Aires 3.000 pesos; este malvado, en cuyo poder existían los alquileres de tres años de mis dos casas ha hecho bancarrota y, por consiguiente, mi letra de cambio de tres mil pesos fue protestada. Afortunadamente el honrado comerciante a favor de quien había librado el regreso de la letra protestada lejos de apremiarme, con una generosidad de que se dan pocos ejemplos en Europa, me ha ofrecido todo cuanto necesite; pero repito que, lejos de abusar de la honradez de este hombre singular, estoy resuelto a permanecer en ésta hasta haber hecho honor a mi compromiso".[124] Esperaba que Mariano Álvarez le remitiera 4.000 pesos de los que hubiera cobrado a cuenta de la pensión que le había otorgado ese país. Pronto recibió una buena noticia al respecto: la contracción puesta en la tarea de hacer efectivos esos cobros por parte de este amigo y de O´Higgins en el Perú hizo que se le pudiese remitir una parte de lo adeudado; pero lo que particularmente satisfizo al general fue "el decreto del gobierno para ponerme mensualmente en el presupuesto del ejército", considerándolo "una gran ventaja pues por lo menos habrá una regularidad en su pago", al mismo tiempo que creyó justa la rebaja a la mitad que se había hecho de su pensión. En cuanto a su proyecto de viajar a Buenos Aires, seguía pendiente para ese mismo año 1832, aunque confiándose con el chileno le decía, con entera sinceridad, "por mucho que amo a mi patria si hubiese cómo vivir en Europa esté seguro no volvería a América hasta tanto no viese su tranquilidad establecida de un modo sólido y permanente".[125]

Mientras tanto, el cólera seguía avanzando. Desde principios de ese año San Martín había fijado momentáneamente su residencia en Montmorency. Al finalizar el mes de marzo, cayó junto con su hija víctima de esa epidemia, ocasión en la que fueron de inapreciable valor los cuidados que les prodigó el joven Mariano Balcarce, que había llegado de Londres, donde se desempeñaba como agregado de la embajada de Buenos Aires: "Este fue nuestro redentor", le explicaba al general O'Higgins, "y sin sus esmeros y cuidados ambos hubiéramos sucumbido". Si bien Mercedes se repuso al mes, en cambio su padre fue atacado al principio de la convalecencia por una enfermedad gástrico-intestinal que, según su expresión, lo tuvo "al borde del sepulcro y me ha hecho sufrir inexplicables padecimientos por el espacio de siete meses". Gracias a los baños minerales de Aix en Saboya, a donde acudió en el mes de septiembre, se repuso parcialmente.[126]

Durante todo ese tiempo pudo enterarse de la buena disposición hacia él del presidente peruano Gamarra, así como de que en Chile la situación mejoraba notablemente con el gobierno del general Prieto y que la guerra civil argentina había terminado. Guido y Rivadeneira le reclamaron de inmediato su regreso. El último le decía: "Hoy reina la paz; Quiroga llama a usted como un redentor político para que haga la felicidad de su patria; si es así, debe usted no negarse".[127] Mas en ese momento, nada estaba más lejos no sólo de las intenciones sino además de las posibilidades físicas del Libertador.

También durante ese período recibió San Martín las remesas enviadas desde el Perú, las que sumaron un total de 3.000 pesos, los que no pudieron llegarle más a tiempo. Así se lo hacía saber a uno de sus gestores: "No sólo me ha proporcionado satisfacer parte de los nuevos empeños que había contraído en mi penosa y larga enfermedad, sino que también ha contribuido a realizar mis más deseadas esperanzas". En seguida le participaba con visible satisfacción a su entrañable amigo chileno una importante noticia: "Hace cinco años había formado el proyecto de unir a mi hija al joven Balcarce, hijo mayor de nuestro honrado y difunto amigo [Antonio González Balcarce], y agregado a la legación de Buenos Aires en Londres, su juiciosidad, no guarda proporción con su edad de 24 años; amable, instruido y aplicado, ha sabido hacerse amar y respetar de cuantos lo han tratado; él no posee más bienes de fortuna que una honradez a toda prueba; he aquí todo lo que yo he deseado para hacer la felicidad de Mercedes. Mi plan era que su unión se realizase a mi regreso a América, o por mejor decir, de aquí a dos años; pero visto el estado de mi salud, he anticipado esta época calculando el estado en que quedaría mi hija si llegase a faltar su padre: así es que su enlace se ha realizado hace nueve días".[128]

Efectivamente, el 13 de diciembre de 1832 Mercedes y Mariano se unieron en matrimonio; fueron testigos un peruano, el coronel Juan Manuel Iturregui, y tres chilenos: el nuevo encargado de negocios de Chile, José Joaquín Pérez, y los dos hermanos de la Barra. Al término de la ceremonia, San Martín invitó a festejar en el conocido restaurante *Chez Grignon*. Días más tarde los flamantes esposos partieron a embarcarse en el puerto de El Havre hacia Buenos Aires, sin que San Martín pudiera acompañarlos por no hallarse todavía lo suficientemente restablecido como para enfrentar una navegación dilatada y porque los médicos le aconsejaron tomar los baños de Aix. Pero además había otra razón, de índole política, para no hacerlo: "El más poderoso motivo para mí es esperar que se haga en Buenos Aires la elección de presidente", le comunicaba a Mariano Álvarez, "pues los corifeos tanto del partido enemigo de la actual administración como los del partido unitario me escriben que mi presencia es necesaria para salvar al país de la espantosa tiranía con que los oprime el gobierno" y él había "resuelto morir antes que encargarme de ningún mando político".[129]

Pero si bien San Martín proyectaba permanecer durante todo 1833 en Europa, consideraba su regreso como algo inevitable por más que cada vez que entraba a considerar la posibilidad de verse envuelto en la pugna partidaria su "bilis se exaltase" y se pusiera de un "humor insoportable".[130]

A mediados de ese año los hijos del general se encontraban ya en Buenos Aires, donde los sucesos políticos parecieron encarrilarse favorablemente con el nombramiento de Juan Ramón Balcarce en la gobernación. Esto significó para su sobrino Mariano ser designado como secretario del Ministerio de Relaciones Exteriores. Paralelamente al desempeño de ese cargo es muy probable que, como apoderado de San Martín, haya procedido por entonces al cobro de sus créditos y dispusiera de la suerte a correr por sus bienes (al menos se sabe que fue entonces cuando el general se hizo con el dinero de la hipoteca levantada por Gervasio Rosas correspondiente a la estancia proveniente de la heredad materna).

Entre tanto, el Libertador tardaba en recuperarse. Si bien había pasado más o menos aliviado el invierno, la estadía en los baños de Aix le provocó una recaída con violentos ataques de nervios. Contó entonces con los cuidados del doctor Soligny, quien le aconsejó pasar a Dieppe "con el objeto de respirar el aire de la costa y si me fortalecía algún tanto tomar baños de mar". Esto sí le sentó extraordinariamente: mermaron las convulsiones y se vigorizó. Sin embargo, estaba un tanto inquieto por lo que su yerno le comunicaba desde Buenos Aires. En efecto, junto con la novedad de que el 14 de octubre se había convertido en abuelo de una niña a la que llamaron María Mercedes, pronto se enteró del curso faccioso que allí habían tomado los acontecimientos políticos y de la "revolución de los restauradores" realizada contra el gobernador Balcarce y su ministro Enrique Martínez. Durante ese período, Guido había atravesado por una situación muy similar a la experimentada en el Perú luego del retiro del protector: "Se me juzga, mi amigo, como se me juzgaba en Lima después de la ausencia de usted. Allí nadie podía comprender cómo podía yo serle consecuente sin preparar una revolución para que usted volviera. Aquí no entienden mis enemigos cómo se puede tener amistad al señor Rosas sin seguir ciegamente tras su voz".[131]

Un gobierno vigoroso

Los comentarios políticos que suscitaban en San Martín los sucesos de América y en especial los del Río de la Plata dan cuenta de su creciente preocupación por el restablecimiento del orden. Convencido de que ello no se podía conseguir por medio de la sujeción a las leyes, creyó que el único remedio residía en la apelación a la fuerza: de allí que se fuera consolidando en él el concepto de la necesidad del fortalecimiento de la autoridad. Tal evolución ha sido interpretada como una derivación de su ideario monárquico, adaptado al sistema representativo republicano que querían los pueblos.

A medida que avanzaba en la consecución de su obra, el ideario liberal que lo llevó a luchar por la emancipación de América se fue desdibujando, tornándose cada vez más ambiguo: el Protector del Perú que prevenía a los pueblos de los peligros que implicaba la presencia de un militar afortunado, simultáneamente pensaba que sólo una rígida dictadura podía ser capaz de arreglar aquella sociedad desgarrada por las pequeñas pasiones. Paulatinamente, a medida que el caos de América fue agudizándose, y por lo tanto creciendo el desengaño, las ambigüedades cedieron el paso a nuevas y definitivas convicciones. Así lo demuestran los términos de la carta que San Martín dirigió a Guido el 1º de febrero de 1834, tan categóricos que llevaron a que este documento fuera suavizado ex profeso a la hora de su publicación, pero que en verdad no constituyen más que una expresión acentuada de sus opiniones de 1816:

El título de un gobierno no está asignado a la más o menos liberalidad de sus principios, pero sí a la influencia que tiene en el bienestar de los que obedecen: ya es tiempo de dejarnos de teorías, que en veinticuatro años de experiencia no han producido más que calamidades: los hombres no viven de ilusiones, sino de hechos. ¿qué me importa que se me repita hasta la saciedad que vivo en un país de Libertad, si por el contrario se me oprime? ¡Libertad! Désela V. a un niño de dos años para que se entretenga por vía de diversión con un estuche de navajas de afeitar y V. me contará los resultados. ¡Libertad! para que un hombre de honor sea atacado por una prensa licenciosa, sin que haya leyes que lo protejan y si existen se hagan ilusorias. ¡Libertad! para que si me dedico a cualquier género de industria, venga una revolución que me destruya el trabajo de muchos años y la esperanza de dejar un bocado de pan a mis hijos. ¡Libertad! para que se me cargue de contribuciones a fin de pagar los inmensos gastos originados porque a cuatro ambiciosos se les antoja por vía de especulación hacer una revolución y quedar impunes. ¡Libertad! para que sacrifique a mis hijos en disensiones y guerras civiles. ¡Libertad! para verme expatriado sin forma de juicio y tal vez por una mera divergencia de opinión. ¡Libertad! para que el dolo y la mala fe encuentren una completa impunidad como lo comprueba lo general de las quiebras fraudulentas acaecidas en ésa: ¡Maldita sea la tal libertad!, no será el hijo de mi madre el que vaya a gozar de los beneficios que ella proporciona hasta que no vea establecido un gobierno que los demagogos llamen *tirano* y me proteja contra los bienes que me brinda la actual libertad. Tal vez dirá V. que esta carta está escrita de un humor bien soldadesco. V. tendrá razón pero convenga V. que a los 53 años no puede uno admitir de buena fe el que se le quiera dar gato por liebre.

No hay una sola vez que escriba sobre nuestro país que no sufra una irritación. Dejemos este asunto y concluyo diciendo que el hombre que establezca el orden en nuestra patria: *sean cuales sean los medios que para ello emplee,* es el solo que merecerá el *Noble título de su libertador.*[132]

Obsérvese que, a pesar de esta clara proclividad hacia el autoritarismo, la intencionalidad de San Martín parecía ser la de resguardar un mínimo de libertad real y no sacrificarla en aras de una aspiración ideal, tan absoluta como ilusoria. Se trataría de un pensamiento que se atiene a las pautas de la realidad y se modifica junto con ella, tratando de realizar los postulados liberales en la medida de lo posible; así se explicaría que, simultáneamente, al general le preocupara, por ejemplo, el grado de libertad de culto de que se gozaba en el país.

Los días de Grand Bourg

Se abría 1834 con perspectivas poco promisorias para el retorno del Libertador a la convulsionada Buenos Aires. Por otro lado, sus finanzas comenzaron a arreglarse y en lo sucesivo se mostrarían más estables. Presumiblemente como resultado de las operaciones realizadas por su yerno en el Plata, San Martín pudo adquirir ese año la casa de Grand Bourg, a seis leguas de París, en la que pasaría la mayor parte de la etapa francesa de su ostracismo. Era una hermosa finca de campo junto al Sena que tenía la ventaja adicional de encontrarse vecina al castillo de Petit Bourg, donde residía el noble español Alejandro Aguado, marqués de las Marismas del Guadalquivir. Éste había sido antiguo compañero de armas del Libertador y se había convertido veinte años después, cuando se volvieron a encontrar, en un acaudalado banquero y generoso mecenas. Había prestado su asesoramiento económico a Fernando VII y al propio rey de Francia. Por entonces se dedicaba a la administración de sus cuantiosos bienes y se desempeñaba como intendente de la comuna de Evry.[133] San Martín recuperó su salud y su buen humor a la par que su bienestar material.

Pero si, en general, los días de Grand Bourg fueron placenteros para el Libertador, éste no pudo evitar el disgusto de verse enredado en una nueva intriga. "Estaba persuadido que retirado en el campo, el hijo de mi madre se hallaba fuera del alcance de toda chismografía pero está demostrado que aunque me sepulte en el averno, la momia de este pobre capellán y su servidor será disecada […] ¿quién le hubiera a V. dicho que a pesar de la distancia en que me hallo de nuestra tierra, el único paisanito que existe en Europa había de venir a alterar esta paz, único bien que gozo separado de los objetos que más amo? y esto por un Doctor en medicina (peste en todos ellos). Item que a cincuenta años y (el pico no es de su competencia) había de meterme a espadachín y con *Lanzón* y rodela? [y] tener que defenderme de follones y malandrines. A esto diré a V. lo que el abate Reynal. Nosotros los Filósofos somos muy sabios en teoría, pero muy ignorantes en la práctica".[134]

La aludida trama había sido urdida, aparentemente, por el ministro argentino en Londres, doctor Manuel Moreno, hacia quien se dirigió la cólera del general. Éste fue informado de que el citado funcionario había escrito a los señores Zabala y Olañeta, ministros de México y Bolivia, respectivamente, con el fin de averiguar el motivo de una supuesta marcha de San Martín a España. Antes de dar crédito a esta versión, procuró verificarla con el diplomático boliviano, quien se la confirmó en estos términos: "Hablándome el señor Moreno del reconocimiento de los Estados americanos por España y pidiéndome noticias sobre este particular me agrega: Aquí corre la noticia de que el general San Martín ha hecho un viaje secreto a España sin duda con el objeto de tratar allí ese asunto y de la manera del reconocimiento. Es bien extraordinario que el citado general haya emprendido dicho viaje sin autorización para ello. Yo presumo que él es cierto porque hace muchos meses que no me envía su correspondencia para Buenos Aires como solía hacerlo". Indignado por ver envuelto su prestigioso nombre en esos manejos insidiosos, el general increpó violentamente al diplomático argentino:

Once años de un ostracismo voluntario de mi patria, preferible a tomar parte en sus desavenencias, cortadas por sistema cuasi todas las relaciones con mis antiguos amigos de América, mis notorios desprendimientos de todo mando e intervención en los asuntos políticos, mi carácter no desmentido en todo el curso de nuestra revolución, mis servicios rendidos a la independencia de Sud América y en fin mis notorios compromisos con el gobierno español (compromisos de pescuezo, señor doctor) me daban derecho a esperar que mi nombre no fuese tachado con una impostura tan altamente grosera, como ultrajante […] ¿Cómo es concebible haya V. podido dar crédito a las noticias que dice han corrido en Londres sobre mi oculto viaje a España (y que en mi conciencia las creo hijas legítimas de V.) sin calcular: Primero: que fuese cual fuere el objeto de mi marcha (y como caritativamente V. la supone oculta no debía ser con sanas intenciones) pero supongamos fuese como V. dice para tratar del reconocimiento de la América (y no habrá estado distante de su pensamiento que para establecer monarquías o en fin para obligar a los patriotas a bayonetazos a volver a la dulce dominación española), ¿me cree V. tan falto de razón que para tratar de cualesquiera de estos pequeños e inocentes negocios emprendiese en el estado en que le consta se halla mi salud un viaje largo y penoso pudiéndolo hacer en París sin estos inconvenientes y sobre todo con el sigilo que exigía un asunto de tamaña importancia y del cual debe V. suponer dependía el éxito de la empresa? Por sentado y como preliminar de mi viaje V. ha dado como de hecho el generoso y paternal perdón y total olvido que el virtuoso y ya difunto rey de las Españas y en otro tiempo de las Indias, y en su ausencia a la eternidad su cara esposa, y ésta en nombre de su hijita; me habrán concedido por mis pequeñas travesuras cometidas en América desde los años 12 a 23. Segundo: ¿con qué poderes o credenciales me presentaría para tratar del reconocimiento de nueve estados independientes?, pero por triste que sea la idea que tenga V. de la diplomacia española no puede suponerse que su atraso llegue a tal grado que admitiesen un negociador sin este indispensable requisito: pero ya comprendo V. ha calculado que el general San Martín es un vil intrigante, que el objeto que se proponía en su oculto viaje era el de hacer valer al gobierno español su pretendida influencia en las nuevas repúblicas de América y por este decoroso medio sacar algún partido pecuniario o bien un empleíto de Ayuda de Cámara de S.M.C. ¿Usted se dirige a dos ministros de naciones extranjeras para presentar a un general y ciudadano del mismo estado que usted respresenta o como un traidor a la patria o como un vil y despreciable intrigante? Esta conducta no puede calificarse más que de uno de estos modos: o es usted un malvado consumado o ha perdido enteramente el juicio.[135]

En cuanto a la cuestión de la correspondencia, el general decía que había preferido la vía de los buques mercantes por haber encontrado entre las remitidas anteriormente por el conducto diplomático de Moreno tres abiertas y otras con signos de iguales tentativas. El diplomático contestó el 28 de agosto rechazando dichos cargos; sus argumentaciones no eran convincentes pero el general resolvió no continuar con el pleito: "¿Qué partido puede sacarse de un pícaro de tal tamaño? No he encontrado otro que el de cortar este asunto, pues aunque me quedara el recurso de haber marchado a Londres y darle una tollina de palos, el resultado hubiera sido que la opinión del país hubiera padecido".[136]

No sólo porque consideraba conveniente esperar a que el horizonte político argentino se despejase sino además porque sus padecimientos de salud se habían agravado en 1835, San Martín creyó necesario el retorno de Mercedes y Mariano. Por prudencia, capitalizando los anteriores desengaños, prefirió mantenerse expectante por el momento ante el nuevo panorama político que se abría con el afianzamiento de la dictadura rosista: "Yo aguardo a mis hijos en todo el próximo mayo: V. me dirá que es sorprendente que cuando el país presenta más garantías de seguridad y orden les haga hacer este viaje, en lugar de irme a unirme con ellos: a esto respondo que V. debe conocer como yo que mi presencia en Buenos Aires en estas circunstancias haría mi posición falsa y embarazosa hasta tanto que el orden no se halle establecido de un modo firme y permanente (yo tengo muy presente lo que me sucedió a mi regreso del Perú y cuando el año 29 llegué a esas Balizas; es decir que todos los demagogos ambiciosos, intrigantes, me quisieron tomar o escudarse con mi nombre para sus fines particulares, llegando su impavidez hasta el grado de leer en los cafés cartas supuestas mías)".[137]

A pesar de que su yerno había sido separado del empleo de primer oficial de la Secretaría de Negocios Extranjeros, San Martín no había mirado con disgusto la caída de Balcarce y su predisposición era más bien favorable al giro que estaban tomando los sucesos en Buenos Aires: "Hace cerca de dos años escribía a V. que yo no encontraba otro arbitrio para cortar los males que por tanto tiempo han afligido a nuestra desgraciada tierra que el establecimiento de un gobierno fuerte; o más claro absoluto, que enseñase a nuestros compatriotas a obedecer. Yo estoy convencido que cuando los hombres no quieren obedecer la ley, no hay otro arbitrio que el de la fuerza. Veintinueve años en busca de una libertad que no sólo no ha existido sino que en este largo período, la opresión, la inseguridad individual, destrucción de fortunas, desenfreno, venalidad, corrupción y guerra civil ha sido el fruto que la Patria ha recogido después de tantos sacrificios: Ya era tiempo de poner término a males de tal tamaño y para conseguir tan loable objeto yo miré como bueno y legal todo gobierno que establezca el orden de un modo sólido y estable y no dudo que su opinión y la de todos los hombres que aman a su país pensarán como yo".[138] Así, pues, el Libertador justificaba el otorgamiento de la suma del poder público al gobernador porteño. En lo sucesivo continuó ratificándose en esa convicción: "Veo con placer la marcha que sigue la Patria. Desengañémonos, nuestros países no pueden a lo menos por muchos años regirse de otro modo que por gobiernos vigorosos, más claro: despóticos".[139]

Se ha observado que con estas declaraciones San Martín se desmentía a sí mismo y abjuraba de los principios de otros tiempos, atribuyendo esa mutación a la acumulación de amarguras, a la falta de información completa, a la parcialidad de su corresponsal y a ese "humor soldadesco" que a veces lo embargaba.[140] Sin embargo, hacía ya veinte años que venía afianzándose en él esa línea de pensamiento. No es que hubiera abjurado de sus principios –por otra parte éstos nunca fueron desmentidos por su conducta–; pero con criterio realista pensaba que se iría con mayor seguridad hacia ellos partiendo del reconocimiento de los límites impuestos por la realidad social hispanoamericana. Sólo tomando las cosas como eran podrían terminar siendo lo que debían ser.

A raíz del aparente afianzamiento de la paz, en abril de 1836 San Martín volvió a considerar la posibilidad de retornar al país luego de haberla descartado, pues unos meses antes le había escrito al matrimonio Balcarce, que todavía permanecía en Buenos Aires, "deben venir contando no volver a América hasta después de mi muerte".[141]

Entre tanto, habían pasado tres años sin tener noticias directas de su amigo O'Higgins. Por fin recibió una carta del chileno en la que le relataba las tempestades políticas por las que había tenido que atravesar desde 1833, se manifestaba entusiasmado por el proyecto de conformación de la Confederación peruano-boliviana, sostenido por el general Santa Cruz, y se escandalizaba por la persecución realizada por el gobierno de Buenos Aires a la familia de San Martín. No sólo hacía referencia al alejamiento de Balcarce de su cargo sino a la suerte corrida por los Escalada: Manuel, que se había desempeñado como ministro de Lavalle y de Viamonte, debió abandonar la vida pública hasta después de Caseros y su hermano Mariano fue encarcelado en 1840 por su abierta oposición a Rosas, falleciendo pocos meses depués. Asimismo, el Libertador debió interceder ante todos sus amigos para que se ocupasen de liberar a su antiguo y querido oficial irlandés Juan O'Brien de la violenta prisión que Rosas le impuso.

San Martín, a su vez, le dio cuenta al chileno de su propia situación: le decía que tantos casos de ingratitud y vileza como los que había visto y sufrido "han labrado en mi corazón un tedio tal a toda sociedad que hace tres años vivo en este desierto muy contento de no tener la menor relación con ninguna persona, excepto con mi bienhechor […] a quien le soy deudor de no haber muerto en un hospital de resultas de mi larga enfermedad"[142]. Ese respaldo que le brindó Aguado seguramente no se presentó bajo la forma de una dádiva sino más verosímilmente en el modo decoroso de consejos para la realización de algunas operaciones bursátiles. La persistencia de ese asesoramiento financiero explicaría no sólo que San Martín adquiriera la casa de Grand Bourg sino que también comprase una nueva residencia en pleno centro de París, valuada en la importante suma de 140.200 francos.

A partir de junio de 1836, San Martín volvió a estar rodeado de su familia, pues retornaron Mariano, Mercedes y la pequeña nacida en Buenos Aires. Lleno de ternura, el Libertador le contaba a don Pedro Molina: "La mendocina dio a luz una niña muy robusta [Josefa]: aquí me tiene usted con dos nietecitas cuyas gracias no dejan de contribuir a hacerme más llevaderos mis viejos días". Agregaba que en ese placentero retiro "he encontrado el restablecimiento de mi salud y, por otra parte, la tranquilidad que en él gozo es más conforme con mi carácter y edad, lo prefiero a vivir en París cuya residencia después de ser contraria a mi salud yo no la encuentro buena más que para los que desean una sociedad activa o se hallan precisados a residir por sus negocios".[143]

Sin embargo de lo afirmado y aunque la residencia en Grand Bourg diera la tónica a esta etapa de la vida del Libertador, también tuvo éste ocasión de compartir momentos gratos con sus amigos sudamericanos y, en particular, con don Miguel de la Barra, quien le acompañaba siempre en sus viajes y desplazamientos por Francia. El hermano de éste recuerda en sus memorias que San Martín nunca dejó de asistir a las veladas conmemorativas de las victorias de Chacabuco y Maipú. Era común también que el grupo chileno que lo rodeaba, llegada la primavera, partiera en su compañía en alegres cabalgatas hacia Montmorency o a los bosques vecinos, a Vincennes o al castillo de Saint Luc. También consta en esos *Recuerdos* la ocasión en que el conde Saint Maurice, introductor de embajadores, le hizo saber a De la Barra –a la sazón, ministro de Chile– que el rey Luis Felipe deseaba que le fuera presentado el general San Martín. Éste se presentó "con su hermoso uniforme (el que le fue obsequiado en Lima) ciñendo la espada de Maipo". Reunido el cuerpo diplomático en el palacio de las Tullerías, el monarca comenzó con el breve saludo de protocolo a cada uno de los representantes. "Cuando hubo llegado al que nos precedía", comenta José María de la Barra, "el ministro de Wutemberg, apenas si le dijo dos palabras y saludando con la cabeza a su suite, se adelantó con las manos extendidas al general San Martín y sin hacer caso del introductor que declinaba nuestros nombres y títulos, y haciendo una reverencia sonriente a Miguel, cogió con ambas manos las del general, diciéndole calurosamente: «Tengo un vivísimo placer en estrechar la diestra de un héroe como vos; general San Martín, creedme que el rey Luis Felipe conserva por vos la misma amistad y admiración que el duque de Orleáns. Me congratulo que seáis huésped de la Francia y que en este país libre encontréis el reposo después de tantos laureles» [...] Después hicieron sus tournés la reina y los príncipes saludando a los diplomáticos en igual forma, a los que siguió una fiesta espléndida en la que el general fue muy atendido y festejado por todos, viendo que el rey lo había hecho objeto de su atención particular, y que más tarde sus hijos los duques de Orleáns y Nemours conversaron largo rato con él y nosotros [...] Cuando nos retiramos del círculo diplomático, San Martín a pesar de su afectada frialdad, dejaba conocer el gran placer que le había causado la distinción de que fue objeto de parte del rey".[144]

También cuenta De la Barra que durante el último carnaval que pasó en París, el Libertador los acompañó de buen grado a observar los festejos: "Me fui acompañado de algunos amigos, entre quienes estaba San Martín y don Casimiro Olañeta, a los baluartes [bulevares] que es donde se encuentra toda la población en las fiestas". Vieron allí la larga procesión de enmascarados y carruajes y los más fantásticos trajes. El último día, continúa, "anduve por todo con el general y Olañeta viendo las máscaras y escenas curiosas. Después de comer en Chez Grignon, llevados de la curiosidad, determinamos presenciar como espectadores una de estas orgías. En efecto, a las 12 de la noche nos fuimos al Teatro de Varietés, donde tomamos un palco. Abajo bailaban los enamorados en medio de un tropel y gritería, aumentándose la confusión y apretura a medida que menudeaban las visitas al lugar en donde se expendían las bebidas".[145]

En marzo de 1837 Mariano Balcarce se trasladó a Buenos Aires con el fin de tentar suerte en las transacciones comerciales. A tal efecto, el generoso Aguado le había adelantado 14.000 pesos. San Martín se mostraba optimista: "Yo estoy seguro que con la honradez de este joven, progresará en su nueva carrera; por otra parte él tendrá una ocupación y la satisfacción de ganar con su trabajo la subsistencia de sus hijos; en el ínterin, Mercedes y sus niñas quedan a mi lado esperando que su ausencia no se prolongue a más de dos años, si el estado de Buenos Aires varía, me iré con mi familia, bien sea a vivir a alguna casa de campo de sus inmediaciones o a mi chacra de Mendoza".[146]

Domingo por medio suplía la ausencia de Mariano la visita de Florencio Balcarce, su hermano, quien estaba completando sus estudios en Europa. Al llegar a la casa de Grand Bourg hallaba invariablemente al general gozando "a más no poder de esa vida tranquila y solitaria que tanto ambiciona, un día lo encuentro haciendo las veces de armero y limpiando las pistolas y escopetas que tiene, otro día es carpintero y siempre pasa así sus ratos en ocupaciones que lo distraen de otros pensamientos y lo hacen gozar de buena salud". Aquel talentoso joven que fallecería prematuramente completaba de esta manera la simpática pintura del cuadro hogareño: "Mercedes se pasa la vida lidiando con las dos chiquitas que están cada vez más traviesas. Pepa, sobre todo, anda por todas partes levantando una pierna para hacer lo que llama volantín. Todavía no habla más que palabras sueltas pero entiende muy bien el español y el francés. Merceditas está en la grande empresa de volver a emprender el ABC que tenía olvidado".[147]

El conflicto con Francia en el Plata

En marzo de 1838 el almirante francés Leblanc ordenaba el bloqueo de Buenos Aires como consecuencia de no haber sido atendidas las reclamaciones presentadas al gobierno porteño por el vicecónsul Aimé Roger, relativas al servicio en la milicia de algunos súbditos franceses de acuerdo con lo establecido por la ley provincial de 1821, y a los perjuicios causados a otros connacionales para los que se pedía indemnizaciones. Tal fue el inicio de un conflicto internacional que sirvió de catalizador de una serie de reacciones en cadena protagonizadas por los opositores del dictador Juan Manuel de Rosas.

Mientras de ese modo se complicaba irreversiblemente la situación platense, Mariano Balcarce continuaba inmerso en sus negocios y aconsejaba a su suegro la compra de una estancia en sociedad con Goyo Gómez. San Martín encontró conveniente la propuesta. No obstante, no quería "regresar hasta dejar todo bien arreglado pues no es cosa de estar haciendo este viaje a cada momento"; por lo tanto, recomendaba a su yerno que antes de decidirse por la estancia "calcule usted todo muy bien; con presencia de las circunstancias, de los hombres y de las cosas se puede juzgar con más acierto". En la misma carta le confiaba que le había escrito a "ese señor presidente [sic] ofreciéndole mis servicios en el caso de su rompimiento con Francia", lo que tanto Mercedes como Florencio ignoraban. El general se mostraba resuelto: "Si la guerra se declara y mis servicios son admitidos sólo contra la Francia me pondré en marcha y dejaré a Florencio encargado del cuidado de la familia". Sin embargo, más adelante decía: "Déme usted noticias del estado del país y de la justicia o injusticia del bloqueo actual".[148]

En efecto, en la referida comunicación dirigida al gobernante porteño, fechada el 5 de agosto, San Martín, luego de hacer una reseña de las vicisitudes por las que había tenido que atravesar desde 1823 y que determinaron su ostracismo voluntario, a pesar de alentar siempre la esperanza de morir en la patria, entraba de lleno a la cuestión: "He visto por los papeles públicos de ésta el bloqueo que el gobierno francés ha establecido contra nuestro país; ignoro los resultados de esta medida; si son los de la guerra, yo sé lo que mi deber me impone como americano; pero en mis circunstancias y la de que no fuese a creer que me supongo un hombre necesario, hacen por un exceso de delicadeza que usted sabrá valorar, si usted me cree de alguna utilidad, que espere sus órdenes; tres días después de haberlas recibido me pondré en marcha para servir a la patria honradamente, en cualquier clase que se me destine. Concluida la guerra me retiraré a un rincón, esto es si mi país me ofrece seguridad y orden; de lo contrario regresaré a Europa con el sentimiento de no poder dejar mis huesos en la patria que me vio nacer".[149]

Al hacer este ofrecimiento, San Martín era coherente con una línea de conducta de toda su vida: siempre como militar estuvo presto a servir a su país en guerra con una nación extranjera y llegado el caso no hacía más que cumplir con su palabra.

La rápida y firme resolución del general debió haber sorprendido al dictador, quien no tardó en considerarla como un valioso apoyo para su posición frente a las voces discordantes en lo referente al tratamiento de la cuestión que se levantaban en el Litoral con la reacción tardía de Estanislao López y su ministro Cullen en Santa Fe, a las que se agregó luego la del gobernador correntino Berón de Astrada. Sin embargo, en su contestación se mostraba amablemente reticente: "Le doy lleno de contento las más expresivas gracias por la noble y generosa oferta que se sirve hacerme de sus servicios a nuestra patria en la guerra contra los franceses; pero aceptándola con el mayor gusto, como desde luego la acepto, para el caso que sean necesarios debo manifestarle que por ahora no tengo recelo de que suceda tal guerra, según lo espero por la mediación de Inglaterra y notorios perjuicios a las demás potencias neutrales". A pesar de estas afirmaciones de Rosas, cabe consignar que ya por entonces el bloqueo pacífico inicial se había trocado en actos de hostilidad manifiesta, por cuanto en octubre de 1838 fuerzas navales francesas habían atacado y ocupado la isla de Martín García.[150] El dictador proseguía: "Por lo mismo, al paso que me sería grato que usted se restituyese a su patria, por tener el gusto de concluir en ella sus últimos días de vida, me sería muy sensible que se molestara en hacerlo, sufriendo las incomodidades y peligros de la navegación, por sólo el motivo de la guerra que, probablemente, no se verificará; y mucho más cuando concibo que permaneciendo usted en Europa podrá prestar en lo sucesivo a esta república sus buenos servicios en Inglaterra o Francia". Sin embargo, al terminar la carta le aclaraba que "su presencia nos sería muy grata a todos los patriotas federales", introduciendo así el matiz partidario diferenciador.[151]

Si bien la interpretación de este texto es materia opinable, hacemos nuestro el juicio vertido por C. Galván Moreno: "Rosas –hombre de raros alcances para su tiempo– previendo el juicio de la posteridad respecto de San Martín, se propuso tenerlo de su lado, *pero no a su lado*. A esto último juzgábalo peligroso".[152]

A su vez, San Martín le agradeció sus conceptos y le confirmó que, fundándose en los impresos que le había remitido, consideraba el acto de Francia "un violento abuso de poder" que podía atribuirse "a un orgullo nacional, cuando puede ejercerse impunemente contra un estado débil o a la falta de experiencia en el gobierno representativo y a la ligereza proverbial de esta nación; pero lo que no puedo concebir es el que haya americanos que por un indigno espíritu de partido se unan al extranjero para humillar a su patria y reducirla a una condición que la sufríamos en tiempo de la dominación española, tal felonía ni el sepulcro la puede hacer desaparecer". En cuanto a los servicios que podría prestar a la causa americana en Europa, el Libertador consideraba que carecía "de la preparación adecuada".[153]

Mientras esta carta estaba en camino, del Ministerio de Relaciones Exteriores del gobierno de Buenos Aires salía un despacho dirigido a San Martín con fecha 18 de julio, por el que se le participaba de su nombramiento como ministro plenipotenciario del gobierno del Perú. Si para Rosas había sido inesperado el ofrecimiento de San Martín, para éste no lo fue menos el precedente nombramiento. Así se lo refería a su íntimo amigo en apuros, don Gregorio Gómez: "A mí me ha sorprendido tanto como a ti mi nombramiento de ministro del Perú. He renunciado a este encargo porque he creído que lejos de ser útil al país, por el contrario, sería pejudicial a sus intereses mi presencia en Lima. Al principio de nuestras desavenencias con el gobierno francés, creí mi deber ofrecer mis servicios a la república, pero como simple militar; esto sin duda es lo que ha motivado el nombramiento citado; yo, por lo menos no tengo otro antecedente". Por entonces, don Goyo se encontraba proscripto en Montevideo y era miembro de la Comisión Argentina organizada para luchar contra el dictador. Previendo que la situación empeorase, San Martín no tardó en brindarle su casa como acogedor refugio: "Te he dicho y te repito que si las cosas no van bien por ésa y te ves en la necesidad de volver a emigrar a otro destino, aquí tienes un cuartito, un asado y más que todo una buena voluntad, pues prescindiendo de nuestra amistad sabes que todos los individuos de esta casa te aman sinceramente". A esta persona entrañable el general le franquea su posición: "Es con verdadero sentimiento que veo el estado de nuestra desgraciada patria y lo peor de todo es que no veo una vislumbre de que mejore su suerte. Tú conoces mis sentimientos y por consiguiente yo no puedo aprobar la conducta del general Rosas cuando veo una persecución general contra los hombres más honrados de nuestro país: por otra parte, el asesinato del doctor Maza me convence que el gobierno de Buenos Aires no se apoya sino en la violencia. A pesar de esto yo no aprobaré jamás el que ningún hijo del país se una a una nación extranjera para humillar a su patria".[154] ¿Había contradicción entre esta condena de la política interna del rosismo y su anterior actitud aprobatoria de la entronización de ese poder absoluto? Creemos que no. Si San Martín había llegado a admitir ese sistema desembozadamente, sin haber sido nunca capaz de ejercerlo, era al solo objeto de restituir la paz social, condición *sine qua non* para evolucionar en el camino de la libertad. Por eso apoyó en un comienzo el ensayo de 1835, pero cuatro años más tarde no podía seguir considerando beneficioso a un gobierno que, so pretexto de restaurar el orden, no hacía más que provocar sucesivos levantamientos en todo el país. En aras de la uniformidad –más que del consenso– se prohijaba la discordia. En fin, no podía negarse que Rosas había fracasado en su meta suprema de retornar a la tranquilidad imperante antes de la revolución. Y si no se conseguía ese fin, ya no resultaban tolerables los medios no sujetos a formas.

El 30 de octubre de 1839, San Martín explicaba al ministro Arana las razones que le impedían aceptar el cargo de ministro plenipotenciario en el Perú. Alegaba nuevamente su falta de preparación, agregando también la existencia en ese país de partidarios suyos que intentarían alejarlo de su misión; pero el motivo principal estribaba en una cuestión de decoro: su condición de generalísimo en el lugar de destino con el cobro de una pensión vitalicia no podía menos que restarle independencia para defender los intereses de la Confederación Argentina "ante un Estado a quien soy deudor de favores tan generosos y que no todos me supondrían con la moralidad necesaria a desempeñarla con lealtad y honor".[155]

La correspondencia con Rosas sólo la reanudaría cinco años más tarde, cuando se suscitase un nuevo conflicto con la intervención anglofrancesa al Río de la Plata; y si este sintomático silencio podría interpretarse como una consecuencia lógica de su reprobación a las prácticas violentas de ese gobierno, esto nunca se extendió a lo concerniente al manejo de la política exterior, que indudablemente San Martín siguió juzgando no tan sólo acertada sino digna de elogio. Así lo demuestra de manera concluyente la cláusula tercera de su testamento hológrafo, fechado en París a los 23 días del mes de enero de 1844, que establecía: "El sable que me acompañó en toda la guerra de la independencia de la América del Sur le será entregado al general de la República Argentina, don Juan Manuel de Rosas, como una prueba de la satisfacción que como argentino he tenido al ver la firmeza con que ha sostenido el honor de la república contra las injustas pretensiones de los extranjeros que trataban de humillarla".[156]

Creemos oportuno señalar aquí la válida aclaración realizada por Villegas Basavilbaso: el Libertador juzgó que en aquel conflicto que se cerró con la firma del Tratado Arana Mackau, "el honor había quedado a salvo con la resistencia al extranjero […] fue una razón de patria y no de simpatías personales o partidarias lo que determinó al testador a dar ese destino a su espada libertadora".[157]

El reconocimiento chileno

Mientras, en general, el panorama de Hispanoamérica continuaba presentándose desalentador y en la Argentina permanecía encendida la guerra civil, así en el interior como en el Litoral. En cambio, Chile comenzaba a singularizarse por avanzar a pasos agigantados en el camino de la estabilidad. Ésta, que había comenzado a perfilarse con el gobierno de Francisco Antonio Pinto, se consolidaría durante las presidencias de Joaquín Prieto (1831-1841) y Manuel Bulnes (1841-1851), todos ellos antiguos oficiales que habían militado bajo las órdenes de San Martín.

Por fin el Libertador comenzó a oír esas palabras que daban justificación a su obra; por fin no venían del otro lado del Atlántico diatribas y necedades. La siembra parecía comenzar a dar sus frutos. Contribuyó poderosamente a ello la presencia en Chile del proscripto Sarmiento. Recuérdese que San Martín había sido eliminado de todas las listas militares del país trasandino. El todavía oscuro emigrado auscultó una reacción favorable para reparar tan grave injusticia y aprovechó la ocasión para vindicar el nombre ilustre y a su vez presentarse ante el público chileno como periodista: el 11 de febrero de 1841 publicó en *El Mercurio* un artículo titulado "12 de febrero de 1817" bajo el seudónimo de "Un teniente de artillería en Chacabuco". El artículo causó honda sensación y no era para menos, si consideramos el estilo contundente e incisivo con que el huracanado sanjuanino exclamaba: "¡Hombres sin patriotismo y sin indulgencia! ¡Un día la historia recogerá con avidez los nombres de todos los que lidiamos juntos en Chacabuco y en otros lugares tan gloriosos como éste; un día el extranjero, porque vosotros no sois capaces, vendrá a recoger los inmortales documentos de nuestras gloriosas hazañas y desechará con desprecio vuestro abultado catálogo de recriminaciones, sólo dignas de figurar en la historia como un aviso de que eran hombres los que tales cosas y tan grandes hicieron!".[158] El 4 de abril del mismo año publicó en el mismo órgano *Los dieciocho días de Chile: desde la derrota de Cancha Rayada hasta la victoria de Maipo*. De esta manera, Sarmiento no dio tregua a la conciencia chilena en tren de avivar el recuerdo de los hechos de la gesta emancipadora y despertar los por entonces adormecidos sentimientos de gratitud para con sus protagonistas. Tales artículos fueron un verdadero incentivo que atizó el orgullo nacional, contribuyendo a que se hiciera efectivo el merecido reconocimiento de la obra del Libertador. En efecto, De la Barra le notificaba que el Presidente lo invitaba a establecerse en Chile: "Una de las consecuencias de su venida sería el goce de sus honores y sueldos de general; y aún sin que usted se decidiese a ella, ya se habría promovido en las cámaras por el ministerio una pensión en favor de usted, a no ser por el temor de luchar contra la más que severa economía de nuestros actuales senadores: se espera ocasión más propicia".[159] También su compañero de gloria e infortunio era ahora redimido: O'Higgins, restituido en su rango y honores desde hacía tiempo, estaba ultimando los preparativos para retornar a su patria, pero la suerte esquiva le impediría disfrutar de este favorable cambio.

El mismo año en que San Martín le escribía recomendándole a Goyo Gómez, quien buscaba trasladarse a la costa del Pacífico, porque "las circunstancias en que se halla aquel desgraciado país –explicaba el general– le han obligado a abandonarlo",[160] el prócer chileno fallecía. Era el 23 de octubre de 1842. Su hermana Rosita no tardó en notificarle el hecho a San Martín, quien, al enterarse, sufrió un desvanecimiento y quedó postrado varios días.[161]

El general había considerado seriamente la posibilidad de instalarse en Chile. Sólo un motivo pudo impedírselo: en ese mismo año también perdió a su amigo Aguado, que falleció repentinamente cuando se hallaba de viaje por Asturias. Por su testamento lo había nombrado no sólo su primer albacea sino también tutor y curador de sus dos hijos menores, en consorcio con la madre, y lo había dejado heredero de todas sus joyas y condecoraciones de uso particular. Así, pues, San Martín se impuso primero concluir la misión encomendada por su gran amigo para luego quedar en libertad de establecerse en suelo chileno y "tener la satisfacción de presenciar la prosperidad y orden de ese sensato pueblo, contraste bien remarcable con el resto de los nuevos Estados americanos".[162]

El 6 de octubre de 1842 el Congreso nacional de Chile aprobaba un decreto que establecía: "Al general don José de San Martín se le considerará por toda su vida como en servicio activo en el ejército y se le abonará el sueldo íntegro correspondiente a su clase aun cuando resida fuera del territorio de la República". El Libertador le explicaría a Miller las razones de la profunda satisfacción que ese reconocimiento le produjo: al salir del Perú había sido colmado de honores por su primer congreso; dos órganos legislativos de la Argentina lo habían distinguido igualmente luego de las victorias de Chacabuco y Maipú: "Sólo las legislaturas de Chile no habían hecho jamás la menor mención del general San Martín, olvido que, confieso a usted, me era tanto más sensible cuanto no habiendo tenido la menor intervención en su gobierno interior, yo sólo deseaba la aprobación de mi conducta militar en esta República".[163]

Con demora, el silencio de San Martín comenzaba a ser recompensado con la cosecha de su porción de gloria. El general permanecería en continuo contacto con sus amigos chilenos; los hijos de ellos lo visitarían a menudo en Grand Bourg o en París: se ocupó personalmente de atender la salud del vástago de Prieto, se emocionó al recibir al de Pinto, recordando que aquél había sido el primer chileno que había conocido en América, y se solazó observando que el país transcordillerano seguía su marcha tranquila y progresista, resolviendo el problema de ser república hablando en castellano.

El Libertador frente a la intervención anglofrancesa

El 30 de junio de 1845 San Martín reanudó su correspondencia con Rosas. Lo hizo con motivo de agradecerle la mención de sus servicios hecha en el mensaje del gobernador a la Legislatura porteña a fines de 1844: "Como usted debe suponer esta manifestación del primer jefe de la República me ha sido altamente lisonjera".[164]

El dictador le contestaba el 16 de septiembre expresándole que "la gratitud de la Confederación Argentina y de la América, nunca puede olvidar a usted: lo seguirá a su retiro y siempre honrará su memoria".[165] Así, tales manifestaciones venían a sumarse a los homenajes y demostraciones de estima de los chilenos.

San Martín se encontraba en el sur de Italia cuando tuvo noticias de la intervención anglofrancesa en el Plata y del combate de la Vuelta de Obligado. Hasta allí también le llegó la consulta del señor Jorge Dickson –representante en Londres del alto comercio de las regiones afectadas– sobre esos sucesos. Aprovechando esa ocasión, el 28 de diciembre de 1845 el general escribió una importante carta destinada a tener una gran difusión y a contribuir a alterar los rumbos de la política de esas potencias. Empezaba prometiendo considerar el tema con absoluta imparcialidad. Dejando de lado la justicia, las consecuencias comerciales y la alarma que provocaría en los demás Estados sudamericanos, se ciñó a dilucidar si los interventores conseguirían por medio de la coerción el restablecimiento de la paz en las riberas del Plata. Al respecto afirmaba estar asistido de la más íntima convicción de que no lograrían el propósito: "Bien sabida es la firmeza de carácter del jefe que preside a la República Argentina; nadie ignora el ascendiente que posee en la vasta campaña de Buenos Aires y en el resto de las demás provincias interiores; y aunque no dudo que en la capital tenga un número de enemigos personales, estoy convencido que bien sea por orgullo nacional, temor o bien por prevención heredada de los españoles contra el extranjero, ello es que la totalidad se le unirán y tomarán una parte activa en la contienda". Consideraba además que el bloqueo sólo afectaba a un corto número de propietarios pero que a la masa, que no conocía las necesidades de los países europeos, le sería indiferente su continuación. Las dos potencias en cuestión tal vez podrían apoderarse de Buenos Aires, pero no se sostendrían por largo tiempo en la ciudad si, como resultaba fácil de verificar, se retiraban el ganado y las caballadas a muchas leguas de distancia dejando el territorio circundante desierto. Por otra parte con siete u ocho mil hombres de caballería y piezas de artillería volante, los hijos del país podrían mantener un cerrado bloqueo terrestre.[166]

Esta carta fue publicada el 12 de febrero de 1846 en el *Morning Chronicle* de Londres, despertando la atención de las cancillerías europeas. Dickson le hacía saber al Libertador los efectos favorables a la causa de América que podían esperarse de su circulación. Le había remitido una copia a Lord Aberdeen y decía tener ya algunos indicios de que el gobierno inglés intentaba variar su política; por el momento se había decidido a reemplazar al almirante Inglefield por Herbert, conocido por su parcialidad hacia Rosas.

En una nueva comunicación dirigida al gobernante argentino, San Martín se quejaba de su precario estado físico, lo que le era "tanto más sensible cuanto que en las circunstancias en que se halla nuestra patria me hubiera sido muy lisonjero poder nuevamente ofrecerle mis servicios (como lo hice en el primer bloqueo por la Francia), servicios que aunque conozco serían inútiles, sin embargo demostrarían que en la injustísima agresión y abuso de la fuerza de Inglaterra y Francia contra nuestro país, éste tenía aún un viejo defensor de su honra e independencia".[167] Rosas le contestaba: "General: no hay un verdadero argentino, un americano que, al oír el nombre ilustre de usted, y saber lo que usted hace todavía por su patria y por la causa de América no sienta redoblar su ardor y su confianza". Terminaba resaltando la influencia moral de su actitud.[168]

La indignación que provocó en el general la agresión injustificada de los interventores fue *in crescendo* a medida que recibía las inflamadas quejas de Guido. La ardorosa prédica de su amigo hizo que la conflictiva cuestión se convirtiese para San Martín en un tema insoslayable y objeto de su obsesión. Consideraba que la "infame" conducta de ambas potencias debía alarmar a los Estados americanos, siendo preciso que depusieran sus disensiones internas ante el peligro exterior.[169]

Cuando por entonces lo visitó Sarmiento, éste pudo ver cómo esa imagen de la intervención perturbaba al general, siempre desvelado por mantener intacta la independencia del continente que su brazo había contribuido tan poderosamente a forjar: "Allá, en la lejana tierra veía fantasmas de extranjeros y todas sus ideas se confundían; los españoles y las potencias europeas, la patria, aquella patria antigua y Rosas, la independencia y la restauración de la colonia: y así, fascinado, la estatua de piedra del antiguo héroe de la independencia parecía enderezarse sobre su sarcófago para defender la América amenazada".[170]

No extraña entonces que en 1848, cuando se enteró del levantamiento del bloqueo inglés, escribiera a Rosas estas rotundas líneas: "Sus triunfos son un gran consuelo a mi achacosa vejez [...] esta satisfacción es tanto más completa cuando el honor del país no ha tenido nada que sufrir y por el contrario presenta a todos los nuevos Estados americanos un modelo a seguir. No vaya usted a creer por lo que dejo expuesto el que jamás he dudado que nuestra patria tuviese que avergonzarse de ninguna concesión humillante presidiendo usted sus destinos; por el contrario, más bien he temido no tirase usted demasiado la cuerda en las negociaciones seguidas cuando se trataba del honor nacional".[171] El dictador le contestaba aceptando sus felicitaciones y declarando "no he hecho más que imitarlo"[172], comparación que no deja de resultar desmedida.

El 29 de noviembre de ese año, el Libertador volvía a escribirle para agradecerle el nombramiento de su yerno como oficial de la Legación argentina en Francia, solicitándole tan sólo que en caso de tener que abandonar el país, Balcarce pudiera acompañarlo; lo que Rosas aceptó inmediatamente.

Todavía tendría San Martín oportunidad de influir en el conflicto que restaba dirimir con Francia. Cuando, a fines de 1849 se discutía la cuestión del Plata en el Parlamento francés –dentro del cual existía una fuerte corriente intervencionista encolumnada tras la figura de Thiers–, el Libertador envió al ministro de Obras Públicas de esa nación, Mr. Bineau, un oficio de fecha 23 de diciembre que fue comentado en aquel recinto. Allí decía: "Estoy persuadido que esta cuestión es más grave que lo que se la supone. La guerra por la independencia americana durante los años que he comandado los ejércitos de Chile, del Perú y de la Confederación Argentina, me han colocado en situación de poder apreciar las dificultades enormes que ella presenta y que son debidas a la posición geográfica del país, al carácter de sus habitantes y a su inmensa distancia de la Francia. Nada es imposible al poder francés y a la intrepidez de sus soldados, mas antes de emprender los hombres políticos pesan las ventajas que deben compensar los sacrificios que hacen". El Libertador no se cansaba de insistir: "No lo dudéis, os lo repito: las dificultades y los gastos serán inmensos [...] no hay poder humano capaz de calcular su duración". Protestaba su imparcialidad, la que resultaba tanto más creíble "cuanto que establecido y propietario en Francia veinte años ya, y contando acabar ahí mis días, las simpatías de mi corazón se hallan divididas entre mi país natal y la Francia, mi segunda patria". Terminaba con la recomendación de que se le otorgara un tratamiento cuidadoso a "un asunto tan serio y grave".[173]

La última carta que San Martín escribió a Rosas es de fecha 6 de mayo de 1850, cuando ya se consideraba "un viejo amigo" del mandatario argentino, y en ella le agradecía la nueva mención que hacía de él en el mensaje a la Legislatura, "que por segunda vez me ha hecho leer y que como argentino me llena de un verdadero orgullo al ver la prosperidad, la paz interior, el orden y el honor restablecidos en nuestra querida patria; y todos estos progresos efectuados en medio de circunstancias tan difíciles, en que pocos estados se habrán hallado".[174]

Se podrá señalar tal vez que San Martín se mostró en exceso reconocido hacia quien entre tantos "honores de pluma" no llegó nunca a pensar en beneficiarlo con una medida concreta, pues no se le reconoció, como en Chile, el grado militar y el sueldo de general. De todas maneras, a pesar de que aquellos mensajes leídos en la Sala de Representantes porteña resultaran insustanciales, constituían el primer reconocimiento que el Libertador lograba arrancar a un gobierno argentino luego de tantos años de indiferencia, cuando no de poco disimulada hostilidad. Era pues razonable que el Libertador los sobrevalorase.

Los últimos años

En 1848 San Martín se trasladó con su familia al norte de Francia, para no tener que sufrir las trágicas escenas que desde la revolución de febrero se venían sucediendo en París. Si el gobierno que se estableciese presentaba garantías de orden, tenía pensado volver a su retiro campestre de Grand Bourg; de lo contrario, pasaría a Inglaterra. En realidad, le preocupaba sobremanera la situación del viejo continente, dividida como estaba su población en una contienda eminentemente social, a su juicio: la del que nada tiene, tratando de despojar al que posee. El general miraba con alarma "lo que arroja de sí un tal principio, infiltrado en la gran masa del bajo pueblo por las predicaciones diarias de los clubs

y la lectura de miles de panfletos; si a estas ideas se agrega la miseria espantosa de millones de proletarios, agravada en el día por la paralización de la industria, el retiro de los capitales en vista de un porvenir incierto, la probabilidad de
una guerra civil por el choque de las ideas y partidos, y en conclusión, la de una
bancarrota nacional visto el déficit de cerca de cuatrocientos millones en este
año y otros tantos en el entrante: ése es el estado de la Francia, y casi del resto
de la Europa, con la excepción de Inglaterra, Rusia y Suecia, que hasta el día siguen manteniendo su orden interior".[175]

La ciudad de Boulogne-sur-Mer, adonde se había trasladado transitoriamente, agradaba de modo particular al general por ser marítima. Recuérdese que
una de sus afecciones era la de "iluminar litografías", es decir, colorear estam-
pas, preferentemente de temática naval. Sin embargo, la humedad de su clima
no la hacía recomendable para su salud, la que comenzó a resquebrajarse ace-
leradamente. Al respecto Felix Frías pudo observar que, por entonces, San Martín empezó a considerar "próxima su muerte y esa triste persuasión abatía su
ánimo, extraordinariamente melancólico y amigo del silencio y el aislamiento". En algunas conversaciones que tuvo con él en Enghien, lugar vecino a París adonde acudió a tomar sus últimos baños, aquel testigo notó, sin embargo,
que "su inteligencia superior no había declinado. Vi en ella el sello del buen
sentido que es para mí el signo inequívoco de una cabeza bien organizada". En
aquellas oportunidades, el Libertador habló de las riquezas naturales del Tucumán y demás provincias argentinas, recordó con afecto y gratitud a Cuyo, re-
pudió la revolución francesa de 1848 y persistió en un concepto consolidado
durante su destierro: "Comprendía en sus últimos días como comprendió muy
temprano y antes que el mismo Monteagudo que la libertad requiere condiciones muy serias en los pueblos para arraigarse y que el entusiasmo febril e irreflexivo no es su mejor garantía".[176]

En sus últimos días, San Martín continuó recibiendo los merecidos homenajes que el imperio de las pasiones tanto habían retardado. Chile había hecho lo
suyo, según se ha visto; también la Argentina, a través de la figura del Jefe de
la Confederación. Quedaba el tercer país y el acontecimiento no tardó en producirse. Con fecha 9 de diciembre de 1848 las autoridades de la Sociedad Patriótica Fraternidad, Igualdad y Unión del Perú se dirigían al gran ciudadano
Fundador de la Libertad de su país, para informarle que esa entidad, que reunía
los últimos restos de los guerreros de la independencia y antiguos compatriotas,
había resuelto inscribirlo como "miembro nato fundador de ella".[177] El Libertador aceptó con orgullo y con gratitud la demostración de sus antiguos compañeros de armas y compatriotas peruanos y eso le dio ocasión para exteriorizar
la honda satisfacción de su espíritu:

La mayor recompensa que todo hombre público puede desear es la aprobación
de su conducta por sus contemporáneos; así es que, a pesar de una vejez y de
una salud sumamente quebrantadas y sobre todo próximo a perder la vista por

las cataratas, mi existencia en medio de estos males recibe consuelos que los hacen más soportables, recordando que los actuales gobiernos del Perú, Chile y Confederación Argentina me dan con frecuencia pruebas inequívocas del aprecio que les merezco y por este medio veo recompensado con usura los cortos pero bien intencionados servicios que la suerte me proporcionó rendir a estas repúblicas en la guerra de nuestra independencia.[178]

Ese anhelado y esquivo reconocimiento, ganado con su esfuerzo, su coherencia, su integridad, su renunciamiento y su silencio, llegábale cuando se apagaba su vida. Su castigado cuerpo sufría los últimos embates de su crónica enfermedad; debió soportar punzantes dolores apenas amenguados por una dosis cada vez más fuerte de opio. El 17 de agosto de 1850 amaneció calmado; equivocadamente se creyó que se trataba de un principio de restablecimiento. En verdad, era la mejoría aparente que precede a la muerte. A las dos de la tarde entró en crisis: nuevamente las gastralgias comenzaron a torturarlo y un frío irreparable le congeló la sangre. La fatiga dificultaba la emisión de su voz. Sólo pudo articular unas entrecortadas palabras: "Mariano, a mi cuarto", antes que un fuerte estremecimiento sellara su paso a la eternidad.

Sentado en las playas que limitaban el mar proceloso de la historia había alcanzado a escuchar lo que decían de él las nuevas generaciones que comenzaban a hacerle justicia. "Ese raro consuelo ha debido hacerle blanda la almohada de piedra de su tumba"[179], reflexionaba Sarmiento, quien el 28 de mayo de 1880, frente a las reliquias repatriadas del Libertador, exhortaba a los argentinos: "Que otra generación, que en pos de nosotros venga, no se reúna un día en este mismo muelle a recibir los restos de los profetas, de los salvadores que nos fueron preparados por el genio de la Patria y habremos enviado al ostracismo, al desaliento y a la desesperación".

NOTAS

1. INS, *op. cit.,* tomo I, pág. 56. Decreto del Protector delegando el mando en Torre Tagle. Lima, 19 de enero de 1822.

2. Tampoco encontraron eco en Inglaterra. Finalmente, a los dos meses de la dimisión y salida del Protector, la asamblea soberana del Perú dejó sin efecto su misión en cuanto ésta excediera el preciso objeto de procurar la consolidación de la independencia.

3. CNC, *DASM, op. cit.*, tomo VII, pág. 436. García del Río a San Martín, Santiago de Chile, 21 de marzo de 1822.

4. *Ibídem*, pág. 219. Cuartel general de Pisco, 14 de octubre de 1820.

5. Cfr. CARLOS S. A. SEGRETI, *Las relaciones de San Martín y Juan B. Bustos en 1820-21*, Córdoba, Universidad Nacional. Facultad de Filosofía y Humanidades, 1974. Cuadernos de la cátedra de Historia Argentina, serie I, N° 10.

6. AN, *AO'H, op. cit.*, tomo VIII, pág. 146. Buenos Aires, 1° de abril de 1822.

7. *Ibídem*, Buenos Aires, 21 de diciembre de 1821. Cfr. Enrique de Gandía, "La prensa porteña y los últimos planes de San Martín", en *VI Congreso Internacional de Historia de América*, Buenos Aires, Academia Nacional de la Historia, 1982, tomo IV, págs. 497-524.

8. INS, *op. cit.*, tomo I, pág. 66. Decreto del 3 de marzo de 1822.

9. Cfr. Ricardo Rojas, "La entrevista de Guayaquil", en Academia Nacional de la Historia, *Historia de la Nación Argentina*, Buenos Aires, El Ateneo, 1962, tomo VI, 2ª sección, pág. 530.

10. CNC, *DASM, op. cit.*, tomo VII, pág. 457.

11. INS, *op. cit.*, tomo I, págs. 17-18.

12. AN, *AO'H, op. cit.*, tomo VIII, pág. 206. San Martín a O'Higgins, Lima, 26 de junio de 1822.

13. INS, *op. cit.*, tomo II, págs. 52-55.

14. *Ibídem*, págs. 55-56. La Serna a San Martín, Cuzco, 8 de agosto de 1822.

15. A. J. Pérez Amuchástegui, *Ideología y...*, *op. cit.*, pág. 63.

16. AGN, *AG*, leg. cit., San Martín a Guido, Bruselas, 18 de diciembre de 1826.

17. *Ibídem*, Bruselas, 21 de junio de 1827.

18. No se ha encontrado el original de esta carta, cuyo contenido fue dado a conocer por primera vez por Gabriel Lafond de Lurcy en 1843, a más de una década de la muerte del Bolívar, cuando San Martín decidió al fin romper su silencio. A pesar de que los historiadores venezolanos han puesto en duda la veracidad de su texto, su confrontación con otros documentos de incuestionable autenticidad, además del estilo de neta factura sanmartiniana y su concordancia con las circunstancias históricas del momento, hace ya irrefutable para toda crítica aletelógica imparcial su alto grado de verosimilitud. Cfr. A. J. Pérez Amuchástegui, *La carta Lafond...*, *op. cit.*, passim.

19. *José de San Martín. Epistolario selecto. Otros documentos*, Buenos Aires, W. M. Jackson inc., 1953. San Martín a O'Higgins, Lima, 25 de agosto de 1822.

20. Tomás Guido, "El general San Martín. Su retirada del Perú", en *Revista de Buenos Aires*, Buenos Aires, 1864, tomo IV, pág. 10.

21. Museo Histórico Nacional (MHN), *San Martín. Su correspondencia 1823-1850 (SMSC)*, *op. cit.*, pág. 72. San Martín a Miller, Bruselas, 19 de abril de 1827.

22. Cit. en J. L. Busaniche, *op. cit.*, pág. 247.

23. MHN, *SHSC*, cit., págs. 70-72.

24. Enrique de Gandía, *San Martín. Su pensamiento político*, Buenos Aires, Pleamar, 1964, pág. 204.

25. B. Mitre, *op. cit.*, pág. 304.

26. Ricardo Rojas, *El santo de la espada*, Buenos Aires, Eudeba, 1978, pág. 268.

27. MHN, *SHSC*, cit., pág. 307. García del Río a San Martín, Mendoza, 4 de abril de 1822.

28. Cfr. Gonzálo Pereyra de Olazábal "Manuel de Olazábal. Su amistad con el general San Martín", en *Investigaciones y Ensayos*, Buenos Aires, Academia Nacional de la Historia, enero-junio de 1979, N° 26. Add. César Díaz Cisneros, "Los Olazábal en la gesta de la emancipación", en *Anales de la Academia Sanmartiniana*, Buenos Aires, 1968, N° 5.

29. Manuel de Olazábal, *Episodios de la guerra de la independencia*, Buenos Aires, Instituto Nacional Sanmartiniano, 1972, pág. 66.

30. MHN, *SMSC, op. cit.*, pág. 1. Mendoza, 9 de febrero de 1823.

31. Oficio del General San Martín a la Junta Gubernativa del Perú, Mendoza, 28 de febrero de 1823. Cit. en JULIO M. LAFFITE, *La personalidad moral del general San Martín*, La Plata, 1948, pág. 84.

32. *Ibídem.*

33. MHN, *SMSC, op. cit.*, pág. 3. Mendoza, 1º de abril de 1823.

34. Cit. en: R. LEVENE, *El genio político de San Martín*, Buenos Aires, Depalma, 1970, pág. 282. Mendoza, 11 de marzo de 1823.

35. *Ibídem*, pág. 285. Mendoza, 7 de mayo de 1823.

36. MHN, *SMSC*, cit., págs. 166 y 189.

37. Cit. en: R. LEVENE, *op. cit.*, pág. 424.

38. MHN, *SMSC*, cit., pág. 321. Mendoza, 23 de octubre de 1823.

39. CNC, *DASM,* cit., tomo VI, pág. 471. Lima, 17 de agosto de 1823.

40. Cit. en: R. LEVENE, *op. cit.*, pág. 297.

41. MHN, *SMSC*, cit., pág. 146. Mendoza, 30 de setiembre de 1823.

42. *Ibídem*, pág. 147. San Martín a Chilavert, Bruselas, 1º de enero de 1825.

43. CNC, *DASM,* cit., tomo X, pág. 17. San Martín a O'Higgins, Bruselas, 20 de octubre de 1827.

44. MHN, *SMSC*, cit., pág. 124. San Martín a Rosas, Grand Bourg, 5 de agosto de 1838.

45. *Ibídem*, pág. 177. Manuel Corvalán a San Martín, Mendoza, 29 de diciembre de 1823.

46. CNC, *DASM,* cit., tomo VII, pág. 538. San Martín a Guido, Montevideo, 3 de abril de 1829.

47. *Ibídem.*

48. MHN, *SMSC*, cit., pág. 147.

49. CNC, *DASM,* cit., tomo X, pág. 17.

50. Facsímil en R. LEVENE, *op. cit.*, pág. 416.

51. M. DE OLAZÁBAL, *op. cit.*, pág. 67.

52. E. QUESADA, *op. cit.*, págs. 14-15.

53. RAÚL LABOUGLE en su trabajo "San Martín en el ostracismo. Sus recursos", en *Investigaciones y Ensayos*, Buenos Aires, Academia Nacional de la Historia, enero-junio de 1972, Nº 12, del que hemos extraído estos datos, consigna: "Es curioso que en su testamento, don Antonio José de Escalada mencionara seis veces a su yerno don José de María y ninguna a su otro yerno, el general San Martín". Un dato más que parece ratificar la tirantez de las relaciones entre el general y su familia política.

54. Cit. en ADOLFO SALDÍAS, *Historia de la Confederación Argentina*, Buenos Aires, Hyspamérica, 1987, tomo I, pág. 393.

55. CNC, *DASM*, tomo VI, pág. 493. Guido a San Martín, Lima, 22 de enero de 1824.

56. RICARDO PICCIRILLI (comp.), *Enseñanzas doctrinales de San Martín*, Buenos Aires, 1960, págs. 37, 22, 32 y 40, respectivamente.

57. MHN, *SMSC, op. cit.*, pág. 88. San Martín a Miller, Bruselas, 10 de octubre de 1828.

58. Cfr. RICARDO PICCIRILLI, "Los amigos británicos de San Martín", en *Boletín de la Academia Nacional de la Historia*, Buenos Aires, 1957, Nº 28, págs. 287-318.

59. En verdad, Agustín Itubide le había escrito a San Martín notificándole que se había de-

444

sencontrado con él tanto en Londres como en Southampton. Le pedía que viniera hasta el punto en que se encontraba. Dando a su comunicación un cariz misterioso le decía: "Ruego a usted tenga la bondad de venir a él, sin dar la menor idea a persona alguna ni aún de haber recibido carta mía, pues deseo que no sea conocido absolutamente este paso" (MHN, *SMSC*, *op. cit.*, pág. 315. Coffee Royal, Regents Street, 10 de mayo de 1824). No se ha podido comprobar si dicho encuentro tuvo lugar efectivamente. De Gandía cita los estudios realizados al respecto por Williams Spence Robertson y da por sentado la realización de la entrevista, en la que San Martín le habría aconsejado a Iturbide que no regresase a México porque desencadenaría una funesta guerra civil. Aclara que eso fue todo; es decir, que no hubo ningún proyecto monárquico que interesase personalmente al Libertador. Lo cierto fue que el mexicano volvió a su patria dispuesto a derrocar el régimen del general Guadalupe Victoria, siendo capturado y fusilado.

60. MHN, *SMSC*, *op. cit.*, pág. 148. Bruselas, 1º de enero de 1825.

61. Cfr. Luis Santiago Sanz, "El general San Martín en Bruselas", en *Investigaciones y Ensayos*, Buenos Aires, Academia Nacional de la Historia, enero-junio de 1973, Nº 14.

62. MHN, *SMSC*, *op. cit.*, pág. 4. Bruselas, 8 de febrero de 1825.

63. CNC, *DASM*, tomo V, pág. 516. Bruselas, 6 de enero de 1827.

64. Cit. en J. P. Otero, *op.cit.*, tomo IV.

65. Cfr. L. S. Sanz, *op. cit.*, pág. 533.

66. Al respecto consultar las obras de Bonifacio del Carril, *Iconografía del general San Martín*, Buenos Aires, Emecé, 1972; Humberto F. Burzio-Belisario J. Otamendi, *Numismática sanmartiniana,* Buenos Aires, 1971; Pablo Ducrós Hicken, "San Martín a través de sus retratos", en *Anales de la Academia Sanmartiniana*, Buenos Aires, 1960-1961, Nº 2.

67. CNC, *DASM*, tomo VI, pág. 561. Bruselas, 6 de enero de 1827.

68. MHN, *SMSC*, pág. 66. Bruselas, 28 de noviembre de 1826.

69. CNC, *DASM*, tomo VI, pág. 516. De San Martín a Guido, Bruselas, 6 de enero de 1827.

70. *Ibídem*, pág. 539. De Guido a San Martín. Buenos Aires, 9 de septiembre de 1827.

71. *Ibídem*, pág. 64. Londres, 22 de agosto de 1826.

72. *Ibídem*, pág. 65. Bruselas, 8 de septiembre de 1826.

73. *Ibídem*, pág. 88. Bruselas, 10 de octubre de 1828.

74. CNC, *DASM*, tomo VI, págs. 500-501. Buenos Aires, 30 de agosto de 1826.

75. *Ibídem*, págs. 503-506. Bruselas, 18 de diciembre de 1826.

76. *Ibídem*, págs. 512-513. Bruselas, 6 de enero de 1827.

77. MHN, *SHSC*, págs. 254. Salvador Iglesias a San Martín, Mendoza, 30 de enero de 1827.

78. CNC, *DASM*, tomo VI, pág. 525. Buenos Aires, 11 de marzo de 1827.

79. MHN, *SMSC*, pág. 76. San Martín a Miller, Bruselas, 30 de junio de 1827.

80. CNC, *DASM,* pag. 514. Bruselas, 6 de enero de 1827.

81. *Ibídem*, pág. 512. Buenos Aires, 23 de octubre de 1826.

82. *Ibídem*, pag. 515. Bruselas, 6 de enero de 1827.

83. MHN, *SMSC*, pág. 76. Bruselas, 31 de mayo de 1827.

84. CNC, *DASM*, tomo VI, págs. 527-528. Bruselas, 21 de junio de 1827.

85. *Ibídem*, pág. 537. Buenos Aires, 25 de agosto de 1827.

86. *Ibídem*, págs. 533-534. Bruselas, 22 de octubre de 1827.

87. Cfr. OSCAR E. CARBONE, *El patrimonio de San Martín*, Buenos Aires, Museo Histórico Nacional, 1959.

88. Cfr. R. LABOUGLE, *op. cit.*, pág. 185.

89. MHN, *SMSC*, pág. 243. Mendoza, 30 de abril de 1825.

90. *Ibídem*, pág. 181. Bruselas, 3 de agosto de 1826.

91. CNC, *DASM*, tomo X, pág. 18. Bruselas, 20 de octubre de 1827.

92. MHN, *SMSC*, pág. 80.

93. *Ibídem*, pág. 82. De San Martín a Miller, 1º de mayo de 1828.

94. *Ibídem*, pág. 85. Bruselas, 2 de agosto de 1828.

95. *Ibídem*, pág. 89. Bruselas, 24 de octubre de 1828.

96. CNC, *DASM*, tomo X, pág. 69. Buenos Aires, 6 de febrero de 1829.

97. *Ibídem*, pág. 70.

98. Cit. en J. P. OTERO, *op. cit.*, tomo IV.

99. CNC, *DASM*, tomo VI, pág. 547. Buenos Aires, 14 de febrero de 1829.

100. *Ibídem*, pág. 548. Buenos Aires, 23 de febrero de 1829.

101. Cit. en FLAVIO A. GARCÍA, "Presencia rioplatense de San Martín en 1829" en *Investigaciones y Ensayos*, Nº 8, Buenos Aires, Academia Nacional de la Historia, enero-junio de 1970, págs. 186-187.

102. Cit. en PLÁCIDO ABAD, *El general San Martín en Montevideo*, Montevideo, 1923, pág. 64.

103. Cfr. ARIOSTO D. GONZÁLEZ, "Presencia del espíritu y de las ideas del general San Martín en la constitución uruguaya de 1826-1830", en *José de San Martín, libertador, general y estadista*, Buenos Aires, Instituto Nacional Sanmartiniano, 1965.

104. Cit. en F. A. GARCÍA, *op. cit.*, págs. 194-195.

105. *Ibídem*, pág. 192.

106. Cit. en J. P. OTERO, *op. cit.*, tomo IV.

107. MHN, *SMSC*, *op. cit.*, págs. 234-235. Bruselas, 29 de septiembre de 1827.

108. CNC, *DASM*, *op. cit.*, tomo VI, págs. 556-557.

109. *Ibídem*, tomo VI, pág. 552. Buenos Aires, 12 de marzo de 1829.

110. AGN, *AG*, leg. cit., Montevideo, 19 de abril de 1829.

111. *Ibídem*, págs. 553.556. Montevideo, 3 de abril de 1829.

112. MHN, *SMSC*, *op. cit.* pág. 19. Montevideo, 13 de abril de 1829.

113. *Ibídem*, pág. 153.

114. Cit. en F. GARCÍA, *op. cit.*, pág. 200.

115. *Ibídem*, págs. 202-203.

116. AGN, *AG*, leg. cit., Montevideo, 27 de abril de 1829.

117. MHN, *SMSC*, *op. cit.*, pág. 20. Bruselas, 12 de febrero de 1830.

118. *Ibídem*, págs. 118-119. Buenos Aires, 4 de enero de 1830.

119. CNC, *DASM*, tomo IX, págs. 353.355. Bruselas, 8 de mayo de 1830.

120. Cit. en ARMANDO BRAUN MENÉNDEZ, "San Martín durante el ostracismo. A través de un

memorialista chileno", en *Boletín de la Academia Nacional de la Historia*, Buenos Aires, 1967, N° 39, págs. 171-172.

121. La concienzuda investigación de Sanz en los archivos de Bélgica y Holanda ha demostrado la inexistencia de pruebas documentales al respecto, por lo cual concluye dicho autor que "sólo cabe conjeturar que la invitación a que asumieran el mando militar de la revuelta, se limitó a una gestión que no alcanzó a configurar un ofrecimiento formal del gobierno" L. S. SANZ, *op. cit.*, pág. 553.

122. MHN, *SMSC, op. cit.*, págs. 287-288. París, 30 de julio de 1831.

123. *Ibídem*, pág. 21. De San Martín a O'Higgins, París, 1° de marzo de 1831.

124. MHN, *SMSC, op. cit.*, págs. 288-289. San Martín a Rivadeneira, París, 30 de julio de 1831.

125. *Ibídem*, págs. 26.27. París, 1° de marzo de 1832.

126. *Ibídem*, pág. 34. París, 22 de diciembre de 1832.

127. MHN, *SMSC, op. cit.* págs. 291-292. Lima, 28 de junio de 1832.

128. *Ibídem*, pág. 35. París, 22 de diciembre de 1832.

129. Cit. en J. P. OTERO, *op. cit.*, pág. 201.

130. MHN, *SMSC, op. cit.*, pág. 36. San Martín a O'Higgins, París, 22 de diciembre de 1832.

131. CNC, *SMSC, op. cit.*, tomo VI, pág. 579. Buenos Aires, 20 de octubre de 1833.

132. AGN, *AG*, leg. cit., París, 1° de febrero de 1834.

133. Cfr. LUIS KARDÚNER, *Alejandro Aguado, el bienhechor*, Buenos Aires, Instituto Judío-Argentino de Cultura e Información, 1953.

134. AGN, *AG*, leg. cit., San Martín a Guido, Grand Bourg, cerca de París, 16 de agosto de 1834.

135. CNC, *DASM, op. cit.*, tomo X, pág. 84. De San Martín a Manuel Moreno, Grand Bourg, 30 de julio de 1834.

136. *Ibídem*, pág. 104. San Martín a Guido, Gran Bourg, 3 de octubre de 1834.

137. AGN, *AG*, leg. cit., San Martín a Guido, Grand Bourg, 17 de diciembre de 1835.

138. *Ibídem*.

139. *Ibídem*, 26 de octubre de 1836.

140. Cfr. ISIDORO J. RUIZ MORENO, "En torno al legado del sable. San Martín y Rosas", en *Investigaciones y Ensayos*, Buenos Aires, Academia Nacional de la Historia, julio-diciembre de 1981, N° 31, pág. 391.

141. MHN, *SMSC, op. cit.*, pág. 325, Grand Bourg, 5 de diciembre de 1835.

142. *Ibídem*, pág. 47. París, 18 de diciembre de 1836.

143. CNC, *DASM, op. cit.*, tomo IX, pág. 496. Gran Bourg, 1° de febrero de 1837.

144. Cit. en BRAUN MENÉNDEZ, *op. cit.*, pág. 173.

145. *Ibídem*, pág. 174.

146. MHN, *SMSC, op. cit.*, págs. 60-61. De San Martín a O'Higgins, París, 3 de diciembre de 1837.

147. CNC, *DASM*, tomo XI, pág. 192. Florencio Balcarce a Mariano Balcarce, París, 3 de mayo de 1838.

148. *Ibídem*, tomo X, pág. 479. Gran Bourg, 14 de septiembre de 1838.

149. MHN, *SMSC*, pág. 125.

150. Cfr. I. RUIZ MORENO, *op. cit.*, pág. 393.

151. MHN, *SMSC*, pág. 126. Buenos Aires, 24 de enero de 1839.

152. C. GALVÁN MORENO, *El apóstol de la libertad. San Martín en su vida y en sus obras*, Buenos Aires, Claridad, 1946, pág. 226.

153. MHN, *SMSC*, págs. 127-128. Grand Bourg, 10 de julio de 1839.

154. CNC, *DASM*, tomo XI, pág. 500. Grand Bourg, 21 de setiembre de 1839.

155. MHN, *SMSC*, pág. 130. Grand Bourg, 30 de octubre de 1839.

156. J. P. OTERO, *op. cit.*, tomo IV, p.

157. BENJAMÍN VILLEGAS BASAVILBASO, "Significación moral del testamento de San Martín", en *Revista del Instituto de Investigaciones Históricas Juan Manuel de Rosas*, Buenos Aires, 1940, Nº 6, pág. 147.

158. Cfr. ROSAURO PÉREZ AUBONE, "Sarmiento, biógrafo del Libertador San Martín", en DOMINGO F. SARMIENTO, *Escritos sobre San Martín*, Buenos Aires, Instituto Nacional Sanmartiniano, 1966, pág. 11.

159. MHN, *SMSC*, *op. cit.*, págs. 212-213. Santiago de Chile, 14 de diciembre de 1841.

160. *Ibídem*, pág. 63. Grand Bourg, 2 de abril de 1841.

161. Cfr. EDMUNDO CORREAS, "San Martín y O'Higgins, una amistad inmortal", en *Boletín de la Academia Nacional de la Historia*, Buenos Aires, 1978, Nª 51, pág. 415.

162. MHN, *SMSC*, *op. cit.*, págs. 314-215. Gran Bourg, 22 de julio de 1842.

163. *Ibídem*, págs. 97-98. París, 25 de febrero de 1843.

164. *Ibídem*, pág. 133.

165. *Ibídem*, pág. 134.

166. CNC, *DASM*, tomo X, pág. 125.

167. MHN, *SMSC*, págs. 134-135. Nápoles, 11 de enero de 1846.

168. *Ibídem*, pág. 135. La Encarnación de Palermo de San Benito, 20 de mayo de 1847.

169. *Ibídem*, pág. 221. San Martín a Tocornal, Grand Bourg, 30 de diciembre de 1846.

170. DOMINGO F. SARMIENTO, *Viajes*, en *Obras Completas*, tomo V, pág. 138.

171. MHN, *SMSC*, pág. 136. Boulogne-sur-Mer, 2 de noviembre de 1848.

172. *Ibídem*, págs. 138-139. Buenos Aires, 19 de marzo de 1849.

173. Cit. en J. P. OTERO, tomo IV, pág. 431.

174. MHN, *SMSC*, pág. 143.

175. *Ibídem*, pag. 136. Boulogne Sur Mer, 2 de noviembre de 1848.

176. FÉLIX FRÍAS, *Muerte del general San Martín*, París, 29 de agosto de 1850. Cit. en J. L. BUSANICHE, *op. cit.*, págs. 335-336

177. MHN, *SMSC*, pág. 330.

178. *Ibídem*, pág. 331. Boulogne-sur-Mer, 15 de marzo de 1849.

179. D. F. SARMIENTO, *Escritos sobre San Martín*, *op. cit.*, pág. 163.

FUENTES

1. DOCUMENTALES

a) Éditas

ACADEMIA NACIONAL DE LA HISTORIA, *Epistolario Belgraniano*, Buenos Aires, 1970.

ARCHIVO GENERAL DE LA NACIÓN, *Documentos referentes a la guerra de la Independencia y emancipación política de la República Argentina y de otras secciones de América, a que cooperó desde 1810 a 1828*. Buenos Aires, R. Radaelli, 1917/1926.

— *Partes oficiales y documentos relativos a la guerra de la independencia argentina*. Buenos Aires, 1903.

— *Acuerdos del extinguido Cabildo de Buenos Aires*, Buenos Aires, Kraft, 1928.

ARCHIVO NACIONAL, *Archivo de don Bernardo O'Higgins*, Santiago de Chile, Imprenta Universitaria, 1949/1951. Tomos V, VI, VII y VIII.

COMISIÓN NACIONAL DEL CENTENARIO, *Documentos del Archivo de San Martín*, Buenos Aires, Coni, 1910/1911. 12 volúmenes.

"Cartas de los generales Martínez, Lavalle y Correa en 1824", en *Revista Nacional*, Buenos Aires, Imprenta europea, 1890, tomo XII.

Correspondencia de San Martín y Torre Tagle. Lima, librería-editorial Juan Mejía Baca, 1963. Prólogo, recopilación y ordenamiento de Javier Ortiz de Zevallos con facsímiles de cartas y borradores.

GUIDO Y SPANO, CARLOS, *Vindicación histórica. Papeles del brigadier general Guido. 1817-1820. Coordinados y anotados por...*, Buenos Aires, Carlos Casavalle editor, 1882.

INSTITUTO NACIONAL SANMARTINIANO, *La conducción política del general San Martín durante el Protectorado del Perú*, M. V. Durruty impresor, 1982, tres tomos.

JOSÉ DE SAN MARTÍN, *Epistolario selecto. Otros documentos*. Buenos Aires, W. M. Jackson Inc. editores, 1953. Prólogo de J. C. Raffo de la Reta.

MINISTERIO DE EDUCACIÓN DE LA NACIÓN - INSTITUTO NACIONAL SANMARTINIANO - MUSEO HISTÓRICO NACIONAL, *Documentos para la historia del Libertador general San Martín*, Buenos Aires, 1953/1994, 16 volúmenes.

MUSEO HISTÓRICO NACIONAL, *San Martín. Su correspondencia. 1823-1850*. Madrid, Imprenta de Bailly-Baillière e hijos, 1910, 2ª edición.

MUSEO MITRE, *Documentos del Archivo de Pueyrredón*, Buenos Aires, Imprenta Coni hnos., 1912.

— *Documentos del Archivo de Belgrano*, Buenos Aires, Coni, 1913/1917.

SENADO DE LA NACIÓN, *Biblioteca de Mayo. Colección de Obras y documentos para la historia argentina*. Buenos Aires, Imprenta del Congreso de la Nación, 1960/1963, 19 volúmenes.

b) Inéditas:

ARCHIVO GENERAL DE LA NACIÓN, Sala VII:
Legajo 191. Colección Fariní [3-1-1]
Legajo 1436. Documentación de José de San Martín [20-3-16]
Legajos 1869 y 1870. Fondo A. M. Candioti. Colección de documentos y escritos sobre San Martín [Nº 15 y Nº 16]
Legajo 1933. Correspondencia de San Martín con Goyo Gómez [15-4-15]
Legajo 2007. Fondo Tomás Guido. Tomo 1. Correspondencia de San Martín [16-1-1]
Legajo 2566. Fondo Arenales. Correspondencia con San Martín [Caja 11]
Legajo 2308. Colección Carlos Casavalle. Documentación general 1812-1818 [Nº 6]

2. TESTIMONIALES

ALBERDI, JUAN BAUTISTA, "El general San Martín en 1843", en *Obras completas,* Buenos Aires, 1886, tomo II.

ALVARADO, RUDECINDO. *Memoria histórico-biográfica.* Buenos Aires, Museo Histórico Nacional, 1910.

ÁLVAREZ THOMAS, IGNACIO, "Memorándum para mi familia", en *Biblioteca de Mayo,* tomo II, pág. 1722-1759.

ARENALES, JOSÉ I. *Segunda campaña a la sierra del Perú en 1821.* Buenos Aires, La Cultura Argentina, 1920.

BERUTI, JUAN MANUEL, "Memorias curiosas", en *Biblioteca de Mayo,* tomo IV, págs. 3.647-4.150.

BRACKENRIDGE, E. M., *La independencia argentina,* Buenos Aires, 1927.

BRAUN MENÉNDEZ, ARMANDO, "San Martín durante el ostracismo. A través de un memorialista chileno", en *Boletín de la Academia Nacional de la Historia.* Buenos Aires, 1967, Nº 39, pág. 169-175.

BRAYER, MIGUEL, "Relación histórica de las operaciones de la división del Sud que formó parte del Ejército de los Andes y Chile. Mayo a octubre de 1817", en *Revista Nacional,* Buenos Aires, Imprenta Europea, 1888, tomo VII, pág. 226-250.

BUSANICHE, JOSÉ LUIS. *San Martín visto por sus contemporáneos.* Buenos Aires, Ediciones Argentinas Solar, 1942.

COCHRANE, THOMAS, *Memorias.* Santiago de Chile, Ed. del Pacífico, 1954.

ESPEJO, GERÓNIMO. "El paso de los Andes. Crónica histórica de las operaciones del ejército de los Andes para la restauración de Chile en 1817", en *Biblioteca de Mayo,* tomo XVI, 1ª parte.

— "Apuntes históricos sobre la expedición libertadora del Perú, 1820", en *ibídem,* tomo XVII, primera parte.

— "Recuerdos. San Martín y Bolívar. Entrevista de Guayaquil, 1822", en *ibídem,* tomo XVII, 2ª parte.

— "Reflexiones sobre las causas que motivaron el mal éxito de la expedición a puertos intermedios, mandada por el general Alvarado", en *ibídem.*

GUIDO, TOMÁS. *San Martín y la gran epopeya,* Buenos Aires, El Ateneo, 1928.

GUIDO, RUFINO. "Entrevista de Guayaquil de los generales San Martín y Bolívar", 1822, en *Biblioteca de Mayo,* tomo XVII, 2ª parte.

HAIGH, SAMUEL. *Bosquejos de Buenos Aires, Chile y Perú.* Buenos Aires, 1920. Traducción y prólogo de Carlos A. Aldao.

HUDSON, DAMIÁN. *Recuerdos históricos de la provincia de Cuyo.* Mendoza, 1931.

HALL, BASILIO. E*l general San Martín en el Perú. Extractos de diarios escritos en las costas de Chile, Perú y Méjico en los años 1820, 21 y 22.* Buenos Aires, Vaccaro, 1920.

IRIARTE, TOMÁS DE. *Memorias.* Buenos Aires, Ediciones Argentinas, 1944. Con estudio preliminar de Enrique de Gandía. Tomos I y III.

MELIÁN, JOSÉ, "Apuntes históricos", en B*iblioteca de Mayo,* tomo II.

MILLER, JOHN. *Memorias del general Miller.* Buenos Aires, Emecé, 1997.

PAZ, JOSÉ MARÍA. *Memorias póstumas.* Buenos Aires, Almanueva, 1954.

POSADAS, GERVASIO ANTONIO, "Autobiografía", en B*iblioteca de Mayo,* tomo IV.

PROCTOR, ROBERTO. *Narraciones del viaje por la cordillera de los Andes y residencia en Lima y otras partes del Perú en los años 1823 y 1824.* Buenos Aires, Vaccaro, 1920. Traducción y prólogo de Carlos A. Aldao.

PUEYRREDÓN, MANUEL ALEJANDRO. *Memorias inéditas. Historia de mi vida. Campañas del Ejército de los Andes.* Buenos Aires, Kraft, 1947.

— *Escritos históricos del coronel...*, Buenos Aires, editor Julio Suárez-Librería Cervantes, 1929.

ROBERTSON, J. F. Y G. P. *La Argentina en la época de la revolución. Cartas sobre el Paraguay.* Buenos Aires, Vaccaro, 1920.

ROCA, JOSÉ SEGUNDO. *Apuntes póstumos. Relación histórica de la primera campaña del general Arenales a la Sierra del Perú en 1820.* Buenos Aires, Imprenta de Mayo, 1863.

ROJAS, MANUEL, "Memoria de los sucesos ocurridos en el Perú durante la permanencia de las tropas argentinas", en *Revista Nacional,* tomo VII. Buenos Aires, Imprenta Europea, 1888.

3. BIBLIOGRÁFICAS

ABAD, PLÁCIDO. *El general San Martín en Montevideo,* Montevideo, Peña Hnos., 1923.

ACADEMIA NACIONAL DE LA HISTORIA, *Historia de la Nación Argentina,* Buenos Aires, El Ateneo, 1941.

— *San Martín. Homenaje de la Academia Nacional de la Historia en el centenario de su muerte*, Buenos Aires, 1951.

ACADEMIA NACIONAL DE LA HISTORIA [DE VENEZUELA], *La conferencia de Guayaquil: informe sobre cartas insertas en el libro del señor Eduardo L. Colombres Mármol "San Martín y Bolívar en la entrevista de Guayaquil a la luz de nuevos documentos definitivos". Seguido de un estudio del doctor Vicente Lecuna sobre las mismas cartas y de la reproducción de documentos auténticos conexos con el asunto y de las cartas apócrifas publicadas en dicho libro.* Caracas, La Academia, 1940.

ACEVEDO, EDBERTO O. "San Martín y su ideario hacia 1810", en *Investigaciones y Ensayos.* Buenos Aires, Academia Nacional de la Historia, enero-diciembre 1991, Nº 41, págs. 189-305.

— "San Martín y el sistema político de Cuyo (1815-1817). Contribución al estudio de sus ideas políticas", en *Investigaciones y Ensayos.* Buenos Aires, Academia Nacional de la Historia, julio-diciembre 1981, Nº 31, pág. 115-155.

AGUIRRE MOLINA, RAÚL, *San Martín: amigo de los libros,* Buenos Aires, 1948.

— *El Gran Mariscal del Perú Ramón Castilla y sus vinculaciones con el general San Martín,* Buenos Aires, El Ateneo, 1950.

ALBERDI, JUAN BAUTISTA. *Escritos póstumos. Del gobierno en Sudamérica.* Buenos Aires, 1896.

ALONSO PIÑEIRO, ARMANDO, *El año 1814 en la vida de San Martín,* Buenos Aires, Fundación Rizzuto, 1971.

ALTAMIRA, LUIS R. *San Martín, sus relaciones con don Bernardino Rivadavia.* Buenos Aires, 1950.

ÁLVAREZ, AGUSTÍN, *Las tribulaciones póstumas de San Martín,* Buenos Aires, s/e., 1911.

ANSCHÜTZ, CAMILO. *Historia del regimiento de Granaderos a Caballo (1812-1826).* Buenos Aires, Círculo Militar, 1945.

ASTESANO, EDUARDO B. *San Martín y el origen del capitalismo argentino.* Buenos Aires, Ed. Coyoacán, 1961.

AZAROLA GIL, LUIS ENRIQUE. *Los San Martín en la Banda Oriental,* Buenos Aires, 1936.

BARCIA, AUGUSTO. *San Martín y la Logia Lautaro.* Buenos Aires, Gran Oriente federal argentino, 1950.

BARCIA TRELLES, AUGUSTO. *San Martín en España, en América y en Europa.* Buenos Aires, 1941-1948.

BAS, JORGE, "Notas referentes a la salida de San Martín del Perú", en *Revista de la Universidad Nacional de Córdoba*, Córdoba, 1962, págs. 7-65.

BAZÁN LAZCANO, MARCELO. "El combate de San Lorenzo", en R*evista de la Escuela Superior de Guerra.* Buenos Aires, 1973, Nº 405-406.

BENECIA, JULIO ARTURO. *Cómo San Martín y Belgrano no se encontraron en Yatasto.* Buenos Aires, 1973.

BERNARD, TOMÁS DIEGO, H. *Mujeres en la epopeya sanmartiniana.* Buenos Aires, Instituto Nacional Sanmartiniano, 1948.

BERRUEZO LEÓN, MARÍA TERESA. *La participación americana en las Cortes de Cádiz. 1810 -1814.* Madrid, Centro de Estudios constitucionales, 1986.

— *Las Cortes de Cádiz y la independencia de América.* Madrid, Gela; Espasa-Calpe; Argantonio, 1991.

— *La lucha de Hispanoamérica por su independencia en Inglaterra: 1800-1830.* Madrid, Ed. de Cultura Hispánica, 1989.

BEST, FÉLIX. *Historia de las guerras argentinas,* Buenos Aires, Peuser, 1960.

BISCHOFF, EFRAIM. *El general San Martín en Córdoba.* Córdoba, Librería Cervantes, 1950.

— "El Libertador en Saldán", en *La Nación.* Buenos Aires, 25 de febrero de 1978.

BOSCH, BEATRIZ. "El primer homenaje", en *La Prensa.* Buenos Aires, 12 de marzo de 1978.

— "Una frustrada historia del Libertador", en *El Hogar,* 27 de enero de 1950.

— "Fundador de bibliotecas", en *El Hogar,* 18 de agosto de 1950.

BRAUN MENÉNDEZ, ARMANDO, S*an Martín y la expedición libertadora del Perú,* Buenos Aires, Comisión Nacional de Museos y de Monumentos y Lugares Históricos. Ministerio de Educación y Justicia, 1962.

BRUNO, CAYETANO, "El clero abrió a San Martín las puertas de Lima", en *Universitas,* Buenos Aires, marzo-diciembre de 1985, N° 74, págs. 3-16.

— "Terrorismo y antiterrorismo en los albores de la emancipación", en *Investigaciones y Ensayos,* Buenos Aires, Academia Nacional de la Historia, 1990, págs. 60-113.

BULNES, GONZALO. *Últimas campañas de la independencia del Perú (1822-1826).* Santiago de Chile, Imprenta y encuadernación Barcelona, 1897.

BURZIO, HUMBERTO F.-OTAMENDI, BELISARIO J. *Numismática sanmartiniana.* Buenos Aires, 1971.

BUSANICHE, JOSÉ LUIS. *San Martín vivo.* Buenos Aires, Emecé, 1950.

BUSHNELL, DAVID-MACAULAY, NEILL. *El nacimiento de los países latinoamericanos.* Madrid, Nerea, 1989.

CAILLET BOIS, RICARDO R., *San Martín y el Ejército del Norte.* Buenos Aires, Comisión Nacional de Museos, Monumentos y Lugares Históricos, 1956.

— "Un informe curioso sobre la actividad de San Martín en Europa", en *Anales de la Academia Sanmartiniana,* Buenos Aires, 1968, N° 5.

CAILLET BOIS, TEODORO. "Una colección de libros del general San Martín", en *Ciencia e Investigación.* Buenos Aires, agosto 1950, vol. VI, N° 8, págs. 339-345.

— *La extraña tertulia de Mrs. Graham.* Buenos Aires, 1941.

— *El dictador José de San Martín según un escritor norteamericano.* Buenos Aires, Instituto Sanmartiniano, 1938.

CARBONE, OSCAR E. *El patrimonio de San Martín.* Buenos Aires, Museo Histórico Nacional, 1959.

— "Alberdi, Varela y Sarmiento. Tres visitas históricas a San Martín", en *Anales de la Academia sanmartiniana,* Buenos Aires, 1959, N° 1, pág. 37-54.

CARRANZA, ADOLFO P. *San Martín,* Buenos Aires, 1905.

CARRANZA, ANGEL JUSTINIANO. *Campañas navales de la República Argentina.* Buenos Aires, Secretaría de Estado de Marina. Subsecretaría Departamento de Estudios Históricos Navales, 1962.

CARRIL, BONIFACIO DEL. *Iconografía del general San Martín,* Buenos Aires, Emecé, 1972.

CASTRO ESTEVEZ, RAMÓN DE. *El general San Martín, el correo y las comunicaciones.* Buenos Aires, Ministerio de Comunicaciones, 1950.

— *Complemento documental a la obra El general San Martín, el correo y las comunicaciones.* Buenos Aires, Ministerio de Comunicaciones, 1950.

COLMENARES, LUIS OSCAR, *San Martín y Güemes en la gesta por la independencia argentina,* Salta, Instituto Güemesiano, 1994.

COMISIÓN NACIONAL EJECUTIVA DE HOMENAJE AL BICENTENARIO DEL NACIMIENTO DEL GENERAL JOSÉ DE SAN MARTÍN. *Primer congreso internacional sanmartiniano,* Buenos Aires, 1979, 8 volúmenes.

CORBIÉRE, EMILIO. *La masonería. Política y sociedades secretas en la Argentina.* Buenos Aires, Sudamericana, 1998.

CORNEJO, ATILIO. *La entrevista de San Martín y Belgrano en Yatasto.* Buenos Aires, Instituto Nacional Sanmartiniano, 1959.

— "San Martín y Salta", en *San Martín. Homenaje de la Academia Nacional de la Historia en el centenario de su muerte.* Buenos Aires, 1951, tomo I.

CORREAS, EDMUNDO, "Historia del general José de San Martín y Mendoza", en MARTÍNEZ, PEDRO S. (dir.), *Homenaje al Dr. Edmundo Correas,* Mendoza, Ediciones Culturales, Junta de Estudios Históricos de Mendoza, 1994.

— "San Martín y O'Higgins, una amistad inmortal", en *Boletín de la Academia Nacional de la Historia*. Buenos Aires, 1978, N° 51, págs. 411-415.

COURTAUX PELLEGRINI, CARLOS A., *Cómo se difama en Chile al general San Martín: publicaciones de dudosa finalidad*, Buenos Aires, 1947.

— *La personalidad del general San Martín juzgado por algunos escritores chilenos, ignorancia y maldad*. Buenos Aires, 1949.

— "Qué muestra y demuestra la correspondencia particular de San Martín", en *Anales de la Academia Sanmartiniana*, 1959, N° 1, pág. 87 -111.

CUCCORESE, HORACIO J. "Historia de las ideas. La «cuestión religiosa». La religiosidad de Belgrano y San Martín. Controversia entre católicos, masones y liberales", en *Investigaciones y Ensayos*, Buenos Aires, Academia Nacional de la Historia, 1990, N° 40, págs. 115-144.

— "El pensamiento político de San Martín. 1814-1818", en *Primer Congreso Internacional Sanmartiniano*, Buenos Aires, 1979.

— *San Martín. Catolicismo y masonería. Precisiones históricas a la luz de documentos y testimonios analizados con espíritu crítico*. Buenos Aires, Instituto Nacional Sanmartiniano - Fundación Mater Dei, 1993.

CHÁVEZ, JULIO CÉSAR, *La entrevista de Guayaquil*, Buenos Aires, Eudeba, 1965.

CHÁVEZ, FERMÍN. *Testamentos de San Martín y Rosas y la protesta de Rosas*. Buenos Aires, Theoría, 1975.

DE MARCO, MIGUEL ÁNGEL. *José María Salazar y la marina contrarrevolucionaria en el Plata*. Rosario, Instituto de Historia Política, 1996.

DENEGRI LUNA, FÉLIX. "San Martín y su admirable estrategia política y militar", en *Primer Congreso Internacional Sanmartiniano*. Buenos Aires, 1979, tomo IV, págs. 405-427.

DESCALZO, BARTOLOMÉ. *Contribución al esclarecimiento de episodios relacionados con la vida y actos del Libertador y del gobernador general Juan Manuel de Rosas: colaboración del Instituto Nacional Sanmartiniano al revisionismo histórico*. Buenos Aires, Instituto Nacional Sanmartiniano, 1949.

— *El corvo glorioso del gran capitán y el estandarte del bravo español don Francisco Pizarro*. Buenos Aires, Instituto Nacional Sanmartiniano, 1948.

— *San Lorenzo, 3-II-1813: combate de los Granaderos a Caballo. Homenaje a los granaderos Cabral y Baigorria*. Buenos Aires, D. Cersósimo, 1942.

DESTÉFANI, LAURIO H. "Aportes a las acciones marítimas sanmartinianas", en *Anales de la Academia Sanmartiniana*. Buenos Aires, 1979, N° 13, págs. 17-41.

DÍAZ DE MOLINA, ALFREDO, *El genio epónimo del libertador José de San Martín*. Buenos Aires, Instituto Argentino de Ciencias Genealógicas, 1951.

DOSE DE ZEMBORAIN, JUSTA. "Las afinidades electivas: San Martín en el ostracismo", en *Congreso Nacional de Historia del Libertador General San Martín*. Mendoza, 1953. Tomo I, págs. 115-136.

— (comp.) *El general San Martín en las tradiciones de Pastor S. Obligado*. Buenos Aires, A. Estrada, 1950.

DRAGHI LUCERO, JUAN. *"El Libertador, su chacra y la villa de los Barriales"*, en *Revista de la Junta de Estudios Históricos*. Mendoza, 1984, N° 10, págs. 105-110.

DREYER, MARIO S., *San Martín y Belgrano, almas paralelas: semblanza de los próceres*. S/l., 1995.

— *Las enfermedades del general D. José de San Martín. La influencia de su espíritu en la recurrencia de sus afecciones y apoteosis*. Buenos Aires, Instituto de Investigaciones de Historia de las Ciencias, 1982.

DUCRÓS HICKEN, PABLO C., "San Martín a través de sus retratos", en *Anales de la Academia Sanmartiniana*, Buenos Aires, Instituto Nacional Sanmartiniano, 1961, N° 2.

ELETA, FERMÍN. *El dominio del mar en la estrategia de San Martín*. Buenos Aires, Fundación Rizzuto, 1976.

— *San Martín y la libertad de Chile*. Madrid, Importécnica, 1982.

ENCINA, FRANCISCO. *La entrevista de Guayaquil, fin del protectorado y defunción del Ejército libertador de Chile*. Santiago de Chile, Nascimento, 1953.

ESPÍNDOLA, ADOLFO. *San Martín en el Ejército español en la península. Segunda etapa sanmartiniana*. Buenos Aires, Comisión Nacional Ejecutiva del 150° Aniversario de la Revolución de Mayo, 1962, dos volúmenes.

ESTEVEZ, ALFREDO Y ELÍA, OSCAR H., *Aspectos económico-financieros de la campaña sanmartiniana.* Buenos Aires, Comisión Nacional Ejecutiva del 150° Aniversario de la Revolución de Mayo, 1961.

FAMIN, CÉSAR, *Historia de Chile*, Barcelona, Imprenta del Guardia Nacional, 1839.

FERNÁNDEZ BALZANO, OSCAR. *El general San Martín en el exilio.* Buenos Aires, Centro argentino de estudios e investigaciones sociopolíticos, 1978.

FITTE, ERNESTO J. "El comodoro Heywood y el cónsul Staples: dos extraños amigos de San Martín", en *Anales de la Academia Sanmartiniana.* Buenos Aires, 1979, N° 13, pág. 49-61.

— *"Vicisitudes de San Martín en Cuyo"*, en *Anales.* Buenos Aires, Instituto Nacional Sanmartiniano, 1962, N° 3.

FLORIT, ERNESTO. *San Martín y la causa de América.* Buenos Aires, Círculo Militar, 1967.

FONTANEDA PÉREZ, EUGENIO, *Raíces castellanas de San Martín y genealogía de los Matorras,* Madrid, 1981.

FRÍAS, BERNARDO. *Biografía del prócer de la independencia don Francisco de Gurruchaga.* Salta, 1910.

FRÍAS, FÉLIX. "Muerte, exequias y necrología del general San Martín", en *Escritos y discursos,* Buenos Aires, 1884.

FURLONG, GUILLERMO, *El general José de San Martín ¿masón, católico, deísta?,* Buenos Aires, Club de Lectores, 1920.

GALATOIRE, ADOLFO. *Cuáles fueron las enfermedades de San Martín.* Buenos Aires, Plus Ultra, 1973.

GALVÁN MORENO, CELEDONIO. *El apóstol de la libertad: San Martín, en su vida y en sus obras.* Buenos Aires, Claridad, 1946.

— *San Martín, el Libertador.* Buenos Aires, Claridad, 1942.

GANDÍA, ENRIQUE DE, *La independencia de América y las sociedades secretas.* Santa Fe, Ed. Sudamérica Santa Fe, 1994.

— "La prensa porteña y los últimos planes de San Martín", en *VI Congreso Internacional de Historia de América.* Buenos Aires, 1982, tomo IV.

— *San Martín. Su pensamiento político.* Buenos Aires, Pleamar, 1964.

— *Napoleón y la independencia de América.* Buenos Aires, 1995.

— "La Logia 0-0 y la supuesta desobediencia de San Martín", en *Investigaciones y Ensayos.* Buenos Aires, Academia Nacional de la Historia, enero-junio 1981, N° 30, págs. 15-53.

GARCÍA, FLAVIO A., "San Martín y el Uruguay", en revista *Biblioteca Nacional,* Montevideo, s/e., 1977.

— *El retorno de San Martín y la mediación de Rivera en 1829.* Montevideo, 1951.

— *Artigas y San Martín. Contribución documental sobre la mediación chilena en 1819.* Montevideo, 1950.

— "Presencia rioplatense de San Martín en 1829", en *Investigaciones y Ensayos.* Buenos Aires, Academia Nacional de la Historia, enero-junio de 1970, N° 8, págs. 173-207.

GARCÍA-BAQUERO GONZÁLEZ, ANTONIO. *Comercio colonial y guerras revolucionarias: la decadencia económica de Cádiz a raíz de la emancipación americana.* Sevilla, Escuela de Estudios Hispanoamericanos de Sevilla, 1972.

GARCÍA GODOY, CRISTIÁN, *San Martín y Torre Tagle,* en *Revista de Historia de América,* México, Instituto Panamericano de Geografía e Historia, 1985, N°100, págs. 231-249.

— "Tomás Godoy Cruz y su asociación política con el general José de San Martín", en *Revista de Historia de América,* México, Instituto Panamericano de Geografía e Historia, 1991, N° 111, págs. 135-146.

— *Tomás Godoy Cruz: su tiempo, su vida, su drama: ensayo crítico.* Washington, Full Life/Vida Plena, 1991.

— *San Martín y Unanue en la liberación del Perú.* Buenos Aires, Academia Nacional de la Historia, 1983.

GÁRGARO, ALFREDO. "San Martín en el Ejército del Norte", en *San Martín.* Buenos Aires, Instituto Nacional Sanmartiniano, setiembre-diciembre 1854, N° 35.

— "Itinerario de San Martín en el ejército del Norte y abrazo con Belgrano en Tucumán", en *Revista de la Junta de Estudios Históricos de Santiago del Estero,* Santiago del Estero, enero-diciembre 1950, N° 50.

GENTA, JORDÁN B., *La masonería en la historia argentina: a propósito del centenario de la muerte del general San Martín (1850-1950),* Buenos Aires, Ed. del Restaurador, 1949.

GENTILUOMO, FEDERICO A. S*an Martín y la provincia de Cuyo: precursores de la Nación* Tucumán, 1950. Prólogo de Manuel Lizondo Borda.

GIANELLO, LEONCIO. "San Martín en la historiografía española", en *La Nación.* Buenos Aires, 18 de agosto de 1991.

GÓMEZ, HERNÁN. *Yapeyú y San Martín.* Buenos Aires, Lib. Nacional, 1923.

GÓMEZ CARRASCO, RAFAEL. *El general José de San Martín, biogenealogía hispana del caudillo argentino.* Madrid-Buenos Aires, Peuser, 1961.

GONZÁLEZ, ARIOSTO D. "Presencia del espíritu y de las ideas del general San Martín en la constitución uruguaya de 1826-1830", en *José de San Martín, libertador, general y estadista.* Buenos Aires, Instituto Nacional Sanmartiniano, 1965.

GONZÁLEZ, JOAQUÍN V. "El silencio del general San Martín", en *Obras completas,* Buenos Aires, Congreso de la República, 1936, vol. XXII.

GRASES, PEDRO. "Cartas inéditas de José Joaquín de Olmedo al general José de San Martín (1821-1822)", en *Boletín de la Academia Nacional de la Historia* [de Venezuela]. Caracas, abril-junio de 1979, N° 246.

GUALI JAEN, RICARDO. *Biografía del general San Martín.* Buenos Aires, Biblioteca Nacional, 1950.

GUASTAVINO, JUAN ESTEBAN. *San Martín y Simón Bolívar. Glorifobia y cochranismo póstumo.* Buenos Aires, J. L. Dasso, 1913.

GUERRERO, CÉSAR H., *San Martín en 1814: el año de su profecía.* Buenos Aires, Asociación Cultural Sanmartiniana, 1977.

— *San Martín y sus vinculaciones con San Juan.* San Juan, Archivo Histórico y Administrativo, 1964.

GUILLÉN, JULIO. *Las campañas de San Martín en la fragata "Santa Dorotea" cuando era subteniente del Regimiento de Murcia, 1798.* Madrid, Instituto Histórico de Marina, 1966.

GUILLÓ, FRANCISCO. *Episodios patrios.* Buenos Aires, Maucci, s./f.

GÚSEV, VLADIMIR. *El ardiente viento del sur: José de San Martín.* Moscú, Progreso, 1991.

GUTIÉRREZ, JUAN MARÍA, *Bosquejo biográfico del general D. José de San Martín,* Buenos Aires, Casavalle, 1868.

GUZMÁN, CARLOS ALBERTO, S*an Martín: 1824-1850.* Buenos Aires, Círculo Militar, 1993.

— *Génesis, formación y ostracismo del general José de San Martín.* Tandil, 1978.

— *José de San Martín y el Seminario de Nobles de Madrid,* Madrid, 1980.

HALPERÍN DONGHI, TULIO, *Reforma y disolución de los imperios ibéricos.* Madrid, Alianza, 1985.

— *Historia contemporánea de América Latina.* Madrid, Alianza, 1996 (edición revisada y ampliada)

— *El Río de la Plata al comenzar el siglo XIX.* Buenos Aires, Eudeba, 1961.

— "Militarización revolucionaria en Buenos Aires. 1805-1815", en *El ocaso del orden colonial en Hispanoamérica.* Buenos Aires, Sudamericana, 1978.

HAMMERLY DUPUY, DANIEL. S*an Martín y Artigas, ¿adversarios o colaboradores?* Buenos Aires, Noel, 1951. Prefacio de E. Ravignani.

HARRISON, MARGARET H. *Capitán de América: vida de José de San Martín.* Buenos Aires, Ayacucho, 1943.

IBARGUREN, CARLOS. *En la penumbra de la historia argentina.* Buenos Aires, La Facultad, 1932.

— "San Martín, el hombre. Sus sentimientos y el drama interior", en *Jockey Club,* Buenos Aires, 1950.

— *San Martín íntimo. El hombre en su lucha.* Buenos Aires, Peuser, 1960.

INSTITUTO ESPAÑOL SANMARTINIANO, *Vida española del general San Martín,* Madrid, 1994.

— *San Martín en España.* Madrid, 1981.

INSTITUTO NACIONAL SANMARTINIANO, *José de San Martín: Libertador de América.* Buenos Aires, Manrique Zago ediciones, 1995.

— *Corona fúnebre: homenaje de la República Argentina a los padres del Libertador General D. José de San Martín.* Buenos Aires, 1948.

— *Renunciamiento del Capitán General don José de San Martín.* Buenos Aires, 1971.

— *San Martín y la cultura.* Buenos Aires, 1978.

KARDUNER, LUIS. *Alejandro Aguado, el bienhechor.* Buenos Aires, Instituto Judío-Argentino de Cultura e Información, 1953.

LABOUGLE, RAÚL DE. "San Martín en el ostracismo. Sus recursos", en *Investigaciones y Ensayos.* Buenos Aires, Academia Nacional de la Historia, enero-junio 1972, N° 12, págs. 167-192.

LANDA, AUGUSTO. *Dr. José Ignacio de la Roza, gobernador de San Juan de 1815 a 1820. Documentación histórica.* San Juan, Talleres Gráficos del Estado, 1941.

LAPPAS, ALCIBÍADES. *San Martín y su ideario liberal.* Adrogué, Símbolo, 1982.

— "San Martín y las Logias", en *La Nación.* Buenos Aires, 25 de febrero de 1978.

— *La masonería argentina a través de sus hombres.* Buenos Aires, edición de R. Rego, 1958.

— (y otros) *Nuevos estudios sobre la vida y la obra del Libertador general José de San Martín.* Buenos Aires, Junta de Estudios Históricos de San José de Flores, 1978.

LARA, JORGE SALVADOR, *Banderas al viento: ensayos sobre la independencia,* en *El Instituto,* México, Instituto Panamericano de Geografía e Historia, 1990, N° 446.

LÁZARO, ORLANDO. *San Martín y Rosas.* Tucumán, Tucma, 1951.

LAZCANO, MARTÍN V. *Las sociedades secretas, políticas y masónicas en Buenos Aires.* Buenos Aires, El Ateneo, 1927.

LEGUÍA Y MARTÍNEZ, GERMÁN. *Historia de la emancipación del Perú: el Protectorado.* Lima, Comisión Nacional del Sesquicentenario de la Independencia del Perú, 1972.

LEVENE, RICARDO, *El genio político de San Martín.* Buenos Aires, Depalma, 1970.

LIZONDO BORDA, MANUEL. "San Martín y Belgrano: su encuentro en Las Juntas y Yatasto", en *San Martín.* Buenos Aires, Instituto Nacional Sanmartiniano, enero-abril 1954, N° 33.

LYNCH, JOHN. *Las revoluciones hispanoamericanas. 1808-1826.* Barcelona, Ariel, 1983.

LÓPEZ, VICENTE FIDEL. *Historia de la República Argentina. Su origen, su revolución y su desarrollo político.* Buenos Aires, Imprenta y encuadernación de G. Kraft, 1913.

— "El año XX. Cuadro general y sintético de la Revolución argentina", en *Revista del Río de la Plata.* Buenos Aires, 1872, tomo IV, N° 16.

— *La Revolución argentina.* Buenos Aires, 1881.

MACERA, CÉSAR I. *San Martín, gobernante del Perú.* Buenos Aires, J. H. Matera, 1950.

MARAÑÓN, GREGORIO. "San Martín el bueno y San Martín el malo. Notas de un destierro romántico", en *Boletín de la Real Academia de la Historia.* Madrid, 1950, tomo CXXVII.

— "San Martín o la fuerza del sino", en *Antología sanmartiniana,* Buenos Aires, 1950.

MARTÍNEZ, BEATRIZ, "Fuentes del pensamiento político de San Martín: período español", en *Primer Congreso Internacional Sanmartiniano,* Buenos Aires, 1979, tomo VII, págs. 285-305.

MARTÍNEZ ZUVIRÍA, GUSTAVO. "Los británicos e irlandeses sanmartinianos", en *Anales de la Academia Sanmartiniana.* Buenos Aires, 1979, N° 13, pág. 81-103.

— "La conducta, la ética y los principios morales del Libertador", en *Boletín de la Academia Nacional de la Historia,* Buenos Aires, 1978, N° 51, 439-457.

MARTIRÉ, EDUARDO. "Las Indias españolas a la sombra de Napoleón", en *Boletín de la Academia Nacional de la Historia.* Buenos Aires, 1991-1992, LXIV-LXV, págs. 319-330.

MAYER, JORGE M., "El marqués de Coupigny", en *Anales,* Buenos Aires, Academia Nacional de Derecho y Ciencias Sociales de Buenos Aires, s/f, año XV, 2ª época, N° 18.

— *La alborada, San Martín y Alberdi.* Buenos Aires, Abeledo-Perrot, 1978.

MAYOCHI, ENRIQUE MARIO, *El Libertador José de San Martín,* Buenos Aires, Instituto Nacional Sanmartiniano, 1995.

— *San Martín en la Argentina,* Buenos Aires, Academia Nacional de la Historia, 1978.

MEDRANO, SAMUEL W., *El Libertador José de San Martín.* Buenos Aires, Espasa-Calpe, 1950.

MELI, ROSA. *Guerra de recursos en la campaña sanmartiniana del Perú.* Buenos Aires, Comando en jefe del Ejército, 1970.

— "San Martín y Cochrane en el Perú, la versión de Juan Basilio Corteaga", en *Primer Congreso Internacional Sanmartiniano.* Buenos Aires, 1979.

MENÉNDEZ, JOSÉ MARÍA. *San Martín: sus ideas y su acción en la epopeya de la libertad.* Buenos Aires, Círculo Militar, 1950.

MERCADANTE, LUIS, *La entrevista de Guayaquil,* Buenos Aires, Fundación Rizzuto, 1972.

MITRE, BARTOLOMÉ. *Historia de San Martín y de la emancipación sudamericana.* Buenos Aires, Eudeba, 1977. Tres tomos.

— *Historia de Belgrano y de la independencia argentina.* Buenos aires, Imprenta de Mayo, 1859.

— *Correspondencia literaria, histórica y política del general Bartolomé Mitre.* Buenos Aires, Museo Mitre, 1912.

MITTELBACH, FEDERICO. "El general San Martín en el año 1814", en *Revista de la Escuela Superior de Guerra*. Buenos Aires, marzo-abril 1971, págs. 13-53.

MOLINA, RAÚL A., *San Martín en Buenos Aires hasta el combate de San Lorenzo,* Buenos Aires, Museo Histórico Nacional, 1957.

— "La masonería en el Río de la Plata. Un testimonio olvidado", en *Historia*. Buenos Aires, 1960, N° 20, pág. 311 y ss.

MOLINARI, DIEGO LUIS. "San Martín y Paroissien", en *Anales*. Buenos Aires, 1965, N° 5.

MORENO GUEVARA, ÁNGEL, *Historia militar de la expedición libertadora al Perú en 1820*. Santiago de Chile, Ministerio de Guerra, 1920.

MOSQUERA, ENRIQUE D., *Ensayo crítico sobre la campaña libertadora al Perú: hacia Guayaquil*. Buenos Aires, Círculo Militar, 1947.

— *San Martín organizador militar*. Buenos Aires, Fundación Rizzuto, 1973.

MOZAS MESA, MANUEL. *Bailén. Estudio político y militar de la gloriosa jornada*. Madrid, 1940.

NAVARRO GARCÍA, LUIS, "La Patria del general San Martin", en *ABC,* Madrid, 14 de diciembre de 1993.

NÚÑEZ, IGNACIO. *Noticias históricas de la República Argentina*. Buenos Aires, W. M. Jackson, 1953, dos tomos.

OBLIGADO, PASTOR. *Tradiciones históricas*. Barcelona, Montaner y Simón editores, 1903.

OLAZÁBAL, MANUEL DE. *Episodios de la guerra de la independencia*. Buenos Aires, Instituto Nacional Sanmartiniano, 1974.

OLMEDO, JOSÉ IGNACIO, *San Martín y Córdoba en la campaña de los Andes*. Buenos Aires, Pellegrini, 1951.

ONSARI, FABIÁN. *San Martín, la Logia Lautaro y la francmasonería*. Avellaneda, 1951.

ORNSTEIN, LEOPOLDO R. *La campaña de los Andes a la luz de las doctrinas modernas*. Buenos Aires, Círculo Militar, 1931.

ORTEGA, EXEQUIEL C., *El año 1814 en la vida de San Martín,* Buenos Aires, Fundación Rizzuto, 1971.

— *Actuación del general San Martín en el Perú; el Libertador y el Protector.* Buenos Aires, Fundación Rizzuto, 1971.

ORTIZ DE ROZAS, NICOLÁS. *El sable de San Martín: cuándo y por qué retornó al país, referencias y datos para la historia*. La Plata, 1950.

ORREGO VICUÑA, EUGENIO, *Vida de San Martín*. Buenos Aires, Emecé, 1945.

OTERO, JOSÉ PACÍFICO. *Observaciones críticas a "El Santo de la Espada"*. Buenos Aires, Peuser, 1933.

— *Historia del Libertador Don José de San Martín*. Bruselas, Etablissements Gènèraux d'Imprimerie, 1932.

PADILLA, ALBERTO. "San Martín y el Congreso de las Provincias Unidas", en *La Prensa*. Buenos Aires, 14 de marzo de 1978.

PALCOS, ALBERTO. *Hechos y glorias del general San Martín, espíritu y trayectoria del gran Capitán.* Buenos Aires, El Ateneo, 1950.

PASQUALI, PATRICIA. "La expansión artiguista, 1813-1815: objetivos y accionar", en *Res Gesta*, Rosario, Facultad de Derecho y Ciencias Sociales. Instituto de Historia, 1988, números 22 y 23, págs. 149-172 y 131-169.

— "Belgrano, Artigas y la guerra civil", en *Res Gesta*, Rosario, enero-junio 1989, N° 25, págs. 65-81.

— *San Martín en el ostracismo: profecía, silencio y gloria*. Buenos Aires, Academia Nacional de la Historia, 1992.

— *Juan Lavalle. Un guerrero en tiempos de revolución y dictadura*. Buenos Aires, Planeta, 1996.

PAZ SOLDÁN, MARIANO FELIPE. *Historia del Perú independiente*. Madrid, Editorial Americana, 1919.

PÉREZ, JOAQUÍN. "Artigas, San Martín y los proyectos monárquicos en el Río de la Plata y Chile (1818-1820)", en *Revista Histórica del Museo Histórico Nacional*, Montevideo, 1960, tomo XXX, N° 88-90.

— "La candidatura de San Martín a la jefatura del Estado en 1818", en *Investigaciones y Ensayos*. Buenos Aires, Academia Nacional de la Historia, 1970, N° 8, págs. 209-215.

— "San Martín y Bustos, una amistad probada en pensamiento y acción", en *Trabajos y Comunicaciones*. La Plata, Universidad Nacional. Facultad de Humanidades y Ciencias de la Educación, 1951, N° 2.

— "San Martín y el empréstito de 500.000 pesos para la expedición libertadora del Perú", en *Trabajos y Comunicaciones*. La Plata, Universidad Nacional. Facultad de Humanidades y Ciencias de la Educación, 1953, N° 3.

457

— *San Martín y José Miguel Carrera*. La Plata, Universidad Nacional. Facultad de Humanidades y Ciencias de la Educación, 1954.

PÉREZ AMUCHÁSTEGUI, ANTONIO J., *Ideología y acción de San Martín*. Buenos Aires, Ábaco, 1979, 3ª edición.

— "El Pacto de Rancagua: 2 de abril de 1820", en *Primer Congreso Internacional Sanmartiniano*, Buenos Aires, 1979, tomo VII, págs. 191-206.

— "San Martín y la emancipación sudamericana", en *Revista de la Junta de Estudios Históricos*, Mendoza, 1979, págs. 407-424.

— "San Martín, ciudadano libre y cofrade del Guild de Banff", en *San Martín*. Buenos Aires, Instituto Nacional Sanmartiniano, 1952, N° 30, págs. 39-40.

— "De Mendoza a Guayaquil (1816-1822)", en *Universidad*. Santa Fe, Universidad Nacional del Litoral, 1964, N° 61.

— *San Martín y el Alto Perú*, Tucumán, ediciones fundación Banco Comercial del Norte, 1976.

— *La carta Lafond y la preceptiva historiográfica*. Córdoba, Instituto de Investigaciones Americanistas, 1962.

PÉREZ GUILHOU, DARDO. *La opinión pública española y las Cortes de Cádiz frente a la emancipación hispanoamericana. 1808 -1814*. Buenos Aires, Academia Nacional de la Historia, 1982.

PI SUNYER, CARLOS. *Patriotas americanos en Londres (Miranda, Bello y otras figuras)*. Caracas, Monte Ávila, 1978.

PICCINALI, HÉCTOR JUAN. "Tríptico de la campaña de San Lorenzo", en *Investigaciones y Ensayos*. Buenos Aires, Academia Nacional de la Historia, 1987, N° 34, págs. 435-443.

— *Vida de San Martín en Buenos Aires*. Buenos Aires, 1984.

— *Vida de San Martín en España*. Buenos Aires, Ed. Argentina, 1977.

PICCIRILLI, RICARDO. *San Martín y la política de los pueblos*. Buenos Aires, Gure, 1957.

— "Los amigos británicos de San Martín", en *Boletín de la Academia Nacional de la Historia*. Buenos Aires, 1957, N° 28, págs. 287-318.

PICCIUOLO, JOSÉ LUIS. "San Martín como conductor militar en América", en *Primer Congreso Internacional Sanmartiniano*, Buenos Aires, 1979.

POENITZ, ERICH L. W. EDGAR. "El Yapeyú de los San Martín", en *Primer Congreso Internacional Sanmartiniano*, Buenos Aires, 1978.

PRUVONENA, P. *Memorias y documentos para la historia del Perú y causa del mal éxito que ha tenido ésta*. París, Lib. de Garnier Hnos., 1858, dos volúmenes.

PUENTE CANDAMO, JOSÉ AGUSTÍN DE LA. *San Martín y el Perú: planteamiento doctrinario*. Lima, 1948.

— *Notas sobre la causa de la independencia del Perú*. Lima, Librería Studium, 1964.

PUEYRREDÓN, CARLOS ALBERTO. *La campaña de los Andes*. Buenos Aires, Emecé, 1944.

QUESADA, ERNESTO. "El ostracismo de San Martín (1824)", en *Verbum*. Buenos Aires, 1919, año IV, tomo 50.

RAMALLO, JORGE MARÍA. "San Martín y los comienzos de la revolución social en Europa: 1848-1850", en *Anales de la Academia Sanmartiniana*, Buenos Aires, Instituto Nacional Sanmartiniano, s/f., N° 15, págs. 189-202.

— *Historia del sable de San Martín*. Buenos Aires, Theoría, 1963.

RAMOS PÉREZ, DEMETRIO, *San Martín: el libertador del sur*. Madrid, Quinto Centenario, Anaya, 1989.

RAVIGNANI, EMILIO. *Nuevas aportaciones sobre San Martín Libertador del Perú*. Buenos Aires, Museo Histórico Nacional, 1942.

REGUERA SEVILLA, JOAQUÍN. "José Francisco de San Martín Matorras: el hombre y sus circunstancias", en *Primer Congreso Internacional Sanmartiniano,* Buenos Aires, 1978, tomo VII, págs. 245-277.

RÍOS, JUAN MANUEL DE LOS, "Los gobiernos argentinos frente a la expedición libertadora de San Martín al Perú: claudicación y responsabilidad de los gobernadores de las provincias del norte y del de Buenos Aires", en *Boletín del Instituto de San Felipe y Santiago de Estudios Históricos de Salta*, Salta, 1951, tomo 6, N° 25.

ROBERTSON, WILLIAM SPENCE. "La vida de Miranda", en *II Congreso Internacional de Historia de América*. Buenos Aires, Academia Nacional de la Historia, 1930, tomo VI.. Traducción de Julio E. Payró.

RODRÍGUEZ ZÚÑIGA, ANTONIO. *La Logia Lautaro y la independencia de América*. Buenos Aires, edición oficial de la masonería argentina de rito escocés antiguo y aceptado. J. Estrach, 1922.

ROJAS, RICARDO, *El santo de la espada: vida de San Martín.* Buenos Aires, Eudeba, 1978.

RODRÍGUEZ, GREGORIO F. *Historia de Alvear. Con la acción de Artigas en el período evolutivo de la Revolución Argentina de 1812 a 1816.* Buenos Aires, Ed. G. Mendesky e hijo, 1913.

RUIZ MORENO, ANÍBAL; RISOLÍA, VICENTE; ALLENDE, MARÍA MERCEDES; GALIMBERTI DE CARBAJO, LUISA. "Patografía de San Martín", en *Homenaje al Libertador General San Martín.* Buenos Aires, Instituto de Historia de la Medicina, 1950, vol. XIV, tomo I.

RUIZ MORENO, ISIDORO J.; LANDABURU, FEDERICO G.; AGUIRRE SARAVIA, ANÍBAL. *Historia de los Granaderos a Caballo.* Buenos Aires, Ediciones Argentinas, 1995.

RUIZ MORENO, ISIDORO J. "La repatriación del Libertador", en *Primer Congreso Internacional Sanmartiniano,* Buenos Aires, 1978, tomo VI, págs. 188-210.

— "En torno al legado del sable. San Martín y Rosas", en *Investigaciones y Ensayos.* Buenos Aires, Academia Nacional de la Historia, julio-diciembre de 1981, N° 31, págs. 383-406.

SAÁ, VÍCTOR. *San Luis en la gesta sanmartiniana.* San Luis, Junta de Historia de San Luis - Fondo Editorial Sanluiseño, 1991.

SALAS, CARLOS. *Bibliografía del general don José de San Martín y de la emancipación sudamericana.* Buenos Aires, Cía. Sud-Americana de Billetes de Banco, 1910.

SALAS, CARLOS A. *El general San Martín y sus operaciones militares.* Buenos Aires, Instituto Nacional Sanmartiniano, 1971.

SALCEDO BASTARDO, JOSÉ L. *Visión y revisión de San Martín. Reconciliación histórica para la unidad.* Caracas, 1975.

SANZ, LUIS SANTIAGO. "El general San Martín en Bruselas", en *Investigaciones y Ensayos.* Buenos Aires, Academia Nacional de la Historia, enero-junio 1973, N° 14, págs. 527-555.

SARMIENTO, DOMINGO F. *Escritos sobre San Martín.* Buenos Aires, Instituto Nacional Sanmartiniano, 1966.

SECRETARÍA DE ESTADO DE MARINA. SUBSECRETARÍA DEPARTAMENTO DE ESTUDIOS HISTÓRICOS NAVALES. *San Martín y el mar.* Buenos Aires, 1962.

SCUNIO, ALBERTO D. H. "San Martín, oficial de inteligencia", en *Investigaciones y Ensayos.* Buenos Aires, Academia Nacional de la Historia, enero-junio 1982, N° 32, pág. 225-242.

SEGRETI, CARLOS S. A. *Temas de historia colonial (comercio e injerencia extranjera).* Buenos Aires, Academa Nacional de la historia, 1987.

— *La revolución popular de 1810.* Córdoba, Universidad Nacional, 1959.

— *El plan atribuido a Mariano Moreno (La polémica-El autor-Análisis crítico),* Córdoba, Centro de Estudios Históricos, 1996.

— *La Junta Grande,* Córdoba, Universidad Nacional, 1968.

— "Un caos de Intrigas". *Río de la Plata 1808 -1812.* Buenos Aires, Academia Nacional de la Historia, 1997.

— *La máscara de la monarquía. 1808-1819.* Córdoba, Centro de Estudios Históricos, 1994.

— "Cuyo y la forma de estado hasta 1820" en *Investigaciones y Ensayos.* Buenos Aires, Academia Nacional de la Historia, enero-junio 1988, N° 37, pág. 71-118.

— "Las elecciones de diputados al Congreso de Tucumán", en *Investigaciones y Ensayos.* Buenos Aires, Academia Nacional de la Historia, julio-diciembre de 1982, N° 33, págs. 60-130.

— *La acción política de Güemes.* Córdoba, Centro de Estudios Históricos, 1991.

— "Las relaciones de San Martín y Juan Bautista Bustos en 1820-1821", en *Estudios de Historia Argentina I.* Córdoba, Facultad de Filosofía y Humanidades, Universidad Nacional de Córdoba, 1974. Cuadernos de la Cátedra de Historia Argentina. Serie I, N° 10, págs. 33-78

SILVEIRA, JUAN ROMÁN. *Anecdotario histórico-militar.* Buenos Aires, Ediciones Argentinas Brunetti, 1949.

SIRI, EROS NICOLA. *San Martín, los unitarios y los federales. El regreso del Libertador al Río de la Plata en 1829.* Buenos Aires, A. Peña Lillo, 1965.

SMITH, CARLOS. *San Martín hasta el paso de los Andes.* Buenos Aires, Círculo Militar, 1928.

SOMOZA, MANUEL BENITO. *La política argentina en el ostracismo de San Martín.* Buenos Aires, s./e., 1963.

STOETZER, CARLOS. *El pensamiento político en la América española durante el período de la emancipación. 1789-1825. Las bases hispánicas y las corrientes europeas.* Madrid, Instituto de Estudios Políticos, 1966, dos tomos.

TERRAGNO, RODOLFO H. "Las fuentes secretas del plan libertador de San Martín", en *Todo es Historia*. Buenos Aires, agosto 1986, N° 231, págs. 8-40.

TONELLI, ARMANDO. *El general San Martín y la masonería*. Buenos Aires, 1944.

TORATA, CONDE DE. *Documentos para la historia de la guerra separatista del Perú*. Madrid, Viuda de M. Minuesa de los Ríos, 1894-1898, cuatro volúmenes.

TOPCIC, OSVALDO, *Génesis y desarrollo del plan sanmartiniano*, s/l., Comisión Provincial del Bicentenario del Nacimiento del General San Martín, 1978.

TORRE REVELLO, JOSÉ, *Los padres del Libertador*, Buenos Aires, Instituto Nacional Sanmartiniano, 1948.

— *Don Juan de San Martín: noticia biográfica con apéndice documental*. Buenos Aires, Instituto Nacional Sanmartiniano, 1948.

— "El ostracismo del general San Martín: contribución", en *Actas del Congreso Nacional de Historia del Libertador General San Martín*. Mendoza, 1953, tomo I.

TORRE REVELO, JOSÉ; OTERO, JOSÉ PACÍFICO; CAILLET BOIS, TEODORO. *San Martín y su preocupación por la cultura*. Buenos Aires, Instituto Nacional Sanmartiniano, 1941.

TRIANA, ALBERTO J., *Historia de los hermanos tres puntos*. Buenos Aires, 1958.

UGARTECHE, PEDRO, *La orden del sol del Perú: 1821-1825*. Lima, 1966.

UZAL, FRANCISCO H. *Los enemigos de San Martín. Alvear, Rivadavia, Carrera, Cochrane y el partido unitario*. Buenos Aires, Corregidor, 1975.

VICUÑA MACKENNA, BENJAMÍN. *El general D. José de San Martín, considerado según documentos enteramente inéditos con motivo de la inauguración de su estatua en Santiago el 5 de abril de 1863*. Santiago de Chile, G. Miranda, 1902, 2ª edición.

— "San Martín. La revolución de la independencia del Perú", en *Obras completas*. Santiago de Chile, Universidad de Chile, 1938. vol. VIII.

VILLEGAS, ALFREDO G., "San Martín, subteniente en la campaña del Rosellón (1793-1794)", en *Investigaciones y Ensayos*, Buenos Aires, Academia Nacional de la Historia, 1987, N°34, págs. 491-512.

— *San Martín y su época*. Buenos Aires, Depalma, 1976.

— *San Martín en España*, Buenos Aires, Academia Nacional de la Historia, 1976.

— "San Martín cadete. La primera injusticia y el primer galardón de su carrera militar", en *Investigaciones y Ensayos*. Buenos Aires, Academia Nacional de la Historia, enero-junio 1982, N° 32, págs. 455-482.

— "La influencia de España en la formación espiritual de San Martín", en *Boletín de la Academia Nacional de la Historia*. Buenos Aires, 1976, N° 49, págs. 155-163.

VILLEGAS BASAVILBASO, BENJAMÍN. "Significación moral del testamento de San Martín", en *Revista del Instituto de Investigaciones Históricas Juan Manuel de Rosas*. Buenos Aires, 1940, N° 6.

WIENHAUSER, SANTIAGO. *Fortaleza sanmartiniana. Bosque psicológico*. Buenos Aires, Theoría, 1966.

YRARRAZÁBAL LARRAÍN, JOSÉ MIGUEL. *San Martín y sus enigmas*. Santiago de Chile, Editorial Nascimento, 1949.

ZAPATERO, JUAN MANUEL. *San Martín en Orán*. Buenos Aires, Círculo Militar, 1980.

— "San Martín, 22 años en el ejército español", en *Boletín de la Academia Nacional de la Historia*, Buenos Aires, 1961, N° XXXII.

ÍNDICE

Esta edición
se terminó de imprimir en
Grafinor S.A.
Lamadrid 1576, Villa Ballester,
en el mes de febrero de 1999.